手付の研究

吉田　豊 著

日本比較法研究所
研究叢書
69

中央大学出版部

装填　道吉　剛

はしがき

一、本書は、その表題の示す通り、永年にわたる私の手付研究の集大成である。本書には以下にあげる手付関係論文を載録した。即ち、

(1)「手付(裁)判例の分析」(平成一七年)

(2)「近代民事責任の原理と解約手附制度との矛盾をめぐって」(法学新報七二巻一・二・三合併号、昭和四〇年)

(3)「近代民事責任の原理と解約手付制度との相剋」(片山金章先生古稀記念・民事法学の諸相、昭和四五年)

(4)「手附ノート――沿革小考」(松山商大論集二〇巻一・二号、昭和四四年)

(5)「手　付」(民法講座5契約・有斐閣、昭和六〇年)

(6)「契約と法意識」(第一一回中央大学学術シンポジウム・日本比較法研究所主催、平成二年一〇月、中央大学通信教育部「白門」四三巻九号、平成三年)

(7) „Vertrag und Rechtsbewußtsein in Japan“ (日本比較法研究所五〇周年記念論文集 „Toward Comparative Law in the 21st Century“・中央大学出版部、平成一〇年)

以上七論文のうち、(1)、(2)、(3)の三論文は、いずれもわが国の明治以来今日に至るまでの(裁)判例の分析である。論文(4)は、ギリシャ・ローマの手付の沿革の概略に続き、ドイツの手付及び日本の手付のやや詳細な沿革の論述である(なお、私は本書に Eugen von Jagemann, Die Draufgabe (Arrha), Vergleichende Rechtsstudie, Berlin 1873 の翻訳を収録する予

定であったが、未だ業半ばのため収録を断念した。後日を期したい)。

論文(5)は、民法典における解約手付制度、手付紛争にみる戦後の判例・学説、解約手付制度の消長の三部に分けて一般的解説を試みたものである。

論文(6)は、講演として発表したものであり、以上の五論文とは趣きを異にしたものなので、聊か詳述する。本論文は戦時中の農村における或る教授夫人の買出しの際の手付の有無をめぐる村人たちの批判に垣間見える民衆の契約観に始まる。そこには、民法制定後五十年近くになってもまだ民衆の間には、契約成立には物の授受が必要という要物性の意識が広く浸透していたことが述べられ、この意識を支える契約形態が前近代社会に普遍的な要物契約であり、この契約形態によれば、先履行後の契約撤回・別途処分を阻止する手段として手付が生まれたこと、後に手付額を限度とする・撤回後の清算を制度化した解約手付が生まれたこと等が語られる。そして前近代社会における資本主義経済が未熟な故に当時の取引が不等価交換の形をとり、経済外的強制の媒介——市場独占・暴力・詐欺——を必然的に伴っていた為に、破約の合法化・破約後の簡便な決済方法として要物契約や解約手付が慣用されたことが述べられる。ついでヨーロッパでは、近代に入り、要物契約から諾成契約へという契約形態の進化につれて手付も証約手付に定着したのに対して、わが国でも近代民法の継受に伴い、合意そのものに拘束力を認める諾成の原則が導入されたにも拘わらず、これと矛盾する解約手付が民法典上に残されたこと、そしてこのことは、当時の取引社会は依然として要物性の意識に執着しており、立法者は解約手付によって諾成契約を要物契約化することで実定法を「生ける」法に同化させようとしたのではないか、との推測が述べられている。最後に、現在では、取引社会において手付とりわけ解約手付が用いられることがめっきり減り、僅かに不動産売買に目立つところから、解約手付を支えていた要物性の意識が一般に稀薄となり、その分契約遵守の意識が浸透しつつあるといえるだろうと結論づけられている。

論文(7)は、論文(6)のドイツ語訳である。なぜ右の論文を独訳したかというと、「沿革」に述べたように、ドイツでは民法制定当時から手付は証約手付と規定され（§ 336 I, BGB）、その第二項には、疑わしい場合には解約金 Reugeld とはみなされない（„Die Draugabe gilt im Zweifel nicht als Reugeld.“）旨明定されている。そのせいか、かつて私がドイツ留学中にお世話になったレーザー博士によると、ドイツでは手付が実務上も学説上も話題に上ることはなく、わが国で学界の関心事になるとは到底理解しがたいといわれたことがあり、私は拙いドイツ語で縷々説明したが、理解を得られなかった思い出がある。そこで日本比較法研究所の記念論文集に掲載を望んだ次第である。

なお、以上の七論文の他に、判例批評として次の諸論文がある。

①最大判昭四〇・一一・二四――「契約の履行に着手した売主の無理由解除を認めた例」（判例時報四四一号、判例評論九〇、昭和四一年）

②最判昭二四・一〇・四――「手附契約の解釈」（別冊ジュリスト民法判例百選Ⅱ債権、昭和五〇年）なお、本判決に関しては、右の判評の他に、さらに同名の判評が次の三つの判例誌、即ち民法判例百選Ⅱ債権（第二版・昭和五七年）、同（第三版・平成元年）、不動産取引判例百選（第二版・平成三年）にある（但し、四判評とも全て異なる視点から解説されている）。さらに、右最判に関して判評「解約手附と違約手附との関係」（ジュリスト増刊・民法の争点Ⅱ、昭和六〇年）がある。

③最判昭五七・六・一七――「買主による履行請求と売主の手付倍戻による解除の許否」（民商法雑誌八七巻五号、昭和五八年）

④最判昭五七・六・一七――「民法五五七条一項にいう履行の着手の認定」（判例タイムズ五〇五号・昭和五七年度民事主要判例解説、昭和五八年）

⑤東京高判平三・七・一五――「『履行の着手』と転売」（中央大学通信教育部「白門」四五巻二号、平成五年）
⑥最判平五・三・一六――「買主が履行期前にした土地の測量及び履行の催告が民法五五七条一項にいう履行の着手に当たらないとされた事例」（民商法雑誌一〇九巻六号、平成六年）
⑦最判平六・三・二二――「手付けの倍額償還による売買契約の解除と現実の提供の要否」（民商法雑誌一一一巻六号、平成七年）

二、次に、何故私が手付の問題に深く長く関わってきたか、について触れておきたい。それには、まず、恩師川村泰啓中大名誉教授について述べておかなければならない。私は学部三年のときに偶〻先生の御講義（債権各論）を履修して以来、先生に傾倒し、先生のご指導を仰ぐに至っている（先生のご研究の内容・軌跡については御自著「個人史としての民法学」に詳しい。その御経歴・お人柄については「川村泰啓先生古稀記念論文集」――法学新報第一〇〇巻第二号――の献呈の辞に略述）。さて、大学院博士課程三年（昭和三八年）の春に、先生から与えられた研究テーマが手付の判例分析であった。先生は当時すでにその「債権各論講義案」（昭和二九年）の中で、近代民事責任の法理と解約手付の慣習との間にその論理構造において存在する三点の矛盾を三つの仮説命題に整理・構成されていた。そこで、先生は私に、両制度間の矛盾の判例上の具体的検証、即ちこの矛盾が裁判実務上具体的にどのように回避されてきたか、立ち入っていえば、その際裁判官は具体的な利益の対抗関係のもとでどのような価値規準に従い、どのような法的構成を用いて価値判断を下したか、を分析せよと命じられた。ところが、判例研究など全く未経験であった当時の私にとって、与えられた課題は余りに重く、それからの一年は無為に時を送った。その後とりあえず明治以来の手付判例を蒐集し、その中から一三の判例を選んだ。即ち近代民事責任制度に即して裁判所が解約手付との矛盾をどのように解決したかというテーマに沿って、一方当事者の手付倍戻による契約解除を裁判所が何らかの解釈技術を用いてこれを否定し、相手方の履行ないし実損害額の賠償請求を肯定した判例だけを選ぶことになったのである。この選別は、他方で私を動揺させた。なぜなら、実際多くの判例とりわけ戦前のそれは、解約手付を肯定しているものであり、このことは、たとえ過去の慣習によったとはいえ、民法は解約手付を明規しており、解約手付による解除は正に実定法上の制度である以上、市民は近代法との矛盾などお構いなしに自分に好都合な限りこれを利用するであろうし、しかも少なくとも戦前では文字通り当時の市民生活上のラチオとしての「生ける法」であったのであり、ましてや制定法に忠実である（べき）裁判所としてはたとえ理論上前近代的な制度であろうと、そのことを意識して敢えて消極的な判決を書くものとは到底思えなかったからに他ならない。他方、当時の私は、そもそも判例は或る制度に対する一定の価値観点から分析すべきなのか、ないしはそのような立場から分析することは、経験科学的分析から遠い偏向的なものではないのか、とも思えたからである（当時の私は川島博士の判例研究の方法に強く惹かれていたせいもあった）。こうして私は方法論に悩む一方で、手付に関する諸文献を読み漁った。川村先生が引用されている・中田薫先生の「徳川時代ノ文学ニ見エタル私法」中の「手附」の項、宮本又次先生の日本商業史関連のもの、日本商事慣例類集・全国民事慣例類集、江戸時代の米相場の研究等々。とはいえ、文献は判例分析の方法を示唆してくれる訳ではなく、焦燥感に駆られる私を置き去りにして時間だけが無情に過ぎていった。仕方なく私は、自らは納得できぬままに疑問に封印して原稿を書き始め、多少でも書き溜めると、川村先生に見ていただくことにした。もっとも、当時私は院生の傍ら、中大職員として勤務についていたため、川越のお宅まで家内が草稿を運んでくれたが、二〇数回の川越詣では、彼女にとって大変辛いもののようであった。結局先生のOKをいただけないまま、原稿〆切に追われて脱稿した。後日先生の御母堂から、先生がまあまあの評価をして下さったことを伺い、やっと安堵の胸を撫下ろした。その後法律時報の「民法学の歩み」欄に、甲斐道太郎教授が私の論文を二頁にわたり紹介して下さり、かなり好意的に論評して下さった。当時、来栖三郎先生が「日本の手附法」を法協に発表され、民法学界の関心が手付に集まったときであったので、私の論文も学界に一石を投じることができた。その後私は松山商大（現松山大学）に就職することとなり、大学の機関誌に「手附ノート――沿革小考」と題して、古代から今日に至る手付の沿革につき、一文を草したのであった。実は私は、この論文を以て手付研究にピリオドを打つ積もりで、これまで不勉強であった物権法に研究の視座を移したのであるが、結局、今日に至るまで手付とは縁が切れず、かなりの判例批評や解説などを発表し、本書冒頭の「手付（裁）判例の分析」に至った。第一論文は、明治から大正・昭和・平成に至る近代日本の裁判に現れた手付紛争を種々な文献から蒐集し、個々の事案において裁判官が当該判決を実質的に導き出した根拠とみることのできる事実ないし事情とは何か、を探り出すとともに、判決に現れた複数の認定事実の中から裁判官が特定の事実を優先的に選択した価値判断規準は何か、を探り出すことを、分析目的としている。私の処女論文（第二論文）が、近代民事責任法理と手付慣習との矛盾を前者の側から回避すべく、どのような法的技術を用いたか、を分析して解約手付制度の前近代性を検証することを目的としたために、とりあげた判例も全て解約手付を否定するそれに偏ったのに対して、第一論文は特定の価値観点にとらわれることなく、もっぱら客観的な分析に終始した。文字通り、これを以て私の手付をめぐる判例研究に終止符を打ち、以後は歴史的事象としての手付の研究に勤しむ積もりである。

三、「はしがき」を閉じるに当たって、今日まで四〇年間にわたって私の手付研究にご支援を賜った方々に改めて心から感謝を捧げたいと思う。とりわけ、ご自身のご創見にもかかわらず解約手付の前近代性とその体系的矛盾の存在をご教示の上その検証をご指示下さった恩師川村泰啓先生、そして判例検証の作業の間何くれとなく貴重な助言と励ましを賜った関口晃先生には深甚なる謝意を表したいと思う。また、研究者として同じスタートラインに立ち乍ら、その恵まれた才能と旺盛な研究意欲を敢えて胸底に封じ込め、この四〇余年私の研究のために惜しみなく尽力してくれた妻・勢子に限りない感謝を捧げたいと思う。

さらに、私に出版の機会を与えて下さった日本比較法研究所、出版に伴う煩雑な仕事を担当して下さった中央大学出版部の小川砂織氏他の皆様に心からお礼申しあげたい。

こうして、私なりに全力を傾注した本書が完成を見た今、手付の呪縛から漸く解放された思いでいっぱいである。

二〇〇五年四月

吉　田　　豊

手付の研究

目　次

手付(裁)判例の分析

一、はじめに――意義・種類・沿革

(1)　意　義　契約締結時に当事者の一方が相手方に交付する金品を手付という。通常は金銭が交付されるので、手付金、手金などと呼ばれる。手付は、売買契約の際に最も多く授受されるので、民法は売買について規定し（民五五七）他の有償契約に準用している（民五五九）。手付金は代金の一部に組み入れられるのが普通なので、通常は買主が手付を交付し、代金支払の際に代金と手付金との差額を支払うことになる。この場合、手付は「内金」として機能する。

(2)　種　類　(イ)社会的経済的機能　手付が取引の場において発揮する機能の別によって次のように区別される。(i)証約手付　契約が有効に成立したことの証拠として働らく手付。(ii)違約手付　一方当事者が契約に違反した際に違約罰ないし損害賠償額の予定として働らく手付。このうち、損害賠償額の予定としての違約手付（本稿においては、損害賠償とは別に違約罰を支払う手付――本来の違約手付――と区別するために、以下、便宜上「予定」手付と呼ぶ）は、後述の解約手付と同様、手付を授与した買主が違約すれば手付を放棄し、受領した売主が違約すれば手付倍額を返還するのが普通である（これを「手付流し倍返し」あるいは「手付損倍戻し」と呼ぶ）。予定手付は、現実には次の解約手付と同様の機能を果たす。(iii)解約手付　手付を代償として――ここでも手付流し倍返し――一旦成立した契約を一方当事者が任意に消滅させる（いわゆる無理由解除）契約解除権の留保として働らく解約手付。(iv)成約手付　手付の授受によって契約を成立させる手付。もっとも、近代法は、合意のみによって契約を成立させる諾成契約を原則とするから、存在の余地がない。(v)内金　売買代金（または報酬）の一部前払いとしての性格をもつ手付類似の概念。手付も「代金ノ内入」とすることが常であるので、内金と手付とは必ずしも矛盾しない。

(ロ)法的機能——契約遵守の原理からみた手付　近代取引社会においては、商品交換の普遍化によって契約当事者が自発的に契約を守ることが何よりも強く要請される（pacta sunt servanda.——契約は守らざるべからず）。この原理から右の手付諸概念をみたとき、次のようになる。**証約**手付は、その授受が契約書以上に争う余地のない契約成立の証拠として役立つから、契約遵守の原理に反するところはない。**違約**手付は、契約の履行の確保を目的とするから、これまた、右の原理に適合する。他方、予定手付は、一方当事者が違約すれば相手方は解除の余地なく直ちに手付流し倍返しによって契約関係を清算することを目的とするから、違約後の処理を訴訟によらず迅速簡便に遂行しうるが、反面で合理的な損害賠償額が予定されず不当に低くきめられるならば、たやすく違約が行われ、右の原理をいわば間接的に否定することになる。さらに**解約**手付は、有効に成立した契約の効力を手付の放棄を唯一の条件として、いつでも（但し履行着手前）任意に否定しうるとするのであるから、右の原理と対立するものといえる。そして解約手付とその他の手付との・このような違いは訴訟の場における対立につながる。後述するように、訴訟における手付は、相対立する訴訟当事者がその法的主張を互いに正当化するための——従って相手方のそれを否定するための——道具概念として機能せしめられており、しかも証約手付・違約手付そして内金は、解約手付と結びつく法的効果——契約解除や手付額を限度とする賠償など——とは相容れない法的効果——契約の履行や**実**損害額の賠償など——と結びつき、これを正当化する道具概念として解約手付と対立して用いられている。もっとも、学者は一般に、それぞれの手付の社会的経済的機能をもとに、その性質について、たとえ手付の授受の際の当事者間の合意が不明であろうと、手付の授受そのことが少なくとも契約締結の証拠となるのだから、証約手付は手付の最小限度の性質といえる、として、一個の手付が数種の機能を兼ね備え、ないしは数種の手付が併存することを当然視している——違約（ないし予定）手付と解約手付との併存あるいは違約（ないし予定）手付を兼ねた解約手付の存在。

(3)　沿　革　　手付は、「古来ヨリ一般ニ行ハレタル慣習」であり、「由来久しきに拘らず、沿革的事実に乏し」いが故にその沿革を法制史的に跡づけることは容易ではないが、およそ三つの系譜を辿ることができそうである。

(イ)　責任契約に由来する手付　手付を表わす古語がいずれも「物的担保＝質」を意味するところから、古代法に普遍的な・債務と責任との分離にもとづき債務関係とは別に設定される責任契約において、責任を根拠づけ責任の客体として交付者の債務不履行の際の賠償対象とされる手付がそれであった。この場合の手付は、正に債務履行の保証金（担保）として、債務不履行＝違約の際の手付の喪失という威嚇によって債務契約を実体的に強化するそれ、すなわち違約手付として機能したが、後に手付を放棄すれば、契約を解除できるようになって解約手付が登場する。ギリシャの手付がこれである。

(ロ)　諾成契約に由来する手付　ローマ古代法では売買ほか三種の契約は諾成契約とされ、全ての債務に責任が含まれていたので、成約手付ないし違約手付的な性格はもてず、**証約**手付にとどまった。後、ユ帝時代に入り解約手付が浸透するが、ローマ固有法上の証約手付は、近世ドイツにおけるローマ法継受によって復活する。

(ハ)　要物契約に由来する手付　ゲルマン法上最古の取引行為とされる現実行為を承継する要物契約では、目的物の引渡ないし代金の支払に先立つ売買の合意はそれだけでは何の拘束力も生じないから、合意から先給付までの間は売主・買主双方からの無償の撤回（わが国では、江戸時代これを「悔み返し」と呼んだ）が可能であり、買主にとって売買目的物の入手がどうしても必要であれば、売主の約束の撤回すなわち別途処分を封じる手段が必要となる。そこで登場するのが手付であった（わが国では、江戸時代これを「唾をつける」と呼んだ）。即ち、買主が契約締結の際に手付を打つと、売主はもはや撤回できなくなる。この場合、代金そのものの受領と違い、手付の受領によって売主に反対給付義務が生ずるわけではないが、売主が目的物を別の買主に売る・いわゆる別途処分を一定期間放棄させるために買主が代金の一部を合意の際に内金として支払う、というもので、そこでは依然として売買の本体は目的物の引渡ないし代金の支払にあると考えられ、従って残代金の支払がなければ売主の反対給付義務は生じないと考えられる。つまり、ここではまだ要物性が色濃く残り、手付も受領者たる売主の別途処分の放棄という限度で、売買の合意（現行法上売買の予約にあたる）に拘束力を与えるにすぎなかった（私は、この段階での手付を便宜上「内金」手付と呼びたい）。この内金手付は、売主が違約すれば、買主は当然これを返還させた。他方で、責任契約において手付が保証金となるに及んで、買主の無償の撤回をも排除することになり、これだけでは売主に有利なので、売主の違約の際買主は手付の返還のほかに同額を償還させるようになって、内金手付は、違約罰として履行確保のために機能する違約手付に変わる。他方、内金手付の交付によって別途処分権の放棄または撤回権の排除という限度で給付に先行する合意に付与された拘束力は、手付流し倍返しの特約によって再び消滅させることができるようになり、解約手付が登場する。ところが、内金としての経済的価値をもつ内金手付は、中世に広く行われていた慣習と結びついて、ほとんど何らの経済的価値を持たないほど少額の仮装的給付にまで萎縮する。この手付が、現物の給付に先立つ売買の合意に契約としての拘束力を付与し、契約の成立を証明する成約手付である（要式契約としての手付契約の誕生）。この**成約**手付は、近世にいたって、取引の著しい発展とローマ法の継受によって要物契約ないし手付契約と交代した諸成契約のもとで**証約**手付に変わり、解約手付もまた特約のある場合に限定された。――わが国中世において「あきさす」と呼ばれた手付は、私見では、要物契約に由来する**内金**手付である。近世にいたり、この手付に「手付流し倍返し」の慣習が結びつき、解約手付が登場する。もっとも、それは手付金額が代金額に比べてかなり少額の場合――解約の代償＝賠償たりうる程度――であり、逆に、代金額に比べて手付金額が相当な額――四分の一から三分の一、「時トシテハ支払金ノ半額ニ及ブ」[1]――の場合、手付は違約または予定手付とみるべきであろう。そして、商人間において転売による価格差利潤の取得――とりわけ相場の変動の激しい商品をめぐり――を目的とする場合には前者が、物の使用価値の取得ないし取引対象の現実の入手を主目的とする場合には後者が、実際にはそれぞれ使い分けられていたようである。なお、日本商事慣例類集によれば、明治初年当時、多くの売買約束は「口約拍手」――諾成契約とみてよいだろう――のみで成立し、手付を必要とはしなかったとされる一方、しいていえば、手付は「解約」手付として用いられる、とある点が興味深い。この調査結果が、封建社会に固有な二重の取引圏の存在を示すと共に、解約手付の果たした役割を示しているからである。一方において、中世における「座」の組織と機能を継承した「株仲間」と呼ばれたギルド内部の取引では、その構成員は強固な団結によって株仲間による独占的排他的市場支配を行うという・構成員に共通の利害の故に、互いにもっぱら「のれん」と呼ばれた体面を重んじる仲間うちでの信用を保つために、ここでは契約遵守が強く意識されて、「口約拍手」だけで契約を成立させ解約を予定する手付すら必要とはしなかったのに対して、他方、資本がまだ流通過程のみを把握するに止まり、そのために経済「外」的強制による不等価交換を常態とした当時の経済構造の故に、当事者の利害が鋭く対立したギルド外での取引では、一転して魔術的商慣習によって不正欺瞞が敢行され、さらにヨリ緩和された手段として破約が日常化されたために、ここではむしろ要物契約が常態化され、さらにその際のトラブルを予め避けるべく解約手付という簡便な決済方法がとられた、とみることができるからである。そして当時の社会において、内金手付ないし違約手付と解約手付という・契約の拘束力に関して正反対の機能を持つ二種類の手付の併存は、決して矛盾してはいない。けだし、内金手付・違約手付を打ち約束に拘束力を与えなければならなかったのは、単なる売買の合意だけでは約束の履行が公権力によって確実に保障されなかったからであり、ここでは、契約遵守の意識が弱いか欠けていることが前提とされていたからであって、また解約手付は、約束を守らないことを合法化するための手段にほかならず、従って、ここでは契約遵守の意識の欠如がむしろ積極的に肯定されていたといえるからである。この意味において、江戸時代の手付慣習は、それが内金手付としてであれ解約手付としてであれ、契約の発展史上なお要物契約の段階に止まっている前期的社会の産物といえるであろう。

こうして、わが国は、仮装的給付として方式化した**成約**手付にまでも至らぬうちに、近代を迎えてしまい、同様に、契約形態もまた、取引社会一般において、方式主義と呼ぶには余りに現実性濃厚な要物契約の段階に止まり、ドイツにおけるように手付契約を経験するいとまずらなかった。しかし、明治に入り、わが国は条約改正とひきかえに法律の近代化を迫られたために、相次いで西ヨーロッパから近代諸法典を継受し、民法もまた、母法同様、契約の要物性から開放され、単なる合意それ自体に拘束力を認める諾成の原則がとられるにいたった。しかも、民法は、売買を典型とする有償契約を諾成契約として構成したばかりか、無償契約の典型たる贈与までをも諾成化した。このことは、少なくとも外観上は、諸外国の立法にその例をみないほど契約の方式からの自由を徹底させ、反面、意思の拘束力を尊重しているということができよう。ところが他方において、民法は、古来からの慣習を理由に、多少の修正を施した上で解約手付を導入した（民五五七）。ところで、叙上のように、解約手付は、本来要物契約のもとで、当事者の持つ撤回権を排除するという限度で手付の授受によって合意に一旦与えられた拘束力を「手付流し倍返し」を代償として逆に排除し、再び撤回を可能にするという機能を営むものであった。そこで、解約手付が諾成契約のもとに導入されると、本来諾成契約のもとでは売買の本体であるはずの「売ろう・買おう」という合意をいわば**予約**——要物契約における・拘束力のない裸の合意 pactus nudus——の段階にまで引き下げ、これには手付の限度での拘束力を与えるだけで、契約が成立するか否かは、元来売買の履行にすぎない目的物の引渡ないし代金の支払にまで繰り越してしまい、その結果、実質上は売買を諾成契約から要物契約にひき戻すという結果をもたらすことになったのである。こうみてくると、わが国の民法は、一方で諾成契約の導入により無方式の原則を徹底させたにもかかわらず、それは、いわば建前にすぎず、内実は全く反対に、解約手付の導入によって契約の要物性に執着し、これをあくまでも維持しようとしたのではないか、という推測が可能であろう。このことからも明らかなように、民法制定当時、民衆は単なる合意に契約としての拘束力を認めず、手付の交付によってはじめて各当事者は手付の限度で合意を履行する責任を負う、という契約意識が一般的であったように思われる。つまり、わが国では、人は一般に、ただの口約束すなわち手付を打たぬ契約だけでは拘束されない、と感じている、従ってそこには契約に違反するという意識が欠けている、一旦約束した後でも、これを守らなくても何も不利益はこうむらない——違反による賠償請求は受けない——と知れば平気で約束を破ることになる。これを裏返せば、手付を打った場合にだけ約束を守るというのは、約束を破れば、手付の分だけ損をしなければならないからであり、その意味において手付は契約の拘束力を強化するものと感じている、ということになる。このことは、わが国には、手付を授受するまでは任意に拘束を免れうるという要物性の意識が根強く残っている分、それだけ、契約の拘束力という観念・感覚に乏しい、ということを意味しているのである。もっとも、民法制定からすでに百年余りたった今日、解約手付の消長から判断する限り、以下の判例分析からみて、戦後の判例が戦前のそれと異なって解約手付否定の方向に動いていること、さらに最近では、手付紛争が判例集を賑わすことがめっきり減ってきたこと、また手付が不動産売買以外では余り用いられなくなったことなどを考えると、解約手付を支えていた要物性の契約意識が社会一般にかなり稀薄となり、その分契約遵守の規範が浸透しつつある、といえるのかもしれない。

二、判例の分析——手付判例の分析に入る前にあらかじめ、分析の方法、目的などについて述べておきたい。

(1) 判例にみる手付紛争の類型——判例分析の判断ワク組み——について

民法の規定する解約手付が、前近代社会に普遍的な契約類型たる要物契約に由来することは、叙上の通りである。再説すれば、要物契約において展開される・合意から先履行までの無拘束状態の間を利用して行われる別途処分を禁ずるべく登場した内金手付に「手付流し倍返し」の慣習が結びつくことによって誕生した解約手付は、要物契約における無理由解除を復活させると共に、それによって相手方に生ずる損害の決済をも簡便に解決するという・その時代の社会経済構造に即した・いわば一挙両得の慣習であった。他方、近代民法は、契約の方式性を克服して売買を典型とする有償契約をもっぱら諾成契約として構成し（民五五五）、不履行解除のみを認めた。そしてそれに伴う損害賠償も、意思の拘束力を重視する諾成の原則同様、過失責任主義に服せしめた。従って解約手付が近代民法の中に導入されたことは、この手付がもつ・要物契約に由来する解除と損害賠償の二つをめぐって、諾成の原則にもとづく・民法上の法定解除及びそれに伴う損害賠償制度（民五四一、五四五Ⅲ）との間に軋轢・矛盾を生ぜしめるのは、当然である。手付紛争とは正に、こうした民法体系上の解約手付の異物性が惹き起こした一種の病理現象なのである。

手付紛争は、両者の矛盾に即して、具体的には次の三類型に分類できる。即ち、

第1類型——解除権の所在をめぐる矛盾　一方当事者が契約の存続を前提として契約の履行を請求する（そこでは不履行者には契約の法定解除権が認められないことが論理的に前提されている）のに対して、相手方が手付の放棄（または手付の倍額償還）による解除の抗弁をもって対抗するケース

第2類型——不履行者の帰責事由の有無をめぐる矛盾　(i)不可抗力による債務の履行不能の場合において債権者への手付金そのままの返還をめぐって争われるケース　(ii)原始的履行不能の場合において手付倍額の償還を契約締結

上の過失の有無にかかわらせられるかどうか、が焦点となったケース

第3類型——解除に伴う帰責の限度をめぐる矛盾　一方当事者の契約不履行によって相手方に生じた現実の損害が手付金額を上まわるか、手付金額が代金額に比べて過少である場合に、一方当事者の不履行によって相手方がこうむった損害の賠償額が、実損害額か手付額か、が争われるケース

なお、叙上の三つの典型的な紛争類型のいずれにも該当しない紛争類型——民法体系との摩擦とは直接には無縁の・手付「一般」に関する争点をめぐる事案で、多く傍論として触れられたもの——は、これを第4のグループ（第4類型）としてつけ加えた。

(2)　判例分析の目的について

(イ)個々のケースにおける当該判決＝結論にとっての前提として意味のある relevant な事実、即ち裁判官によって当該結論が実質的に導き出された根拠とみることができる事実ないし事情は何か、をさぐり出すこと、即ち裁判における認定事実と判決内容との相関結合の探究、が本稿の第一の目的である。この際当該判決に現われた複数の認定事実のうち、裁判官をして特定の事実を優先選択せしめた価値規準は何か、がさらに追求されなければならない。

(ロ)次に、叙上のように、手付判例にみる紛争は主として近代法理と旧慣（とはいえ、これも亦レッキとした実定法上の制度に他ならないが）との矛盾として把握することが可能であるとすれば、個々の判決において、たとえ両者のどちらが優先的に選択されるにしろ、その選択が実定法上どのような論理構成によって正当化されているか、いいかえれば正当化のための・どのような解釈技術が用いられているか、が分析されなければならない。このことによって relevant な事実の選択の際の価値規準と通底する・法概念ないし解釈技術の選択のそれが見えてくるであろう。

(3)　(イ)本稿では、戦前・戦後の判例集をはじめ蒐集可能な限りの情報源から、手付判例をピックアップした。従っ

て以下において検討するはずの判決は、明治・大正・昭和・平成の各年代にわたり、最上級裁判所の判決ばかりか下級審裁判所のそれも含まれている。各類型においては、それぞれ、まず戦前と戦後に二分した上で、審級順・判決年月日順に並べた。

(ロ)登載文献によっては記述が余りに簡単で、判旨のみのものがあり、事案の認定事実はもちろん、判決の論理構成も不明な・この種の判例もあえて取り上げた。このような判例からも、その当時の手付の消長ないし裁判の動向を窺知できるからである。

(ハ)また、文献によっては事実関係不詳の判例があるが、この種の判例も正当化の論理構成を探る上で重要である。

(ニ)登載判例には、それぞれ、通し番号を付した。なお、以下において、原告をX、被告をY、その他の訴訟関係者をA、B、C……等で表わす。

（1）中田博士「徳川時代ノ文学ニ見エタル私法」中「五　手附」の項（宮崎教授在職廿五年記念論文集）七一五頁。

判例の個別的分析

第1類型

1の①

大判大正三年一二月八日民録二〇・一〇五八、新聞九九一・三一

〈事実〉明治四五年二月一八日X（被控訴人・上告人）はY（控訴人・被上告人）から係争地を買い受け、その際金一

〇円をYに交付した。その後同月二〇日Yは人を介してXに本件売買契約を解除する旨の意思表示を行った。そこでXは、右土地の所有権取得及び移転登記手続を請求して本訴に及んだ。一審X勝訴、Y東京控訴院に控訴。同院は、XよりYに交付された前記一〇円が手付金であることを認定した上で、民法五五七条によれば、売主側の契約解除の条件としては、まず手付倍額を買主に弁済した上でないと契約を解除できないというわけではなく、同条の趣旨は、「売主ニ手附ノ倍額ヲ償還スヘキ義務ヲ負ハシメタル趣旨」にすぎない、と判示して、Yが前記月日に有効に本件売買契約を解除したものと認定しXの請求を棄却した。X上告。その理由として次のように主張した、即ち、買主が売主に手付を交付した場合に売主が契約を解除するためには、まず受領した手付金の倍額を償還することを要する、として、その理由として、第一に民法五五七条において「手付金ノ倍額ヲ償還シテ」とあるのは、「償還シタル上ニテ」の意味であることは同条の文理上明白であること、第二に、買主が契約解除する場合にはすでに売主が握取している手付金を放棄するだけであるのに対して、売主が解除する場合には売主が単に契約解除の意思表示だけで足りるとすれば、買主は単に手付倍額の受領債権を取得するにすぎず、手付金倍額を手中に収めることができないことになり、衡平を失すること、第三に、五五七条は売主と買主とを同等の地位に立たせ共に手付金と同額の金銭を損失して契約を解除しうることを定めた趣旨であること、をあげた。

〈判旨〉原判決破棄差戻。「民法第五百五十七条第一項ニハ『前略買主ハ其手附ヲ抛棄シ売主ハ其倍額ヲ償還シテ契約ノ解除ヲ為スコトヲ得』トアリテ文理上容易ニ買主ノ解除権ハ手附ノ抛棄ヲ条件トスル解除権タリ売主ノ解除権ハ手附ノ倍額ノ償還ヲ条件トスル解除権タルコトヲ看取シ得ヘキノミナラス元来同条ノ規定タルヤ手附ノ授受ニ関スル当事者ノ意思明白ナラサルトキハ買主ハ手附ノ抛棄タニ為セハ契約ノ履行ヲ為ササルコトヲ得売主ハ手附ノ倍額ノ償還タニ為セハ契約ノ履行ヲ為ササルコトヲ得ルノ意思ヲ以テ当事者間ニ手附ノ授受ヲ為シタルモノト看做スヲ至当ナリトシ買主又ハ売主ハ手附ノ抛棄又ハ倍額ノ償還ヲ為シテ契約ヲ解除スルノ権利アル旨ヲ規定シタルモノナリ故ニ手附ノ抛棄又ハ倍額ノ償還ハ解除権ノ内容ヲ成シ買主又ハ売主ハ手附ノ抛棄又ハ倍額ノ償還ヲ為スニアラサレハ契約ヲ解除スル能ハサルモノトス買主又ハ売主ハ自由ニ契約ヲ解除シテ之ヲ履行セサルコトヲ得其不履行ノ制裁トシテ手附ヲ喪失シ又ハ倍額償還ノ義務ヲ負担スルモノニアラサルナリ是ニ由テ之ヲ観レハ売主ハ手附倍額ノ償還ヲ為スニアラサレハ契約ヲ解除スルノ権利ナキモノトス勿論償還ト云フモ売主ノ為スヘキ行為以外ヲ之ニ強ユルノ謂ハレナキヲ以テ売主ハ手附倍額ノ償還ノ提供ヲ為シテ契約解除ノ意思ヲ表示スレハ契約ヲ解除スルニ十分ナルト雖単純ニ契約解除ノ意思ヲ表示シタルノミニテハ契約解除ノ効力ナキモノトス〔傍点筆者〕」。

〈分析〉(1) 本件は土地売買の契約締結の僅か二日後に売主が手付金倍額を提供せずに契約解除の意思表示をした事案である。事案の詳細が分からないので、契約を解除した売主Yによって、契約締結時にXから受領した金一〇円がどのような性質の金銭であるかについて、どのように主張されたか、さらに契約解除後に現実にYが金一〇円ないしその倍額をXに提供したか、はさだかではないが、原院がその判決の中で右一〇円が「代金ノ内金ニアラスシテ手附金ナルコトを断定〔傍点筆者〕」したことが判旨から窺えるところからみて、おそらくXが右金一〇円を内金と主張して、Yの手付による契約解除の主張を争ったのであろう。これに対して控訴院は（おそらく）Xの内金主張を却け、本件金一〇円を「手附」しかも民法五五七条の手付と認定した上で、判旨の表現をかりれば、「買主又ハ売主ハ自由ニ契約ヲ解除シテ之ヲ履行セサルコトヲ得〔その上で〕其不履行ノ制裁トシテ手附ヲ喪失シ又ハ倍額償還ノ義務ヲ負担スルモノ〔傍点筆者〕」との見解をとっている。控訴院による右の手付規定では、その前段が（無理由）解除権の留保を、後段が違約罰を、それぞれ指示している。従って右の規定は、民法五五七条の手付を解約手付と違約手付とをいわば抱き合わせたものとみていることになる（因みに、このような見方は、最判昭和二四年一〇月四日―1の⑩―の事案を想起させる。右の事案は、「違約手付と解約手付との併存」の事案として知られている。この事案では、「……売主不履行ノ時ハ売主ハ既収手附金ヲ返還スルト同時ニ手附金ト同額ヲ違約金トシテ別ニ賠償シ……」との契約書中の違約金条項の記載から、控訴審では、違約手付と認定して、売主の解除を認めなかったが、最高裁は「解除権留保と併せて違約の場合の損害賠償額の予定を為し其額を手附の額によるものと定めることは少しも差支な」いとして、本件手付を解約手付と認定している)。しかし、原審判決がわざわざこのような解釈をとったのは、Yが契約解除の意思表示を行う際にXに対して手付倍額を提供しなかったことを正当化するためであったことは明らかである。

(2)これに対して、判旨は、民法五五七条一項の文理解釈からいっても、手付の授受を行った当事者の意思解釈からしても、手付による契約解除は、手付流し倍返しを条件とするものである、として原審の解釈を否定し、その上で「単純ニ契約解除ノ意思ヲ表示シタルノミニテハ契約解除ノ効力ナキモノトス」として、X側からの上告をいれ、原判決を破棄し、事件を東京控訴院に差戻している。差戻審の結論が不明なので、果してXの契約の履行請求が最終的に認容されたかどうかは分からないが、もしXが一、二審において本件一〇円を内金と主張して(Y側の解約手付の主張を否定して)契約の履行を請求したのだとすれば、右一〇円がYの主張通り解約手付と認定されたにもかかわらず、Y側の抗弁が却けられた結果、いわば反射的にXの主張が認容されたとしたら、何とも皮肉な結果といえよう。もっとも、解除権行使と手付倍額の提供の要否についての判旨の法文解釈は、文理上もさることながら、「古来ヨリ一般ニ行ハレタル慣習」として民法に導入された・わが国の手付の沿革からしても、当然のことであろう。

(3)こうして、本判決の先例的意義は、売主側が契約を解除するには、手付倍額の償還を要する、とされた点にある。もっとも、判旨によれば、手付倍額の償還とはいえ、具体的には手付倍額の提供(「手附倍額ノ償還ノ提供」)を以て足りる。従って、買主がその受領を拒絶した場合にも、売主はあえて手付倍額を供託する必要がないことになる。[1]因みに、買主が予め手付倍額の受領を拒むような場合には、現実の提供ではなく、口頭の提供で足りるであろう（民四九三但参照）。

(4) なお、本判決に関する判例批評として、田中整爾「解除権行使と手附倍額の提供の要否」不動産取引判例百選三二頁がある。(2)

（1）　手付倍額の供託の要否に関して、大判昭和一五・七・二九判決全集七・二九・一七（後掲4の⑪）は、売主が手付金の倍額に相当する郵便為替を買主に送付して売買契約を解除したところ、買主がその受領を拒絶した事案において、売主は手付倍額を弁済供託する必要はない旨を判示したが、その中で本文の本判決（大判大正三・一二・八）を引用して、判示の根拠としている。

（2）　本判批には手付金として「一〇万円」との記述があるが、「一〇円」の誤り。また、引用されている「大判昭和一五・七・二七評論三〇巻民法三頁」は昭和一五・七・二九の誤り？

1の②

大判大正六年三月七日民録二三・四二一

〈事実〉大正四年一月一八日、X（被控訴人・被上告人）は、Y（控訴人・上告人）から、Y所有の宅地六三坪を四、〇〇〇円で買い受け、YはX指定の第三者名義にこの土地の所有権移転登記をなすべき旨の契約を結び、Yに手付金二〇〇円を交付。履行期日同年一月二五日を双方共に徒過した後、Xは、翌年一月二四日手付金を代金の一部に充当すべき旨を意思表示してYに履行を催告し、移転登記手続を請求して本訴に及んだ。Yは、一審において右手付は解約手付であるとしてその年の三月中に手付金倍額四〇〇円をXに提供したがXが拒んだので、Yは同月二五日これを供託し、契約解除の意思表示を行った、と主張した。Y敗訴し控訴。控訴審では、本件売買契約書（甲第一号証）の次の各項をめぐって争われた。即ち、第二項「買受人ハ手附トシテ金二百円ヲ売渡人ニ交付シ売渡人ハ之ヲ受取リタルコト」、第三項「売渡人ハ大正四年一月二十五日ニ売買物件ノ所有権ヲ移転シ其移転登記ノ手続ヲ履行スヘキコト」、第四項「買受人ハ前項登記申請ト同時ニ前記ノ代金ヲ売渡人ニ支払フヘキコト」「但第二項ノ手附金ハ代金支払ニ充当スルコトヲ得」、第五項「売渡人ハ本契約ニ違反シタルトキハ第二項ノ手附金ヲ返還シ且ツ違約金一千円ヲ直チニ買受人ニ弁済スヘキ事《ママ》」、第六項「買受人ハ本契約ニ違反シタルトキハ第二項ノ手附金ヲ拋棄シ売渡人ノ所得トスルノ外尚違約金一千円ヲ直チニ売渡人ニ弁済スヘキコト」がそれである。原判決は、右の契約書第二項第六項から、本件手付はXの債務履行を確保するためのものであり、従ってYの倍額償還によりYが本件契約を解除できる性質のものではないとして、控訴棄却。Yは、以下の各上告理由を根拠に、上告。即ち、契約書第六項は、Xが契約を解除する場合及び代金不払いという義務不履行の場合に対する制裁規定にすぎないのに、原判決が、直ちに本件手付がXの債務履行を確保したもので解約手付ではないとはいえない、「解約手附ニアリテモ亦授者カ契約ヲ解除スルトキハ手附ヲ失フカ故ニ契約ヲ解除セサルノ結果トナルヘキヲ以テ解約手附ト雖モ尚ホ契約ノ効力ヲ確保スルモノト云ハサルヘカラス」（上告論旨第四点）といい、次に第五項の「違反」とは単に履行遅滞などを意味するのではなく、その違約金の過大なところからみても明らかなように、Yが本件売買物件の所有権の移転を絶対に拒絶すること、即ち本件契約上の義務の完全不履行を意味する、そうだとすれば、第五項の趣旨は「其反面ニ於テ明カニ本件契約ハ上告人タル売渡人ニ於テ本件契約ヲ履行セサル場合アルヘキコトヲ被上告人ニ於テモ認メタルモノニシテ其不履行ノ場合ハ被上告人ニ於テ約定ノ違約金ヲ取得シテ満足スヘキコトヲ諾シタルモノナルコトハ約旨其者ヨリ見テ疑ヲ容レサルナリ」といい、およそ違約金は、債務不履行の制裁と損害賠償の二種類あり、民法四二〇条三項では違約金を損害賠償の予定と推定しているから、原裁判所は右の推定を覆えすに足る証拠をあげる必要があること（同第五点）、また、叙上第二項第六項から本件手付はXの債務履行を確保したもので、倍額償還すれば契約を解約できるという性質のものではない、とする原判決に対し、Yは叙上第五項第六項は民法五五七条に反対の特約をしたものではなく、当事者が違約した場合に各違約者が違約金一、〇〇〇円を弁済すべき旨を特約し、後日の争いを防ぐためにY違約のときは手付金二〇〇円を返還し、X違約のときは手付金の返還を不要とした注意的特別規定をおいたにすぎない、つまり、第五項は第三項に対するYの契約違反の制裁を、第六項は第四項に対するXの契約違反の制裁をそれぞれ規定したもので、第二項の手付の性質を規定したものではないこと、さらに、Yは手付倍額四〇〇円をXに提供し契約解除の意思を表示したが、Xが受領を拒んだので、右金額を供託しXに通知したことを主張したが、原裁判所はその点の判断をしていないこと（同第七点）、原判決によれば、「……第五項ハ控訴人カ契約ニ違反シタルトキハ手附金二百円ヲ返還スル外ニ違約金一千円ヲ被控訴人ニ弁済スヘキ約旨ニシテ控訴人ノ義務ノ方面ヲ定メタルモノニシテ権利ノ方面ヲ定メタルモノニアラサレハ同項ノ約旨ニ據リ控訴人ニ金一千二百円ノ支払ヲ条件トスル解除権アリト認ムルヲ得ス〔傍点筆者〕」とするが、第五項の規定は、解除権ありと積極的に規定したと否とにかかわらずYに対し手付の返還と違約金一、〇〇〇円の弁済とで契約履行に代えることを許したもので、これを解除権であるというと否とは単なる言葉の争いにすぎない、実質上はXの違約金請求権を規定すると共に、Yの解除権を規定したものであって、第五項はYに一、二〇〇円を弁済して契約を履行しないことを許した規定であることは、第六項においてXに、手付金二〇〇円を放棄し違約金一、〇〇〇円を弁済して契約の履行をしないことを許したのと同一の規定であり、第三項所定の売買取引期日たる大正四年一月二五日を徒過し本契約の履行をしないときは、Yの所有権移転・登記手続履行の義務は第五項の手付金返還・違約金弁済の義務に変更したものであって、仮に本契約を必ず履行しなければならないとしたら、第五項の規定は殆ど無意味であること（同第八点）、等をあげて上告。

〈判旨〉　上告棄却。上告論旨第四点に対し「……買主カ売主ニ手附ヲ交付シタル場合ニ於テ手附カ買主売主雙方ノ為メ解約ノ方法タルヲ以テ通常トスルモ之ヲ以テ買主ノ債務履行ヲ確保スルニ過キサルモノトシ買主カ契約ニ違反シタルトキ之ヲ抛棄シ売主ノ所得トスヘキコトヲ特約スルヲ妨クルモノニ非ス本件ニ於テ原院ハ甲第一号証ノ第二項第六項ニ依リ買受人タル被上告人カ契約ニ違反シタルトキハ手附金ヲ抛棄シ売渡人タル上告人ノ所得トスル旨ヲ特約シタルコトヲ認メ手附金カ被上告人ノ債務履行ヲ確保シタルニ過キスシテ上告人ニ於テ其倍額ヲ償還セハ契約ヲ解除シ得ル性質ノモノニ非サルコトヲ判定シタルハ原院ノ専権ニ属スル契約ノ解釈ヲ為シタルニ外ナラサレハ不法トスル本論旨ハ理由ナシ（傍点筆者）」。

同第五点に対し「……本論旨モ亦原院カ甲第一号証ノ第五項ハ上告人カ契約ニ違反シタルトキ手附金二百円ヲ返還スル外ニ違約金一千円ヲ被上告人ニ弁済スヘキ約旨ニシテ上告人ノ義務ノ方面ヲ定メタルモノトシ上告人カ金一千二百円ヲ支払ヒテ契約ヲ解除シ得ル権利ノ方面ヲ定メタルモノニ非スト解釈シタル原院ノ専権行使ヲ非難スルニ過キサルヲ以テ適法ノ理由ナシ（傍点筆者）」。

同第七点に対し「……本件甲第一号証ノ第二項第六項ニ於ケル手附金ノ性質ニ付テハ……原院ハ本件ノ手附ヲ以テ其倍額ヲ返還セハ上告人カ契約ヲ解除シ得ル性質ノモノニ非ス随テ上告人ノ為シタル解除ノ意思表示ハ法律上何等ノ効力ヲ生セサル旨ヲ判示シ重要ナル事実ノ判断ヲ遺脱シタルニ非サルヲ以テ本論旨ハ理由ナシ」。

同第八点に対し「……甲第一号証ノ第五項ノ解釈ニ付テハ前第五点ニ対スル説明ノ如クナルノミナラス契約ハ之ヲ履行スルヲ以テ究局ノ目的トスルヲ以テ契約ヲ解除スルハ格別当事者カ予メ履行ヲ為ササルコトヲ許ス約旨ヲ認ムヘキモノニ非スシテ原院ハ上告人ノ解除権ヲ認メサルモノナレハ本論旨ハ理由ナシ（傍点筆者）」。

〈分析〉⑴本件では、Xの契約の履行請求とYの契約解除の抗弁という対立の構図において、それぞれの法的主張を支える道具概念として、違約手付（ただしXが主張したかどうかは不詳）と解約手付とが選択されており、本件の中心的争点は、正に本件手付の性質である。ここではまず、Yの主張を検討してみたい。Yは、本件では手付金と違約金とが併存しているところから、一方当事者の履行着手の前後に即して手付金と違約金とを分断し、着手前の当事者関係は前者が支配し（従って民法五五七条一項が適用され）、着手後の当事者関係は後者が支配するものと解した上で、前者を解約手付ととらえるのである。(1) 従って、相手方当事者の履行着手前であれば、本件契約を解除しうると主張し、現にYはXの履行着手前に、手付倍額をXに提供・供託して契約を解除する挙に出ている。しかも、こうすれば、Yは大枚一、〇〇〇円の違約金を支払わず、たかだか二〇〇円の代償で済ますことができるのである。他方、履行着手後に生ずる契約不履行の後始末は、もっぱら違約金（損害賠償額の予定と推定して――民四二〇条三項）の支払いと授受された手付金の放棄ないし返還とによって清算されることになる。

⑵他方、原判決は、本件契約第三、五、六各項を根拠に、手付金と違約金をYのようには分断せず一体とみて、本件手付を違約手付と解している。これに対してYは、違約金の弁済と手付金の放棄ないし返還によって契約を解除することと、契約不履行の故に、相手方の請求によって違約金の弁済と共に手付金の放棄ないし返還することとは、契約不履行の清算のイニシァティヴを当事者のどちらが握るにせよ、結局同じことではないかと非難する。要するに、Yは、違約手付を損害賠償額の予定としてのそれ（私の謂う所の予定手付）と見て、解約手付と同視しているのであろう。確かに社会的経済的機能の側面からみれば両者は同質といえるのであろうが、しかし契約の履行請求の当否をめぐり訴訟の場において違約手付と解約手付とが対抗する場合には、そもそも予定手付は現われない。ここでの違約手付は違約罰を支払う本来のそれであって、違約・解約の両手付は機能を全く異にするのである。従って、Yの批判は

当らない。

さて、原判決は何を根拠に本件手付を違約手付とみたのであろうか。ここには三点をあげてみたい。第一点、本件契約書には、解除権留保の規定がどこにもないことと、本来は解除権留保の代償として規定さるべきはずの「手付流し倍返し」の規定が、手付流しはあっても倍返しではなく、単に手付金返還が規定されているに止まること。私は、解除権留保規定の不存在と手付金返還という・民法規定（民五五七）との違い二点のうち、後者に注目したい。なぜなら、本件と同種の後発の事案（履行請求対解約手付による解除の抗弁――違約・証約手付・内金対解約手付の）類型において、解除権留保の規定なく、不履行時の手付流し倍返しのみ規定という契約文言でありながら、いわゆる解約手付推定の論理を媒介として解約手付と判示されることが多いからである。(2) これに対して本件判決に先立つ三年前の大審院判決（大正三・一二・八――前掲1の①）では、民法五五七条一項は「文理上容易ニ……売主ノ解除権ハ手附ノ倍額ノ償還ヲ条件トスル解除権タルコトヲ看取シ得ヘキノミナラス〔傍点筆者〕」、元来同条の規定は手付の授受に関する当事者の意思が明白でないときは「……売主ハ手附ノ倍額ノ償還タニ為セハ契約ノ履行ヲ為サヽルコトヲ得ルノ意思ヲ以テ手附ノ授受ヲ為シタルモノト看做スヲ至当ナリ〔傍点筆者〕」とあり、従って倍額償還ならぬ手付金の返還では、その手付には解除権留保の機能は与えられないことになるだろう。もちろん憶測の域を出ないけれども、本件において原院は、右の大審院判決に心理的に牽制されたのではあるまいか。私が手付金返還にこだわる所以である。（因みに、買主不履行の際は手付放棄とされたのは、敢えて想像を逞しくすれば、契約締結前の買主の転売の不調ないし転売先とのごたごたのせいで、売主側が買主の履行を危惧したからではないだろうか）。第二点、兵庫県所在の宅地六三坪の代金四、〇〇〇円の四分の一に当る一、〇〇〇円という・当時としては「過大ナル」（上告理由第五点）違約金を不履行当事者が支払わねばならないこと。この違約金が違約罰であれ、賠償額の予定（民四二〇Ⅲ）であれ、その多額な所からみて両当事者の契約の履行確保を目的とすることはいうまでもない。ここから、本件契約の履行に懸ける両当事者の並々ならぬ意思の強さが汲みとれるだろう。それなのに、もう一方の手付をYの主張する通り解約手付（しかも、代金の二〇分の一の金額のそれ）と判定するとしたら、それはいかにも矛盾である、と原院が考えたとしても無理はないように思われる（たかだか二〇〇円の損失で契約を解除しうる手付と、履行をしなければ何と一、〇〇〇円もの損失をやむなくする違約金との併存！）。従って、その限りで原院が本件手付を違約金と一体とみてこれを違約手付と判断したのは当然であろう。第三点、Yの第一審答弁書には「大正四年一月十八日附契約ニハ……Yハ……Xノ指定スル第三者名義ニ登記ヲ為シ其者ニ所有権ヲ移転スヘキ定メアリ云々」とあり、契約当事者間に転売が予定され了解されていたことは恐らく事実と思われる。(3) 従って、Yの契約手付による解除が認められるとすれば、Xの損害自体は違約金によって償われるとしても（もっとも、それもYの主張通り、Xの履行着手の先後によって解約手付と違約金が使い分けられれば、話は別である）、本件契約の後に予定ないし予期されていたであろう諸契約の消長に大きな影響を及ぼすことが予想される。そうだとすれば、Yの履行を妨げる客観的な事情が存在しない限り、転売予定が明らかな本件において原院が本件手付を違約手付と解することは、少なくとも契約締結当時の当事者の意思に合致するものといえるであろう。

(3) これからさき本研究の中で明らかにされるように、昭和十年代まで解約手付を肯定する判例が断然多かった中で、本判例は解約手付を否定した数少ない判決の一つである。しかも、解約手付肯定の判例の多くが手付特約の解釈を解約手付推定の論理を用いて立証責任の問題に矮小化し、従って当該事案の具体的な事情に即した実質的な判断根拠を殆ど示していないのが大方であるのに対して、(4) 判旨は、解約手付を否定する価値判断規準を明示しており、その点でも稀少価値がある。即ち、原判決が、契約書第五項——売主が違約の際は手付金の返還と違約金の弁済をなすべき旨を規定——に関して、これは売主の「義務ノ方面ヲ定メタルモノニアラ」ずとしてYの解除権主張を否定したのを承けて、判旨は次のようにこれを支持している。即ち「契約ハ之ヲ履行スルヲ以テ究局ノ目的トスル〔傍点筆者〕」のであるから、一方当事者の契約不履行に対し相手方当事者が自ら「契約ヲ解除スル〔民法五四一条以下〕ハ格別」「当事者カ予メ履行ヲ為ササルコトヲ許ス約旨〔民法五五七条〕ヲ認ムヘキモノニ非ス」と。ここでは確かに、判旨は、原判決における事案の具体的な契約文言の解釈——判例のいう事実問題(5)、従って「原院ノ専権ニ属スル」それ——には直接立ち入らぬ形での（つまり法律審たることをわきまえた）抽象的な支持表明に止まっているが、それ故に却って、それは近代民事責任の原理と解約手付制度——不履行解除と無理由解除——との矛盾を浮き彫りにし、ひいては、「契約は遵らざるべからず《パクタ・スント・セルヴァンダ》」とする近代契約法の大原則を示唆しているのである。

(4) 以上のように、本判決は、解約手付を排除する手付特約の存否の判断は事実審の専権事項として、解約手付を主張する上告を却け、違約手付と解する原判決を支持した。判決の先例価値は、本判決が解約手付推定の論理をいわば裏返しにして、解約手付を明規した特約がない限り、手付を解約手付と解すべきではない、と示唆している点にある。

(5) 本判決の判例批評として、吉田「近代民事責任の原理と解約手附制度との矛盾をめぐって」法学新報七二巻一・二・三合併号一〇七頁がある。

(1) 民法は五五七条一項において、手付流し倍返しを認めるからこそ、解除に伴って生ずるであろう相手方の損害の賠償を禁じている（第二項）のであるが、Yは、それと矛盾する本件違約金規定を一方当事者の履行着手後の相手方当事者の違約に適用するとして、巧みに手付解約と違約金併存の矛盾を避けている。しかし、そう解釈することによって、却って、着手前のYの解除の際にX側に生ずるはずの損害の賠償に倍返しの代わりとして違約金をあてることができなくなったことの結果、X側の損害は放置する、という不衡平——Xは解除の際手付を放棄し・Y側の損害を填補しなければならないのに——

が生ずる。そこで現に、Yが解除した際、契約文言に反して倍額を支払っている。

（2）例えば、大判大一一・二・三新聞一九八・二〇、最判昭三〇・一二・二六民集九・一四・二一四〇等々。

（3）Yの上告論旨によると、本件売買契約にはYはX指定の第三者名義に本件土地の所有権移転登記をなすべき旨が規定されており――訴外Sは右の第三者から省かれる旨の合意があったとYは主張しXは争った――、本件売買が普通の売買ではなく、Xには転売の意思を開示すべき義務があった（にもかかわらずXが開示しなかったのは詐欺行為だとする）、とYによって主張されている。Yの第一審答弁書第三項によると「大正四年一月一八日附契約ニハ売渡人タル被告（上告人）ハ買受人タル原告（被上告人）ノ指定スル第三者名義ニ登記ヲ為シ其者ニ所有権ヲ移転スヘキ定メアリ」とある。大審院は「原院ハ其挙示セル証拠ニ依リ被上告人ハ契約ノ当時自己ノ為メニ本件物件ヲ買受クル意思アリタルモノト認メ」訴外Sのために買う意思を認めたわけではないから、右の開示義務云々の抗弁は理由なし、としている。それ故、転売先がSであれ、別人であれ、Xがいずれ転売する積りだったことはYも知っていたようである。

（4）吉田「近代民事責任の原理と解約手附制度との矛盾をめぐって」法学新報七二巻一・二・三合併号一〇四頁参照。

（5）法律行為の解釈は法律問題か事実問題かという点につき、判例は原則として後者と解している、といわれる。我妻・新訂民法総則二五八頁参照。とはいえ、手付特約における当該手付の性質をめぐり争われる場合に、原裁判所が判定した手付を大審院（ないし最高裁）が、契約の解釈は「原院ノ専権」として、常に認容するかといえば、必ずしもそうではないように思われる場合がある。とりわけ、原判決において当該手付が解約手付以外の手付と判定された場合に然りである。

1の③

大判大正一一年二月三日新聞一九八五・二〇

〈事実〉米を扱う合資会社X_1商店及び米穀商X_2（両者共に控訴人・被上告人）と米作農Y（被控訴人・上告人）との間に玄米売買契約が成立し（契約年月日不詳）、その際「一割ノ手金ニ該当スル」二五五円がX_1からYに交付された（なおX_1とX_2との関係は不詳）が、その後Yは上記金銭を手付金としてその倍額をX_1に提供して右契約を解除した。

X¹らは右金銭を内金とみて契約の履行を求め本訴を提起、一審X¹ら敗訴し、控訴。大正九年一一月六日東京控訴院は以下の理由によりX¹らの控訴を容れた、即ち、内金対手付金との当事者の主張の対立をめぐり「本件取引ハ相場ノ騰落ニ因ル一種ノ賭事ヲ目的トシタルモノナリトノ事情ガ認メラルレバ格別爾ラザル限リ当事者ハ確定的ニ取引ノ成立シタルコトヲ証スル標徴トシテ代金ノ一部ヲ授受シタルモノニシテ且ツ若シ買主ニ於テ違約シタル場合ニハ売買ハ将来ニ向ヒテハ当然ニ消滅シ而シテ売主ヨリ買主ニ対スル損害賠償ノ請求トハ無関係ニ前記金円ハ売主ニ於テ之ヲ没収スル約旨ナルコトハ甲第一号証ノ二三ノ文意上之ヲ認定セザルヲ得ズ〔傍点筆者〕」と判示した上、これに加えて、「米穀ノ如キ時価騰落ノ比較的激甚ナルモノニアリテハ各当事者ハ相場ノ高低ニ伴レ容易ニ自己ノ利益ニ於テ而シテ相手方ノ損害ニ於テ契約ヲ解除スルヲ得可ク取引ノ安定ハ殆ント期ス可カラザルニ至ラム賭博類似ノ空取引ヲ目的トシタルニ非ザルヨリハ斯カル結果ヲ惹起スルニ至便ナル契約ヲ為スノ意思ナリトノコトハ蓋シ之ヲ認容スルニ躊躇セザルヲ得ズ〔傍点筆者〕」（本件大審院判決中に引用）と説示した。こうして控訴審では、本件二五五円は内金であり、買主違約の際には右金銭を売主が没収するとの特約があるのみで、従って、手付金だから倍額償還により売主側からも解約できるとするYの主張は却けられた。そこで、Yは以下の四点をあげて上告した。即ち、第一点は、本来手付金は売買契約の締結を確定的に証明することを目的とするものなのに、原院は内金こそその目的を達成するものであるとすること。第二点は、手付金の共通の目的は契約の効力を確保する性質を有するものであって、相場の騰落に因る一種の賭け事を目的として授受される性質を有するものではないのに、本件取引が賭け事を目的とはしないものとの事情が認められない限り手付金ではなく、内金であると認定されたこと。第三点は、右の事情が「認メラルレバ格別」という仮定の理由を前提に内金と認定したが、原院は右の前提事実を確定していないこと。第四点は、原院は甲第一号証の二、三を根拠に買主側だけがYに交付した金銭を流して解約できると解しているが、本件契約の双務契約性から売主の倍額償還による解約ができるはずであること。

〈判旨〉原判決破棄差戻。「……米穀ノ売買ニ在テモ手附金ヲ授受スルハ相場ノ騰落ニ因ル賭事ヲ目的トスル場合ニ限ラザルコトハ吾人ノ経験上顕著ナル所ナリ、之ヲ売買当事者ノ心理上ヨリ見ルモ米価ノ変動激甚ナルノ事情ハ当事者ガ確定的ニ売買ヲ為スノ決意ヲ躊躇シ米価騰落ノ趨勢如何ニ依リ契約ヲ解除スルノ権利ヲ留保スル為メ手附金ヲ交付スルノ動機タラズトセザレバ賭事ヲ目的トスル場合ニ限リ手附金ヲ交付スルモノト為スハ取引ノ実情ニ適セザルモノト謂フ可シ、故ニ原院ガ前叙ノ理由ニ依リテ上告人ガ各被上告人ヨリ受領シタル金員ヲ手附金ニ非ズシテ売買代金ノ内入金ナリト判定シ其結果該金員倍額ノ提供ノ上ニ上告人ノ為シタル契約解除ノ意思表示ヲ顧ミル所ナクシテ各被上告人ノ売買履行ノ請求ヲ是認シタルハ実験法則ニ反スル不法ノ裁判タルヲ免レズ」

〈分析〉(1)まず、原判決には、そもそも解約手付はもっぱら乃至主として投機売買のような・価格変動の極めて激しい商品の売買の際に用いられるものとの認識が基本にあるように思われる。即ち、履行時の相場価格が契約時の代価よりも下落すれば買主が手付金を放棄して契約を解除し、騰貴すれば売主が手付倍額を償還して契約を解除することによって、売買当事者は相場の変動による・代価と相場価格との価格差を利用してできる丈利潤を多くするための手段が解約手付なのである、と原判決は認識しているのである。従って、純然たる投機売買ならずとも、騰落の甚だしい米穀売買において解約手付が交付されたとすれば、取引が極めて不安定になるだろうことは目に見えている。そこで原判決は、本件金銭を内金と解したのである。この解釈は契約遵守の法理にかなうものである。しかし、この解釈では済まされぬ点がある。即ち、本件契約には次の文言がある、「右ノ通リ売約定候処確実也然ル上ハ前記約定ノ通リ履行可被成候若シ違約ノ節ハ該約束金流レ此証可為無効事依テ如件……前記都合一割ノ手金ニ該当スル金二百五十五円也近磯商店ヨリ正ニ受領候也〔傍点筆者〕」(甲第一号証ノ二)との記載に加えて、「右ノ通リ売極メ証拠金正ニ受取申候処実証也然ル上ハ来ル十月三十日限リ御済口ノ上米御渡可申候万一本契約ニ違背相成候節ハ証拠金流レ切リ此証一切無効ノ事ニ候〔傍点筆者〕」（甲第一号証ノ三）とある点がそれである。本件契約付属のこれら証文類は、いずれも本件玄米売買の買主Xが契約不履行の際には、XのYに交付した二五五円（約束金とも証拠金とも表示されている）をYの所有に帰せしめ・本件契約を解消させることを示している。このことは、Yが主張するように、Xは右金銭を放棄し契約を解除できる、即ち右金銭は、前掲文言による限り、買主一方の解約手付に他ならない（あるいは賠償額の予定としての違約手付――私のいわゆる予定手付――ともいえる）。そうだとすると、本件のように売主側の契約不履行の場合、問題の金銭の性質をどう考えるか、が正に問題である。思うに、判旨からは判然としないが、売主Yの債務不履行は当然履行時の米相場の騰貴によるものであろう（もし米の不作が原因であったとすれば、X[1]らは履行を請求せず、解約手付による倍額償還で満足し、そもそも訴訟にはならなかったであろう）[(1)]。しかもX側がYの債務履行を求めているところから、原判決は、その契約解釈の基本的理念とする取引の安定に即して（売主側の倍額償還による解除文言のないことも幸いして）内金を選択したのであろう。

(2)他方、判旨は、相場の変動の激しい米の売買では、純粋な投機売買（主として米商人間の売買）ではなくとも、手付を授受することがあることはよく経験することであり、売買当事者の心理からしても、価格騰落の激しい取引では履行時の価格の騰落に応じて解除の余地を残したいと考えるのは当然であることを理由に、本件金銭の解約手付性を肯定した。このように大審院が原審の実質的根拠に批判の目を向け、解約手付推定の論理によらなかったこと、さらには買主一方の手付特約の存在――解釈上売主側の手付を否定する余地――を無視したことは、注目に値いする。

(3)本件上告人Y（田中繁太・新潟県西蒲原郡漆山村大字漆山）と同一人の地主が別の米穀商との間に本件と全く同じ玄米の先売をめぐる紛争を起こしており、大審院では解約手付と認定して差戻したところ、差戻審（東京控訴院）は、本件同様の・買主一方の解除特約から当該金銭を解約手付と一応認定した上で、本件当事者の居住する地方を含む新潟県下越後地方の慣習[2]——「地主カ米穀商ヨリ手附金ヲ受取リ収獲《ママ》玄米ノ売買ヲ為シタルトキハ後日地主即チ売主ヨリ手附金ノ倍額ヲ償還シテ売買ヲ解除スルコトヲ得サル慣習」——を根拠に売主の契約解除を否定している（東控判大正一四・一〇・二〇新聞二五三〇・九——後掲1の㉘参照）。本件ではY側は玄米先売の慣習を援用していないが、援用していたとすれば、大審院の判断がどのようなものになっていたか興味のある所である。

(4) 本判決の先例価値は、投機売買はもちろん、価格変動の著しい物品の売買においても、契約締結時に授受される金銭は両当事者にとって解約手付であると判断された点にある。

（1） かつて我妻博士は、不動産業者や金融機関の担当者との不動産セミナーにおいて、米の売買について、次のように述べておられる。「……以前地主が米を小作料にとって蔵に積んでいた時代に、私の知合いが地主から米を買付けて東京に出していた。まず大急ぎで田舎をまわって手附をどんどん打って、値段をきめて買っておく。しかし、そこはさすがに商人だから、捨てれば解約できる、向うでも倍にすれば解約できる、そうしてそれが履行に着手するまでだということも知っている。履行に着手してから倍返しで解約するなどといっても、それには拘束されないで、法律的には損害賠償まで請求できるのだということを知っている。知っているけれども、裁判に訴えてまでそれをやって得かどうかということをそろばんで考えて、法律的にはもっととれるのだがこれでがまんしようという考えでやっていた。この米の場合の例を見たときに私は、本来は解約手附であって債務不履行の賠償額の予定ではないが実際問題として債務不履行のときにもそれであきらめるというようになったのだろうと考えていた〔傍点筆者〕」。元来、「民法の規定は慣習に基いているといわれるから、慣習は解約手附であったかもしれない。しかし、実際問題としては、訴訟に訴えて損害賠償をよけいとろうとしてみたところで、はなはだやっかいなのだから、結局手附であきらめてしまうというところに納まった。そうして、少なくとも現在では、手附は損害賠償額の予定の働きをしているという傾向があるのではないか〔傍点筆者〕」（「不動産の取引」七三～七五頁、不動産セミナー(1)ジュリスト選書・有斐閣）。右の引用にもある通り、実際問題としては、米売買においても、手付は解約手付としては働かず、損害賠償額の予定の作用をするだろうが、訴訟の場においては、やはり解約手付として機能するのであろう。本件では、買主側がYの倍額償還による解除の主張を容れず、なぜ履行請求をしたか不明であるが、買主一方の解約手付の特約からみて、当事者間に売主側の手付倍額償還による解除禁止の慣習の存在が意識されていたのであろうか。

（2）　後述の東控判大正一四・一〇・二〇において買主側が陳述した下越後地方の玄米先売慣習とは次のようなものである。即ち「〔下〕越後地方ニ於テハ玄米ノ先売ヲ為シテ内金ヲ受取リ売買契約書即チ売券ヲ生産者カ発行スルヿ《ママ》ハ古来ヨリ行ハレタル慣習ニシテ該売券ハ相場ノ高騰ニ従ヒ値違ノ差金ヲ授受シ譲渡人ヨリ倉元タル売主ニ其譲渡ノ通知若クハ承諾ヲ要セスシテ商人ヨリ商人ノ手ニ輾転シ最後ノ所持人カ残代金ヲ携帯シテ生産者ノ許ニ受取ニ行クトキハ玄米ヲ引渡ス慣習」とある。

1の④

大判昭和七年七月一九日民集一一・一五五二

〈事実〉X（被控訴人・被上告人）は、大正一四年五月Y（控訴人・上告人）の先代A（昭和五年八月死亡、Y家督相続し本件訴訟を承継）からその所有する本件畑（五畝一二歩）・宅地甲（七八坪）・同乙（五坪八合一勺——当時第三者B所有の建物があった）を三、〇〇〇円で買い受け、その際五〇〇円をAに交付した。右契約では、Xが代金残額二、五〇〇円を大正一五年四月末日までに支払い、これと引換えにAが本件土地の所有権移転登記をすべきことが約定された。その後、昭和二年九月Aは右五〇〇円を解約手付であるとして倍額一、〇〇〇円をXに現実に提供し、本件契約を解除する旨Xに申し入れたので、Xは右金銭は内金であると主張し本件土地の所有権移転登記を請求して本訴に及んだ。一審（水戸地裁）はA敗訴し控訴。二審（東京控訴院）は、XY両当事者がそれぞれ所持する本件契約書及びAからXに宛てた「仮証ト題スル五百円受領ノ旨ヲ記載セル証書」には右五〇〇円につき「手附金」と記載してあるも、解除権留保の為に授受するように明示または黙示の合意があったとは読みとれないこと、逆に契約締結時の立会人C及びD

の証言[1]（一、二審）では話し合いは全くなく、却って当事者は約定期限までに土地の引渡し・これと引換えの残代金支払いをすべき旨の合意があったと認定できること、C・Dの証言から右五〇〇円は「内金」として授受されたものといわざるを得ないことを説示し、従って一、〇〇〇円の提供を伴う・Aの契約解除の申入は本件売買契約解除の効力は生じない、とした上で、A主張の次のような特約の存在も否定した――本件宅地乙には本件契約締結当時Bが建物を所有していた為、一年後の大正一五年四月末日までにBに建物を収去させXに土地を引渡す予定であるが、右期日までに引渡せないときは本件契約は当然解除される旨の特約（BにAがその建物の収去・土地明渡しを交渉した事実は認定）。こうして二審はYの控訴を棄却、Yは次の諸点を理由として上告。即ち、民法はその五五七条に解約手付を規定しており、契約に「手附金」として授受する旨が記載されている以上、当該手付がどのような内容のものかは契約上省略できるはずであるから、問題の五〇〇円を「解約手付」と解釈するのは当然であること、手付金とするとも内金とするとも話し合いがなかった場合には、契約書及び領収書に手付金として支払う旨の記載があり、これを承認して互いに契約書を取り交わした以上は民法の規定した解約手付の授受があったものと認めるべきであること。

〈判旨〉原判決破棄差戻。「……売買契約ヲ締結スルニ当リ買主カ売主ニ手附ヲ交付シタルトキハ特別ノ意思表示ナキ限リ該手附ハ解除権ヲ留保スル性質ヲ有スルモノト認ムヘキモノトス蓋民法第五百五十七条第一項ハ此ノ趣旨ヲ規定シタルモノニシテ畢竟我国古来ノ慣習ニ依拠シタルモノニ外ナラサレハナリ本件当事者間ノ土地売買契約ニ於テ買主タルXカ契約成立ト同時ニ売主タルAニ対シ金五百円ヲ交付シタルコトハ当事者間ニ争ナキトコロニシテ其ノ契約証書タル甲第一号証（乙第二号証ト同一）ニ右五百円ハ手附金トシテ交付シタル旨ノ記載アルコトハ原院ノ認ムル所ナリ果シテ然ラハ特別ノ意思表示ナキ限リ該手附金ハ解除権ヲ留保スル性質ヲ有スルモノト認メサル可ラス然ルニ原院ハ其判決ノ理由ニ於テ『右五百円ヲ授受スルニ当リ……解除権留保ノ目的ヲ以テ之カ授受ヲ為スコトハ右書証（甲第一号及乙第二号証等）ノ記載ニ依リテハ之ヲ看取スル能ハス……』ト説示シ手附カ解除権ヲ留保スル性質ヲ有スルコトハ特別ノ意思表示ヲ俟ッテ初メテ然ルヘキモノト為シ従テAカ昭和二年九月二十日頃Xニ対シ訴外Eヲ代理人トシテ曩ニ受取リタル五百円ノ倍額タル一千円ヲ現実ニ提供シテ本件売買契約ヲ解除スル旨ノ申入ヲ為シタルコトヲ認メナカラ該契約ノ存続スルコトヲ認定シタルハ手附ノ性質ヲ誤解シタル不法アリ……尤モ原院ハ前示判示ニ次キ『却テ当事者ハ約定ノ期限迄ニ土地ノ引渡ヲ為シ之ト引換ニ代金ノ内右授受ノ金員ヲ控除セル残額二千五百円ノ支払ヲ為スヘキ旨ノ合意アリタル事実ヲ認定シ得ヘク云々』ト説示シ恰モ本件手附ハ代金ノ一部内入タル性質ヲ有スルモノト積極的ニ認定シタル如クナリト雖手附金ハ当事者カ売買契約ノ履行ニ着手スルマテニ之カ解除ヲ為サスシテ契約ヲ履行スルトキハ代金ノ内入ト為スコトヲ常トスルヲ以テ本件当事者カ約定ノ期限迄ニ土地ノ引渡ヲ為シ之ト引換ニ代金ノ内曩ニ授受シタル五百円ノ金額ヲ控除シタル残額二千五百円ヲ支払フコトヲ約シタレハトテ之ヲ以テ曩ニ授受シタル五百円ハ解除権ヲ留保シタル手附ニ非スト論断スルヲ得〔傍点筆者〕」ない。

〈分析〉(1)本件は、手付特約の解釈をめぐって先例となるべき解釈論理を明示した点において以後の判決にとって指導的な判例と位置づけられてよいであろう。第一点は、売買契約の締結に際して手付金の授受があった場合には、解約手付以外の手付とする旨の・当事者の特別な意思表示がない限り、その手付は「解約手付」と解すべきである、とした点である。判旨は、民法五五七条一項が「我国古来ノ〔手付損倍戻の〕慣習ニ依拠シタルモノ」とした上で、その規定の体裁から本条を解約手付の推定規定と解しているのである（解約手付推定の論理）。もっとも、本件の場合には契約に「手付」と明示されており、判示の通り正にストレートに解約手付の推定が成立する事案であるが、もし「手付」の文言が表示されず、例えば「約束金」とか「証拠金」などの表示しかない場合にも、解約手付の推定が成立するのかどうか、要するに、判旨のいう解約手付推定の論理の妥当範囲がどこまでか、は後続の判例の分析にまつ他はないのであろう。なお、本件の場合、契約書に「残金二千五百円ハ大正十五年四月迄ノ間ニ支払フヘキ旨及同契約書記載ノ条項ニ違背シタル行為アリタルトキハ本件契約ヲ無効トスヘク此場合ニハＡノ受取レル五百円ハＸニ返還セサルコトトス」との記載があり、文中の右五百円は賠償額の予定としての（買主一方の）違約手付と受けとれるが、この文言が判旨のいう「特別の意思表示」には当らないと判旨がみていることは明らかである。右の「特別の意思表示」にどのような具体的内容が与えられるべきか、も亦、後続の判例の分析に委ねられることになる。

⑵第二点は、判旨によると、手付金は、当事者が契約の履行に着手するまでに契約を解除せず契約を履行するときには、代金に繰り入れられるのを「常トスル」から、買主が履行の際手付金を控除した残りの代金を売主に支払うことを約束したからといって、その金銭が手付金ではなく「内金」である、というわけではなく、却って「手付金」と解すべきである、とされる点である（内金即手付の論理）。ただし、本判決においては、契約締結時に授受された金銭が契約上「内金」と明示されていても、それを「手付金」と解すべきものとまでは説示されていない。そこまで踏みこんだ判決は、昭和一〇年一一月四日の大審院判決[2]まで待たなければならない。

⑶叙上のように、大審院は、専ら民法の手付条項の規定の体裁から一定の解釈論理を抽出して本件事案に適用する、という・いわば演繹的操作に終始している。これに対し原院は、契約書等に「手附金」と明記されているにもかかわらず、Ｘ及び契約時の立会人など関係者らの証言から帰納的に、契約時当事者間には当該金銭を手付金とりわけ解約手付とする認識はなかった、と判断し、「代金ノ内右授受ノ金員〔傍点筆者〕」云々の契約書上の記載を根拠に「内金」と判示したのである。しかし、ＸＹ間に取り交わされた契約書には、叙上のように、その記載から問題の金銭は少なくとも買主一方の違約手付とりわけ賠償額の予定としてのそれ（私のいわゆる予定手付）と解する余地があり、この点から逆に、売主の側の不履行の場合にも、倍額償還の予定が想定されても不合理ではあるまい。他方、本件契約締結

前から本件係争地乙上にBが建物を所有し、Aが本件土地の売却に際し右建物の一年後の収去・土地引渡しをBに要請し、極力説得したが、失敗したという事実（原審が認定している）から、契約当初からA（後にY）は自ら契約履行の実現にかなりの危惧をいだいていたことが窺われ、その点を考慮してXから受領した五〇〇円を解除権を留保する性質を有する手付と認識していた、と解する余地がある――原審では否認されたが、現にAは、係争地の明渡しに成功しなければ本件契約は当然解除となる旨の特約の存在を主張した。このように、本件をめぐる諸事情からは、原判決とは逆に、客観的に解約手付（契約書に記載された・賠償額の予定としての違約手付は実質的には解約手付と同様に機能する）と解する余地が十分にありうる――もっとも、Xの請求は本件土地所有権の登記移転であり、本件土地上に第三者所有の建物が収去されずに残っているとしても、右の請求自体は実現可能であったろう（原院が契約遵守を優先選択し、判決の基礎に据えていることは明らかであろう）。因みに、原判決は、具体的な証拠から、特別の意思表示がなければ解約手付ではない、と結論づけているのに対し、判旨は、法規からの演繹によって、特別の意思表示がなければ解約手付である、として、その立論方法・結論ともに両判決が正に対極的立場に立っていることは興味深い。

(4) 本判決の先例価値は、解約手付推定の論理及び内金即手付の論理を確立した点にある。

なお、本件判例批評として、吾妻光俊「手附の性質――特別の意思表示なき限り解約手附と見るべし」・判例民事法（昭和七年度）、中川淳「手附と内金の関係」・不動産取引判例百選（別冊ジュリスト10号）三〇頁がある。

(1) Cの調書「此ノ五百円ハ契約ノ証拠金ナリ」「此処ニ手附金ト書イテアルカ証人ハ手附金モ内金モ同様約束金ト思ツテ居リタリ」。Dの調書「証人ニハ右五百円カ手附金ナリヤ内金ナリヤヨク分ラス」。なおXの原審調書には「其ノ際（契約締結当時）五百円ヲAニ交付シタルカ其ノ時ニハ内金トカ手附金トカ云フ話ハ出ス」とあり、いずれにしろ契約締結当時当事者間には右五〇〇円の授受について特に解除権留保の為にする旨の話合いはなかったが、反対に手付金とせずに内金とする旨の話合いもなかったのである。

（2） 大判昭一〇・一一・四法学五・四・一一四「手附金は売買契約の履行せらるる場合には代金の内金として計算せらるるものなれば原裁判所が甲第一号証に金百円を内金と記載あるは手附金の意義なりと判断したるは不法に非ず売買の当事者が手附を授受する場合に於ては必ずしも売買証書中に手附損又は手附倍戻なる文言を明記するものに非ざるを以て原裁判所が斯かる文詞の記載なき甲第一号証に掲げある金百円を以て手附なりと認定したるは是亦不法に非ず。」

1の⑤

大判昭和八年七月五日裁判例(七)民一六六

〈事実〉買主X（被控訴人・被上告人）は、売主Y（控訴人・上告人）との間に代金三、〇〇〇円で木材を買うこととし、大正一一年六月二八日から七月二〇日までの間順次材木を伐採して全部の材木を松本駅構内のA運送店の貨車積場に搬出してまず材木の引渡しを終え、Xは右運送店で貨車に積みこむ度に代金を計算して支払うことを約し、手付金五〇〇円をYに交付した。その後YはXに手付倍額一、〇〇〇円を提供して本件契約解除の意思を表示したが、XはYの解除前に履行に着手したとして、Yの契約不履行による損害金を請求すべく本訴に及んだ。一審Y敗訴し、控訴。原院（東京控訴院）は、Xが「代金三千円ヲ携帯シテ大正十一年六月二十七日B町C旅館ニ投宿シ同日材木伐採及松本駅ニ於ケル材木受渡シ手伝ノタメD外数名ノ人夫ヲ傭入レ且松本駅前A運送店ニ対シ代金ノ用意及受渡ノ準備整ヒ居ル旨ヲ通知シタル事実」を以てXが大正一一年六月二七日にすでに契約の履行に着手したと認定して、従ってYが行った「其ノ後二十八日ノ口頭ニヨル契約解除ノ意思表示及二十九日ノ乙第一号証ノ一乃至五ノ書面ニヨル契約解除ノ意思表示」によっては契約解除の効果は生じないと説示して、Yの控訴を棄却。Yは以下のように主張して上告。

即ち、第一点は、本件売買契約の履行始期は大正一一年六月二八日であり、履行期到来前の六月二七日には履行に着手しえないこと、第二点は、契約の履行の着手とは「契約履行行為其ノモノノ一部分ニ属スル行為」であり、民法に規定する契約の履行または債務の履行とはいずれも履行行為全体を指してそう呼んでいるのだから、民法五五七条の契約の履行に着手というのは「契約履行行為ノ最初ノ一階程ニ属スル履行行為ノ一部」であって、原審判示の買主の行為は履行着手の準備行為にすぎないこと。

〈判旨〉原判決〔中上告人敗訴の部分を〕破棄差戻。「……凡ソ履行ノ準備ト履行ノ著手トハ相違スルコト勿論ナルニ拘ラス原審カXハ代金三千円ヲ携帯シテ大正十一年六月二十七日B町C旅館ニ投宿シ同日材木伐採及松本駅ニ於ケル材木受渡シ手伝ノタメC外数名ノ人夫ヲ傭入レ且松本駅前A運送店ニ対シ貨車配給方ヲ依頼シ以テYニ対シ代金ノ用意及受渡ノ準備整ヒ居ル旨ヲ通知シタル事実ヲ認メ得ヘク然ラハXハ大正十一年六月二十七日既ニ契約ノ履行ニ著手シタルモノト言フヘク云々ト説示シタルヲ見レハ原審ハ履行ノ準備ヲ履行ノ著手ト区別シテ之ヲ混同セサリシモノト云フヲ得ス故ニ原審カ右ノ如ク説示シテ其後ニ為サレタルYノ解除ノ意思表示ハ効果ヲ生スルニ由ナキモノトナシ以テXノ抗弁ヲ排斥シタルハ理由不備ノ違法アルモノ」である。

〈分析〉(1)中心的なYの上告理由は、[1]履行期以前の履行着手は民法所定のそれではないことと、履行着手と履行の準備行為とは異なることの二点であった。これに対して判旨は前者の上告理由については答えておらず、[2]履行期初日の前日のXの行為をとらえて、原審の・履行準備と履行着手の混同を誤りと指摘している。そうして判旨の謂う所の「混同」が、Xの行為が履行期初日ではなく・その前日に行われたことによるのではなくて、当該行為の内容が単に履行の準備に止まり、履行の着手の域にまで達していなかったことによるのであることは、判文から明らかである。このXの行為は、Yが一連のそれを四つに分けて上告理由の中に示すと共に、Xが本来義務として行うべき履行行為と対比させている。即ち、Yの提示した・Xの準備行為は「(一)Xカ三千円携帯シテ大正十一年六月二十七日C旅館ニ投宿シタル行為(二)同日材木伐採及松本駅ニ於ケル材木受渡手伝ノ為人夫数人ヲ傭入レタル行為(三)松本駅前運送店ニ対シ貨車配給方依頼シタル行為(四)Yニ対シ代金ノ用意及受渡ノ準備整ヒ居ル旨通知シタル」行為であり、Yの謂うXの義務履行行為は「六月二十八日松本駅構内A運送店貨車積場ニ於テ木材ノ引渡ヲ受ケ貨車積込毎ニ代金ヲ計算支払ヒスヘキ義務」である。このようにXの現実に「した」行為と「すべき」行為とを対比させてみると、Xの一連の先行行為は、後行行為の前提行為、即ち後行行為をなすために必要不可欠な行為ではあるが、後行行為の一部ではないことは確かである。従ってYの主張するように、そして判旨もそれに同調するとすれば、履行着手とは「契約履行行為其ノモノノ一部分ニ属スル行為」だとすれば、本件Xの行為は正に着手には当たらないのである。

(2)後述の最大判昭四〇・一一・二四民集一九・八・二〇一九(1の⑯)によれば、民法五五七条一項が履行着手による解約制限を設けた趣旨は「当事者の一方が既に履行に着手したときは、その当事者は、履行の着手に必要な費用を支出しただけでなく、契約の履行に多くの期待を寄せていたわけであるから、若しかような段階において、相手方から契約を解除されたならば、履行に着手した当事者は不測の損害を蒙ることとなる。従って、かような履行に着手した当事者が不測の損害を蒙ることを防止する」ことにある、とされ、この立法趣旨から、「履行着手」とは「債務の内容たる給付の実行に着手すること、すなわち、客観的に外部から認識し得るような形で履行行為の一部をなし又は履行の提供をするために欠くことのできない前提行為をした場合を指す」こととされた。この定義に従うとすれば、本件Xの行為は、Y及び判旨のいう通り確かに「履行行為の一部」には該当しないが、少なくとも「履行の提供をするために欠くことのできない前提行為〔傍点筆者〕」には該当する。なぜなら、Yが謂うXの準備行為は、それを構成する四つの行為が、それぞれ次の行為と因果的に関連しながら履行提供という終着点に向けて順序を追って一連の流れ作業として行われ、どの一つを欠いても履行提供が実現しなかったであろうからである。従って、少なくとも今日の着手概念からすれば、Xの行為もまた履行着手行為といえるだろう。

(3) 本判決の先例価値は、履行着手と履行準備とを峻別した点にある。もっとも判旨は両者の違いを具体的に説示しているわけではない。唯、判旨が準備行為とみなす買主の具体的行為から推測して、おそらく判旨は、着手とは現実に履行行為の一部をなす行為であることを要するとみているように思われる。その具体化は、本判決以後の判例の累積を待たねばならない[3]。

（1） 本判決上に現れた上告人Yの主な上告理由は、実はもう一つある。即ち、Yは原審において、本件売買契約はXの履行着手前にYが手付金倍額の償還の提供をして解除の意思表示をした旨を抗弁して、その立証のため第一審での証人二人のその旨の証言を援用したにもかかわらず、原判決には援用の記載も当該証言に関する説示もなく、それにもかかわらずYの抗弁を排斥したのは、判断遺脱の違法がある、という点であり、本判決も右の違法を認めている。

（2） 大判昭一〇・一・三一法学四・六・七三九では、建物売買における買主が契約の履行期日の三日前に売主の代理人に残代金を現実に提供して受領を求め拒絶された事案において、判旨は「民法五百五十七条第一項に所謂契約履行の着手は必ずしも履行期日に於て之を為さざるべからざるものにあらずと解すべ」し、と説示しており、これにより履行期前の履行着手によっても手付流し倍返しによる契約解除が阻止されることを判示した。

（3） 戦前の判例は、買主側の履行着手について、抽象的に支払代金を準備している、代金支払が一般に可能な状態を作り出している、という丈では足りず、少くとも銀行に当座預金の形で預託しておくなど具体的な形で支払準備がなされていなければならない、と立法趣旨に忠実に現実行為の色濃くこれを解してきた。例えば横浜地判大六・六・一四新聞一二八二・二三（1の㊶）。従来、履行着手ありと認めた判例では、現実の提供ないしそれに準ずる行為が存在した事例が殆どである。東控判大一三・五・一五評論一三・民七一二、朝高判昭四・一〇・四評論一九民六六（4の㉒）、朝高判昭一四・八・二九評論二九民二〇五（1の㉙）など。下級審裁判例については後述。なお、戦後最判昭二六・一一・一五民集五・一二・七三九（1の

⑪以来、現実性が希薄化され、残代金の支払準備が具体的に整えられていれば足り、且つ売主に履行を催告すればよい、と一般に理解されている。

1の⑥

大判昭和一四年五月二六日評論二八民七三四

〈事実〉本件は、「評論」（法律学説判例評論全集）掲載の判決なので、事案の詳細は不明。買主X（被控訴人・上告人）は売主Y（控訴人・被上告人）と売買契約を締結し、手付金二、〇〇〇円を交付した。その後Xが契約の履行に着手した後に、Yは手付金倍額の四、〇〇〇円をXに償還して本件契約を解除した。そこでXは、民法五五七条に明規されている通り、一方当事者が契約の履行に着手した後の手付倍額償還による契約解除は認められないとして、所有権移転登記手続を請求して本訴に及んだ。一審X勝訴し、Y控訴（長崎控訴院）。原審は、一審二審の各証人の証言を根拠に、本件手付は、当事者の一方がその履行に着手しても契約を履行し終わるまではいつでも、買主であるXがこれを放棄し、また売主であるYはその倍額四、〇〇〇円を償還して契約の解除をすることができるという趣旨で交付されたものであると判示して、X敗訴。Xは次の理由をあげて上告。即ち、一方当事者の履行着手があっても契約を履行し終わるまではいつでも手付の放棄または倍額償還による契約解除をなしうるという原判示は全く証拠によらない独断にすぎないこと、一、二審証人の証言から、本件手付が、民法五五七条の規定を排除すべき何らの特約もないにもかかわらず、手付による解除が履行着手から終了までの間ならばいつでもよいとした原判示は同条の解釈を誤ったものであること。

〈判旨〉原判決破棄差戻。「原判決ハ其ノ挙示スル証拠ニ依リ本件手附ハ当事者ノ一方ニ於テ其ノ履行ニ着手スルモ本件売買契約カ履行セラレ終ルマテハ何時ニテモ買主タルXニ於テハ之ヲ拋棄シ又ハ売主タルYニ於テハ其ノ倍額ヲ償還シテ契約ノ解除ヲ為シ得ヘキ趣旨ニテ授受セラレタルモノト認定シタルモノナリ按スルニ民法第五百五十七条第一項ノ規定ニ依レハ当事者カ手附ヲ授受シテ解除権ヲ留保シタル場合其ノ解除権ノ行使ハ当事者ノ一方カ契約ノ履行ニ着手スルマテニ制限シタルヲ以テ当事者カ之ニ反スル特約ヲ為シ履行ノ終ルマテハ何時ニテモ其ノ契約ヲ解除スルコトヲ得ル旨ヲ主張スル者ハ此ノ点ニ付的確ナル挙証ヲ為スヘキ責任アルコト多言ヲ要セス」

〈分析〉(1)原判決は「履行ヲ終ル迄ハ何時ニテモ買主ハ手附ヲ拋棄シ売主ハ其ノ倍額を償還シテ其ノ契約ノ解除ヲ為スコト」を本件手付について認定している。しかし、原判決が右手付特約の存在を書証人証(1)に依拠する限り、判旨が「Yノ提出竝援用セル証拠ヲ逐一検討スルモ的確ニ原判示ニ照応スル証拠資料ノ存在セサルハ勿論之ヲ綜合考覈スルモ未タ以テ原判決ノ事実ヲ認メシムルニ足ラ」ずとする通り、原判決の認定する事実をその挙示する証拠からは汲みとることはできない。それにもかかわらず、原判決があえて民法所定の着手制限を否定したのは、なぜなのか、既述のように本件の事実関係が不明なために、判然としない。

(2)本判決の先例価値は、民法五五七条一項所定の・手付による解除権行使にかかる着手制限に反する特約の存在を認めつつ、そのような特約を主張する者にその点についての立証責任があることを明示したことにある。

(1)　一審証人Aの調書「契約ノ際Y方ハX方ヨリ手附金トシテ金二千円ヲ受取リタルカ該手附金ハ売主ノ受取リタル二千円ヲ倍額ニシ買主ニ戻シテ随意ニ契約ヲ取止メ又買主ハ手附金ヲ其ノ儘流シテ随意ニ契約ヲ取止メルコトカ出来ルトイフ意味ノモノナリ」。「然シ売買代金全部ノ支払カ済ムマテハ何時ニテモ解除スルコトヲ得ルヤ否其ノ点マテハ判然ト定メサリシ〔傍点筆者〕」。一審証人Bの調書「甲第一号証ノ第三条ノ手附金二千円ノ性質ハ解約手附金ニテ若シ買主ノ方カ契約ヲ履行セサル場合ニハ二千円ノ手附金ヲ其ノ儘売主ニ遣リ又売主ノ方ニテ万一契約ヲ履行セサル場合ニハ第七条ニ依リ手附二千円ノ倍額金四千円ヲ買主ニ交付シ之ニ依リ契約ヲ解除スルモノナ」り。二審証人Cの調書「昭和十一年十二月二十九日カ三十日ノ晩D（Yノ代理人）ハYカ手金ヲ倍額払戻シタル故Xトノ売買契約ハ解除サレテモ仕方ナキカ其ノ金ヲ自分ニ渡シテ呉レサル為自分ハ手数料カ取レサル旨申シ居リタリ」

1の⑦

大判昭和一五年七月二三日法律新聞四六一三・九

〈事実〉本件はX（被控訴人・上告人）所有の土地をめぐる事案であるが、その売買契約の詳細は不明。本件契約締結に際し買主Y（控訴人・被上告人）からXに手付金二、三〇〇円が交付され、本件契約書（甲第一号証・乙第二号証）第一条三項に「手附金二千三百円也買主ハ本物件買受ケ手附金トシテ之レヲ売主ニ交付シ売主ハ正ニ受領セリ」と記載され、さらに、第八条には「当事者ノ一方カ本契約ヲ履行セサルトキハ催告其他何等ノ手続ヲ要セス単ニ通知ノミヲ以テ本契約ヲ解除スルコトヲ得前項ノ場合買主ニ於テ違約シタルトキハ手附金ハ売主ニ没収シ返却ノ義務ナキモノトシ売主ニ於テ違約シタルトキハ買主ヘ即時手附金ヲ返還スルト同時ニ手附金ト同金額ヲ違約金トシテ賠償スヘキ事〔傍点筆者〕」、そして第九条に「本契約ニ違背セル一方ハ其相手方ヨリ第八条ノ外ニ損害賠償ヲ求メラルルモ異議ナキ事〔傍点筆者〕」との記載がなされた。その後Xは本件手付を解約手付と解してその倍額をYに償還し本件契約を解除したところ、Yは右手付を違約手付と主張し本件契約の履行を請求したため、Xは本件売買契約の消滅確認を求めて本訴に及んだ。一審Y敗訴、Y控訴。二審は、本件契約書一条三項から当事者間に授受された二、三〇〇円を手付金とは認めたが、八条九条を根拠に「右手附金ナル文字ハ契約解除権ヲ留保シタル解約手附ノ意味ニ使用セラルルモノトハ即断シ難シ」とした上で、一、二審証人の証言から、本件手付を違約手付と認定して、Yの控訴を認容、X

敗訴。Xは次の理由をあげて上告。即ち、第一点は、取引一般において「違約シタルトキ」あるいは「違約金トシテ」という言葉を用いるのが普通であるが、その意味は手付損倍戻しによる解除及び不履行の場合を含めてそう呼ぶのであって、手付による解除は履行期前の約定解除であるから、不履行解除と異なり損害賠償請求権が成立しないのは当然のことで、何も民法五五七条二項があるから解約手付において損害賠償請求権が排除されるわけのものではない、原審は右の規定が五四五条三項の適用を除外しているから解約手付と損害賠償請求権とは両立しないと誤解していること、第二点は、解約手付が交付されても相手方の不履行を理由に解除することができ、その場合債務不履行による損害の賠償を請求することも可能だから、「本件手附金ナル文字カ解約手附金ナルコトハ甲第一号証第八条九条ノ文字トハ毫モ矛盾スルモノニ非ス」、むしろ解約手付と債務不履行の場合の損害賠償の処理とが併存することを示しており、決して解約手付であることを否定すべき資料ではないこと、第三点は、YからXに交付された二、三〇〇円が「普通一般ニ慣行セラルル如ク」手付金として授受されたことは、契約時に右金銭について契約書以外に特に受領証を作成しなかった事実や一、二審証人ABCD等の諸証言から明らかであり、解約手付以外の手付ではありえないこと。

〈判旨〉上告棄却。「……売買契約ヲ締結スルニ当リ買主カ売主ニ手附ヲ交付シタルトキハ特別ノ意思表示ナキ限リ該手附ハ解除権ヲ留保スル性質ヲ有スルモノト認ムヘキモノナリト雖原判決ハ其ノ挙示シタル証拠ニ基キ本件売買契約ニ於テ授受シタル手附ハ所謂解約手附ニ非ス却テ当事者ハ該契約ヲ解除セサルコトヲ約シ所謂違約手附ノ性質ヲ有スル契約保証金トシテ授受シタルモノナルコトヲ認定シタル上民法第五百五十七条第一項ノ規定ニ依ル本訴請求ヲ排斥シタルモノニシテ証拠上斯ル認定ヲ為シ得サルモノト謂フヘカラス……原判決ハ甲第一号証ノ記載ノミニ依拠シテ右ノ如キ認定ヲ為シタルニ非スシテ乙第二号証ノ記載第一審証人[1]A第一審及第二審証人B第二〔審証——脱字につき筆者挿入〕人C[2]、D[3]ノ各証言ヲ綜合シテ判断ヲ為シタルモノナルコト判文上明ナルノミナラス所論引用ノ証拠ハ必スシモ叙上ノ認定ヲ妨クルモノニ非ス〔傍点は出典に既出〕」。

〈分析〉⑴本件の争点は、本件手付の性質をめぐるそれである。まず、原判決は、本件手付を「違約手附ノ性質ヲ有スル契約保証金」と認定し、解約手付による解除を主張したXの請求を却けた。ついで判旨も原判決の認定を認容してXの上告を却けたのである。このように原判決が本件手付を解約手付ではなく違約手付と認定した根拠については、本判決の出典が法律新聞であるため、その辺の事情を正確に原判決自体から読み取ることは難しいが、判旨の摘示するところでは、両当事者が契約締結の際取り交わした本件契約書の記載及び一、二審の証人の証言が原審認定の一つの根拠とされている。この内後者即ち証言については、後述の註(1)から(3)に見るように、これらの証言からは本件手付の性質を示唆するものを汲み取れるものは何もないように思われる（もっとも後述の註に掲げた証人ACDの証言はいずれも、原審の事実認定を否定すべく上告理由の中にYが掲出したものであるから、原審が事実認定の根拠とした証言は別にあるかもしれない）。次に原判決がその認定のもう一つの（そしておそらく決定的な）根拠としたのは、契約書の第八条、第九条であった。八条には、一方当事者の契約不履行の際は相手方は解除の意思表示のみで契約を解除しうる、とあって、この条項は明らかに、不履行者の相手方に解除権ありと規定しており、不履行者の（解約）手付による任意（無理由）解除ではなく、相手方による不履行解除（もちろん民法五四〇条以下の法定解除ではない）であることは明らかである。さらに同条は、その所定の解除が行われる際に手付損倍戻し（即ち違約罰）が行われると規定し、ついで九条において、前条の手付損倍戻しに加えて、解除権者は（実）損害の賠償をも請求しうる、と規定している。従って、右の両条項による限り、本件手付は、（実）損害の賠償とは別に通常手付損倍戻しの形をとる違約罰を支払う手付即ち典型的な違約手付に他ならず、損害賠償額の予定としての違約手付（私のいわゆる予定手付——手付損倍戻しの形はとるが、そのほかに損害賠償をする必要のない、従って実際上解約手付と同質のそれ）とは明らかに異なる。要するに、わが国古来の慣習として行われてきた解約手付が不履行者自ら手付損倍戻しを限度として解除権を行使するものである限り、本件手付は、Xの主張とは裏腹に、解約手付とは——解除権の所在・実損害額の賠償の可否・過責の存否の三点において——異なるものであることは自明であろう。

(2)判旨は、「特別ノ意思表示ナキ限リ該手附ハ解除権ヲ留保スル性質ヲ有スルモノト認ムヘキモノ〔傍点筆者〕」と解約手付推定の論理を前提としながら、原判決の認定通り、本件契約書（しかも両当事者のそれ）の記載及び証人の証言から、本件手付をめぐって解除権を排除する特別の意思表示があったものと判示した。その上で判旨は、こうした書証・人証[4]にもとづく原審の判断を事実審たる原審の「専権行使」とみて、上告を棄却したのである。

(3)本判決の先例価値は、解約手付推定の論理の例外となる「特別ノ意思表示」の一例として典型的な違約手付が挙示された点にある。

（1）　事実上の本件土地買主Aの証言「其レハYノ名義テ実際ハ証人トBトカXカラ買ヒ受ケタノテアリマス此売買ニ付テ昭和九年五月上町クラブニ於テ二千三百円ノ手附カ出テ居リマス」。

（2）　Yの為に本件土地売買の斡旋をしたCの証言「証人ハ最初YBカラ頼マレテ此ノ話ニ関係シテ契約当時ニモ其ノ場ニ居ツタノテアリマス一坪二十七円五十銭テアリマシタ上町クラブニ於テYノ代理B其ノ他A証人DE等カ会合シマシテY側カラX側ヘ之レハ手附タトテ二千三百円渡シマシタ其ノ手附ヲ渡スマテニトンナ話カアツタカ知リマセヌ本件ノ土地カ芸妓居住指定地タト云フコトハ知リマセンテシタE弁護士カラ手附金倍戻シト云フテ来タトYカラ聞イテ居リマスカ其ノ話ノ内容ハ知リマセン其ノトキY自身カ会ツタカ何ウカ知リマセン後ニ提出スル乙第二号証ヲ示ス之ハXノ番頭Fト云フ人カラBニ渡サレタモノテ之レニアル契約保証ト云フ意味ニ付テハ別ニ何モ話ハアリマセンテシタ当時Yト云フ人ハ高等学校ノ学生テシタ甲第一号証ヲ示スXナル署名ハ証人カシタノテス」。

（3） 本件土地売買契約のため高知市のX方を訪れ上町クラブでの契約締結・手付金授受に立ち会ったDの第一審証言「証人ハ最初高知ヘ行ツタ時自分カ値ヲ極メタカ買主ニ於テ果シテ買フカトウカ判ラヌカラ帰ッテカラ愈々買フコトニキマツタラ通知スソシテ手附モ入レサスト云フテオキマシタ上町クラブニ於テ手附ニ付テハ話ハモー何モナカツタノテアリマス上町クラブヘ皆カ集ツテ直ク手附ノ授受ヲシタノテアツタ」。

（4） 大判大正六・三・七民録二三・四二一（1の②）「原院ノ専権ニ属スル契約ノ解釈」。

1の⑧

大判昭和一五年一一月二七日法律新聞四六五〇・九

〈事実〉 昭和一三年八月二四日X（被控訴人・上告人）はY（控訴人・被上告人）との間にY所有の土地及び建物を代金九、七〇〇円、履行期同年一一月一五日とする売買契約を締結し、即日手付金一、〇〇〇円をYに交付した。その後九月に入り、Yは手付倍額償還により本件売買契約を解除したい旨をXに通知した為、一〇月末にXは本件売買物件について処分禁止の仮処分をしたので、一一月一五日に至ってYは、Xが手付倍額償還を拒絶することは必至とみて、手付倍額の言語上の提供を行うと同時に契約解除の意思表示をし、翌一六日手付倍額二、〇〇〇円を供託した。そこでXは本件土地建物の所有権移転登記手続などを求めて本訴に及んだ。一審Y敗訴し、旭川地裁に控訴。同地裁は、民法五五七条が履行着手制限を設けた所以は履行着手者及びその相手方に不測の損害をこうむらしめることを防ぐ趣旨であるから、本件の場合手付倍額償還により契約を解除する旨をYがXに通知し、Xは履行期までには現実に手付倍額償還がなされることを予期しえた以上はXが右の損害をこうむる虞れはないはずであり、こうした状況下では、本件契約の履行期日に言語上の提供をし翌日にその供託手続を完了した本件のように「解除ノ為ノ売主ノ手附倍額提供カ時間的ニ多少遅延シタルニ過キ」ない場合には、「買主カ敢テ履行ニ着手シタルノ故ヲ以テ売主ニ履行ヲ強イルハ信義誠実ノ原則ニ反シ許サレサルモノト解スルヲ相当トスル」として、Yの契約解除を有効と判示。敗訴したXは、次の理由をあげて上告。即ち、第一点、手付倍額償還による契約解除には手付倍額を現実に提供することが絶対的要件であること、第二点、手付による契約解除は売買当事者の一方が契約の履行に着手する前に限られること、原判示のように、着手しても損害がない場合には契約解除が可能だとすることは、濫りに法規を変更するものであって、損害の有無を以て着手制限を左右することは法律が予想していないところであること。

〈判旨〉原判決破棄差戻。「……原審ノ確定セル所ニ依レハ……其ノ手附ハ即民法第五百五十七条所定ノ手附ナリトスサレハXハ自ラ履行ニ著手スル迄ハ買〔売の誤り――筆者〕主Yカ何時ニテモ手附ノ倍額ヲ償還シテ契約ヲ解除スルコトアルヘキ事ヲ予期スヘキモノナルカ故ニYカ将来契約ヲ解除スヘキ旨予メ通知スルモ之ニ因リテXノ法律上ノ地位ニ何等ノ変動ヲ来スヘキモノニ非スサレハYカ未タ現実ニ手附ノ倍額ヲ提供シテ解除ノ意思表示ヲ為シタルコト又ハ法律上之ト同視スヘキ事実ナキ間ニX既ニ契約ノ履行ニ著手シタルトキハYハ之ニ因リ手附ノ倍額ヲ償還シテ契約ヲ解除スルコトヲ得ヘキ権利ヲ失ヒタルモノト云ハサルヘカラス……原審ノ更ニ説示スル所ニ依レハY等ハ昭和十三年九月中Xニ対シ契約解除ノ意思アルコトヲ表示シテ円満解除方ヲ求メ之ヲ峻拒シタルXハ履行期タル同年十一月十五日頃迄ニ手附倍額ノ償還アルヘキコトヲ予期シ居リタルコトヲ窺知シ得ルモYカ契約解除ノ意思表示及手附倍額償還ノ提供ヲ為シタルハXカ既ニ契約ノ履行ニ著手シタル後ナリトスサレハ是ニ因リテハ契約解除ノ効力ヲ生スヘキ理由ナキニ拘ラス原審カXノ履行著手前Yカ手附倍額償還ノ提供及契約解除ノ意思表示ヲ為シタル事実又ハ之ト同視スヘキ事実アリタルコトヲ認定スルコトナクXノ履行著手後ニ為サレタル右手附倍額償還ノ提供及解除ノ意思表示ニ因リテ本件売買契約解除ノ効力ヲ生シタルモノト為シ以テXノ本訴請求ヲ排斥シ去リタルハ畢竟法律ノ解釈ヲ誤リテ審理ヲ尽ササルノ違法アルモノト云フノ外ナ〔傍点は出典に既出〕」し。

〈分析〉⑴本件事案の特色は、契約締結の翌月には早くも売主側はいずれ近い将来手付倍額償還による契約解除を行うべき旨を買主側に通知しており、これに対抗して買主側が本件売買目的物について処分禁止の仮処分を行い、売主側の契約解除を峻拒した点にある（売主側には別途処分の意図でもあったのであろうか）。そこで原判決は、民法上の履行着手制限の立法趣旨から、XがYの契約解除を予期している以上、Xの履行着手後にYが手付倍戻しによる解除権を行使しても、Xには不測の損害をこうむるおそれはなく、従ってYは右の着手制限の適用を免れうると解したのである。

これに対して、判旨は、Yが手付倍額を現実に提供して解除の意思表示をする前にXが契約の履行に着手した場合には、それによってYの手付倍額償還による契約解除権は消滅する、と判示した。その限りにおいて、判旨は、原判決のように着手制限の目的に即して適用の可否を決めるのではなく、もっぱら法規の文理解釈に終始している観がある。

⑵もっとも、判旨は次のようにも記述している、即ち「原審カXノ履行著手前Yカ手附倍額償還ノ提供及契約解除ノ意思表示ヲ為シタル事実又ハ之ト同視スヘキ事実アリタルコトヲ認定スルコトナク〔傍点筆者〕」云々と。この引用部分の表現からすると、判旨は、Xの履行着手前すでにYの手付倍額の提供及び契約解除の意思表示があった、と暗に認めているようにも受けとれる（唯そうだとしたら、判旨は、Yの手付倍額の口頭の提供をもってする解除の意思表示を容認したことになるが）。仮にこの推測が当たっているとすれば、原審がXの履行着手前のYの行為をとらえて提供・意思表示ありと認定した場合には、判旨もあえて原判決を破棄しなかったのではなかろうか、と推測できるかもしれない。

⑶本件においては原判旨、判旨ともXの履行着手の事実を認定しているが、具体的にXのどのような行為をそれと

指しているかは判文上明らかではない。両者とも、Yの解除を予期して先手を打ったXの処分禁止の仮処分行為を以て履行着手行為と目したのであろうか。

(4) 本判決の先例価値は、一方当事者が履行に着手したときは他方当事者は手付損倍戻しによる契約解除権を喪失し、たとえ前者の着手前に将来の解除権行使（口頭の提供）を予告しておいても、解除権喪失は変わらない、という点にある。

1の⑨

大判昭和一六年八月六日判決全集八・二七・三

〈事実〉X（被控訴人・被上告人）は、Y（控訴人・上告人）との間に、Y所有の土地を代金三〇、〇〇〇円、手付金三、〇〇〇円で買受ける契約を締結したが、もともとYは土地売却の意思なく、受領した手付金倍額を償還して契約を解除する積もりで、本件契約書末尾に「右土地売渡契約ニ関シ若シ相互間ニ不履行ノ場合ハ内金ヲ抛棄又ハ倍額ヲ弁償スルモノトス」の一項を書き加えた。その後Yは最初の予定通りXに手付倍額を償還し本件契約の解除の意思表示を行った。そこでXはYに交付した三、〇〇〇円は内金であると主張し、本件土地の所有権移転登記手続を求めて本訴に及んだ。一審Y敗訴、大阪控訴院に控訴。原審は、「右甲第一号証（本件契約書のこと――筆者）末尾記載ノ趣旨ハ寧ロ其ノ文言通リニシテ契約ノ履行ヲ留保センカ為損害賠償竝其ノ額ヲ予定スルモノニシテ解除権ノ留保ニアラス」と判示して、Yの控訴を棄却。Yは次の理由を挙げて上告。即ち第一点は、問題の契約書末尾の記載には「内金」「不履行ノ場合」とあるが、わが国一般社会における法律思想によれば手付金も内金も法律的に何の差異もなく同様に用いられており、又違約といったり不履行といったりしても、当初の契約が一方当事者の事情によって履行されなかった場合をいうのであって、従って手付損倍戻しによる解約の場合にも違約とか不履行という言葉が用いられることを原審は看過していること、第二点は、元来Yは本件土地売却を望まず再三断ったにもかかわらず、ABCら周旋人が強引に契約をさせたもので、そこでYは、後日の解除権を留保する為にX側があらかじめ用意した売買契約書原案をそのままは認めずに「双方ハ内金ヲ抛棄シ又ハ倍額ヲ弁済シテ契約ヲ履行セサルヲ得ヘキ旨ノ一項」を書き加えたものであるから、この追加条項が解除権留保を目的とすることは当然であり、右ABCらの証言からそのことは明らかであること。

〈判旨〉上告棄却。「……売買契約ニ於テ当事者間ニ授受セラレタル金員カ手附金ナリヤ内金ナリヤハ必シモ其名称ニ拘泥スヘキモノニアラサルコト洵ニ所論ノ如シト雖モ之ト同時ニ又当事者間ニ於テ『契約不履行ノ場合ハ内金ヲ抛棄又ハ倍額ヲ弁償スルモノトス』ト特約シタル場合倍額弁償ナル条項ノミニ着眼強調シ常ニ之ヲ手附契約ナリト断定スルヲ得サルヤ論ナシ原審ハ論旨摘録ノ甲第一号証〔本件契約書——筆者〕末尾ノ記載ト其挙示スル各証拠トヲ綜合シテ右甲第一号証末尾ニ記載セラレタル特約ハ契約ノ履行ヲ確保センカ為メノ損害賠償並其額ヲ予定シタルモノニシテ右文言ト前記各証拠トヲ綜合スレハ斯ル認定モ之ヲ妨ケサルヘク必シモ社会通念ニ反スル不当ノモノナリト為スヘキニアラス論旨前段ハ結局原審カ其専権ニ基キ為シタル契約ノ解釈ヲ非難スルニ帰シ其理由ナク……原審カ論旨摘録ノ原審証人Aノ証言ヲ援用シ原判示認定ノ資料ト為シタルコト所論ノ如シト雖同証人ノ供述全部ヲ通読スルトキハ必シモ論旨摘録ノ如ク解セサルヘカラサルニアラス……〔傍点筆者〕」。

〈分析〉(1)本件の中心的争点は、一見、契約時に授受された三、〇〇〇円が内金なのか解約手付なのか、という点にあるように見える。確かにこの争点の下に争われた事案は少なくないが、本件以前には下級審も含めその大半が内金を否定し、とりわけ昭和七年七月一九日大審院判決〔1の④〕は、「内金即手付の論理」及び「解約手付推定の論理」を用いて一、二審における内金認定を覆し、解約手付と認定している。そこで原審は、一方においてY側の解約主張を却けた（「解除権ノ留保ニアラス」）にもかかわらず、他方においておそらくX側がとったであろう内金主張も却けた上で、「契約ノ履行ヲ確保センカ為損害賠償並其ノ額ヲ予定スルモノ」と判示して、損害賠償額の予定としての違約手付（私の謂う所の予定手付）と認定している。この種の違約手付は、たしかに取引の場において不履行者の相手方（本件ではX）が不履行者に対する履行請求を諦め損害賠償の請求で満足するならば、実質的に（つまり不履行者のイニシァティヴによる）解約手付と同様の機能をはたすことは叙上の通りであるが、本件Xのように裁判に訴えてまで不履行者に対して履行を請求することも可能（本件の場合Yが土地所有権移転手続をとることは客観的に可能）であるから、原審は本件契約書末尾記載の文意に即して、違約手付（予定手付）と認定したのであろう。

(2) 原判決は、証人Aの一審証言の一部及びYの一審供述を却け、証人A及びBの一、二審証言（原審の措信しないAの証言部分を除く）及びCの一審証言さらにXの一審供述を、その認定の根拠としているが、しかしYの上告理由を中心とする本判決からは、原判決の認定根拠を窺い知ることはできない。これに対し、原審の却けたYの一審供述及びAの証言（上告理由の中でYが縷々として述べている契約締結に至る経緯[1]が本件事案をユニークなものにしている）によれば、Yは本件売買を当初から嫌いながら（なぜYが本件土地をXに売る意思がなかったのかは不明）、買主Xの意を体して本件売買をYに持ちかけた周旋人ABC三名の強引かつ執拗な強請に「家人ハ悔々トシテ安セス殊ニ母親ハ何トカシテクレト哀訴スル等Yモ持テ余シ」根負けして、Aらの提供した手付金三、〇〇〇円を一晩預かり翌日返還を申し出たが、Aらは「事此処ニ到リ売買ヲ止メルコトハ到底出来ヌト頑張リ午前十時頃ヨリ午後五時頃迄居据リ居ル始末」なので、Yは「其圧迫ニ堪ヘス金三千円ヲ犠牲ニシテ此苦痛ヨリ免レンコトヲ決意シ周旋人等ニ対シ買主ハ手附ヲ抛棄シ売主ハ手附ノ倍額ヲ提供スレハ売買契約ヲ相互ニ履行スルヲ要セス即チ売買契約ヲ解除スルコトヲ得ヘキ旨ノ約束ヲ附加スレハ契約ヲナスヘシト申入レXモ亦之ヲ承諾シタルヲ以テ売買契約ヲ成立セシメタル次第〔傍点筆者〕」としてY自身書き加えた・契約書末尾の約款はこの趣旨を表示したものであると主張・陳述している。またAは右三、〇〇〇円をYに渡した翌日「Yカ私方ヘ該三千円ヲ預ツテ置イテクレト申シテ来タ事はアリマスカ其ノ訳ハ知リマセン」と証言し、YはAらが「無理ニ手金三千円ヲ置イテ立チ去リタル為メ翌日Yハ之ヲ返還ニ赴キタル事実」をAが認めていると上告理由の中で述べ、さらに「内金三千円ヲYニ渡シマシタ同日私ハ夕方カラ夜十時頃迄Y方ニ居リマシタ」とのCの証言についても周旋人らのいうように「本件代金三万円カ相当以上ノ値段ニテYカ其売買ヲ心好ク承知シタルモノトセハ手金ヲ置クコト丈ケニ右ノ如キ長時間ヲ要スル理アランヤ」とYは主張し、自分がいかに本件契約の締結を嫌い、やむなく締結した後も解除権留保の意思を契約書中に追加したことかを述べている。次に原審が叙上の認定の根拠とした幾つかの証言のうち、Yが上告理由中に取り上げたAの原審証言によれば、「甲第一号証ヲ示ス……契約書カオ示シノモノテアリマス之ハY自身カ書キマシタ尚コノ契約書ハXノ原稿ト相違ノ点カアリ末尾ニ一項加ヘテアリマス之ハYカ双方ニ不履行カアツテハ困ルカラ違約ノアツタ場合ニハ内金ヲ放棄《ママ》又ハ倍額ヲ弁償スルト書イテクレネハ困ルト云フテ請求シタノテ双方承諾ノ上書キ加ヘタノテアリマスソノ時証人ハYニ対シ将来若シ買主カ不履行テ内金ヲ流シテモ又売主カ不履行テ内金ノ倍額ヲ返ス様ナ場合カ生シテモ契約ハ一旦成立シタノタカラ世話料ヲ呉レト申シタラソレハ出スト申シマシタ解約ニナッテモ世話料ヲ呉レト云フ意味テ申シマシタノテス証人ハ解約モ不履行ト思ツタノテス〔傍点筆者〕」と述べている。之についてYは、その趣旨を両当事者とも手付損倍戻しによって解約できるものとAが理解していたと主張し、Aの証言が「解除権ノ留保ヲ意味スルニ非ス」としたら、「買主カ手金ヲ流シテ」解約するという意味が出るはずはなく、「手金ヲ流ス」という言葉自体が通常は一般の手付損倍戻しの特約を記載したものであることを示しているのであって、逆に右の記載が解除権留保を意味しないものであれば、この記載を書き加えたからといって、直ちに「解約ノ場合ヲ聯想シ手附ヲ流シ又ハ倍戻シテ解約スルコトトナツテモ」世話料は払ってくれというはずがないとも主張している。その上さらに次のようなAの証言「……Yは手附金ヲ倍戻シスルト云ツテ金ハ六千円明日支払ヘハヨイト申シマシタソレテ証人ハYノ為メニDカラ四千円借リルコトヲ同夜世話シマシタコノ金ハ証人カ取ツテ来マシタソノ外ニ信用組合カラ二千円カモ引出シテヤリマシタ尚二十八日ニ四千円ノ金ハ十二時過頃Yニ渡シマシタ」について、Yは次のように説明を兼ねて主張している、即ち「AハYヨリ手附倍戻ニヨリ解約スヘキ旨ヲ告ケラレ其倍戻シノ金六千円ヲ返還スル為メ金四千円ヲDヨリ借入レルコトヲ交渉シタル上右金員ヲ受領シY方ニ持参シ又信用組合カラモYノ為メニ預金ヲ引出シ来リ（Aカ二千円ト云フハ二千七百円ノ誤リナルコト乙第二号証ニヨリ明ナリ）倍戻金ノ準備万端ヲ整ヘ居レルモノナリ若シ右記載カ解除権ヲ留保スルモノニ非ス絶対ニ解約ハ為シ得サルモノトセハ同人カ此事実ヲ知リ乍ラ倍戻ノ金員調達ニ協力スルコトハ普通有リ得ルトコロニ非サルナリ然ルニ右記載ヲ為スヤ手附損倍戻ニヨル解除権留保ナリトシテ仲介料ノ心配ヲ為シ又Yヨリ倍戻ニヨリ解約セントノ決意ヲ告ケラルルヤ其金員ノ調達ニ奔走セル事実ハ吾人ノ常識ニ照シ単ニ契約ノ履行ヲ確保センカ為メニ為サレタリトノ事実トハ正反対ヲ示スモノト云ハサルヘカラサルナリ」と。

(3)　本判決は、大正六年三月七日及び昭和一五年七月二三日の大審院判決(1の②及び1の⑦)と共に戦前の手付判例中数少ない解約手付否定のそれである。他方、本件事案をユニークなものたらしめている契約締結に至る経緯とYの追加した契約末尾の記載（とりわけ不履行の際の「内金」の放棄または倍額償還の特約）からすれば、原判決そして本件判決は共にその当時すでに判例法理として確立された観のある解約手付推定の論理及び内金即手付の論理を媒介として本件「内金」を解約手付と認定する方がむしろ容易であったろうと思われるにもかかわらず、却って逆の結論を出しているところから、叙上のように敢えて周旋人の証言・Yの主張を紹介した所以である。もっとも本件「内金」を違約手付と認定して解約手付主張を却けた原審の判断根拠を汲みとることは結局できなかったことは叙上の通りである（それは、原審の認定根拠とされたＢＣの証言やＸの供述、さらにＸの下書きした土地売渡契約証――甲第三号証――を参酌しえないことが、原審の結論＝判決を実質的に導き出したrelevantな事実を見出せない大きな理由なのかもしれない）。おもうに、その根拠は、むしろ本件契約成立までの経緯と売主たるＹの対応の異常さにあったのではなかろうか。契約締結までの脅迫じみた周旋人の強請に見る・周旋人の契約成立への異常な執着振り（そして彼らの背後に垣間見える買主Ｘの本件土地への執着）と、その強要をなぜか甘受してみすみす三、〇〇〇円もの大金の損失をも覚悟して本件売買に同意したＹの態度には（とりわけ後者）、誰しも異様な感じを持つだろうことは否めないであろう。そうだとすれば、周旋人の対応が少なくとも「強迫」の程度にまで至らない以上は、どのような事情があったにしろ合理的な採算を全く度外視したＹの行為が、資本計算の合理的予測と採算の上に成立つ近代取引社会において法的に保護されねばならない理由はない。従って契約成立までにＹの側に気の毒な事情があったにしろ、一たび契約が成立した以上は、解除権の留保が明記されれば格別、客観的な障害がない限り契約は履行されねばならないであろう。こう考えれば、成立事情を顧みることなくＹの契約解除を却けた原審そして大審院は、正しいというべきであろう。

(4)本判決は本件契約における「契約不履行ノ場合ハ内金ヲ抛棄又ハ倍額ヲ弁償スルモノトス」との特約の解釈をめぐって、(a)契約成立時に当事者間に授受される金銭が手付金か内金かについて名称にこだわるべきではないとして、現に「内金」とあっても手付金と解すべき場合があることを示唆している。(b)契約不履行の場合右金銭の（放棄又は）倍額弁償との記載があるからといって「常ニ之ヲ手附契約ナリト断定スル」ことはできない、即ち解約手付ときめつけることはできない、とした上で、他の証拠から「契約ノ履行ヲ確保センカ為メノ損害賠償並其額ヲ予定シタルモノ」即ち賠償額の予定としての違約手付と解することもできるとする。(c)その上で、右のような特約の解釈は結局事実審の専権に属する旨を説示している。要するに、本判決の先例価値は、解除権留保が明規されていない以上、手付損倍戻しの特約は、違約手付と解する余地があるとした点にある。

（1）　昭和一五年五月一五日付第一審準備書面（同年七月一〇日付準備書面も同趣旨）「一、……其翌日タル三月三日午後五時頃B及Aノ両名カY方へ来リ前日ト同様Yへ売却ヲ勧ムル所アリシト雖モYハ固ヨリ其意思ナキヲ以テ之ヲ断リタル上同人等ハ附近ノ料理店ニテ夜ノ十一時頃迄飲酒ヲナシタル末AカY宅へ来リ就寝後ノY等ヲ呼ヒ起シYニ対シBカ明日（四日）代金三万円ニテ売買契約ヲ締結スルト云ヒ居ルカ手数料ハ何程呉ルルカト云ヒYノ反対ニ関ハラス売買契約ヲ締結スルソト高圧的態度ヲ示シテ引上ケタリ一、越ヘテ其翌四日午後一時前後BACノ三名カY宅ニ来リBノ云フニハ代金三万円ニテ売買ノ話ヲ取リ決メテ手附金三千円ヲ受取リ来レリト云ヒ且契約書ノ案文（……）迄モ作成シ来レリト雖モ其取計ヒハ全クYノ意思ニ反スル処置ナルヲ以テYハ之ヲ峻拒シタリ然ルニ同周旋人等ハ三人ノ男カ話ヲ取決メ手附金迄モ受取リタルニ今更其金ヲ戻シニ行クコトハ出来ヌ故兎角其三千円ハ預ツテ呉レト云ヒ同人等ハ手附金ヲ受取ツテ呉レヌウチハ引取ラヌソト云フ態度ヲ示シ午後十時迄食事モ摂ラス引続キ頑張リ居ル始末ニテ家人ハ恟々トシテ安セス殊ニ母親ハ何トカシテ呉レト哀訴スル等Yモ持テ余シ困惑ノ末一歩ヲ譲リ其夜一晩丈手附金ヲ預ルコトトナシタル処同人等ハY宅ヲ退散シタリ一、Yハ其翌五日早朝前晩ニ預リタル手附金ヲ返還スヘク周旋人ノ一人ナルAへ同人ヲ訊ネタル処不在ナルヲ以テ約一時間半ヲ待チタルモ帰宅セサルヲ以テ自宅へ引返ヘシタル処周旋人等三名共来会シ居リタルヲ以テ前晩預リタル手附金ヲ返還スル旨申立テタルニ同人等ハ事此処ニ到リ売買ヲ止メルコトハ到底出来ヌト頑張リ午前十時頃ヨリ午後五時頃迄居据リ居ル始末ニテYハ其圧迫ニ堪ヘス金三千円ヲ犠牲ニシ此苦痛ヨリ免レンコトヲ決意シ周旋人等ニ対シ買主ハ手附ヲ抛棄シ売主ハ手附ノ倍額ヲ提供スレハ売買契約ヲ相互ニ履行スルヲ要セス即チ売買契約ヲ解除スルコト得ヘキ旨ノ約束ヲ附加スレハ契約ヲナスヘシト申入レXモ亦之ヲ承諾シタルヲ以テ売買契約ヲ成立セシメタル次第ニシテ甲第一号証末項ノ約款ハ之ヲ表示シタルモノニシテY自ラ記入シタルモノトス」……。

1の⑩

最判昭和二四年一〇月四日民集三・一〇・四三七

〈事実〉X（控訴人・被上告人）は、昭和一九年九月当時居住していた大阪地方への空襲が激しくなり強制疎開による家屋取壊しに迫られた為に、Y（被控訴人・上告人）から、その当時訴外Aに賃貸中のY所有家屋（京都所在）を一〇、五〇〇円で買い受ける契約を結び、手付金一、〇五〇円を交付した。Yは契約に従いその後幾度となくAに立退きを求めたが、実現せず、やむなく昭和二〇年四月にいたってXに対して契約の合意解除を申し入れた。他方において、Xは本件契約前から別の家屋の買入交渉を進めており、右Yの申し入れ当時すでに右家屋を購入し引移っていたにもかかわらず、Yの申し入れを拒絶した。そこでYは、昭和二一年二月本件契約書第九条（「買主本契約ヲ不履行ノ時ハ手附金ハ売主ニ於テ没収シ返却ノ義務ナキモノトス、売主不履行ノ時ハ買主へ既収手附金ヲ返還スルト同時ニ手附金ト同額ヲ違約金トシテ別ニ賠償シ以テ各損害補償ニ供スルモノトス」――以下「違約金条項」と呼ぶ）にもとづいて、Xに対し手付倍額を提供し契約解除を通知したところ、Xは本件手付は解約手付ではなく、証約手付（第二審以降は違約手付と主張）であり、仮に解約手付であるとしてもX・Yともに本件契約の履行に着手しているとして、右手付金の受領を拒み、（Aからの家屋明渡しは断念して）本件家屋の所有権の登記移転を求めて本訴を提起した。一審（京都地裁）X敗訴し、X控訴。二審（大阪高裁）では、右違約金条項の文言及び、空襲に備えての強制疎開による家屋取壊しに迫られてどうしても本件家屋を入手する必要があったというX側の本件契約締結の動機から、本件手付が違約手付と認定され、Y敗訴。Yは次の理由をあげて上告した。即ち、第一点、原判決が本件手付を違約手付と認定する根拠とした契約書が「市井において販売されている売買証書を利用したもの」であり、その第九条も「法律的素養のない者の作成による不動文字」にすぎないこと。従って、解約手付と違約手付との法律的区別を認識して書かれたものかどうかは疑わしく、庶民の間には債務不履行となった場合にも売主は手付倍戻しによって売主の義務を免れうるということが常識となっているから、右九条の文言もこの手付倍戻しにより売主は免責されうるという点に重点があったと解すべきである(1)。第二点、第三者に賃貸中の家屋を自ら居住する目的で購入する場合には、この借家人が明渡しを承諾しない場合があることを考慮して解除権留保を望むのが取引の常態であること。とりわけ本件契約当時本件家屋の所在する京都市は関西において最も安全・便利な疎開地で転住希望者が殺到する状況であったことは周知であり、Aが三、四箇月で明渡すことを約束した（原判決認定）としても、Aの現実の履行を当事者が大いに危惧したであろうことは想像に難くなく、現にXも、本件契約締結前から居住する京都の家屋の売買交渉を始め、本件契約締結後の昭和二〇年一月右売買を完了して現在の家屋に引移り居住していることから見ても、X自身が京都市の当時の住宅事情の困難さを早くから察して、先行の家屋売買だけでは不安なため本件家屋売買をするにいたったことは明らかである。同様にYもAの明渡しの成否を大いに疑い、期日到来によっても明渡しを承知しない場合には本件契約の解除を望んだであろうことも容易に推認しうるから、X側だけの動機から本件手付の性質を決める有力証拠としたのは審理不尽の違法をおかしている。第三点、本件契約書第一一条が「売買ニ関シ本契約ニ別段ノ定ナキ事項ハ民法ニ準ス」と規定していること。Aがその明渡しを承知しないところから、Xが契約を締結した目的がぐらついているという事情の下だからこそ、尚更本件手付は解約手付なのだ、と解すべきなのである。だから、第九条は単に不履行の場合の損害額の予定または違約罰を定めただけであって、右第一一条の規定によって民法五五七条が本件売買に適用（または準備）されるのである、と（現に一審判決は右第九条及び第一一条に照らし本件手付を解約手付と認定しており、この見地に立っている）。

〈判旨〉原判決破棄差戻。「売買において買主が売主に手附を交付したときは売主は手附の倍額を償還して契約の解除を為し得ること民法第五五七条の明定する処である。固より此規定は任意規定であるから、当事者が反対の合意をした時は其適用のないことというを待たない、しかし、其適用が排除される為めには、反対の意思表示が無ければならない、原審は本件甲第一号証〔本件契約証書――筆者〕の第九条が其反対の意思であると見たものの様である、固より意思表示は必〔ず〕しも明示たるを要しない、黙示的のものでも差支えないから右九条が前記民法の規定と相容れないものであるならばこれを以て右規定の適用を排除する意思表示と見ることが出来るであろう、しかし右第九条の趣旨と民法の規定とは相容れないものではなく十分両立し得るものだから同条はたとえ其文字通りの合意が真実あつたものとしてもそれを以て民法の規定に対する反対の意思表示と見ることは出来ない、違約の場合手附の没収又は倍返しをするという約束は民法の規定による解除の留保を少しも妨げるものではない、解除権留保と併せて違約の場合の損害賠償額の予定を為し其額を手附の額によるものと定めることは少しも差支なく、十分考へ得べき処である、其故右九条の様な契約条項がある丈では（特に手附は右約旨の為めのみに授受されたるものあることが表われない限り）民法の規定に対する反対の意思表示とはならない、されば原審が前記第九条によつて直ちに民法五五七条の適用が排除されたものとしたことは首肯出来ない、（しかのみならずX自身原審において右第九条は坊間普通に販売されて居る売買契約用例の不動文字であつて本件契約締結当時当事者双方原審の認定したる様な趣旨のものと解して居たのではなくむしろ普通の手附倍返しによる解除権留保の規定の様に解して居るものと見られる様な趣旨の供述をして居ること論旨に摘示してある通りであり其他論旨に指摘する各資料によつても当事者が右第九条を以て民法第五五七条の規定を排除する意思表示としたものと見るのは相当無理の様にも思われる）、なお原審は本件売買の動機を云々して居るけれどもそれが民法規定の適用排除の意思表示とならないのは勿論必〔ず〕しも原審認定の一資料たり得るものでもないとは論旨の詳細に論じて居る通りである（殊にXが本件売買締結の以前から同じく京都内にある他の家屋買入の交渉をして居り遂にこれを買取つて居る事実並に本件家屋には当時賃借人が居住して居た事実X子女の転校が必ずしも本件売買成立の為めであると見るべきでないこと等に関する所論は注目すべきものである)、要するに原審の挙示した資料では前記民法規定の適用排除の意思表示があつたものとすることは出来ない……〔傍点筆者〕」。

〈分析〉(1)XY両当事者の一、二審における主張をまとめると、次のようになる。まずXは、本件手付を一審では証約手付、二審では違約手付と主張する。その上で、仮にYの主張するように本件手付が解約手付であっても、Yの手付倍額償還・供託以前にXYの両当事者に契約の履行着手があったことを主張する。これに対しYは、Aの明渡し完了が本件契約の停止条件とされたこと、本件手付が解約手付であり、手付倍額償還・供託により本件契約が解除されたことを主張した。

(2)原審は、まずYの停止条件主張、ついでYの解約手付主張も否定し、Xの違約手付主張を認めた(従って履行着手ありとするXの予備的主張は採用されなかった)。本件手付を違約手付と認定するについては、原審は、その根拠としてXの本件建物買受けの動機[2]と本件契約書第九条の違約金条項とを挙げたのであるが、その際右条項中に、不履行者は手付損倍戻しを損害補償として相手方に行う旨の定め[3]があるところから、本件手付を解約手付ではなく、違約手付と認むべきものとした上で、「これが解約手附であることを認める証拠がない」と結論づけている。つまり、原判決は、具体的な証拠がなければ解約手付ではない、として、昭和七年七月一九日の大審院判決[4](前掲1の④)以降確立された観のある解約手付推定の論理——特別の意思表示がなければ解約手付である——とは正に対照的な解釈論理をとっている。

(3)これに対して、判旨は、まず解約手付推定の論理を掲げ、そこから敷衍して「其適用が排除される為めには反対の意思表示が無ければならない」とした上で、原審は叙上違約金条項を「其反対の意思であると見た」ようだ、と判断している。しかし、右条項の趣旨と「民法の規定とは相容れないものではなく十分両立し得る」から、右条項を

「民法の規定に対する反対の意思表示と見ることは出来ない」と説き、両者が両立し得る理由を次のように敷衍している、即ち「解除権留保と併せて違約の場合の損害賠償額の予定を為し其額を手附の額によるものと定めることは少しも差支えなく、十分考へ得べき処である〔傍点筆者〕」と。しかもこのような解釈論のみならず、原審におけるX自身の供述、さらには本件売買の動機についての原審の認定に対する・Yの上告論旨中の詳細な反証（本件売買に先行したXの他の家屋の購入・転居の事実、その転居地管轄の小学校への転校の事実など）によって、原審の違約手付認定を否定し、本件手付が解約手付たることを認定したのである。因みに、事件の骨格をほぼ同じくし、訴訟の推移も争点も類似する事案においてやはり原審の内金認定が否定され解約手付と認定された昭和七年七月一九日大判（前掲1の④と本判決は、その論理構成が類似しており、興味深い。

(4)思うに、本件手付を原審は違約手付と、判旨は解約手付とそれぞれ認定を異にしたのは、叙上のように原審がその論理構成を判旨のそれと異にしていたからに他ならない。本件も判旨は解約手付推定の論理をその立論の基礎においている、即ち右の解釈論理は、解約手付と認定するのを原則とし、それ以外の手付（例えば原審が認定した違約手付）と認定するのは例外として、後者の場合には解約手付排除の特別な意思表示を必要とする、とするものである。例えば前掲1の⑦においては、契約書に、①不履行者の相手方に契約解除権が与えられ、②手付金を違約金として賠償すること——手付損倍戻し、③不履行者は右違約金の他に損害賠償すること、とあり、それに加えて関係者の証言によって当該手付金は違約手付と認定されている。これに対して本件では、原審は、解約手付推定の論理に即して論理構成をしている訳ではない。解約手付認定とその他の手付（ここでは違約手付）認定とをいわば等分にみて本件契約書第九条の違約金条項を解釈し、そこには違約金規定しかない所から——解除権留保の規定はない——本件手付を違約手付と認定し、他方でXの本件家屋購入の動機からすればXが積極的に自ら解約手付ときめるはずがない、従って本件手付が「解約手附であることを認める証拠がない」と結論づける。こうした文脈の中で原審の主張を読むと、解約手付推定の論理とは反対に、原審は、解約手付たることの方を積極的に立証する必要があると説示しているようにすら思える。従って、原審は、本件違約金条項（契約書第九条）を解約手付排除（従って民法五五七条の適用排除）のための特別の意思表示とみたわけではない。にもかかわらず、判旨は、原審の認定を解約手付推定の論理の土俵にのせて、原審の第九条解釈を批判しているのである。即ち、「解除権留保と違約のさいの損害賠償の予定とは少しも矛盾しない」から、右第九条は解除権排除の特別の意思表示とはならない、と。右の「両者矛盾せず」の論理が学者の謂う「違約手付と解約手付併存」(5)のそれに他ならない。もっとも、この併存の論理については私は疑問である。(6)学説の説くように判旨は違約手付と解約手付との併存を説いたのではなく、判旨は解約手付自体が不履行者自らの解除とその代償としての賠償（解除による相手方の損失の清算）という二つの機能をそもそも兼備しているものとみて、それにもかかわらず右第九条が代償だけを規定しているにすぎないから、両機能の併存が可能と理解したのではないか、決して両手付の併存が可能とみたのではあるまい、要するに判旨は本件手付を解約手付と認定したにすぎない、と私は考える。けだし、もし判旨が両手付の併存を意識していたとすれば、両当事者とも違約手付か解約手付かそのいずれかを任意選択的に行使することができることになり、判旨の立論の原点とする解約手付推定の論理と矛盾することになるからである。また、私がすでに指摘したように、判旨は「違約手附」及び「解約手附」の語を一切用いておらず、このことも亦、判旨が解約手付を組成する二つの機能の併存を巧みに利用したことを物語っているといえよう。

(5)本判決の先例価値は、第一に、手付紛争をめぐる・戦後最初の最高裁判決において、解約手付推定の論理を大審院から引き継いで適用し、以後の判例法の流れを形成したことにある。第二に、不履行の際の手付損倍戻しのみが規定され・解除権留保の規定のない手付特約は解約手付排除の特別の意思表示に当たらない、とされた点にある。

(6)本件は、本件判決により原審たる大阪高裁に差戻され、本件手付が解約手付であることを前提にYの解除以前にXY両当事者の履行着手ありとしてX勝訴しY上告、差戻上告審（最判昭和三〇・一二・二六——1の⑬）においても原審の判断が維持されYは敗訴した。手付の性質（解約手付か違約手付か）が争点とされた本判決と、履行着手の成否が争点とされた右差戻上告審判決とは争点を異にするので、本研究では別箇に扱う。なお、本件違約金条項の解釈をめぐり、戦後の学界に手付の本質論にまで踏みこんだ論争がまき起こった。そこで煩を厭わず次に判例批評を掲げる。(a)解約手付と違約手付との併存は矛盾するとの認識から、本件手付を違約手付と解する学説——拙稿「近代民事責任の原理と解約手附制度との矛盾をめぐって」法学新報七二巻一・二・三合併号一〇一頁以下、同「手附ノート——沿革小考」松山商大論集二〇巻一・二合併号一三九頁以下。(b)当事者の一方が履行請求する（契約の拘束力の強化のみを欲する）場合には違約手付と認めるべしとする学説——加藤一郎「手附と内金」時の法令二二〇・五七頁、幾代＝鈴木＝広中・民法の基礎知識一四二頁以下、品川・契約法（上）四五頁、新版注釈民法⑭一七六頁、拙稿「手附契約の解釈」民法判例百選Ⅱ（第三版）一〇六頁、同「手付契約の解釈」不動産取引判例百選（第二版）二九頁、同「解約手附と違約手附との関係」民法の争点Ⅱ一〇九頁。(c)民法五五七条は解約手付の効力を規定したもので解約手付と推定する趣旨ではないとする学説——山中・契約総論一六六頁、石田(喜)「手附の性質」判例演習（債権法2）〔増補版〕一四頁。(d)違約手付と解約手付との併存を認める学説——星野「書評『民法の基礎知識』」民法論集一・三五六頁、同民法概論Ⅳ一二〇頁以下。(e)本件違約金条項を解約手付と解する学説——山田＝関口「手附契約の解釈」判民昭和二四年度一五五頁。(f)不動産売買における解約手付の慣習の存在を前提とする当事者の意思解釈を行ったにすぎないとみる学説——横山「民法五七七条（手附）」民法典の百年Ⅲ三二一頁。(g)違約手付と解約手付との併存を認めて、買主の履行着手前は売主は手付倍戻しで解除でき、履行着手後は買主が売主に履行を請求できるとする学説——来

栖・契約法三六頁。小脇「手付」現代契約法大系Ｉ二七六頁。

（1）　一審Ｘの供述「甲第一号証第九条ハ軽ク不問ニシヨウアッテモ差支ヘナイカラ此儘ニシテ置コウト言フテ消サスニヲキマシタ」、原審Ｘの供述「偖テ此ノ売買契約書ノ第九条ノ手附金倍額賠償ノ約束ハ契約書ニコソ左様ニ書イテ居リマスカ其売買契約ヲ結ンダ際ニハ売主モ買主モ共ニ紳士契約デ売買スルコトニシヤウト云フ約束デアリ、殊ニ私方ハ……大阪ノ家ハ強制疎開ニナルノデ大勢ノ家族ガ住メル家ガ是非欲シイト思ツテ居ルノデスカラ若シ解約ノ場合ハ手附金ヲ倍額デ返シテ貰ヘバ異議ナイト云フ様ナ事ハ毛頭考ヘテ居ラズソレデ此ノ第九条ノ契約条項モ確ニ其際Ｙ方ヘ抹消方ヲ請求シタ様ニ記憶シテ居ルガＹノ方デハ別ニ抹消シヤウトモシマセンノデ何分紳士契約デ行カウト云フ約束テシタノデ私ノ方デモ別ニ強ヒテ意ニ介セズ其儘ニシテアッタ訳デスガ……」

（2）　Ｘの側の本件建物の購入の動機は当然逆に、Ａの本件建物からの立退きが困難な事情でもあり、従ってＹ側の解約手付主張の動機にもなりうることは、Ｙの上告理由第二点に明らかであろう。

（3）　本件違約金条項には確かに解除権留保の規定は欠落しているから、右条項による限り、不履行者の相手方は、不履行を理由に本件契約を解除して手付額の限度での賠償請求を行うことができ、あるいは契約の履行を請求することもできる。この場合、本件手付は賠償額の予定としての違約手付（私のいう予定手付）として解することになる。

（4）　昭和七年七月一九日の大審院判決は、本判決とその事案類型、各審級裁判所の事件処理の態様・経過がよく似ている。

（5）　解約手付・違約手付併存を認める学説は、前掲の他、末川「判批」民商二六巻四号四一頁、一般論として来栖「日本の手附法」法協八〇巻六号一三頁、加藤・民法教室（債権編）二〇頁以下など。なお、我妻＝有泉他・不動産の取引六九頁以下参照。

（6）　本判決に関する判例批評として掲げた拙稿を参照。

１の⑪

最判昭和二六年一一月一五日民集五・一二・七三五

〈事実〉訴外AはYとの間にY所有の久留米市所在の家屋を昭和二一年五月二四日に代金二五、〇〇〇円で買受け即日手付金二、〇〇〇円を支払いYが四〇日以内に右家屋を明渡し・その所有権移転登記をすると共に残代金を支払うとの約定を結んだ。ところが、Yは右期限が到来しても右家屋を引渡さないので、Aは他に新築家屋を買受けてこれに移転し、その後昭和二二年四月Yとの右売買契約上の権利をXに譲渡しYにその旨を通知した（従って買主に属する義務＝代金支払債務はAに残ることになる）[1]。そこでAは、昭和二三年一一月一日にYに対し書面により本催告書到達の日から五日以内に残金二三、〇〇〇円を支払うから本件家屋につきその所有権移転登記をするよう催告し、この催告書は翌二日（午後二時）にYに到達したので、右催告期間内である同月七日に残代金をYに現実に提供したところ、Yは、右二日（午前一〇時）に手付金倍額四、〇〇〇円をAに償還し本件売買契約を解除したとして、右残代金の受領を拒絶したので、Aは右残代金を供託した。そこで（Aから買主としての権利を譲り受けた）X（被控訴人・被上告人）はY（控訴人・上告人）に対し本件家屋の所有権がXに存在することの確認及びその所有権移転登記手続を請求するため本訴に及んだ。一審（福岡地裁久留米支部）はXの請求を認めたため、Yは福岡高裁に控訴。原審は、Yの手付倍戻しを理由とする本件売買契約解除の抗弁に対して、Aが約定の明渡期限後屡々Yに対し本件家屋の明渡を求めたが、Yは言を左右にしてこれに応じなかったこと、Xの側はYの家屋引渡と引換えにいつでも残代金を支払える状態にあったこと、Aの証言によればYの手付倍戻しによる解除の意思表示はAからの履行催告書の到達後になされたことを理由に、Yの解除以前にXの履行着手がすでにあった、として、Yの控訴を棄却。Yは次の理由を挙げて上告。即ち、本件売買において残代金の支払と家屋明渡・所有権移転登記が同時履行の関係に立つことは明らかであるから、手付による解約権を消滅させるための契約の履行着手ありとするには、少なくとも同時履行関係に立つ債務の履行の現実の提供が必要であるのに、内容証明郵便による履行の催告が売買契約の履行の着手とはいえないこと。

〈判旨〉上告棄却。「……原判決は、その理由の説示として、『挙示の証拠を総合すれば、Aは約定の明渡期限後屡々Yに対し本件家屋の明渡を求めたけれどもYにおいて或は猶予を求め、或は不得要領の答弁をして日時を遷延し遂にこれに応じなかったこと、AにおいてはYが家屋の明渡をすれば何時にても約定に従い残代金の支払を為し得べき状態にあったことが認められるばかりでなく、Yの手附倍戻による解除の意思表示はAからの履行の催告書の到達後になされたものであることが推認されるのでかような場合には買主としては既に契約の履行に着手したものと解するのが相当である』旨説明している。そして、原判決の認定した右のごとき場合にはまだ現実に代金の提供をしなくとも買主としての契約の履行に着手したものと解することができる。……原判決は……単にAからの履行の催告書だけで履行の着手があるとしたものでないから、……法律解釈適用を誤ったとの主張は原判示に副わない事実を前提とする主張であって、採用できない……〔傍点筆者〕」。

〈分析〉(1)本判決は、いわゆる「履行着手」を争点とする手付紛争をめぐる・戦後最初の判決である。そして、本判決の解釈は、前出最判昭二四・一〇・四の差戻上告審判決——最判昭三〇・一二・二六（後出1の⑬）以後の履行着手判決の先例となっていく。

(2)それでは、原判決及び本判決は、買主側のいかなる態様を目して「履行着手」ありとしたのであろうか。本判決引用の原判示からは、買主側の履行着手態様は二つ示されている。一つは、売主に対する履行（本件では明渡）請求の反覆である。そして事案の最終局面における・AからのYに対する履行催告書の到達について判旨は、「〔原判決が〕単にAからの履行の催告書だけで履行の着手があるとしたものでない〔傍点筆者〕」とする一方、「右催告書が……正当な権利者〔Xのこと〕からの有効な請求とはいえないとしても、契約当事者であったAからYの解除権行使前に履行の催告のあった事実を認むべき証左そのものは動かしい《ママ》難い事実であるから、原判決が前述のごとくこれを買主において上告人の契約解除権行使前既に履行着手のあった事実認定の資料の一部に加えたからといって〔傍点筆者〕」云々とある所からみて、履行催告書の到達自体も履行着手の態様の一つとみていることは明らかであろう。もう一つは、売主の家屋明渡しに即応していつでも残代金を買主が支払える状態にあったことである。つまり、相手方の債務の履行と引換えに残代金を支払えるよう具体的に準備しておくことである。判旨（原判旨も含め）には、残代金の不時の支払いに備えてA（ないしX）が具体的にどのように残代金相当額の金を準備していたかは定かではない。わかっているのは、Aが昭和二三年一一月一日にYに履行催告書を送り、その中に右「催告書到達の日から五日内に残代金二万三千円を支払うから云々」とあり、その到達後五日目の同月七日にAが残代金二三、〇〇〇円を提供（Yの拒絶にあい供託）したことである。このことから、原審は、残代金相当額の準備を買主側がしていたと判断したのかもしれない。あるいは、本件における買主側の右の二つの履行着手メルクマール中の前者即ちAの不断の履行請求を承けて、売主側Yがいつそれに応じても、明渡しに即応して支払えるように（履行請求に連繋して）残代金を準備していた（はずである）、と原審は判断したのであろうか。それとも、Aの再三の督促にもかかわらず不得要領のうちに期限を徒過したYの対応に本件家屋の入手を諦めて他の新築家屋を入手したことから、残代金の準備はあった、と判断したのであろうか。いずれにしろ残代金の不断の支払準備の具体的内容を原審は明らかにしていない。にもかかわらず、判旨は原審の・こうした抽象的な買主の履行着手を是認したのである。

(3) 本来一方当事者の履行着手後の契約解除を認めないのは、立法者の説明[2]から明らかなように、履行に着手した相手方に損害が生じることを避ける為に外ならない。そこで従来は、買主側の履行着手ありという為には、単なる売主への履行催告では無論のこと、いわば抽象的な支払代金の準備だけでは不十分であって、少なくとも銀行に当座預金の形で預託しておくなど具体的な形での支払準備が必要とされていたのである。[3] つまり、現実に履行行為の一部が実現して初めて履行着手あり、とされたのである。現に履行行為がなされなければ、契約が解除されても相手方には実害が生じないであろうからに外ならない。従ってその限りでは解除の相手方を消極的に保護することにはなろうが、このように「履行着手」を厳格に考えれば、その分相対的に解除者の解除権行使が容易となるであろう。従ってこれまでの判例の解釈が解除者側に有利に働いてきたことは否めない。これに対して本件では、原審の事実認定では、Aの最終の履行催告の到達後にYの手付倍戻しによる解除の意思表示がなされ、その後にAの残代金の現実の提供（そして供託）が行われている。又それ以前の履行催告では抽象的な形で支払準備の通知がなされていたにすぎなかった（「Yが家を明渡しさえすれば残金はいつでも支払う準備をし一刻も早き《ママ》明渡を待った」――Xの供述）。従って従来の判例の示すところでは本件において履行着手ありとはいえないだろう。即ち、（抽象的にせよ）履行着手の態様だけを取り上げて考える限り、厳密には「着手あり」とはいえず、依然支払準備の段階にすぎない。それなのに、判旨は原審の判断通り、A及びXの履行の熱意とYの徒らな履行遷延の態度、さらに事件全体の推移とから判断して、「履行に着手したものと解するのが相当」と表明したのである。このことは、解除者の相手方に、履行行為自体であろうと、履行の準備行為であろうと、仮にも契約履行への積極的な意思の表明と見られる行為があればそれだけで、「履行着手」とみて解除権行使が排除されることを意味している、と見るべきであろう。この意味において、従来の判例の態度とは反対に、本判決は正に解除者の相手方の利益の保護、あるいはむしろ契約の履行それ自体の確保に重きを置くものといえるだろう（そして「履行着手」概念を抽象化すればする程右の意図にそうものとなる）。そして本判決以後、解約手付の存在そのものは認めながら、「履行着手」概念の拡張操作によって手付による契約解除を否定する例が多くなるのである（ただし、右の判例の流れは、昭和四〇年一一月二四日の最高裁大法廷判決によって逆行させられることになる）。

(4) 本判決の先例価値は、「履行着手」概念を厳密にとらえ解除の相手方を解除による損害から保護するという・この概念が本来持つ消極的機能を、解除者の一方的解除を阻止し契約履行を望む相手方の利益を保護するという・積極的な機能へ転換せしめることによって、「取引の安定」を確保しようとする点にある、といってよいであろう。

（1） 原判旨は、この点につき次のように判示する、即ち「専ら財産的関係を目的とする売買契約における買主に属する権利と義務とは他に特別の事由のない限りこれを分離して各別の法律行為の目的とすることを妨げない」と。

（2） 民法議事速記録三・八八六頁以下（商事法務研究会刊）によると、梅起草委員は、売主が荷造りをして買主に送るという場合、「……荷物ガ東京カラ大阪ニ往ク買主ノ所ニ届ク、届イタ所デ之ハ受取ラナイ手附ヲ抛棄シテ解除ヲスルト言ツテ然ウシテ其荷物ヲ返サレテハ売主ハ迷惑ナコトデアラウト思ヒマス夫レカラ又其場合ニ送ツテハ往カヌ送リ出ス時丈ハマダ宜カラウト言ツテモ其ノ間ノ区別ト云フモノガ余程六カシイ荷造ヲスルト云フノナラバ格別ノ損害ヲ受ケマスマイカラ或ハ許シテ宜イカモ知レマセヌガ乍併必ズ遠方ニ送ルモノトモ限ツテ居リマセヌカラシテ相手方ノ手許ニ届イタラトモ書ケマセヌシ又品物ニ依テハ製造ヲシテ然ウシテ売ルト云フ物モアル譬ヘバ或ル商品ヲ幾ラ々々売ル斯ウ言ツタ時ニハ自分ノ内ニハ持ツテ居ラヌ、ケレドモ其人ハ自分ニ工場ヲ持ツテ居ルノデ期限マデニ工場デ製造セシメルどん《ママ》々々拵ヘテ居ルモウ大方拵ヘ上ゲタ所デ解約抔ドサレテハ大変損害ヲ受ケルコトデアラウト思ヒマス……荷造ヲスルノハ着手デアル履行ハ済マセヌガ一方ガ着手スルノデ一方ノ着手ガアレバ往カヌ夫レデ態々斯ウ云フヤウニ一方ガ着手トシマシタ……〔傍点筆者〕」と答えている。

（3） 例えば大正六年六月一四日横浜地判・新聞一二八二・二三（手付判例1の㊶）によると「原告は被告に対する履行の催告並に代金支払の準備を為したることを以て本件契約の履行に着手したるものなりと主張するも、本件に於て買主たる原告の為すべき履行は即ち代金の弁済に外ならざるを以て履行の催告の如き単に相手方の履行を求むる意思表示に過ぎざるものは之を以て弁済の着手と謂ひ得ざるは明白なり、次に原告の所謂代金支払の準備とは原告が取引銀行より何時にても小切手記載の金額の支払を得可きことの承諾を得たる事実を指称するものなることは原告訴訟代理人の主張自体に依り明白にして現実に代金の準備を為すか少くとも代金相当の預金ありて当該銀行と小切手契約を締結するは格別右主張の如き事実は到底之を以て弁済の着手と為し難し」と。その他の判例については、1の⑤註（3）を参照。

1の⑫

最判昭和二六年一二月二一日裁判集(民事)五・一〇九九

〈事実〉X会社(被控訴人・被上告人)は、A(後にYに代わる。両者の関係及びYがいつAの訴訟を承継したかは不明。控訴人・上告人)所有の店舗向建物及び敷地を、代金一六万円、手付金五万円でその内金二万円を即日支払い、手付残額を含む残代金をその後数回に分けて期日に支払い最終回の割賦金支払と同時に登記移転をするという条件で買受ける契約を締結し、手付金内金二万円をAに交付。Xは右契約に従い順次割賦金を支払い最終割賦金を期日に提供した所、Aは本件建物を賃借していた第三者(会社)との明渡交渉が難航しXへの引渡の見通しが立たなくなったので、本件契約第七条により手付金倍額四万円をXに提供して本件契約の解除を意思表示したが、Xは右手付金は解約手付ではないとして、所有権の登記移転を請求して本訴に及んだ。一審A(あるいはY)敗訴し、控訴。第二審は、「本契約に違反したる時は売主は手附金の内金二万円の倍額四万円を償還し買主は右手附金二万円を放棄するものとす、この場合に於て本契約は当然解除せられたるものとす」との契約第七条の手付特約は、「控訴人の云ふ様に契約違反者自ら好む処に従つて何時でも右金二万円の倍額を償還し或は之を抛棄して契約の解除が出来るとの趣旨のものであるとは到底これを解することは出来ない〔傍点筆者〕」として控訴棄却。そこでYは、右第七条は、当時の小倉市の店舗向建物払底の事情を考慮して賃借中であった第三者の明渡しがない限り期限内に「明渡済の物を引渡す」という履行ができないから、その時はAにおいても契約解除ができるという趣旨であり、Xもこの意味を承認して右第七条の特別規定を定めたのである、従って、第三者のためにX・A双方の目的にそう家の明渡しが期間内にできなかったので、Aは適法に解除をしたのである、と主張して、上告。

〈判旨〉上告棄却。「原判決の所論約款の解釈に関する判断は正当であつて、所論のような経験則違反等の違法のあることはみとめられない」。

〈分析〉⑴ 判旨は原判決に全面的に同調しているので、原判決の分析が中心になる。問題はまず、契約書第七条の解釈である。原審は、本件手付を解約手付ではない、と解したようである。そのことは、「契約違反者自ら好む処に従つて何時でも右金二万円の倍額を償還し或は之を抛棄して契約の解除ができるとの趣旨のもの〔傍点筆者〕」では到底ないとの判示から明らかである。そうだとすると、原審は、第七条の文言から損害賠償額の予定としての違約手付（いわゆる予定手付）と解していたことになる。けだし、この種の違約手付は、取引の場においては一方当事者の債務不履行による損害填補のための簡便な決済手段として利用されているからである（不履行者の相手方が訴訟に訴え長時間と費用をかけて実損害の賠償を請求するよりも手付金で満足する方がむしろ有利だと計算した場合）。しかもこのように違約手付として機能する場合であれ、結局不履行者のイニシアティヴにおいて契約が解除されたことになる（第七条後段「この場合に於て本契約は当然解除せられたるものとす」）。要するに、この種の違約手付は、取引の場において機能せしめられる限り、実質的には解約手付と変わりはない。他方、この種のいわゆる予定手付の場合には、決済の代わりに履行を請求することも可能ではある（民四二〇Ⅱ）。もっとも叙上のように予定手付の本来の目的は迅速簡便な事後の決済にあるのであるから、通常であれば、その授受は不履行者に対する履行請求権の放棄を暗に前提とすると解するのが当事者意思にかなうとみるべきである。だからこそ、逆に予定手付でありながら本件のように訴訟によって履行請求がなされた場合には、予定手付ではなく本来の違約手付とみるべきではなかろうか。しかも本件にあっては、本件契約締結前から本件建物を賃借していた第三者の立退きが実現せずA（後にY）による本件建物の明渡しが不可能であっても、少なくとも本件土地建物の所有権移転及び所有権登記の移転は客観的に可能であったから、Xは手付による簡便な決済よりも履行を選び、Yに請求したものであろう。つまり、予定手付としての違約手付であれ、こと訴訟の場においては、本来の違約手付に変わり、契約の履行を正当化するための道具概念として解約手付と対立的に機能するのである（この場合には第七条後段の「当然解除云々」の文言は失効する）。

(2)それでは、原審の判断はどうしてX側有利に傾いたのであろうか。もし本件においてもこれまでの判例の流れに即して解約手付推定の論理が適用されていたとしたら、おそらく右の第七条解釈において本件手付は解約手付と認定されていたであろうと思われる。それにもかかわらず、上告審においても原審の解釈が維持されたのはなぜであろうか。解約手付推定の論理を前提として、問題の手付条項が解約手付反対の意思表示とはむしろ見られないとしたら、原審は、本件を形成する諸事情の中に本件手付を解約手付ならぬ違約手付と認定すべき根拠を見出したのではなかろうか。惟うに、事案によると代金支払いは割賦払いとされ、Xが最終回の割賦金を期日にAに提供した所、Aから契約解除の意思表示を受けたとされる。そうだとすると、AがXの割賦金支払いを何度か無条件で受領したという事実から、Xからすれば、Aには本件土地建物の明渡しの意思があるものと推測でき、従ってAの契約履行への期待を高めていたことであろう。そこでXがこの期待にもとづき新店舗への移転・開設の準備を着々と行っていたであろうことが推測できる。そうだとすれば、Yが契約を解除したことは、右のXの期待が裏切られた許りか、この期待にもとづき準備された店舗開設が徒労に終わったとすれば、Aには、自己の賃借人立退きの見通しの誤りによってXの期待にそむきXの店舗開設を狂わせたことの責任が帰せられるべきであろうに、逆にAが右の責任を回避して自ら契約を解除できるとしたら（たとえ店舗開設に伴うXの金銭的な損害は手付額の限度で塡補されるとしても、計画通りの営業展開によって将来得られるであろう営業利益の損失は償われない）、不合理であろう。Yの抗弁によると、当時の福岡市における店舗建物払底から賃借人の立退き難航を予想して解約手付の条項を契約中に規定しておいたとされるが、右立退きが停止条件として契約中に明記されるか、手付損倍戻しによる契約解除権留保が明記されていればともかく、そうでない限りYの抗弁は、右の責任を解消させるものではないであろう。しかも、Xの請求する所有権登記の移転は、賃借人が建物を占有していても可能なのである。こうしてみると、「契約違反者自ら好む処に従つて何時でも……倍額を償還し或は之を抛棄して契約の解除が出来る……ものとは到底これを解することは出来ない〔傍点筆者〕」とする原判旨は、取引相手の資本計算の予測と採算を無視したYの抗弁のエゴイズムをよく衝いているといえるであろう。

(3)仮に本件契約の手付条項から本件手付が解約手付と認定されたとしても、Xによる数回にわたる割賦金の支払いはこれをXの履行行為と見ることが可能であるから、Xの「履行着手」を理由として、結局Yの手付倍額償還による契約解除は認められなかったものと思われる。

(4)本判決の先例価値は、(a)契約違反の際の手付損倍戻しによる損害賠償及び当然の契約解除との手付条項は解約手付ではなく損害賠償額の予定としての違約手付と認定されたこと、(b)占有中の第三者の立退困難を理由とする契約解除は相手方の履行請求に劣後すること、(c)割賦金の受領は相手方にとって受領者の履行への期待を高める〔履行着手と見られる〕ことにある。

1の⑬

最判昭和三〇年一二月二六日民集九・一四・二一四〇

〈事実〉本判決は前掲最判昭二四・一〇・四(1の⑩)の差戻上告審判決である。差戻控訴審〔以下、文中「原審」という〕において、Xは前審各審級における違約手付主張をここでも繰り返し、Yもまた同様にAの家屋明渡しを停止条件とした旨を主張した。これらに対し原審は、まずYの主張を却け、次いで解約手付推定の論理にもとづき解約手付否定のための特別の意思表示は「Xの挙示する全証拠によってもこれを認め難い」としてXの主張を却けて、本件手付を解約手付と認定した上で、XY両当事者に履行の着手があったとしてYの契約解除の意思表示をも却け、結局差戻前一審判決を取消した。Y上告。Yの三点にわたる上告理由中、本判決が重視したのは、原審の履行着手の認定をYが争った点である。原審の認定の根拠は次の三点にあった（とYはいう）。第一点は、本件家屋の居住者Aの家屋明渡しについてXがYに督促したこと。この点につき、Yは、本件売買契約締結に当たりAの明渡しが重要な条件であったのであるから、XがYに対しAが明渡しをするか否かを確かめるための行為ないしその督促をするのは当然のことであって、これを以て履行着手ありと認めることは困難であり、むしろ履行の予備行為に過ぎず、Xに何ら損害を加える虞れもない、と反論した。第二点は、YがAに明渡しを求めたことを以て双方に履行着手ありとしたこと。この点について、Yは、自分がAに対する明渡請求を本件契約前から行ったにもかかわらず、Aが到底応じないことが明らかになり、そのままにしておけないので、民法五五七条による解除手続をとったもので、この間Xに本契約を解除しないという意思を表明したことはないから、Y自らが履行に着手したとはいえない、と主張した。第三点は、Xが常に残代金を用意して明渡しがあればいつでもその支払をなし得べき状態にあったこと。これに対しYは、関係者の証言・自らの記憶によれば、XがYに対し約定代金を準備し・その支払いをなし得べき状態にあったことを表明したことはないから、Xの主張は「単に残代金に相当する金を持っていたというだけのこと」に過ぎず、「少くともXが約定代金を準備してその支払を為し得べき状態に其の資金を固定して居〔傍点筆者〕」なければならないはずなのに、裁判長の尋問に対しXは単に代金の支払能力があるということを供述したのみで、固定していた事実を立証していおらず、取引の実状からみても、居住者の明渡し後に残代金を支払い登記するとの約束でなされた家屋の売買で、明渡しの見込みもつかないのにその残代金を固定させておくことはありえない、と反論した。

〈判旨〉上告棄却。「原審が証拠により適法に認定した事実によれば、Xは、売買契約後解除前たる昭和一九年一二月頃までの間に、しばしばYに対し、本件家屋の賃借人たる訴外Aにその明渡をなさしめて、これが引渡をなすべきことを督促し、その間常に残代金を用意し、右明渡があれば、いつでもその支払をなし得べき状態にあつたものであり、他方Yは、契約後間もなくXと共にA方に赴き、同人に売買の事情を告げて本件家屋の明渡を求めたものであるというのであつて、かかる場合、買主たるX及び売主たるYの双方に履行の著手があつたものと解した原判決の判断は正当としてこれを首肯し得るものである（買主の履行の著手の点につき昭和二四年(オ)第一八九号同二六年一一月一五日第一小法廷判決参照）〔傍点筆者〕」。

〈分析〉(1)本判決は、差戻前上告審における・本件手付の性質確定をうけて、原審が本件手付を解約手付と認定した上で、Yの側の契約解除前にXY両当事者にそれぞれ履行着手があったと認定した・その判断を肯定した。そこで本件の争点はもっぱらここでの「履行着手」とは何か、という点にしぼられる。判旨は原審の判断を全面的に肯定しているところから、以下原判旨を中心に検討していく。まず原判旨は、一方当事者に履行の着手があるときは、着手当事者か、その相手方かのいずれかを問わず手付による解除権行使はできないとし、その根拠として、民法五五七条の明文規定をあげると共に、「相手方が履行に着手してから後に、解除すれば、相手方に損害を加えるおそれがある」こと及び「自ら履行に着手したときは、もはや解除しない意思を表明したものと言い得ること〔傍点筆者〕」をあげている。次いで原判旨は、本件におけるXY両当事者の履行着手の態様を次のように述べている、即ちXについて「買主たる控訴人が売主たる被控訴人の履行を督促するとともに約定代金を用意してその支払に備えていたこと[1]〔傍点筆者〕」、またYについて「売主たる被控訴人が〔買主たるXと共に〕本件家屋の賃借人に対して、明渡を求めたこと[2]」と判示し、さらに右の両者の着手態様につき、「いまだそれが履行の提供に至らなくても、これを以て、履行の着手があったとみるのに妨げなく」、「被控訴人において、借家人をして本件家屋の明渡をなさしめて、これを控訴人に引渡すという契約上の債務の履行に着手したものとみるのが相当」とこれを敷衍している。なお、買主側〔本件におけるX〕の着手については、原判旨は昭和二六年一一月一五日の最高裁判決を参酌・踏襲している。

⑵本判決の先例価値は、⒜解除権を行使した当事者の相手方のみならず、行使当事者本人の履行着手をも認め、双方の着手後の解除権行使を否認していること、⒝買主側の着手態様として、買主が家屋の明渡しを督促し、その間明渡しと引換えにいつでも支払えるよう常に残代金を用意しておくことを〔抽象的に〕判示している点にある。因みに、履行着手者本人だけが手付による解除権を行使した場合の解除権行使の成否については昭和四〇年一一月二四日の最大判（1の⑮）の判断をまたなければならない。なお、本判決につき以下の判例批評がある、即ち松坂・民商法三四・四・六七五、北村[3]・法曹時報八・三・三七三、石黒[4]・法協九二・一二・一二八。

（1）「Xは売買契約後、右解除前たる昭和十九年十二月頃までの間に、しばしばYに対し、本件家屋の賃借人たる訴外Aにその明渡をなさしめて、これが引渡をなすべきことを督促し、その間常に残代金を用意し、右明渡があれば、いつでもその支払をなし得べき状態にあったこと」。

（2）Yは「契約後間もなく、Xと共にA方に赴き、同人に右売買の事情を告げて、本件家屋の明渡を求めたほか、前記解除前、数回にわたりY自身又はその代理人たる妻Bにおいて、前同様Aに対し、右家屋の明渡を求めたが……いずれも要領を得ずに終った事情にあること」。

（3）北村調査官は、履行の着手につき、「客観的にみて履行行為の一部をなし、又は提供をなすために欠くべからざる前提行為がなされたと認められる場合」と一般的な定義を下した後、買主の代金債務については「単に支払能力ある一般的状態の如きは消極に解すべく、現金もしくはこれに代る手形小切手等の別段の用意、その他支払手段の具体的用意にして客観的にその存在を認識するに足るような行為があった場合にこれを是認すべきであ〔傍点筆者〕」るとした上で、本判決引用の昭二六・一一・一五最判（1の⑪）についても、この判決は「単に約定残代金の支払能力あることを指して履行の著手ありとしたものではなく、残代金支払の用意にして客観的にその存在を認識し得る事実の存在したことを理由としているものと解すべき」で、「本判決も亦これに従ったものとして是認すべき」だとされている。この点につきYは上告理由の中で次のようにXの原審における供述を紹介している、即ち、裁判長の尋問に対し「本件家屋の代金は当時私は他にも相当の金を持って居たし家財もあったから何時でも払える状態にありました」と答えている。この供述に対しYは次のように批判している、即ち右の「答えだけではXが単に代金の支払能力があると言うことを供述して居るだけで本件代金支払いのため資金を固定して居たと言うことにはならない」ばかりか「取引の実情から言っても居住者の明渡後に残代金を払い登記するとの約束でされた家屋の売買に於て未だ明渡の見込みも付かないのにその残代金を固定させて置くことはあり得ない」と。私もXの供述からは、その当時Xに残代金支払いの具体的・客観的用意があったとは到底思えない。従って北村氏のいわれるようには本判決も昭二六判決（1の⑪参照）も具体的・客観的な支払準備の存在を買主の履行着手の存在理由としていたとは思えないのである。むしろ少くとも右両判決からは（ここでは買主側の）履行の着手態様をかなり抽象化してとらえることによって、着手要件を緩和し、手付による契約解除をできるだけ制限しようとする意図が窺えるのである。このことは同時に、着手後の当事者の損失回避という・着手要件の立法趣旨から離れて、履行遵守の方向へ誘導しようとする意図さえ感じられるといえば、いい過ぎであろうか。

（4）石黒氏は、拙稿「近代民事責任の原理と解約手附制度との矛盾をめぐって」一〇六頁註⑾において前掲昭和二四年判決が解約手付による解除を認めた旨の私の記述について、右判決は「解除自体を認めたものではない」と批判されている。確かにその点は私の正に「勇み足」であって、石黒氏のご指摘の通りであり、私は右判決が本件手付を「解約手付」と認めたものとするに止めるべきであった。因みに、私の早とちりは次のように思いこんだ為であった。即ち、右判決が本件手付を違約手付と認定した二審判決を破棄し差戻した結果、二審が取消した一審判決が復活した（と解してよいと思う、現に差戻控訴審は右一審判決を「原判決」と呼ぶ）、その一審判決はYの主張した手付倍額償還による契約解除を肯定していた所から、右最高裁判決も、二審判決を破棄したことによって、結局、一審の結論たる・解約手付による契約解除を認めたことになるのではないか、と（しかし、そこまでいい切ってしまうと、差戻控訴審がX側の履行着手を認めてYによる契約解除を阻止することはできなくなる——裁判所法四条）。

1の⑭

最判昭和三三年六月五日民集一二・九・一三五九

〈事実〉　X（被控訴人・被上告人）は昭和二四年九月にY（控訴人・上告人）から農地及び宅地を三五、〇〇〇円で買受け、即日手付金二〇、〇〇〇円を支払い、同時にYは右宅地上のいずれも借地人の倉庫及び住宅二棟を向こう六カ月以内に収去した上、右土地の所有権移転登記手続をすると共に、Xは右残代金を支払うことを約定した。Xは右手付金支払い直後から残代金支払いの準備をしYにその受領を督促して右登記手続をするよう請求したが、応じず、その後右残代金を現実提供したがYが受領せず、昭和二八年四月三〇日に右残代金を供託し、所有権移転登記手続を求めて本訴に及んだ。Yは、本件宅地をXに売渡したことはなく、農地についても農地委員会の承諾を得る見込みがないので昭和二八年四月二四日頃手付金倍額四万円を償還し契約解除の意思表示を行った所、受領を拒まれたので同月三〇日供託したから、登記移転の義務なし、と抗弁。一審（千葉地裁木更津支部）Y敗訴し、控訴。原審（東京高裁）は、「Yは右履行期を過ぎても、少しも売買契約の履行をせず、Xは屡々Y或はその代理人A[1]に対しその履行を求めたが、同人等において単に猶予を求めるばかりで徒らに日時を遷延しこれに応じないので、遂に昭和二八年四月上旬訴外Bに依頼してY等に履行の請求をなさしめたところ、Yは同月二四日頃始《ママ》めて……手附倍戻による売買契約解除の意思表示をなすに至ったものであること、並びにXにおいてはYが本件土地の所有権移転登記手続をすれば何時でも支払えるよう残代金の準備をしていたことが認められ、右認定を左右するに足りる証拠はない。右認定の事実によれば、Xは買主としての契約の履行に着手したものというべく、Yの手附倍戻による解除の意思表示は、Xがすでに契約の履行に着手した後になされたものであることは明らかであるから、Yの右解除の意思表示はその効力を生ずるに由な〔傍点筆者〕」し、としてYの控訴を棄却（ただし、本件農地については所有権移転のため知事の許可申請手続をYがとるよう一審判決を変更)。Yは次の理由をあげて上告、即ちYが昭和二八年四月二四日に手付倍額を提供した所、Xはその受領を拒絶した上、同月三〇日に残代金を提供したのであり、それまでに金額を準備していなかったことは明らかであること。

〈判旨〉上告棄却。「原判決認定のような事実関係の下において、Xに履行の着手が既にあったものと認めた原判決の判断は正当である(所論判例は本件と事案を異にし必ずしも本件に適切なものとは認められない)[2]」と。

〈分析〉(1) Xがくり返し督促したにもかかわらず、Yは契約締結後四年近くも履行せず、ついにXが最終的に履行を催告したところ、Yが手付倍額償還による契約解除の挙に出た、というのが本件の事案のあらましである。判旨は原審の判断を全面的に肯定しているから、以下原判旨を中心に検討したい。まずYの不履行が数年にも及んだことについて。YとX及びその父Cとは同一部落で同姓、熟知の間柄であったにもかかわらず、Xは、当時Yと別居中の三男A(Yの代理人との資格において)の申込をうけて本件売買承諾の有無・土地所在の番地坪数をYにたしかめもせず、それぞれ二人の借地人(本件宅地上に家屋・倉庫を所有)・小作人が当時借りていたYの宅地・水田を買い受けることにしたこと、Aの供述によれば、本件は土地の売買ではなく、三五、〇〇〇円を借りて時価二十二、三万円相当の本件土地を担保にしたというのが真相らしいこと[3]、従って右のように時価二十数万円に相当する本件土地をXが僅か三五、〇〇〇円で買ったと称することは不可解であり、社会正義に反する、とYは思っていたこと等々、もともと本件売買がAの独断専行に始まり・Yにとって不本意なものであったことがその上告理由から窺える。しかし、これらの事情は、いってみれば、いずれもY側の主観的な事情(借地人らの立退き問題もあるが)であって、一旦成立した本件契約の履行にとって客観的な障害とはなり得ないであろう。

(2) 原判旨によると、Xの履行着手の態様として、(a) Yは履行期を徒過後X側の再三の履行請求に応じず徒らに日時を遷延するばかりであったこと、(b)Yが履行すれば、Xはいつでも支払えるよう残代金の準備をしていたこと、の二点があげられている（後者については、本件の実質上の買主たる・Xの父親が金貸し業であったことがYの上告論旨中に見え、Xの残代金の支払準備は恐らく現実に整えられていた、と思われる）。買主側の履行着手のこうした態様については、履行着手に関する指導的判例（最判昭二六・一一・一五——1の⑪）に沿うものとみてよいであろう。

(3)本判決の先例価値は、叙上判例同様、一方当事者の履行の引き延ばしと他方当事者の残代金支払準備を履行着手のいわば標準的な態様とみている点にある。

（1）　AはYの三男で、本件当時Yと別居し他人の家に間借り中で、Yに無断でYの代理人と称して、Xに本件売買を申込んだ。

（2）　大判昭八・七・五裁判例（七）民一六六（1の⑤）。

（3）　Yの上告理由によると、「甲第一号証の末尾に、本件契約不履行の場合は『手附金の六割』を返納すると一旦記載しあるが、之を後で『倍額』返納と訂正したことにつき、訴外Aは、本件は金を借りたので、土地は担保であったと供述して居るが之が真相であると思は《ママ》る」とある。

1の⑮

最大判昭和四〇年一一月二四日民集一九・八・二〇一九

〈事実〉まず本件の社会的背景(1)に触れておく。昭和三四年秋新幹線大阪駅が本件不動産所在地付近に開設されるという噂が広まり、これまで田畑の多かった付近一帯の地価が漸騰（当時坪当たり四・五万円）しつつあったので、X建設会社もかねての新都心進出の足掛かりとして出張所連絡所を確保すべく、適当な候補地を物色中であった。他方、本件不動産は大阪府が当該地に終戦直後に二十数戸建てた府営住宅のうちの一戸であったが、現居住者に払い下げられることとなり、その一人であるYも代金約二〇万円の納入期限（昭和三四年一二月二五日）を目前にして買手を物色中であった処、偶々不動産業者の周旋でXとの間に本件売買契約（坪当たり約五二、〇〇〇円）が締結されたものである。ところが翌一月に国鉄（現JR）当局が本件土地の近隣に新大阪駅建設を発表したため、本件土地を含めて近隣一帯の地価が急騰し、一層高価な買手が現われたので、Yは手付倍額をXに償還して、契約解除の挙に出た。

こうしてXは（控訴人・上告人）は昭和三四年一二月二二日Y（被控訴人・被上告人）から当時大阪府の所有にかかる本件土地家屋を代金二二〇万円、即日手付金として四〇万円（ただし、これは当初予定された二〇万円についてYが増額を求めた結果四〇万円に改められたもの）を支払い、残代金は翌三五年二月末日までに所有権の登記移転と同時に支払う約定で、買い受けた。Yは翌日右手付金のうちから一九万円余を大阪府に納入した。Yは昭和三五年二月二〇日右手付金倍額八〇万円をXに提供して本件契約解除の意思表示をした。これに対してXはYの転売の気配を感じて二月九日大阪地裁に仮登記仮処分を申請して所有権移転請求権保全の仮登記をした上で、Yの提供した手付倍額の受領を拒み、同月二九日にはYに残代金を提供し所有権移転登記及び引渡を請求したが、Yが受領を拒んだため残代金を供託した後、本訴に及んだ。一審（大阪地裁）はまず、Xは違約手付、Yは解約手付とそれぞれ主張する本件手付を「損害賠償額の予定を兼ねた解約手付」と認定し、Yの倍額償還を認めて契約は解除された、と判示した。Xは、本件契約の際授受された四〇万円のうち二〇万円は内金であり、その支払は履行着手であること、さらにYもXから受領した四〇万円の一部を大阪府に支払い本件不動産をXに譲渡する前提としてまずY名義にその所有権移転登記を得たことによりYも履行に着手したこと、仮にそうではないとしてもXの仮登記により履行に着手したものであることなどの理由をあげて控訴。二審（大阪高裁）はまずXの内金主張を却け、右二〇万円を手付金の増額分と認めて内金支払を以て履行着手とするXの主張をも却けた上で、本件不動産を大阪府から取得したことを以てYの履行着手とする主張も、それがYの単なる履行準備にすぎず、Xの仮登記についても仮登記原因がないにもかかわらずXが一方的に転売予防のために利用した手段に外ならず、履行行為の内容とは関係なく、履行着手とはいえない、としてXの控訴を棄却。Xは次の理由をあげて上告、即ち第一点、本件手付は解約手付ではないこと。第二点、Yと大阪府の間で本件不動産の払下げ契約が締結された時点ないし右不動産につきXの仮登記仮処分手続がなされた時点において、YあるいはXが履行に着手したものであること。

〈判旨〉　上告棄却。第一点について「原判決の引用する第一審判決の認定した事実関係のもとに、所論の本件手附は損害賠償の予定をかねた解約手附の性質を有するものであるとした原判決……の説示は相当……」。

第二点について「……民法五五七条一項にいう履行の着手とは、債務の内容たる給付の実行に着手すること、すなわち、客観的に外部から認識し得るような形で履行行為の一部をなし又は履行の提供をするために欠くことのできない前提行為をした場合を指すものと解すべきところ、本件において、原審におけるXの主張によれば、Yが本件物件の所有者たる大阪府に代金を支払い、これをXに譲渡する前提としてY名義にその所有権移転登記を経たというのであるから、右は、特定の売買の目的物件の調達行為にあたり、単なる履行の準備行為にとどまらず、履行の着手があったものと解するを相当……〔X主張の仮登記仮処分手続がなされたことについてはXの履行着手を否定した原審の判断が正当とする――筆者〕」とし、その点に関する原審の判断は違法としてXの主張を認めたが、次の理由により履行に着手した当事者Yの解除権行使を認めて、結局上告を棄却した。即ち、「……当事者の一方が既に履行に着手したときは、その当事者は、履行の着手に必要な費用を支出しただけでなく、契約の履行に多くの期待を寄せていたわけであるから、若しかような段階において、相手方から契約が解除されたならば、履行に着手した当事者は不測の損害を蒙むることを防止するため、特に民法五五七条一項の規定が設けられたものと解するのが相当である」。従って「……同条項は、履行に着手した当事者に対して解除権を行使することを禁止する趣旨と解すべく、従って、未だ履行に着手していない当事者に対しては、自由に解除権を行使し得るものというべきである。このことは、解除権を行使する当事者が自ら履行に着手していた場合においても、同様である。すなわち、未だ履行に着手していない当事者は、契約を解除されても、自らは何ら履行に着手していないのであるから、これがため不測の損害を蒙るということはなく、仮に何らかの損害を蒙るとしても、損害賠償の予定を兼ねている解約手附を取得し又はその倍額の償還を受けることにより、その損害は塡補されるのであり、解約手附契約に基づく解除権の行使を甘受すべき立場にあるものである。他方、解除権を行使する当事者は、たとえ履行に着手していても、自らその着手に要した出費を犠牲にし、更に手附を放棄し又はその倍額の償還をしても、なおあえて契約を解除したいというのであり、それは元来有している解除権を行使するものにほかならないばかりでなく、これがため相手方には何らの損害をも与えないのであるから、右五五七条一項の立法趣旨に徴しても、かような場合に、解除権の行使を禁止すべき理由はなく、また、自ら履行に着手したからといって、これをもって、自己の解除権を放棄したものと擬制すべき法的根拠もない〔以上全て傍点筆者〕」。そして更に「買主たるXは、手附金四〇万円を支払っただけで、何ら契約の履行に着手した形跡がない」と。

本判決には、履行着手者の解除に関して横田正俊裁判官の反対意見がある。即ち「……履行に着手した当事者は、手附による解除権を抛棄したものと観るのを相当とするばかりでなく、履行の着手があった場合には、その相手方も、単に契約が成立したに過ぎない場合や、履行の準備があったに過ぎない場合に比べて、その履行を受けることにつきより多くの期待を寄せ、契約は履行されるもの、すなわち、契約はもはや解除されないものと思うようになるのが当然であるから、その後における解除を認容するときは、相手方は、手附をそのまま取得し又は手附の倍額の償還を受けてもなお償いえない不測の損害をこうむることもありうるからであり、また、右のように解することは、民法の前示法条の文理にもよく適合するからである。多数意見を推し進めれば、当事者の一方が履行の一部、いな大部分を終った場合においても、相手方において履行に着手しないかぎり、その当事者の都合次第で契約を解除することを認容しなければならなくなるものと思われるが、このような場合の解除が相手方の利益を不当に害する結果を伴い（相手方は、履行に対する期待を甚しく裏切られるばかりでなく、原状回復義務を負わされることにもなる）、時には、信義に反するきらいさえあることも否定することができないであろう。もっとも、一部でも履行があった場合には、解除権を拋棄したものと観るべきであるとの論が予想されるが、もしそのような考え方が正しいとするならば、履行の準備の域を越えすでに履行の着手があった段階において同様の結論を認めて然るべきであり、これが正に民法五五七条一項の法意であると解される〔傍点筆者〕」。

〈分析〉(1)判旨の主眼とする所は、履行着手者の解除権行使の当否をめぐる判断であった。もっとも、その点の判断は本件契約締結時に授受された金銭四〇万円が解約手付であることを前提としている。本件当事者のうち、Yは終始右の金銭を解約手付と主張したが、Xは一審で違約手付、原審では半金を手付金（履行着手を主張している所から解約手付と認めているようである）、半金を内金と主張した。これに対して、裁判所は全審級を通して「損害賠償の予定を兼ねた」解約手付と認定している。そこで、ここではまず右金銭の性質について検討してみたい。私は右四〇万円を内金とみるべきだと思う。なぜなら、Yは大阪府への払下げ代金の納入期限を目前にしており、Xとの本件売買契約の確定的な成立を真実望んでいたことは疑う余地がなく、現にXから受領した右四〇万円の一部を翌日府に納入しているからである。他方、もともと本件契約はその成立の背景からして将来価格下落のおそれのおよそない・騰貴一方の不動産売買であったから、解除権留保の意思もなかったのが実情であったろう。そうだとすれば、右四〇万円は正に内金であったと解すべきであろう。問題は、契約書第九項に「売主が本契約の期日内に売渡しを履行しない時は、違約金として手附金の倍額を買主へ返還し又買主が期日内に買受けを履行しない時は、手附金は売主が没収し買主へ返還しない〔傍点筆者〕」との記載がある点であるが、この第九項を含め本件契約は、本件売買を仲介した不動産業者が通常の不動産売買に用いられる市販の契約書用紙を提供して行われたものであり、従って右条項の字句はいわゆる不動文字による例文に過ぎないのである。そのことを考えれば、右四〇万円の性質についてX側の主張が事実審段階において転々とする不手際があったにしろ、裁判所が、契約書の字句や当事者の主張に拘泥せず、契約成立当初の事情から客観的に認定できなかったものなのか、裁判所は民法五五七条の推定規定たることに安易によりかかりすぎている嫌いがある。ところで、一般に内金は代金の一部前渡しという効力をもつにすぎない、といわれている。そうだとすると、解約手付は「代金の内入」とすることが常だから（内金即解約手付の論理）、内金と解約手付とは必ずしも矛盾せず、また内金と手付には共通点もある（契約成立の証拠としての効力がある、という意味において「証約」手付と、違約の場合には、多く損害賠償額と内金とも相殺することになる、という意味において「違約」手付と）ので、結局、解約手付も内金に加えて解除権留保の機能があるものといえるだろう。しかしこのように考えることは論理的に矛盾している。なぜなら、代金の一部前渡しという行為は、履行行為の一部の実現とみることが可能で、従ってそれは行為者の履行意思の表明であり、相手方もそれを受領することで、履行への期待と共に反対給付の履行意思を表明したものと受けとることができるからに他ならない（内金を授受する狙いが「債務者の経済状態についての信用度の低いこと、支払いの技術上分割の便利なこと」[2]にあるとすればなおさらである）。従ってこのように内金の交付が契約の確定的な成立への・両当事者の積極的な意思の表明とみられる限りは、その効力において解約手付とは全く相反するといわねばならないし、契約の自己拘束として単に契約の履行（とりわけ相手方の）を確保するための違約手付とも異なり（ただし本件契約のように併存は可能)、まして単に契約成立の証拠となる証約手付とも別のものである。そうだとすれば、内金か否かの認定規準は、代金や報酬の一部弁済たる性質をもつにすぎないか否か、ではなく、当事者が契約の確定的な成立を真実望んでいたか否かによるべきであろう。従って、代金一部前渡しは、反対の特別事情のない限り、解約手付ではない、と解釈さるべきである。

なお、裁判所が本件手付を「損害賠償額の予定を兼ねた解約手附」と認定しているが、この認定は、昭和二四年最高裁判決(1の⑩)に追随したものであることは明らかであろう。しかし、その沿革からも明らかなように、もともと解約手付は、「手付流し倍返し」という・手付額を限度とする損害賠償額の予定と解除権留保という二つの機能を併せ持つ手付[3]なのである。つまり、解約手付は、元来訴訟制度の不備な前近代社会において一方当事者の破約の際の事後処理——相手方への損害賠償——を担わされていた手付に他ならない。それなのに、なぜ、裁判所は、解約手付の上にわざわざ「損害賠償の予定を兼ね」るという修飾句を冠したのであろうか。おそらく本件契約書第九項には、違約の際の手付流し倍返しのみが規定され、解除権留保が規定されていない処から、単に「解約手付」とだけ表記することに躊躇したのであろう。

(2)本件の中心的論点は、履行着手者自身の解除権行使の是非である。本判決では、多数意見は右の解除権の行使を肯定し、唯一人横田(正)裁判官はこれを否定した。この多数意見と少数意見の対立は一見些細な解釈問題をめぐる・それのように見えるけれども、突きつめて考えれば、近代法体系上の解約手付の位置づけをめぐる考え方の相剋である。つまり、封建的慣習に由来するとして解約手付の活動範囲を可及的に狭めるべきか、それとも法実証主義の立場から活動範囲を拡げるべきか、の対立と理解しうるからである。まず、多数意見の判示するように、「履行着手」の制限の立法趣旨が、破約によって、すでに履行に着手した相手方に不測の損害が現実に生ずることを防ぐ、という点に存する、と見れば、このような立法趣旨に即して「履行着手」概念を構成する限り、現実に履行行為の一部が実現してはじめて「履行着手」あり、ということになる。多数意見が「債務の内容たる給付の実行に着手すること、すなわち、客観的に外部から認識し得るような形で〔傍点筆者〕」履行行為の一部ないし履行提供に必要な前提行為がなされることを要する、[4]と規定するのは、正にこのためである。そうだとすれば、このように立法趣旨に忠実に「履行着手」概念を厳格にとらえる限り、相対的にそれだけ破約者の解除権行使が容易になり、従って、こうした概念規定が破約者側に有利に働くことは明らかであろう。そしてその上さらに、本判決が肯定するように、自ら履行に着手した当事者の解除権行使までもが認められるようになれば、(無理由)解除の機会が一層拡大する。こうして多数意見の解釈に従えば、近代法理と解約手付との矛盾・摩擦も一層拡大することになるのである。

(3) 次に私は、多数意見が拠る「立法趣旨」を検証してみたい。多数意見は、履行着手要件の立法趣旨を次のように説示する、即ち「〔履行に着手した〕当事者は、履行の着手に必要な費用を支出しただけでなく、契約の履行に多くの期待を寄せていたわけであるから、若しかような段階において、相手方から契約を解除されたならば、履行に着手した当事者は不測の損害を蒙ることとなる。従って、かような履行に着手した当事者が不測の損害を蒙ることを防止するため〔傍点筆者〕」である、と。このような立法趣旨の理解は、判旨上明らかではないが、おそらく民法五五七条の起草者・梅謙次郎委員の・法典調査会における磯部四郎委員の質疑に対する答弁に根拠をおくものと思われる。梅委員がその中で幾つか具体例をあげて説明している中の最後の例をあげると、「品物ニ依テハ製造ヲシテ然ウシテ売ルト云フ物モアル譬ヘバ或ル商品ヲ幾ラ々々売ル斯ウ言ツタ時ニハ自分ノ内ニハ持ツテ居ラヌ、ケレドモ其人ハ自分ニ工場ヲ持ツテ居ルノデ期限マデニ工場デ製造セシメルどん《ママ》々々拵ヘテ居ルモウ大方拵ヘ上ゲタ所デ解除抔ドサレテハ大変損害ヲ受ケルコトデアラウト思ヒマス〔傍点筆者〕[5]」と。右の文章が起草者(そして判旨)の着手要件の根拠とされていることは明らかである。ところが叙上の記述に続く以下の記述からは、叙上前段の文章とは文脈上一貫していない印象を受け、起草者が、着手要件の根拠を、着手後の解除による・着手者側の損害発生の防止だけに求めていたわけではなさそうなことを窺わせる。即ち「夫レデ商事慣例類集抔デモ手附ヲ抛棄スルカラト言ツテ解約ヲサセテハ取引ノ信用ト云フモノガ成立タヌ、ソンナ事ハ総テ往カヌト云フ答ヘノ来テ居ルノハ即チ然ウ云フ不都合ガアルカラデアラウト思ヒマス〔傍点筆者〕」[6]と。もっとも、商事慣例類集の中で手付を扱っている箇所には、一方当事者の履行着手後の相手方による解除の是非をめぐる諮問はなく、従って回答も見当たらない。僅かに「破約ノ事　第一条　売買手付金流ル丶時ハ其売買ハ破約トナルヤ」の回答の中に「〔堺〕買主手付金ヲ流シテ其売買ヲ破約スルヿヲ得亦売主ニ於テモ期限ノ過去ニヨリ手付金ヲ没収シ若シクハ期限ニ至ラサルモ手附金ヲ倍戻シ丶テ其売買ヲ破約スルノ慣例アリト雖トモ此事タル大ニ商家ノ信用上ニ関スルノ事ナルヲ以テ容易ニ之ヲ実際ニ行ハサルモノトス云々〔傍点筆者〕」[7]があげられているにすぎない（各地の回答は大半が諮問を肯定している）。惟うに、叙上のように梅委員が、着手後の解除により相手方に大損害を与える虞れを避けるためとしながら、それだけに止めず、わざわざ商事慣例類集を引用し、手付放棄による解除一般が「取引ノ信用」を損なうから解除はいけないとするのは着手者側に損害を招く〔「然ウ云フ不都合」〕からだろう、と直前の文章と文脈上いささか無理な接合までしているのは、一見着手要件の根拠づけを慣習まで援用して損害回避に求めるためであろうが、究極的には、解除権行使の機会を制限して「取引ノ信用」を確保させることまでを視野に入れていたことの表われとはいえないだろうか。いや、むしろこの点にこそ起草者の本意があったのではなかろうか。私がそう推測するのは、梅博士その人は当時すでに、解約手付が封建遺制であり、近代契約法理と矛盾することを十分自覚していたからに他ならない[8]。

ところで、梅博士は後に次のように記述されている、即ち「若シ一方カ契約ノ履行ニ着手シ例ヘハ買主カ代価ノ全部又ハ一部ヲ払ヒ又ハ売主カ売買ノ目的物ヲ引渡シタル後ハ雙方共ニ解約ヲ為スコトヲ得ス是又慣習ノ夙ニ認ムル所ナルカ如シ〔傍点筆者〕」と。「雙方共ニ」とある処からみて、梅博士は着手者自身の解除を否定しているように読める。古い学説も多く梅博士に同調する。[9][10]

(4) 横田(正)裁判官は、(a)当事者が履行に着手すると、「手附による解除権を抛棄したものと観るのを相当とする」こと、(b)履行の着手があった場合には、「相手方も……その履行を受けることにつきより多くの期待を寄せ、契約は履行されるもの……契約はもはや解除されないものと思うようになるのが当然〔傍点筆者〕」であることから、着手後に解除すれば、相手方が「手附をそのまま取得し又は手附の倍額の償還を受けてもなお償いえない不測の損害をこうむることもありうる〔傍点筆者〕」ので、履行着手者の解除を認めるべきではない、と主張する。要するに、一方当事者の「履行着手」とは、本人の「履行意思＝解除権放棄」の意思表明であると同時に、他方当事者もまた「相手方の履行＝解除権放棄」への期待である、と右の主張は解釈するのである。この解釈は、「履行着手」概念の拡張操作によって手付による契約解除を阻止してきた昭和二六年最高裁判決(叙上1の⑪)に始まる一連の判例（1の⑬、1の⑭、1の⑰、昭三六・九・一東京地判など）の流れを汲むものである。これらの判例は、いやしくも契約履行への積極的な意思の表明とみられる行為があれば直ちに履行着手とみて解除権行使が排除される、とする。そこからは、「破約の相手方を破約による損害から保護する」という・立法趣旨に忠実なこの概念本来の消極的機能から、「契約の履行を欲する相手方の利益を保護する」という・近代契約法理に即した積極的機能へと「着手」概念の目的を転換させることによって「取引の安定——取引の信用」を確保しようとする姿勢が窺えるのである。とりわけ、昭和三〇年最高裁判決(1の⑬)は、解除者についてまで「履行着手」を拡張して、解除者に契約履行のいとぐちとなる行為があれば直ちに、もはや解除しないという意思の表明とみて手付による解除権を排除して、相手方が抱くであろう・履行への期待を保護すべきものとさえしている、と理解することが可能である。[11] 叙上の横田裁判官の主張は、正に右判旨と同じ趣旨と見てよいのではないだろうか。こうしてみると、民法五五七条一項における「履行着手」概念の立法趣旨に始まる・本概念の認定規準及び着手者自身の解除の是非に関する本判決の判断は、戦後のこれまでの一連の判例の流れに逆らい、現実の「履行着手」を必要とした戦前の判例の立場に回帰するものと見てよいだろう。

(5) 本判決の先例価値は以下の二点にある。即ち、(a)「履行着手」とは、客観的に外部から認識可能な形で履行行為の一部を行うか、履行提供に不可欠な前提行為を行うこと、(b)履行に着手した当事者が解除権を行使することは許されること。

なお、本件については、以下の判例評釈がある——甲斐・法律時報三八・五・八二、拙稿・判例評論九〇・一七、来栖・法協八三・六・一四八、山下・民商法五四・六・一四七、岡本・民法判例百選Ⅱ(第二版)一一四、(第三版)一〇八、山下・不動産取引判例百選(第二版)三〇、宮田調査官・最高裁判所判例解説・法曹時報一八・一一・一二五など。

(1) 私が本判決の評釈を依頼されたのは、判決直後であったので、資料は判決書の写しのみで本判決の事実関係が殆ど分からず、そこで敗訴した原告(ナニワ建設社長)宛てに事案の詳細を照会した処、敗訴の無念さを行間に滲ませた便箋一〇枚の回答が届き、事件の背景と概容とを知ることができたのである。

(2) 末川「所有権・契約その他の研究」一六九頁、中川(淳)「手附と予約」民法演習Ⅳ七九頁。

(3) 商事慣例類集第一巻三二〇頁、「〔大阪〕元来売主ノ手付金ヲ要スルハ買主違約スルヿアルニ当テ其手付金ヲ以テ損害ヲ償ハントスルノ予備ナレハ若シ其物貨ノ価格低落シテ手付金ニテ損害ヲ償フニ足ラサルニ至ル時別段ノ約束アルニ非スシテ買主其手付金ヲ流サハ売主ニ於テ之ニ故障ヲ述フルヲ得サル一般ノ慣例ナリ(傍点筆者)」。

(4) 勝本・契約各論一・五四と同旨。

(5)(6) 法典調査会議事速記録三・八八七頁上段(日本近代立法資料叢書3所収)。

（7） 商事慣例類集第一篇四四〇頁（商事法務研究会刊）。

（8） 梅謙次郎・民法債権（法政大学講義案、明治三九年）六九頁以下、「〔解約手付の慣習が〕段段世ノ中ガ進ムニ従ツテ減ツテ行ク、手附ハ解約ノ方法ニハナラヌ、唯契約ノ証、違約ノ場合ノ損害賠償ノ標準ニ過ギナイト、サウ云フヤウナ慣習ガ段段発達シテ来テ居ル、是ハ経済上カラ考ヘ、又法律ノ進歩ノ上カラ考ヘテサウナケレバナラヌコトデアル、法律ガ進歩スルニ従ツテ契約ハ成ル可ク守ラナケレバナラヌ、一旦契約シタルコトハ成ル可ク履行シナケレバナラヌ、サウシナケレバ信用ガ発達シナイ、信用ガ発達シナケレバ商工業等ガ盛ニナラヌ、法律モ信用ヲ確ムル為契約ノ履行ヲ成ルベク容易ニ、成ルベクソレノ実行セラルルヤウニ規定ヲ設ケテ保護シテ居ル、……法律モ発達シ経済上ノ有様モ発達シテ行クカラ解約ノ方法タル手附ノ必要ト云フモノハ段段減ツテ行ク、欧羅巴デハ今日ハモウ解約ト云フモノハ多クノ国ニ於テ一般ノ慣習デハナイ……日本モサウ云フヤウニナツテ行ク傾向ガ明ラカニ現ハレテ居ル〔傍点筆者〕」。

（9） 梅・民法要義巻之三債権編四八二頁。

（10） 次のような理由から、着手者の解除を否定する。末弘・債権各論四四七頁註一八――民法五五七条は「相手方」といわずに「当事者ノ一方」ということ。石坂・日本民法第三篇債権・六・二〇〇五頁、末川・契約法下（各論）二五頁、鳩山・債権各論（上）三〇一頁――履行に着手する者は解除権を放棄するという意思があること。横田・債権各論二八四頁――当事者の一方が履行に着手するときは相手方はその履行を予期するから、解除されると相手方は損害をこうむること。なお、我妻・債権各論中巻一・二六三頁は着手者の解除を肯定する。

（11） 石田（穣）・民法V契約法）一二八頁は、「契約は守らるべし」の原則に立ち帰り着手者の解除は許されないとする。なお、甲斐・法律時報三八・五・八四頁は、着手により契約が履行されるものと期待したために、手付額では償いえない不測の損害をこうむるような場合に限り、解除権を認めない、とする。さらに、三宅・契約法（各論）上巻一八二頁は、手付による解除権行使は本来自ら履行する以前に限られ、一部でも自ら履行すれば解除できない、と説き、解除しようとする者のなした履行と履行着手とを区別すべきだ、とする。

1の⑯

最判昭和四〇年一二月一四日裁判集（民事）八一・四二七

〈事実〉本件については事実審判決が参照できないので、事実の詳細は一切不明である。株式会社Yの所有建物を当初訴外Aが買い入れる契約が締結され、その際AがYに手付金を交付した。その後、本件契約の履行をめぐり当事者間に紛争が生じ、XはYに対し本件建物の引渡しを求めて本訴に及んだ（Aが何時Xに買主の地位を譲ったか、は不明）。一審での勝敗は不明であるが、二審はX勝訴、Y上告。

〈判旨〉上告棄却。「YがXに対し昭和三七年四月二日本件手附倍額を提供して契約解除の意思表示をするまでの間に、Xが終始明渡の要求をなし残代金は即時でも支払い得る状態であったことの原審認定は、原判決挙示の証拠関係に徴して肯認できる〔傍点筆者〕。」「しかして、右認定の事実関係と昭和三五年二月二六日Xがやむなく本訴を提起して明渡要求をなしその訴状が同年三月三日Yに送達された事実関係から、本件売買関係はYの前示契約解除の意思表示以前既にXによってその履行に着手されていたものと認めるのが相当であるとした原判決の判断は、首肯できる（昭和二四年（オ）第一八号、同二六年一一月一五日第一小法廷判決、民集五巻一二号七三五頁参照〔1の⑪〕）。」、と。

〈分析〉(1)本件はその事実関係が不明のため、判旨の文言から判断する外ないが、判旨は、(a)買主が終始履行の請求をしていたこと、(b)残代金をいつでも売主に支払える状態であったこと、以上二つの買主の態様を「履行着手」行為とみて相手方の契約解除を否定したのであるが、この判断は、判旨も引用する通り、昭和二六年一一月の最判の先例に従うものである。他方、本判決に二〇日余り先立つ大法廷判決の下した「着手」態様の定義――客観的に外部から認識し得るような形で履行行為の一部をなし又は履行の提供をするために欠くことのできない前提行為をした場合――に、判旨の認定した・買主の履行着手が果して該当するものなのかどうかは、本件の事実関係の具体的内容が不明である以上、判然としない。唯、判旨が先例とする昭和二六年判決も含め、不断の履行請求と残代金の即時支払い可能な状況の不断の継続という・買主の着手態様のうち、少なくとも前者は、右の定義の・履行行為の一部に当たるのか、それとも履行提供の前提行為なのか、あるいは、そのいずれでもないのか、抽象的に論ずる限り、私には、本件の買主の態様は右の定義に該当しないように思われる。相手方に対する履行請求は、請求する本人の債務の履行行為ではないからである。また、売主の履行次第即時に支払い可能な状態を続けることは確かに履行提供の前提行為には該当するが、それでは客観的に認識可能であろうか。要するに、履行請求は内容的に、支払い可能状態の継続は外観上それぞれ叙上の定義から外れているように思えるのである。他方、この二つの着手態様はいずれも当該契約の実現への強い意欲の表われ、即ち二つの態様のうちの前者は相手方即ち売主の履行の実現への期待であり、後者は買主自らの履行意欲の表われ、と見ることが可能である。こう見てくると、昭和二六年判決の分析に際して述べたように、判旨もまた、その先例に従って、民法五五七条にいう「履行ノ着手」を解除者の恣意的解除を排し・相手方が強く望む契約の実現を助長する手段、即ち解除制限の要件と受け止めている、と解することができるであろう。従って、昭和四〇年最大判のとる・着手「消極」路線とは別の「積極」路線をとることは明らかである。

(2)もっとも、本判決（第三小法廷）は、昭和四〇年大法廷判決の僅か二〇日後に下されたものであり、関与した裁判官も、下村裁判官を除く四名は、右大法廷判決に関与している。四名の内横田(正)裁判官が含まれるとはいえ（下村裁判官は右大法廷判決には加わらず、多数・少数いずれの意見を支持するのかは分からない）、少なくとも五名中三名が多数意見を支持している以上、判旨のあげた二つの着手態様は、大法廷判決の掲げた「着手」態様の定義に該当するものと本件裁判官が判断したのではないか、とも考えられる。もしそうだとすると、判旨が大法廷判決とその路線を異にする、ということはできない。

⑶本判決の先例価値は、買主が終始相手方に履行を要求し、かつ残代金をいつでも支払うことのできる状態においたことが履行着手行為であったとされた点にある。

１の⑰

最判昭和四一年一月二一日民集二〇・一・六五

〈事実〉昭和三三年一月二七日X（被控訴人・上告人）は、Y（控訴人・被上告人）からその所有する土地・建物を次の条件の下に買い受ける契約を締結した、即ち、代金八〇〇万円、手付金として五〇万円を即日XがYに支払う、Yの妻Aの病状が回復したとき、または最悪の事態が発生したときから本件物件の明渡しに要する最短日数を加えた日時を本件契約の履行期とする、当事者の一方が違約のときは手付の没収または倍返しをする、などの条件がそれであり、同日XはYに手付金五〇万円を交付した。その後同年六月頃からXはYに対し数回にわたって履行期を指定するよう督促していたが、同三四年一月二三日東京地裁に本件物件の処分禁止等仮処分を申請し同日右決定を得、同月二五日XはYに対し残代金額に相当する金額を預金してある銀行預金通帳を示し履行を督促した結果、同月二七日までにYが履行期日を指定する旨約束したが、Yは指定せず、Xは同月二八日自ら同年二月九日と指定し、当日指定の場所へ本件代金相当額の銀行振出小切手を持参しYの来会を待ったが、Yは現われなかった。同月一二日Yは本件手付金倍額一〇〇万円をXの事務所に持参したが、X不在のため供託し手付倍返しによる契約解除の意思表示をした。他方、Xは同月二五日残代金七五〇万円をYに提供し受領を求めたが、Yが拒絶したので、これを供託し、本件物件の所有権移転登記手続及び明渡しを求めて本訴に及んだ。一審（東京地裁）は、Yの妻Aの死亡した昭和三五年二月二二日から本件物件明渡しに要する最短日数を経過したとき履行期が到来したと判断したが、他方昭和三三年六月頃からXが数回にわたり履行期日の指定を督促していたこと、同三四年一月にはXは本件物件の処分禁止仮処分の決定を得、Yに対し残代金額相当の預金のある銀行預金通帳を示し履行を督促し、Yの履行期日指定の約定が守られなかったためX自ら履行の期日及び場所を指定し、当日指定の場所で代金相当額の銀行小切手を持参しYの来会を待った等の事実を認定し、これらのXの諸行為を、Yの手付倍返しによる契約解除の意思表示前になされた・Xの履行着手と認めて、Xの請求を認容した。Y控訴。二審（東京高裁――1の㉝）は、まず、Xの売買代金の提供が履行着手となるためには、その当時履行期が到来していることを要する、とした上で、本件契約の履行期に関する約定中のAの「病状の回復」にあたる事由は発生しなかったこと、Yが昭和三四年一月二七日までに本件契約の履行期を指定しなかったことを理由にXが同年二月九日と指定したから、同日に履行期が到来したとのXの主張は理由がないこと、明渡期日とは別に残代金と引替えにいつでも移転登記手続をなすべきものと定められていたというXの主張は、本件契約の履行期に関する特約決定までの経緯からみて肯定できないことなどを理由に、Yの手付倍返しによる契約解除の意思表示以前に本件契約の履行期が到来したことの立証がない（昭和三五年二月二二日のAの死亡は、本件契約中の「最悪の事態」の発生にあたり、右同日頃本件契約の履行期が到来した、と認定）、と判示して、Xの履行着手の主張を却け、Yの解除を認めた。Xは次の理由をかかげて上告。即ち、大判昭和一〇・一・三一を引用して履行着手は事情によっては必ずしも履行期到来以後でなければならない理由はないこと。

〈判旨〉原判決破棄差戻。「民法五五七条一項にいう履行の着手とは、債務の内容たる給付の実行に着手すること、すなわち、客観的に外部から認識し得るような形で履行行為の一部をなし、または、履行の提供をするために欠くことのできない前提行為をした場合を指すものと解すべく、債務に履行期の約定がある場合であっても、当事者が、債務の履行期前には履行に着手しない旨合意している場合等格別の事情のない限り、ただちに、右履行期前には、民法五五七条一項にいう履行の着手は生じ得ないと解すべきものではない」。

〈分析〉⑴本判決は履行期の約定と履行着手との関連をめぐる最初の最高裁判決であり、事件の中心的争点は、履行期前の履行着手の当否にあった。叙上のように、原審は問題を否定し、判旨はこれを肯定した。両者は共にそれぞれの判断根拠を明らかにしていない。上告理由も亦、戦前の判例を引き本件においても肯定すべきだと主張するにすぎない。その先例たるべき判例は、履行期前の着手を肯定した朝鮮高等法院判決[1]（昭和四・一〇・四評論一九民六六）及び大審院判決[2]（昭和一〇・一・三一法学四・六・一〇六）の二つである。前者は残代金の一部を、後者はその全部を、それぞれ履行期前に買主が売主に提供したもの（売主はいずれも受領を拒絶）であるが、裁判所は右提供をいずれも「履行着手」と認定して売主の手付倍額償還による契約解除を否定している。なお、この両者とも履行期前の着手を認めた理由については何の説示もなく、この点は本判決と同様である。それでは、履行期前着手についてはどのように考えるべきであろうか。惟うに、債務に履行期の約定がある場合、「期限ノ利益」を債務者が放棄することが、相手方の利益を害さない限り（民一三六Ⅱ但書）、原則として債務者の自由（同本文）であるならば、債務の履行行為ならぬ（四〇年大法廷判決にいう）「履行行為の一部〔傍点筆者〕」ないし「履行の提供をするために欠くことのできない前提行為〔傍点筆者〕」にすぎない履行着手行為については、期限の利益の放棄すなわち履行期前に行為することは、相手方の利益を害さない限り、当然許されて然るべきなのではないだろうか。だからこそ判旨は、まずその前段において、わざわざ四〇年大法廷判決を引用して「着手」行為を定義づけ（「着手」とは「履行行為の一部」ないし「〔履行提供に不可欠な〕前提行為」を指す、と）履行行為自体との違いを印象づけた上で、後段において、（「格別の事情のない限り」）「債務に履行期の約定がある」からといって、それだけで（「ただちに」）履行期前に着手することができないと解すべきではない、と結論づけている（と私には読めるのである）。要するに、判旨は民法一三六条二項を踏まえ、なお且つ慎重に、着手が履行行為そのものとは異なることを際立たせるために、四〇年大法廷判決に即して定義づけ、その上で履行期の到来をまたず（少なくとも）着手することはできる、と説示しているのではないだろうか。だから、判旨の謂う「債務の履行期前には履行に着手しない旨」の合意などの「格別の事情」とは、履行期前着手によって相手方の利益を害する虞れを生ぜしめる事情を指しているように思われるのである（履行期前着手を禁ずる特約は、その背後に、履行期前着手により相手方に不利益を生ぜしめる事情が潜んでいる場合が一般なのではあるまいか）。

(2) これに対して、後藤静思調査官は本件判決について次のように解説されている。[3] まず、履行の着手とは「債務の本旨に従った履行行為が開始されること」だけをいうのではなく、履行の提供に不可欠な前提行為を含むから、履行期の約定がある場合に、その履行期をもって直ちに「履行着手」の存否を決める決定的基準とし、これによって（例えば履行期があれば、それ以前の着手は不可と）形式的に論断することはできない、その決定的基準を決定するには、判旨に即して「事実に即した具体的認定（傍点筆者）」が要求されている、として、さらに次のように敷衍する、即ち「債務者が履行期前に、債務の履行のためにした行為が、右履行の著手に該当するか否かについては、右行為の態様、債務の内容、履行期が定められた目的、債権者が債務者の右行為を無視して契約を解除することが信義則に反しないか、など多面的な吟味を経て、具体的に認定すべきものと解される」と。その一方で、判旨の挙示する「当事者が、債務の履行期前には履行に着手しない旨合意している場合等格別の事情」については、「契約の趣旨その他の事実関係から判示合意があったと同視すべき場合等を意味するものであろうか」と推測されているのである。たしかに以上の所説が、本判決に一番近い距離にあった後藤調査官のそれとはいえ、私には首肯しかねるものがある。なぜなら、私にはどうしても民法一三六条を看過しえないからであり、判旨の表現からも履行期前着手の是非を「事実に即し」て「具体的」に認定しなければならない、とは読み取れないからである。私はやはり、叙上のように、まず契約の一方当事者の行為が「履行着手」に該当するか否か、について四〇年大法廷判決の定義に即して吟味し、次いで、当該行為が着手行為と認定しうる場合には、履行期前には着手しない旨の合意があれば格別、もしそのような合意がなければ、一方当事者の履行期前の履行着手が相手方の利益を害さないか否か、という観点から、当時の事情を吟味して、履行期到来前に行われた当該行為を着手と認定すべきか否か、を決定すべきものと考えたい。要するに、履行期前着手の認定は、当該行為が「着手」に該当するか否か、を判断した後で、当該行為が履行期到来以前に履行された場合に、相手方に不利益が生ずるか否か、という判断規準にもとづいて、行われるべきもの、と考える。

(3)　本件では、両当事者の債務の履行期が当初から確定していたわけではなかった。本件には、Ｙが本件物件を一旦売却する決心をして当時重病で寝たきりの妻Ａに内密に不動産業者Ｂを介しＸとの間に売買交渉を進めていたが、Ａの知る所となり、Ａが自分はこの家で死にたいし葬式も出してほしいから、売買の話は止めてくれと懇願したため、本件取引を中止した、という経緯がある。そこで、当事者間の周旋に当たったＢ及びＸ側の業者Ｃとが協議して、本件契約の末尾付記事項第一条に、本件契約の履行期を「病人の病状が回復するか又は最悪の事態が生じた場合」に到来するとの条件を設けて取引交渉を再開し、契約締結に漕ぎ着けたのである。このように、本件における履行期の到来は、Ａの死亡または病状の回復――ただしこの履行期特約は主として本件物件の明渡しに関連してＡの死亡を基準とするものであったが、これを明記することが憚られたので、表現を緩和し文章の体裁を整えるため「病状の回復」が付加されたもの、Ｘも了承ずみ――という条件つきであった。従って、原審の判示するように履行期の到来を俟って初めて履行着手が生ずるとすれば、履行着手の有無もまた右の条件の成就にかかわることになり（実質的にはＡの死亡により履行期は到来する）、手付による解除権行使を制限するための道具概念としての実体は、履行着手概念から失われることになるだろう。そしてまた、元来この条件付履行期特約は、Ａの病臥を考慮して本件物件の明渡しに関連して定められたものであるから、一審の摘示するように「少なくとも移転登記の履行にはAの病状が如何であろうと何ら支障にならない〔傍点筆者〕」はずであった。それ故にこそXは履行場所を登記所と指定し「所有権移転登記を得ると引換えに残代金を支払う心算でその履行に着手した〔傍点筆者〕」と認定されたのである。このようにXがY側の契約締結に至るまでの経緯を踏まえ、Aの病臥中という事情を十分考慮に容れた上で履行に着手した、というのであれば、履行期到来前であろうと、Xの履行着手を認めてYの契約解除を排除し、本件契約を実現せしめても、必ずしも不当とはいえないのではないだろうか。なぜなら、XがYに登記移転を求めて履行に着手する限りは、それが履行期前であれ、Yにはそれによる不利益が生ずる虞れはないであろうからである。

(4) 本件契約の履行期については、最終目的たる本件物件の明渡しに関連してAの死亡のときが基準とされた。従って、Xの履行着手当時、契約の履行期は未だ到来してはいなかったことは、確かであろう。しかし、昭和四〇年大法廷判決が説示しているように、着手行為を「履行行為の一部ないし履行提供に必要な前提行為」と解する限り、それが単なる履行の準備行為たるに止まらず履行の着手行為に他ならないとすれば、履行「準備」の段階においてすでに着手があることになり、結局、(少なくとも右の前提行為に関しては)「履行着手」の時期と「履行期」とは別個に考えられてもよいことになるのではあるまいか。いいかえれば、「着手」概念を右の内容規定に即してとらえる限り、履行期の到来以前に履行に着手することが十分可能である。即ち、着手行為の時間的な幅を拡げることが可能である。そうだとすれば、叙上のように昭和二六年以来、着手概念を内容的にも人的範囲——解除者の着手を承認——についても拡げてきた一連の判例の流れが四〇年大法廷判決によって断ち切られた直後に、本判決が大法廷判決の着手概念の内容規定を変えることなく、むしろそれを巧みに利用して、その適用機会を時間的に拡げたことは、拡張路線の復活を思わせるものがある。

(5) 本判決の先例価値は、履行期の到来以前に履行に着手することが認められた点にある。
なお、本判決の評釈として以下の諸点がある——後藤静思・最高裁判所判例解説一八・四・九五、同「民法第五五七条一項による履行の著手と履行期の約定」法曹時報一八・四・六一六、中川淳「民法第五五七条一項にいう履行の着手と履行期の約定」民商法五五・二・一五三、来栖・法協八三・一一・一二・一三一、一審判決に関し、拙稿「近代民事責任の原理と解約手附制度との矛盾をめぐって」法学新報七二・一・二・三・一四八など。

(1) 朝高判昭四・一〇評論一九民六六「原告カ昭和三年二月十七日被告ヨリ其所有ノ土地ヲ代金二千四百円ニテ買受ケ即日手附金トシテ金二百円ヲ支払ヒ残代金二千二百円ハ同年三月十一日限リ支払フヘク若シ被告ニ於テ右手附金ノ倍額ヲ原告ニ償還スルトキハ右売買契約ヲ解除シ得ル旨約束シタルコト及其ノ後同年二月二十日ニ及ヒ原告ヨリ右代金中尚八百円ノ支払アリ被告之ヲ異議ナク受領シタルコトハ第二審判決及之ニ引用セラレタル第一審判決ニ徴シ当事者間争ナキ事実ナルヲ以テ原告カ残代金二千二百円中八百円ノ弁済ヲ了シタルハ即チ民法第五百五十七条ニ所謂契約ノ履行ニ著手シタルモノト謂フヲ妨ケス従ツテ被告ハ最早手附金倍額ノ償還ニヨリ契約ヲ解除スルコトヲ得サルモノトス〔傍点筆者〕」。

(2) 大判昭一〇・一・三一法学四・六・一〇六「……原院が本件契約の履行期日は同年三月二十二日なりと認定したるは不法に非ず……被上告人〔買主・原告〕は同年同月十九日石原永明を代理人として上告人〔売主・被告〕の代理人たる立花恒次郎方に赴き売買残代金六百五十円を現実に提供して受領を求めたるも立花は之を受領せざりしものにして民法第五百五十七条第一項に所謂契約履行の着手は必ずしも履行期日に於て之を為さざるべからざるものにあらずと解すべく而して原判決の趣旨に依れば被上告人は石原永明と相談の上金策の結果履行期日の三日前なる昭和七年三月十九日に至り金六百五十円を調達したるものなることは原判決に引用したる証人石原永明の証言に徴して之を看取するに難からざれば右金員の提供を以て上告人所論の如く一挙手一投足の労に過ぎずと謂ふを得ず従つて前示被上告人の為したる金六百五十円の提供を以て契約履行の着手と解し得られざるに非ざるが故に原院が之を履行の着手と認定したるは不法に非ず……〔傍点筆者〕」。なお本判決は、その掲載誌の引用部分が僅かで事案内容の詳細を把握することが不可能なので、分析対象として取上げなかった。

（3）　後藤静思「最高裁判所判例解説」一八・四・一〇〇。

1の⑱

最判昭和四三年六月二一日民集二二・六・一三一一

〈事実〉Ｘ（被控訴人・上告人・差戻審被控訴人・同被上告人）は、昭和三六年一月一三日、Ｙ（控訴人・被上告人・差戻審控訴人・同上告人）の夫Ａを介してＹの農地を代金八五万円（坪当たり八、五〇〇円）で買い受ける契約を締結し、即日手付として二〇万円を支払った。残代金は右農地について農地法五条に定める県知事の許可がおり次第、その移転登記手続と引換えに支払う約束であった。Ｙは同月三〇日にＸと連署し農業委員会に農地法五条に定める申請をしたが、同委員会は、Ｙが他から耕作地を借りているので、ＹからＸへの農地の所有権移転は不適当との意見を付して右申請を県知事に進達したため、知事は同年三月一四日に、Ｙが右小作地を地主に返すか、あるいは本件農地移転につき右地主が承諾するか明らかにしない限り、申請のままでは許可できないとして申請書を農業委員会を経由してＹに返却し、Ｙは右申請を一応任意に撤回した。その後、Ｙは再度の右許可申請手続に協力しないので、ＸはＹに対し、本件土地の所有権移転に関する農地法所定の許可申請手続に協力し、右許可がおり次第残代金と引換えに所有権移転登記手続をすることを求めて本訴を提起した。一審Ｙ敗訴し控訴。二審は、Ｙの小作地の地主がＹのＸへの農地移転に承諾を与える見込みはなく、Ｙも右小作地を地主に返すことはできない（右小作地の借主はＹ本人ではなくＹの夫）と認定し、Ｘの求める許可申請につき許可が与えられなかった以上、Ｙは許可申請手続に協力する義務を履行したというべきであり、他方ＹがＸに対し負担していた県知事の許可を法定条件とする所有権移転登記手続義務は、その条件の不成就が実質上確定したものとみるべきことなどを理由に、Ｙの控訴を認め、Ｘの請求を棄却。Ｘ上告。最高裁は

「農地を農地以外の土地に転用する目的のもとに売買契約を売主は、買主と協力して農地法五条所定の知事に対する許可申請手続をして権利移転の許可を受け、売買契約を効力あらしめるよう、信義則上要求されるところに従って努力すべき義務を当然に負うものであって、この義務は、右許可を得るか、売主として当然になすべき叙上の努力をしても如何ともなしえない事由に基づく不許可処分があるまでは、売主においてこれを免れることはできないものと解すべきである。」「……ＹがＸと連名で……所有権移転許可申請書を愛知県知事に提出したところ、……申請の任意撤回という形式のもとに、右申請書が返戻され、前記小作地の地主が本件農地の所有権移転につき承諾を与える見込みはなく、また、Ｙが右小作地を地主に返還することもできない事情にある〔と原判決はいうが〕」「……右返戻の理由とするところは、農地の転用に関する法定ないしは当然の不許可事由とは認められず、手続上も申請の任意撤回という形式で処理されていることに徴すると、右返戻は、小作地の地主との関係の調整を試みることなくして直ちに許可を与えることは実際上相当でないとの配慮に基づく便宜的な事実行為であるにとどまり、その調整がつかない限り将来においても許可しない旨の確定的な判断を示したものとは解されない。したがって、叙上の認定事実から直ちに本件売買契約について知事の許可を受けられないことが確定したものとすることはできず、原判決判示のとおり、返戻の趣旨にそった調整をなしうる見込みがないとしても、Ｙはその事情を具して改めて申請手続をとり、知事の実質的判断に基づく正式な許否の処分を求める義務がある〔傍点筆者〕」として、原判決を破棄し原審に差戻した。そこでＹは、本件契約は昭和三六年六月合意解除された、と主張した上、更に予備的主張として、同じ頃本件契約上の手付特約にもとづき、手付金二〇万円を提供、Ｘの拒絶により供託、更に昭和四一年九月に二〇万円を送金した所、Ｘは受領したので、本件契約はこれにより解除された、として控訴。差戻控訴審は、まず、許可申請書を知事が返戻したことは不許可処分と同視すべきであるとの主張を否認し、Ｙには、その夫Ａの賃借中の小作地を返還させるか、それとも本件農地売却につき地主の承諾をうるか、いずれかの措置をとり、それでもなお調整不可能の場合には、理由を付して再申請する義務がある、とした上で、Y主張の手付倍額償還時期が昭和三六年六月以降であるのに、XY両者の連署による許可申請がそれに先立って知事に提出されており、右申請書提出は正に履行着手に当たる、としてYの手付倍額償還による本件契約解除を否認し控訴棄却。そこでYは、本件農地売買は知事の許可を法定停止条件とする所から、その許可申請手続は履行の準備行為にすぎず、履行着手行為には当たらないことなどを理由に上告した。

〈判旨〉上告棄却。「農地を農地以外の土地に転用する目的のもとに売買契約を結んだ売主は、買主と協力して農地法五条所定の知事に対する許可申請手続をして権利移転の許可を受け、売買契約を効力あらしめるよう、信義則上要求されるところに従って努力すべき義務を負うものであり、買主も亦売主と協力して右同旨の所為にいずべき義務を負うものである。そして、右のような農地の売買契約につき民法五五七条所定の解約手附が交付された場合において、売主、買主が連署の上農地法五条に基づく許可申請書を知事宛に提出したときは、特約その他の事情のないかぎり、売主、買主は、夫々、民法五五七条一項にいわゆる契約の履行に着手したものと解するのが相当であるし、右許可申請書が知事によって返戻されるという原判決認定の事実関係が生じても、右履行の着手によって生じた解約手附に関する民法五五七条一項所定の効果が、それによって、左右されるものではない〔傍点筆者〕」。

〈分析〉(1)叙上の〈事実〉の項に明らかなように、本件が五度にわたる裁判を経過する間に、裁判の争点は知事による・許可申請書の返却後売主には再度の申請協力義務が存在するか否かという点から、当初の許可申請行為自体が両当事者の履行着手に該当するか否かという点へと移っていった。本稿が手付判例の分析を目的とする以上、ここでも後者の争点を主題とする差戻控訴審・同上告審両判決の分析が当然中心になる。

(2)後述するように、農地法上農地の譲渡などにつき必要とされる知事の許可は、当事者が契約の効果発生を抑制すべく任意に当該契約に付加した純粋の停止条件ではなく、法が要求する効力発生のための条件、即ち、いわゆる「法定条件」である（最判昭三三・六・五、同昭三七・五・二九など）ことはいうまでもない。もっとも法定条件も、将来の成否不確実な事実に契約の効力の発生をかからしめる点においては停止条件一般と同様であるから、まずは停止条件一般につき契約の効力との関連を考えてみたい。周知のように、物権変動に関する意思主義（民一七六）による限り、「効力の発生」とは、履行請求権・履行義務を実体とする債権・債務関係の成立という・いわゆる「債権的」効果の発生ばかりか、所有権移転という・いわゆる「物権的」効果の発生をも意味するはずである。従って停止条件が契約につけられた場合に、その条件が実現するまで、その発生が停止せしめられている「効果」というのは、所有権移転という物権的効果だけなのか、それとも債権・債務関係の成立という債権的効果まで含むのか、即ち停止条件成就前には、所有権は移転しないが、債権契約としては効力があるのか、それとも所有権ばかりか債権・債務も発生しないのか、そのいずれなのかが問題である。従って、例えば、条件成就以前に債務者が債務を履行したとすれば、前者であればその債務の履行自体は有効であるが、後者であれば広い意味での「非債弁済」（民七〇五）となり、債権者の受領をめぐって不当利得が成立する余地がある。この問題について、農地売買における知事の許可との関連をめぐり、許可前の当事者の権利義務、とりわけ売主の許可申請協力義務に関して三つの考え方がありうる。(a)いわゆる物権行為の独自性を肯定する立場からは、許可前といえども債権契約としての売買契約は完全に効力を生じ、当事者は債務の一つとして許可申請協力義務を負い、もしこの義務を履行しなければ、債務不履行が生じる（債権行為完全有効説）。(b)独自性否定の立場からは、まず、許可のない限り所有権は移転しないが、その他の債権的効果は生ずることになる（部分的有効説——農地売買をめぐる多数判例の立場）。(c)契約は許可前には全く効力を生ぜず、当事者は許可を条件とする売買契約の効力発生について期待権を有するだけで、売主の協力義務は契約締結過程における右の期待権尊重義務の一つとして認められることになる（全部無効説）。

(3) 農地法上、農地所有権の移転・利用権の設定・宅地等への転用のための権利移転または設定に際して、知事の許可が必要（農地三および五）であることは周知のことであるが、その許可申請には、原則として当事者が連名であたるものとされている（施行規則二Ⅱ、六Ⅱ）。そこで、売主が右の許可申請手続に協力しない場合には、買主は売主に対して、許可申請に協力すべきことを請求しうるか否かが争われることになる。判例は、本件差戻審両判決も含め、積極的である。もっとも、売主の許可申請協力義務を認めるための理論構成については、分かれている。(a) 部分的有効説の上に立ち、条件成就前における所有権移転は認められないが、債権契約は有効に成立し、従って許可申請協力義務は債務の一つとして売主に当然生ずる、とする構成である（以下「債務」説と呼ぶ）[1]。例えば、農地売買につき最判昭四一・二・二四裁判集民事八二・五五九、農地の再売買の予約につき仙台高判昭三二・三・二〇下民集八・三・五四一、農地賃貸借につき最判昭三五・一〇・一一民集一四・一二・二四六七、農地贈与について広島高岡山支判昭三〇・五・二七下民集六・五・一〇二八、東地判昭四一・一・三一判時四四五・三六など。(b) 農地をめぐる契約を締結する際に、譲渡者（または賃貸人）が知事に対する許可申請手続の協力をなすべき明示または黙示の特約を契約それ自体とは別個に相手方と結んだものと解して、その特約を根拠に相手方は申請手続の協力請求をなしうる、とする構成である（以下「特約」説と呼ぶ）。この特約説は、条件の効力をめぐっては、条件の成就までは、成立した契約の全ての効力の不発生、即ち物権的効果はもちろん、債権的効果までも発生しない、と解する立場、即ち「全部無効」説を基礎としている。けだし、条件成就前であっても債権的効果の発生は認めるところの「部分的有効」説を前提とするならば、許可申請協力義務を契約上の債務の一つと認めることができるわけだから、それにもかかわらず、わざわざ協力義務を基礎づけるための「特約」を結ぶ必要はないからである（とはいえ、「債務」説の立場をとっても、売主の協力義務を確認する意味から「特約」を結ぶことは一向に差し支えない[2]。もっとも、「特約」説に立つとみられる判例からは、その点が必ずしも明らかではない。「特約」をめぐる判例の多くは、農地売買の買主が農地を転売した事案において、売主が直接転買人のために許可申請手続の協力をする旨の合意（いわゆる中間省略による許可申請の合意）をした場合、その合意が有効か否か、従って転買人が当初の売主に対して許可申請手続についての協力を請求しうるか否かを争点とするものであり、裁判所は右の合意の効力の存否を二つの場合に分けて区別している。即ち、転買人が買主から買主たる地位を承継した場合には、知事の許可が当事者間の法律行為（この場合は売買契約）を補充してその効力を完成させる（この場合は所有権の移転）ところの・いわゆる「補充行為」の性質を有するところから、転買人が直接売主に対して協力を直接訴求できる、と判示する（最判昭三八・九・三民集一七・八・八八五、最判昭四六・六・一一判時六三九・七五）一方で、買主が転買人に文字通り農地を転売した場合には、売主と買主との間に叙上の合意があっても、売主と転買人との間に権利移転に関する合意が成立していないことを理由に、転買人は当初の売主に協力を直接訴求することはできない、と判示する（最判昭三八・一一・一二民集一七・一一・一五四五、最判昭四六・四・六判時六三〇・六〇、同原審名古屋高判昭四五・一一・三〇判時六二二・八三）。右の二通りの判例から、転買人が当初の売主に協力を訴求しうるのは、転買人のために売主が協力すべき・買主との合意（協力の特約）の他に、売主と（買主から買主の地位を譲り受けた）転買人との間の売買契約か、あるいはそれに代わって権利移転の合意（売主から転買人へ直接所有権を移転せしめる合意）がなければならない、としていることがわかる。従って、もし部分的有効説に従い、停止条件付売買契約にもとづき、その債権的効力として売主に対して転買人が協力を訴求しうるとしたら、重ねて更に協力の特約まで結ぶ必要はないであろう。にもかかわらず、判旨が、転買人による協力請求のためには契約と特約との両者を必要としているのは、その場合の契約では条件成就以前においては債権的効果が生じていない、と解しているからにほかならないであろう。そうだとすれば、この種の事案においては判例は「全部無効」説に立脚するものと解してよいであろう。なお、農地売買において知事の許可以前に農地が売主から買主に引渡され、更に転売されて転買人が耕作中に、売主から所有権にもとづく農地返還請求がなされた事案において、最高裁は、「右許可（承認）のあるまではその〔契約の〕効力は生じないまま不確定の状態にあ」り、「右許可（承認）のある前に農地の引渡がなされても、売買契約の効力が発生していないのであるから〔傍点筆者〕」、引渡しを受けた転買人は、売買契約による債務の履行として買主が引渡しを受けたことを理由に、売主からの所有権にもとづく農地返還請求を拒絶することはできない、と判示した（最判昭三七・五・二九民集一六・五・一二二六、同旨東高判昭二八・一一・四東高時報四・六民一八〇、同昭三二・七・三同八・八民一六七など）。判旨によれば、停止条件（法定条件）の成就前には契約の効力すなわち所有権移転ばかりか履行請求権・履行義務も未だ発生していない、と解する立場（全部無効説）に立つもののようである。

(4)このように農地をめぐる諸契約に関する諸判例を概観すると、条件成就前には物権的効果までは生じないが債権的効果は成立すると構成するもの（部分的有効説）と、物権的効果はもちろん債権的効果もまた成立しないと構成するもの（全部無効説）とがあることが明らかである。

(5)私は、理論的には以下の理由から全部無効説に賛成したい。(a)周知のように民法典は、一方において、有償契約における諸成契約性を宣言する（民五五五――諾成の原則）と同時に、他方において、物権変動における意思主義的構成を採用する（民一七六）。前者において、有償契約は両当事者の合意によってのみ成立し（諾成契約）、その結果、合意に含まれる各給付約束に即して両当事者間には、将来の給付をそれぞれ義務づけられる二個の債権・債務関係がギブ・アンド・テイクの関係において成立する（双務関係）。そして売買契約にあっては、売主の給付は目的物所有権の移転を中核とするから、目的物をめぐる債権・債務関係は売主の所有権移転給付をつつむ債権・債務関係として構成される（売主の対価的債務としての財産権移転債務。従って目的物引渡義務は付随的義務にすぎない）。他方、意思主義的構成は、目的物所有権が売主の給付行為（引渡し）をまたず、自動的に買主に移転する、と構成する。つまり、当事者間の合意は、債権・債務関係の成立（債権・債務の発生）という債権的効果を基礎づけると同時に、所有権移転という物権的効果をも基礎づけるものとされるのである。しかも、諾成の原則の適用を受けて、叙上の合意は、物権的効果を債権的効果に従属させているのである（「所有権は売買契約〔一般化すれば債権契約〕の効力として移転する〔傍点筆者〕」）(3)。即ち、諾成の原則の適用によって、意思主義的構成は、物権的効果を合意自体によって直接生ぜしめるのではなくて、合意が生ぜしめた債権的効果によって生ぜしめることになるのである。つまり、物権的効果の発生に別の合意を必要とするわけではなく、そうかといって、合意の瞬間に物権的効果がつねに発生するわけでもないのである(4)。そうだとすると、停止条件付契約において、その発生が条件の成否いかんにかかっている契約の効果が、債権的効果に従属せしめられている物権的効果に限定されている、と解することは困難であろう。むしろ条件設定によって債権的効果の発生が抑制され、その結果、それと連動して物権的効果が発生しない、と解すべきであろう。(b)部分的有効説によると、条件設定によって所有権移転効果の発生が否定されて、債権的効果のそれは肯定される。従って、売主の対価的債務として給付義務の中核をなす所有権移転債務の履行が条件成就まで繰り下げられるのに対して、買主の対価的債務である代金債務の履行は条件の成否未定の間に可能である。そこで代金債務と、目的物の単なる占有移転義務にすぎない付随的な引渡義務との間に履行上の牽連関係を成立させることになる(5)。(c)民法一二八条は、いわゆる「期待権」の侵害を禁じている。ここにいう期待権とは「将来、権利を取得すべき法律上の地位または期待を、法律が特に保護するために認めた現在の一種の状態権」(6)（状態権とは、占有状態を保護するために認められる占有権のように、ある状態を保護するために認められた権利）であり、その「期待」状態の保護が権利と解されている以上、不可侵性が認められる。[7] そこで、ミッタイスが説くように、本来、債務約束の効力には債務者の給付義務《ライステン・ゾルレン》ばかりか、債務者の（自己の言葉の）遵守義務《ハルテン・ゾルレン》が含まれており、それ故に債務者は自己の言葉（給付約束）を守り、債権者を害するかもしれない一切のこと（例えば特定物給付における別途処分・自己の言葉の撤回としての契約解除）をしてはならない[8]、とすれば、部分的有効説が条件設定にもかかわらず債務の発生を肯定する限り、条件成否未定の間とはいえ、期待権に対応する妨害禁止義務をことさらに債務者に課する必要はないはずである。即ち、期待権は債務の不発生を前提とし、その遵守義務に対応する権利として認められていると解すべきであろう。(d)民法典の起草者穂積博士は、まず一二七条について、「此次ノ箇条ト照ラシ合セテ御覧ニナリマスルト云フト法律行為ト云フモノカ存スル併ナカラ其法律行為ノ効力ト云フモノカ生セナケレハ当事者ハ法律行為カラシテ生スル権利行為ハ得ナイコトニナル夫レ迄ハ丸テからつぽテアル其からつぽノ間ハ何ウ云フ有様テアルカト云フコトヲ次ノ箇条テ規定スル……要スルニ百二十七条丈ケヲ特別ニ解スルト『法律行為ハ其当時ニ成立ツ未タ権利義務ヲ存セス』斯ウ云フコトニナルテアラウト思ヒマス〔傍点筆者〕」と説明し[9]、更に百二十八条につき「……条件附法律行為ト云フモノヲ為シマシタ時ニハ其法律行為ノ目的タル効力例ヘハ売買ト云フ効力ハ全ク条件成就ノ時カラ発生シマスルカラシテ夫レ迄ノ間ハ前条ノ規定丈ケテハ当事者ニ其行為ヨリシテ権利義務ト云フモノハ生セナイ本条ニ依テ初メテ条件未定ノ間ノ権利義務ト云フモノカ定マルノテアル〔傍点筆者〕」と説明する[10]。こうした説明から、起草者が全部無効説を志向していたことは明らかである。(e)法定条件の場合、その一般的性格規定はとも角、当該条件の具体的な効力は法律規定にもとづくのであるから、当該条件により制約をうける契約の効力の内容も、当該規定を含む法の全趣旨から判断される必要がある。農地法三条及び五条によれば「農地の所有権を移転（しまたは用益権を設定または移転）する行為」は知事の許可を受けなければ効力を生じない（従って「所有権移転行為を為すべき義務を発生させる行為」は許可を必要とするものではないから、許可は債権契約としての売買契約の「成立」要件ではなく、あくまでも「効力発生」要件である)。この場合にも、純粋に理論的には、右の「所有権移転行為」の解釈をめぐって、物権行為の独自性に対する立場の相違から、叙上のように債権行為完全有効説、部分的有効説、全部無効説の三説が成立しうるが、どの説をよしとするかは、農地法の立法趣旨から判断されることになる。そうだとすると、「耕作者の地位の安定と農業生産力の増進」(農地一)のために、それを阻害する虞れのある農地の商品化を防ぐべく、農地移転について知事の許可を必要としている(違反に対する罰則――同九二)法の趣旨から見て、許可以前には、所有権移転はもちろん、引渡義務も生じない、と解すべきであり、従って全部無効説が妥当する。もし、他の二説によって、知事の許可の効力を所有権移転だけにかからしめ、農地の引渡は債務の履行として有効とすれば、その結果、農地の無許可の移転＝転売という・法の禁ずる農地の商品化を事実上放任することになり、法規制は空文化してしまう。前出三七年五月二九日最高裁判決の趣旨は、正にこうした脱法行為を封ずるところにあったのである。(f)部分的有効説、従って債務説は、農地移転にかかる叙上諸判例に見るように、主として売主の許可申請手続協力義務を基礎づけるための理論構成として援用されているが、そのためのヨリ合理的ないし法の趣旨にヨリ適合的な理論構成が可能であれば、債務説にあえて固執する必要はなかろう。

(6)全部無効説をとる場合、売主の許可申請協力義務をどのように基礎づけるか、が問題となる。けだし、叙上のように、知事に対する許可申請には当事者の連名によることが必要とされる以上(施行規則二Ⅱ、六Ⅱ)、売主の協力に対しては、買主が協力を請求できなければ不都合であるからである。

もし、これが停止条件一般の問題であれば、ことは比較的簡単であろう。条件設定の前提的手続として一方当事者の行為が必要であれば、まず、当該当事者の懈怠によって条件設定自体が不可能なため、始めから条件が不成就に確定したと判断できる場合には、民法一三〇条により、相手方は条件が成就したものとみなすことができる。次に、結果をまたず、当該行為者の懈怠に対して、相手方が彼に積極的な行為を請求するとすれば、契約の附款としての条件設定のための合意にもとづき請求しうる、けだし、当該行為がなされて初めて条件そのものが成立するのであるから、条件設定のための前提的手続として必要な一方当事者の行為をめぐる約定が当然に右の付随的合意に含まれるはずである。従って、相手方の請求にもかかわらず、行為者が懈怠を続ければ、右の合意に基礎づけられた義務に違反するものとしてその責任を追求しうることになり、契約自体にもとづく債務不履行として処理されるべきではない。なお、一方当事者の期待権侵害行為にかかわらず、条件が成就した場合には、期待権侵害による損害賠償請求を相手方がなしうるが（一二八）、前提的行為の懈怠の場合には、条件が成就する可能性がそもそも始めから欠けているのであるから、右の損害賠償請求の要件を欠くことになる。

さて、農地売買における「法定条件」をめぐる問題として考えてみた場合、まず第一に、地主の不協力を条件成就の妨害行為としてとらえることは無意味であろう。なぜなら、知事の許可は、私法上の意思表示ではなく、一種の行政処分であるから、この場合に売主が故意に許可申請に応じなかったとしても、買主の一方的な許可申請によって、許可があったと同様の契約の効力が生じたものとみなすことができないからに他ならないからである。[11]従って民法一三〇条の適用はない。[12]そうだとすると、売主の協力を積極的に義務づける根拠をどこに求めるか。叙上のように、判例は許可申請協力義務を肯定し、その根拠を多く部分的有効説にもとづく「債務」説（債権契約上の義務として構成）に求めている。[13]もっとも、全部無効説にもとづく「特約」説に根拠を求める判例もある。[14]更に、買主の許可申請協力請求権を、知事の許可があった場合に取得しうべき農地所有権にもとづく物権的請求権としての登記請求権に随伴する権利と解するユニークな判例もある。[15]

学説としては、「債務」説と「特約」説とがある。宮崎（契約法大系Ⅱ二二〇以下）は物権行為の独自性を認める立場から、知事の許可以前においても債権契約としての売買契約は完全に効力を生ずるとして、許可申請協力義務を売主の契約上の債務の一つとして基礎づける。これに対し、金山（注釈民法(4)三七〇）[16]は、農地売買等では当事者間には知事への許可申請につき何らかの明示または黙示の合意があるはずであり、従って当事者の一方が故意に許可申請をしなければ、「この合意から生ずる義務違反としての責をまぬがれない」、それは「売買契約にもとづく債務不履行の問題ではな」く、「許可申請をするということの別個の合意から生ずる義務」に違反するものとして処理すべきだ、とされる。たしかに、農地売買における知事の許可は、法律上必要な・契約の効力発生要件、即ち法定要件なのであるから、当事者の意思にかかわりなく法律上当然に設定され、従って条件設定に関する合意を契約に付加せしめる必要がないことは当然であるが、しかし農地売買においては両当事者が連名で許可を申請して初めて知事の許可を得られる可能性が生ずるわけであるから、条件設定の前提要件としてこのように必要不可欠な許可申請手続に関して、両当事者間に何らかの合意が契約に伴い当然に結ばれなければならないはずである。この意味において「特約」説が妥当であろう。従って、売主による許可申請手続の不協力に対して、買主は右の合意にもとづき売主に協力を請求しうることになる。しかし、本件をめぐる裁判においては、以下に説明するように、一貫して（ただし一審のそれは判然としない）部分的有効説にもとづいて許可申請協力義務が構成されているように思われる。

(7)五度にわたる本件の裁判のうち、まず、唯一、原告Xの敗訴した第二審では、両当事者の提出した知事宛て許可申請書が彼らに返戻された（形式的には任意の撤回）ことをとらえて、知事から指摘された実質的要件の不備――Yの夫Aが自ら耕作中の小作地を地主に返還するか、あるいはその地主にYの農地売却を承諾させなければ、知事が許可できないこと――をYには治癒しえないと認め、返戻を不許可処分とみなし、本件売買契約は条件不成就として、Yの控訴を容れ、Xの請求を却けたのである。その際、判旨は、YがXに対し「契約上負担した許可申請手続をする義務をすでに履行し〔傍点筆者〕」、「契約上特約がない限り、売主として通常なすべき申請行為をなせばたり、これをこえて県知事の許可を取付ける債務は負担していない〔傍点筆者〕」と判示した。従って、二審判旨は、部分的有効説の上に立ち、許可申請協力義務は契約上の債務の一つとしてYに当然生ずる、とする構成（債務説）をとったことは明らかであろう。

(8)次に、第三審、差戻控訴審及び差戻上告審（以下、この最終審につき、本審という）では、いずれも売主の許可申請協力義務につき（本審では買主のそれも含め）次のように判示している、即ち、売主は「買主と協力して農地法五条所定の知事に対する許可申請手続をして権利移転の許可を受け、売買契約を効力あらしめるよう、信義則上要求されるところに従って努力すべき義務を負うものであ〔傍点筆者〕」る、と。右の前段の表現から、知事の許可がおりて初めて売買契約が有効となる、即ち、右の売買契約の「効力」とは、物権的効果ばかりか債権的効果の発生までをも意味する、と解して、全部無効説が採用されたように読みとることも可能であるが、後段において「信義則」が持ち出されて単なる許可申請行為を越えた努力義務が規定されていること、更に後述するように、Y側に許可障害事由が存在したことが契約当初には明らかではなかったこととを考え併せれば、全部無効説にもとづき特約を以て右の努力義務を基礎づけるのは（黙示の合意と解するのは）、無理があるように思われるので、部分的有効説をとり、右義務を債務として基礎づけるべきだ、と思う。

(9)叙上のように、第三審、差戻控訴審及び差戻上告審にあっては、部分的有効説の上に立ちながら、信義則をもってYの（のみならず本審においてはXまでもの）許可申請協力義務が基礎づけられたのである。まず後続二つの裁判の端緒をなす第三審では、判旨は、Yは二審判旨に謂う所の「売主として通常なすべき申請行為」に止まらず更に（契約時には明らかではなく申請書の返戻により初めてYが知り・しかも当初Xにひたかくしにしていた）Y側の実質的要件の不備、そしてYの解消努力の懈怠を踏まえ――二審判決は右不備の解消までは不要と断じた――「買主と協力して農地法五条所定の知事に対する許可申請手続をして権利移転の許可を受け、売買契約を効力あらしめるよう、信義則上要求されるところに従って努力すべき義務を当然に負うもの〔傍点筆者〕で、この義務は、「許可を得るか、売主として当然になすべき叙上の努力をしても如何ともなしえない事由に基づく不許可処分があるまで〔傍点筆者〕」免れることができない、と判示した。この売主の義務は、買主との連署の上作成した申請書を知事に提出するという・通常契約上ないし特約に規定されるはずの・正に通り一遍の義務ではなく、許可ないしは不許可のいずれかの処分が確定するまで許可を目指して最大限の努力（可能かつ最善の手段）を尽くすべき義務という・いわば無限定のそれであって、フランス民法学にいわゆる「手段債務」を彷彿とさせるものである。このような義務を法的に基礎づけるとすれば、それは信義則（民一Ⅱ）を措いて他にはあるまい。そして最高裁として、通常の債務を越えてこのような努力義務を敢えてYに課せしめたのは、叙上のように第二審において認定された事実関係及び、それを補正すべく第三審に向けられた上告理由に明らかな・返戻後の事態解決へのYの努力の完全放棄（この点は差戻控訴審の事実認定に明らかである）にあったことは確かであろう。

⑽　差戻控訴審では、まず、念をおすように前審判旨が信義則による努力義務をYに課した・いわば動機となる事実について、次のように認定している。即ち、知事の叙上返戻が、Aが小作地を地主に返還するか、本件農地売却について地主の承諾をうるかいずれかの措置をYが講ずるか、それとも右両措置のいずれもが不可能であれば、その理由を付して許可申請書を再提出することをYに促すための温情的措置であったにも拘わらず、Yは、Aには小作地を手離す意思がないとし、地主も承諾するはずがない、として承諾を求めず、本人も本件農地を売る気がなくなったと称して、申請書の再提出を拒んでいた、と。次いで、このような事実を踏まえて、第三審の判文をそっくり踏襲してY

に信義則にもとづく努力義務を課している。そして、それに加えて、Yの手付倍戻しによる解除主張を却けるべく、当初のXY両当事者による申請書提出行為をもって、両当事者双方に履行着手が（Yの解除以前に）あった、と認定したのである。

⑾本審判旨は、知事による許可申請書返戻の趣旨に関して原判決が認定した事実関係を踏まえ、二つの前審の判断同様、信義則にもとづき・知事の許可申請手続に協力し契約目的が実現するよう努力すべき義務を売主・買主の両当事者に課した上で、解約手付が授受された本件においては、XY連署の許可申請書の提出は、民法五五七条一項にいう・契約の履行に着手したもの、と判示したのである。第三審以後の三つの裁判における判断は、いわば似たり寄ったりの内容ではあるが、まず第三審と差戻控訴審では、もっぱら売主に対して信義則にもとづく努力義務が課され、その努力すべき限度についても「売主として当然になすべき叙上の努力をしても如何ともなしえない事由に基づく不許可処分があるまで（傍点筆者）」と判示されている（そこには申請書返戻がもっぱらY側に起因するところから、Y側の実質的要件の不備をYが治癒した上で再提出すべき努力内容が示唆されている）。これに対して、本審では、前二者と異なり、信義則にもとづく努力義務が、一方当事者Yの努力すべき内容が契約当初当事者には分かっていなかったという・本件特有の事情を離れて、まず農地売買における許可申請協力義務一般に拡張され、従って右努力義務は売主ばかりか買主にも課せられており、その上で、両当事者連署の許可申請書提出行為が各当事者の債務の「履行着手」に当たる、と解されているのである（最後の点は差戻控訴審においても同様に解されている）。

⑿それでは、本審において、両当事者に課せられている許可申請協力義務の発生原因ないし性質はどのようなものと解すべきであろうか。私は全部無効説に立ち、従って特約説をよしとしたいが、本件における右義務の把握は理論通りに収まらない特異なものである。即ち、右義務を最高裁は二度にわたって信義則にもとづく努力義務と把握した

上に、判決ごとに異なる法的位置づけを行っていることである。上述との重複をおそれず述べれば、まず第三審においては、この努力義務は、Yにのみ、かつ申請書の再提出のために課せられるべきものであった。知事の許可の障害となる事由は、Yの側にのみあり、おそらくYは申請書返戻によってその存在を知ったのであろうから、契約ないし特約の時点において許可申請協力義務の内容に右障害の除去を盛りこむなどということは両当事者の念頭にはなかったはずであり、そうだとすれば、通常売主としてYがなすべき申請協力義務とは別に、しかもその履行後に、障害を除去した上再提出するよう努力すべき義務を判旨はYに命じたからである。次に、本審においては、申請協力義務の内容が通常の申請行為から（許可を受けるまでの）最大限の努力へと拡張され、更に右義務の主体も売主ばかりか買主にまで拡張されたのである。要するに、両当事者の通常の単なる申請協力義務が信義則にもとづく努力義務とされたのである。第三審から（差戻控訴審を経て）本審への過程における・この展開は、まず第二審においてYの控訴を容れ申請書返戻を知事の不許可とみなしたのに対し、Xが上告理由を前審における右の不許可擬制の点に絞り、それをうけて第三審において判旨がYに対する努力義務判決を下したのである。次いで、差戻控訴審においてYは合意解除を主張し、予備的に手付倍戻しによる契約解除を初めて主張したのに対し、判旨は、まず前審判決に沿ってYに対する努力義務を肯定すると共に、合意解除を否定し、更に両当事者の許可申請書提出を以て両者の履行着手を認めてYの控訴を却けた。そして本審において、Yがその上告理由の中で主に履行着手を非難したのに対し、判旨は、両当事者の申請協力義務自体を信義則にもとづく努力義務と判示した上で、両当事者の履行着手を認定したのである。このように、信義則による努力義務のありようは、各裁判における控訴ないし上告理由の内容に対応して推移・変遷したのである。

このようにみてくると、判旨は、この協力義務を契約の給付内容自体にかかる対価的債務とは異なる・信義則にもとづく付随的義務と位置づけ、本来の給付義務を債務の本旨にかなって実現するように最大限の配慮をすべきことを右の協力義務の内容に盛りこんだのである。それは、協力義務をして、このように事案に即した具体的配慮をすべきことを当事者に義務づけると共に、信義則にもとづく付随的義務と位置づけることによって、申請書の提出行為を以て債務の履行の着手とみなすことを可能としたのである。

⒀本判決の先例価値は、知事の許可を法定条件とする農地売買において、両当事者は、許可申請協力義務として信義則にもとづく努力義務を負うこと、及び右売買の際に当事者間に解約手付が授受された場合には、右義務の履行として行われる・両当事者の連署による許可申請行為は民法五五七条一項にいう「契約ノ履行ニ著手」したものと解すべきであることが認められた点にある。

なお本判決の評釈として、後藤静思「農地の売買に関し民法第五五七条にいう『契約ノ履行ニ著手』したものと認められた事例」最高裁判所判例解説・曹時二一・四・八三、石田喜久夫「農地の売買に関し民法第五五七条にいう『契約ノ履行ニ著手』したものと認められた事例」民商法六〇・二・七三がある。

(1) 例えば最判昭四一・二・二四裁判集民事八二・五五九――「農地の売買は、知事の許可がない限り、所有権移転の効力は生じないけれども、該契約は何ら効力を有しないものではなく、特段の事情のない限り、売主は知事に対し所定の許可申請手続をなすべき義務を負い、また若しその許可があったときは、買主のため所有権移転登記をなすべき義務を負担するに至るものと解するのを相当とする〔傍点筆者〕」。農地賃貸借につき、最判昭三五・一〇・一一民集一四・一二・二四六五「……かような農地賃借権を認めた貸主である上告人は右契約上当然に相手方に対しその使用権の効力を完全ならしめるため使用権設定の許可申請に協力する義務あるものといわなければならない……〔傍点筆者〕」。本判決に関する北村調査官の解説――曹時一二・一二・一七五三――参照。

(2)　名古屋地判昭二九・九・一八下民集五・九・一五七一――契約締結に際し売主が特に許可申請協力を約諾した事案において「仮にかかる特約なかりしものとするも売買契約が成立した以上原告〔買主〕の所有権の行使を完全ならしめるため被告〔売主〕は右のような協力をなすべき義務を契約上当然に負担したものと解するを相当とする〔傍点筆者〕」。

(3)　川島・所有権法の理論二四六頁。

(4)　川島・前掲書二四八頁、川村・商品交換法の体系Ⅰ一六六頁以下。

(5)　判例通説における意思主義的構成のもとでは、所有権は合意＝契約自体に媒介され（契約成立の瞬間に自動的に移転する）、他人の権利の売買を除いては、このような所有権移転を前提とする引渡義務が売主の対価的債務とされるので、部分的有効説による限り、条件成就前の引渡義務の履行は、所有権を欠く引渡ということになり、そもそも構成上予想されない事態ではなかろうか。

(6)　於保・財産管理権論序説三一八頁。

(7)　民法議事速記録第百二十八条における穂積委員の発言――「若シ条件カ成就シタナラハ其目的タル結果ヲ得ルト云フコトヲ妨ケラレヌ所ノ権利」。

(8)　ミッタイス・ドイツ私法概説（世良・広中訳）二四四頁以下。

(9)　民法議事速記録一・二六五〔商事法務研究会版〕。

(10)　民法議事速記録一・二六六〔商事法務研究会版〕。

(11)　金山・注釈民法(4)三六九頁。

(12)　同旨、最判昭三六・五・二六民集一五・五・一四〇四。

(13)　高松高判昭二八・五・一二高民集六・五・二九〇、名古屋地判昭二九・九・一八下民集五・九・一五七一、広島高岡山支判昭三〇・五・二七下民集六・五・一〇二八、東高判昭三〇・九・二八下民集六・九・二〇五六、千葉地決昭三一・六・五下民集七・六・一四八五、仙台高判昭三二・二・一二下民集八・二・二七四、仙台高判昭三二・三・二〇下民集八・三・五四一、最判昭三五・一〇・一一民集一四・一二・二四六七、東地判昭四一・一・三一判時四四五・三六、最判昭四一・二・二四裁判集民事八二・五五九、最判昭四三・四・四判時五二一・四七等。

(14)　広島地尾道支判昭二八・五・四下民集四・五・六五二、大阪高判昭三〇・四・九下民集六・四・六八〇、東地判昭三五・

五・一八下民集一一・五・一一二二頁――本判決では、「特約」にもとづく「債務」と表現されている。

(15) 東高判昭四七・七・三一判時六七九・一八。こうした登記請求権理論の類推に対しては、宮崎・契約法大系Ⅱ二二一以下の批判がある――農地売買においては、知事の許可以前には所有権の移転はないから、許可申請協力請求権を登記請求権のように当事者間における所有権移転効果として構成することは不可能である、と。

(16) 金山教授は、最判昭三七・五・二九を引用して、条件成就前の履行の効力を否定しておられる――注釈民法(4)三三六。従って、全部無効説の立場に立つものとみられる。

1の⑲

最判昭和五一年一二月二〇日判時八四三・四六

〈事実〉 X（被控訴人・被上告人）は、Y（控訴人・上告人）の所有する土地・建物を買い入れるため、売買契約を締結し手付金五〇万円を交付したが、当時本件建物には二所帯の借家人が居住していたので、Yが彼らを立退かせた上でYから本件不動産の引渡し及び登記を受け、それと引換えに残代金を支払うとの約定を右契約上で行った。ところが、Yは右契約成立直後一、二度借家人に立退きを請求しただけで、その後は拱手傍観しているのみであった。そのためXはしばしば仲介人Aを介して借家人を立ち退かせ本件土地・建物を引渡すようYに再三要請したが、一向に埒があかないところから、Xは昭和四五年一〇月三〇日に本件不動産の引渡し及び所有権移転登記手続を求める本訴を提起すると共に、同日本件売買残代金をYに提供した。これに対してYは、手付金倍戻しによる契約解除の意思表示を行い、本件契約の解除を主張した。一審（岡山地裁）は、次のようなYの主張をいずれも却けて、Y敗訴。即ち、Yは、本件契約書の記載から、次のように主張して控訴、即ち、同時に行われるべき残代金の支払いと引渡・所有権移転登記がなされる以前にYが本件建物から借家人を立ち退かせることが義務づけられていること、そしてYにこうした先履行義務がある場合には、Ｘが残代金を提供しても、まだ当事者双方の履行期が到来していないから、右提供は単に「履行の準備」に止まり、「履行の着手」とは認められないことは判例（大判昭八・七・五裁判例七民一六六――1の⑤）の示すところであり、従ってＹの手付倍戻しによる契約解除は有効である、と。これに対して、原審（広島高裁岡山支部）は「借家人らを立ち退かせることは専らＹの義務に属する事柄であり、家賃は右時期までＹが受取るべきものとされているものの、すでに手附金五〇万円を収受しているのであるからむしろ借家人の立退きが遅れることによる不利益はＸに帰する」ことなどの諸点をあげて、結局、Ｙの先履行義務の存在を否定した上で、Ｙの援用した右判例を否定した一審判決を是認し、Ｙ敗訴。Ｙは控訴理由と同様の上告理由をかかげて上告。

〈判旨〉上告棄却。「原審が適法に確定した事実によれば、本件売買契約においては、売主たるＹが本件建物に居住する二所帯の借家人らを立ち退かせたうえで本件土地、建物を買主たるＸに引き渡す約束であったところ、Ｙは、売買契約成立直後ごろ一、二度借家人に立退きを要求しただけで、その後は借家人を立ち退かせる何らの努力もすることなく放置していたものであり、他方Ｘは、その間、しばしば右売買契約の仲介人Ａに対し借家人を立ち退かせて本件土地、建物を引き渡すようＹに催告されたい旨を依頼していたが、一向にらちが明かないところから、昭和四五年一〇月三〇日、本件土地、建物の引渡し及び所有権移転登記手続を求める本訴を提起するとともに、同日、本件売買残代金二一一五万円を携えてＹ方に赴き、Ｙに対し右代金を受け取るよう求めたというのであって、かかる事実関係にある本件において、買主たるＸに売買契約履行の着手があったものと解した原審の判断は、正当として是認することができる。したがって、右履行の着手後になされたＹ主張の手附金倍戻しによる契約解除の意思表示を無効と（傍点筆者）」する、と。

〈分析〉(1)本件においてＹが抗弁理由として最も強調した点は、本件建物の借家人の立退きがＹの先履行義務とされていることであった。このYの義務が履行されない限り、XY両当事者の対価的債務の履行期が到来せず、従ってXが残代金を提供しても、それは履行の「準備」にすぎず、「着手」には当たらない、というのがYの主たる主張であった。たしかに原審も「借家人らを立退かせることは専ら控訴人〔Y〕の義務に属する事柄であ〔Yの上告理由中に引用〕」ると判示する通り、本件契約書には「登記前に家屋の明渡しを行い明渡し完了後拾日間の期間を置き登記と引換に残額支払とす〔傍点筆者〕」とある。ところが、それでは、いつまでにYは借家人を立退かせるのか、という・Yの先履行義務の履行期については、本件契約書三条に「所有権移転登記申請期日を昭和　年　月　日として当事者双方所轄登記所で手続をなし登記済と同時に買主は第二條の手附金を売買代金の一部に充てその残額を売主に支払う〔傍点筆者〕」とあるように、登記申請期日が空欄とされ、従ってその一〇日前の肝心の明渡し期日も亦確定しているわけではないのである。このような契約書の記載から、Y自身借家人の立退きに契約締結以前からかなりの危惧の念を抱いていたことが窺われ、その結果が契約書上の空欄となって現れたのであろう。だからこそ現実にもYは一、二度彼らに立退きを要請したにとどまり、後はほったらかしておいたのである。こうしてみると、Yの先履行義務は、その履行に確定期限のある債務でないことは勿論、不確定期限ある債務でもなく、むしろ期限の定めのない債務（民四一二Ⅲ）とみるべきであり、XからYが借家人らを立退かせるよう、売買仲介人を介して、請求を受けたときから、先履行義務は履行期が到来し、その一〇日後XY両当事者双方の債務の履行期も到来した、とみてよいのではないだろうか。Yがその上告理由の中で引用している原審の認定、即ち「原審は、本件売買契約においては、家屋の引渡及び所有権移転登記手続は契約成立後、残代金と引換に速やかに行うべきことを定めたにすぎないものである旨認定している〔傍点筆者〕」のはその趣旨であり、右の文中の「家屋の引渡」がYのXへの引渡しであるにせよ、それは当然借家人の立退きを前提としているのであるから、右の原審の認定は、その根拠づけはとも角（次の(2)参照）、

Yの先履行義務もまた契約成立後速やかに行うべきことを含意しているもの、と解してよい、と思われる。そうだとすれば、先履行義務が履行されない限り、両当事者の債務の履行期は到来しないから、Xの残代金の提供は履行の準備にすぎない、とのYの抗弁は、誤っているというべきであろう。

(2) 他方叙上原審の事実認定の根拠について、Yは上告理由の中で次のように言及している、即ち「原審は、原判決において、『借家人らを立退かせることは専ら控訴人〔Yのこと――筆者〕の義務に属する事柄であり、家賃は右時期まで上告人〔控訴人の誤り――筆者〕が受取るべきものとされているものの、すでに手附金五〇万円を収受しているのであるからむしろ借家人の立退きが遅れることによる不利益は被上告人〔被控訴人の誤り――筆者〕に帰するる〔傍点筆者〕』ことなどの諸点をあげて、これをその認定の根拠としている」ようである、と。つまり原審は、〔借家人が立退くまでの家賃がYに収受されるのは当然としても〕Yは Xから手付金五〇万円を受けとっていることを理由に、借家人の立退きが遅れれば遅れる程その分不利益をXにもたらすのは不当、と判断して、本件契約は、家屋引渡しと所有権移転登記手続は契約成立後残代金と引換に速やかに行うべき旨を定めたもの、と認定したのであろう。

(3) 次にYは昭八・七・五大判（裁判例七民一六六――1の⑤）を引用して、売主の先履行義務が履行されない内は、買主が残代金を提供しても、双方の履行期が到来していないから、買主の残代金提供は「履行の準備」にすぎず、「履行の着手」とはならない、と主張した。右の判決の事案はこうである、即ち、材木の売買において、売主が大正一一年六月二八日までに順次木材を伐採して貨車積場に搬出し、買主が同所において貨車への積込ごとに代金を支払う契約が締結されたが、買主が前日の二七日に代金を携帯して現地に赴き、人夫を雇い入れ貨車の配給方を依頼し、その旨を売主に通知したところ、売主は買主に対し翌二八日口頭で、ついで二九日書面でそれぞれ契約解除の意思表示をした、というものである。大審院は、買主の右行為は履行期の到来前に行われたもので、単に履行の準備にすぎず、履行の着手とは認められない、と判示した。この事案と本件事案とを比較すると、前者では、確定期限のある・売主の先履行義務の履行前に、買主が早手廻しに代金の用意と受渡しの準備を行い、これを売主に通知したものであって、後者のように、売主の先履行義務の履行期が確定されておらず、しかも売主がその義務の履行を放置していたわけではないのである。従って前者における判旨に即して、売主の先履行義務の履行前は両当事者の債務の履行期も到来しない、とするならば、後者にあっては、売主が期限の定まっていない先履行義務を履行しない限り、買主の債務の履行期は到来せず、買主は履行着手によって売主の手付倍戻しによる契約解除を阻止できない結果、契約の実現自体が一方的に売主の意思次第ということになってしまう。その意味において、Yが引用した判例は、本件判決の判示するように、正に「事案を異にし本件に適切でない」のである。

(4) なお、右の引用判例について、我妻博士は「売主が先ず履行すべき義務を負う場合にも、買主が、売主において履行すれば直ちに代金を支払って受領し得るよう特別の行為をすれば、履行の著手になる」として、批判されている。[1] そこで、売主が先履行義務を負い、その履行期の到来前でも、事情によっては買主の履行着手は可能とする右の学説を本件に適用すれば、(a)Yは「売買契約成立直後ごろ一、二度借家人に立退きを要求しただけで、その後は借家人を立ち退かせる何らの努力もすることなく放置していたものであ」ったこと、(b)Xは「その間、しばしば右売買契約の仲介人Aに対し借家人を立ち退かせて本件土地、建物を引き渡すようYに催告されたい旨を依頼していた」こと、そして、それにもかかわらず、(c)「一向にらちが明かない」ことが右の「事情」に該当するであろう。判旨も、原審認定の「かかる事実関係」に着目して、Xに「売買契約履行の着手」があったものと認めているが、要するに、信義則違反といえるYの先履行義務の懈怠にこそ、本件におけるXの履行着手認容の根拠があった、といえるであろう。そうだとすると、

⑸本判決の先例価値は、売主に先履行義務があり、買主が繰り返しその履行を催告しても、売主が履行を懈怠している場合には、買主が残代金を提供すれば、それは買主の「履行の着手」にあたるとする点にある。

（1）　我妻・債権各論中㈠二六二。なお、広中・債権各論講義五一も同旨。

1の⑳

最判昭和五二年四月四日裁判集（民事）一二〇・四〇一

〈事実〉本件は、上告審判決しか参照し得ないので詳細は不明。X（控訴人・被上告人）はY（被控訴人・上告人）からその所有する農地を買い受ける契約を結び、手付金をYに交付した。その後、鳥取県知事の農地売買の許可のある前にXから二回にわたり残代金がYに提供がなされ、農地の引渡しを請求されたが、Yはこれを拒絶し、逆にXの受領拒絶を見越して手付金倍額をXに提供せず、供託し本件契約の解除の意思表示を行った。そこでXは本件農地の引渡し及び所有権移転登記を求めて本訴に及んだ。一審（鳥取地裁）X敗訴し、控訴。二審（広島高裁松江支部）は、「解約手付の受領者が契約を解除するには手付倍額の提供をして契約解除の意思表示をしなければならないが、本件においてYがXに対し右提供をしたことについてはこれを認めるに足りる証拠はない」として、Yのした手付倍額の供託の効果を否定した上、Xの行った残代金の提供は民法五五七条一項にいう「契約の履行の着手」に該当し、それ以降は手付倍額の償還による契約解除をなし得なくなったものというべきである、と判示してXの控訴を認容し、Y敗訴。Yは、次の理由を掲げて上告。即ち、第一点、債務者が債務を提供してもその効果がないことが明確な場合には、提供せずに直ちに供託してその債務を免れうることは大審院判決（大判大一一・一〇・二五民集一・六一六）の判示するところであること、第二点、原判決のように、知事の許可前の残代金の提供を「履行の着手」としてこれを有効とし、その後は手付の倍戻しによる契約の解除ができないとすると、その後もし知事の許可が得られなかったときは、前には一旦効力を認めた行為を後で無効にするという不都合を生ずるから、これは、知事の許可前に農地の引渡しを受けた転買人が、売主から返還請求があった場合にその返還を拒絶できないとした最判昭三七・五・二九民集一六・五・一二二六及び同昭四一・一〇・七民集二〇・一五九七に違反すること。

〈判旨〉上告棄却。「農地の売買契約について知事の許可を受ける前であっても、買主が残代金全額を支払いのため提供したときは、民法五五七条にいう契約の履行の着手があったものと解するのが相当である〔傍点筆者〕」。

〈分析〉⑴知事の許可という法定条件をめぐる農地売買紛争に関して、全部無効説と部分的有効説の対立があることは叙上昭和四三年最高裁判決（1の⑱）の分析において述べた通りである。知事の許可以前になされた買主の残代金支払いを「履行の着手」と認めた判旨が、部分的有効説の立場をとっていることは明らかである。

⑵これに対して、Yは、その上告理由において、原判決が、判旨同様、Xの残代金提供を履行の着手と認めたことに対し、昭和三七年五月二九日最高裁判決及び昭和四一年一〇月七日最高裁判決を引用して、判例違反と論じている。右昭和三七年判決の事案は、農地売買において知事の許可以前に農地が売主から買主（両当事者は弟と兄の関係にある）に引渡され、更に転売されて転買人が耕作中のところ、売主から所有権にもとづく農地返還請求がなされた、というものである。判旨によると、「……知事又は農業委員会の許可なくしてなされた農地の売買契約は右許可（承認）を法定条件として成立し、右許可（承認）があればそのときから将来に向って効力を生ずるが、右許可（承認）のあるまではその効力は生じないまま不確定の状態にあるものというべく、右許可（承認）のある前に農地の引渡がなされても、売買契約の効力が発生していないのであるから、その引渡を受けた者は、売主からその返還請求があった場合

には、右売買契約による債務の履行として引渡を受けたことを理由に右返還を拒むことはできない……〔傍点筆者〕」と。もっとも本件の場合には、すでに十年近くも転買人が知事の許可をえないまま占有し耕作を続けてきており、もし元の所有者（売主）の返還請求を認めなければ、依然として無許可のままでその後も耕作に従事する可能性が強く、それでは知事の許可を必要とする農地法に反するという考慮が、裁判所に働いたかもしれない、とされる（宮本・最高裁判所判例解説・法曹時報一四・七・一三五）。つまり、右判旨によれば、知事の許可以前には契約の効力、即ち所有権移転のみならず、履行請求権・履行義務も未だ発生していない、と解する・全部無効説に立つもののようである。そうだとすれば、条件成就によって生ずべき権利を取得しうべき当事者（条件付権利者）は、条件が成就するまでは、契約にもとづく履行とか所有権移転、物の引渡を請求できない。けだし、条件が成就するまではその契約の効力が未確定であり、従って、取得すべき契約上の権利が確定していないからに他ならない。それ故、たとえ条件成就前に条件付義務者が契約にもとづき引渡などの履行を行っても、債務そのものがまだ発生していない以上、その履行は現在のそれではなく、一種の「非債弁済」ということになる（もっとも、知事の許可が条件とされる農地売買の場合には、当事者が条件付であることを承知しているのが普通であろうから、知事の許可がおり債務が発生すれば、その弁済に充当する目的で給付したものと解され、逆に許可がおりなければ、目的不到達により不当利得となる）。また、昭和四〇年判決は、書面によらない農地の贈与契約において、知事の許可があるまでは、右農地の引渡（即ち履行）が終わった後でも、右贈与契約を取消すことができるか、という点をめぐり、積極に解したものである。この判決においてもその判旨は、昭和三七年判決同様、全部無効説に立つことは明らかである。いずれにしろ、Y引用の両判決は、農地の譲渡をめぐり知事の許可以前に農地を相手方に引渡した場合に、その農地を相手方から返還させるためには、全部無効説をとり、所有権移転の物権的効果はもちろん、目的物を引渡すべき債権の発生という債権的効果も発生しない、と構成しなければならないことを示しており、本件とは紛争の類型を異にするところから、本件の先例とはならない。即ち、本件の場合には、前者と異なり、債務の履行の着手を認めようとすれば、どうしても債権・債務の発生だけは肯定せざるを得ないから、部分的有効説に立たねばならないのである。要するに、判例は農地をめぐり知事の許可以前に生ずる紛争事案において、契約成立による債権的効果の発生が争点とされる場合には、全部無効説・部分的有効説を当該判決が志向する・それぞれの結論に即して使い分けている、といえよう。

(3)本判決の先例価値は、知事の許可以前の買主の残代金支払を「履行の着手」行為と認定した点にある。

1の㉑

最判昭和五七年六月一七日判時一〇五八・五七

〈事実〉昭和五〇年一一月一八日原告Xは被告Yとの間にY所有の農地を代金一七一〇万円、手付金三〇〇万円で買い受ける契約を結び、Yは直ちに右農地について農地法三条所定の知事に対する所有権移転許可申請手続をとり、許可のあり次第残代金の支払と引換に所有権移転登記手続及び引渡をすることを約束した。当日Xは契約締結と共に約束の手付金三〇〇万円を、本契約を仲介した不動産業者Aが振出しXが裏書した小切手をもって支払うこととし、右小切手をY代理人Bに交付し、Bも手付金としてこれを異議なく受領し、さらにBからYも異議なく受領した。ところが契約当日の夜、右小切手はYから右契約を合意解除するよう依頼されたBからAの妻に「契約をしばらく猶予するよう」とのAあての伝言のもとに返還され、Aが保管することとなった。その後半年近く経過した昭和五一年四月下旬ごろからXはYに履行を迫り、同年七月二五日に山形地裁鶴岡支部の仮登記仮処分命令をえて条件付所有権移転仮登記手続を行った。しかしYは契約当日の合意解除を主張して履行を拒絶したため、Xは本訴を提起。一審（山形地裁鶴岡支部)は、Yの合意解除の抗弁を否定して、Xの履行請求を認めた。Yは次の理由をあげて控訴。Yは⑴手付としての小切手がYからAの妻に返還されたことをXが知っているのに半年も放置したということは、本契約がYとしては合意解除されたものと思うのは当然、⑵Aは不動産業者として本件売買をあっせんしたもので、小切手振出もその一環としてなされたのであるから、Aに返還したのは当然であり、XもAへの返還を直ちに知らされた以上小切手はXの支配下に入ったとみるべきである、⑶(小切手の授受は現金授受と同視できず、たかだか証約手付としかみられないが、仮に解約手付とすれば)昭和五三年九月一三日(控訴審第一回口頭弁論期日)にすでに返還ずみの小切手分を控除した残金三〇〇万円をXに提供し、手付倍返しにより契約を解除した——ただし、Xの受領拒絶により同月一六日右金員を供託した、⑷Xは本件契約の履行のためその所有農地を売却し残代金支払の準備をし履行に着手したというが、右農地を訴外D信用金庫、F株式会社、E1E2にそれぞれ売却したのが、昭和五一年五月一二日、同五二年四月五日、同年六月三日のことであり、また訴外Aとの売買契約は「本件契約がつまづいたので、Aの方も中止している」旨の原審におけるAの証言とも矛盾する、などと主張した。二審(仙台高裁秋田支部)は、Yの合意解除の主張をしりぞけながらも、手付倍返しによる契約解除の主張を認める一方、Xによる履行着手の主張は、次のような理由から、XA間のA所有農地の売買が本件売買代金の支払準備のためのものとは認められないとして、これをしりぞけた。すなわち、Xはもともと多額の預貯金を有しているから代金支払に困ることはないと自認していること、Xは以前からD信用金庫の支店用地としてその所有農地の譲渡を代替地と引替に承諾していたこと、Aは右代替地として本件農地を仲介し本件契約を締結するにいたったのでAが分譲の目的でXA間の契約を締結することになったものであること、Xの税金対策のため右両契約を連結して締結したものであること、従ってYの供託以前にXY双方とも契約の履行に着手したものとは認められないとして、結局、Yの控訴を容れ、一審判決を破棄し、Xの請求を棄却した。X上告。上告理由は次の通り、すなわち⑴原判決が、本件契約当日Aに返還された本件小切手はXの「支配内に入った」と認定し、Yの手付倍返しによる契約解除を認めたが、右の認定の根拠とした・いくつかの事実の認定が一方的独断的であること、⑵XA間の売買が本件売買の代金支払準備のためとは認められないとして四点の理由をあげているが、第一点の多額の預貯金がある旨の自認については、Xが所有地の売却代金を預金化したもので、本件契約以前から多額の預金を有していたわけではなく、後の三点もまた本件契約代金の支払準備としてなされたことと矛盾しない。原判決は当事者双方の履行着手を否定する理由として、本件売買代金全額の現実の提供など特別の事情が認められないことを挙げるが、Yが手付倍返しとして三〇〇万円を供託したのは本件契約成立後二年一〇ケ月を経過してからであり、その間XはYにしばしば履行を請求し残代金をいつでも支払えるよう定期預金にして準備しており、更に昭和五一年七月には仮登記をした上で本件訴訟を提起したもので、これだけの事実がありながら履行着手を認めないのは判例（最判昭和三三年六月五日）違反である。また現実の提供もないというが、本件契約では残代金支払と所有権移転登記手続とは同時履行の関係にあり、また知事への許可申請手続も済んでいないのに、Xが残代金全額を提供できないのは当然であること、⑶大規模営農を目指していたXは、将来五町歩を売ってもよいとのYの話から、その取得資金調達のため自分の田を売ったもので、単に代替地を求めていたのではないこと。

〈判旨〉原判決破棄差戻。「土地の買主が約定の履行期後売主に対してしばしば履行を求め、かつ、売主が履行すればいつでも支払えるよう約定残代金の準備をしていたときは、現実に残代金を提供をしなくても、民法五五七条一項にいわゆる『契約の履行に着手』したものと認めるのが相当であることは、当裁判所の判例とするところであり（昭和三〇年（オ）第九九五号同三三年六月五日第一小法廷判決・民集一二巻九号一三五九頁）、この理は、農地の売買においても異なるところはないものというべきである。……原審の適法に確定するところによれば、本件農地の売買契約は昭和五〇年一一月一八日に締結されたが、Yは、契約後ただちに農地法三条の許可申請手続をし、許可あり次第残代金の支払と引き換えに所有権移転登記手続及び引渡しをすることを約したにもかかわらず、右約束に反して許可申請手続をしなかったというのであり、そのためXがYに対する仮登記仮処分決定を得て昭和五一年七月二九日本件農地について条件付所有権移転の仮登記を経由したことは、当事者間に争いがなく、更にXが昭和五一年九月四日本訴を起こし、昭和五三年二月二一日第一審において勝訴の判決を得たことは本件記録によって明らかであるから、Yがその後の本訴控訴審第一回期日（昭和五三年九月一三日）に手付倍戻しによる契約解除の意思表示をする前にXはYに対し再三にわたって本件売買契約の履行を催告していたものというべきところ、Xの主張と原判決の認定するところによれば、Xは当時その所有農地の売買によって取得した代金を含めて多額の預貯金を有し本件売買代金の支払に窮することはなかったというのであるから、更に審理をすれば、Xが前記催告の間常に残代金の支払の準備をしており、農地法三条所定の許可がされて所有権移転登記手続をする運びになればいつでもその支払をすることのできる状態にあったと認定される可能性があったものといわなければならない。そして右のように認定されれば、XはYの契約解除前すでに履行に着手したものと解すべきものであるから、原判決が右の点について事実関係を確定することなくXの主張を排斥したことは、履行の着手に関する民法五五七条一項の解釈を誤り、ひいては審理不尽の違法をおかしたものというべく、右違法が判決に影響を及ぼすことは明らかである。この点に関する論旨は理由があり、その余の論旨について判断するまでもなく、原判決は破棄を免れない。そして、本件については更に審理を尽くさせるのが相当であるから、これを原審に差し戻すこととする。〔傍点筆者〕」

〈分析〉(1)従来の判例が「履行着手」をめぐって現実の提供ないしそれに準ずる行為を要するとして「破約の相手方を履行着手後の不測の損害から保護」するに止まっていたのに対して、戦後の一連の判例（最判昭和二六年一一月一五日民集五巻一二号七三五頁、同昭和三〇年一二月二六日民集九巻一四号二一四〇頁、同昭和三三年六月五日民集一二巻九号一三五九頁、同昭和四三年六月二一日民集二二巻六号一三一一頁）は破約者からの一方的解除を阻止して「契約の履行を望む相手方の利益を保護」するという積極的視点から、いやしくも契約履行への積極的な意思の表明と見られる行為があれば直ちに履行着手と見るとして「取引の安定」の確保に重点をおく（とりわけ昭和四三年最高裁判決は、農地売買において知事の許可申請手続を売主・買主が共同して行った点に「履行着手」を認める。もっとも最判昭和四〇年一一月二四日民集一九巻八号二〇一九頁は履行に着手した破約者の解除を認め、最近の傾向に逆行している）。

(2)本件判決も同じ系譜に立つ。本件判決は、自ら引用する三三年判決と事案において酷似する。両者とも知事の許可申請手続前の農地売買であり、履行期後買主がしばしば履行を請求し、残代金を準備していた点がそれである。ただ本件では、本件売買と併行的に買主が自己の所有地を売って残代金を調達している点が異なる。即ち、これまで買主側の「履行着手」の態様として抽象的に摘示されたにすぎなかった「残代金の支払準備」の具体的内容が言及された点がやや異なる。

(3)判旨によれば、叙上のように、買主側の「履行着手」は、再三の履行請求と随時支払可能な残代金準備によって認められる。もっとも本件では、X自身の所有農地を他に売却するなどして多額の預貯金を有し、本件売買代金の支払いに困ることはなかったことまでが認定されたに止まり、知事の許可があれば、Yの所有県移転手続と引換えに残代金を支払うことのできる状態であったかどうかまでは認定されず、その点の認定は差戻審の審理に委ねられている。そして本件では、Xの代金調達にはほとんど注目されていない。ところで、既述のように、昭和四〇年一一月の最高裁大法廷判決（1の⑮）は、民法五五七条一項が「履行着手」を「債務の内容たる給付の実行に着手すること、すなわち、客観的に外部から認識し得るような形で履行行為の一部をなし又は履行の提供をするために欠くことのできない前提行為をした場合を指す〔傍点筆者〕」と定義づけている。しかし、このように立法趣旨に忠実な・外から認識しうるように何らかの現実的な行為を必要とするという履行着手概念の抽象的定義自体に、とりわけ買主側からみて大きな矛盾があるように思われるのである。なぜなら、そもそも買主が代金支払期限まで「何もしていない」からといって、それが、そのまま直ちに「履行に着手していない」ことには必ずしもならないから、である。買主が現実に代金を所持しているならば、何もその上更に代金を調達することは不要であり、彼はただひたすら履行期の到来することを待ちさえすればよいはずだからである。しかし、右のように解するならば、代金を（外部から見えるように）他人から調達する必要のある買主は救われるのに、現金を持っている買主は救われない、という矛盾を作り出すことになる。そうだとすれば、買主が履行に着手したかどうかは、少なくとも調達行為の有無に求めらるべきではあるまい。しかし、叙上の定義によれば、「履行着手後の解除によって着手者に現実に損害を生ぜしめないため」という立法趣旨に即して「履行着手」概念を構成する限り、現実に履行行為の一部が実現して初めて「履行着手」あり、といわざるを得なくなるのである。これが「客観的に外部から認識し得るような形で」履行行為の一部ないし履行の提供に必要な前提行為がなされることを要する所以であり、とりわけ買主側には残代金の支払の具体的用意を要求することの意味であろう。しかし、このように立法趣旨に忠実に「履行着手」概念を厳格にとらえる限り、その分破約者側の解除権行使が容易となる道理であり、ことさらに買主には具体的な調達行為が求められる分だけ解約を望む売主に一層有利になるはずである。しかし叙上のように昭和二六年最高裁判決以来、「履行着手」概念を広くとらえることによって手付による解除を阻止してきており、その流れの中では、買主側の代金調達には殆ど目が向けられてこなかったのである。本件は、その一例と見てよいであろう。そうだとすれば、昭和四〇年大法廷判決によって現実の履行着手を必要と解した従前の判例（大判昭八・七・五裁判例《七》民一六六——1の⑤など）の線にまで一旦は逆戻りせしめられた叙上の判例の流れが、本判決において再び復活したものと見ることができるであろう。

(4) 本判決の先例価値は、買主が残代金を現実に提供しなくても、随時残代金支払が可能な状態にあれば「履行着手」と認定される可能性ありとされた点にある。

＊本分析は民商法雑誌八七巻五号に掲載した判例批評「買主による履行請求と売主の手付倍戻による解除の許否」を補筆訂正したものである。なお本判決については、判例タイムス五〇五号「昭和五七年度民事主要判例解説」（八二頁以下）にも「民法五五七条一項にいう履行の着手の認定」と題して解説を試みている。

1の㉒

最判平成五年三月一六日民集四七・四・三〇〇五

〈事実〉Y（上告審係属中死亡し長男Y[1]が訴訟承継）は、その所有する本件土地建物及び長男Y[1]所有の土地建物を売却し、その代金でY[1]が模型販売店を経営する日野市豊田駅付近に新たに宅地を購入し店舗兼用住宅を建築して、Y[1]及びその家族と同居したいと考え、昭和六一年二月頃に本件土地建物の売却及び買換地の購入の仲介をA不動産会社に依頼した。他方、当時勤務先の社宅に居住中のXは、社宅管理規程による社宅貸与の終了時期が近づいてきたので、転居先を物色中であった。そこで、同年三月一日Aの仲介によりX・Y間に、Xは代金八、五〇〇万円、内金（後に訴訟においてXは内金、Yは手付金、とりわけ解約手付とそれぞれ主張し、裁判所は一審二審ともに解約手付と認定している）一〇〇万円を契約締結時に、残代金を同六二年一二月二五日に支払う、本件土地の契約面積を登記簿上の地積二六四・〇平方米とするとの約定で、本件土地建物の売買契約が締結され、即日一〇〇万円が支払われた。

契約締結の際作成された本件契約書には代金額及び履行期に関する次の二点が特約条項として盛りこまれた。即ち、

⑴本件土地が古い分譲地であるところから、契約上は一応登記簿上の地積を前提とはするが、契約締結後Yが所有権移転登記申請時までに本件土地の境界をX立会いの上確定させ、Xの費用で土地を実測し、右登記簿上の地積との差については後記内入金七〇〇〇万円支払いの際に清算すること、及び、⑵Yは本件契約締結後、別に住居を探すこととし、その買換物件が決まったときは、Xは上記代金支払時期の約定にかかわらず、右物件についての契約締結時までに内入金七〇〇〇万円、同契約締結日から一か月以内に残金をそれぞれ支払う、本件土地建物の所有権は代金完済時にXに移転するが、その場合に同六二年一二月二五日を限度として右代金完済後も五か月間本件土地建物の引渡しを延期することができること、の二点である。

　なお、Y側の本件土地建物の売却目的が買換えにあることは、叙上の特約に記載されたばかりか専任媒介契約書にも記載され、Xもこれを十分了解していた。

　Xは同六一年三月八日に自らの費用（一三万八、〇〇〇円）で本件土地を実測し、本件土地地積及び代金額が確定した（二六七・五一平方米、八、六〇九万八、八八〇円）。その後Yは本件契約締結の前後頃からY_1と共にA会社に依頼するなどして移転先を探したが、昭和六一年から翌六二年にかけて首都圏では地価が高騰し本件売買代金額では移転先の購入は到底困難と感じるようになり、本件契約の解消方をA社に依頼した。そこで同六一年一〇月二九日A社の担当者がXと会い、手付倍返しによる契約解除を申し出たところ、Xは申出を拒絶し、前年八月に山林を売却して所持していた四、一〇〇万円、手持ちの株式及び預金のほか必要な資金について勤務先から融資を受ける手続をとった上で、Yに対して翌三〇日到達の書面で本件契約の履行を請求した後、同年一一月一一日仮処分決定をえ、同月一三日仮処分登記がなされた。これに対しYの代理人B及びCはXに対し、同年一一月一四日到達の書面で、手付倍額を支払う旨口頭の提供をした上、本件契約を解除する旨意思表示した。そこでXは本件土地建物の引渡し及び所有権移転登記手続を求め本訴を提起。なおXは同月二七日には川崎市所在の別の宅地建物を六、五〇〇万円で購入し、以後ここに居住している。

第一審（東京地裁八王子支部）は同六三年二月三日、Xの履行着手があった、として、Yの手付倍返しによる解除の抗弁を否定し、Xの請求を認めた。Y控訴。

Yは一審での手付倍返しによる本件契約解除の主張の他に次の主張を追加した、即ち、①本件契約は買換特約付売買であり、本特約の期限昭和六二年一二月二五日までに新住宅の購入ができなかったから解除条件が成就した。②本契約直後から予見不可能な地価暴騰が起き、本件売買代金での新住宅購入が不可能となった。他方Xの本件土地購入の意図は投資にあったと認められ、同六一年一一月には川崎市所在の住宅を購入し現に居住しており、本件土地取得は少額の手付金の投資で不労の暴利を取得させる結果となる。そこで同六三年九月一日の本件口頭弁論期日に事情変更による解除の意思表示を行った。③本件契約を仲介したA社の買換住宅を三か月以内に見つけるという保証の下に、買換特約付売買として本件契約を締結したのに、新住宅の購入とは別の独立の住宅売買契約であればYにとり重要な錯誤があり、無効であるし、本件土地建物売却の動機が買換えにあることは明確にXに表示されており、本件契約直後の不測の地価高騰により本件売買代金で買換えが不可能となった以上、表示された動機の錯誤があり本件契約は無効である。④本件契約には同六二年一二月二五日までに新住宅の購入契約が締結できない場合に本件契約の消長につき全く定めがなく、本件契約第一三条の「契約の定めのない事項〔傍点筆者〕」に該当し、XはYと協議する義務があるのに、Xは全く応じない。⑤Xの履行着手の主張に対して、Xの測量及びその費用の支払は売買契約の準備行為にすぎず、買主の代金支払義務の履行着手に該当しない、と。第二審（東京高裁）は平成元年四月二〇日、Yの主張を全て却けた上で、本件手付が解約手付であること、Yが手付倍返しによる解除をしたことを認めはしたが、Xがそれに先立って行った本件土地の測量・その費用の支払及び売買残代金の口頭の提供・履行の催告が、それぞれ客観的に認識可能な履行の前提行為及び履行の着手行為に当るとして、Yの控訴を棄却。Yは、「土地測量」は単に契約締結ないし履行の準備行為にすぎず「代金の用意と履行の催告」はX・Y間に履行に着手しない旨の黙示の合意があるから、両者いずれも「履行着手」には当らない、として、上告。

〈判旨〉原判決破棄自判。判旨は、まず冒頭において原審が確定した本件の事実関係を詳細に判示した上で、原審の判断を否定して以下のように説示した。即ち「解約手付が交付された場合において、債務者が履行期前に債務の履行のためにした行為が、民法五五七条一項にいう『履行ノ著手』に当たるか否かについては、当該行為の態様、債務の内容、履行期が定められた趣旨・目的等諸般の事情を総合勘案して決すべきであ」り「『債務に履行期の約定がある場合であっても……ただちに、右履行期前には、民法五五七条一項にいう履行の着手は生じ得ないと解すべきものではない』こと判例（最高裁昭和三九年（オ）第六九四号同四一年一月二一日第二小法廷判決・民集二〇巻一号六五頁）であるが、履行の着手の有無を判定する際には、履行期が定められた趣旨・目的及びこれとの関連で債務者が履行期前に行った行為の時期等もまた、右事情の重要な要素として考慮されるべきである」として、まず本件履行期が定められた趣旨・目的につき「売主Yによる本件土地建物の売却の動機が、その長男であるY[1]らと同居するための新住宅兼店舗地購入代金の調達にあり、希望物件が見付かれば……、売主Yは本件売却代金をXより受領して希望物件の購入代金に充てる必要を生じ、他面、本件売却代金の受領と同時に本件土地建物をXに明け渡すことは困難であるので、そのための猶予期間を置き、ただし、買主たるXの立場をも考慮して、買主の代金支払及び売主の本件土地建物明渡しの約定期限たる昭和六二年一二月二五日をもって最終履行期とする合意が当事者間に成立した経緯」から、「……最終履行期を昭和六二年一二月二五日とする約定は、移転先を物色中の売主Yにとっては死活的重要性を持つことは明らかであり、同六一年三月一日契約締結、最終履行期翌六二年一二月二五日という異例の取決めの中に、本件売買契約の特異性が集約されているということができ」ること、それに関連してX主張の履行着手の時期につき、「……㈠契約直後の同六一年三月八日の土地測量及び㈡同年一〇月三〇日到達の書面による口頭の提供が、最終履行期に先立つこと一年九か月余ないし一年二か月弱の時期になされたものであることに、特段の留意を要する」こと、次にX主張の着手行為の態様につき「その㈠は前述の契約直後の土地測量である。実測の結果、地積が三・四四平方メートル増となったが、実測の結果、公簿面積より地積が減少する場合も予測されていたことは契約書……の文面よりして明らかであるのみならず、この実測及びその費用……の買主負担は、本件売買契約の内容を確定するために必要であるとはいえ、買主(X)の売主(Y)に対する確定した契約上の債務の履行に当たらないことは、いうまでもない」。「その㈡は、買主たるXが、昭和六一年一〇月三一日到達の書面をもって、『残代金をいつでも支払える状態にして売主たるYに本契約の履行を催告したこと』である。右は、もとより、売買残代金の現実の提供又は同視すべき預金小切手の提供等の類ではなく、単なる口頭の提供にすぎない。およそ金銭の支払債務の履行につき、その『著手』ありといい得るためには、常に金銭の現実の提供又はこれに準ずる行為を必要とするものではなく、すでに履行期の到来した事案において、買主(債務者)が代金支払の用意をした上、売主(債権者)に対し反対債務の履行を催告したことをもって、買主の金銭支払債務につき『履行ノ著手』ありといい得る場合のあることは否定できないとしても、他面、約定の履行期前において、他に特別の事情がないにもかかわらず、単に支払の用意ありとして口頭の提供をし相手方の反対債務の履行の催告をするのみで、金銭支払債務の『履行ノ著手』ありとするのは、履行行為としての客観性に欠けるものというほかなく、その効果の肯認し難い場合のあることは勿論である」と説示した上で、「……Xが『履行ノ著手』ありと主張する、その㈠土地の測量はその時期及び性質上、買主たるXの本件売買契約上の確定した債務の履行に当たらないことが明らかであり、また、その(二)昭和六一年一〇月三〇日到達の書面による履行の催告も、最終履行期が翌六二年一二月二五日と定められた本件の前記認定の事実関係の下においては、これをもって買主としての残代金支払債務の『履行ノ著手』に当たらないことは、ほとんど疑いを容れないところといわなければならない」として、Yの上告を容れ、原判決を破棄し第一審判決を取消し、Xの請求を棄却した。

〈分析〉(1)Yの上告理由は、「土地測量」と「代金の用意・履行の催告」という・X側の行為が、いずれも、「履行ノ著手」には当らない、という点にしぼられている。まず「土地測量」については、それは本件売買契約締結の完成行為ないし補充行為、要するに契約締結行為であり、Yに対する義務の履行にも当らない、仮に履行に関連するとしても、履行の「準備行為」にすぎない、とし、また外形上「着手行為」といえるとしても、Xのこうむる損害としての測量費は手付金によって十分カバーできるから、Yの手付解除権を奪う程の重大なものではありえない、とする。次に「代金の用意と履行の催告」については、買主側の「履行の催告」は売主の債務の履行期になされるべきで、さもなければ、買主が契約直後に代金を用意した上で売主に履行を催告すると、売主の解除権が全く奪われ、解約手付制度は根底から覆えされることになる、従って、Yの履行期の一年二か月前になされた右履行の催告は履行の着手の前提を欠く、として、判例上同種の行為を履行着手と認定された事案は全て履行期到来後のものであること、さらに、履行期前の履行着手を認めた最判昭四一・一・二一民集二〇・一・六五による「履行期前には履行に着手しない旨の合意」に該当する黙示の合意が本件には存在すること等々から、Xの「代金の用意と履行の催告」は「履行ノ著手」に該当しない、と主張した。この上告理由に対して、判旨は上告審判決としては異例な程詳細克明な事実関係の展開を前提に、Xの叙上の二つの行為が「履行ノ著手」に該当するか否か、を論じている。判旨の行論は、まず履行期前の履行着手の是認の下に、着手行為か否かの判断は「諸般の事情」の総合勘案によって決すべきものであり、とりわけ履行期決定の趣旨・目的及びそれとの関連における履行期前の行為の時期が判定の重要な要素となる、と前提する。その上で、具体的に事実関係の態様を検討し、右行為が「履行ノ著手」に該当せず、と結論づけるのである。

(2) さて、このような判旨の論理構成からみて明らかなように、Xの行為の履行着手を否定した本判決にとって意味のある relevant 前提としての事実、即ち、叙上の結論を実質的に導き出した根拠とみることのできる事実ないし事情は、右行為の時期が履行時から余りに離れている、という点に求められるように思われる。けだし、判旨は、債務者が履行のためにした行為が「履行ノ著手」に該当するか否かの決定は「当該行為の態様、債務の内容、履行期が定められた趣旨・目的等諸般の事情」の「総合勘案」による、と一般論を展開した上で、四一年最高裁判決を引きつつ、なおかつ「諸般の事情」の「重要な要素」として「履行期が定められた趣旨・目的及びこれとの関連で履行期前に行った行為の時期」を特に挙げているからにほかならない。そうだとすると、興味深いのは判旨の右の部分とそこに引用されている四一年判決との関係である。右判決の引用部分をめぐる・判旨の前後の表現に、当初私は何となく違和感を感じとったのであるが、その感じは、引用判文の中に省略部分を上告理由から復元したさい確固なるものとなった。なぜなら、右省略部分には「当事者が、債務の履行期前には履行に着手しない旨合意している場合等格別の事情のない限り」とあるからである。判旨は、引用の価値なしとして単にその労を惜しむためにこの部分を省略したのであろうか。そうではあるまい。この四一年判決は、履行期前の履行着手を否定した原判決（東高判昭三九・一・三一判タ一五・六・一五五）を破棄差戻して履行期前の着手を認め、「履行着手」概念を時間的に拡張したばかりか、「履行期前には着手しない旨」の合意の存在を「格別の事情」の例として掲げて、履行期「前」の履行着手を原則的に許容したのである。いいかえれば、履行期「前」の着手が否定される場合を、右のように「格別の」事情ある場合として表現した上に、「履行期前には着手しない旨」の合意の存在をことさらに例示することによって否定の場合を極力例外視することで「履行着手」の適用機会をできるだけ拡張しようとしているとみることができよう。そうだとすれば、この判決もまた、最判昭二六・一一・一五民集五・一二・七三五以来右の概念の拡張傾向にある判例の流れに沿っているといいうるだろう。従って右判決を含めこれら一連の判決からは、「『不履行者の相手方を履行着手後の不測の損害から保護する』という・立法趣旨に忠実な『着手』概念本来の消極的機能から、不履行者の一方的解除を阻止して『契約の履行を望む相手方の利益を保護する』という積極的機能へと転換させることによって、『契約の遵守＝取引の安定』を確保しようとする・すぐれて近代的な姿勢を感じとれる」(1)のである。これに対して、着手の「否定」を狭い例外の枠の中に閉じこめた・右判決の「格別の事情」(2)を、判旨は意図的に「諸般の事情」に変えることによって、着手の否定を「例外」から解放し、着手の成否を判定者の自由裁量に委ねたのである。その上で、判旨は「諸般の事情」の一般的な例として「履行期が定められた趣旨・目的」を掲げ、つぎにそれを布石に(「これとの関連で」)「債務者が履行期前に行った行為の時期」を重要な要素として提示することによって、本件における両時期の異常に長い時間的間隔を導き出すのである。要するに、四一年判決の・意図的省略を伴う引用は、異常に遅い履行期と、従ってそれより遙にずっと手前のXの行為との時間的ズレを浮き彫りにするための論理的操作の梃子にほかならない。もっとも、判旨は右の時間的間隔の大きさを以てXの履行着手を直接否定しているわけではなく、この事実とXの行為の態様とを「総合勘案」して着手否定の結論を導き出しているにすぎない。従って推測の域を出ないけれども、上告理由にも指摘されているように、本件のように一方当事者の着手行為が履行期に余りに遠く・逆に契約締結後それ程遠くない時期に行われた場合にも履行着手と認められるとすれば、相手方の手付による解除が封じられ、解約手付制度自体が形骸化することを、判旨は危惧したのかもしれない。いずれにしろ、判旨が四一年判決をいわば換骨奪胎して、右判決の趣旨とは逆に「履行着手」概念の外延を狭めたことは疑いない。その意味において、本判決は履行着手者自身の手付解除を認めた最大判昭四〇・一一・二四民集一九・八・二〇一九と軌を一にする、といえよう。

(3)ところで、本件におけるXの履行期は、形式上は契約締結日から約一年一〇か月後の昭和六二年一二月二五日ではあるが、特約によって、Xは、まずYの買換物件決定の際その物件の売買契約締結までに内入金七〇〇万円を支払い、ついで同契約締結日から一か月以内に残代金を支払う義務を負うことになっており、Yの買換物件の取得の時期は「もとより未確定であ」ったから、実際上はXの債務の履行期は、いうなれば一種の不確定期限である、といえよう。そして、本件土地建物の所有権移転はXの残代金支払いと同時、ときめられており(しかも昭和六二年一二月二五日を限度として、五か月間Yの無償使用が認められたがこれもYの引渡義務の履行期と解せられる)、従ってYの債務の履行期もまた一種の不確定期限といえるであろう。この点を踏まえて本件におけるXの「履行の催告」行為を考察するとき、判旨の判断についていくつかの疑問が浮かぶように思う。第一に、Xの右の行為は、文字通り債権者Xが債務者Yに対してその債務(目的物債務)の履行を請求する行為であると同時に、民法五五七条に謂う所の債務者Xの債務(代金債務)の履行に着手する行為でもある、という点である。つまり、XによるYの履行の催告がX自身の履行の着手でもある。そうだとすれば、Xの当該行為が債務者Yに対する「履行の催告」たる効力を有するためには、当然Yの債務の履行期が到来していることを前提としているはずであるのに、その時点においては未だYは買換物件をみつけておらず、従ってその債務の履行期は到来していないことになり、XのYに対する「履行の催告」は法的に無意味である。その結果、このような無効な「履行の催告」が果してXの「履行の催告」といえるのであろうか(もっとも、ここでの履行の催告は履行の提供と合体して催告者自身の履行意思を表示することで相手方の手付解除を阻止するためのものであるから、履行期を徒過して遅滞に陥った債務者に対する解除権行使ないし賠償請求の前提たる本来のそれとは異なって、履行期到来の成否を問うこと自体がそもそも無意味だ、ともいえるが)。第二に、本件契約上はたしかに「最終履行期」が昭和六二年一二月二五日ときめられてはいるが、しかし実際上は叙上のように、Xの履行期はYの買換物件の決定次第でいつ到来するか分からないのであるから、Xの「代金の用意と履行の催告」行為の時期と履行期との間が確定的に余り離れているとは一概にいえないのではないだろうか。

(4)判旨が問題視するXの二つの行為の態様について。まず契約直後の土地測量及びその費用負担行為は、上告論旨の通り「本件売買契約締結の完成行為ないし補充行為」とみる方が妥当であろう。けだし、契約にもとづき、土地の実測によってはじめて売買代金額が確定され、その結果Xの代金支払債務の内容が確定したのであるからである。問題は、「代金の用意と履行の催告」行為である。判旨は、Xによる右行為が口頭の提供たることを前提として、履行期到来後の場合には代金の口頭の提供及び反対債務の履行の催告で足りる（場合もありうる）が、本件のように履行期到来前の場合には、金銭の現実の提供またはこれに準ずる行為（金銭と同視すべき預金小切手の提供の類）及び履行の催告をすることを要する（この場合には口頭の提供・履行の催告だけでは「履行行為としての客観性に欠ける」から、という理由で）、と説示する。このように、履行期の到来の前後に分けて履行の提供の方法を区別すべきことを説いた判決は、本判決が初めてである（ただしその表現はかなり慎重ではあるが）。もっとも、これまでの判例でも、事実上、履行期の前後に応じて履行の提供方法が右説示のように振り分けられていることは確かである。即ち、履行期前の買主の「着手」を認めた判例では残代金の現実の提供が行われている（最判昭四一・一・二一民集二〇・一・六五、同昭五一・一二・二〇判時八四三・四六——履行期の一〇日前の口頭の提供に対して買主の履行着手を認めた下級裁判例に、東高判昭四九・一二・一八判時七七一・四三がある）一方、履行期後に買主が残代金の支払準備をした上で履行の催告をした事案において「着手」を認めた判例は、かなりの数に上る（最判昭三〇・一二・二六民集九・一四・二一四〇、同昭三三・六・五民集一二・九・一三五九、同昭四三・六・二一判時五二八・三二、同昭五七・六・一七判時一〇五八・五七等。その他、下級裁判例も多い)。そうだとすると、判旨は、これまでの判例において事実上行われてきた・履行期の前後による提供方法の振り分けを「着手」の成否をめぐる一つの判断規準として明示・定立したもの、と受けとめることも可能であろう。しかし、それではなぜそのような振り分けが合理的なのか、その根拠を窺わせるものは、履行期前の着手行為は現実の提供即ち現金または預金小切手の提供でなければ「履行行為としての客観性に欠ける」と判旨中に表現されているにすぎない。ところで、周知のように、「履行ノ著手」と認めうる行為の態様に関しては、最大判昭四〇・一一・二四民集一九・八・二〇一九の判示した抽象的な内容規定が判断規準として確立されている。即ち「履行着手」による解約制限が「履行に着手した当事者が不測の損害を蒙ることを防止する」ためにある・という立法趣旨から、「履行着手」とは「債務の内容たる給付の実行に着手すること、すなわち、客観的に外部から認識し得るような形で履行行為の一部をなし又は履行の提供をするために欠くことのできない前提行為をした場合を指す」ことになる。つまり「着手」行為には客観的認識可能性があることが求められるのである。判旨もまた「客観性云々」とある通り、右の判断規準に依拠していることは明らかである。けだし、単なる「代金の用意」の通知にすぎぬ口頭の提供では、履行の準備の完了の真偽の程が相手方には客観的に認識困難であるのに対して、現実の提供であれば履行準備の完了が相手方には明白に認識できるからである。従って、後者の提供の方が立法趣旨にはヨリ忠実であることはいうまでもあるまい。

それでは、なぜ履行期前には前者では足りず後者でなければならないのか。判旨の根拠は推測の限りではないが、私は立法趣旨に即して次のように考えたい。即ち、履行期が近づけば近づく程、履行準備が完了に近づき、履行期に入れば完了し、後は現実に履行するだけとなる、というのが普通であろうから、履行期前の手付解除は、履行期後のそれに比べて、相手方のうける損害は皆無あるいはヨリ軽微であろう。そうだとすれば、履行期前にもかかわらず、解除が行われれば重大な損害が発生することを相手方に認識せしめてその解除権行使を阻止するためには、履行期前ではあるがすでに自己の履行準備が完了したことを認識せしめる必要があり、そのためには現実の提供を必要とするのである、と。いずれにせよ、たしかに、叙上のように諸判決に見る振り分けの事実の積み重ねは、単なる偶然ではなく、各事案に共通する必然性がある証拠と見るべきだとしたら、そうした事実の累積に底流するラチオを規範化した判旨の炯眼には敬服する。しかし私自身は、右の四〇年判決の・立法趣旨に忠実な「着手」の概念規定自体に反対ではあるが(3)、その点は別としても、この概念規定からみて判旨の振り分けの規範化には疑問を感じる。第一に、「着手」行為とは、いまだ履行行為そのものではなく、客観的認識可能性を必要条件とするにせよ、行為の外形そのものはあくまでも履行行為の「一部」または履行の提供をするために欠くべからざる「前提行為」で足りるはずである。従って「現実の提供」が準備を完了した上での履行の実行行為そのものであるとすれば、「口頭の提供」は履行の準備だけをして債権者の受領（協力）を求めるものであるから、後者の方がむしろ一般に右の概念規定における着手行為にヨリ近い、といえるのである。従ってその準備行為が客観的に認識可能な履行行為の一部ないし前提行為である限り、履行期前とはいえ、「口頭の提供」もまた立派に「着手」行為であるというべきであろう。それなのに、判旨が「履行行為としての客観性に欠ける」として、現実の提供以外の行為を全て「口頭の提供」で括ってその「着手」行為性を否定するとしたら、首肯しがたい。第二に、もし判旨の説示のように「口頭の提供」一般が「履行行為としての客観性に欠ける」としたら、履行期後であれば許されるべき「口頭の提供」もまた「客観性に欠ける」ことになり、その「着手」行為性が否定されて然るべきであろう。第三に、判旨が、履行期「前」の口頭の提供は履行期「後」のそれよりもその客観的認識可能性の程度が低いから、同じ態様の行為に対して、履行期を境に前者は着手行為とは認めないが後者は認める、としてその法的効果も区別するのであれば、相手方の手付解除によって着手者（ここでは口頭の提供者）側に生ずべきはずの等量の損害が、前者の場合には発生しないが、後者の場合には発生する、とみなすことになる。さらに、百歩譲って、立法趣旨に忠実な解釈をとる限り、一般論としては判旨の定立した判断規準が妥当するとしても、本件の事案に即して考察する限り、判旨の判断には批判の余地がある。即ち、判旨自体が述べているように、履行期前の履行の提供を現実のそれに限定するのは「他に特段の事情がない」限りにおいて、だとすれば、本件には、その「特段の事情」(4)が存在したのである。なぜなら、Xは、Yとの契約締結から最終履行期までの一年一〇か月の間、Yが買換物件をみつけ・その所有者との売買契約を締結するまで、Yがその買換物件購入資金に充当すべき残代金をつねに現実に準備しておかなければならない、という事情があったからである。現に、原判決の摘示通り、Xは、「本契約締結の前年の八月に自己所有の山林を売却してその代金約四、一〇〇万円を所持していたほか、手持の株式及び預金を有し、更に、必要な資金については勤務先から融資を受ける手続もし、Yから連絡があれば本件売買残代金の支払がいつでもできる状態にしていた」のである。このように、Xには「高額の資金を長期間準備する必要」があった、という事情が、正に、Xの履行の提供が口頭の提供であっても「履行行為としての客観性」を十分担保するものであったといえるのではなかろうか。そして、残代金の支払が可能であったにもかかわらず、Xが口頭の提供に止まったのは、Y側からの契約解除に関する非公式の打診をうけ、手付倍返しによる契約解除をほのめかされたため、Yの解除権行使を阻止すべく、とりあえず書面により口頭の提供及び履行の催告を行ったからであった。また、この場合に、仮にXが現実の提供を行ったとしても、すでに解除の意思を表わしていたY側が受領を拒絶することは当然予想されたであろうから、四九三条但書に該当するものとみることができるのではないだろうか。

(5) 私は判旨の結論に反対である。その理由は、(a)本件契約がもっぱらY側に有利に構成されているところから、Xの履行着手の否認はXに酷である、と思われること(手付金額が代金額と比べ過少な点は、契約締結時にこそXに有利であるが、解除のさいにはYにとっても好都合なのであるから、この点はX・Y間の利益衡量には影響しない(5)。因みに、地価暴騰を理由とする仲介業者の解除申入れは、代金増額の打診ではなかったか。もしYがその時点で真剣に解除を決意していれば、法的に有効な・倍返しによる解除の意思表示を行うべきであったろうからである。そうすれば、おそらく裁判は、本件手付の性格をめぐって展開し、もっと簡単に決着がついていたであろうと思われる）。(b)判旨が叙上の諸点においていずれも「履行着手」の概念の外延を狭める方向で論理構成していること。とりわけ、履行期前の着手を広く認める四一年判決を実質的に否定している点は、最判昭三六・一一・一五民集五・一二・七三九以降一連の判例の着手概念拡張傾向[6]に水を差すものであって、現実の履行着手を要求する従前の判例（大判昭八・七・五裁判例(七)民法一七七など）に回帰するものといえよう。

(6)本判決の先例的価値ないし新規性は次の諸点にある。即ち、(a)履行期前の「着手」の成否の判断規準として「諸般の事情を総合勘案すべきこと」を掲げ、判定者の裁量の範囲をひろげたこと。(b)履行期到来の前後による提供方法の振り分けを「着手」の成否の判断規準の一つとして規範化したこと。ただし判旨が例外的留保とする「特段の事情」が、民法四九三条但書にあげられている相手の対応ないし債務の性質上やむをえない事情に限られるのか、それとも当該事案に固有な事情まで読み込んでいいのか、には言及されていない。従って、その点の解釈次第で「着手」の幅を広げる余地はある。なお、判旨は右の「諸般の事情」の「重要な要素」として、履行期が定められた趣旨・目的との関連で履行期と（「着手」が主張される）行為の時期との時間的間隔を掲げているが、それは、契約締結から最終履行期まで約一年一〇か月という本件契約の極めて特異な事情に由来するもので、たしかに判旨を「着手」否定の結論へと導く当該事案限りの基礎的事実ではあっても、一般的判断規準として規範化することはできないであろう。

（1）　吉田「近代民事責任の原理と解約手附制度との矛盾をめぐって」法学新報七二巻一・二・三合併号一四〇頁以下。
（2）　後藤調査官の解説によると「格別の事情」は「契約の趣旨その他の事実関係から判示合意（履行期前には着手しない旨の

合意――筆者〕があったと同視すべき場合等を意味するものであろうか」とされ、また履行期前の着手の有無の判定には「右行為の態様、債務の内容、履行期が定められた目的、債権者が債務者の右行為を無視して契約を解除することが信義則に反しないか、など多面的な吟味を経て、具体的に認定すべきもの」とされる。私の理解とはかなりニュアンスを異にする。

（3） 後藤静思・法曹時報一八・四・六一六。

（4） 吉田・判例評論九〇・一七、吉田「手付」民法講座5・一七三以下参照。

（5） 判旨は、「特段の事情」を取立債務の場合のように債務の性質上といった・いわば物理的に口頭の提供にならざるを得ない場合だけに限定しているのであろうか。

（6） 判旨は、本件契約の「売主に偏した有利さとのバランスが手付金の額によって保たれたものといえ」る、として、原判決も指摘する本件契約における売主側の一方的有利さを否定する。

（6） 吉田・前掲「矛盾」一四〇以下参照。

＊本分析は、民商法雑誌一〇九巻六号に掲載した判例批評「買主が履行期前にした土地の測量及び履行の催告が民法五五七条一項にいう履行の着手に当たらないとされた事例」を補筆訂正したものである。

1の㉓

東控判明治三七年一〇月二九日新聞二四五・四

〈事実〉X（被控訴人）はY（控訴人）から、所有権移転登記手続完了後売買代金を支払いY所有の家屋を買いうける契約を結び、手付金をYに交付した。しかし、Yはその後本件家屋の所有権移転登記手続に応じないので、Xは明治三六年一一月二四日右所有権移転登記手続を請求して本訴を提起。その後、Yが本件家屋を他人に売渡したため、Xは、Yの責に帰すべき事由による履行不能として、本件家屋の価格よりYに支払うべき代金を控除した残額の賠償請求に本訴の請求を変更した。一審Y敗訴。Yは、明治三七年三月三〇日Xに対し手付倍額を償還すべく、その受領をXに催告して本件契約を解除したことを理由に、東京控訴院に控訴。

〈判旨〉控訴棄却。「……売主が其受取りたる手附の倍額を償還して売買契約を解除することを得るは当事者の一方が契約の履行に着手する以前に限るを以て既に当事者の一方が契約の履行に着手したる以後に於ては仮令売主が手附の倍額を償還し契約を解除する意思を表示するも解除の効を生ずべきものにあらず……本件に於ては売買代金は登記手続完了後に授受す可きものなることは争なき所にして買主なるXは売主なるYに対し明治三十六年十一月廿四日本件売買に基く所有権移転の手続請求の訴訟を提起し居れば即ち此時に於て契約の履行に着手したるものと云はざる可らずYの主張に拠るにYが手附賠額償還に因る契約解除の意思表示を為したるは其以後即ち明治三十七年三月二十日なるを以て解除は其効なしとす〔傍点筆者〕」。

〈分析〉本件控訴審判決を取り上げた法律新聞が本判決の要旨とする所は、一方当事者の履行着手後は、相手方の手付損倍戻しは無効、との判示部分であるが、民法五五七条一項からすれば当然であって、取り立てて新規性はない。本判決の先例価値は、むしろ、XのYに対する・本件契約にもとづく所有権移転登記手続の請求訴訟の提起、即ち、一方当事者の先履行義務の不履行に対する相手方の履行請求訴訟の提起を契約の履行着手と見た点にある。通常、買主側の履行着手は売買残代金の提供であるが、本件の場合には、「売買代金は登記手続完了後に授受す可きもの〔傍点筆者〕」と約定されているから、売主の先履行義務の履行請求を判旨は買主の履行着手とみたのであろう。

1の㉔

大阪控判明治四〇年一一月八日最近判一・一七六

〈事実〉本件事案の詳細は不明。X（被控訴人）はYの所有する土地を買い受ける契約を結び、本件契約証書に「売買証」として受領する旨記載された二〇〇円をYに交付した。その後Yは、右二〇〇円を手付金としてその倍額をXに償還し、本件契約を解除する旨を意思表示した。そこでXは本件契約の履行を請求して本訴に及んだものである。一審Y敗訴、Xから受領した二〇〇円は（解約）手付金と主張して、大阪控訴院に控訴。

〈判旨〉控訴棄却。「斯種ノ契約ニ於テ普通ニ慣用スル手附金ノ名義ヲ避ケ……特ニ甲第一号証ノ契約証書ニ売買証トシテ受領スル旨ヲ掲ケタル事迹ニ徴スルトキハ却テX主張ノ如ク当事者ノ意思之ヲ手附金トナシタルニアラスシテ売買ノ証拠金即此売買契約ノ趣旨ニ悖ルコトナク完然《ママ》ニ其約旨ヲ履行ス可キコトヲ確保スルノ証拠金トシテ授受シタルモノナルコトヲ推知スルヲ得ヘシ……Yハ仮令該金円ノ倍額ヲ提供シタリトスルモ之ニ拠テ売買契約ノ解除ヲ主張スルノ権利ナキモノト論セサルヲ得ス（傍点筆者）」。

〈分析〉本件契約において、土地売買に慣用句として使用される「手附金」名義を避けてわざわざ「売買証」として受領する旨が記載されたのは、手付金ではなく、売買の証拠金である、と判旨は認定する。ただ、判旨は、右「証拠金」の内容について、本件売買契約の本旨通り完全にその約旨を履行すべきことを確保することの証拠金と説明している。判旨のこの説明からすれば、本件「証拠金」は、その呼称からくる一般的説明たる「証約手付」即ち契約が有効に成立したことの証拠として働く手付ではなく、契約の履行の確保を目的とする「違約手付」と見ているように思われる。とはいえ、違約手付も、当事者の違約の際の違約罰を手付損倍戻しとするのが通常である（本来の違約手付であれば、右の違約罰の他損害賠償の請求もできるが、手付損倍戻しを損害賠償額の予定としての違約手付の場合もありうる）とすれば、Yが仮に倍額を提供しても契約解除を主張できない、との判示に反するから、やはり証約手付と解すべきなのであろう。この点の詮索はともかく、いずれにしろ判旨は、「売買証」として当事者間に授受された金銭を履行確保のための証拠金と解することによって、売主側の解約手付主張を却け、契約解除を否定して逆に契約の履行を正当化したのである。

1の㉕

東控判明治四一年二月一日新聞四九二・九

〈事実〉株式仲買人X（控訴人）がY（被控訴人）から株券を購入する契約を結び、手付金をYに交付したが、株券受渡期限内の明治三九年六月二一日にいたってYはXに対し本件株券売買契約の解除を通知し手付金倍額償還のため供託し、右期限の経過により契約は当然解除された、と主張した。そこでXはYのいう解除を否定し、契約の履行を請求して本訴に及んだ。一審X敗訴、Xは、自分が株式仲買人であり、本件株券売買は商人たるXがその営業上行った現物取引であり、結局商行為であるから、本件取引に民法は適用すべきではなく、Yに解除権がないことを理由に控訴。

〈判旨〉原判決破棄、控訴認容。東京控訴院は、本件売買が商行為であるから民法の規定を適用すべきではないとするXの主張を一応否定して「……商法中手附に関する規定なきも其規定なきものに付ては商慣習法を適用すべくその商慣習法なきものに付ては結局民法の規定を適用すべきこと敢て論を俟たざればなり」とした上で、「信用すべき鑑定人A、B、C、D、E、F等の各供述」から、「株式の如何なる種類なるを問はず甲第一号証（本件売買契約書）の如き売買契約を為したる場合に於ては仮令手附金の倍額を償還するも売方はその受渡期限内に在て之が解除を為すことを許さざるは新潟市一般に行はるる従来の取引慣習なりとの点に於て全く一致する所」、つまり「手附金は売主の為めに解約の方法たらざることは同地方に於ける総ての株式取引者が常例とする所の慣行なることを認め得ると同時に此慣行は甲第一号証成立の当時以前より存在せしものなること明確」ではあるが、「此慣行は法令の規定によりて認められたる慣習」即ち法例二条のそれではないから、「法律たるの効力を有すべきものに非ざるが故に之を以て当然適用せらるべき慣習法なりと云ふこと」ができないのは明らかである、とする。そうだとすれば、「本件株券の売買にして若し当事者間に特別の意思表示なかりしものとせばY主張の如く民法の規定に従ひ之が解除を為し得べきこと当然」としつつ、「前記の慣行は元来当事者の意思を以て変更することを得べき民法の規定に異なる所あるに止まり固より秩序に関する規定に違反するものに非ず」、そこで「民法九十二条に依り当事者の意思補充たるべき単純の慣習として之が効力を有すべきこと敢て疑を容れざるを以てX主張の如く当事者は本件契約の当時之に依るべき意思を有したりや否やを案ずるに当事者は其住所地方に於ける一般の慣習として之を知得せるものと推定し得べきを以て此場合に於ては特に之に依るべき意思の明示なしとするも他に特別の事情無き限りは当事者は通例其行為地の慣習に従ふべき意思を有せしものと認むるを相当とす」、そうだとすれば、本件契約当時右の慣習によるべきではない何か特別の事情があったとは認められないから「本件当事者は此の慣習を以て甲第一号証契約の補充を為したるもの」と認定した上で、Yが明治三九年六月二六日に解除の通知をしたとするけれども、当時Yには解除権がなかったことは明らかであるから、何ら効果なしと結論づけた。

〈分析〉(1)相手方の手付による解除を阻止する法的技術として、本件では、当該地方における株式取引上の慣習が選ばれている。判旨による・売主側の手付倍額償還による解除否定の論理構成は、次のようなものであった。即ち、①本件株式売買が商行為であり、従って商法が適用されるべきであるが、商法には手付の規定がないので、商慣習法が適用されることになる（商一）。②しかし手付に関する商慣習法はないので、結局民法（五五七）が適用されることになる。③他方、株取引における手付倍額償還による売主側の解除が許されないことは当該地方（新潟市）における一般的取引慣習であること。④この慣習は、法例二条のそれ（「法令ノ規定ニ依リテ認メタルモノ」）ではないから、民法九二条にいう・事実たる慣習に他ならない。⑤そうだとすれば、本件取引当時この慣習によるべきではない特別の事情もない以上は、本件当事者はこの慣習によるべき意思を有したものと認めるのが相当である、として、Y側の手付による解除の抗弁を却けたのである。

⑵本件は一審判決を参照しえないので、判旨がその決め手とした叙上の慣習を援用したのがXであったかどうかは判然としない（判決理由の中にも判示されていない）。この慣習が法例二条の慣習であれば、裁判所が慣習の存在及び内容について確定する責任がありその適用が義務づけられるが、民法九二条の慣習であれば、その適用はいわば裁判所による・当事者の意思解釈次第である。従って、もし裁判官が、当事者の意思表示から民法五五七条（任意法規）ではなく、本慣習によりたいという意思があるものと判断すれば、慣習の法源性（ただし間接的なそれ）が認められることになる。こうして、民法五五七条によるYの手付倍返しによる契約解除を認めるか、当該地方における慣習にもとづく・右の解除の否定（履行）を認めるかは、裁判官の価値判断にかかっており、結果として後者が選ばれたことは、株式売買が投機取引の一種でありながら、特殊・近代的な意味における「取引の安定」という価値規準を選択したことを意味する。このことは又、不断の騰落を利用して売りと買いとの価格差による利潤の取得を目的とする投機的取引の中で最も典型的な株式取引において、少なくとも当該地方において売主側からの手付倍額による契約解除を認めない慣習があるということは、手付の解約的機能を最もよく発揮しうる投機取引[1]の場においてすら、できるだけ契約遵守を確保しようとする取引界の近代的意識の現われと見ることができるのではなかろうか。

（1）　私はかつて次のような推測をしたことがある、即ち、近代取引において手付が解約的機能を発揮しうる余地がある、とすれば、それは投機取引においてではないか、と。つまり、「時価の騰落のはげしい商品——例えば大小豆・生糸——の投機取引は、取引対象の現実の入手が問題ではなく、市場価格の変動を利用して価格差利潤――安く買って高く売る＝非等価交換――をうることを目的とする。生産構造上等価交換＝契約の遵守をとおして利潤の分け前（流通過程の一部を担当する代償としての生産過程において創造された剰余価値の一部）を保障されている通常の商品取引とはちがって、商品流通に直接関与しない・この場合の利潤抽出には、契約の不遵守＝破約が当然予定されているのである。そこで破約を合法化し且つその際の簡便な決済手段として手附が利用される。即ち、価格騰貴の場合には売主が破約して騰貴した価格で価格差利潤を手に入れる一方、買主は少くとも手附乃至その倍額を手にいれる。価格下落の場合はその逆となる」と（拙稿「近代民事責任の原理と解約手附制度との矛盾をめぐって」法学新報七二巻一・二・三号一六〇頁以下）。なお法制史家の記す処によれば、江戸時代にも「相場の変動のはげしい場合」には、手付の授受が行なわれた、とある（石井良助「商人と商取引その他――第六江戸時代漫筆」一六八頁）。また商事慣例類集第一篇中「売買ノ事第三条　売買ハ手附金ニ因テ其約束ノ確定不確定ヲナス「ナキヤ」（京都）の項に以下の記述がみられる（商事法務研究会発行――三一七頁以下）、即ち「売買ノ約束ハ必スシモ手附ノ有無ニ拘ハラサルハ前条ニ答申スルカ如シ然シ手附金ヲ以テスル者ニ就テハ其内心ヲ察スルニ二途アリ其一ハ売人買人トモニ違約ヲ成ササラシメン為ニ受渡シスルアリ是レ雙方共正直ナル性質ニテ若シ期限ニ至リテ臨時ノ故障差起ルトモ和談ニ及フヘシ其一ハ売人買人共ニ心中ニ疑念アリテ先ツ買人ノ方ニハ若シ期限ニ至テ相場下落スレハ手附ヲ流シ込破談セント見込故ニ貨物ノ代価金額ニハ割合少ク手附ヲ渡シ幾許ノ月日ヲ滞留セシメントス依テ売人ノ方ニハ必ス期限ニ至テ若シ相場下落セハ彼ノ違約セシ「ヲ計リ手附金ヲ代価金額ノ割合ヨリ多分手附ヲ受置期月流シ込ノ煩ヲ避ントス或ハ又其反対ニテ売人ノ方ニ期限ニ至リテ約束ノ貨物相場ニ非常ニ騰貴スルヲ思慮シテ手附金ヲ一倍シテ返弁シ破約スルノ約束ナサントスルモアリ……凡ソ此慣習ハ商人利ヲ争フノ情実ニテ互ニ真剣立会ノ場タル所以ナリ……此事ハ投機商人ニ多シトス必用売買取引ノ約束ニハ是等ノ駈引ハ無之ト信スルナリ（傍点筆者）」と。

なお、土地取引においては、不動産業者は買主一方の解約手付と理解しており、売主については、業者の用いる契約書では、違約手付として表現されている（「不動産セミナー」第三回ジュリスト一九五三年一一月一日第四五号三〇頁以下）。

1の㉖

東高判大正二年九月二六日評論二民五〇九

〈事実〉本判決は、大判大三・一二・八（民録二〇・一〇五八——1の①）の控訴審判決である。明治四五年二月X（被控訴人）はY（控訴人）からその所有地を代金九〇〇円で買い受ける契約を結び、その際一〇円をYに交付した。その後Yは、右一〇円を手付金としてその倍額をXに償還して本件契約を解除したので、Xは履行を請求して本訴に及んだ。一審Y敗訴し、控訴。

〈判旨〉控訴認容。判旨はまず右一〇円の性質につき、「金拾円也但板橋地内所有土地云々契約金トシテ正ニ領収候也ト記載シアルハ右拾円ハ売買代金九百円ノ九十分ノ一ニ当リ該代金ニ比シ極メテ小額ナルハ当審証人Aカ自分ハ嘗テ当事者間ノ土地売買ノ件ニ付キ尽力セシコトアリ当時手金拾円ノ外尚Yカ出金シテ示談セントセシモ終ニ不調ニ了リタル旨供述シタルトヲ綜合スレハ手附金ナルコトヲ認ムルニ十分ナリ」とした上で、「甲第二号証ノ前記契約金トシテトアル上部ニ土地売渡代金九百円ノ内」との記載を以てXが代金の内金と主張したのに対して、右記載は「専ラ手附金拾円ヲ他日代金ノ内ニ加算スヘキコトヲ約シタル趣旨」と解することができるから、右一〇円を内金とはいえない、と判示した。次に、本件売買契約がYにより有効に解除されたか否かを以下のように検討している、即ち、判旨は、右一〇円を手付金と認定したことを前提に、「Yハ民法第五五七条ニ従ヒ売買契約ヲ解除スルヲ得ルコト勿論ニシテ同条ニモ売主ハ其倍額ヲ償還シテ契約ノ解除ヲ為スコトヲ得トアルハ売主ニ手附ノ倍額ヲ償還スヘキ義務ヲ負ハシメタル趣旨ニシテ契約解除ノ条件トシテ先ツ其倍額ノ弁済ヲ為スニアラサレハ売主ニ解除ヲ許ササルコトヲ規定シタルモノニアラス故ニYハ前記手附金拾円ノ倍額ヲXニ先チ弁済シタルト否トニ拘ラス苟モXニ於テ売買契約ノ履行ニ著手セサル限リハ其契約ヲ解除スルコトヲ得ル権利ヲ有シタルモノナリ……（以上の判旨引用における傍点は全て筆者〕」と。

〈分析〉⑴本件の争点は次の二点である。即ち、第一の争点は、契約締結の際買主が売主に交付した一〇円が代金九〇〇円に対して余りに小額なために、訴訟当事者に右一〇円の性質をめぐり、手付金（Y主張）対内金（X主張）の対立があること、第二の争点は、手付倍戻しによる契約解除に際して、手付倍額の償還（「倍額ノ弁済」）を右解除の要件とするかどうか、という点である。

⑵Yは右一〇円を手付金と主張し、Xは内金と主張して、両者それぞれ、契約解除、契約履行という各自の主張の根拠としたのである。判旨は、右一〇円を、Yの主張どおり、手付金と判示した。その判断の根拠は、まず、右一〇円をXがYに交付した際の・Yの領収証に「金拾円也但板橋地内所有土地云々契約金トシテ正ニ領収候也〔傍点筆者〕」とあること、次に、右一〇円が代金額と比べて九〇分の一という小額であるのは、Yが本件契約を円満に（おそらく合意により）解除すべく、右一〇円をXに返還する以外に金を出して、契約の履行を迫るXとの間で示談したい、と話合いを求めたが、不調に終わった、と本件契約成立にかつて尽力したA（売買を仲介した不動産業者か）が証言したこと、この二点を「綜合」して、右一〇円を手付金と認定した、とする。その上で、Xの内金主張の根拠とする・右領収証の「契約金トシテ」との記載の上に「土地売渡代金九百円ノ内〔傍点筆者〕」とある点について、この記載は「専ラ手附金拾円ヲ他日代金ノ内ニ加算スヘキコトヲ約シタル趣旨〔傍点筆者〕」と解されるから、という理由を以て、X主張の内金を否定したのである。判旨のこのような内金否定の論理は、解約手付を肯定する結論を根拠づけるための論理として、とりわけ戦前において実務上専ら用いられた解約手付推定の論理（反対の特約のない限りは手付は解約手付と認定さるべきものとする、従ってそれ以外の手付を主張する者の側にその旨の立証責任がある、とする考え方）から派生する内金即手付の論理である。これを敷衍すれば、手付は「当事者ガ売買契約ノ履行ニ著手スルマデニ之ガ解除ヲ為サ

ズシテ契約ヲ履行スルトキハ代金ノ内入ト為スコトヲ常トスル」（大判昭七・七・一九民集一一・一五五二）から手付金を内金と称することも稀ではなく、従って内金と契約上記載されていても、それだからといって直ちに内金と推定することはできない、という論法で内金主張が却けられる（そして、その先は、先の解約手付推定の論理をもって解約手付と認定されるのである）。本件判旨も正にこうした論理構成を踏襲しているのである。もっとも判旨が一方で、Ａの証言を手付認定の根拠とした点については、証言の内容が曖昧なため、正確な理解は困難である。

(3)手付倍戻しによる・売主側からの契約解除の要件として手付倍額の償還（倍額の弁済）を要せず、民法第五五七条は、売主側の解除要件として倍額の償還義務を負わせるにすぎない、と判旨はいう。従って、買主が履行に着手する以前であれば、倍額償還を行う前であれ後であれ売主は解除ができる、と判旨は結論づけている。この結論に対しては、当時すでに学説が反対し[1]、本判決の翌年に下された上告審判決（大判大三・一二・八）においても、明確にこれを否定し「売主ハ手附倍額ノ償還ヲ為スニアラサレハ契約ヲ解除スルノ権利ナキモノトス（傍点筆者）」と判示している。もっとも、右判旨は、売主が「手附倍額ノ償還ノ提供ヲ為シテ契約解除ノ意思ヲ表示スレハ契約ヲ解除スルニ十分」としており、従って買主側が受領を拒絶した場合でも供託する必要はない（上掲大判大三・一二・八、同昭一五・七・一九——1の④）ことになる。唯、本件判決（控訴審判決）は、買主の履行着手前であれば、売主が「弁済シタルト否トニ拘ラス」契約を解除しうる、と判示しており、弁済が多くの場合、弁済の提供と受領との結合によって成立する、とすれば、右の文言が、倍額を買主が受領した場合と売主が提供したにすぎない場合とに拘わらず、の意味に取れないだろうか、と思う。けだし、弁済の提供は弁済（償還義務の消滅）そのものではないからである。

(4)いずれにしろ、本件判決の前段は、内金主張を内金即手付の論理を以て否定した例の一つにすぎないが、後段において、契約解除の前提要件として倍額償還をすることを要せず、とした点に本件判決の新規性がある。

（1） 岡松・民法理由債権編二六頁。買主は多くの場合売買目的物に対して何も権利を有しないこと、手付倍額の請求権も単純な債権に外ならないから、他の債権者に対して何も優先権がなく、殊に売主が無資産の場合は買主の損害が甚大であろうこと、をあげている。従って、売主が解除を望めば、手付倍額の提供を要する、と主張する。

1の㉗

東控判大正九年一一月六日新聞一八四〇・一九

〈事実〉 本件判決は大判大一一・二・三（1の③）の控訴審判決である。本件事実はすでに上記手付判例に記述したが、それに補筆する。本件玄米売買契約は、合資会社X^1商店及び米穀商X^2（両者ともに控訴人）と米地主Y（被控訴人）との間に成立し、X^1・X^2はそれぞれ代金二、七〇〇円、二、二五〇円と引き替えに、漆田作徳米玄米二斗入一重皮三百俵、同玄米四斗入二百五十俵をYから受取る約旨であった。その際X^1・X^2はそれぞれ「約一割ノ手金ニ該当スル〔傍点筆者〕」二七〇円、二五五円（ただし前記上告審判決上告理由中に引用の甲第一号証の末尾には「前記都合一割ノ手金ニ該当スル金二百五十円也X^1商店ヨリ正ニ受領候也」とある――傍点筆者）がYに交付された。その後Yは、右金銭を手付金としてその倍額をX^1らに提供して右契約を解除した（Yは大正七年一〇月一二日解除し、同月一四日倍額を提供したが、X^1らは受領を拒否したので、Y供託）。これに対して、X^1らは右金銭を内金として契約の履行を求め本訴を提起。X^1ら一審敗訴し、控訴。

〈判旨〉 控訴認容し、原判決破棄。判旨はまず、契約成立時に両当事者間に授受された金銭の性格――X^1らは「内入金」、Yは「手附金」とそれぞれ主張――をめぐり、「本件取引ハ相場ノ騰落ニ因ル一種ノ賭事ヲ目的トシタルモノナリトノ事情ガ認メラルレバ格別、尓ザル限リ当事者ハ確定的ニ取引ノ成立シタルコトヲ証スル標徴トシテ代金ノ一部ヲ授受シタルモノニシテ且若シ買主ニ於テ違約シタル場合ニハ売買ハ将来ニ向ヒテハ当然ニ消滅シ而シテ売主ヨリ買主ニ対スル損害賠償ノ請求トハ無関係ニ前記金円ハ売主ニ於テ之ヲ没収スル約旨ナルコトハ甲第一号証ノ二、三ノ文言上之ヲ認定セザルヲ得ズ〔傍点は出典〕」としてXの主張を容れた上、逆にYの主張を次のように否認した、即ち「Y主張ノ如ク前記金円ハ手附金ニシテ即当事者ノ一方ニ於テ此ノ金円相当ノ出捐ヲ為ストキハ自由ニ契約ヲ解除シ得ル権利ヲ各当事者ニ附与シタル趣旨ナリトノヿハ特ニ手附ナル意味ノ明記ナキ前記書証ノ文言ニ徴スレバ到底之ヲ認容スルノ余地ナキ而已ナラズ、果シテ斯クノ如クナラバ米穀ノ如キ時価騰落ノ比較的激甚ナルモノニアリテハ各当事者ハ相場ノ高低ニ伴レ容易ニ自己ノ利益ニ於テ而シテ相手方ノ損失ニ於テ契約ヲ解除スルヲ得ベク取引ノ安定ハ殆ンド期ス可カラザルニ至レバ賭博類似ノ空取引ヲ目的トシタルニ非ザルヨリハ斯カル結果ヲ惹起スルニ至便ナル契約ヲ為スノ意思ナリシトノコトハ蓋シ之レヲ認容スルニ躊躇セザルヲ得ズ例ヘ〔ば〕独逸ハ民法第三百三十六条第二項ニ疑ノ存スル限リ内入金ノ手附金ト看做サズト云フ趣旨ノ規定アルガ如キモ亦畢竟此ノ意ニ外ナラズ〔傍点は出典〕」と。

〈分析〉 (1)本件判決については上告審判決の分析の中ですでに検討をしているので、ここでは、できる丈重複を避けたいと思う。さて、本件の争点は、本件契約成立時にXからYに交付された金銭（「一割ノ手金ニ該当スル」とされる・X^1から二七〇円、X^2から二五五円——以下、当該金銭と称する）の性格をめぐる対立——X側の内金主張に対するY側の解約手付主張——であり、それは、X側の契約履行の請求対Y側の契約解除の抗弁を互いに支える法的手段の対立に他ならない。判旨は、この対立に関して、当該金銭は「手附金」ではないとの判断を下し、X側に軍配を挙げた。ただし、判旨が「手附金」を解約手付の意味において用いていることは明らかである反面、当該金銭をX側の主張に即して「内金」と認定しているわけでもないことは、本判決中にその文言がないことから明らかである。そして、判旨の・この結論が、市場価格の変動の著しい特定の取引と当事者の利害に即して自由に契約を解除しうる機能を賦与された解約手付とが結びつくことから生ずる・取引の不安定――一つの取引の背後に無数の取引を予定する近代取引社会が何よりも危虞する障害――を避けることをその実質的な根拠とすることも亦一目瞭然である。

(2) もっとも、他方において判旨は、X側提出の甲一号証（本件契約書か）ノ二、三を根拠に、Yの解約手付主張を却けている。そして右の書証から、当該金銭は当事者が「確定的ニ取引ノ成立シタルコトヲ証スル標徴トシテ代金ノ一部ヲ授受シタルモノ」であって、「若シ買主ニ於テ違約シタル場合ニハ売買ハ将来ニ向ヒテハ当然ニ消滅シ而シテ売主ヨリ買主ニ対スル損害賠償ノ請求トハ無関係ニ前記金円ハ売主ニ於テ之ヲ没収スル約旨」であることは右の書証の「文言上之ヲ認定セザルヲ得ズ」と判示して、判旨は解約手付否認の・その判断が書証解釈の結果でもあることを示唆している。そこで次に、判旨の右の書証解釈と上告審判決における上告人Yの上告理由に引用された右の書証即ち甲一号証ノ二、三と照合してみよう。(a)甲一号証ノ二には「右ノ通リ売約定候確実也然ル上ハ前記約定ノ通リ履行可被成候若シ違約ノ節ハ該約束金流レ此証可為無効事依テ如件」という記載があり、「其末尾ニ『前記都合一割ノ手金ニ該当スル金二百五十五円也近畿商店〔X^1〕ヨリ正ニ受領候也』」との記載がある。(b)甲一号証ノ三「右ノ通リ売極メ証拠金正ニ受取申候処実証也然ル上ハ来ル十月三十日限リ御済口〔「済口」とは落着となった事件をいうとある――広辞苑〕ノ上米御渡可申候万一本契約ニ違背相成候節ハ証拠金流レ切リ此証一切無効ノ事ニ候」。まず、右書証(a)(b)にいう「右ノ通リ売約定候也……一割ノ手金ニ該当スル金……正ニ受領候也」「右ノ通リ売極メ証拠金正ニ受取申候処実証也」の文言から、当該金銭が判旨のいう「確定的ニ取引ノ成立シタルコトヲ証スル標徴トシテ代金ノ一部ヲ授受シタルモノ」であることは確かである。次に、判旨が右書証(a)(b)の「約旨」として要約した部分はどうであろうか。まず判旨の「約旨」はその文脈に即して次の三つの部分に分けられる、即ち「若シ買主ニ於テ違約シタル場合ニハ売買ハ将来ニ向ヒテハ当然ニ消滅シ」、(b)「売主ヨリ買主ニ対スル損害賠償ノ請求トハ無関係ニ」、(c)「前記金円ハ売主ニ於テ之ヲ没収スル」。右の(a)(b)(c)のうち、(a)は書証(a)「違約ノ節ハ……此証可為無効事」、同じく(b)「万一本契約ニ違背相成候節ハ……此証一切無効ノ事」に対応する。次に(c)も書証(a)「〔違約ノ節ハ〕該約束金流レ」、同じく(b)「〔本契約ニ違背相成候節ハ〕証拠金流レ切リ」に対応する。問題は判旨の約旨(b)である。この部分は書証(a)(b)どちらにも対応する箇所がなく、いわば判旨の創作である。もっとも、この箇所は、その意味・これに連なる(c)との関連ともにいささか不鮮明である。(a)売主の買主に対する賠償請求とは別に、の意味なのか、(b)売主が買主に対して賠償を請求しようとしまいとお構いなしに、の意味なのか、それとも(c)売主の賠償請求をせずに、の意味なのか、どうもはっきりしない。私は、判旨が取引の安定を何よりも尊重して解約手付を否認するところからみて、(a)の意味にとりたい。けだし(c)の意味ととれば、当該金銭は解約手付か賠償額の予定としての違約手付（ただしこの種の手付ならば通常訴訟にはならないはずである）であろうからである。(a)の意味にとるとすれば、当該金銭は結局、損害賠償とは別に違約罰を支払う・本来の違約手付とみることができるからである。

(3)しかし、当該金銭を違約手付と認定しても、判旨がX側の履行請求を認める為にはもう一つ障害がある。それは、判旨による・甲一号証ノ二、三の「約旨」(a)である。そこには、買主の違約により契約は当然に消滅する、とあるからである。そこで、この障害を突破してX側の履行請求を認めるためには、結局、右「約旨」はもっぱら買主一方の特約であって、本件のような・売主側の契約不履行については適用なく、従って買主側からは履行を請求しうる、と考えざるをえないのではなかろうか。もっとも判旨は、そうした点については一切説示なく、もっぱら「取引の安定」をいわば錦の御旗として振りかざし、それによって解約手付を根拠とする・Yの主張を否認したのである。事実審としての控訴審としては、原理・原則にもとづく抽象的な正当化もさることながら、まずはヨリきめ細かな契約解釈が前提であるように思われる。

さらに、本件の数年後に、本件被告の座を占めた地主Yと、本件原告とは別の米穀商との間に生じた紛争の裁判（東控判大一四・一〇・二〇——1の㉘）において、本件とほぼ同趣旨と推測しうる契約書をめぐり、裁判所は契約成立時に授受された金銭を解約手付と認定しながら、本件契約成立当時にも存在したと思われる・地主による手付倍返し禁止の慣習を適用して、結局、原告側を勝訴せしめたことを本件判旨と対照させたとき、本件判旨の論理構成の晦渋さがヨリ一層際立つように思われる。

1の㉘

東控判大正一四年一〇月二〇日新聞二五三〇・九

〈事実〉本件訴訟にはX^1とX^2との二人の米穀商が原告（本訴では被控訴人）であり、両人とも地主Yを被告としている（なお、Yは本名を田中繁太といい、玄米取引をめぐり幾度か米穀商との間に訴訟を起こしている——1の③参照）。ただし、原告両人の・Yをめぐる紛争の事実関係は同じではなく、X^1の場合はYとの玄米取引をめぐるものであり、X^2の場合は、YからA、AからB、BからX^2へと転売されたもので、Yの契約不履行に対し、X^1の損害賠償請求、X^2のBからの債権譲渡にもとづく・Yに対する解除の効力をそれぞれ争点とするものである。

まずX^1の請求について。X^1はYとの間に代金二、五〇〇円で玄米一〇〇石を買い受ける内容の・いわゆる青田売買（米の先物取引。稲が未だ青い内に出来秋の収穫量を見越してその田の米を売買するもの）を行い、即日手付金としてYに一二五円を交付した。その後契約に従いX^1は代金の一部一二五円をYに提供したところ、Yが受領を拒んだため、右代金を供託。その後さらに残代金をX^1はYに提供して玄米の引渡しを求めたが、Y拒絶。そこでX^1は大正七年一二月二日付でYに対し同月一一日に履行をするように求め、不履行の節は売買契約を解除したものとみなして履行に代わる損害賠償を求める旨の条件つき解除の意思表示を行った。しかしYはこれに応ぜず、X^{1}は同年一二月一一日適法に解除されたものとして、塡補賠償一、二〇〇円（解除翌日の価格石当たり三七円として、本件売買価格一石二五円との差額一〇〇石分一、二〇〇円）及び既に給付した手付金一二五円に加え供託金以上三口合計一、四五〇円を請求して、本訴に及んだ。

次にX^{2}の請求について。X^{2}は、YからA、Bを経てX^{2}に転売された玄米について、A及びBはそれぞれ右玄米売買についての一切の権利義務をB及びX^{2}に譲渡した旨をYに通知したので、右売買についての買主の地位を承継したところ、Yが契約を履行しないので本契約を解除し、塡補賠償を請求して、本訴に及んだ。このX^{1}・X^{2}両人の起こした訴訟の経過については資料がなく詳らかではないが、判旨中二か所に「差戻前ノ当審証人〔傍点筆者〕」とある所からみて、本訴は、一審、二審の裁判を経て一旦大審院に上告された上、上告審において原審たる東京控訴院に差戻されたものと思われる（おそらく一審Y敗訴し、控訴、二審X側敗訴し、上告、上告審において原判決破棄差戻となり、差戻後控訴審たる本審にY控訴の形となったのであろうか）。本審において、X側は「越後地方ニ於テハ玄米ノ先売ヲ為シテ内金ヲ受取リ売買契約書即チ売券ヲ生産者カ発行スルヿハ古来ヨリ行ハレタル慣習ニシテ該売券ハ相場ノ高騰ニ従ヒ値違ノ差金ヲ授受シ譲渡人タル倉元タル売主ニ其譲渡ノ通知若クハ承諾ヲ要セスシテ商人ヨリ商人ノ手ニ輾転シ最後ノ所持人カ残代金ヲ携帯シテ生産者ノ許ニ受取ニ行クトキハ玄米ヲ引渡ス慣習ト為リ居レリ〔傍点筆者〕」と主張したのに対して、Y側は「本件玄米ノ売買契約当事者間ニ授受セラレタル金員ハ手附金ニシテ売主タルYニ於テモ契約履行着手前手附倍戻ヲ為シ契約ヲ解除シタルモノ〔傍点筆者〕」であり、もし当該金銭が解約手付ではないとしたら「買主ハ米価下落ノ場合ニ其交付セシ金員ヲ抛棄シテ自由ニ契約ヲ解除シ損害ヲ免ルルニ反シ売主ハ如何ニ米価昂騰スルモ又作徳米不作ノ結果供給困難ナル場合ニ於テモ其約旨ニヨリ履行ヲ為シ損害ヲ甘受セサルヘカラサルモノト云フカ如キハ正義公平ノ観念ニ反スル」と反論し、またX^{2}が、新潟地方では「玄米ノ売主カ所謂売券ヲ発行スルトキハ売主ニ対スル通知若クハ売主ノ承諾ヲ要セスシテ証券表示ノ買主ノ権利義務一切ヲ証書輾転スルト同時ニ売券所持人ニ移転スル慣習アリ」と主張したのに対して、Y側は「指名債権ノ契約書カ変シテ無記名債権ノ如キ流通性ノ効力アリトノ慣習ハ法律上絶体《ママ》ニ許スヘキモノニアラス」と反論した。

〈判旨〉X^{1}に対する控訴は棄却、X^{2}の請求は棄却。即ち「……X^{1}ハ右金員〔本件契約当時、当事者間に授受された一二五円——筆者〕ハ内金ナリト主張スレトモ成立ニ争ナキ甲第一号証ノ一ノ全趣旨殊ニ証拠金流レ切リ云々ノ記載ト原審証人Cノ証言ヲ綜合スレハ右授受ニ係ル金員ハ買主タルX^{1}ニ於テ該金員ヲ抛棄シテ本件契約ヲ解除スヘキ権利ヲ留保シタルモノニシテ手附金ナリト解スルヲ相当トス尤モ同証ニ『内金百二十五円証拠金受取』ノ記載アレトモ後段ノ『残代金御済口ノ上云々』ノ文句ニ対応スレハ這《こ》ハ専ラ手附金百二十五円ヲ他日代金ノ内ニ加算スヘキコトヲ約シタル趣旨ナリト解スルコトヲ得ルカ故ニ之アルヲ以テ右百二十五円ハ代金ノ内金ナリト推断スルコトヲ得ス〔傍点筆者〕」として、当該金銭を〔解約〕手付と認定しつつ、X^{1}が重ねて主張した地主側の手付倍返しを否定する慣習の存在を肯定した、即ち、「……原審証人DC当審鑑定証人EFノ各証言ト当審鑑定人ノ鑑定ヲ綜合考覈スレハ新潟県下越後地方〔本件当事者ノ居村地方ヲ包含ス〕ニ於テハ地主カ米穀商ヨリ手附金ヲ受取リ収穫玄米ノ売買ヲ為シタルトキハ後日地主即チ売主ヨリ手附金ノ倍額ヲ償還シテ売買ヲ解除スルコトヲ得サル慣習ノ存スルコト明瞭ナリ……X^{1}カ米穀商ニシテYカ地主ナルコトハ双方間ニ争ナキヲ以テ反証ナキ限リ本件売買ニ付テモ当事者ハ右慣習ニヨルノ意思ナリシト認定セサルヲ得ス果シテ然ラハYハ其受領シタル金員ノ倍額ヲ提供シテ本件契約解除ノ意思表示ヲ為シタリトスルモ之カ為メ法律上其効果ヲ発生セサルヤ勿論ナリトス〔傍点筆者〕」と。なお、X^{2}のYに対する・その債務不履行を理由とする契約解除は、判旨によって否定された(1)。

〈分析〉⑴本件は、契約成立時に授受された金銭の性格をめぐり、買主側の内金主張に対して売主側の（解約）手付主張の対立が争点である。判旨は、甲第一号証ノ一即ち本件玄米売買の契約書の「全趣旨」とりわけ契約書中の「証拠金流レ切リ云々」の記載及び原審（一審）証人Cの証言から、右金銭を手付金と認定している。さらに、契約書の記載に「内金百二十五円証拠金受取（傍点筆者）」とあるけれども、その後段にある「残代金御済口ノ上云々（傍点筆者）」との文言と対照すれば、「専ラ手附金百二十五円ヲ他日代金ノ内ニ加算スヘキコトヲ約シタル趣旨（傍点筆者）」と解することができるとして、X側の内金主張を却けている。いいかえれば、X側が残代金を支払ってくれたら（Y側も玄米を引渡す）、とあるところから、問題の一二五円は契約履行の暁には代金に内入される、逆にいえば、手付も「当事者カ売買契約ノ履行ニ著手スルマテニ之カ解除ヲ為サスシテ契約ヲ履行スルトキハ代金ノ内入ト為スコトヲ常トスル」（大判昭七・七・一九――1の④）から手付金を内金と称することも稀ではなく、従って本件のように契約上「内金」と記載されていてもそれを以て直ちに内金と推定すべきではないという・私のいわゆる「内金の論理」がここでも使われて、内金主張が排除されているのである。判旨がこのように契約書の文言の論理的な解釈を通して、右金銭が内金ではなく、手付金なのだ、と認定している点は、同種の事件の控訴審判決・東控判大九・一一・六（奇しくも被告側の地主は本件と同一人であった）よりも、論旨明快である。

⑵叙上のように判旨は、右金銭を一旦は契約解釈を通して手付金と認定したにもかかわらず、結局は、係争地における・地主側の手付倍返しによる解除排除の慣習の存在を認め、X側の請求を認容したのである。ところが、前掲大正九年の東控判においては同じ類型の事案における紛争であるにもかかわらず、なぜか（その判旨を見る限り）買主側に右慣習の援用がなく、その上告審において破棄されて了ったのである。この慣習は、法例二条の・いわゆる狭義の

慣習法ではなく、民法九二条の・いわゆる事実たる慣習であることは明らかであるから、前者の慣習のように、その適用が裁判所に義務づけられ・従って訴訟当事者に慣習の存在・内容を主張し立証する必要がないものとは異なる。後者のそれは契約内容に関するものであるが故に、その確定は訴訟当事者の主張及び立証を要するのであり、それ故に本件における原告は、右慣習の存在を主張・立証したのである。その上で、判旨は民法九二条に即し、任意法規たる民法五五七条一項と併存する右慣習を前者に優先して本件の裁判規範とすることを本件当事者の意思と認定したのである。従って、もし前掲大正九年の東控判においても、右慣習を原告側が援用したとしたら、控訴審は「取引ノ安定」という抽象的法理ないしその目指す社会的要請をそのままむき出しに価値判断規準とすることも避けられたのではないだろうか。そうすれば、大審院も、契約関係における・事実たる慣習（民九二）という・事実審の専権事項が事実認定の根拠とされる限り、控訴審の判断を無下に却けるわけにはいかなかったのではあるまいか。

（1）　記述のように、X^2は直接Yから玄米を買い受けたわけではなく、A・B二人の転売者を経由したのである。転売者A及びBは転売の際に「右玄米ノ売買ニ付一切ノ権利義務」を譲受人に譲渡した旨を本件契約の相手方たるYに通知したのである（民四六七I）が、判旨は「凡ソ売買契約上ノ権利義務ノ包括的譲渡ニ付其譲受人ヲシテ譲渡人ノ地位ヲ承継セシムルニハ其譲渡ノ通知アリタルノミニテ足レリトセス契約ノ相手方ヲシテ其譲渡ヲ承諾セシムルヲ要スルコト論ヲ俟タス（傍点筆者）」と説示して、本件においてX^2がYの承諾を得ていない以上は、本件売買についての買主の地位を承継していない、とし、従ってYの本件契約不履行を理由に契約解除の意思表示をYに行っても無効、と結論づけた。さらに、X^2が予備的主張として、「新潟県下越地方ニハ地主即チ倉元カ其秋収ヲ見越シ玄米ヲ売渡ス所謂青田売買行ハレ地主カ証拠金ヲ受取リ売渡証書即チ売券ヲ発行スルトキハ其売券ハ輾転流通シ爾後其売券ノ所持人ハ売券ノ取得ノミニ依リテ当然其売券上ノ買主ノ権利義務一切ヲ取得スルノ慣習アリ」と主張したのに対して、判旨は「民法第四百六十七条第一項ハ所謂強行規定ニ属スルカ故ニ債権ノ譲渡ハ其通知又ハ承諾ナキモ之ヲ以テ債務者ニ対抗スルコトヲ得ヘキ旨ノ慣習ノ如キハ法律上無効（傍点筆者〕」と説示して、右主張をも却けた。確かに判旨の後段の説示は正当と思えるが、問題は、その前段の説示、即ち、譲渡の通知だけでは足りず、契約相手、本件の場合は売主たるYの承諾をも要する、との判旨の民法四六七条一項解釈である。もちろん、譲渡によって債権を失う譲渡人からの通知でないと信頼性がないという所から、債務者への通知が譲渡人からなされなければならず、譲受人自身はもちろん、譲受人が譲渡人を代位して（民四二三）通知をしても無効である（大判昭五・一〇・一〇民集九・一一・九四八）。この点につき判旨も明示している――「訴外Aハ右玄米ノ売買ニ付一切ノ権利義務ヲ訴外Bニ訴外BハX_2ニ各譲渡シタル旨ノ通知カ各譲渡人ヨリ〔Yに宛てて〕発セラレタルコトハ双方間ニ争ナキ処〔傍点筆者〕」と。そうだとすると、当該法条には「債務者ニ通知シ又ハ債務者カ之ヲ承諾スル云々」とあるにもかかわらず、判旨が敢えて「通知シ及ヒ承諾」と解しているのは、どうしても納得がいかない。

1の㉙

朝高判昭和一四年八月二九日評論二九民二〇五、朝鮮司法協会雑誌一九・二・一三三

〈事実〉本件は出典における引用部分がごく短いので、詳細は不明。買主Yが売主Xに本件売買代金の内金二八三円を支払ったが、それから五日後に本件契約を解除する旨の意思表示を行ったため、Xが本件売買契約の履行を求めて本訴に及んだ。一審Y敗訴、Y控訴。

〈判旨〉控訴棄却。「……YカXニ本件売買代金ノ内金二百八十三円ヲ支払ヒタルコトハ原審確定ノ事実ニシテ民法第五百五十七条第一項ニ所謂『当事者ノ一方カ契約ノ履行ニ著手』スルトハ手附ヲ交付シタル当事者カ自ラ其ノ債務ノ一部ヲ履行シタル如キ場合ヲモ包含スル法意ナリト解スヘキニヨリ其ノ後Yカ其ノ主張ノ如ク同月十日ニ至リ本件契約ヲ解除スル旨ノ意思表示ヲ為シタレハトテ該意思表示ハ其ノ効力ヲ生スルニ由ナカリシモノト謂ハサルヘカラス」〔傍点筆者〕。

〈分析〉本件は、買主がその代金（厳密にいえば売主に交付した手付金を差し引いた残代金）の一部を支払った後、契約

解除を行ったものである。判旨の表現によると、「当事者カ自ラ其ノ債務ノ一部ヲ履行シタル場合〔傍点筆者〕」の解除であり、それが民法五五七条一項に規定する・契約の履行着手による契約解除の制限に抵触するか、という問題が本件の争点である。厳密に考えれば、右の争点は、債務の一部の履行が右条項にいう「履行着手」に該当するか、という点と、履行着手者自身が契約解除しうるか、という点の二点であろう。しかし判旨は、前者については当然のこととして問題にせず、もっぱら後者について判示している。判旨は、例えば立法趣旨に言及してその根拠を説示するようなことは一切なく、履行着手者自身の契約解除を否定しているが、法文の該当箇所を引用した上で結論づけている所から見て、単なる文理解釈によるものと考えられる。即ち、判旨は「当事者ノ一方」と何の限定もつけられていない法文を引用した上で、従って「手附ヲ交付シタル」本件の当事者も当然含まれると説示している（にすぎない）からである。この判旨の結論は、後に最大判昭四〇・一一・二四（1の⑮）によって、明確に否定された。

因みに、前者の争点は、朝高判昭四・一〇・四評論一九民六六（4の㉒）において、すでに積極に解されている。

1の㉚

東高判昭和二六年九月三日高民集四・一一・三五四

〈事実〉出典によれば「東京高等裁判所昭和二五年(ネ)第二四一号同年九月三日第五民事部判決棄却〔傍点筆者〕」とあるが、昭和二六年の誤りと思われる。昭和二〇年一一月にX（被控訴人）はY（控訴人）からその所有する宅地及び建物（以下、本件不動産と称する）を代金一五万円、手付金一五、〇〇〇円、残代金は同年同月二〇日に右不動産の引渡し及びその所有権移転登記手続と引換えに支払うという約定で買い受け、右手付金をYに交付した。その後Yは、本件家屋に契約当時から居住する長男Aが立ち退かず、Yの所有権を否認して争うので、本件契約の履行期前にXに対し口頭で手付解除の意思表示を行ったが、履行期たる同年同月二〇日にXは残代金一三五、〇〇〇円をY宅に持参し提供した。しかしYは債務を履行しないまま昭和二二年九月一一日到達の書面において本件契約の手付による解除の意思表示を行い、手付金倍額三万円を提供したが、Xの受領拒絶にあうと直ちに手付金倍額を供託した。そこでXは、Yに対し本件契約にもとづく債務の履行を求めて本訴に及んだ。一審は、Yの手付倍額の提供を伴わない・単なる口頭による契約解除の意思表示を認めず、却ってXの残代金提供を履行着手と認めてXの請求を認容したので、Yは一審におけると同様の主張をして控訴。

〈判旨〉控訴棄却。原審証人（Xの兄）Aの証言及び原審・当審のXの供述などから「Xは登記と代金支払の履行期である昭和二十年十二月二十日代金額十五万円から、手附金の額を引いた金十三万五千円を、所有権移転登記と同時に支払うつもりで、現金一万円を持ちあとの十二万五千円については、Xの兄Aが、かねて借受ける約束をし、同日現金交付をうけることとなっているB銀行から受けとって新橋駅でXに手渡すという手配をして、Y住所に立ちより、登記および代金決済のため熱海の登記所へ同行しようと告げたところ、Yは延期を求めて同行を拒んだので、前記AがB銀行からうけとってきてC銀行東京支店へ払込み、同銀行大塚支店におけるX当座預金に振込むよう依頼しておいて、帰宅したという事実を認めることができる。……買主が代金残額支払のために現金を用意した上売主にたいして、移転登記手続のために、ただちに登記所へ同道出頭すべき旨うながすことは、民法第五百五十七条に『契約ノ履行ニ著手スル』というにあてはまる事実と認めるのが相当である。右の事実は昭和二十年十二月二十日のことであるから、Y主張の昭和二十二年九月十一日の契約解除はなんらの効力も生じ得ないこと、民法の前記法条に照し、明白である〔傍点筆者〕」。

〈分析〉(1)判旨が民法五五七条にいう「履行ノ著手」に該当すると判示する買主の着手行為は、履行期当日に買主が残代金支払いのために現金を用意した上で、売主に対して、所有権移転登記手続のために同道の上直ちに登記所へ赴むこうと促したということである。買主のこの行為が履行着手行為であることは明らかであり、異論の余地はないだろう。

⑵上掲の「判旨」にはあえて引用しなかったが、引用箇所に先行する箇所において、判旨は、手付金倍額返還の提供なしに単に口頭でなされたにすぎない・契約解除の意思表示は無効、と判示している。この点は、すでに判例法上確定しており、当然のことである（大判大三・一二・八――1の①）。

1の㉛

東高判昭和二九年五月二九日下民集五・五・七六二

〈事実〉X（被控訴人）は、昭和二六年五月三一日Y（控訴人）所有の土地及び建物（以下、本件不動産という）を代金二、二五〇万円で買い受ける旨の契約を締結し、同日手付金三〇〇万円を支払い、右契約の履行について、①Xは同年六月五日売買代金の内渡金七〇〇万円をYに支払うと、同時に本件不動産の所有権移転請求権保全の仮登記をすること、②同年七月三一日までにXは残代金のうち六〇〇万円を支払い、物件の一部の明渡しを受けた時は直ちにその部分の改造に着手しうること、③Yは右金六〇〇万円の支払いを受けると同時に本件不動産に設定されている抵当権の設定登記を抹消させること、④Yは同年八月三一日までにXに対し本件不動産全部を完全に明渡して所有権移転登記手続をすること、⑤Xはこれと同時に残代金六五〇万円を支払うことが約定された。Xは同年六月五日売買代金の内渡金七〇〇万円をYに支払い、本件不動産につき右売買による所有権移転請求権保全の仮登記をした。その後Xは本件契約条項②所定の・同年七月三一日までに明渡すべき本件建物の部分が、総坪数の半分以上との約定にもとづき、右七月三一日の前後数回、右②に定めた残代金の六〇〇万円を用意してYに口頭で提供したが、Yは猶予を乞いその受領を拒み、しかも建物半分の明渡しを履行せず、同年八月三一日の最終日にも本件不動産の移転登記及び土地引渡・建物明渡を履行しなかった。そこでXは、本件不動産の所有権移転本登記の手続、不動産の明渡し及び損害賠償を請求して本訴に及んだ。一審（東京地裁）Y敗訴、Yは以下のような諸理由をあげて控訴。即ち、①本件建物は本件契約当時多数の第三者が占有中で、これら占有者から契約所定の履行期日までに占有部分の明渡しを受けることは不可能であったから、右建物をXに明渡すことも不可能であって、本件売買契約は不能の給付を目的としたものであるから無効であること、②本件契約書には手付による解除権留保の特約が規定されており、それにもとづき同年一一月一三日Xに対し手付金倍額、内渡金及び遅延損害金を提供して契約解除の意思表示を行い、Xの受領拒絶により供託したから、本件契約は解除されたこと、③Yは本件不動産について昭和二七年七月四日に行われた・訴外Aを債権者、Yを債務者とする東京地裁の仮処分決定によって、占有移転・所有権譲渡など一切の処分を禁止されているから、本件売買契約の履行は今日においては不能であること、など。

〈判旨〉控訴棄却。ここでは叙上Yの控訴理由のうち、手付をめぐるそれに関する判旨のみを掲げる。「……本件売買契約において契約書……第七項に『甲（売主）ニ於テ明渡シ遅延其ノ他契約事項ニ付テ不履行ノ場合ハ手附金ヲ倍額ニシ内金受領金ト共ニ即時返済スルモノトス其ノ際ハ乙（買主）ニ於テ予約仮登記ヲ解除シ並ニ乙又ハ乙ノ指図人ガ占有シアル場所ハ即時明渡シ現（原の誤り？――筆者）状ニ復スモノトス乙ニ於テ右記載ノ契約不履行ノ場合ハ手附金ヲ無条件ニテ放棄シ内金ハ乙ハ甲ヨリ即時返還受領スルコト』という特約が記載されていることは当事者間に争がない。Yは右特約は売主たるYにおいて売買の目的物たる不動産の明渡を遅延しその他契約条項につき不履行のある場合に手附金を倍額にし内金受領金とともに即時買主たるXに返還し、また買主たるXに不履行のある場合は手附金を無条件で放棄して売買契約を解除し得べきことを約定したもの、すなわち互いに解除権を留保したものであり、Yは右特約にもとずいて昭和二十六年十一月十三日Xに対し手附金の倍額六百万円、内渡金七百万円及び昭和二十六年六月五日から同日までの法定利率による遅延損害金十八万五千百八十円合計千三百十八万五千百八十円を支払のため提供して契約解除の意思表示をしたところ、Xは右金員の受領を拒絶したから、Yは翌十四日東京法務局に右金員を弁済のため供託したものであって、これにより本件契約は解除されたものであると主張し、Yが右主張の日時右金員を提供して解除の意思表示をしたがXが受領を拒絶し、Yがこれを供託したことはXの明らかに争わないところである。よって、はたして本件契約においてY主張のような解除権留保の特約がなされたものであるかどうかについて検討する。右契約書の文言によれば少なくとも互いに契約につき不履行の場合に手附金の放棄又は倍額の返還を定める外相互の原状回復につき言及していることは明らかであるから、たんに相手方が契約の履行に着手するまで買主はその手附を放棄し、売主はその倍額を償還して互いに契約の解除をし得ることを定める民法第五百五十七条所定の趣旨をあらためて同様に定めた趣旨でないことは明らかである……とともに、右民法の規定を特に除外したものでもないといわなければならない。さればといって右契約書の文言は正確のものといい難くかつその条項にはなんら契約解除の文言を用いていないところからすれば、これがY主張のような趣旨であることはこの契約書の文言自体からは結局うかがい得ないものとしなければならない。当審におけるY本人は右契約書第七項はYが訴外B同族株式会社から本件物件を買受けた際の契約書……を参考としてその趣旨にもとずき自ら原案を作成したものであると供述し、右訴外会社との契約書である乙第七号証にはその第二条第一項に『右ノ解除ヲナス時ハ乙又ハ其ノ指示人ノ占有セル部分アル場合ハ之ヲ原状ニ回復シ甲ニ返還スルト共ニ甲ハ第二条ノ手附金全額乙又ハソノ指示人ニ返還スルモノトス』とあり、これとてもその文意はきわめてあいまいではあるが、とにかくにも売主たるYのために解除権を留保したものと解せられないわけでもないけれども、これと本件契約書である甲第二号証の一（乙第九号証も同文）とをくらべればその文言の異なることは顕著であって、乙第八号証をそのまま本件契約書に引き写したものでないことはもちろん、右第八号証の趣旨がそのまま本件契約書に盛られていると見ることも相当ではない。この点につき原審及び当審においてY本人は、本件売買契約ははじめXの側からのたっての申出によって取り結ぶことになったものであるが、当時建物には多数の占有者がありその明渡に確信が持てず、約旨どおり履行ができるかどうか危ぶまれ、あくまでXから履行を請求されるにおいてはYは窮地に立つこととなるので、特に明渡が成功しなければいつでも手附金の倍額を返還しさえすれば契約の解除ができるようにしたものであり、しかもこの手附金もXの方は当初一千万円を交付しようと申出たのを、Yとしてはそのような多額の金員を返還しなければ解除できないということでは困るので、前記の額に減額させたのであり、はじめYの作ったこの契約書の原案ではYのこの特権だけをうたってあったのを仲介人のCの意見でXの側についても規定することとしたものであるとの趣旨の供述をし、成立に争のない乙第二号証（Yの別件答申書）にも同様の記載があるけれども、契約当時明渡について危惧の念があったことは諒し得るとしても、前記の通りその明渡は不能という程のものではなく、むしろある程度の見透しはついており、かつこれに要するYの出捐の額もほぼ予想されていたとのことではあり、右明渡についての懸念から直ちにY主張のような趣旨の特約を定めたものであるとする点については右供述及び記載は信用し難いところである。手附金の額の決定のいきさつについても、この種の手附は特に除外の特約をしない限り（前記本件の特約がそうでないことは前記のとおりである）前記民法上の解約手附たる性質を失うものでないから、手附が多額であれば履行着手前の解除についてもそれだけ多額の犠牲を払わなければならないこととなるのは自明の理であるばかりでなく、後記のように損害賠償額の予定とした場合にもかくべつむじゅんする話ではないから、手附金額決定のいきさつ自体から解除権の留保があるものと推測しなければならないものではない。Yの作成した原案にはYの側についてだけこのことを規定してあったということも、もとよりこの特約がY主張の趣旨たることを証するものではない。Yは本件において前記契約解除の意思表示をする以前すでに、期日までに建物明渡の見込がつかないところから昭和二十六年八月二十六日Xに対し右明渡の困難な事情を説明して契約を解除したい旨を申入れたところ、Xはさらに明渡に努力されたい旨Yに頼んだのでYもなお一層の努力をすべき旨を約したと主張し、この事実は原審及び当審におけるY本件尋問の結果により認め得られるけれども、もし真に、Yのいうごとく解除権の留保があるものであるならば、返還すべき金員を用意する都合はともかくとして、Yとしては直ちに一方的意思表示によって契約解除を断行するに妨げがあるはずなく、しかもYが正式に解除の意思表示をした昭和二十六年十一月十三日当時は、すでに前認定のとおり明渡について最もYを悩ませたD〔本件建物占有者の一人で、他二名と共に不法占拠中、それを理由に明渡訴訟をYが提起し、後職権調停に付せられたが、調停外で立退きにつき両者間に諒解成立し、彼らの明渡が成立した——筆者〕ら関係の分はほぼ解決の見透しがついたものと推測される際のことであって、この期に及んでYは本来明渡困難の場合を予想して特約したという解除権を行使するの挙に出たことになるわけであって、その事柄自体とうてい不自然の感を免れず、率直にこれを理解することができないところである。いわんやYが金千三百万円余に上る金員を確たる根拠なくして漫然供託する筈がないとの論のごときは、すこしも前記特約の存在を証明する上に、加えるところがない。〔傍点筆者〕」。反対に成立に争いのない甲第四、九、十、十一各号証の記載、原審及び当審における諸証人の証言や原・当審におけるXの本人尋問、さらに本件契約書の文言及び本件口頭弁論の全趣旨などから「当時Xは本件建物の明渡を受ければ直ちにその改造に着手しおそくも昭和二十六年十二月のクリスマスに間に合うように同所においてキャバレーを開設したい意向であり、そのため本件契約の後Eにその設計を依頼し、同人らとともに名古屋及び関西方面の同業施設を視察し、これを参考として右の計画に着手し、改造に要する資材や人員の手配をし、一方所轄東京都知事に対してはYの承認のもとに右改造についての許可申請をする等諸般の準備をしていたもので、Xとしては建物明渡について多少の遅延はやむを得ないとしてもできるだけ履行を求めて所期の目的を達するよう希望していたものであって、Yの履行遅延の結果止むなくその不履行を理由として自ら契約を解除する場合はかくべつ、しからずしてXの好むと好まざるとに拘らずYの任意によりなんどきでも手附金の倍戻しによってこの契約が解除され得るというが如き趣旨の条項を結ぶべき状況にはなかったものであって、ただ本件には特に建物明渡の点について懸念があり、Yとしては極力明渡に努力はするがそれが約旨の期間内に奏功せず、その履行が遅延しもしくは一部の明渡が残ったりするような場合に、Xからこの不履行を理由として契約を解除される仕儀となり、それについて多額の損害賠償を請求されることとなると、Yとしては今までの努力が水泡に帰するのみでなく、多大の損失をまねくこととなるので、その場合にそなえて右不履行を理由として契約を解除された場合にその不履行にもとずく損害賠償の額を手附金と同額と予定し、同様のことを買主たるXの側についても規定するとともに、その際における相互の原状回復について約定したのが、前記契約書第七条の趣旨であることを認定するに足り、契約書の文言は正確ではないけれどもかかる趣旨のものとしてこれに臨むときは、文意おのずから通ずるものあることをおぼえるのである〔傍点筆者〕」。

〈分析〉(1)右の〈判旨〉において、本件判決中の・手付をめぐる争点に関する説示部分を、私が長々と引用したのは、判旨が本件契約における手付特約〔契約書第七項〕の文言解釈からはY主張の解除権留保の趣旨が汲みとれないとした上で、本件契約成立の前後からYの手付倍額償還による解除の意思表示→Xの受領拒絶→供託という・本件事案の時系列の中での両当事者の行為の分析から、右の争点に対する判断を下している、いいかえれば後述のように、契約にかかわるXYの両者の行為という事実の分析にもとづいて結論を下しているからに他ならない。まずYについて挙げれば、賃借人の退去の難航を理由に一旦契約解除の申入れ（手付倍額償還・内渡金返還など金員の出捐を伴わない口頭の意思表示）をしながら、一転してXの努力要請に応じたこと、Xの側では、契約締結直後からキャバレー開設の諸準備を着々と進めていたことを取り上げて、それぞれの行為が両者の主張を裏づけられるか、それとも矛盾するかを検証しているのである。この点を敷衍するとすれば、判旨は、本件手付がYの主張のように解約手付であるならば、Yは、単なる申入れに止まらず、直ちに一方的に倍額償還などと共に解除の意思表示を断行しえたはず、といい、しかも、その後にYの行った正式な解除の意思表示は、建物明渡しにつきほぼ解決の目途がついたと推測される時点で行われたのであるから、「この期に及んでYは本来明渡困難の場合を予想して特約したという解除権を行使する挙に出た」ことは、「その事柄自体とうてい不自然の感を免れず、率直にこれを理解することができない」と説示する。他方、判旨によると、Xは契約締結七カ月後のクリスマスに間に合うように本件建物を改造してキャバレーを開設する予定で、締結直後から設計を依頼し、他都市の同業施設を視察し、本件建物改造に必要な資材・人員の手配をし、都知事に対して改造許可をYの承認の下に申請するなど諸般の準備を着々と進めていたのであるから、「Yの任意によりなんどきでも手附金の倍戻しによってこの契約が解除され得るというが如き趣旨の条項を結ぶべき状況にはなかった」のである。こうして判旨は、両当事者の行為から本件手付の解約手付性を否定した上で、本件契約の原案を作成したYをめぐる契約成立当初の事情から次のように本件手付を損害賠償額の予定としての手付（予定手付）と認定するのである。即ち「本件には特に明渡の点について懸念があり、Yとしては極力明渡に努力はするがそれが約旨の期間内に奏功せず、その履行が遅延しもしくは一部の明渡が残ったりするような場合に、Xからこの不履行を理由として契約を解除される仕儀となり、それについて多額の損害賠償を請求されることとなると、Yとしては今までの努力が水泡に帰するのみでなく、多大の損失をまねくこととなるので、その場合にそなえて右不履行を理由として契約を解除された場合にその不履行にもとずく損害賠償の額を手附金と同額と予定し、同様のことを買主たるXの側についても規定」し、その際の原状回復を相互につき規定したものが本件契約書第七項の趣旨なのである、と。同項の趣旨をこのようなものととらえれば、「文意おのずから通ずる」こと正にその通りであろう。

(2)多くの手付判決が、契約上の手付文言の形成的解釈、即ち解約手付推定の論理あるいは内金即手付の論理に安易に寄りかかり、結局は立証責任の問題に解消し、当該事案に即した具体的・実質的な判断根拠を示そうとしないのに反して、本判決は、事案の事実関係に深く立ち入って、各当事者の行為の客観的な分析を通して当人の意図を洞察し、そこから当人がどのように本件手付を性格づけていたかを推測しているのである。いうなれば、個々具体的な手付契約の解釈に際して、本判決は大方の判決のとる演繹的な認定手段をとらず、帰納的なそれ――事実をもって当事者の心の裡を語らせる――をとっており、それ故に客観的な説得力が極めて強い、といえるであろう。

なお、本件評釈としては拙稿「近代民事責任の原理と解約手附制度との矛盾をめぐって」法学新報七二巻一・二・三合併号一一八頁以下がある。

1の㉜

仙台高判昭和三七年六月一一日下民集一三・六・一一七九

〈事実〉X（被控訴人）は、昭和三五年四月五日Y（控訴人）に対して、X所有の宅地建物を代金一、三〇〇万円で、同月一五日に上記代金支払いと同時に所有権移転登記手続をする約定で売渡し、即日YはXに手付金として一〇万円を支払った。契約は当日X方（水戸市）においてY代理人AとXとの間で締結されたが、その際XはAに向かって、Xが教職にあり多忙な為、本件不動産所在地たる一関市には同月一五日の一日しか出向けないので、同日X本人が出向いたらすぐに所有権移転登記手続がとれるようにそれまでに本件宅地建物の測量、床面積・地積の訂正、各種登記申請書類の作成等一切の準備をしておくことを依頼した。そこでAは同月六、七日に土地家屋調査士Bに本件宅地建物の調査測量及びその書類の作成を、司法書士Cに本件売買契約による所有権移転登記手続をとるために必要な登記申請書類の作成を依頼し、同月一三日頃までには申請人X名義の各種登記申請書など及び右所有権移転登記申請に必要な不動産売渡証書、所有権移転登記申請書とその委任状を作成すると共に、同月一四日には法務局備付の本件宅地の土地台帳面に地積訂正の登載を得て、Xが同月一五日に一関市に来るならば直ちに本件契約による所有権移転登記手続をとり得る態勢をととのえた。他方、Yも同月一四日一関信用金庫に残代金一、二〇〇万円を用意して、所有権移転登記がなされればいつでもこれを支払うことができる状態にあった。ところが同月一四日XはYに対して手付金倍額二〇万円を送金返還すると共に本件売買契約を解除する旨の意思表示を行い、それが同月一六日にYに到達した。そこでYは本件宅地建物について同月五日付本件売買による所有権移転請求権保全の仮登記手続をとった。これに対して、Xは、本件売買契約が有効に解除されたことを前提としてYに対し右所有権移転請求権保全の仮登記の抹消を請求して本訴に及んだ。一審Y敗訴。Yは、次の理由をもって控訴すると共に、反訴として、Xに対し本件宅地建物の所有権移転登記手続をすること、約定代金額は宅地が二六〇坪あるとみての代金額（坪当たり五、〇〇〇円）であるが、実測によると過払いになるとしてその過払い分及び本件宅地建物の測量・同図面作成費用及び登記申請書類作成費用を返還することを請求した。Yの控訴理由は、本件手付金は解約手付ではなく、証約手付であること、仮にそれが解約手付であったとしても、XY両当事者が本件売買契約の履行に着手した後にXの契約解除の意思表示がなされたものであり、無効であること、であった。

〈判旨〉本訴につき原判決破棄、反訴につきXに対し契約履行を求める部分は正当として認容、過払代金の返還を求める部分は失当として棄却、その他の費用返還を求める部分は正当として認容。まず本件手付金が解約手付か証約手付かについて「売買の手附は反証のない限り民法第五五七条第一項所定の解除権留保の趣旨のいわゆる解約手附と認むべきものなるところYの全立証をもってしても前示金一〇〇、〇〇〇円の授受についてこれと異なる趣旨で授受されたことを首肯せしめるに足りないから、右金一〇〇、〇〇〇円はいわゆる解約手附と見るほかない……〔傍点筆者〕」。次に、XY両当事者の履行着手の有無について「以上認定事実によれば、Yが代金支払の用意をしたことはともかくとして、右AがXの依頼に基いて前記のように各種の登記申請書類等の用意あるいは本件宅地の地積訂正等をしたことはXがAを介して本件売買契約につき売主として当然しなければならないことをしたものであり、Xは結局売主として負担した債務の履行にとり掛ったものであるから、その時において、すなわち遅くとも昭和三五年四月一三日ないし一四日までにおいて民法第五五七条第一項にいう『契約の履行に著手』したものというべきである。なぜならば民法第五五七条第一項による売買契約の解除権行使の制約基準である履行に著手するまでというているところの『履行に著手する』者については、同法条には『相手方』とはなく、単に当事者の一方とあり、契約当事者の売主買主いずれをも指すものと解し得られるのみならず、本件の場合のように解除権の行使者の売主自身が履行に著手したときは売主においてもはや解除しないという意思を表明したものと見られ、相手方の買主においても売主に解除の意思がないものとして買受物件を他に転売するなどの尓後の取引行為に出るか、少くとも売主の履行に期待してみずからの履行著手をさしひかえるのが通例であるから、結局売主自身が履行に著手したときも、相手方の買主においてしたときと同様解除権行使を制約しなければ不測の損害を相手方に被らせることになる虞れがあるからである〔傍点筆者〕」。

〈分析〉(1)本件において、売主Xが相手方たる買主Yに依頼して「各種の登記申請書類の用意あるいは本件宅地の地積訂正等をしたこと」を以て、判旨は、「売主として当然しなければならないこと」だから、「売主として負担した債務の履行にとり掛ったもの」即ち「契約の履行に著手」に他ならない、と判示している。当事者の履行着手の有無が争点となる事案の多くが、買主側の着手態様を問題とするものであるのに対して、売主側のそれが明示されている本件は珍しいといえよう。

(2) 本件は買主側の履行着手（代金支払準備をととのえた点を着手と認定している）とは別に、解除したY自身の履行着手を根拠に解除を否定している。解除否定の理由として以下のように二つあげている。一つは、民法五五七条一項の文言が履行着手者の「相手方」ではなく、「当事者ノ一方」とあり、従って履行着手者自身の解除も認められるべきではないこと。もう一つは、一たび当事者が履行に着手すれば、相手方はその着手者が「もはや解除しないという意思を表明したもの」と思いこむのが通常の心理であり、従って相手方が買主であれば、契約の実現を見越して売買目的物を第三者に転売するなどの次の行為にでるとか、もはや解除はないものと安心して、自ら履行に着手することを控えるだろうから、それにも拘わらず履行に着手した当事者の解除を容認すれば、相手方が不測の損害をこうむる虞れがあること。要するに一方当事者の履行着手行為は、契約実現への強い期待＝解除への不安の払拭を意味すること。この判旨の見解は、履行着手者の解除を認めた昭和四〇年の最大判（1の⑮）における横田裁判官の少数意見と同旨である。右判決の多数意見がもっぱら解除した履行着手者自身の損害に注目し相手方の損害を顧みない（「……履行に着手していても、自らその着手に要した出費を犠牲にしても、……なおあえて契約を解除したいというのであり、……これがため相手方には何らの損害をも与えない云々」）のに対して、判旨は解除しようとした履行着手者の相手方の不測の損害に注目しており、判旨の見解が近代契約法上何よりも重視すべき取引の安全保護に沿うものであることは評価されてよいであろう。

1の㉝

東高判昭和三九年一月三一日判タ一五九・一五五

〈事実〉本件判決は最判昭四一・一・二一民集二〇・一・六五（1の⑰）の控訴審判決である。本件事実については、右最判の〈事実〉を参照。

〈判旨〉控訴棄却。原判決取消、請求棄却。まず本件手付が解約手付であるか否かにつき「一般に手附は特別の意思表示がない限り、解約手附の性質を有するものと推定すべきところ、本件においては右特別の意思表示を認め得べき証拠はないから、本件手附は解約手附の性質を有するものと推定すべきである。尤も本件売買契約の条項中には、違約の場合には手附の没収または倍返しをするという趣旨の契約条項（第九条）が見られるが（甲第一号証）右の如き条項は、それだけでは（特に手附は右条項の趣旨の為めのみに授受されたものであることが表われない限り）反対の意思表示とはならないから、右条項の存在することは何等前記認定の妨げとはならないものというべきである」と判示して本件手付を解約手付と認定した。次いで判旨は、履行の着手と履行期との関係について、「売買代金の提供が民法第五五七条に定める売買契約の履行の着手となるためには、その当時履行期が到来していることを要するものと解すべきである」として、本件売買契約の履行期について次の三点を判示する。(1)まず、本件契約中の履行期の約定について「Y〔控訴人〕の妻〔以下Aとする――筆者〕の病状が回復したとき又は最悪の事態が発生したときから本件物件の明渡に要する最短日数を加えた日時とする旨約定されたことは当事者間に争がないところであるところ、X〔被控訴人〕は右Aの病状が回復したときはAの病状が危険状態（絶対安静）を脱したときを指すものであり、同人は昭和三三年五、六月頃には右危険状態を脱していたものであるから、その頃履行期は到来したものであると主張するので考えてみるに、Xの右主張中、『病状の回復』とは危険状態（絶対安静）を脱したときを指すものであるという点については、これを肯認するに足りる証拠はなく、却って（証拠——省略）によれば『病状の回復』とは病人の身体が動かせるようになり、転地療養等ができる程度に迄回復することを意味するものであることを認めることができる。しかもAの病状が右のように病人の身体が動かせるようになり、転地療養等ができる程度に迄回復するに至ったことを認めるに足りる証拠はない。従って、結局本件売買契約の履行期の約定中、『病状の回復』とはAの病状が危険状態（絶対安静）を脱したときを指すものであるとの前提に立って、本件売買契約の履行期は昭和三三年五、六月頃に到来したものであるとするXの前記主張が……理由がないことは固より、仮に前記認定のとおり『病状の回復』とは、病人の身体が動かせるようになり、転地療養等ができる程度に迄回復することを意味するものであるとの前提に立っても、前記のように、A……が右の程度に迄回復したことを認めるに足りる証拠はないから、本件売買の履行期は、本件売買契約の履行期に関する約定中の『病状の回復』に該る事由が発生したことを理由としては遂に到来しなかったものといわなければならない」と判示した。さらに判旨は、(2)XがYに対し、昭和三四年一月末に書面を送り、本件売買契約の履行日時を同年二月九日と指定したから右期日に履行期が到来したと主張した点につき、次のように判示する。即ち「……Xが、Xにおいて本件売買契約の履行期を指定する権利を取得するに至った原因として主張するところは、Yが昭和三四年一月二五日Xとの間で、同人に対して同月二七日迄に履行期を指定することを約したにも拘わらず、右期日を右約定の日迄に指定しなかったという点にあ」るが、「……右の如き場合にXが本件売買契約の履行期を指定する権利を取得するためには、法律の規定もしくはその旨の特約が存在することを必要とするものと解すべきところ、右の如き趣旨の法律の規定は存在せず、……右の如き特約が存在したことについては、何等の主張、立証もない」として、X指定の期日に本件契約の履行期が到来したとのXの主張を却けている。最後に、(3)Xの主張、即ち「本件売買契約の履行期のうち、Yにおいて本件物件の所有権移転登記手続をなすべき期日は、本件物件の明渡期日とは別個に定められている……即ち、右移転登記手続はYにおいて、本件売買の残代金七、五〇〇、〇〇〇円を支払うのと引換えに何時でもなすべき約である旨主張する」が、X主張に沿うような証拠は他の証拠に照らして、信用できないとして、特に「本件不動産売買契約証書（甲第一号証）に特約条項として同契約書末尾附記事項第一条に本件物件の所有権移転手続および明渡の期日について、Aの病状が回復するか又は最悪の事態が生じた場合に明渡に要する最短日数を加算した日時と定められるに至った経緯」として次の三点の事実から、「Yは、Aが病臥中は、（転地療養が可能となった場合は別として）本件物件の売買については、その明渡、移転登記手続等一切の履行行為を行わない固い決意であったことが推認できることに鑑みるときは、X主張の様に本件物件の移転登記手続の期日については、明渡期日とは別に、残代金と引替えに何時でも移転登記手続をなすべきものと定められていたというようなことは到底考えられない」という。叙上の三つの事実とは、(a)本件売買契約の交渉がYによって、「重症で病臥中のAの懇願」から一旦中止されたこと、(b)一旦中止されたにも拘わらずYが交渉を再開して本件契約を締結するに至ったのは、本件契約の末尾付記事項第一条として特約条項が定められるに至ったこと（後述）、(c)しかも右特約条項中に定める「病人の病状が回復するか又は最悪の事態が生じた場合」という条件は伸縮を許さない厳格なもので、そのことを強調するために、「特に右附記事項第一条の記載方法として、但書を一旦記載した上、それを棒線で抹消する方法をとったこと」、以上三点である。「附記事項第一条として、前記特約事項が定められるに至った経緯」を判旨は次のように判示している、即ち「Yは本件物件を一旦売却処分する決心をして、不動産仲介業B株式会社にその売買の周旋方を依頼し、同会社の周旋によりXとの間に売買交渉が進行しつつあったのであるが、Yは右売買の交渉を中途で打切った。その理由は、元々本件物件の売買の話は、Yにおいて妻〔A〕に内密で始めたものであるところ、Aが本件物件を他に売却しようとしていることを聞知し、Y及びAの仲人を通じて、自分は本件家屋で死に、本件家屋から葬式も出して貰いたいから、本件物件の売買は中止して貰い度いとの同人の切なる願をYに伝えたことはある。Yの右取引中止の通知を受けた前記B株式会社の社員である訴外CはX側の周旋業者であるD商事不動産部のEとの協議の結果、Aが死亡するか又はその病状が回復する迄本件物件に対する所有権移転登記手続及び本件物件の明渡等の履行期を延期すること、但し右期日が売買契約締結の時から四ケ月を超える場合は、その期日については双方協議の上決定するものとすること、との特約条項案を作成し、本件売買契約の履行期について、右の特約を附することによりYを説得することとし、右Cにおいて右特約条項の案をB会社社長であるFに示してその承認を求めたところ、右Fは右の但書は後日問題を起す虞れがあるから削除することを可とすること、右を削除した上で関係者に異議がなければ本件物件についての売買契約を締結することとして差支えない旨指示した。そこで、昭和三三年一月二七日頃前記B会社の事務所に前記E、X、C外一名等が会合し協議の結果全員前記特約条項の案（但書を削除したもの）を了承したので、右特約条項（但書を削除したもの）を本件不動産売買契約書（甲第一号証）の末尾に附記事項第一条として記載し、その記載方法としては一旦右但書の部分も記載した上で、その部分を棒線で抹消する方法によった。右のように、但書の部分を一旦記載した上、棒線で抹消する方法をとったのは、それにより右但書の如き特例が定められなかった経過を明らかにするためである。そして、右記載がなされた後にYも前記事務所に来り、右但書の抹消された特約条項を示されて、本件売買契約の締結に同意するよう説得され、遂に不本意乍ら右特約（但書の抹消されたもの）を附することを条件として本件売買契約の締結に同意するに至ったものである」と。こうして判旨は、「Yの本件売買契約を手附倍返しにより解除する旨の意思表示がXに到達した日（右日時は前記のとおり昭和三四年二月一三日である）以前に、本件売買契約の履行期が到来したことについては、結局その立証がないものといわなければならない（Aが昭和三五年二月二二日に死亡したことは当事者間に争がないところであるから、本件売買契約の履行期は、仮にY主張の解除が理由ないとすれば本件売買契約に定める『最悪の事態』の発生により右同日頃に到来したことになる）」として、本件契約の履行期の到来前にXによる残代金の提供があったわけであるから、結局、Xの履行着手はなかったことになる、と結論づけた上、本件契約はYの主張するように昭和三四年二月一三日限り解除された、として、Xの本訴請求を棄却した。

〈分析〉⑴判旨が本件判決の中で最も重視した点は、Xの売買代金の提供が履行着手に該当するためには、その当時履行期が到来していることを要するか否か、という点であり、判旨は、履行着手となるためには履行期の到来を要する、とした上で、事案の事実関係をこと細かに検討して、代金提供当時まだ履行期は到来していなかった、と認定したのである。判旨が履行期の未到来を認定した根拠は、次の三点であった。即ち、⒜本件契約中の履行期の約定にいう「病状の回復」とは、病人が転地療養ができる程までに回復するの意味であるが、そこまで回復した証拠はないこと。⒝Xの履行期日の指定督促にもかかわらず、Yが指定せず、Xの右期日指定日をも徒過したから、履行期が到来した・とのXの主張は、法律の根拠もなく、特約もないこと。⒞所有権移転登記手続期日と物件の明渡期日とは別であり、代金引換えにいつでも右登記手続期日が到来する・というXの主張は、それを裏づける証拠はないこと。

⑵たしかに、こうした事実の緻密な検証によって履行期の未到来を裏づけた点は、いかにも事実審における認定手法として、評価できるように思われるが、その反面、本件の中心的論点たる・履行着手と履行期到来の要否との関連については何の検討もせぬまま、履行期到来を要すると問題を積極に解したことは事実の検証に没頭する余りいかにも法的検討がおろそかの感があり、果してそのことが上告審における判決破棄を招いたのであった。

１の㉞

名古屋高金沢支判昭和四〇年一月二〇日下民集一六・一・三二

〈事実〉昭和二七年一〇月二〇日買主X（被控訴人）と売主Y（控訴人）との間に次の売買契約が成立した。即ち、Xは、右契約当時Yの所有していた高岡市所在の田九畝一五歩、田二八歩の二筆の内の北側の部分七五坪（本件売買契約の目的地）を代金四二万五〇〇〇円、手付金一三万円、手付金は契約成立と同時に支払い、残代金は所有権移転登記と同時に支払うというものであり、手付金は右約定どおりXからYに支払われた。ところで、契約当時Y所有の田二筆はいずれももとは戦前の地主Aの所有であったが、戦後自作農創設特別措置法により国がこれを買収しYに売渡したものであるが、旧地主Aが異議を申立た結果、富山県農業委員会等が斡旋し、昭和二七年五月YとAとの間で、前記二筆のうち本件売買契約の目的地となった部分を含む一五二坪二合をYからAに譲渡するという和解が成立した。しかし右土地はいわゆる解放農地であり譲渡が禁止されていたので、当時国有地であった高岡市所在の宅地四坪及び一七坪の二筆の土地をAに払下げ、高岡市耕地整理組合が換地処分を行う際、Aが払下げを受けた右二筆の土地に対する換地として前記一五二坪二合の土地を与えるという形式をとり、前記一五二坪余の土地所有権をAに取得させることが前記和解斡旋者間で定められ、この約束に従って前記組合が昭和二七年一一月一日に、Aが国から払下げを受けた前記二筆の土地を前記一五二坪余の土地とする換地処分、及びY所有の・本件売買契約の目的地を含む田九畝余に対する換地を同町内の別の土地四畝二五歩、同じく本件売買契約の目的地をふくむ田二八歩田五筆に対する換地を同町内の別の土地六畝一歩とする換地処分を行った。ところがYは右Aとの和解に不服を唱え、県知事、前記組合及びA等を相手として、耕地整理の換地認可無効確認を請求する訴を富山地裁に提起し、昭和三一年九月右事件について裁判上の和解をし、それにもとづき、本件土地を含む前記宅地一五二坪余の所有権を取得し、その登記を受けたのである。本件売買契約当時、YはAとの和解によって、本件売買契約の目的地がAに換地として与えられることになっていることを知っていたにも拘わらず、これをかくしてXとの間で本件売買契約を締結したのであったが、他方、Xは、本件売買契約の目的地が必要であり、右目的地に対しては同じ場所が換地として与えられることが確実である・とするYの言い分を信じて本件売買契約を結び、契約成立と同時に右土地をXが使用できる旨を約定し、実際にその引渡しを受けて家屋の建築工事を始めたのである。その後、Yは、昭和二七年一一月一日の前記組合の換地処分により本件売買契約の目的地の所有権を失い且つその換地を与えられなかったとして、本件売買契約所定の所有権移転登記の履行期である換地処分終了の翌日の同年一一月二日にYの責に帰すべからざる換地処分によってYの債務は履行不能となり消滅した、と主張した。そこで、Xは、本件売買契約にもとづく所有権移転登記を請求して本訴に及んだのである。第一審Y敗訴し、Yは、(a)前記組合の換地処分により本件売買契約の目的地がAに換地として交付されたことにより、本件売買契約にもとづくYの債務は履行不能となり消滅したこと、(b)本件手付は解約手付であり、Yは右手付倍額をXに提供して本件契約を解除したことなどを理由に控訴。

〈判旨〉控訴棄却。本件売買契約の契約書にはその第四項に「『第二項ニ定メタル期日ニ至リ若シ売渡人ガ契約ヲ履行セザル場合ハ損害賠償トシテ第一項ニ於テ受取リタル手附金ノ倍額ヲ買受人ニ支払ヘ又買受人ガ不履行ノ場合ハ第一項ニ於テ支払ヘタル手附金ハ損害賠償トシテ売渡人ノ所得ニ帰スモノトス但此ノ場合相手方ハ何等ノ通知ヲ発セズシテ本契約ハ自然消滅スベキモノトス』と記載されているので、右約定の趣旨について考える。まず右条項本文のうち、『第二項ニ定メタル期日』というのは、前記㈣の⑴①記載のとおり、本件売買契約に基く所有権移転登記、残代金支払いの履行期が不確定期限であり、かつ右期限の到来が当然に当事者に知り得べきものであったと認めるに足りる証拠がない……ことからすると、前記のとおりの履行期自体ではなく、履行期到来の日以後の日であって、当事者双方の合意により、または当事者の一方の催告によって、現実に所有権移転登記、残代金支払いをなすべき日と定められた日をいうと解するのが相当であり、……本件売買契約締結と同時にXがYに対して売買代金の二分の一以上である手附金二十三万円を支払ったこと、本件売買契約締結当日、Xは残代金相当額をYが指定した者に寄託し、実質的には売買代金全額の支払いをしたのと殆んど変りのない状態となったこと、本件売買契約締結の翌日頃には、Yは本件売買契約の目的地をXに引渡して、その債務の履行に着手し、Xも昭和二十七年十一月上旬に右土地上に家屋の建築を始めたこと、さらに原審における証人Bの証言、X本件尋問（第一回）の結果、および当審におけるX本件尋問の結果を合わせて考えると、右のように本件売買契約締結後早急に目的地の引渡し、その使用のなされることが、契約締結の際当事者によって約定、予期されていたことが認められること、すなわち本件売買契約締結後早急にYがその履行に着手し、Xが手附放棄による契約解除権を行使する余地のなくなることが予期されていたのであるから、Xが手附によって解除権を留保するということは殆んど無意義なことであったということができること等からすると、前記条項の本文は、その文言自体は前記の手附が解約手附たることを明示的には否定していないが、前記の手附が解約手附ではなく、当事者の一方が債務不履行の責を負う場合に、手附金の額をもって填補賠償としての損害賠償額の予定とする違約手附であることを定めた趣旨と解するのが相当であり、前記条項の但書の部分は、当事者の一方が債務不履行の責任を負う場合、他方の当事者は契約解除の意思表示をしなくても、手附金を没収し、あるいはその倍額の支払いを請求することによって、本件売買契約を終了させ、かつ右金員の没収、支払いによって契約関係を清算させることができるということを定めたと解するのが相当であり、前記条項の但書をもって、本件売買契約に基く所有権移転義務、残代金支払義務のいずれかについて債務不履行があった場合には、本件売買契約が当然にその効力を失うという解除条件を定めたもの、あるいは、債務不履行の責を負う当事者も、手附の放棄、倍戻しによって契約を終了、清算させることができるということを定めたものと解すべきではない〔傍点筆者〕」と判示した。さらに、Yが昭和三二年一〇月にCに本件土地を売渡し、昭和三四年七月にCへの所有権移転登記を経由したから、本件売買契約にもとづくYのXに対する本件土地所有権移転登記義務は履行不能となり消滅したというYの抗弁に関して、判旨は、Y・C間の右売買契約は右両名間の通謀虚偽表示で無効と判示した。

〈分析〉(1)判旨は、本件手付が解約手付ではないという特別の意思表示はないが、(a)本件手付金が代金額の二分の一を超える多額に及ぶこと、(b)本件契約成立直後にXが残代金をYに支払っていること、(c)契約成立の翌日に本件土地をXに引渡しその後旬日を出ずしてXがその上に家屋の建築を始めたこと等の諸事実から、本件契約締結直後にY自身がその債務の履行に着手しており、Xの手付放棄による契約解除の余地がないことが予期されていたことが窺えるとして、本件手付が解約手付ではなく、損害賠償額の予定としての違約手付であると判断し、結論として、Xの請求通り、YはXから残代金の支払いを受けるのと引換えに、Xに対する本件土地所有権移転登記を申請するよう判示したのである。

(2)判例は、一般に、契約の解釈を事実問題と解しており、従ってそれが事実審の専権に属するのは当然であるが、他方、手付特約の解釈においては、たとえ事実審のそれであろうと、多くの裁判例が、特別の意思表示がない限り手付は解約手付と解するとする・いわゆる手付即解約手付の論理に安易に寄りかかり、当該事案に即した・具体的価値判断が表出されることは珍しい。これに反して判旨は、叙上の論理を十分に意識しながら(本件手付条項の「文言自体は……〔本件〕手附が解約手附たることを明示的には否定していない云々」)、(1)にまとめたように、契約締結直後からの両当事者の・契約をめぐる動き、とりわけYのそれに着目し、Yの行動がもっぱら契約の履行を志向したものと解すべきであって、従って契約締結当時Yが(Xはもちろん)本件手付を解約手付との趣旨において本件手付条項に合意したわけではない、と判断したのである。このように、事案に織りこまれた諸事実に即した・判旨の契約解釈は、いかにも合理的であって、反論の余地がないように思われる。

（1）本件契約書第二項に「所有権移転登記の申請をD法律事務所に於て耕地整理換地配当終了後翌日とす」とあり、この条項につき判旨は次のように説示する、即ち「耕地整理による換地処分が行われても、耕地整理法第三十六条に基く耕地整理施行者の登記申請による換地処分の結果の登記がなされた後でなければ、換地の交付を受けた者が当該換地について自己を登記義務者とする登記申請をすることはできないのであるから、右の約定の『換地配当終了』とは換地処分が行われたこと自体をいうのではなく、換地処分の結果が登記されたことをいうと解すべきである」と。従って「原審における証人Bの証言、およびX本人尋問……の結果によると、本件売買契約成立当時、本件売買契約の目的地についての換地処分、したがってその結果の登記のなされる時期は未確定であったことが認められるから、右の所有権移転登記義務の履行期は不確定期限であ」る、と説示している。

1の㉟

東高判昭和四二年一〇月一九日東高民時報一八・一〇・一五八

〈事実〉本件は、X（被控訴人）がY（控訴人）との間にY所有の借地権付建物を代金八二五万円、手付金一〇〇万円で買い受ける契約を結び、即日右手付金を支払ったが、その後Yに本件契約の不履行があり、Xは売買代金返還及び損害賠償を請求して本訴に及んだ。一審Y敗訴し、控訴。

〈判旨〉控訴棄却。「……甲第一号証の金円領収証書には金一〇〇万円を手付金として領収した旨記載されているにとどまり、ほかに右手附の性質をうかがわせるような記載はないけれども、当事者間に争いのない本件売買が借地権付建物の売買であること、代金が八二五万円であって、手附の額が一〇〇万円であること、近時東京都におけるこの種不動産取引の実情ならびに弁論の全趣旨（本件当事者双方とも金融を業とする者で不動産の取引には明るいと認められること等）を総合して勘案すると、本件当事者間においては、右手附をもって、解約手附とするほか、契約の履行については代金の一部に充当し、売主の債務不履行により契約が解除された場合には損害賠償の予定額とする趣旨の暗黙の合意がなされたものと推定するのが相当であ〔傍点筆者〕る、と。

〈分析〉(1)本件は出典における引用部分が僅少なため事案の詳細は不明である。とりわけ契約中の手付条項の文言が明らかでなく、出典引用の判文にも「手付金として領収した旨記載されているにとどまり、ほかに右手附の性質をうかがわせるような記載はない」とある。それにも拘わらず、判旨は、XY間では本件手付を解約手付とすると同時に、(a)契約履行の際には代金の一部に充当される・いわゆる内金となるほかに、(b)「Yの債務不履行により契約が解除された場合〔傍点筆者〕」には損害賠償額の予定とする趣旨の暗黙の合意がなされたもの、と推定している。そしてこの推定の根拠として、次の三点即ち、(a)本件売買が借地権付建物売買であること、(b)代金八二五万円に対する手付金額が一〇〇万円であること（代金の約一二％）、(c)都内における当時のこの種の不動産取引の実情には、共に金融業者たるXYが明るいことがあげられている。

(2)ところで、判旨は、叙上のように、本件手付を解約手付と損害賠償額の予定としての違約手付の併存と認定したのは、なぜだろうか。惟うに、本件訴訟においてXは、Yに対し売買代金返還及び損害賠償を請求しているが、両請求のうち前者は契約締結時に支払い済の本件手付金一〇〇万円（履行時には代金の一部への充当が予定されている）の返還のそれであり、後者はYの契約不履行を原因とする実損害の賠償のそれであろう。判旨からは明らかではなく、推測の限りを出ないが、このように考えないと、本件手付の性質を右のように認定する必要がないからである（単にXが手付倍返しを請求しているのであれば、Xは本件手付を解約手付と認識していることになり、従ってその請求内容をわざわざ売買代金返還及び損害賠償請求とする必要はなかったであろうからである）。こうしたXの請求に対して、判旨は本件手付を叙上のように解約手付と損害賠償額の予定としての違約手付との併存と認定したが、このように併存と認定したのは叙上のXの請求に対応するためであったと思われる。即ち、手付金返還請求に対するに解約手付を以て、（実）損害賠償請求に対するに損害賠償額の予定としての違約手付を以てそれぞれ対応させたのであろう。そして判旨の両手付併存の論理は夙に最判昭和二四年一〇月四日（1の⑩）に見られ、おそらく判旨もそれを踏襲したのであろう。そればかりか、本件契約には解除権留保の規定も解約手付に反対する旨の意思表示もないにも拘わらず、判旨が一方において本件手付を解約手付と認定している点は、叙上最判同様、手付即解約手付推定の論理をも適用していることを窺わせるものである。

(3) (1)に述べた・判旨の推定の根拠のうち第二点(b)は、代金額に対する手付金額の比率が一二%と低いことを[1]挙げているが、このことは、本件手付を解約手付、そしてそれに実質的に同じ損害賠償額の予定としての違約手付と認定する根拠となり得ることはいうまでもない。手付額が低ければ低い程、違約が容易であるからにほかならない。さらに第一点(a)[2]・第三点(c)については、不動産取引において手付が事実上損害賠償額の予定として機能していることが[3]周知であるところから、やはり本件手付の性質を推定する有力な根拠たり得ることはいうまでもない。

(4)本件判決の新規性は、不動産取引においては、手付は解約手付というよりはむしろ損害賠償額の予定としての違約手付と解すべきものと判示した点である。

（1）「不動産業者と民法学者とのセミナー」における発言――（我妻博士）「手附金は代金に対しておよそどのくらいか。」――（業者）「昔は、終戦後のように加速度的に不動産が値上りしなかったので、大体一割を標準にしていた……。終戦後は騰貴率がはげしいので、普通が二割、多いと三割、買主の立場からいわゆる手金倍返しを食わない限度の見方が違って来た。」――「不動産の取引――不動産セミナー(1)」・ジュリスト選書六七頁以下。

（2）（有泉博士）「手附金というのは、……必ず渡すようだ。不動産取引で手附を渡さないという取引はそうないのではないか。」――（業者）「ある。しかし非常にまれだ。」――前掲書六七頁。

（3）（我妻博士）「民法の規定は慣習に基いているといわれるから、慣習は解約手附であったのかもしれない。しかし、実際問題としては、訴訟に訴えて損害賠償をよけいとろうとしてみたところで、はなはだやっかいなのだから、結局手附であきらめてしまうというところに納まった。そうして、少なくとも現在では、手附は損害賠償額の予定の働きをしているという傾向があるのではないか。」——前掲書七四頁以下。

1の㊱

東高判昭和四九年一二月一八日判時七七一・四三

〈事実〉X有限会社（被控訴人）は、Y（控訴人）から、Y所有の本件土地及びその土地を賃借してその地上に建物を所有していた訴外Aから右建物を買うこととして、XY間で昭和三八年一月二四日売買契約書を作成し、代金一、一三二、四〇〇円、手付（兼内入金）二〇万円（即日支払）とし、残代金は所有権移転登記と引換えのことと定めたが、Yの税金対策上右引換給付の履行期は二年後の昭和四〇年一月二四日とされ、さらにXは本件土地上に堅固な建物の建築を予定していたので、土地は直ちにXに引渡されたが、二年の期間内に万一契約変更といった事態が生じることを憂慮して、XY間に右売買契約と併せて、同月二五日付で堅固な建物の所有を目的とし、期間八〇年、賃料月額五、六六二円とする賃貸借契約を結んだ。その後X会社（代表者）は、判旨が詳細に判示するように、Y側に残代金を提供し・その受領を求めたが、拒絶され、結局履行から二年後に残代金を弁済供託した上、本訴を提起してYに本件土地について所有権移転登記をするよう請求するに至った。一審Y敗訴、Yは、以下の理由をあげて控訴。即ち、本件売買は売買の予約であり、Xは右予約に関し手付金二〇万円を支払ったのみで予約完結期間内に完結権を行使しなかったから、右売買予約は行使期間経過により失効したこと、右手付は解約手付であり、履行期たる昭和四〇年一月二四日頃手付倍戻しによる契約解除の意思表示を行ったこと。

〈判旨〉 控訴棄却。判旨は、まず、本件事案の経過に照らしてXY間には売買の本契約が成立したと見られる、としてYの本件売買の予約の主張及びこれを前提とする予約失効の主張を却けた上、解約手付倍額償還による契約解除の主張に対し、「本件手付はいわゆる証約手付及び内入金の性格を有する外、双方当事者に各債務不履行のあった際の損害賠償額の予定等の基準となるいわゆる違約手付の性格をも有することが認められるが、同時に本件当事者間において民法所定の解約手付性（解除権の留保）を排除せんとする特別の合意等の存在は全く認められないから、本件においては、違約手付条項の存在にもかかわらず、解約手付の性格をも肯認するのが相当であり（X代表者本人も原審及び当審を通じ、むしろ本件手付が解約手付性を帯有することを肯定するような供述をしている）、従ってYは右により本件売買契約を解除しうるものというべきである〔傍点筆者〕」と説示して、昭和四〇年一月二四日頃にしたと主張された・Yの契約解除の意思表示を認めたが、他方において、Xはそれ以前に本件契約の履行にすでに着手していた、と判示して、Yの主張を却けた。その上で、判旨は、Xの履行の態様につき、次のように詳述している、即ち「X代表者は、本件売買の残代金九三二、四〇〇円を用意のうえ、履行期たる昭和四〇年一月二四日の約一〇日位前Y側の仲介人であるBに対し、右残代金を受領すると共に期日に必ず移転登記をしてくれるようYに伝えることを依頼したが何の返事もなかったので、その一週間位後と履行期の頃（但しY側より手付倍返しによる解除の話しのある前）に各一回、直接Y家に電話して前同旨の申入れをしたが、いずれもYの娘より『本件土地は世襲財産ゆえ絶対売る訳にはいかない。又Yは不在だし、来ても会わせない。』等との応待があったこと、その後Yの息子Cが手付倍戻しによる解除の話で来宅したが、これを断った後も三、四回Y家に電話して前同旨の申入れをしたけれども同様の結果であったこと、なお土地賃料は紛争防止等のためその後も支払っていたが、翌四一年六月で打切り、更に昭和四二年九月二九日には右残代金を弁済供託したこと」。以上の事実を踏まえ、判旨は、次のようにXの履行着手を認定した、即ち「右認定の事実関係によれば、Xは、本件履行期の約一〇日位前、少なくとも約三日位前から、残代金の支払用意をしたうえ、これを売主に告げて期日におけるその受領方等を催告しているのであって、右は、単なる契約履行の準備行為にとどまるものではなく、明らかに買主としての債務内容たる給付の実行に着手したものと解し得るところである〔傍点筆者〕。」「……以上の事実関係によると、本件はまさに売主たるY側においてあらかじめ残代金の受領を拒絶している場合というべきであるから、買主たるXの残代金の提供は前判示の如くいわゆる口頭の提供をもって足るものと解すべく、従ってこれを前提とした本件弁済供託は適法有効のものというべきである〔傍点筆者〕。」

〈分析〉⑴判旨はまず、本件手付が本件手付特約の文言（但し判決の中に本件手付の性質を窺わせる手付条項は表出されていない）から損害賠償額の予定としての違約手付と認定しながら、同時にXY間に「民法所定の解約手付性（解除権の留保）を排除せんとする特別の合意等」は全く存在しないことを理由に、「違約手付条項の存在にもかかわらず解約手付の性格をも肯認するのが相当」として、違約手付と解約手付との併存を認めている。つまり判旨は、本件手付を違約手付と認定した上で、さらに手付即解約手付の論理を用いて重ねて解約手付とも認定しているのである。多くの判例では、違約手付条項（ただし賠償額の予定としてのそれ）が存在すれば、それだけで当該手付を違約手付と認定するに止まる。この種の違約手付（私のいわゆる予定手付）は実質的に解約手付と変わりないからである。しかし、本件判決では、判旨は、手付条項に解約手付排除の合意が存在しないことを理由に違約手付と解約手付との併存を認め、Y側の手付倍戻しによる解除権行使を認める一方で、X側の履行着手の先行を認めて、Xの履行請求の認容を結論づけたのである。つまり、判旨はXの履行請求を正当化するために（おそらく一、二審におけるXの解約手付性の肯定証言を重視して）両手付の併存を媒介項としたわけであろうが、単にXの履行請求を肯定するだけであれば、右のような廻りくどい途をとらずとも、民法は賠償額の予定の際には履行を請求し得る旨を規定しているのであるから（民四二

○Ⅱ）、違約手付条項の存在自体を解約手付排除の意思表示とみて、違約手付と認定するだけで必要にしてかつ十分ではなかったのか、とも思われる。

(2)本判決では、Xによる履行期前の、しかも口頭の提供をもって、履行着手と認めている。履行期前の履行着手については、すでに最高裁判例がある（昭四一・一・二一――1の⑰）。右の判例は、契約に履行期の定めがある場合であれ「当事者が、債務の履行期前には履行に着手しない旨合意している場合等格別の事情のない限り」履行期前の履行着手を肯定している。本件の場合には、履行期前着手を禁ずる特約はもちろん、Xの履行期前の履行着手によってY側の利益を害する虞れを生ぜしめる事情は、少なくとも契約締結当時には存在しなかったと思われるから、判旨がXの着手を認めたのは当然であろう（履行期直前の・履行を逡巡するY側の事情は、Xの与り知るところではなかろう）。

(3)判旨は、Xの口頭による・残代金の提供をもって履行着手としている。この点につき判旨は、本件が「まさに売主たるY側においてあらかじめ残代金の受領を拒絶している場合」だから、として、Xの口頭の提供を肯定している。民法四九三条但書の指示するとおりである。ただし、本件においては、その具体的な態様は判文上明らかではないが、とに角Xは現実に「残代金の支払用意をしたうえ〔傍点筆者〕」で、その受領及び所有権移転登記の手続をYに催告しており、文字通りの単なる口頭の提供ではないことに留意すべきであろう。

1の㊲

福岡高判昭和五〇年七月九日判時八〇七・四一

〈事実〉Y会社代表者Aは、昭和四五年七月、Xから本件土地を購入する交渉を始めたが、その際Aは購入する本件土地を分譲し、それによって得た代金をその都度Xにその部分に相当する額の代金を支払うという形で、売買代金を完済することを希望したが、Xとの間で話合いがつかず、代金分割払い・分筆登記について何等の特約もないまま、結局昭和四五年八月二日本件売買契約が成立した。その契約書第五条一項には「買主は……所有権移転登記に要する提出書類が完了し、登記のできうることを司法書士において認めたると同時に売主に対し……手附金を差引いた残金一二八七万七千円を支払わねばならない」とされたが、代金分割払、分割登記については何らの特約もなかった。Yは X との間に本件土地の売買契約成立前から、訴外B、Cに対し本件土地分譲の交渉を始め、いずれも本件契約成立の二日後、Bとの間に本件土地のうち宅地三九六平方メートル余、山林一二五六平方メートル余を代金四五〇万円で売渡す契約を締結し、同日Bから手付金三〇万円を受領、Cとの間では、本件土地のうち山林五〇〇坪を代金四五〇万円で売渡す契約を締結し、手付金五〇万円を受領した。Yは同年八月二日頃、土地家屋調査士に本件土地の測量及び分筆登記手続を依頼し、同月五日頃Xから、本件土地の分筆登記をすることについて承諾をうけ、調査士によって測量が開始され、測量のため本件土地上の竹などが若干切り払われた。しかし、同月一三日にXから異議が出て分筆登記の申請をするに至らず、同月一七日Xは手付倍戻しによる契約解除の意思表示を行い紛争を生じたため、YはBとの契約について手付倍戻しにより解除し、Cとの契約については手付金を償還し、同額の五〇万円をCがYから購入することとなった他の土地の代金に充当することとして解除したが、Xの解除を争い同年九月一二日に所有権移転請求権仮登記を行った。そこでXは、履行着手を主張するYに対して、売買契約解除確認・所有権移転請求権仮登記抹消を求めて本訴に及んだ。一審X敗訴、控訴。

〈判旨〉原判決取消。判旨は、Yの履行着手の主張に対して「民法五五七条一項にいう履行の着手とは、債務の内容たる給付の実行に着手すること、すなわち、客観的に外部から認識し得るような形で履行行為の一部をなし、又は履行の提供をするため欠くことのできない前提行為をした場合を指すものと解すべきであり、買主が代金債務の履行に着手したというには、単に支払能力ある一般的状態のごときは消極に解すべく、現金もしくはこれに代る手形・小切手等の別段の用意、その他支払手段の具体的用意であって客観的にその存在を認識するに足るような行為があった場合にこれを是認すべきものと解するのを相当とする。」「しかるに、本件においては、さきに認定したとおり、Yは、本件土地の一部について他に分譲する売買契約を締結し、分筆のため本件土地上の竹等を若干切り払い測量をして測量図を作成したに過ぎず、未だ分筆登記の申請もしていなかったものであり、いずれも売主たるYにおいて手附を倍額償還する等して契約を解除しているのであって、Xが本件の契約解除の意思表示をした段階においては、右各分譲の売買契約は手附の放棄もしくは倍額償還によって容易に解除され得る状態にあったことも窺われ、Yにおいて将来所有権移転登記手続と同時に支払われる見込の右各分譲の代金をもって、Xに対する売買代金の支払にあてる予定であったとしても、未だ支払手段の具体的な用意ができていなかったものというほかはない。したがって、Yは本件土地売買契約の履行に着手したものということができない」として、Yの履行着手を否定すると共にXの契約解除によってYのこうむる損害は、Xの手付倍額の賠償によっては十分償われないことについて「Yは、契約が解除されることによって、本件土地の分譲地の買主らに対し、手附倍額償還をし、測量費を負担する等相当の損害を被り、Xから手附の倍額償還をうけても、その損害を償うに必ずしも十分でないことが窺われないでもないが、前掲の……売買契約書によれば、本件土地の所有権は残代金支払完了まで売主たるXに留保されており、かつ売主の解除権を留保するため解約手附が入れられているのであって、Yは、かかる物件を自己の資金調達に利用し、その分譲代金をもって本件売買代金にあてようとしていたのであるから、そのため被る損害は或る程度甘受すべきものであり、右損害は未だ顧慮に値する不測の損害として、これを救済すべき理由があるものとは認められない」として、本件契約の・手付倍額償還によるXの解除は有効であり、本件土地の所有権移転請求権仮登記の・Yに対する抹消請求は理由がある、としてXの控訴を認容した。

〈分析〉⑴判旨は、昭和四〇年の大法廷判決（1の⑮）を踏襲して、履行着手とは「客観的に外部から認識し得るような形で履行行為の一部をなし、又は履行の提供をするため欠くことのできない前提行為をした場合」であると説示した上で、買主側についていえば、買主が支払手段を具体的に用意することである、と判示する。本件では買主Yは、本件土地をBCに転売し、BCから得た分譲代金を本件土地の購入資金とする予定で右両人と分譲契約を締結し、手付金を受領していたところ、Xとの本件契約成立後Xとの間に紛争を生じ、Xが契約解除の意思表示を行ったため、Yは右両人との間の契約を相次いで解除したのである。従ってYは本件土地の購入代金を具体的に用意することはなかった、といわざるを得ず、結局、Xの手付倍額償還による契約解除以前のYの履行着手は否定されざるを得なかったのである。

⑵判旨は、Yの履行着手を否定した後で、Xの解除によりYのこうむる損害がXの償還する手付倍額では十分償われないのではないか、という点に言及している。そして、Xから購入する土地を第三者に転売分譲することをもって、Yは自身の資金調達に利用しようとしたという点をあげて、判旨は、手付倍額償還のみから生ずる・損害の填補不足をYは甘受すべきもの、と結論づけている。手付による解除の是非をめぐる通常の事案において手付額を限度とする賠償が解除によって相手方のこうむる損害を填補しうるかどうか、にまで言及する判例は珍しい。裁判官の念頭には、賠償額をめぐる・近代民事責任の法理と解約手付の法理との乖離があったのであろうか。

1の㊳

東高判平成三年七月一五日判時一四〇二・四九

〈事実〉日経新聞社員Yは、昭和五七年一二月、X建設から購入する予定であった熱海市網代の土地の買換えをXの社員Aからすすめられて、代金五五〇万円で本件土地の売買契約をXと締結した。本件土地の実質的所有者はB(当時の所有者名義人Cの前主)であり、XがBからその開発及び売却を依頼されていた傾斜地のうちの一区画が本件土地であった。Yはその後昭和六二年秋まで数年間居住していた長野の転勤先から帰京したが、AはYが本件土地を売りたがっていることを見越して、Xが買取りたい旨を話し、昭和六三年一月Xが本件土地を一、〇〇〇万円で買い取る旨を提示し、Yも了承した。他方Xは、Y及び、Xの仲介で本件土地の隣接区画を購入していたDの両人に転売の意向あることを知り、両人に無断で、本件土地及び隣接地をそれぞれ二、七〇〇万円、二、五〇〇万円で販売することを広告した。翌月、Xは本件土地の販売の仲介をF社に依頼していたところ、訴外Gが本件土地の購入を希望し、昭和六三年三月八日、YとX間の売買契約、及びXとG間の転売契約がそれぞれ成立した。即ち、Y所有の本件土地を代金一、〇〇〇万円、手付金一〇〇万円、残代金支払期日を同年四月一六日とする本件売買契約が締結され、XはYに即日一〇〇万円を交付した。本件売買契約書には「当事者の一方の本契約条項違背により契約が解除された場合、その契約解除が売主の義務不履行に基づくときは、売主は既に受取った手付金の倍額を買主に支払わなければならない。又買主の義務不履行に基づくときは、既に売主に対して支払った手付金の返還を請求することが出来ない」(第九条)との記載がある。更に、Xは、Yから購入した本件土地を、F社を仲介人としてGに、代金二、七〇〇万円、手付金二七〇万円、残代金支払期日を同年四月一五日として転売する本件転売契約を締結し、即日手付金を小切手で交付した。同年二月下旬転買人Gは、融資を受ける銀行から、Yの売却意思を確認するため本件売買契約書にYの実印を押捺の上、その印鑑証明書の写しを添付するよう請求され、その旨をXに伝達し、X社のAはYに登記手続用を兼ねて右証明書を準備するよう要請し、Yから右証明書の写しの送付を受けた。そしてAはYを訪ね本件売買契約書に実印を押し直させている。ところがYは不動産会社の知人から、本件土地付近の地価が上昇し、本件売買価格は不当に安く、右代金で近くの土地を買換えることは難しいといわれ、本件売買契約の解約を決意した。三月三一日YはAに本件契約の解約を申入れたが、Aは本件転売契約も締結しGから手付金も受領済であったので、Yに対し手付倍返しでは不十分として右申入れを強く拒絶。そこでYはX事務所で強硬に解約を申入れたが、X側は拒絶したので、Yは手付倍額を振りこむべく銀行口座番号を照会したが、Xは応じなかった。Xは、Yの翻意を促すべく、Yの同年三月三一日の手付解約の申出前に、Xは一連の転売準備作業に着手しており、これは「履行着手」（民五五七）に当たるから右申出は認められないので、本件契約の履行をするよう書面を送付した。その後数回内容証明郵便のやりとりがあり、四月一三日付で返還場所・方法の指示を求める旨の書面をYが送付した。更に四月二七日XはYを相手どり本件土地の処分禁止の仮処分決定を得、ついで六月二〇日に本訴に及んだ。他方、Yは同年一二月二二日に手付倍額二〇〇万円を供託。一審（東地判平元・九・二九）はXの履行着手を認め、Y敗訴し控訴。

〈判旨〉原判決取消し、Xの請求棄却。判旨は本件の争点として次の二点を挙げている。即ち、第一の争点——「Yの本件解除の意思表示が民法五五七条一項の手付倍額の提供としてなされたものということができるか」、第二の争点——「これが肯定される場合、右意思表示の時点までに本件売買契約の履行に着手していた旨のXの主張を認め得るか、特にXが再抗弁において主張するような行為をもってXが本件売買契約の履行に着手していたものということができるか」と。まず、第一の争点について「……AはYから右金員（手付倍額二〇〇万円——筆者註）の現実の提供を受けたことはない旨供述しており、またY本人の右金員の出所等についての供述は曖昧なものであることをも考慮するとY本人の右供述からYが手付金の倍額をXに現実に提供したとまで認めることはできない。しかしながら、……同月三一日YがXに電話で本件売買契約を解約したい旨を申し入れた際、Xは手付の倍返しでは合わない旨を告げて強く右申入れに応ずることができないという態度をとっていたのであるから、Yが手付金倍額を現実に提供してもXに受領の意思がなかったことは明らかであり、また、YはXの銀行口座を問い合わせるなどしていたことからしてもXがYに対して手付金倍額の支払を求めればYもこれに応じたであろうことは推測に難くないのであって、Xが不動産業者でありYはその顧客であるという立場上の均衡をも考慮すると、同年三月三一日の本件解除の意思表示は民法五五七条の手付金倍返しによる解除として有効と認めるのが相当である」。次に、第二の争点について、まずXの履行すべき債務の内容について次のように確認する、即ち「本件売買契約については、その成立時にXからYに対して手付金一〇〇万円が交付され、Xは買主として、最終残金の支払期日（履行期）である同年四月一六日までに右手付金を控除した残代金九〇〇万円をYの物件明渡し及び所有権移転登記と引き換えにYに支払うべき旨が約諾されていたわけであるから、右契約成立後、XはYに対して右残代金九〇〇万円の支払義務を負い、右履行期は専らXの残代金調達上の便宜のために猶予が与えられていたものと解される。したがって、本件売買契約上のXの債務は右残代金を支払う義務であったことが明らかである」と。そして、民法上の「履行着手」概念を次のように敷衍する、即ち「……民法五五七条一項が『契約ノ履行ニ着手スルマデハ』というところの『履行の着手』とは、当該契約上対価的双務関係にある債務の履行を指すことが明らかであるが、それは履行行為の一部をなした場合だけでなく、客観的に外部から認識し得るような形で履行の提供をなすために欠くことのできない契約上前提とされている行為をなした場合をも含むものと解することができ、本件のように買主の負う代金支払義務については客観的にみて当該契約上前提とされていた支払手段の具体的用意がなされた場合もその履行に着手したものと認めることができる」と。その上で判旨は、右の概念規定を本件に適用している、即ち「……Xが履行の着手として主張する行為がXの負っていた債務の履行行為自体でないことは明らかである。そして、本件土地……の昭和五七年以降の一連の売買の経緯等をみると、いずれもＸは売買契約の一方の当事者となっているのに、その実質は仲介であり、Ｘが売買契約上の当事者となっているのも転売差益を取得することによって仲介手数料以上の利益を上げるためであると推認されるのであって、転売先を確保するための準備を先行させ（既に昭和六二年一二月の時点で、ＸはＹ……の承諾を得ることなく本件土地……の販売活動に入っている）、一部整備のための準備に取り掛かっていたのも専らＸ側の都合に属することであり、Ｘが右のような行為に着手していたことをもって本件売買契約の履行の前提行為をなしたということはできない（また、Ｘが本件土地近辺の整備に着手していたのも、それは本件土地のためだけではなく、Ｘが造成を計画していた他の……土地等のためのものでもあり、このような観点からも右行為が客観的にみて本件売買契約に密接な関係を有するものであったとみることはできない。）。そして、前認定の事実関係を総合してもＸの右のような行為を公平の見地から『履行の着手』と認めて売主の手付倍額償還による解除を認容しないと解すべき事情を見出すことができない（以上判旨引用部分の傍点は全て筆者による）」と。更に、一審判決がＸの履行着手行為と認定した・Ｘの残代金支払にあてるべき転売とその前提となる土地の整備に関しては、「……Ｘは右転売が本件売買契約の前提となっており、本件売買契約書の特約条項欄に『銀行ローン実行の都合で多少登記日の変更あり』との記載があるのもその趣旨からである等と主張し、……本件売買契約及び本件転売契約に関する事情からすると右特約がＧが銀行から融資を受ける上での都合を考慮してなされたことが推認され、本件売買契約締結の際、ＹとしてもＸがいずれ本件土地を整備した上で転売することは分かっていたものと思われるが、……ＹとしてはＸの転売関係はＸが買取った後の問題でＹの関知することではないとの認識であったものと推認される。また、……Ｙが本件転売に積極的に関与したとも認められない。……仮に転売によってＸのＹに対する残代金の支払ができる関係にあったとしてもそれは専ら不動産業者であるＸ側の事情に属することであり、右特約もＸ側の都合上設けられたものというべきであって、そのことから転売及びそのための整備が本件売買契約の前提となっていたとまでいうことはできない」と判示した。そして、XY両当事者が共に本件手付金が解約手付であることを前提にして行動していたことが明らかであるのに、「仮に、Xが主張するように右のような行為をもって『履行の着手』がなされたものとすると、本件売買契約成立時点ですでに本件転売契約は成立しており、また、Xは既に一部整備のための準備に取り掛かっていたのであるから、Yは手付金倍額を償還して本件売買契約を解除することは事実上不可能となり、XがYに交付した手付金は解約手付の性質を有しないものに変容してしまうことになって、右当事者間の認識に反する結果となる〔傍点筆者〕」と最後に念を押している。

〈分析〉 (1) 本件は、契約の履行着手を理由とする・Xの履行請求に対して、手付倍額償還による契約解除の抗弁をもってYが対抗する・典型的な手付紛争事案である。このような事案に対する裁判結果は、一審と二審とでは全く逆であった。そこでまず一審判決を検討したいが、生憎と一審判決は裁判集等に載録されておらず参照することができないのでやむを得ず二審判決載録文献に冒頭掲載の解説（判時一四〇二・四九〜五〇）を引用する、即ち「一審判決は、Xは本件土地を転売して利益をあげるとともにYに対する残代金の支払もできる関係にあり、転売するためには本件土地の整備が必要であって、YもXが本件土地を整備して転売すること及び本件売買当時既に転売先の客がついたことを知っていたのであるから、本件売買にとってXによる本件土地の整備と転売は極めて密接な関係にあり、したがって、手付倍額償還による解除権行使との関係では、Xによる右行為の着手は公平の観点から本件売買契約の着手に当たると解すべきであるとし、Yの手付倍額償還による解除の意思表示は効力を生じないとしてXの請求を認めた〔傍点筆者〕」と。右の解説は、一審判決が①Xは本件土地の転売代金を本件売買の残代金の支払いに充てる意図があったこと、②転売には土地整備が必要であったこと、③YはXが本件土地を整備して転売することも本件売買当時既に転買人が存在することを知っていたこと等の事実を認定し、従って本件売買と本件土地整備及び転売とが密接な関係にある、と推論して、右の土地整備・転売行為が「公平の見地から」履行着手に該当すると結論づけた、とまとめている。

(2) これに対して二審判決は、叙上のように、Yは本件転売契約について「Xが買取った後の問題でYの関知することではない」との認識に立ち、客観的にもYの本件転売への積極的関与の事実もないとして、本件売買と転売・土地整備との密接な関連を否定し、その上でXの右行為を「公平の見地から」着手行為と解すべき事情にないと結論づけている（もっとも、判旨は、単に右行為と本件売買契約との関係の有無からのみ着手行為の当否を論じている訳ではない）。

(3) こうしてみると、両判決の正反対の結論は本件売買と転売・土地整備との関連の評価にかかっているように思われる。そして転売及び土地整備のうち、後者は前者の前提行為であるから、究極的には本件契約における転売契約自体の評価にかかってくるといえるであろう。更にいえば、叙上判旨にも詳述されているように、Yの本件契約を解除したいという動機は、本件土地の売値が安く当時騰貴中の買換地が入手不可能だろうという・利己的な判断によるものであった。これに対するXの・履行にこだわる動機も亦、「仲介手数料以上の利益を上げるため」の転売差益の取得という・これまた利己的なそれであり、XY間の利害関係にあっては、XYいずれの利益を優先すべきかは、いずれの側が相手方に先んじて自己の主張を実現すべき法的要件を充足するかにかかっているであろう。しかし本件では、Xの転売行為によって第三者Gの利益に本件売買契約の消長が決定的な影響をもたらすのである。ここには正にYの静的安全とGの動的安全との対立があるのであり、よしんばYがXによる転売行為を認識しなくとも、事態に変わりはないのである。そうだとすれば、私は、動的安全を静的安全に優先させた一審判決の方を評価すべきものと考えたい。はっきりとは指摘できないが、一審判決がXの転売につきYに認識ありと強調するのも、第三者の利益の優先へ結論を導くための布石ととれなくもないだろう。これとは対蹠的に二審判決は、Xの転売・土地整備行為を昭和四〇年大法廷判決判示の履行着手概念の定義に即して、まずそれが債務の履行行為には当たらないことを確認した上、次いで履行の前提行為でもないことを判示して、Xの履行着手主張を否認している。さらに、Xの転売に関するYの関与を否定し・その認識すら矮小化して転買人としての第三者を視野から外すことによって、評価対象を契約当事者間の利害関係に限局し、取引の安全の保護を度外視したのである。あえて本判決を評するならば、本判決は法実証主義に徹しているように思う。

1の㊴

大阪高判平成一二年六月二七日金融・商事判例一一〇八・三八

〈事実〉Xは平成一〇年九月一一日不動産会社Yからその所有する土地建物を代金四、三〇〇万円で買い受ける契約を締結し、Yに手付金二〇〇万円を支払った。右契約には、Xへの銀行融資が不可能となった場合には無条件で解約し、Yは受領した手付金を返還するという・いわゆるローン条項があった。Xは売買代金の内三、三五〇万円を金融機関からの借入れで賄うつもりであり、Yもそれを了承していた。Xは平成一〇年一一月一一日、右三、三五〇万円の融資が得られなかったとして、Yに対し手付金二〇〇万円の返還を請求したが、Yはこれを拒絶した。平成一一年三月五日Xは再度右二〇〇万円を返還するよう請求したが、Yは拒絶。そこで、Xは右三、三五〇万円の銀行融資が受けられなかったので、契約は無条件で解除されたとし、Yに対し手付金二〇〇万円の返還を求めて本訴に及んだ。一審（大阪地判平一一・一二・二一金融・商事判例一一〇八・四二）は「平成一〇年一一月二〇日ころにYからの融資の提案があった時点においてはまだ『銀行融資不可能』という状態にはなっていなかったのであり、右時点においてXの側から交渉を打ち切り契約解消を申し入れることは、『銀行融資不可能の場合は無条件で解約する』という条項に基づくものとはいえない。そうであれば、このXの申入れは手付金の放棄による解約申入れであると解釈せざるをえず、従って「Xが解約を申し入れた時点ではまだ銀行融資が不可能となっていたとは認められないから、右約定を根拠とするXからの解約は理由がなく、Xの解約の主張は手付金の放棄による解約申入れと解される」と判示し、Xの請求を棄却した。X控訴。

〈判旨〉原判決取消、控訴認容。本件の争点たる「銀行融資不可能の場合」という契約文言をめぐり、まず判旨は、融資条件について以下のように検討している、即ち、XはYの従業員Aに向って、融資額三、三五〇万円を返済期間二五年、月々の返済額が公的融資の返済金を含め二〇万円程度となることを希望し、Aは、Xの希望する融資の額及び期間であると年利二・六二五パーセントで毎月返済額が一五万円余りとなると計算して「大丈夫である旨答え」、従って、仮に右と異なる融資条件が提示されても、Xの右資金計画・支払能力からそれが許容範囲の融資条件である限り、Xとしても融資をうけて売買代金を支払う意思があったと認められるが、右範囲を超えて大幅に異なる融資条件であった場合にまで、売買契約を維持する意思がないことは容易に推認でき、Yも了解ずみと認められる、とした上で、Xが銀行融資を受ける場合にどんな条件であれ売買契約を解除できないものと認識していたとは考え難く、この点はYも同様であった、と認定した。従って「以上のとおり、当事者間で、融資条件について右のような合意がなされていたものと認められるから、これによれば、本件約定における『銀行融資不可能』の場合とは、当事者が想定していた融資金額三、三五〇万円、返済期間二五年、毎月の返済額が一五万円余程度の融資条件かそれと異なってもXにおいて許容できる範囲の異同であればこれに該当しないが、右範囲を超えた融資条件の場合は、これに該当すると解するのが相当〔傍点筆者〕」として、平成一〇年一一月二〇日頃の最終時点における融資（B信用金庫から三、〇〇〇万円、C信用金庫から二七〇万円の融資に加え、Yの八〇万円値引申し出）をめぐり、Xが当初予定していた融資額三、三五〇万円という金額は充たしているが、返済額が毎月二七万円（積立預金を含め信用金庫への返済額二二万円と公的機関への返済額五万円――後に公的機関へのそれは二〇万円）では、当初想定していた返済額一五万円を大幅に超えるため、「前期Xの支払能力に照らし、返済能力を超えている」から、従って「右融資条件は、前述したXにおいて許容できる範囲を超えた融資条件であり、銀行融資不可能の場合にあたるというべきであるから、本件売買契約は、本件約定により無条件で解約となる」と結論づけて、本件手付金二〇〇万円の返還をYに命じた。

〈分析〉 (1) 本件は、いわゆる「ローン条項」における「銀行融資不可能の場合」の解釈が争われた事案である。第一審は、本件が「「銀行融資不可能の場合」に当たるかどうかにつき、まず時期について以下のように検討した。即ち、平成一〇年九月一一日の契約締結後、銀行融資手続をXのためにとることになっていたY（担当者A）が同月一五日B信金に融資を申込み、三、〇〇〇万円、返済期間一五年との回答にXが難色を示したため、D銀行に申込み、二、五〇〇万円の回答にXは再度AにB信金に頼んでほしいと依頼し、結局同年一一月二〇日頃同信金は三、〇〇〇万円、二〇年間（毎月三万円の積立てが条件）と譲歩し、不足分三五〇万円のうち二七〇万円をC信用金庫から融資し、残り八〇万円をYが値引きする処までY側が譲歩したにもかかわらず、Xは、「一二月中にそれまでの店舗で閉店セールをしたかったので時期的にもおそくなりすぎていた」として、Yの提案を拒絶。一審判旨は「融資が得られさえすれば二週間ほどで引渡しはできたのであるから、一一月下旬という時期がXにとって不都合であったといえない」として、時期の観点からみて融資不可能と判断しえないと判示した。さらに、具体的な融資不可能性についても、Yの最終提案（Bから三、〇〇〇万円、二〇年間、Cから二七〇万円の融資、Yの八〇万円の値引き）はXの当初予定していた銀行融資三、三五〇万円という金額を充たし、返済額も総額二二万円程で、Xの返済予定額一五万円は超すものの、Xのそれまでの家賃の支払いとさほど離れているものでもない、そして銀行融資の条件については「細かい点についてまで合意がされていたわけではな」(1)い、と判示して、結局、「銀行融資不可能の場合」に当たらないとした上で、Xの手付流しとみたのである。

(2)これに対するに、二審の本件判旨は、Y側の融資最終提案はXの許容範囲を遥かに超える融資条件であると認め、銀行融資不可能の場合に当たる、と判示した。こうして本件は、両判決のうち前者はXに厳しく、後者はYに厳しいものとなった。第三者から見れば、Xの従前の家賃支払額が店舗二〇万円、自宅一〇万円計月額三〇万円であったとすれば、Y側の最終融資(提案)額における返済月額に公的機関からの融資返済予想額を加えても、略々同額と見られるので、Xは返済可能とも思える。ただし、判旨が「甲五〔甲第五号証の意味か？――筆者〕によれば、公的機関からの融資条件についても、当初の見込みと異なり、返済額は、月額約二〇万円であったことが認められる」と括弧書きをしており、これが事実とすれば、Xの返済は到底不可能であったろう。いずれにしろ、判旨は、契約締結前の両当事者間の交渉においてXがYに希望額として提示した返済可能月額一五万円をあくまでも重視し、これを基準に「銀行融資不可能の場合」か否かを判断した点が、現実の返済可能額を判断基準とした原審判旨と異なり、かつその結論を正反対のものとしたのである。

(3)判旨は、本件を「銀行融資不可能の場合」に当たると判断して、その約旨通り、本件契約を無条件で解約として本件手付金のXへの返還をYに命じた。従って、本件手付は何ら機能する機会を与えられず、結局内金ないし証約手付とみなされることになる。これに対し、原審判旨は、本件を「銀行融資不可能の場合」には当たらないとして、Xの解約の主張を手付金の放棄による解約申入れと判示した。従って、原審判旨は本件手付を解約手付と認めたことになる。そうだとすれば、本件契約のように手付の授受とともに、いわゆる「ローン条項」が特に規定される場合には、「ローン条項」適用の可否が併存する手付の性質づけを左右する、といってよいであろう。

（1）　原審判旨の記述によれば、「契約締結時に『三、三五〇万円を返済期間二五年で』という話が出ていた」一方で、次の事実が指摘できる、と判示する。即ち「①Xは契約締結時には金利等細かい返済条件の話をしていない。②Xが予定していた資金手当てのうち、マンション手付金の返還や公的機関からの借入れについてはわざわざ契約書に手書きで記載してそれが合意内容になっていることを確認しているのに、銀行融資の金額や返済条件については、契約書には一切記載をしていない。③XはYのすすめで三回にわたってYの取引銀行に融資の申込みをしている。特に、D銀行が承認した融資の金額が二、五〇〇万円であるという回答をAから聞いたときは、最初のB信金の承認額が三、〇〇〇万円にすぎなかったにもかかわらず、Aに対し再度B信金に融資を申し込んでほしいと頼み、追加資料の提出にも積極的に応じている。右①ないし③の事実によれば、Xの主張するような細かい融資条件が契約締結時に両当事者間で合意されていたとはとても認めることができない。その後の交渉の過程においても、③でみたようにXはB信金の最初の承認額が三、〇〇〇万円であることを知りながら再度B信金に融資の申込みをすることにしているのであって、三、三五〇万円という金額が絶対的な条件であったとは認めることはできない。以上によれば、契約締結時に出ていた『三、三五〇万円を二五年間で』という条件はあくまでもひとつの目安にすぎず、その後の状況によってその条件が変化することは当然想定されていたと判断できる」と。

1の㊵
名古屋高判平成一三年三月二九日判時一七六七・四八

〈事実〉一審判決を参照できないので、本件事案の詳細は不明。平成一一年五月上旬、不動産会社（被控訴人）Xはその所有する不動産を看護師Y（控訴人）に売渡す契約を締結した。本件売買契約には「相手方が契約の履行に着手するまで、または、平成一一年五月二六日までは」手付による契約解除ができる旨の手付解除条項が規定されていた。その後Yは本件契約を手付解除をしたため、Xは、本件契約締結日の二日後にはすでに契約の履行に着手したのでYの手付解除は認められないと主張して、Yに対し、本件契約の違約金条項にもとづき売買代金額の二〇％に当たる三七六万円の違約金を請求して本訴に及んだ。原審では、叙上の手付解除条項の解釈、即ち本件手付による解除の可能な時期をめぐって、Xは、履行の着手まで、または平成一二年五月二六日までのいずれか早い時期まで（本件判旨のいわゆる「甲解釈」）、と主張したのに対し、Yは、履行の着手まで、または五月二六日までのいずれか遅い時期まで（同じく「乙解釈」）、と主張した。原審Xの請求を認容、Y控訴。

〈判旨〉控訴を認容し、原判決を取消してXの請求を棄却。判旨はまず、昭和四〇年大法廷判決をあげて、民法五五七条一項における「履行着手」による手付解除制限の趣旨を掲げる一方で、同条項は任意規定であって当事者が「履行の着手の前後を問わず手付損倍戻しにより契約を解除できる旨の特約をすることは何ら妨げられていない（傍点筆者）」と指摘する。その上で、「手付解除の可能な期間」を規定した本件手付解除条項の解釈に言及し、本条項は二つの解釈が可能として、甲、乙両解釈を判示する。即ち、Xの主張する「履行の着手まで」「又は」「平成一二年五月二六日まで」のいずれか早い時期までであれば手付解除は可能とする甲解釈及びYの主張する「履行の着手まで」「又は」「五月二六日まで」のいずれかの時期まで手付解除は可能とする乙解釈とが成り立つと。この両解釈を本件に適用すると、本件では履行着手後（Xは本件契約締結の二日後に履行着手した）に五月二六日が到来したから、甲解釈では「履行の着手後は手付け解除ができない」のに対して、乙解釈ならば「履行の着手後も五月二六日まで手付け解除ができることとなる」し、履行着手前に五月二六日が到来する場合には、甲解釈では五月二六日経過後は手付解除ができないが、乙解釈ならば、五月二六日経過後も履行の着手までは手付解除ができることになる。従って甲解釈では、着手後に五月二六日が到来する場合には民法五五七条一項と同様であるから、本件手付解除で「五月二六日」を特に加えた意味は全くなく、着手前に五月二六日が到来する場合に履行着手前でも手付解除ができなくなるという意味において右民法条項の適用を排除する手付解除条項としての意義をもつにすぎない。他方、乙解釈では、履行着手後に五月二六日が到来する場合に右民法条項の適用を排除する特約としての意義を有することになる。判旨は、このように両解釈による・本件契約への手付解除条項の適用結果の違いを摘示した後で、宅地建物取引業法による売主側の規制と甲解釈との関連に言及する、即ち「Xは宅地建物取引業者（以下『宅建業者』という）であり……、宅建業者自らが売主である場合、売主の履行着手前でも買主の手付解除を制限する、つまり民法五五七条一項の適用を排除するような特約は、その限度で無効である（宅地建物取引業法三九条二、三項参照）から、甲解釈によると、履行の着手前に五月二六日が到来する場合に同条項の適用を排除する特約としての意義を有する本件手付解除条項は、売主であるXからの手付解除を制限する特約としては有効であるが、買主であるYからの手付解除を制限する特約としては無効であるということとなり、特約としての効力が制限される結果を招き、民法五五七条一項とは別にわざわざ『五月二六日』を付加した意味は半減することとなる」と。以上の両解釈の検討の結果、「五月二六日」付加との関連から両解釈を次のように評価する、即ち「甲解釈は、当事者が手付解除が可能な期間として『五月二六日』を付加した意義を一部無にすることとなる一方、乙解釈は、その意義を理由あらしめるとともに宅地建物取引業法三九条三項の趣旨である消費者の保護に資するものである」と。さらに判旨は、当時看護婦をしていたYのような「履行の着手の意義について特別の知識を持たない通常人」が、「本件手付解除条項を、履行の着手の前後にかかわらず『五月二六日まで』は手付解除ができると理解することは至極当然」であり、「本件手付解除に及んだことも肯ける」とした上で、乙解釈にもとづくYの契約解除により不測の損害をこうむったとするXの主張に対して次のように説示し、これを却けている。即ち「乙解釈によると、履行の着手後の手付解除により相手方に一定の損害を蒙らせる結果となることは否定できず、手付解除の行使の期間には自ずから制限があるものではあるが、本件において手付解除が可能な期間である『五月二六日』は本件売買契約締結日から二〇日余りの期間であり、履行の終了するまで手付解除ができるというがごとき無制限な手付解除を認める特約ではなく、本件手付解除によりXが損害を蒙ることがあったとしても、自ら前記のような手付解除の期間について『五月二六日まで』と付加した以上、不測の損害とはいいがたい」と。以上の検討を経て、判旨は「民法五五七条一項の場合に加えて履行の着手後も手付解除ができる特約としての意義を有するとする乙解釈をもって相当とすべき」もの、と判示した。その上で、甲解釈をとれば、叙上のように「本件手付解除条項は一部無効な特約をした結果となること、一般に土地売買取引に入る通常人が、本件手付解除条項についてX主張のように理解し解釈するものといえないこと」になるとともに、「Xは本件売買契約締結日のわずか二日後に履行に着手して、Yに対して、その手付解除は認められないとして、本件売買契約の違約条項に基づき売買代金額の二〇%である三七六万円の違約金を請求するというものであり、かえってX〔但し、文献には『控訴人』とある――筆者〕のような甲解釈こそ、Y〔但し、文献には『被控訴人』とある――筆者〕による本件手付解除条項による手付解釈の利益を実質的に奪うものであり、採用することはできない」と判示した。

〈分析〉(1)本件判決は二審のそれであり、そのためか、本件事案の詳細はほとんど不明であるが、それは、判旨が手付解除条項の解釈のみに焦点をしぼっていることと無関係ではないだろう。右条項は「相手方が契約の履行に着手するまで、または、平成十二年五月二六日までは」手付解除ができる、ときめており、その解釈をめぐり、XYの主張が対立した。Xの主張＝甲解釈は、「履行着手まで」または「平成十二年五月二六日まで」のいずれか早い時期まで手付解除は可能、とし、Yの主張＝乙解釈は、「履行着手まで」または「同年五月二六日まで」のいずれかの時期まで手付解除は可能、とする。判旨は乙解釈を採択したが、後者を優先選択した根拠を判旨はどこに求めたのであろうか。判文上次の四点があげられている。まず判旨はその説示の前提として、両解釈が二つの時期の到来の先後によって民法五五七条一項の適用を排除するかどうか対照的な効果をもたらすことを指摘する、即ち甲解釈によれば、履行着手前に五月二六日が到来すれば履行着手前でも手付解除は不可能となり、右条項の適用排除の特約という性格をおびるのに対して、乙解釈によれば、履行着手後に五月二六日が到来する限り着手後の手付解除が可能となり、右条項の適用排除の特約という性格をおびる、と。その上で、乙解釈を採用する根拠として、①本件のように売主が宅建業者である場合には売主の履行着手前に買主の手付解除を制限する特約は無効とする宅建業法三九条をあげて、甲解釈によれば、履行着手前に五月二六日の到来する場合には本件手付解除条項は買主Yからの手付解除を制限する特約として、右三九条により無効となり、本件手付解除条項に「五月二六日」を盛り込んだ意味がないこと。②乙解釈によれば、「五月二六日」を追加した意味があり、消費者（買主）保護を目的とする右三九条の趣旨にも合致すること。③「履行着手」の意義を知らない買主一般にとって、本件手付解除条項を、履行着手の前後にかかわらず「五月二六日」は解除可能と解するのが当然であること。④乙解釈によれば、履行着手後の手付解除により相手方に損害を生ぜしめることがあり得るが、本件の場合には手付解除ができる期限としての「五月二六日」までは本件契約締結日から二〇日余りの短期間であって、仮にXが損害を蒙ったとしてもそれは（おそらく軽微なものであり）自ら右期日を本件手付解除条項に盛り込んだ以上不測の損害とはいえないこと。

(2) 判旨の・本件手付解除条項の解釈（乙解釈の選択）は、極めて筋が通っており、その論理的な説明には非の打ち所がない。本件契約における手付解除条項は、履行着手制限の他に解除権行使の日限が切ってあり、しかも「又は」で両制限をつないでいる珍しい例である。判旨は、乙解釈を選択した。これによれば、履行着手後に右期日が到来する場合には着手後の手付解除を禁じている民法五五七条一項に抵触することになるが、判旨は、そのための伏線として、右条項が任意規定であり、従って「当事者がこれと異なり、履行の着手の前後を問わず手付損倍戻しにより契約を解除できる旨の特約をすることは何ら妨げられていない」旨を、甲乙両解釈の検討を始める前に予め説示している。右の民法条項に反して一方当事者の履行着手後の相手方の手付解除を認める特約を契約に盛り込む例は珍しいが、それにしても、右条項の任意規定性を明示した（裁）判例も珍しい。判旨の論理的周到さを物語るものであろう。

(3) 判旨がYの手付解除を肯定した論拠（正当化の根拠）が本件手付解除条項の解釈にあるのは勿論であるが、当該結論を実質的に導き出した根拠とみることのできる事実（情）は、Xが「本件売買契約締結日のわずか二日後には履行に着手して、Yに対して、その手付解除は認められないとして、本件売買契約の違約金条項に基づき売買代金額の二〇%である三七六万円の違約金を請求〔傍点筆者〕」したことの不当性にあるのは確かであろう。

1の㊶

横浜地判大正六年六月一四日新聞一二八二・二三

〈事実〉Xは、大正五年二月五日YからA鉱山産出の硫黄二〇〇トンを一トンにつき横浜倉庫渡し金四一円七五銭の割合で同年三月から六月まで毎月五〇トンずつを代金引換にXに引渡すという約束で売買契約を締結し、同日右代金の内金として同月九日付額面一、〇〇〇円の小切手をYに交付した。ところが、その後硫黄の価格が暴騰し種々と手遅れを生じたとの理由でYは契約の履行の延期を求めたので、Xは三月期限分を四月に、四月期限の分を五月に、それぞれ遅らせた上、B鉱山産出の硫黄でもよい、と譲歩した。しかし、Yは四月の履行期を徒過しても第一回の引渡をしないので、Xは履行の催告をし、その際代金支払の準備を整えた旨の通知を行ったが、Yは履行せず、その後第二回・第三回の分についても、Xの履行催告・代金支払準備の通知にもかかわらず、一切履行しなかった。更に六月一日にはXが期限経過分一五〇トンにつき履行を催告したが、Yは徒らに履行の猶予を乞うのみであったので、Xは同月二四日Yに対し本件契約を解除する旨を通知し、Yの不履行による得べかりし利益を喪失したことを理由に一六、〇〇〇余円の損害賠償及びYに交付した一、〇〇〇円の返還を請求して、本訴に及んだ。これに対して、Yは、大正五年四月二〇日Xに対し手付倍額二、〇〇〇円を提供〔後供託〕し本件契約解除の意思表示をした、と抗弁。

〈判旨〉請求棄却。判旨は次の三点について判示する、第一点――本件小切手が手付金か内金か、第二点――履行の催告は弁済の着手といえるか、第三点――買主が取引銀行から小切手記載の全額を支払う旨の承諾を得たことは代金支払の準備といえるか、の三点である。第一点につき「証人CのXはYに本件売買契約の翌日か翌々日頃額面金一千円の先日附の小切手を交付して契約成立証拠の手附と為したることを右契約の仲介を為したる証人の父より聞きたりとの旨の証言及び証人DのY方に於ては代金の内金と記入するを例としたりとの旨の証言とY方の商業帳簿に本件の金一千円を契約金として受領したる旨の記載ある事実……竝に本件契約の成立後数日を出でずしてXY間に締結せられたる硫黄売買契約に於てXはYに金一千円を手附として交付したる事実とを総合考覈するときは右金一千円は本件契約に於て手附として授受ありたるものなることを認定し得べし、尤も甲第二号証に依れば本件当事者は前示小切手授受の際内金なる文言使用したることは明かなるも本件契約に於ては代金の支払を目的物と引換に為すべきことを約定しあるのみならず手附と雖も一面に於ては代金前払の性質を有し他日代金の支払をなすに当り代金の一部に充当するは通常にして此意味に於て手附を内金と称すること稀ならざるが故に当事者が内金なる文言を使用したるの一事は未だ前示認定を覆すに足らず〔傍点筆者〕」と。第二点につき「XはYに対する履行の催告竝に代金支払の準備を為したることを以て本件契約の履行に着手したるものなりと主張するも、本件に於て買主たるXの為すべき履行は即ち代金の弁済に外ならざるを以て履行の催告の如き単に相手方の履行を求むる意思表示に過ぎざるものは之を以て弁済の着手と謂ひ得ざるは明白なり〔傍点筆者〕」と。第三点につき、「……Xの所謂代金支払の準備とはXが取引銀行より何時にても小切手記載の金額の支払を得可きことの承諾を得たる事実を指称するものなることはX訴訟代理人の主張自体に依り明白にして現実に代金の準備をなすか少くとも代金相当の預金ありて当該銀行と小切手契約を締結するゝは格別右主張の如き事実は到底之を以て弁済の着手と為し難し」と。

〈分析〉(1)本件において判旨が摘示した点は、次の諸点である。①契約履行の際手付は代金の一部に充当するのが常だから代金を内金と称することは稀ではないとの論法を以て、内金主張を却けたこと(内金即手付の論理)。②買主の履行は代金を弁済することだから、売主に対する履行の催告は弁済の着手とはいえないこと。③弁済の着手とは、現実に代金を準備するか、代金相当の預金があって、その銀行と小切手契約を締結すること。

(2)①の内金即手付の論理は[1]、すでに東高判大二・九・二六(1の㉖)に判示され、更に大判昭七・七・一九(1の④)において判例として確立されている。なお、大判昭一〇・一一・四法学五・四・一一四は、契約上「内金」と明記されていても、手付金と解すべきものと更に踏みこんだ解釈を下している。

(1)　和歌山地判大七・一一・八(1の㊷)も同旨。

1の㊷

和歌山地判大正七年一一月八日新聞一四八九・二六

〈事実〉Xは、その所有する家屋他を代金一、九八〇円でYに売渡し、即日内金として五〇円を受領し、残代金一、九三〇円は右不動産所有権移転登記手続及び動産引渡しと同時に受領することを約定した。その後Xは右所有権移転登記と引換えに残代金を請求したが、Yが応じなかったので、大正七年六月二八日に内容証明郵便を以て同年七月一日に右不動産所有権移転登記手続及び動産引渡しを行うので、残代金を支払うべき旨の催告をし、同日移転登記申請の為登記所に出頭したが、Yは出頭しなかった。Xは本訴請求。Yは、本件金五〇円は内金ではなく、手付金であり、同月一三日（Xの履行着手前）Xと合意の上右手付を放棄して本件契約を解除したなどと抗弁した。

〈判旨〉請求棄却。証人ABCの各証言及び契約証書の記載から「YよりXに交附せる金五十円は手附として授受せられ其後Yは大正七年六月十日前後に於て右手附を抛棄してXと合意上本件契約を解除しXの右金五十円を利得したりとて満足の意思を表示しYよりXに対して解約証書を交付したる事実を認むるに足る。而して……買受証書には内金として金五十円相渡したる旨の記載あるも斯る場合の入金に関し一定の語辞を使用せられざるは普通の取引上其事例に乏しからざれば此語辞のみに依り直に内金として交付せる者と解し難〔傍点筆者〕い、と。

〈分析〉判旨は、前年六月一四日の横浜地判（1の㊶）同様、契約書には内金との記載があっても手付金と解すべきものと判示している。その理由として、売買契約締結時に授受される金銭について手付という言葉を使わず別の言葉を使う事例は通常の取引では珍しくないから、本件のように内金として交付されても、それだけで直ちに手付ではないとはいえない、と論じている。

1の㊸

東地判大正八年六月一四日新聞一五九八・一八

〈事実〉東京在住の米穀商Xは、大正七年九月一七日玄米三八四俵を石当り二八円三〇銭、同月二一日右同質の玄米一二八俵を石当り二九円二〇銭の割合で新潟在住の米穀商Yから買い受け、いずれも引渡期日は同年一一月三〇日、引渡場所八王子駅と定め同年九月二七日前記玄米売買契約の証拠金内金として三〇〇円をYに交付。ところが同年一一月二二日Yは右契約を解除する旨をXに通知し、更に同月二七日六〇〇円を供託したる旨を通知したので、Xは、右三〇〇円は手付金ではなく内金だから、その倍額を支払ったからといって契約解除をすることはできない旨をYに通知した。その上Xは、本件契約締結後、Yから五、八四一円九二銭で買入れた玄米を五、九六一円二八銭七厘で転売し大正七年一一月三〇日に引渡すことを約定したが、Yが右期日にその義務を履行しなかったために、Xはやむなく右期日の市場価格により玄米五一二俵を七、七八二円四〇銭で買入れ転売義務を履行せざるを得ず、予定転売差益一一九円三六銭七厘と、転売契約履行のために市場から買入れた玄米の価格と売買契約代金との差額一、八一一円二一銭三厘の合計一、九四〇円四八銭を、Yの契約不履行によりこうむった損害としてその賠償を求めて本訴に及んだ。

〈判旨〉Xの請求を認容。XY間に授受のあった三〇〇円は、手付金なりとのYの抗弁に対して「……Yの提出援用に係る諸証に依るも右金三百円が手付金として授受せられたる事実を認定すべき資料なく却りて甲第一号証に依れば右三百円は単に本件契約締結の際証拠金の名義に於てXがYに交付したるものなることを認む可く、鑑定人Aの鑑定に依れば米穀商人間の取引上売買の当初証拠金名義に於て金円を授受したるときは特約なき限り其交付により契約の成立を証し之を代金の内入に充つることを約したるものと解す可きことを知るに足る……〔傍点筆者〕」と。

〈分析〉本判決の注目点は、米穀商間の米取引において証拠金内金名義で金銭授受があったときは、右金銭は、契約成立の証拠となり、契約履行の際は代金の内入に充当される、即ち、いわゆる証約手付であって、解約手付ではない、とする点である。ただし、新潟地方の米取引の慣習かどうかは判然としない。

1の㊹

東地判大正九年六月八日評論九民四四一

〈事実〉Xは、大正八年五月二七日Yの所有する家屋を代金四、四〇〇円で買い受け、同日Yに対し手付金として三〇〇円を交付し、同年六月二五日までに右家屋の所有権移転登記をすること、残代金四、一〇〇円を登記手続と同時に支払うこととする内容の契約を締結した。同年六月二五日にXは本件売買代金の支払準備をした上、Yに対し登記手続を履行するよう請求したが、Yは右手続を履行しないため、本件建物の所有権移転登記を求めて本訴に及んだ。Yは、同年八月二一日Xに対し右手付金の倍額六〇〇円を提供して本件売買契約を解除した、と抗弁した。

〈判旨〉請求認容。判旨はYの手付倍額償還による契約解除の主張を証拠不十分として却けた上、次のようにXの契約の履行着手を認めた、即ち「仮ニY主張ノ如キ事実アリタルトスルモ売主カ手附ノ倍額ヲ償還シテ而シテ契約ノ解除ヲ為シ得ルハ買主カ契約ノ履行ニ着手セサル以前ニ限ルコトハ民法第五五七条ノ明定スル所ニシテ証人Aの証言ニ依レハ大正八年六月二五日Xカ本件売買代金支払ノ準備ヲ為シテYニ対シ登記手続ノ履行ヲ請求シタル事実ヲ認メ得ヘク右事実ハ民法第五五七条ニ所謂買主カ既ニ契約ノ履行ニ着手シタルモノト解スヘキヲ以テ其以後ニ於テYノ為シタル右解除ハ効力ナキモノタルヤ明カナリ……〔傍点筆者〕」と。

〈分析〉本件では判旨は、買主側の売買代金の支払準備と相手方に対する登記手続の請求とを以て、買主側の履行着手を認めている。ただし、判旨は買主による代金の支払準備の具体的内容を明らかにしていないので、支払準備の具体的態様・準備の程度が不明である以上、本判決には先例価値が乏しい(1)。さらにもう一点、判旨は、買主の履行着手行為として、売買代金の支払準備と相手方に対する登記手続の請求とを併列させているが、代金の支払準備という・買主側の債務履行準備だけで履行着手になるのか、それとも登記手続の履行という・売主側の債務の履行請求をも含め、いわば両者をセットにしなければならないのか、判然としない。

（1）大判昭八・七・五（1の⑤）は履行準備と履行着手を峻別している。もっとも最大判昭四〇・一一・二四（1の⑮）に判示された着手概念によれば、本件判旨のいわゆる「履行準備」は着手に当たると思われる。

1の㊺

東地八王子支判昭和三三年三月二八日下民集九・三・五二七

〈事実〉 X_1 及び X_2 会社は、それぞれ所有する土地及び建物を昭和二〇年八月四日Y先代Aに、代金八三、〇〇〇円で売渡し、右代金は一応二年以内に受領することとし、代金全額を受領次第登記をする約定で売買手付金一、〇〇〇円の交付を受けた。その後Aは昭和二三年二月一〇日本件土地建物につき仮登記処分決定を受け、所有権移転請求権保全の仮登記がなされた。Aは昭和二六年八月死亡し、Yのみ相続し（他の共同相続人は相続を放棄）、Aの権利義務を承継した。当時、A及びYは共に売買の履行に着手していなかったので、X_1 らは昭和三〇年一一月二七日到達の書面でYに対し、同月二四日手付倍額二、〇〇〇円を償還のため提供（Yは受領を拒絶）、契約解除の意思表示をした。それにも拘わらず、Yが之を占有しているので、X_1・X_2 に対しAのためになされた所有権移転請求権保全の仮登記仮処分登記の抹消及び X_2 に本件建物を明渡すよう求めて本訴に及んだ。Yの抗弁は次の通り。①Xは当初本件売買を仮装売買であって真実は本件建物の賃貸借であるとして、賃料不払いによる賃貸借解除を主張し、Aに対して本件各仮登記の抹消・不動産の明渡しを求める訴を提起し、それが休止満了となった後、さらにYに対して同様の訴を提起し敗訴、東京高裁への控訴も昭和三〇年七月棄却、最高裁に上告し、その後手付倍戻しによる解除に及んだものである。このようにXは、本件売買の実体が賃貸借であり、それは解除されたのだと一〇年余も主張し続けてきたのであるから、Yとすれば、よもやXが長い間言いつづけてきた主張と矛盾する・売買契約の無理由解除をするようなことはあるまい、と信じ、そう信ずるに足る正当事由があったから、Xの本件解除権行使は信義則に反し無効であること。②仮にそうでなくてもAの二度にわたる履行着手により本件解除権は消滅したこと。

〈判旨〉 請求棄却。判旨はYの抗弁①につき（②については言及せず）、本件売買契約がなされ手付金交付があって、約定解除権が発生してからその行使までに一〇年余経過したことを認定した後、本件売買では代金支払いまで代金の利息として一ヵ月二二〇円ずつ支払う約束であったので、AがX1らに対して昭和二二年八月分以降翌年七月分までの利息を供託した処、X1らは、売買は仮装で実質は賃貸借だから利息としての供託金は受けとれぬとして関係書類を返還し、改めて賃料としての弁済を請求し、昭和二二年八月分から翌年九月分の賃料を滞納したとして、AさらにYに対して提訴、かように終始Xは、本件売買は実は賃貸借であり、その賃貸借は賃料不払いによって解除された、と一貫して主張してきたことも認定し、その間Xは、叙上各訴訟においても手付倍戻しによる解除については一切主張してこなかったことを認め、「……Xらの従来の態度に徴するにYは本件解除がなされる以前において約定解除権はもはや行使せられないものと信頼したものと見るべく、かく信頼するにつき正当の事由があったものとなすべきであり、従って本件解除は信義誠実に反するものとして許されず、効力を生じないものとせねばならぬ〔傍点筆者〕」と判示した。

〈分析〉⑴Yはその抗弁①において、昭和三〇年一一月二一日の最高裁判決の引用を以て締め括っている、即ち「解除権を有するものが、久しきに亘りこれを行使せず、相手方においてその権利はもはや行使せられないものと信頼すべき正当の事由を有するに至ったため、その後にこれを行使することが信義誠実に反すると認められるような特段の事由がある場合には、もはや右解除は許されないものと解するのを相当とする〔傍点筆者〕」と。直前の最高裁判決のこうした判示は、Yにとって何よりの援護射撃であったであろうことは、想像に難くない。そして右の最高裁判旨にいう所の「特段の事由」は、本件では、一〇年余りXが本件契約を賃貸借と主張し続け、解除事由も賃料不払いとし、その間一度も売買契約を前提とする無理由解除を主張しなかったことが、それに当たる、と思われる。たしかに右の最高裁判決の判示は、いわゆる「権利失効の原則」を指示しており〔最判昭四〇・四・六民集一九・三・五六四も同旨)、抽象的一般論としては認められているが、しかし実際にはこれによって権利行使を否定した例はまだないといわれている(新法律学辞典第三版三八〇頁)。そうだとすれば、本件判決は、権利失効の原則を適用した・貴重な裁判例ということができよう。因みに、解約手付の慣習では、地方により「手付三日限り」というような・手付による解除権行使に期限を付した例が見られ、その限りでは、本件のような事態が生ずることはなかったであろう。

(2)いずれにしろ、本件判決の新規性は、権利失効の原則によって手付による解除権行使を否定し、本件契約の存続を認めた点にある。

1の㊻

東地判昭和三九年一二月二二日判時四一二・五六

〈事実〉Xは、昭和三五年一月一四日Yら先代Aとの間にA所有の土地一〇〇坪を代金一一〇万円で買い受ける契約を結び、即日手付として額面一〇万円の小切手を交付した。その後Xは再三残代金一〇〇万円を提供して(但し、後記のように判旨はXの残代金提供を具体的証拠なしとして、否定する)所有権移転登記を求めたが、Aは猶予を乞い、その手続をしないうちに、同年三月一日A死亡、Aの妻Y_1、その子Y_2以下五名が相続した。Aの死亡前日、Y_1はAから本件土地の贈与を受け、所有権移転登記がなされた。そこで、XはY_1以下六名(上記六名の被告中Y_6だけは裁判所の呼出しなどに応ぜず、裁判所はX主張の事実を自白したとみなし、XのY_6に対する請求を認容したので、以下の記述においては、Y_6以外の被告五名については、Yらとする)を相手どり、Y_1に対する贈与による所有権移転登記の抹消、Y_6及びYらに対して残代金の支払いと引換えに本件土地の所有権移転登記をするよう本訴に及んだ。Yらは本件契約の締結を否定するとともに、本件手付を解約手付とみて、昭和三六年八月九日手付金倍額二〇万円をXに現実に提供して本件売買契約の解除の意思表示をした、と抗弁。

〈判旨〉 Y_6 に対しXの請求を認容し、Yらに対しては請求棄却。判旨は、まず本件契約の成立を認定した上で、Yらの手付倍額償還による本件契約の解除の意思表示・Yらの手付倍額提供に対するXの受領拒絶・Yらの弁済提供を認定した。次いで、Xの履行着手の主張に対して、判旨は次のように判示してXの主張を却けた、即ち「X本人尋問の結果およびこれによって真正に成立したものと認められる甲第二、第三号証によればXにおいて本件土地がもと一〇〇坪一筆であったものを昭和三五年二月に五〇坪二筆の本件土地に分筆の手続をなしたこと同年五月頃にはYらの相続関係を証する戸籍謄本などを調えたこと、Y_1 に対し同年三月頃書類を持参すれば金を渡す旨告げたことなどを認めることができ右認定に反する Y_1、Y_3 の証言は信用し難い。然しながら買主が代金債務の履行に著手したというには、履行期の到来後に代金を現金又は小切手などを具体的に用意してこれと引かえに履行の催告をなすことが必要であると解されるところ本件売買契約の履行期の定めは必ずしも明らかでなく……Xに於て代金一〇〇万円を具体的に用意したとの証拠は勿論、これを客観的に認識しうる何らの資料も存しないのであって、単に口頭による催告が前示認定の限度に存したことが認められるにすぎないし、Xが本件土地の分筆手続を為したことは、Xが先に認定したようにAとBら（YらとBら〔本件土地は昭和一六年頃AからBが賃借し、その地上にBの子C名義で建物が建ち、昭和三四年一二月にはB、Cの共有に登記されていたその家屋にはBの娘E及び夫Dが居住したが、昭和三四年夏にAが本件土地を売ることをFに申し出、後に五〇坪をBに贈与し、残りをAに返還することの条件で話し合っていたが未解決であったので、Xは右交渉の経過を知りB側でAの提案に応ずる見込があったので、X自ら一〇〇万円で本件土地を購入することをAに申し込み、結局一一〇万円と定め、手付として小切手を授受された――筆者註〕）との間の紛争解決をAから依頼されていたため、この紛争解決のための行為として為したものと見ることができるし、Yらの便宜のため戸籍書類を調えたことがあっても、買主たるXの為すべき、主要な履行行為である代金の支払のため金一〇〇万円の用意が為されたことを認定し得ない以上、Xが本件土地売買契約の履行に著手したということができない〔傍点筆者〕」。

〈分析〉判旨によると、買主側の履行着手には、履行期到来後に代金を現金または小切手などの形で具体的に用意した上で、これと引換えに履行の催告を売主側にすることを要するのであるのに、本件では、契約の履行期の定めが曖昧である上、Xが代金〔現金なり小切手〕を具体的に用意した証拠もなく、X主張の行為――①本件土地の分筆手続、②Yらの便宜のための戸籍書類の調製、③それら書類を引渡せば代金を渡す旨の告知――は、いずれも買主の履行行為に該当しない、と判示した。確かに従来の(裁)判例によれば、例えば買主からの履行着手ありという為には単なる履行の催告では無論のこと、抽象的に支払代金を準備しているだけでも足りず、少なくとも銀行に当座預金の形で預託しておくなど具体的な形で支払準備がなされていることが必要とされており〔横浜地判大正六・六・一四――1の㊶〕、他方、買主の履行着手を認めたものも、多く現実の提供またはそれに準ずる行為がなされた場合に限られていた〔東控判大正一三・五・一五――1の③〔大判大正一一・一二・三〕の控判、朝高判昭和四・一〇・四――4の㉒〕。つまり、昭和四〇年最大判〔1の⑮〕の判示するように、「客観的に外部から認識し得るような形で」履行行為の一部あるいは履行の提供に不可欠な前提行為があって初めて「着手あり」とされてきたのである。しかし、そうだとすると、代金を他人から借りるなど調達する必要がある買主は、現実に履行行為である代金調達行為をもって履行着手と認められるのに、現金を持っていて履行期の到来を待つだけという買主は着手を否認される、という矛盾が作り出されることになる。いずれにしろ、本件判旨は、昭和四〇年最大判の判旨をいわば先取りした観があり、逆に、いやしくも契約履行への積極的な意思の表明と見られる行為〔本件判旨が着手行為とみることを拒否した・本件Xの行為も該当する〕があれば直ちに履行着手とみるとする昭和二六・一一・一五最判〔1の⑪〕以降一連の「履行着手」諸判決〔1の⑬、1の⑭、1の⑰の一審＝東地判昭和三六・九・一判タ一二二・八六）とは、正に対極にある。

1の㊼

東地判昭和四〇年一二月一三日判タ一八七・一七九

〈事実〉事案の詳細については出典における本判決の紹介量が乏しく不明。Xは、訴外会社Aに資金を提供して分譲アパートを建てさせる目的で、本件土地建物をYから買い受けるべく、代金九、二八三万円、手付金二、五〇〇万円で以下の趣旨の売買契約を締結し、即日右手付金を支払った。即ち、残代金六、七八三万円を昭和三八年九月一八日に二、〇〇〇万円、同年一一月一八日、同年一二月一八日、同三九年一月二〇日、同年二月二〇日にそれぞれ一、〇〇〇万円を、同年三月二三日に七八三万円を六回に分割して支払う、さらに売買当事者のいずれか一方が契約の履行に着手するまでは買主は手付を放棄し、売主はその倍額を返還して本件契約を解除し得る旨の約定がそれであった。もっとも、契約当時Yは「手付」がどういう意味をもつかを知らず、右二、五〇〇万円が手付か単なる内金かも気にかけず、契約の際にもXY間にその点の話し合いがなされなかったが、A社の社員が不動産取引一般の例にならって契約書に解約手付の趣旨の記載をしたものである。なお、その金額が二、五〇〇万円とされたのは、Yが当時本件不動産を担保として他から融資をうけており、この担保権を消滅させてAに譲渡するためには、当面少なくとも二、五〇〇万円を必要としたので、代金の内、一回分の支払いとして二、五〇〇万円を要求したもので、XはA社の代表者Bを伴いY方に赴き、Yに対して第一回分の支払いとして二、五〇〇万円を交付し、Yはこれと引換えに「代金の内金」として受領した旨の領収書をBに交付したものである。その後XYどちらの側の事情によるかは不明であるが、本件契約は結局解消され、XがYに対して交付した二、五〇〇万円（あるいはその倍額）の返還を求めて本訴に及んだ。おそらくXは本件訴訟において右二、五〇〇万円を解約手付と主張して、右金銭を請求したものであろう。

〈判旨〉（おそらく）請求棄却。判旨は〈事実〉において述べられている諸事実を踏まえて「この事実によると、右金二、五〇〇万円は、訴外会社がXより資金の提供を受けたが、債務者たる同会社自身の支払としてYに交付されたものであり、また、右事実と、右二、五〇〇〇万円の本件売買代金額に対する割合とを併せ考えると、この二、五〇〇万円は解約手付としてではなく単なる内金の第一回分の支払としてなされたもので、契約書中の前記の解約手付の趣旨の条項は単なる例文にすぎないものと認めるのが相当〔傍点筆者〕」。

〈分析〉⑴判旨が、契約締結時に授受された金銭を、解約手付ではなく、分割払いにおける第一回分の内金と解釈したのは、叙上の諸事実と共に、本件売買代金に占める・問題の金銭の割合（約二七％）を根拠としたものである。判旨には、Yが契約の際「手付」の法的意味・内金との相違などを知らなかった、とあるが、Xとその点について話し合いがなかったことからすれば、XもY同様であり、従ってその点について無関心であった、と思われる。また、問題の金銭の金額も、Yの債権者の本件不動産上の担保権消滅のために必要な金額として設定され、しかも本件契約締結に当たりどうしても必要な金額であった、とすれば、客観的にみても、本件契約の解消、さらにはその事後処理を想定した解約（ないし損害賠償額の予定としての）手付として設定されたとは到底思えない。まして、摘示されたように、本件手付条項の文言は、この種契約書作成に慣熟したA社社員が「不動産取引の一般の例にならって〔傍点筆者〕」単に契約書の体裁を整えるべく記載したものとすれば、本件手付条項が「単なる例文にすぎない」との判旨の認定は、文字通り正鵠を射ているというべきであろう。

⑵手付をめぐる裁判において、契約書に「手付金」として記載されているのを内金と認定した例は従来まれである上に、市販の用紙ないし一方当事者が予め準備した印刷ずみの用紙を本件では契約書として用いた訳ではないのに、

判旨がいわゆる例文解釈という手法によって解約手付主張を却けたことは、極めて珍しい。その点に本件判決の新規性がある。なお、判旨は、おそらく業者間における本件不動産売買において代金の三割弱の手付金を解約手付としては高額とみなしていた気味がある。

1の㊽

京都地判昭和四二年三月七日判タ二〇五・一〇四

〈事実〉 昭和二八年一月二五日XはY先代Aに対して、その所有する土地を、京都府知事に農地法三条による所有権移転の許可申請をし（申請時期は契約締結後速やかに）、その許可があることを停止条件として、代金一一万円、内金三万円として即日支払い、残代金八万円は所有権移転登記と同時に支払うとの約定のもとに買受ける契約を締結した。その後Xは同年三月一九日に代金内金二万円、同年七月二九日に代金内金三万円をそれぞれ支払った。そしてXは右契約締結直後から屢々Aに対し府知事に対する農地の所有権移転の許可申請をするように求めた（Aは前主Bから所有権移転登記を受けておらず、そこでまず右移転を受けた上で）。Aは同三一年一一月に本件土地につき、Bから所有権移転登記をうけたが、右許可申請手続はせず、同三六年一二月一〇日Xに対し、契約成立と同時に交付を受けた三万円を解約手付であるとしてその倍額六万円を提供し、本件契約を解除する旨の意思表示を行った。同三八年七月A死亡、Yが相続により本件土地の所有権を取得し、翌年一月一八日に相続による所有権移転登記をした。Xは、Yに対して本件土地の所有権移転の許可申請を府知事に行い、許可があり次第所有権移転登記手続をするように求めて本訴に及んだ。これに対してYは、面積二五〇坪の土地を約二〇〇坪であると誤信し、そのために本件土地価格の評価を誤って本件土地を代金一一万円で契約したものであるから、要素の錯誤により、本件契約は無効である、と抗弁した。

〈判旨〉　請求認容。判旨はまず、Ｙの錯誤の抗弁について、売主が面積約二五〇坪の土地を面積約二〇〇坪と誤信し、そのため誤った評価代金で土地売買契約を締結しても、特別の事情のない限り、右契約は、要素の錯誤により無効とはならない、と判示して、これを却けた上、Ｙの手付金倍額提供による解除の抗弁に対して次のように説示して、これを却けた。即ち「買主が契約締結の際とその後と数回にわたって代金の一部ずつを支払う場合には、特段の事情のないかぎり、契約締結の際に交付されたものだけが、手附であり、契約締結の後になされた代金の一部支払は、民法第五五七条第一項にいう契約の履行の着手に該当し、売主は手附金倍額を償還して契約の解除をなしえないものと解するのが相当である〔傍点筆者〕」と。

〈分析〉(1)本件契約書では、代金は契約締結の際とその後三回に分けて支払う内容であった。そして初回を含め三回目までは、Ｘの主張は全て「内金」とされている。そこでＸは初回支払金を内金と主張し、Ｙは解約手付と主張した。これに対して判旨は、本件のように、契約締結時とその後と数回に分けて代金の一部ずつを支払う場合には、原則として契約締結時の初回金だけが手付である、と判示した（そして本件手付を解約手付と解している）。ＸＹ両当事者は、契約締結時に授受された初回金の性質を争っているのに、判旨の論旨は、一見代金の分割払いにおける手付金が初回金なのか、それとも二回目以降の金なのか（つまり初回金は手付の予約金となるのか）を問題としているようであり、あるいは契約締結時の初回金に始まる分割払いの場合、その初回金が「内金」と称されていても、それを手付金とみなすかどうかを問題としているようでもある。もし判旨が本件の争点（の一つ）を後者の問題としてとらえていたとすれば、判旨は「内金即手付の論理」を分割払いの事案に適用したことになり、その結果、第二回目の賦払い金の提供が「履行の着手」とされて、それ以後における売主の手付倍額償還による契約解除は無効に帰することになる。

(2)本判決の新規性は、契約締結時における・分割払いの初回金を解約手付と認定した点にある。

1の㊾

東地判昭和四七年六月二九日判時六八七・六九

〈事実〉Yは所有する本件土地建物において美容院を経営中、昭和四四年一月オーストラリアで当時大学教授であった訴外夫と結婚し、同四五年二月オーストラリアに赴く際に、姉の訴外Aに右美容院の経営を委託したが、まもなくAは経営に行き詰まり廃業することとなったので、Yは知人の不動産業者Bに本件土地建物の売却の斡旋を委託する一方、Aにも右不動産の売却斡旋を委託した。同年一〇月末、Yは帰国、その頃Bは本件建物の隣に酒屋の店を構えていたXに本件不動産売買の話を持ちこみ、代金額の折衝中、AもXのもとに同じ話を持ちこんだ。XはAがYの姉であるところから、Aを相手方として折衝を進め、同年一一月二〇日Bを交えてAとの間で交渉を進め、翌日代金額一、五〇〇万円、代金支払、明渡し及び所有権移転登記手続の日は同年一二月一〇日の約束で買い受ける旨の売買契約を締結し、即日手付金一五〇万円を支払った。ところがYは、同年一一月二八日XにもAにも連絡なく、オーストラリアの自宅に戻り、前日頃Aに宛てた書面に一五〇万円の小切手を同封の上、本件契約を解除し、右小切手をXに交付してほしい旨を依頼した。AはXに解約の趣旨を伝えたが、Xは解約に応ぜず、右小切手の受領も拒否した。その後同年一二月一〇日の期日が到来したが、Yが本件建物に居住しておらず、契約の履行を期待できない上、Xは自らも履行を提供できないので、八方手を尽くしてYの所在を照会した後、C弁護士と相談し、住所をA方とするY宛ての内容証明郵便を以て、Xは残代金一、三五〇万円を用意しているので、同月一七日D司法書士事務所に参集し、双方契約の履行をなすべき旨を通知した。Aは右郵便を受領後、C弁護士の求めに応じてCに返送した。Xは同月一七日残代金一、三五〇万円の小切手及び現金を持参し右事務所でYの来訪を待ったが、Yは現われなかった。そこでXは、本件契約の履行を求めて本訴に及んだ。これに対して、Yは、昭和四六年二月一八日Xに到達した内容証明郵便によって手付倍額三〇〇万円を償還し本件契約を解除する旨の意思表示をした、と抗弁した。

〈判旨〉　請求認容。判旨は本件手付を解約手付と認定した上、Xの履行着手主張について次のように判示した。即ち、「〔認定事実によれば〕Xは、約定の昭和四五年一二月一〇日の履行期日後、Yがその債務を履行すれば自らもこれに対応する債務を履行しうる準備をし、Yに対し、双方の債務の履行期日と場所を指定して、Yの債務の履行催告を発したのであり、この段階においてXが残代金一、三五〇万円の調達、C弁護士に対する相談ならびに右催告手続等事案解決の委任のため費用を支出し、且つ契約の履行に多大の期待を寄せるに至っていたことはたやすく推認しうるところである。このような場合でも、Xが契約の履行に着手したとするためには前記催告がYに到達することを必要とするのが一般であろう。しかし、契約関係において一定の法律効果に直接間接に結びつくために必要とされる当事者の一方の行為の程度、態容は相手方の行動、態度等と相関的に考察して決定されるべき場合が少なくない。相手方の解除手付〔解約手付の誤り？——筆者〕に基づく契約解除権を阻却する一方当事者の履行の着手がいかなる態容を具え、いかなる程度に達することを要するかについても、相手方の行動、態度等と相関的に考察することが必要であり、相手方が契約履行の意思を放棄し、履行の催告に応じないことが明白であるような場合には、一方当事者が自己の履行の準備を整えたうえ相手方に対する履行催告を発信し、催告意思が客観的に表明された以上、たとえ該催告が相手方に由来する事情に基づき相手方に到達しなかったとしても履行の着手があったと認めるのが相当である。本件において……Yは本件売買契約締結後、履行の意思を放棄し、Xに対してもAに対しても一片の連絡すらせず率然遠隔の地に立戻ってしまったものであり、X側の履行催告がYに到達しなかったのはもっぱらYに由来する事情に基づくのであったから、X側が残代金一、三五〇万円支払の準備をなし、Yに宛てた履行催告の内容証明郵便を発信したことにより契約の履行に着手したものとすべきである〔傍点筆者〕」として、Yの契約解除の意思表示を無効とした。

〈分析〉(1)本件は、売買契約における買主側の履行着手を認めた裁判例である。本件において買主Xは、履行の催告の中で指示した日時及び場所に残代金を小切手及び現金の形で持参しているのであるから、これ位確かな「履行の着手」行為はないであろう。問題は、売主Yが履行期日到来前にX及びY本人の代理人ともいうべき実姉Aにも無断で外国に旅立ち、以後消息不明になった、という点である。そのためにXは、Yの履行期日徒過後、Yに対して履行を催告しようにもできなかったという点である。そこでやむなくXはAを連絡先としてYに対する履行催告をせざるを得なかったのである。これに対してYは、次のように抗弁した、即ち「Yは売買契約の履行に関しAを連絡先とする旨約したことはない。仮にXがA方に宛てX主張のような通知をしたとしても、Yはこれを受領していない。このようにYは履行の日時も場所も知らされていないのであるから、自己の履行行為をすることができなかった。Xは勝手に履行の日時場所を決めて、その日時に赴いたのである」として、Xの履行着手主張を否定した。そこで判旨は「X側の履行催告がYに到達しなかったのはもっぱらYに由来する事情に基づく」のであるからとして、Y側の手前勝手な言い分を却け、X側の残代金の具体的な準備と、Yの所在の十分な探索の末の「Yに宛てた履行催告の内容証明郵便を発信したこと」とをもって、Xの履行着手を認めたものである(因みに、本件のような場合にいわゆる公示送達——民九七ノ二——による履行催告の方法が用いられたとしたら、判旨はどう対処したであろうか)。

(2)本判決の新規性は、催告者自身の履行準備が具体的に整っている限り、所在不明というような・専ら相手方の事情により履行催告が相手方に到達しなかった場合であっても、相手方に対する履行催告は有効であり、履行着手が実現する、とされた点にある。

1の㊿

奈良地葛城支判昭和四八年四月一六日判タ三〇〇・二八四

〈事実〉 Xは、昭和三八年四月七日Y所有の農地を一二一〇万円（一坪当たり八、〇〇〇円）で買い受け、Yの側でこれを宅地に造成し県知事から農地法五条所定の所有権移転許可をうけた上、Xにその所有権移転登記をするとの売買契約を締結し、即日手付金としてYに二〇万円を支払った。ところが本件土地は田であり南側の道路から離れていたので、土砂を搬入して宅地に造成するには本件土地と右道路との間にある土地に道路を設置するためには、その土地の所有者Aの承諾が必要であったが、Aが承諾しないので、道路を設置することができず、本件土地は宅地化できなかった。そこでYは、昭和四三年八月二二日に書面によってXに対し本件契約の解除を通知し翌二三日手付金倍額四〇万円を法務局に供託した。これに対し、XはYの右契約解除を無効と主張して、本件契約の履行を請求する一方、本件土地を宅地化できないのは、YがAからその所有地に道路設置の承諾をとれないためで、これはYの責にもとづく本件契約の履行不能であるからとして、Xは昭和四六年六月三〇日Yに到達した同日付請求の趣旨変更申立書により本件契約を解除するとともに、本件土地の時価が八〇〇万円になっているので、YはXに対する契約締結上の過失による信頼利益賠償としてその内金二〇〇万円の支払いを請求して本訴に及んだ。これに対してYは、本件土地を宅地化するための道路設置はAが当初これを承諾しながら、その約束を履行しなかったことにより不可能となったので、Y代理人BがXに右事情を説明し、同人所有の土地を代替地として提供を申し入れたが、Xがこれに応じないので、Yは手付倍戻しをして本件契約を解除した、と抗弁した。

〈判旨〉 一部請求（農地法五条による所有権移転の許可申請手続・所有権移転登記手続）棄却、一部請求（Yの二〇〇万円支払）認容。判旨はまず、Xが本件契約は昭和四六年六月三〇日にXによる解除により終了したと主張しながら、他方で、右契約にもとづく本件土地の所有権移転許可手続及び移転登記申請手続をYに請求するのは、右主張と矛盾する、として、右請求を却けた。ついで判旨は、本件手付の性質を解約手付と認定した上で、YからのXに対する昭和四三年八月二二日付書面による・本件契約の解除の意思表示及び翌日の手付倍額四〇万円の弁済供託に対するXの無効主張――Yの契約解除は、①Xによる本件契約の履行着手後になされたことであり、②信義則に違反するものであるとする――について、判旨は次のように判示した、即ち「……右契約解除は本件契約締結後五年余を経た後に為されたものであって、……Xは本件契約締結の当時C銀行D支店に妻名義で金一、二九六、二二七円の預金を有し、既に残代金一〇〇万円を支払う用意ができていたが、Yの側に於て約旨に従って本件土地の宅地造成をすることができないまま日時が経過した為、昭和四〇年頃からX自身或いはEを介してYの代理人B及びその代理人Fに対し再三に亘り右宅地造成を行って本件土地の所有権移転登記手続をするよう督促したことが認められ、この認定を左右すべき証拠はない。そして、本件契約にはYの右宅地造成及び所有権移転登記手続をなすべき義務の履行期について特別の定めはないけれども、宅地造成の如くその履行に期間を要するものであっても、契約締結後相当期間を経過した後は買主は何時でもその履行を請求し得るものと解すべきであって、前認定の事実からすれば、Xの督促によってYの右義務はその履行期が到来したものであり、Xに於ては既に本件契約履行に着手していたものと認めるのが相当である。従って、之によってYが解約手附授受の効果として有していた本件契約の解除権は消滅したものと考えられるから、その後になしたYの前記契約解除は之を無効とする外はない〔傍点筆者〕」と。

本件における・もう一つの争点はXの損害賠償請求の当否であったが、判旨によると、Xの主張する契約締結上の過失に基く信頼利益の賠償を否定してこれを履行不能による填補賠償の請求とし、本件土地の時価が契約締結後騰貴しているところから（昭和四三年八月当時の二二五万円から四六年六月当時の七五〇万円へ）XのYに対する内金二〇〇万円の損害賠償請求を認めた。

〈分析〉(1)袋地であった本件農地の宅地造成工事が、隣接地の所有者の協力が得られず履行不能になったにもかかわらず、Yは漫然日時を費し、契約締結後五年余にして結局手付倍額の弁済供託により本件契約を解除したというのが本件の経過である。これに対してXは、本件契約当時から残代金を支払う用意をし、再三にわたってYにその債務の履行を督促したことから、判旨は、Yの債務の履行期の到来・Xの本件契約の履行着手を認定し、Yの契約解除を否認したものである。

(2)解約手付による契約解除と履行着手との対抗を争点とする事案として、本件を見る限り、さして本件判決には新規性はない。履行着手者たる買主側が銀行預金の形で残代金を用意していたこと、相手方の履行を再三督促していたことは、買主側の履行着手態様として判例上すでに定着しているからである。しいていえば、本件では売主の債務の履行期が契約上特定されていなかったが、判旨は、契約締結後相当な期間を経過した後は買主はいつでもその履行を売主に請求でき、それによって売主の債務の履行期が到来し、残代金の支払準備と相まって買主側の履行着手が成立する、と判示した点に、本件判決の新規性を窺うことができるであろう。

1の51

東地判昭和五一年九月二八日判時八五二・八二

〈事実〉清掃会社Xは昭和四七年一二月一九日、焼却炉製造販売会社Yとの間でY製作の焼却炉一基を以下の約定で買い受ける旨の売買契約を締結し、即日Yに対して手付金として二〇〇万円を交付した。即ち、本件焼却炉の納入は同四八年一月二五日とし、場所はXが指定するものとしYがこれを据付ける、Yが上記納入期限までに本件焼却炉の完全な製品を納入しなかった場合には、Xに手付金倍額を提供して本件契約を解除することができる、との内容であった。その後Yは本件焼却炉を昭和四八年一月二〇日頃までに完成した。Yは、Xの要請によって本件焼却炉設置のために必要な基礎図面を作成し、同月二二日頃本件焼却炉の据付可能な日をYに連絡してほしい旨の伝言を添えて右基礎図面をXに郵送した所、右郵便は宛先住所に該当会社なしという理由でYに返却された。そこでYはXに対し、同月二七日再び右基礎図面を速達郵便で送付し、右基礎図面は翌二八日Xに到達した（但し、基礎工事をする際、右基礎図面は必ずしも必要ではなく、従ってXY間で右基礎図面送付の合意はなされなかった）。他方、本件焼却炉の設置場所は市街化調整区域であり、本件焼却炉設置に伴う建築物の建築には通常の建築確認申請手続の他に都市計画法所定の申請手続を要したので、右各申請手続が必要なことについてYからXに本件契約締結の際に説明がなされ、右各申請手続はXが行うことになっていた。ところがXは本件焼却炉の納入期限たる昭和四八年一月二五日までに右各申請手続をしなかった。それにもかかわらずXは昭和四八年一月初旬に本件焼却炉の設置に要する行政上の許可を取らずに本件焼却炉の設置場所に事務所の建築等を開始した所、付近住民から本件焼却炉の設置につき反対があり、また同月三〇日には設置場所の市役所からXに対し右工事の中止の指示があったため、Xは右工事を中止した。その後、右設置場所の住民から市に対し、同年二月及び五月に本件焼却炉の設置について反対する旨の書面が提出され、また本件焼却炉設置に関連して必要な行政上の許可がおりる見込みもなかったので、Xは叙上各申請手続を行わなかった。他方、本件焼却炉納入の遅延に伴ってその製品価値が下がり損害が増大するため、YはXに本件焼却炉の受領を催促し、その際Xに受領する意思がなければ本件焼却炉を転売したいと申し出ていた。結局、Xは同年七月一一日頃、叙上設置場所に本件焼却炉を設置することを断念し、Yの右転売の申出を了承し、Yは同年一〇月本件焼却炉を他に転売した。その後、Xは、Yが契約締結の際直ちに叙上基礎図面を作成交付することを約束しながら遅れたため、Xの基礎工事の着工が遅れ、その結果、Yは本件焼却炉の納入期限である昭和四八年一月二五日に本件焼却炉を据付完了することができず、Yは翌年五月に本件契約を解除する旨意思表示したが、本件手付金倍額四〇〇万円を支払っていないとして、Yに対し右四〇〇万円のうち三〇〇万円をXに支払うよう請求して本訴に及んだ。これに対しYは、本件焼却炉を納入期日に納入できなかったのは、約定の設置場所の土地について本件焼却炉設置のために必要な行政上の許可をXが取得できなかったために、Yに対し本件焼却炉の納入の延期を依頼したからであり、Xはその後も行政上の許可を取得できず、結局、昭和四八年七月一一日にYに対し本件契約解除の意思表示をしたのであるから、本件手付はいわゆる手付流れとなった、と抗弁。

〈判旨〉請求棄却。判旨は、叙上〈事実〉に記述された本件事案の経過を証拠にもとづき認定した上次のように判示した。即ち、「……Yが本件焼却炉を納入期限内はもとよりその後においても納入できなかったのは、Xが本件焼却炉の設置に関連して必要な行政上の許可申請手続を怠ったのみならず、設置場所の付近住民から本件焼却炉の設置について強い反対があったこと、さらに、右許可がなされる見込みがなくなったことが主たる原因であるものというべきである。そして、右許可のなされる可能性の有無等については買主であるX側で綿密な事前調査をすべき筋合であるから、Yが本件焼却炉をXに納入できなかったのは、Xの責に帰すべき事由によるものといわざるをえない。……右事情のほか、前記認定にかかるXがYに対し本件焼却炉の転売を了承するに至った経緯、本件焼却炉の特殊性等を総合して考察すると、XがYに対し本件焼却炉の転売を了承した際、XはYに対し黙示的に本件売買契約を解除する旨の意思表示をしたものと認めるのが相当である〔傍点筆者〕」として、本件手付金は、「Xの本件売買契約の解除によりYに没収されたものといわなければならない」と判示した。

〈分析〉(1)本件は、YがXからその製作を依頼された焼却炉を完成し・納入しようとしたところ、Xが焼却炉設置に必要な行政上の許可を取得できず・付近住民の反対もあって、結局YはXに給付できなかったため、その後Yの転売希望をXが容れて、Xが本件契約を解除した、というものである。判旨は、Yが本件焼却炉をXに納入できなかったのはXの帰責事由によるものと明示した。その上で、XがYの本件焼却炉転売を了承したとき、XはYに対し本件契約を解除する旨の黙示の意思表示をしたものと認定したのである。

(2) 判旨は、本件手付を民法五五七条所定の解約手付であるとは判示してはいないが、本件契約書には、Yの契約不履行の際は、YはXに対し手付倍額を提供して本件契約を解除できる、とあり、判旨も亦、Xによる本件契約の解除を認め、それにより「本件手付金は、……Yに没収されたものといわなければならない〔傍点筆者〕」と判示し、買主の契約解除に伴う・損害賠償として手付流れを認めており、本件手付の解約手付性を認定している。

(3) ところで判旨は、Xの受領遅滞後（「約定期限までに本件焼却炉を納入しなかったのはXの依頼に基づく〔傍点筆者〕」とのYの主張を判旨は本件焼却炉をめぐるX側の諸事情から裏づけている）「本件焼却炉納入の遅延に伴い、その製品価値の低下により損害が増大するため、YはXに対し本件焼却炉の受領を催促し〔傍点筆者〕」た、と判示している。このことは、Xの解除権行使がYの履行着手後になされたことを判旨が認めていることを物語っている。そうだとすれば、一方当事者の履行着手後の・相手方の解除権の行使を認める特約の存在に関する言及が本件判決のどこにも見当たらないから、結局、判旨は右の趣旨の黙示の特約の存在を前提として、Xの解除権行使を認めた、と考えざるを得ない。しかし本件判旨は、他の手付判例一般と異なり、Yの履行不能がXの責に帰すべき事由によることをわざわざ明示し強調していることから見て、Xの受領遅滞によるYの損失（本判決の中に、Yがこうむったとする損害額二五三万円余が提示されている）を「手付流し」の形でXに賠償せしめるべく、（あえて「履行着手後」に拘泥せず）Xの解除権行使を認めたのではなかろうか。

(4)本判決の新規性は、表面的に強いて取り上げるとすれば、黙示の特約を前提として相手方の履行着手後に契約解除を認定した点にある。

1の52

横浜地判昭和六三年四月一四日判時一二九九・一一〇

〈事実〉X（不動産仮処分における債権者）は、昭和六〇年四月八日Y（債務者）との間で訴外A所有の土地上にあるY所有の建物を次の約定で買い受ける旨の契約を締結した。即ち、代金七、七〇〇万円、契約日にXが手付金一〇〇万円を支払うこと、残代金は同年八月末日までに所有権移転登記手続と引き換えに支払うこと、さらに特約として、Xは本件建物を買い受けた後、同所に新たに堅固な建物を建築する予定であるため、Yは、Aから借地権譲渡及び借地条件変更の許可を得ることを定めており、即日XはYに手付金を支払った。その後Xは、残代金の支払準備のため、直ちに取引先のB銀行に行き、本件売買契約書、公図や本件建物の図面等を持参し事情を説明した上融資の申込をした所、右銀行ではYの連絡があり次第融資する旨の了解が得られたので、いつでも残代金の支払ができる状態でYからの連絡を待っていた。同年六月中旬Yの代理人がXを訪ね、Aに対し近く借地権譲渡及び借地条件変更の承諾をもらうべく交渉に入るが、仮に承諾が得られないときは裁判を起こす予定であり、その際必要な書類を作成してもらうが、その時は別途連絡する旨を告げた。Xはそのまま待機していたが一向に連絡がなかったため、Y側にAとの交渉経過を聞いても、少し待ってほしいとの一点張りで、八月中旬となり履行期限も近づいてきたので、同月下旬に再度事情説明を求めたところ、裁判が長引きそうなので、各種書類を準備してほしいといわれ、とりあえず同月末日の期日は延期した上、九月下旬に必要書類をY方に送付した。ところが、その後数カ月間が経過しても、Y側からは履行を催促する通知もなく、Xが経過説明を求めても、少し待ってほしいとの返事をくり返すのみであった。そのうちに地主Aの死亡を耳にしたXは、交渉難航とみてなお様子を見ていたところ、昭和六一年一一月突然Y代理人がXを訪れ、手付倍戻しにより本件契約を解除したい旨申し入れがあり、翌月一七日手付倍額二〇〇万円を提供し解除を申し入れたがXの拒絶にあい、翌日Yは右二〇〇万円を供託した。そこでXは翌六二年二月本件不動産処分禁止仮処分を申請し、同月一六日横浜地裁で仮処分を認めたので、これに対しYは、右手付の倍額をXに提供して解除権を行使したから、Xの被保全権利たる本件建物の所有権移転登記手続請求権はすでに消滅したとして異議を申立て本訴に及んだ。これに対し、Xは、Yの解除権行使前にすでに本件契約の履行に着手していたから解除の効果は発生しないと主張した。

〈判旨〉本件仮処分決定を認可。「……民法五五七条にいう履行の着手とは、債務の内容たる給付の実行に着手すること、すなわち、客観的に外部から認識し得るような形で履行行為の一部をなし、または、履行の提供をするために欠くことのできない前提行為をした場合を指称するものというべきところ、これを本件についてみるに、……Xは、契約当初残代金の決済及び移転登記手続の実行日として一応当事者が予定していた昭和六〇年八月末日が近づいてきたことから、取引銀行と連絡をとりいつでも残代金の支払ができるように手配をする一方、予定どおり履行が可能か否か、Y側の仲介業者でもあるCに確認したところ、地主との交渉が難航しているのでしばらく猶予を欲しいといわれ、やむなく右期日を延期することを承諾したけれども、Xは、その後もいつでも残代金を支払えるよう手配をすべて了し、更に地主との借地権譲渡等に関する交渉に必要とされる関係書類もYにいわれるままに取り揃えて手渡し、あとはYから地主の承諾ないしは借地権の譲渡許可がおりたとの連絡を待つばかりの状態で待機していたところ、その後Y側からは一向に経過報告もないまま時が推移し、Xの方からYや前記仲介業者のCに対し、再三進行状況を尋ねても、その都度現在交渉中であることの返事が返ってくるのみで、その結果、Xは、Y側に仮に地主との交渉が予想外に手間取ったという事情があったにしても、当初の契約締結日から一年半以上もの長期間待たされたのち、突然手付金の倍戻しにより本件売買契約を解約する旨通告されたというものであって、なるほど本件においては、Xにおいて右解約の申し入れを受けるまでの間に残代金を現実にYに提供して履行を求めたという事情はなかったにしても、すでにみてきた本件売買契約の特殊性並びに契約締結後の前記経過等に照らすと、本件ではXに残代金の現実の提供がない限り履行の着手があったといえないと解釈するのはあまりにX側にとって厳しすぎるといわざるを得ず、解約手付の設けられた趣旨等を十分斟酌し、更に本件の特殊事情等を総合すると、本件ではXに一応履行の着手があったものと認めるのが相当であり、他に右認定を覆すに足りる疎明ないし事情は見当らない〔傍点筆者〕」として、Yの手付倍戻しによる本件契約の解除は無効と判示した。

〈分析〉⑴買主の履行着手をめぐる・これまでの判例の傾向は、①残代金の支払いを具体的に準備する一方で、②売主に対して引渡債務等の履行を催告すればよく、残代金の履行の提供までは必要とはしていない。これは昭和二六年一一月一五日最高裁判決(1の⑪)以来の傾向である。そして現在、履行着手に関する基本的な判決とされる最大判昭四〇・一一・二四(1の⑮)は、民法五五七条一項が「履行着手」による解約制限を設けた趣旨は、「当事者の一方が既に履行に着手したときは、その当事者は、履行の着手に必要な費用を支出しただけでなく、契約の履行に多くの期待を寄せていたわけであるから、若しかような段階において、相手方から契約を解除されたならば、履行に着手した当事者は不測の損害を蒙ることとなる。従って、かような履行に着手した当事者が不測の損害を蒙ることを防止する」ことにある、とし、そこで、この立法趣旨から「履行着手」を抽象的に表現すれば「客観的に外部から認識し得るような形で履行行為の一部をなし又は履行の提供をするために欠くことのできない前提行為をした場合を指す」ということになる。しかし、右の抽象的概念規定には、買主側からみて大きな矛盾がある。そもそも買主が代金支払期限まで「何もしていない」ことは必ずしもそのまま直ちに「履行に着手していない」ことにはならない。なぜなら、もし買主が現実に代金を所持していれば、何もわざわざ代金を調達する必要はなく、ひたすら履行期の到来するのを待っていればよいはずだからである。しかし、そうだからといって叙上の概念規定に照らせば、代金を他人から調達する必要のある買主は「履行着手した」ことになるのに、現金を持っている買主は、「履行着手したことにはならない」という矛盾が生ずる。そうだとすれば、買主の履行着手の有無は、少なくとも調達行為の有無に求められるべきではあるまい（ましてや調達方法の如何によるべきではなかろう）。それなのに、「着手後の解除によって着手者に現実に損害を生ぜしめない為〔傍点筆者〕」との立法趣旨に即して「履行着手」概念を構成しようとすれば、現実に履行行為の一部が実現して初めて「履行着手」あり、といわざるを得ないであろう。これが「客観的に外部から認識し得るような形で〔傍点筆者〕」履行行為の一部ないし履行の提供に必要な前提行為がなされることを要する、と規定する所以であり、買主側に残代金の支払の「具体的」用意を要求することの根拠である。因みに、このように「履行着手」概念を立法趣旨に即してとらえようとすれば、その分破約者側の解除権行使が容易となる道理であり、とりわけ買主側に他人の目にうつる形で具体的な調達行為が求められる分だけ解約を望む売主の側に一層有利となるのである。

(2)ところが、叙上の四〇年大法廷判決とは対極にある一連の判例がすでに昭和二六年最高裁判決（1の⑪）に始まることは叙上の通りであり、これら諸判例は、契約履行への積極的な意思の表明と見られる行為があれば、それ丈で履行着手とみて解除権行使が阻止される、とし、そこには、「破約の相手方を破約による損害から守る」という、立法趣旨に忠実な着手概念本来の消極的機能から、「契約履行を望む相手方の利益を守る」という・近代的な契約原理に忠実な積極的機能への転換によって「取引の安定」を確保しようとする姿勢が窺われたのである。このような判例の流れは、現実の着手を必要とした戦前の判例(例えば大判昭八・七・五——1の⑤)に回帰した観のある右の四〇年判決によってさえぎられたかに見えたが、着手判例の中には、右の流れに属するものもない訳ではない(例えば、1の⑰、同⑱、同㉑、同㊼、同⑱の一審判決など)。

(3)それでは、本判決は右の主流(四〇年判決に従うもの)・傍流(二六年判決に従うもの)いずれに含められるであろうか。判旨は、叙上のように買主の着手態様を「残代金の提供」に求めており、四〇年判決の規定する「履行行為の一部」ないし「履行の提供をするために欠くことのできない前提行為」の域を遥かに超えた・ヨリ厳格な態様を指示している(因みに、右の「残代金の提供」が買主側の履行行為そのものであり、その際に相手方の履行を催告するのが常であろうから、判旨は「残代金の提供」に「履行の請求」を含ませたのではなかろうか)。従って判旨の抽象的な態様把握を見る限り、本判決は主流に属する、といえるだろう。もっとも、そうだとすると、本件ではXはYに残代金を現実に提供するまでには至っておらず、従って履行請求もしていないから、Xの履行着手はなかった、と結論づけるべきであったろう。それにも拘わらず、判旨がXの履行着手を認めたのは、判旨が縷々説示しているように、Xの契約実現への強い意欲と期待(X自身の周到かつ長期間維持した履行準備・Yの履行に必要な協力要請への即時の対応、一年半以上にわたるYの放置にも辛抱強く耐えたこと)に判旨が感応し、他方でYの不誠実な対応(Yが放置中に地価暴騰をみて別途処分したらしいことも含めて)に反情をいだいたことによることは明らかであろう。判旨が他の着手判例よりもわざわざ極めて厳格な着手概念を規定したのは、正に「本件の特殊事情」を浮き彫りにしたかったためではなかろうか。

(4)このように判旨を理解するとすれば、本判決はむしろ、四〇年判決の流れを汲むものとみるよりは、戦後の新しい潮流に沿うものととらえるべきであろう。なぜなら、本判決において、判旨は「契約の履行への積極的な意思の表明と見られる行為〔傍点筆者〕」さえあれば、それを履行着手とみているからである。

1の㊼

大阪地判平成元年一二月二六日判時一三六八・九七

〈事実〉Xは、奈良県内で旅館を経営していたが、昭和五八年一二月旅館が焼失したので、右跡地に旅館再築を考えたが、右跡地が古都保存法による春日山特別保存地区内にあったため、県から代替地の取得及び開発許可について協力するので旅館を他の場所に移転するよう強く要請された。そこでXは県の指導に従い、Yとの間でY所有地の一部（本件土地）の売買契約を締結した。ところで、このYの所有地は、もとA開発会社が取得してゴルフ練習場とすべく開発許可申請をしていたものであったが、この土地は都市計画法上の市街化調整区域・環境保全地域に指定されていたため、開発許可がおりない状態であったもので、Aから譲り受けたYは、県から本件土地をXに譲渡するならば、ゴルフ練習場の開発を許可すること・Xに譲渡する土地の代替地としてY所有地に隣接するB土地会社の所有地の取得に協力することなどの申入れを受けて、本件契約の締結に至ったものであった。本件契約は、昭和六一年一一月二七日に締結されたが、その内容は、その当時未分筆の本件土地一、五〇〇坪を概算七、〇〇〇万円（Yは昭和六二年四月に本件土地につき分筆登記手続を行い、代金額も五、九九二万四、二〇〇円に確定）、手付金四〇〇万円、履行期日はゴルフ練習場の開発予定日等を考慮して同六二年一月末日（後にYが本件土地の分筆登記手続をおえ、本件土地の面積が確定した後と変更された）とされ、右手付金は締結と同時にXからYに支払われた。ところが、本件契約はYの開発計画の変更等のために履行されず、同年一〇月に至って右開発変更が許可されれば履行するとされ、右許可の下された一一月一八日直前に県の指導に従いXは、右履行期日をゴルフ練習場の竣工検査完了時まで延期することに同意した。その間Xは、Yの開発許可手続に関して隣接所有者としての同意書等を県に提出する等の協力をする一方、Xは、本件土地の所有権移転登記を受けられないためにX自身の事業計画に大幅の遅れが生じたところから、県に本件土地の所有名義がYのままでXの開発許可申請の事前協議を受付け審査してもらう約束を取りつけ、早期営業の開始をめざして同年一二月、旅館営業の一部門としてのレストラン経営のための開発許可申請の事前協議書を県に提出して受付てもらうなどした。その後、ゴルフ練習場の竣工間近かとなった翌六三年七月二七日、XがYに履行期日の具体的指定日を定めるよう求めたところ、Yは本件手付の倍戻しによって本件契約を解除した。そこで、Xは、本件手付は解約手付ではないこと、仮に本件手付が解約手付であっても、Xが売買代金を準備し数回にわたり履行の請求をしているので、Xは履行に着手したこと、仮にYに手付倍戻しによる解除権があるとしても、その解除権行使は信義則に反し許されないこと等を理由に、本訴に及んだ。他方Yは、信義則違反とするXの主張に対しては、Xが本件土地を利用して旅館業を営むとしながら、Yがゴルフ練習場内で営業するレストランと競業するレストラン等を経営する計画を立てYと対立したから、Yは手付解除をしたのであって、Xのいう信義則違反は当たらない、と抗弁した。

〈判旨〉　請求認容。判旨は、まず、本件手付が解約手付たることを認定し、次いで、本件契約締結前からYの手付解除に至る経緯を詳細に判示した上で、Yの解除の実質的理由が、Yの抗弁のように、「Xが旅館業を営業するといいながら、Yがゴルフ練習場内において営業するレストラン営業と競業するレストラン経営をする」点にあることを認めた上で、Yの手付解除により両当事者に生ずる影響について、Xは「履行期日の延期により現に少なからざる損失を受けており、更に本件売買契約が手付倍戻しにより解除されると、多大な損失を被ることになる」一方、Yは「開発工事を完了し、昭和六三年九月二六日には工事完了検査済証の交付を受け、ゴルフ練習場の営業を支障なく行なうことができるに至っている」と判示している。こうした事実を踏まえて、判旨は、XY間の利益衡量を行い、Yの手付解除の当否を次のように判示した。即ち「……本件売買契約の履行期日が延期されるに至ったのはY側の事情によるものであり、Yはゴルフ場開発事業にXの協力を得て完了し、支障なく営業活動ができる利益を獲得したのに、

Xは本件売買契約の履行がなされないことになると営業活動上の拠点を失い、計画の全面変更を余儀なくされ、経営上極めて重大な支障を来たし、多大な損失を被ることになり、また、旅館営業に食堂経営は付随業務として通常なされるものであって、Xがレストラン経営をとりあえず行うことにしたからといって、Yとの競業を意図的にしたものではないし、本来レストラン経営が競業したからといって、それは本来客に対するサーヴィスの内容の優劣によって競うべき性質のものであるから、Yの契約解除の実質的理由というのもそれ程考慮に値いするものでもないので、Yの右手付倍戻しによる解除権の行使は権利の濫用であり、許されないというべきである〔傍点筆者〕」と。

〈分析〉(1)本件は、売主側の手付倍戻しによる解除に対して買主側が履行着手をもって争った事案であるが、判旨は、履行着手の成否については判断せず、本件手付を解約手付と認定し、Yの手付解除を認めた上で、その解除権行使を権利濫用と判示した。即ち、判旨は、この種の事案では一般に争点とされるべき履行着手の成否をめぐる事実よりも、本件契約の締結に至る経緯・契約締結から手付解除に至るまでの諸事実にもとづき、解除権の権利濫用と判断したものであり、それは専らこうした諸事実に明らかな本件事案の特殊性によるところが大きいと思われる（判旨がYの手付解除を否認してXの請求を認めたことは、判旨が詳記した本件事実関係を通読すれば、大方の共感を呼ぶであろう。このことは、以下のXの主張に明らかである――「Yは、事業目的であるゴルフ練習場開設について隣接所有者であるXに対し、種々の協力をさせ、その結果自己の事業目的を達成するや、Xの事業目的にとって必要不可欠な本件物件について、これまでの履行約束を反古にするため手付倍戻による解除権を行使」した、と）。もっとも、手付倍戻しによる解除を権利の濫用と認めた先例は見当たらない。

(2)叙上のように、判旨は、Yの手付解除を権利濫用の法理をもって否定した。確かに、一方当事者の手付解除を否定する途は、他方当事者の履行着手を認めない限りは、権利濫用法理によるのが自然といえよう。なぜなら、具体的事案において、授受された手付が解約手付と認定されれば、両当事者に手付損倍戻しによる解除権が民法上当然に付与されるからであり、従って、一方当事者の解除権行使は当然適法ではあるけれども、本件におけるそれのように形式的にこそ権利行使の外形を具えてはいるが・内実は他人を害することを目的とする解除権行使は、正に権利濫用法理の適用対象に他ならないからである。要するに、判旨のように本件手付を解約手付と認定する限り（そして履行着手を認めない限り）、権利濫用法理に依拠せざるを得ず、解約手付を否定する契約遵守の法理からは距離をおかざるを得ないのである。

(3)他方、Xは、Yの解除権行使を信義則違反としてその無効を主張した。しかし、既述のように、Yの手付倍戻しによる解除権行使は、全く適法である。解約手付制度は、いうまでもなく手付額を限度とする損害賠償を見返りに任意の解除権行使を認めるもので、それは解除権者の主観的意図の如何を問わない・文字通りの「無理由」解除なのである。その限りにおいて、「相手方の信頼にそむかず誠実に権利を行使し義務を履行する」ことを契約当事者に求める信義則は、こと手付損倍戻しによる解除権の行使には妥当しないのではないだろうか。そして沿革上信義則は債務者の債務の履行に関して認められたものではある（その典型が「合意は誠実に履行されねばならない」とする フ民一一三四条三項である）が、解除権の場合は、信義則にいう・権利の行使と義務の履行とがそもそも矛盾する関係におかれるから、この意味からもXの信義則主張は的外れというべきであろう。唯、信義則内容を「合意の誠実な履行」と解する限り、信義則は契約遵守の法理と同根であり、前者は後者同様、無理由解除を主たる効果とする解約手付制度とは相容れないものといえよう。そうだとすれば、Xが本件手付の解約手付性を肯定しつつ・なお信義則を根拠にYの解除権を否定するのではなく、本件手付の解約手付性そのものを否定する根拠として信義則の適用を主張したとすれば、納得し得ないものでもない。

いずれにしろYの解約権行使の否認という結論を実質的に導き出した根拠とみることのできる一連の諸事実を、判旨もXの主張も同様に評価したが、結論正当化の道具概念として判旨は権利濫用法理を、Xは信義則を選んだのである。そしてそれぞれが選択した道具概念の・このような違いは、見方によっては、叙上の諸事実を当該結論にとりレレバントな前提として意味づけた価値判断規準の違いでもある、といえる。即ち、前者のそれは法実証主義の立場からの解約手付制度の肯定であるのに対し、後者のそれは契約遵守法理にもとづく解約手付制度の否定である、と。

(4) 本判決にみる新規性は、権利濫用法理によって手付倍戻しによる解除権行使を否認した点にある。

1の54

東地判平成三年九月二六日金融法務事情一三一八・三一

〈事実〉 X会社は、不動産会社Yとの間に、昭和六二年九月三〇日にYの所有地を代金五億九千万円、手付金一千万円（但し二百万円を即日、残り八百万円を同年一〇月八日に分割して支払う）、残代金五億八千九百四十万円をYの本件土地の所有権移転登記手続及び本件土地の引渡と引換えに同年一一月三〇日までに支払う旨の売買契約を締結し、Xは手付金として、即日二百万円、翌月六日八百万円を支払った。なお、本件契約には手付特約として、契約当事者の一方に契約違反があったときは、相手方は催告なしに契約を解除することができ、売主の義務不履行にもとづくときは、売主は買主に対し領収済の手付金の倍額を支払い、買主の義務不履行にもとづくときは、買主は売主に対し支払済の手付金の返還を請求できないとの趣旨の条項があった。ところでXは、本件契約締結直後から、本件売買残代金五億八千九百四十万円全額の融資を受けるべく不動産金融会社四社と交渉したが、うまくいかず、Yに対し適当な金融業者の紹介を頼み、Yから三社の紹介を受けた。しかしY紹介の業者もXに対する・右残代金全額の融資を承諾する者がなく、同年一一月末近くには、Xが金融機関から全額融資を受ける可能性が殆どなくなった。そこでXは、本件手付金が手付流れとなる事態を見越して、Y及びB不動産会社従業員Aに、本件隣接地をYが買収し、本件土地と合わせてヨリ大規模な団地として他に転売すること、その買収及び転売についてBとXとが仲介してYから手数料を受取り、これによって本件手付金の手付流れによるXの損失を埋め合わせることの二点を主な内容とする企画を話し、Y及びAがこれに応じた。同年一一月末には、Xが本件売買の残代金の融資を受ける可能性は殆ど絶無となり、X担当者CはYと協議した。その後本件隣接地の買取り交渉が難航したので、翌年二月始めYの代表者がCに本件契約及び本件手付金の帰趨を定めようとする意向を示し、Xは同月五日「本件隣接地の買収をYの委託を受けてXが担当し、その買収完了時にYが相当の仲介手数料をXに支払い、かつ、その買収後に本件隣接地及び本件土地の四筆を他に売却したときにもYがXに対して相当の手数料を支払うこととし、その二回の手数料の支払がされた時にXが本件手付金についての〔返還〕請求権を放棄することとする」旨の契約書を作成し、これをYに届けたが、Yは承諾せず、同月六日YはCに対し、「本件売買契約は、Xの都合により代金授受の猶予期間においても調達不能につき本件手付金は慣例に従い流れとすることとし、Yは、本件隣接地及び本件土地の買収及び売買の仲介について、B及びXに規定の手数料を支払い、XはBと配分によりこれを受け取るものとする」旨の契約書を渡し、CはX代表者に渡したところ、反対の意思をCに述べた。本件隣接地の買取交渉の仲介は、右文書授受の前後も続いたが、どうしても地主の承諾が得られず、結局、この交渉も仲介もその買収計画も立ち消えになった。しかしXはYに対し、本件残代金調達の見通しを伝えず、本件手付金の返還を請求したことも全くなかった。平成元年一一月一五日Yは本件土地をD会社に売り渡し、所有権移転登記を終了した。これに対してXは、YのDに対する・本件土地売却当時、それより前に本件契約における本件決済期日が金融機関からXへの融資実行時まで延期されていたことによって、まだ本件売買契約関係が続いていたところから、Yによる本件土地売却は売主として義務不履行と主張し、本件契約に付属するローン融資付け約定――金融機関からのローンが付かなかった場合には速やかに本件手付金を返還すること――にもとづき本件手付金の返還を求めて、本訴に及んだ。これに対してYは、X主張のローン融資付け約定の存在を否定し、Xの残代金の支払期日は同六二年一一月三〇日から約二週間後に延期されたにすぎず、その支払期限にXが残代金を支払わなかったから、Yは同六三年二月六日ころXの義務不履行にもとづき本件手付金を没収した、と抗弁した。

〈判旨〉請求棄却。判旨は、まず、本件契約の際にXY間でローン融資付け約定が合意されたか否かについて検討し、これを否定した。次いで、本件契約の帰趨について次のように判示する、即ち「……本件売買残代金五億八九四〇万円を支払うべき本件決済期日が昭和六二年一一月三〇日の約二週間後の期日に延期されたが、Xにおいてその残代金の資金調達ができず、そのため、この不調達を伝えられたYがその支払期限のころXに対し本件土地についての所有権移転登記手続をし、及び現状有姿のままこれを引き渡す債務の弁済についての口頭の提供をしたにもかかわらず、Xはその支払期限までに右売買残代金の支払をしなかったものであり、したがって、このXの債務不履行に対して、Yが、本件売買契約における『買主の義務不履行に基くときは支払済みの手付金の返還を請求することができない』旨の約定に基づき、昭和六三年二月六日ころ、Xに対し、『本件手付金は慣例に従い流れとする』旨の告知をして本件手付金を没収する旨の意思を表示したものと推認することができる（傍点筆者）」と。次いで、本件手付の性質及びそれにもとづく本件契約関係の帰趨について次のように判示する、即ち、「……本件売買契約において、……『契約当事者の一方が本契約に違背したときは、相手方は催告を要することなく本契約を解除することができ、売主の義務不履行に基づくときは売主は買主に対し領収済みの手付金の倍額を支払うものとし、買主の義務不履行に基づくときは買主は売主に対し支払済みの手付金の返還を請求することができない』旨の約定が合意されており、この約定によれば、本件手付金が本件売買当事者の債務不履行の場合において契約関係の一切を清算する損害賠償の予定の性質を有するものであると認められるが、このように違約手付金の約定が契約関係を清算する趣旨で合意された場合には、手付金受領者は、相手方に債務不履行の違約があったときは、あらかじめ契約解除の手続をとることなくいわゆる手付金流れとすることによりこれを確定的に自己に帰属させることができるとともに、特段の事情がない限り、相手方にその旨を告知したときは、これによって右契約関係も当然に終了するものと解される〔傍点筆者〕」と。従って「……本件手付金は、昭和六三年二月六日ころYがした前記認定の告知により、Yに没収されて確定的にYに帰属するとともに、本件売買契約も、これにより当然に終了したものといわざるを得ない」としてYの抗弁を認め、Xの請求を棄却した。

〈分析〉 (1)本件の中心的争点は、売買残代金の支払いのための金融機関からのローンが受けられなかった場合には本件契約は当然合意解除され本件手付金を売主は買主に返還するという・いわゆる「ローン融資付け約定」（一般にローン条項ともいわれる）が当事者間で合意されたかどうかという点にあった。判旨は「判決理由」冒頭から右の点について詳細に検討し、合意ありとするXの主張を否定している。即ち、右約定が本件売買契約書上に全く記載されておらず、その点につき、右約定の記載があると「税務署関係で契約不成立とみられて困るので口約束だけとした〔傍点筆者〕」とのXの弁明に対し、判旨は、本件契約成立に関わったAの証言による「本件当時ローン融資付け約定の記載ある不動産売買契約書式が不動産業者間で相当一般的に使用されていた事実」、本件契約の交渉・締結当時「依然として不動産取引に関する融資が極めて緩やかに行われ、取引物件さえあれば取引全額の融資が出る可能性が一般的に見込まれたこと」からみて「本件売買の残代金をXが独自で金融機関からの融資により調達することが、本件売買契約の締結当時、当然に、又は明らかに、無理又は不可能であったとまではいえない」とし、もしそのように確実に無理・不可能であれば、「そもそも本件売買契約を締結するべきではなく、又は締結するとしてもその契約書には他の何よりも優先してローン融資付け約定を明記する筋合いである〔傍点筆者〕」と説示している。

(2) このようにローン融資問題に終止符を打った判旨は、本件契約当初の残代金支払期日から二週間延期された期日をも徒過したXの契約不履行を認め、約定通りXの手付流れと断じたのである。その際判旨は、本件手付を損害賠償額の予定としての違約手付と認定した。この種の手付は、一方当事者が違約すれば相手方は解除の余地なく直ちに手付損倍戻しによって契約関係を清算することを目的とするから、違約後の処理を訴訟によらず迅速簡便に遂行できるが、その反面、常に違約者のイニシァティヴによって契約が解消され（実質的な「無理由」解除）、損害賠償額も実額ではなく手付額に限定される点において、実質的に解約手付と変わりがないことは、今更くり返すまでもない。

1の55

神戸地判平成四年二月二八日判タ七九九・一九四

〈事実〉不動産会社Xは、平成元年七月その取引銀行の支店長から本件山林の購入を持ちかけられ、本件山林の共有者六名Y_1〜Y_6（以下Yらという）中の数名の案内で現地を見てまわったが、気乗りせず、一旦断った。その後、本件山林の売買の話が再燃し、結局Y側も坪当たり三五、〇〇〇円で売却することになり、平成元年一〇月二四日山林の売買につき、次の内容の合意が成立した。即ち、売買価格坪当たり三五、〇〇〇円、実測の上最終的に総額を算出すること、実測はXが費用を負担の上Y側も立会い同年一一月三日に行うこと、本件山林が調整区域であるため国土利用計画法（以下「国土法」という）二三条一項の土地売買等届出書を提出し、兵庫県知事から同法二四条一項の勧告をしない旨の通知（以下「不勧告通知」という）のあることを停止条件として売買の効力を生ずることとし、正式の契約書は不勧告通知後に作成すること、Xは不勧告通知後遅滞なくYらに手付金二、〇〇〇万円及び中間金一、〇〇〇万円を支払うこと等が合意された。Yらは、右合意中の重要事項については、同日これを特約事項として記載し、「Yらが本件山林をXに売渡したく」と明記した覚書を作成し、Yら全員が持参した実印を押捺した。また、国土法の土地売買等届出書に添付する譲渡同意書にもYら全員が署名・実印の押捺を行い、各自の印鑑証明書をXに交付し、右届出書の譲渡人欄にY^{1}がYらの代表者として署名押捺した。さらに同日Yら全員が、本件山林の売却代金入金のための預金口座を叙上銀行支店にそれぞれ開設した。Xは右一〇月二四日の合意の翌日、知事宛に「土地売買等届出書」を提出、翌月三日予定通りXが全額負担して本件山林を測量したが、その際Yらから二名、隣地所有者四名が立ち会った。同月三〇日、Xは知事から同月二八日付不勧告通知書を受領したので、同年一二月五日Y^{1}の了解の下に、手付金二、〇〇〇万円、中間金一、〇〇〇万円をY^{1}名義の前記銀行口座に振込み、翌六日にはXの代理人がY^{1}の許に本件売買契約書を持参し、右契約書売主欄にYら全員の代表者として署名捺印をすることを求め、Y^{1}は何ら異議を止めず署名捺印した。また、その際Y^{1}は、前記銀行支店に電話で入金の事実を確認し、手付金及び中間金の領収書を作成し、Xに交付した。ところが、Y^{1}は右売買契約書に署名捺印の際Xから「他のYら全員から、売主全員が、Y^{1}にXとの本件山林の売買契約締結及び手付金・中間金の受領に関する一切の権限を委任する」旨の委任状を徴収して欲しいと依頼され、X代理人が右委任状を集めに回ったところ、Y^{3}以外の各売主からはいずれも各人の署名捺印した委任状の交付を受けたが、Y^{3}がこの段階にきて初めて「本件山林をXに売った覚えはない」旨主張し、前記委任状の交付を拒絶した。その後、Y^{3}を除くYらは、Xに対し、平成二年三月一二日到達の書面により、本件手付契約にもとづき本件契約を解除する旨の意思表示をするとともに、同月二八日Xに対し本件手付金の倍額に相当する四、〇〇〇万円及び中間金名目で受領した一、〇〇〇万円計五、〇〇〇万円を現実に提供したが、その受領を拒絶され

訴に及んだ。

たので、同年四月九日これを供託した。そのため、Xは、Yらに本件山林の所有権移転登記手続をするよう求めて本訴に及んだ。

〈判旨〉請求認容。判旨は、本件売買契約は平成元年一〇月二四日に知事の不勧告通知の到達を停止条件として成立したものとするXの主張を認め、却って、国土法の規定にもとづく届出が売買契約の成立要件であり・かつ罰則規定とされているのを根拠に同日成立の合意は覚書にすぎないとする・Yらの主張を失当と判示した上で、Xの・契約の履行着手の主張について次のように説示する、即ち「……(1)XとYらは、平成元年一〇月二五日、本件売買契約に基づき、双方が協力して国土法二三条の届出をなし、(2)次いで、Xは、同年一一月三日、本件売買契約に基づき、本件山林の売渡価格算定の基礎となる本件山林の実測を、Xの全額費用負担のもとに実施し、(3)次いで、Xは、兵庫県知事の不勧告通知受領後の平成元年一二月五日、Yらに対し、本件売買契約に基づく中間金一、〇〇〇万円を支払ったこと、以上の事実が認められる。そして、証人……の各証言によると、本件売買契約においては、手付けの授受が、契約締結時の平成元年一〇月二四日ではなく、兵庫県知事からの不勧告通知が届いた後である同年一二月五日になされているのは、国土法を考慮して、不勧告通知までは手付けの授受を控えたためという特殊事情があったことが認められるから、本件のように、手付けの授受が遅れて、国土法の届出が先になった場合においても、売主と買主が連署のうえ、国土法二三条の規定に基づく届出をなしたときには、特段の事情が認められない限り、契約の履行に着手したものと解してさしつかえがなく、右特段の事情も認められない本件においては、前記(1)ないし(3)の事実が存在する以上、Xは、民法五五七条一項にいわゆる契約の履行に着手したものと解するのが相当〔傍点筆者〕」として、Yらの手付倍戻しによる解除権行使を「失当」として却けた。

〈分析〉(1)本件は、買主の履行着手にもとづく履行請求に対する売主の手付倍戻しによる解除の抗弁を争点とする。

即ち、本件では、X側の履行着手の成否が問題とされたのである。もっとも、判旨には本件手付の解約手付性に関し、とり立てて言及はないが、本件手付が解約手付たることを当然の前提として判旨は、次の三点をもってXの履行着手があったと認定している。即ち、①XYが協力して本件契約にもとづき国土法二三条の届出をしたこと。②Xが本件山林の実測を、その全額費用負担のもとに行ったこと。③Xが知事の不勧告通知受領後Yらに対し、中間金一、〇〇〇万円を支払ったこと。

(2) ①において、判旨は、XがYから本件山林を譲り受ける際に知事に提出する「土地売買等届出書」に添付すべき・売主側の「譲渡同意書」にYら全員が署名捺印し、各自の印鑑証明書をXに交付した上、右届出書の譲渡人欄にY^{1}が代表者として署名押捺しているところから、XY協力の下に右届出をした、と判示している。ところで判旨は、その前に、本件契約が右届出書作成の時点(平成元年一〇月二四日)における合意をもって成立しているとの認識のもとに、本件契約が知事の不勧告通知の到達を法定停止条件とする契約である旨を判示しており、右条件成就前における所有権移転(物権的効果)こそ認められないが、債権契約は有効に成立し、従って知事への右届出書作成協力義務は債務の一として売主たるYらに当然生ずる・いわゆる部分的有効説(農地売買をめぐる多数判例の立場)に立つことは明らかである。従って、Yらが契約成立時点において、すでに、一部の債務の履行を果たしたことをもって、Yら側も亦、履行に着手した、と判旨は判断したといえないだろうか(Yらはいわゆる「全部無効説」の下にその所論を展開した)。

(3) ②Xが契約所定の日に全額費用を負担して、本件山林を実測し、売買代金額を算出したことは、果して判旨の説示のように、Xの履行着手に当たるであろうか。本判決より約一年一カ月後の最高裁判決(平五・三・一六民集四七・四・三〇〇五——1の㉒)は、契約締結直後の買主による土地測量及びその費用負担が買主の履行着手には該当しない、と判示している。けだし、土地測量によって初めて売買代金額が確定し、その結果Xの代金債務の内容も確定するから、右の行為は当該契約締結の完成行為ないし補充行為とみるのが妥当だからである。そうだとすれば、右行為は、契約締結行為の延長にすぎず、債務の履行には当たらない。仮に履行に関連するにしても、たかだか履行の準備行為にすぎず、外形上着手行為といえるとしても、Xのこうむる損害としての測量費用は手付金により十分カバーし得るから、相手方の手付による解除権を奪う程重大なものでもない、といえるのである。こうして見ると、仮に本判決が叙上引用の最高裁判決後に出されたとしたら、おそらく判旨が②の事実を着手行為の一態様として摘示することはなかったのではなかろうか。しかし、他方で昭和四〇年大法廷判決の掲げた定義によれば、「履行の着手とは、債務の内容たる給付の実行に着手すること、すなわち、客観的に外部から認識し得るような形で履行行為の一部をなし又は履行の提供をするために欠くことのできない前提行為をした場合を指す〔傍点筆者〕」(1の⑮参照)とある。これによれば、代金額を確定するための測量行為も亦、外部から認識可能な・履行の提供に不可欠な前提行為と見られなくもない(もっとも、前提行為とはいえ、やや間接的といえるだろうが)。なぜなら、本件契約締結時にはすでに、売買単価が一坪当たり三五、〇〇〇円と確定しており、単に総額が定まっていなかっただけにすぎなかったからに他ならない。従って測量行為は、残代金の提供に不可欠な前提行為といえるからである。さらに、本件の場合、測量は契約上Xの債務と定められ・所定の日時に実施され、しかもYら側から三人が当日立会っているのである。だから本件の測量行為は、Xにとって債務の履行行為の一つといえるのである。そうだとすれば、本件におけるXの全額自己負担による測量行為は、判旨同様、着手行為の一態様とみてよいだろう。

(4) 最後に判旨があげた中間金支払行為は、Xの着手行為に当たるだろうか。叙上の大法廷判決の定義によれば、Xの・中間金一、〇〇〇万円のYらの口座振込みは、Y_1も確認済みであり、正に外部からの認識可能な履行行為の一部であり、当然着手行為の一態様といえよう。

(5)判旨はX側の履行着手を認定したので、その上重ねてY側の解除権行使の当否を論じていないのは当然であるが、Yらの解除権行使までの経緯（さらにその動機）に思いをいたすと、Yらの権利行使は、平成元年大阪地判（1の(53)）同様、権利濫用ないし信義則違反といえるように思う。即ち、売主側にあって一貫してYらの交渉窓口となり・Yらの代表者として契約実現に向けて事を進めてきたY^{1}は、X作成の売買契約書に何も異議を留めず署名捺印したにも拘わらず、手付金及び中間金も受領しておきながら、他の五人の・Yへの権限委譲の委任状徴収をXから依頼されて集めに回った最終段階においてY^{3}の拒絶にあったのである（Y^{3}は「……かかる時点に至ってはじめて『本件山林をXに売った覚えはない』旨を主張し、前記委任状の交付を拒絶した」とされる）。その結果、それまで順調に実現に向かっていた本件契約が、終局間際になって、たった一人の突然の変心に出会い、一転して暗礁に乗り上げたのである。本件契約の辿ったこうした経過を振り返るとき、次の事実が真実であったか否かに判旨は全く触れてはいないが、「……Yらは、本件山林をより高値で他に売却できそうだとの思惑により、手付契約に基づく解除権を行使したものであって、極めて身勝手な態度というべく、権利の濫用として許されない（傍点筆者）」とするXの主張には、（Yらの破約の動機がXの主張どおりとすれば）正に同感といわざるを得ない。

(6)本判決の新規性は、①契約の法定停止条件としての官公庁への届出行為、②土地測量行為、③中間金支払行為の三点を買主の履行着手行為の態様とした点にある。

1の(56)

東地判平成八年八月二三日判時一六〇四・一一五

〈事実〉 Xは、平成七年七月二二日コンサルタント会社Yとの間に次の内容の条件でY所有の本件土地建物の売買契約を締結した、即ち、代金四、三〇〇万円、契約時手付金一〇〇万円、同年八月三一日本件土地建物の引渡しと引換えに残代金三、八七〇万円を支払うこと、失権約款として、当事者の一方が本件契約の条項の一つでも違反したときは、他方は違約者に対し、所定の手続を経て、本件契約を解除できること、右の場合、次の違約金を支払うこと、即ちYの義務不履行によるとき、YはXに対し領収済みの手付金の倍額を支払い、Xの義務不履行によるときは、Yに対して、支払済みの手付金の返還を請求することができない、また一方当事者が本件契約の条項に違反し期限ぎめの履行の催告に応じないときは、相手方は本件契約を解除することができ、その際の違約金は次の通り、即ち、X違約のときは、Yに対し八六〇万円を支払う、この場合、支払いずみの金銭（手付金・中間金）を違約金に充当できる、Y違約のときは、Xに対し八六〇万円を支払い、受領ずみの金銭を無利息で遅滞なくXに返還すること、住宅ローン利用の特約（以下、本件ローン特約という）については次の通り、即ち、①Xは本件契約締結後、遅滞なくローンの申込手続をとること、②前項の申込みにも拘わらず、万一融資が否認されたか、金融機関との金銭消費貸借に関する保証委託契約が成立しないときは、Xは無条件で本件契約を解除することができ、Yは受領ずみの金銭を遅滞なくXに返還すること、③右の本件ローン特約にもとづき本件契約を解除しうる期限は、同年八月一四日とすること。こうしてXはYに対し、本件契約締結当日手付金一〇〇万円を、同月二四日中間金三三〇万円を支払った。さらに、残代金三、八七〇万円については、住宅ローンで三、四四〇万円を借入れ、その余は預金をおろして支払いに充てる予定であった。同月二五日Xは、Xの勤務先や父親の経営する会社の取引銀行であり、利率などで優遇措置を得られるA銀行B支店に右住宅ローンを申込んだ。ところが、同月二七日右支店から、同銀行の提携する住宅ローン保証会社が、本件不動産については短期間に何件もの会社及び個人に正当な売買の形態をとらずに所有権移転が行われている旨を指摘しているので、説明してほしいと告げられた。そこでXは、同月三一日本件契約のX側仲介業者C社に出向き、右支店から説明を求められた叙上不明点とされる事項の確認を依頼した。同年八月三日、B支店担当者から、本件不動産につき東京地裁へ訴え提起を原因とする予告登記とその抹消がなされていることについても説明を求められたので、Xは同月五日C社に赴き、本件不動産の所有権移転にかかわる点と右裁判内容の調査を依頼した。またその当日、C社がYに対し、右所有権移転の経緯と訴訟に関する事項の確認の他にA銀行からの住宅ローンの借入れ手続が遅れているので、本件ローン特約の適用期限の延長の可否を尋ねることになった。C社の社長Eは同月七日、Yから本件不動産に関する和解調書を入手し、その際Y社代表Fに対し、本件ローン特約の期限延長を打診したが、Fからは延長できないとの話があった。同月八日、XはAから受けとった右和解調書の写しをA銀行B支店に送り、翌九日Xの父親が右写しをB支店担当者に手渡したが、その際右担当者から父親に対し、Xのローン保証委託先のA銀クレジットから本件ローンについて保証できない旨の通知が届いており、A銀行B支店として、Xのローン申込みに応じられない、と告げられた。Xの父親はB支店に、A銀クレジットと再交渉してくれと頼んだが、右クレジットから断られ、結局、A銀行B支店へのXのローン申込みは実行できないとXに連絡がなされた。本件ローン特約の適用期限である八月一四日C社からXに電話があり、その際Xは、ローン貸付けが受けられないので、本件ローン特約にもとづき本件契約を解除することをYに伝えるよう頼んだが、C社担当者は、本件ローン特約の期限延長をYに頼んでみたら、との提案があり、X了承。そこで、右担当者は、YにXの要望を伝えたところ、Yは手付金の没収を条件とするならば、同月末まで待つと答えたので、Xにその由を伝えたところ、XはY側の条件は無理と考え、結局本件不動産の取得を諦め、本件契約を解除する旨をYに伝えるよう依頼した。そこで右担当者は同日YにXの契約解除を伝えた。Xは、本件ローン特約にもとづく右解除によって、Yに支払い済みの手付金及び中間金四三〇万円の返還を求めて本訴に及んだ。これに対してYは、Xの右解除の効力を否認し、Xの債務不履行を理由として契約を解除し、違約金四三〇万円（違約金八六〇万円から受領済みの手付金・中間金四三〇万円を控除した額）の支払いを求め反訴を提起した。

〈判旨〉Xの請求認容。Yの反訴棄却。まず、本件の中心的争点たる・本件ローン特約による解除の可否につきXの主張を次のように肯定した、即ち「……認定事実によれば、Xは、A銀行B支店から住宅ローンの貸付けを受けることを予定し、その申込みをしたにもかかわらず、保証委託会社から支払保証委託契約の締結を拒まれ、そのためA銀行B支店からの住宅ローンの貸付けも拒まれたことが認められ、本件ローン特約により、本件契約を解除することができるものといえる」と。ついで判旨は、次のYの主張——Yは本件ローン特約によって、他に有利な買手が現われても、その有効期限までは、本件不動産を第三者に売れないという不利益を負担しているから、Xはローンを得て本件物件を買いとる為の真摯な努力を傾注すべき義務を負っており、Xは適正妥当な金融機関にローンを申込む義務があるのに、物件の権利関係に疑義があるなどと根拠のない理由をつけ・最初からローンを引受ける意思のないことが見え見えの金融機関にローンを申込み、それだけで本件ローン特約上の申込義務の履行は事足れりとするのは、おかしい——に対して、「……Xは、勤務先やXの父親の勤務会社と取引のあるA銀行B支店を住宅ローン借入れ先に選択して、同支店にその申込みをしているのであり、同銀行が提携する信用保証会社の保証委託契約締結の拒否や、それに応じたA銀行の住宅ローン貸付けの拒否が正当であったか否かとは関係なく、Xは本件ローン特約の申込み義務を果たしているものといえ」る、とYの主張を却けた上、さらに「……Yの主張のとおりとすれば、一般にローン特約条項の適用を受けて不動産を購入しようとする買主は、ローンを申し込んだ金融機関からローン申込みが拒まれた場合、金融機関の拒否理由が正当か否かという自己が関与しない事項についてまで責任を負わなければならないことになって、ローン特約条項を利用して不動産売買契約を締結すること自体が危険となり、ローン特約条項を付けて売買することに躊躇することになり、ローン特約条項により買主の利益を図ろうとする趣旨が没却されてしまうだけではなく、広くは、ローン特約条項を設けて売却を促進し、売主の利益をも図ることも阻害され、妥当とはいえない〔傍点筆者〕」と付言している。そして、次のようなYの主張はこれを採用できない、と判示する、即ち「……Yは、本件ローン特約は、ローン申込人たるXの借受人適格に関する要件、例えば、Xの収入面における返済能力の問題、連帯保証人の保証能力に関する問題等のX側の属人的要素により、ローンが否決された場合において、買主たるXを本件契約から解放せんとする趣旨から設けられた規定であって、本件土地建物の物的事情により、ローン不適用を決定したA銀行のローンは、本件ローン特約でいうところのローンには含まれないと主張する〔傍点筆者〕」けれども、「本件契約書……の条項にそのような限定はなく、更に、ローンを利用して不動産を購入しようとする者にとっては、ローンを受けられない理由が購入者の属人的要素であるか、目的物の物的事情によるものであるかにかかわらず、ローン貸付けが受けられない以上、代金支払に窮することになり、売買契約を解除する必要性がある〔傍点筆者〕」と。さらに、次のようなYの主張にも、判旨は同調しない、即ち「Xは、本件契約締結当初から、ローンの借入れは絶対に大丈夫だと豪語し、X側の仲介業者らもこれに同調し、Yに対し、融資実行を保証しており、このようにして、Xは、本件特約により、Yの本件土地建物の他への有利な売却の機会を奪ったものであるから、本件ローン特約を機械的に適用するXの主張は、信義則上許されない」とのYの主張に対して、判旨は、「……たとえX等からローンの借入れは大丈夫だとの話しがあったとしても、本件売買において、本件ローン特約が付せられている以上……、その適用期限までにローン特約を適用した解除があることはやむを得ないことであり、また、一般に、ローン特約は買主の利益のために付されるものであるが、右特約があることによって売買が促進されるという意味では、売主の利益も図ろうとするものといえ、売主であるYが、本件契約において、本件ローン特約を付すことに同意したものである以上、

Xが、その要件を満たして本件ローン特約の適用により解除を主張することは、信義則上許されないものとはいえず、その他、……Xが本件ローン特約の適用を主張することが信義則上許されないような特段の事情も認められない〔傍点筆者〕」として、Yの主張を却けた。

〈分析〉⑴本件における争点は、特定の銀行支店による融資引受けに失敗したXの・本件住宅ローン特約にもとづく本件契約の解除の可否にある。判旨は、叙上の通り、Xの解除を認容した。この判旨の結論に対しては、Yならずとも思い浮かぶだろう疑問がある。それは、Xが唯一申込んだ融資先のA銀行B支店がXへの融資を断った——より正確にいえば、Xの銀行ローンの保証委託先A銀行クレジットから支払保証契約の締結を拒まれた——ことが、Xの本件契約解除の原因になっているのであるが、Xはなぜ、別の銀行ないし信用金庫（組合）などの金融機関にも融資を申込まなかったのであろうか、という疑問である。事の真相は明らかではないが、恐らくYのいう通り、A銀クレジットの保証引受け拒否の理由は、「本件土地建物の所有権移転〔の経緯——筆者〕に疑義がある」点であったのであろう。果してそうだとすれば、右A銀クレジット以外の金融機関でも、やはりXの融資申込みないし保証引受けを拒否したかどうかは疑わしいのではないだろうか。なぜなら、Yの主張通り「Xの借受人適格に関する要件、例えば、Xの収入面における返済能力の問題、連帯保証人の保証能力に関する問題等のX側の属人的要素により、ローンが否決された場合において、買主たるXを本件契約から解放せんとする趣旨から設けられた規定」が本件ローン特約であり、ローン特約一般でもあろうからである。これに対して、判旨は、叙上引用の通り、Xは勤務先や父親が社長をしている会社の取引先たる（従って「利率等で優遇措置が得られる」）A銀行B支店を「選択して、同支店にその申込みをしている」と反論しているにすぎず、これでは、なぜXは他の金融機関にも申込みをしなかったのか、とのYの主張には答えていない。さらに判旨は、上述に続けて、Xが銀行に融資申込みをした以上、信用保証会社の保証委託契約の締結拒否やそれに応じた銀行のローン貸付け拒否の正当か否かも問わず、それだけでXが本件ローン特約の申込義務を果したことになるとして、Yの主張を却けている。これでは、Yの重要な疑問点には、余り丁寧に答えてはいない印象を受ける。そして敢えていうならば、判旨は、Xのローンを受けられない理由が購入者の属人的事情によるのではなく、もっぱら売主側の属人的事情ともいうべき・目的物の物的事情によるものであることを強調して、本件ローン特約による・Xの本件契約解除を正当化すべきであった。

(2)買主側がローン特約を利用して、契約を解除し・既払いの手付金や中間金の返還請求を求め、しかもそれを判決が認める事案は、何も本件だけではなく、他の裁判例にも多い。いかなる事情にせよ、買主側がローン不成立によって代金支払に窮し、従って契約を解除すべきは当然であり、手付が機能しないのも当然であるが、そうだとすると、ローン特約のある契約における手付の目的は、文字通り無理由解除に限られることになるだろう。即ち、この種の手付は、解約手付ないし、それに準ずる・損害賠償額の予定としての違約手付ということになる。

(3)もっとも本件の場合は、いささか不得要領な規定が設けられている。まず、第三項「失権約款」では、「当事者の一方が本件契約の条項の一つでも違反したとき」、他方は違約者に対して「所定の手続を経て」契約を解除できる、とし、第四項「違約金」において、右の場合、違約者が買主か売主かに応じて、手付損倍戻しが行われる。ところが、それに引き続いて、「また当事者の一方が本件契約の条項に違反し、期限を定めた履行の催告に応じないとき」相手方は契約を解除できる、と前項と同様な（と思われる）規定をおきながら、買主の違約の際は、買主は売主に対し、違約金八六〇万円を支払う、但し支払い済の金員（手付金一〇〇万円、中間金三三〇万円）を充当できるとする一方、売主の違約の際は、売主は買主に対し違約金八六〇万円を支払い、受領ずみの金員を返還する、と規定している。つまり、この場合には、違約者は両当事者とも、手付金及び中間金の合計額の倍額を違約金として相手方に支払うことになるのである。私が本件契約中の・解除及び違約金条項を「不得要領」と評したのは、一方当事者の第三項違反と第四項違反とは、どう違うのか、その表現からは判然としないからである。前者は「条項の一つでも違反したとき」、後者は「条項に違反し、期限を定めた履行の催告に応じないとき」、それぞれ、前者は「所定の手続を経て」、後者は直ちに解除できる、とあるが、前者の「所定の手続」とは後者同様「期限を定めた履行の催告」をすることであり、これに「応じないとき」解除できることなのではないだろうか。つまり、両方の場合とも、契約違反——期限つき催告——期限徒過の経過を経て、相手方の解除権行使が可能となるのであるのに、賠償金の額が異なる（前者の場合——手付額、後者の場合——違約金額＝手付金プラス中間金の二倍額）のは何故か、という点である。いずれにしろ本件手付は、解除権留保の規定がないから、解約手付ではありえず、前者の場合には、手付損倍戻しによる賠償額の予定としての違約手付、後者の場合には、手付損倍戻しに加え違約罰をも支払わせる・本来の違約手付と見ることになるだろう。珍しい例ではある。

1の㊿

東地判平成九年一月二八日判時一六一九・九三

〈事実〉Xは夫との離婚後、東京在住の娘と同居するため一戸建て家屋を購入することとし、平成七年六月二四日不動産会社Y_2の担当者Aの案内でY_1所有の本件建物を見聞したところ、外見上一個の建物に見えたが、裏の方で一部隣家と壁で接続していたので、近い将来建て替えるかもしれないが、その場合に大丈夫か、とたずねたところ、即座にAは隣家との間には別々の柱が入っているから、建て替えの時には切り離して一戸建ての建物が簡単に建つ旨答え、同じく担当者Bもそう答えている。そこでXは同月二九日、本件土地建物に関し、次の条件で本件売買契約を締結した。即ち、代金三、二〇〇万円、手付金三〇〇万円（当日持参しY¹に支払った）、残代金の支払いは同年七月三一日限りとし、売主または買主のどちらかが本件契約にもとづく義務の履行をしないときは、その相手方は本件契約を解除し違約金として売買代金の二〇％相当額を請求することができ、売主が違約したときは、買主に受領済みの金銭に違約金相当額を付加して支払うこと。なお、XはY²に対し同年七月五日に仲介手数料八〇六、〇〇〇円の内金四〇〇、〇〇〇円を支払った。

ところで、本件建物は、もともとその敷地である本件土地（a部分）とこれに隣接する土地（b部分）、そしてその隣の土地（c部分）、さらにこれらabc三部分の土地に隣接する土地（g部分）の半分を合わせた土地から、建築基準法上の道路後退部分を除外した範囲を一つの敷地として、本件建物及び二棟の建物の三個の独立した区画を持った・いわゆる棟割り式の連棟（以下本件連棟建物という）の一個の建物として（建築確認済み）建てられている建物の一区画であった。そこで本件建物だけを独立した一個の建物として建て替えようとすると、叙上建物敷地を分割することになり、区の宅地細分化防止に関する指導要綱により建築確認を申請する前提として区長に対し右建築敷地分割のための事前協議を求めなければならない。そうすると、本件建物を取り壊して本件土地上に新しい建物を建築することは、右指導要綱に従う限り極めて困難となる。もともと叙上三区画の建物が登記手続上別個の建物として取り扱われているため、それぞれの建物ごとに別個の登記がなされてはいるが、連棟式の建物であることに変わりはなく、建て替えの際には、接続部分を切り離す必要があり、区の本件指導要綱の基準を回避するために、このような方式の建物を建てたのであった。Xは叙上二九日にY²方を訪れ、手付金を支払ったのであるが、その際Y²の担当者Cから重要事項の説明をうけ、CもXだけで自由に建て替えができる旨答えている。その後Xは七月三一日Y¹に残代金を支払うこととなっていたが、本件建物の前面私道の中心線から二メートルのセットバックが必要なのに中心線が見当たらないので、同日、区の道路課に事情を説明したが、右私道には中心線がないとの回答を得た。そこで、XはYらに対し、残金の支払いを拒絶し、翌日都住宅局指導課に行き、私道の問題を尋ねたところ、そもそも本件土地において建物の建て替えができるかどうかが重要問題だから、区の指導課へ行き詳しく調べるよういわれたので、再度区指導課へ行き、建て替えの能否を尋ねたところ、担当者は、本件土地の面積が六〇平方メートル以上ないので、区の本件指導要綱に違反し、事前協議が整わないことが明らかであり、建築確認をとることはできない旨答えた。その後X代理人が区の指導課担当者に問い質したところ、本件建物の建て替えの場合本件指導要綱の基準に該当する旨の回答を得たが、指導課の行政指導が行われ、これに従わなければ、銀行融資が受けられず、建築確認も難しいことが明らかであった。これに対しYらは本件については区の指導要綱には該当せず、簡単に建て替えができる旨を主張した。さらに、本件建物は連棟式で隣家と一部接続しているため、建て替えるには、その接続部分を切断し、隣家の浴室の内壁がむき出しとなるので新しく外壁を作る必要がある。従って、本件建物の建て替えには、接続部分の切断につき隣家所有者の同意が当然必要なのに、Y^1及びY^2の担当者は、こうした同意が必要であることをXに説明していない。こうして、Xは、本件建物が、棟割式の連棟の建物として建築された建物の一区画であり、右連棟が一個の建物として建築確認を得ているため、本件建物を一個の建物として建て替える際には、敷地を分割する必要があったが、その場合には区の叙上本件指導要綱によって建築確認申請の前提として区長に対し右敷地の分割のための事前協議を求めねばならないのに、このような指導要綱の説明をしなかった点でYらに説明義務違反があったこと、本件建物を建て替える際には隣接家屋所有者の同意が必要なのに虚偽の説明をしたこと等の債務不履行があったとして、Y^1に対して本件契約を解除し、手付金三〇〇万円の返還、債務不履行による損害賠償として違約金六四〇万円を請求し、Y^2に対しては仲介契約違反として支払済みの仲介手数料相当額四〇万円の支払を求めて本訴に及んだ（甲事件）。これに対し、Y^{1}はXに対し、Xの債務不履行を理由に違約金残金三四〇万円の支払を求めて反訴に及んだ（乙事件）。

〈判旨〉甲事件認容、乙事件棄却。判旨は、Y^{1}の説明義務違反を理由とする契約解除について、次のように判示したのである、即ち「……Xは本件建物を近い将来建て替える目的を有していたのであるから、本件指導要綱の存在はXが本件売買契約を締結するについて重大なかかわりをもつことがらであったというべきであり、これに対し、Y^{1}及びその委任を受けたY^{2}としては、本件指導要綱の存在を熟知しており、本件売買契約に際し、Xにその存在を説明することは極めて容易であったと認められる。ところが、Y^{1}及び同Y^{2}はXに対し、右指導要綱の存在を全く説明せず、なおかつ、本件建物の建て替えに際し、隣家の同意が容易に得られるから建て替えは自由にできる旨説明していたものであるから、右の点において説明義務違反であったことは明かである。なお、Y^{1}は不動産売買については素人であるから、説明義務はない旨主張するが、Y^{2}に本件売買の成約に向けて委任している以上、同被告はY^{1}の履行補助者であるから、Y^{2}の不履行の責めはY^{1}も負うこととなる。……右説明義務は、売買契約における信義則から導かれる契約上の附随義務の一種と考えられるところ、Y^{1}は、右契約上の義務を履行しなかったものであるから、XはY^{1}に対し、右不履行を理由として契約の解除をすることができる〔傍点筆者〕」として、Xの請求を認め、Y^{1}の請求を棄却した。

〈分析〉(1)本件では、Xが契約締結当初から意図していた本件建物の建て替えを規制する・本件指導要綱の存在についてYら側に説明義務違反があったか否かが、最大の争点となった。そしてXがYらに説明義務違反ありとして、Y^{1}の債務不履行を理由に本件契約を解除し、約定の違約金を請求し、これを認められた。そして同時にY^{1}に交付ずみの手付金返還をも請求し、これも認められた。それでは、本件手付はどのような性質のものであろうか。私は次のように考えたい。もし前近代社会であれば、売買契約の当事者間に手付の授受がなされる限り、当時の慣習に従えば、契約の解消及びそれに伴う事後処理（主に損害の賠償）は、原則として手付によって行われていたのである（解約手付として、時として損害賠償額の予定としての違約手付の形で）。これに対して、近代社会（とはいっても、もちろんわが国）では、法定解除としての不履行解除と約定解除としての・解約手付による無理由解除との併存が明定されており、従って契約両当事者間に手付が授受されているから、といって必ずしも常に手付による解除によらなければならない訳ではない。もし当事者の一方が、例えば売主における別途処分のように、自己の利益ないし都合のために任意に解除したいと考えたときには、手付損倍戻しによって解除することになるであろうが、本件におけるXのように、相手方の不履行を理由に解除することができれば、解除者の側で手付損または倍戻し（損害賠償）をすることなく解除できる上に、逆に約定に従い違約金を相手方から取り立てることができるのである。そう考えていけば、本件においても、XがY^{1}に交付した手付に関し解約手付排除の特約がない限りは、これを解約手付と見るべきである。だからこそ、本件のようにXが相手方の不履行を理由に解除した場合には、本件手付は本件契約の消滅に何ら関与せず、その結果、当然にXはY^{1}にその返還を請求できたのである。

(2)本件の新規性は、解約手付と違約金（売買代金の二割）とを併存させている点にある。因みに、右の違約金は、一方当事者の不履行解除に伴う・損害賠償額の予定であって、手付損倍戻しを内容とする・損害賠償額の予定としての違約手付とは異なる。くり返しになるが、本件は、解約手付と損害賠償額の予定としての違約金特約とが併存し、前者は一方当事者の無理由解除の際に適用され、後者は相手方の債務不履行を理由とする一方当事者の法定解除の際に適用されるのである。このように、無理由解除と不履行解除の使い分けを約定しているところに、本件の新規性があるのである。

1の58

東地判平成九年九月一八日判時一六四七・一一二

〈事実〉国立ガンセンター研究官Xは、長年の官舎住まいから一戸建て住宅に移ることを夢見、バブル崩壊後地価が急落したところから、夫婦で百ケ所以上の物件を見て回り、平成七年始め自宅付近の本件土地建物を知り、購入意思を固めた。同年一月二三日仲介業者A社と一般媒介契約を締結し、本件売買代金の資金調達計画につきA社担当者Bに①住宅ローン五、五〇〇万円、②共済融資一、五〇〇万円、③自己資金二、七〇〇万円、④以前に購入済みの土地の売却金三、〇〇〇万円（売れるまで一時借入れ）である旨を説明したが、Bは格別問題点を指摘しなかった。一月二八日、XはBを通じて本件不動産の所有者Yとの売買契約を締結した。その契約内容は次の通り。代金一億二千万円、手付金一千万円（即日支払い）、残代金支払い及び引渡は同年四月一〇日、さらに融資利用の特約（以下、本件ローン特約という。XがA指定の金融機関からの借入金を代金に充当する場合、Xの責に帰すべからざる事由によって融資が否認されても、Xは所定の期間内――同年二月一七日まで――であれば売買契約を解除し、Yに交付済みの手付金の返還を請求できる旨の特約である）。二月三日XはC信金D支店に叙上資金計画を説明し、五千五百万円の融資を依頼し、本件ローン特約にもとづく期限までに審査をしてほしい旨申立てたが、二月一七日までの審査は無理との返答をもらい、二月五日Bに対し、C信金に申込をしたことを述べ、本件ローン特約の延長を申し入れた。Xは同月八日にC信金に対し、ローン希望額を五千万円に減額した申込書を提出したが、それでもやはり一六日に至ってもC信金の審査結果が間に合わず、Yに対し、本件ローン特約の期限延長を求めた。Yは、最終的にはXへの融資可能という見込みの下に、D銀行ローンセンターからの借入れは可能とみて、二月二七日Xと協議した。Xは、本件不動産取得のためには本件ローン特約の期限の延長を認めてもらう他ないと判断し、Yの右申入れを承諾し、Yとの間で本件合意を行った。その内容は、特約期限を三月二三日に変更すること、住宅ローンの申込先をE銀行及びD銀行にすること、五千万円を変動金利で借り入れること、償還年数を融資申込先の規定による最長年齢とするなどであった。この経過通りXはBの助言に従いC信金からの借入予定を伏せ、各金融機関にローンを申し込んだ。即ち、二月二八日D銀行F支店、同じくG支店に申込み、両支店からいずれも拒絶された二九日E銀行H支店に赴いたが、同銀行の規定によれば、ローン完済時の年齢が七〇歳、年収額に対する年間返済額上限が四〇％であった。そこで担当者は、Xの年収が九六〇万円、五千万円を融資すると年収に対する年間返済額の割合が四三％になるとしてこれを断った。三月二日E銀行I支店に行き、五千万円の住宅ローンの申込を行った。担当者は即答せず、Xから書類を受理した。三月上旬、XはBに対し、D銀行各支店、E銀行G支店にローンを申込み断られたが、C信金とE銀行I支店についてローン審査の結果通知を待っているところである旨を報告した。三月一三日C信金からローン融資はできない旨回答をうけた。そこでXはD銀行Jローンセンターに対し、満七〇歳までの五千万円ローンと七五歳までの「大型ローン」による融資の可否を検討させた。しかし、同センターは、Xの完済時の年齢を七五歳にして年間返済額を軽減しても、年収に対する年間返済額の割合が三五％を超えるなどとして融資を拒絶。翌一四日AからXにE、D両銀行にも七五歳完済のローンがある旨通知されたが、Xは到底困難と判断した。同じ頃Xは、変動金利を前提とするE銀行のローンにつき、同銀行の七支店に確認したところ、七〇歳までが限度とする回答を五支店から受け、七五歳までの大型ローンはあるが、審査が通ることは異例との回答を二支店から受けたため、E銀行への申込は無意味と考え、申込手続をとらなかった。三月一八日E銀行I支店からXに融資困難の通知があった。Xは本件ローン特約により本件契約を解除することを決意し、三月一八日Yにその旨を電話で意思表示し、翌日、Xの融資申込の経過を記載し、買主として本件合意書の義務は十分に尽くしたが、資金調達が困難である旨の書面を作成し、Bを介してYに交付。しかしY側が本件ローン特約にもとづく解除を無視したため、Xは四月八日Y到達の書面で手付金一千万円の返還を請求したが、Yは、Xが意図的に融資拒絶の結果を招来させているとして、Xの右解除は無効、手付金を違約金の一部に充当すること、違約金残金二〇〇万円を支払うべきことなどを反論してきた。そこでXは本訴を提起するに至った。

〈判旨〉 請求認容。判旨はまず、本件ローン特約の趣旨についてこう述べている、即ち「買主が住宅を購入する場合、現金で購入することは希であり、金融機関から融資を受けてこれを売買代金の一部に充当するのが通常であるから、買主が一定の期間内にローンを組むことができず、資金調達ができなかった場合にまで、売買代金の支払義務違反を理由に手付金等を没収する等の結果を生じることは、買主にとって極めて酷な事態となる。右観点から、一定の期間内に買主が金融機関等から融資を受けて売買代金を調達する予定であったにもかかわらず、債務者である買主の責に帰しない事由により資金調達できなかった場合には、買主保護のために売買契約解除を認めるというのが本件ローン特約の趣旨である〔傍点筆者〕」と。その上で判旨は、Xが金融機関との間で融資契約を締結できなかったことについて、Xの帰責事由の有無を検討する、即ち「……①一戸建て建物の購入はXらの長年の希望であり、本件不動産が希望条件をほぼ満足していたことから、Xらは積極的に購入を決断したものであること、②Xは、本件不動産を取得したいという気持ちから、本件ローン特約の特約期限を延長してもらうため、住宅ローンを固定金利で組みたいという当初の希望を断念してまでも変動金利にする旨を承諾し、本件合意をしたものであること、③Xは、本件合意後、直ちに銀行の各支店等にローンの申込手続を積極的に行ったこと、④Xは、少なくともC信金と二銀行（六支店）に対し、住宅ローンの申込を行ったが、いずれも融資基準に満たないとして断られたこと、⑤Xは、Aの助言に基づき、ローン審査が通りやすいようにするため、本件合意後、共済組合からの借入予定事実を殊更伏せる等して融資が受けられるよう努めていること（相当な行為かどうかは別問題）、⑥X側は、各金融機関に対し、ローン審査が通らない理由を銀行の融資基準資料と根拠計算等に基づき、具体的に説明を受けた上、E銀行の各支店にも融資条件について問い合わせる等、融資の可能性を積極的に探っていること、⑦満七五歳までの融資については、収入面、保証人、団体信用生命保険に加入することの可否等の面でXは融資条件を満たさなかったこと等の事実に照らすと、Xが本件合意による本件ローン特約の延長期限である三月二三日までに五〇〇〇万円について融資を受けられなかったとしても、Xは買主として、本件不動産の購入資金の一部に充てる五〇〇〇万円の融資を受けるべく真摯な努力を尽くしており、買主の責めに帰すべき事由により融資が否認された場合には当たらないというべきである〔傍点筆者〕」と説示した上、XのYに対する本件契約の解除の意思表示を有効と認め、XがYに交付した手付金一、〇〇〇万円の返還請求を認容した。

〈分析〉⑴叙上のように、判旨は、Xに対する・金融機関の融資の否認につきXに帰責事由のない旨を七点にわたって詳述し、次いでYの反論を二点掲げた上、Yの主張を却けている。即ち「『⑴Xは、仲介人と共同して金融機関に融資の申込をし、融資の申込が正確になされたかどうかを仲介人にチェックさせて初めて本件ローン特約に基づく解除が許されるのに、仲介人であるAを一切関与させなかった。⑵当時、都市銀行の住宅ローンにおいては、Xの年齢に照らしても償還年数を二二年間とする融資が可能であったことから、AはXに対し、右期間を償還年数とする融資申込をするよう要請していたが、Xは当該申込をしていない』」とのYの主張に対し、判旨は、XY間に、Xの融資申込の際はAに手続を委任ないし代行、あるいは、Aと共同して行う旨の合意はなく、またAないしYがXと共同で申込をすれば、七五歳までのローンが承認されたことを認めるに足りる客観的な裏付け資料もない、として、いずれも認めなかった。判旨が取り上げたXY両者の主張、とりわけXが融資獲得に悪戦苦闘した経緯については十分納得でき、そもそもX側の望む融資条件がバブル崩壊後の経済情勢の下では到底金融機関に受け入れ難いものであった。

その意味において、融資拒絶がXの帰責事由によるものではないことは、客観的に自明であり、むしろ金融機関の融資条件には詳しいはずの・不動産業者であるAが本件物件をXに断念させ、融資可能な他の物件をすすめるべきであった。融資拒絶につきXの帰責事由なし・との判旨の判断、そしてその判断が本件ローン特約の趣旨に合致することは明らかである。

(2)本件においても、手付は全く機能する余地がなかった。そして本件手付も、解約手付排除の特約がない以上、解約手付であろう。従って、もし本件においてXが他の業者の仲介する他の・ヨリ安い物件にのりかえるとか、Yが別の買主にのりかえるような場合には、本件手付が機能したことであろう。要するに、当事者にとりその理由はどうあれ(帰責事由の有無を問わない)無理由解除の際に本件手付が機能したであろうことは、想像に難くない。

第2類型

2の①

東控判大正八年一二月二六日新聞一六六七・一九

〈事実〉本件は、手付金がらみの事案としては珍しく、銀行売買契約事件である。買主Xは、売主Yとの間に次のような内容の契約を大正五年三月一九日に締結した。即ち、Yは同年四月一八日までに合資会社A銀行の債権債務を決済して単に総社員の出資額に該当する資産だけが残る状態におくと共に、Xの指定する者にYの同銀行における持分を譲渡し、且つ他の社員にその持分を譲渡させるよう努力し、彼らの同意書その他の証書を作成してXに引渡し、他方Xは引渡しを受けた後一〇日以内即ち同年四月二八日までに報酬金八、三〇〇円を支払うべきことを内容とする・いわゆる「銀行売買契約〔判旨〕」がそれである。なお、契約締結の際XはYに手付金として一、〇〇〇円を交付している。もっとも、本件契約書中の取引期日に関する定め（第七条）によると、当事者は、同年七月一日以後銀行条例の改正が実施されることが予想され、本件取引は所定の履行期日前に多少の日時を残して履行を完了させる意思であった。その後、Xに刑事被告事件の嫌疑がかかり、同年四月中長崎監獄佐世保出張所に拘禁された為、Xの店員にYに対して債務履行の延期を交渉させ、Yは同年五月二〇日まで履行を延期することを承諾した。こうして本件契約の履行期が五月二〇日に定まりその後は更に延期されることがないことが明白となったので、同月三一日にYはXに対し同年六月四日までにその義務を履行するよう催告したが、Xが履行しなかったので、同年六月七日本件契約を解除する旨Xに通知した。そこでXはYに対し手付金倍額の償還及び損害金の支払を請求して本訴に及んだ。一審Y敗訴、控訴。

〈判旨〉控訴一部認容、原判決変更（YはXに対し手付金一、〇〇〇円の返還）。Xが一審以来請求原因としてきたのが本件契約書第八条であった所から、まず右第八条の趣旨について、第六条を参酌しながら、次のように判示した、即ち「……同条に不履行とあるは単純なる不履行を云ふものには非ず本件取引の本旨を実現するに至らざりしことが契約者の責に帰すべき事由に出でたることを指すものにして従て同条はかかる事由ありたる場合には或は手附金を没収し或は其の倍額を支払ふべきことを規定すると共に其反面に於て其責に帰すべからざる事由例へば第六条に所謂不測の事情に基き取引が其本旨を実現するに至らざりし場合には当事者は信義を旨とし適当なる解決を為すべきことを規定したるものと解せざるべからず」と。次いで判旨は、Xが刑事被告人として拘禁されたため、Yが履行期を延期したことを認め、Xの拘禁のような場合には出所まで当然延期されるとのXの主張を却ける一方、Yの催告及びXの徒過後にYが契約解除の挙に出たのは、第六条の趣旨に照らし相当と認定し、その理由として、それまでに既にYは自己の債務を全て履行し終わって後はただXの譲受人の指定を待つだけで、指定さえあれば直ちに取引を完了するだけの準備が整っていたこと、もしこの期に及んで売買を中止して再びY自身の経営の下に銀行営業を継続することは到底不可能で、銀行営業の売買という事柄自体から自ずと明らかであるとともに、銀行条例改正実施の時期が一と月余に迫っている際だから、Yとしては、取引が完了しないならば取引を速やかに打ち切ってすぐにでも他の買主を探さなければならない一種の窮境に立たされる場合なので、Yが叙上のように催告及び解除の挙に出たのは全くやむをえないものというべきだとYの行為を是認した。さらに後段において、本件手付金の事後処理について、次のように判示する、即ち「……本件取引が前記の如き運命の下に当事者間に於て竟に其本旨の実現を見るを得ざりしに付てはXは手附金……の倍額をYよりXに支払ふべきが即ち当初の約旨なりと主張しYは之を没収すべきが即ち当初の約旨なりと抗争すと雖抑本件取引が右の如き運命に了りしはXが大正五年四月中に刑事被告人として拘禁せられしに職由するものにして斯る事情の下に於てYの為したる催告解除の処置は決して約旨に背反せざるものなること前段所論の如くなると共に又事の茲に至りしに付てはXの刑事上の責任は如何にも同じ本件取引の当事者としては其責に帰すべき事由に基くものと云ふべからず、結局約旨に所謂不測の事情が出来したる為竟に本件取引の本旨を実現するを得ざりしに外ならざるが故に此場合手附金の処置としては其儘之をYよりXに返還することが即ち信義を旨とする相当の解決にして当初の約旨上正に此の如くならざるべからざるところなり、従ひてXがYに対し甲第一号証〔本件契約書――筆者註〕第八条の契約により生ずる権利としては金千円を請求するを得るに止まり其倍額たる二千円を請求する権利は之を存ぜざるものと云はざるべからず」と。

〈分析〉(1)本件において、Xは、まず、「Yの承諾上履行期は大正五年六月末日迄延期せられた〔傍点筆者〕」と主張し、さらに「尚Xが監獄に拘禁せられたるが如き場合には本件契約の履行期は出監まで当然に延期せらるべき約旨なりし〔傍点筆者〕」云々とも主張し（二つともXの主張は判旨が否定している）、それを前提としてXの不履行を理由とする・Yの契約解除を否定すると共に、逆にYの解除を（解約）手付による無理由解除と把握して、Yに対する手付倍額の償還及び（遅延賠償としての）損害金の支払いを請求したのである。しかし、右のXの主張は次の二点において、判旨の結論同様、否定さるべきである。第一に、判旨の認定に従う限り、本件契約の履行期がXの主張よりも早く到来するとすれば、Yは履行期後に履行の催告をした後、履行期間の徒過を見て解除をしたのであり、これは、Xが主張するところの手付による無理由解除ではなく、Xの債務不履行を理由とする法定解除（民五四一）であること（ただしYは、解除に伴う損害賠償をXに請求してはいない）。即ち、たまたま契約において手付が授受され解除権が留保されていても、一方当事者が解除もせず債務も履行しない場合に、その不履行を原因として、他方当事者は、手付授受によって留保されている解除権の行使とは別個の範疇に属する法定解除権を行使することができるのである（大判大正七年八月九日民録二四・一五七六――3の①）。第二に、判旨の認定事実を踏まえてXの主張を考察するとき、Yの解除をXはYの手付倍額の償還を前提とする無理由解除と認識していることは確かであること（それ故にこそXはYに対し手付倍戻しを請求する）。そうだとすれば、その主張の底には、「たとえ相手方の不履行を理由として解除した場合でも、当事者間に手付の授受があった以上は、契約解除者の側で手付損倍戻しをしなければならぬ」とする論理が働いていると見ることができるであろう。もっとも、本件におけるXの不履行（本件銀行の譲受人の・Xによる指定の懈怠）の原因がXの身柄にかかる不測の事態の出来によるものであることも、Xの主張の根柢にあるだろう（Xとすれば、不履行は自分の懈怠のせいではないとの思いから、Yの解除は不履行解除ではなく、無理由解除なのだとの思い込みがあったのかもしれない）。その点はとも角として、もともと帰責事由の存否に媒介されないのが解約手付の特質だとすれば、解除原因がいずれの側にあるかを問わないとする右の論理は、この過責無媒介の論理のコロラリーにすぎないが、近代取引社会に到底受け容れられるものではないことはいうまでもあるまい。

(2)他方Yは、Xの手付倍額請求に対して、請求棄却を求めるに止まった。このことは、Yは、Xから契約時に受領し・現にYに留保されている手付金一、〇〇〇円をXに返還しないこと、いいかえればYは、Xに手付金を放棄させることを求めていることを意味する。こうしてX側の帰責事由の有無を問わず、Xの催告期間の徒過＝不履行という客観的事実のみを根拠に、Yは、自己の解除が不履行解除でありながら手付を利用してXに手付の放棄を請求したことになるのである。もっとも、この場合の手付は、Yから見て損害賠償額の予定としての違約手付、即ち、債務不履行による損害填補のための簡便な決済手段という機能を担っている。とはいえ、こういう使われ方をする場合、つまり不履行者の相手方が訴訟に訴え実損害の賠償を請求するよりは、手付金で満足する方がむしろ有利だと計算をした場合は、そもそも訴訟にはならない（しかも、このように実際的取引の場で違約手付として機能する場合にも、結局不履行者のイニシァティヴにおいて契約が解除されたことになる、という意味においては実質的に解約手付と変わりはない）。Yがあえて Xに対して訴訟を提起しなかった所以である。ところが、本件では逆に、XがYの解除を無理由解除とみなして倍額償還を訴求したために、Yは応訴せざるをえなかったが、叙上のように被告としての応訴による請求(控訴)棄却の申立は、労せずして、原告としてXの手付放棄を請求すると同じ結果になったのである。

(3)他方、判旨はXの債務不履行がX自身の刑事事件連座にその原因があることをとらえ、この事実は本件契約第六条にいう「不測の事情」に当たるとした上で、このような場合には同条は信義則に即して解決すべしとの趣旨である、と解したのである。そして、このような・信義則を媒介とする六条（八条も含めて）解釈の帰結として、YからXへの手付金返還を命じたのである。たしかに、判旨の右の論理構成は、両当事者の請求が共に（無理由解除であれ不履行解除であれ相手方に手付損倍戻しを求めるという意味において）前近代的な解約手付の論理に依拠し・それ故に近代的な民事責任の法理に反する不合理なものであることを明確に意識した上でのそれであったかどうか、を（その文章表現からは）窺い知ることは難しい。しかし、このような・判旨の正当化の仕方の当否は別として、不履行者側に帰責事由なき債務不履行の場合は、契約時に授受された手付金の利用ないし処理が争点とされる限り、手付金はそのまま受領者から給付者に返還される、とするのが近代取引社会の一般常識ないし取引当事者の一般意思に合致するのではないであろうか。

(4)本判決の新規性は、両当事者の責に帰すべからざる事由による・契約の不実現の際は、解約手付は全く機能せず、手付金の売主から買主への返還という形で事態が処理される、という点にある。あるいは裁判所の対応とは別の視角から本判決の先例価値（下級審判決のそれ、という位置づけからすれば先駆的価値というべきか）を見出すとすれば、次の点である。まず、本件は、手付授受後一方当事者の帰責事由なき債務不履行があった場合に、手付による帰責が争われたケースの先駆的事例である、という点である。次に、本件は、一方当事者の債務不履行の帰責事由の有無をめぐり不履行解除（違約手付）と無理由解除（解約手付）とが対立し、相手方に対する帰責として手付放棄か倍額償還かが争われたレア・ケースである、という点である。

2の②

東高判平成二年一月二五日金融・商事判例八四五・一九

〈事実〉不動産業者X社は分譲マンション建設用地を物色中、昭和六一年一二月不動産仲介業者A社から不動産業者Y社所有の本件土地の物件概要及び実測図を入手した。それによると、本件土地は一級河川白子川沿いにほぼ長方形状にある土地であり、実測図には本件土地と川との間に二つの長三角形状の土地が記載されていた。そこでX社役員のBが現地を見分し、右三角形状の土地につきY社担当者Cに役所への照会方を依頼したところ、川沿いに遊歩道ができる計画があるが、建築は差支えない、との回答を得た。Bは右見分の際本件土地の隣に川沿いに建物が建ち、対岸にも建物が立ち並んでいたので、遊歩道の程度では本件土地に余り影響がないと考え、本件土地に建築上の支障なしと判断し、その点につきそれ以上の調査・確認の措置をとらず、本件土地上に三階建てマンションの設計を依頼して、本件土地購入に動いた。同年一二月一七日XはYの仲介人D作成の・本件土地に関する重要説明書を受領した。そこには法令による制限の項に「補足資料参照の事」との手書きの註があったが、補足資料らしきものはなく、また手書きで「一級河川改修計画有り（拡幅）」ともあったが、Bは前者はAから送られてきた物件概要か実測図のことかと思い、また後者はCから聞いていた前記遊歩道開設に伴う拡幅のことと思い、気に留めなかった。しかし実際には、白子川改良工事全体計画にもとづく河川拡幅計画があり、本件土地の川側三分の一が右拡幅計画部分に入ることになっており、そして右拡幅計画部分には建物を建設させない行政指導がなされており、これを無視した建築確認申請について確認を受けることは難しい状況であった。Yは、本件土地につき右河川拡幅計画があること、本件土地の三分の一が右計画部分に入ること、右計画部分に建物建築を認めない行政指導が行われていることも知っていたが、右計画部分の面積を建築確認の際の敷地面積に含めることができるからXのマンション建設には差支えないと考え、本件建築規制のことは余り重視せず、本件土地代金を近隣の相場より安くしていたにすぎなかった。同月一九日XはYとの間で本件土地を代金二億一、五〇〇万円で買う旨の契約を締結し、手付金二、一五〇万円を支払ったほか、残代金一億九、三五〇万円は翌年一月二〇日に支払うこと、売主または買主の一方が右契約に違反したときは、その相手方は契約を解除することができ、それが売主の義務不履行にもとづくときは、買主に対してすでに領収ずみの手付金の倍額を支払うこと、買主の義務不履行にもとづくときは、売主に対してすでに支払済の手付金の返還を請求することができないこと、などを約定した。右契約締結の席上両当事者及びそれぞれの仲介人が立ち会ったが、本件建築規制についてはY側から何の説明もなかった。しかし、翌年一月Xは本件建築規制があること及び拡幅計画部分については建築確認を出さないこと、さらに敷地面積の計算上も拡幅計画部分を除いてほしいことを知らされ、Y側と話し合ったが物別れとなり、結局、Xは同年一月二〇日本件売買契約を解除し、支払済手付金の倍額四、三〇〇万円の返還を請求すべく本訴に及んだ。一審Y敗訴、行政指導による事実上の建築制限は売主たるYが宅地建物取引業法上説明義務を負うべき法令上の建築制限に当たらない等の理由をあげて控訴。

〈判旨〉原判決変更（手付金額そのままの返還）。Yの説明義務不履行を理由とするXの契約解除について、判旨は、「……本件売買契約は、Xの既得の誤った予備知識とYの提供した情報の不十分さとが競合して締結されるに至ったもの」で、「……Yは、本件売買契約の締結につき、売主として要求される説明義務を十分尽くさなかった責任を免れ」ず、右説明義務は「売買契約における信義則から導かれる広義の契約上の付随義務の一種であり、Yは右契約上の義務を履行しなかった」のであるから、Xは「これを理由として本件売買契約を解除することができる」と判示した。そして手付金倍額の支払請求について、まず判旨は、本件手付金は損害賠償額の予定と推定される、とした上で、次のように判示する、即ち「2.……Bは、仲介人であるAの担当者の『遊歩道の計画があるが、建築には心配がない』との言を鵜呑みにし（其の具体的根拠を確認していない）、その後にY側から『一級河川改修計画有り（拡幅）』との記載ある重要事項説明書を受領した際にも、業者としての知識・経験上、右不十分な記載に疑念を持ち、関係官庁の調査等を容易になし得たにもかかわらず、右記載を軽率に解釈して、信頼のおける調査を一切行わなかったばかりでなく、Y側に対してその内容を問い合わせることすらしなかったものである。これは、専門業者たるXが本件土地で計画していた事業規模等から見て、買主として尽くすべき注意と慎重さを怠ったものであり、過失の責を免れないというべきである」と。そしてXの過失を相殺すべく損害賠償予定額の減額を次のように判示する、即ち「……Xの右過失を考慮し、前記手付金倍返しの約定の合理的意思解釈と公平の見地から、前記損害賠償予定額四、三〇〇万円のうち、YがXに支払うべき賠償額は二、一五〇万円をもって足ると認めるのが相当である。民法四二〇条一項後段の規定は、右のような減額までを禁じるものではないと解すべきである」と。

〈分析〉⑴元来、解約手付は、本論文冒頭に述べたように、①破約者自身に契約解除権を与えること、②解約手付における帰責＝手付額の損失は破約者の帰責事由の有無を問わないこと、③解約手付は授受された手付額の限度（手付流し倍返し）をもって破約者を免責せしめること、の以上三点にわたって近代民事責任の原理と矛盾する。これに対して、他の手付は近代的な原理に依拠する。ただ唯一の例外は、損害賠償額の予定としての違約手付（私のいわゆる予定手付）である。けだし、この種の違約手付は、解約手付同様、現実には一方当事者の契約不履行の事後処理を簡便に（訴訟を経由することなく）すますための手段だからである。即ち、不履行解除の場合の解約手付は訴訟制度の不備な前近代社会にあって専ら債務不履行による損害填補のための簡便な決済手段として利用されており、近代社会においても同様な機能を営んできたのが、損害賠償額の予定としての違約手付に他ならない。そもそも訴訟の場における違約手付は専ら破約者の契約解除を否定するための道具概念として登場するのであり、決して損害賠償の簡便な決済手段として現われる訳ではない。破約者の相手方が、訴訟に訴え実損害の賠償を請求するよりも手付金で満足する方がむしろ有利だ、と計算した場合には、最初から訴訟にはならないからである（本件のように、破約者側から訴訟を提起する場合は別）。そして、このように実際取引の場において違約手付として機能する場合にも、結局は破約者のイニシァティヴにおいて契約が解除されたことになる。また、契約前から相手方の破約が予想できれば別だろうが、そうでなければ、こうむった実損害を手付額でカバーするまでには至らないのが恐らく実情であろう。だから、損害賠償額の予定として手付を規定したとしても、契約の履行を前提としない限り、解除権の所在・賠償額の多寡の点において依然として解約手付の影を引き摺っていると見ることが可能である。因みに破約者側が違約手付を主張する場合は、相手方に給付すべき損害賠償額を手付額に限定する効果を生ぜしめる点で、解約手付を主張しても同様であろう。

(2)ところで、この種の違約手付の場合、破約者の相手方は、解除権行使の際も損害賠償（手付損倍戻）請求の際も、破約者の過失の有無を問題にせず、破約の事実が生じればそれだけで解除をし、賠償を請求し得る（買主側の破約の際は受領済の手付金を返還しない丈であるが）。正に簡便な事後処理で事が済む。ところが、本件では、破約者の相手方の過失が問題視され、裁判の結果、破約者自身の過失との相殺が行われて、賠償額は約定の手付倍額から手付額へと半減した（相手方は破約者に給付した手付金の返還を受けた丈であるから、実質的には賠償額は0である）。そうだとすると、そもそもこの種の違約手付をめぐって紛争が生じ、手付を訴訟の俎上にのぼすこと自体が、この種の違約手付もいまや解約手付の呪縛から解かれて近代民事責任の原理に支配されることを意味するのである。それ故に、Xの債務不履行が過失（説明義務違反）によることを前提として、Yの解除権行使が適法とされ、さらにY自身の過失もXの債務不履行に寄与したとして、過失相殺が認められたのである。ここでの違約手付はもはや取引慣習上の手付ではなく、文字通り民法上の損害賠償額の予定（民四二〇）そのものに外ならない。

(3)本判決の新規性は、損害賠償額の予定としての違約手付についても過失相殺（民四一八）を認めた点である。

2の③

東地判大正一四年一〇月二一日新聞五六・二一五

〈事実〉Xは、大正一二年八月一日Yとの間に、Y所有の家屋を代金八、六〇〇円で買受け、同日手付金として二、〇〇〇円を支払い、残代金は同年八月三一日所有権移転登記手続完了と同時に支払うこと、もし契約期間中に火災に罹り又は天災地変等不可抗力のために滅失した場合は、Yは契約を解除して手付金を返還することを約定した。その後同年八月末に当事者合意のもとに本件家屋の所有権移転登記手続を同年九月一〇日まで延期した。ところが、同年九月一日関東大震災のため本件家屋は焼失した。そこでXは右特約にもとづき、同年一〇月一八日Yに対し本件契約を解除する旨の意思表示をし、右手付金二、〇〇〇円の返還を求め、本訴に及んだ。Yは、X主張の特約はYのためにのみ解除権を留保したものと抗弁した。

〈判旨〉請求認容。「……契約条項第五項ニハ若シ契約期間中万一家屋カ火災ニヨリ焼失シタル場合ニハ売主ハ手附金ヲ其儘買主ニ返還シ契約ヲ解除スルコトヲ得ル旨ノ特約アリタルコトヲ認メ得ヘク而シテ該文言ハ一見売主ニ対シテノミ解除権ヲ留保スルモノノ如キ観ナキニアラスト雖本件ノ如ク特定物ノ売買ニアリテハ売買成立後不可抗力ニ基ク目的物ノ滅失毀損ノ危険ハ買主ノ負担ニ帰スモノナレハ売主ハ契約ヲ解除スルニ付何等ノ利益ナキヲ以テ売主ノ為ニ解除権ヲ留保スヘキ謂レナク却ッテ買主ハ斯ル場合契約ニヨリ危険ノ負担ヲ免ルルヲ得ヘキ故解除権ノ留保ハ買主ニトッテ利益アリト謂フヘク従ッテ右特約ハ買主ノ為ニ解除権ヲ留保シタルモノト解スヘキモノトス〔傍点筆者〕」。

〈分析〉(1)本件は特定物売買における目的物が不可抗力によって滅失した場合に買主が契約を解除し・売主に交付した手付金の返還を求めたものである。たしかに本件契約には、予め不可抗力による目的物滅失を想定し、その際の手付金の事後処理に関しても規定されていた。しかし、そこには売主一方の解除権留保と解除権行使後の手付金返還とが規定されていたに止まり、しかも生憎と実際には買主Xが（おそらく本件手付を解約手付と見て）本件契約を解除し手付金返還を請求したのである。これに対して、契約にXの解除権留保の規定がない以上、YがXの解除権行使を否定し手付金返還を拒んだのは当然であろう。たしかに判旨がYの抗弁を容れて、特約上買主には解除権留保が認められていないことから、特約を離れて危険債権者主義（民五三四Ⅰ）に立ち戻って、Xに手付金放棄を命じることが最も自然な契約解釈であった、と思われるのである。それにも拘わらず、判旨はXの請求を認め、Yの手許にあった手付金の返還を命じたのである。この結論の底を流れるものは、不可抗力による履行不能の場合には、（売買目的物が特定物であれ、不特定物であれ）契約時に授受された手付金の清算に関する限り、手付金は売主から買主にそのまま返還される、と解するのが近代取引社会の一般常識ないし取引当事者一般の意思——本件当事者も契約書作成当時よもや我が身に大災害がふりかかるとは思ってもみなかったであろうからこそ、契約当事者の一般意思として、そのような際の手付金返還を特約として盛り込んだのであろう——に合致する、とする価値判断であったろう。そして、それが公平の価値観点を踏まえていることは、いうまでもあるまい。

(2) さて、判旨の下した結論に至るためには、旧慣をひきずる解約手付の法理は勿論、危険負担の法理をも援用することができないことは明らかである。まず、解約手付制度（民五五七）は、その本体的効果たる無理由解除と、それに連動する・帰責事由の有無を問わない（従って本件のような・不可抗力による場合であれ）損害賠償としての手付損倍戻しを副次的効果とするから、解約手付は常に、解除権を行使した契約当事者の側に手付額を限度とする損害賠償を義務づける。従って、本件においても買主Xが解除権を行使（本件ではYの不履行を理由とする解除はできない）すれば、Yに交付した手付金を放棄せざるを得ないことになるからに他ならない。更に、本件のような特定物売買における・不可抗力による目的物の滅失に適用される危険債権者主義（民五三四Ⅰ）は、目的物滅失の危険負担を買主に課しているから、任意法規たる債権者主義の適用を免れるための・何らかの特約がなければ、XがYに予め交付した手付金は目的物滅失後Xに返還されず、そのままYに帰属することになる。

(3) こうして判旨が叙上のように公平の価値観点から選択した結論に到達するためには、法技術的には解約手付の法理及び危険債権者主義を排除する必要があり、結局、本件特約を援用することになる。ところが、本件特約には売主一方の解除権留保と手付金返還とが規定されるのみで、しかも現実には生憎と特約上規定されていない買主Xが解除権を行使したために、判旨は、次のような理由づけの下に、特約上売主を買主と読みかえて、Xへの手付金返還をYに命じたのである。即ち、Yは、自ら解除権を行使しない限り、危険債権者主義により受領した手付金をXに返還する必要がないのに、なまじ契約を解除すれば、手付金を返還しなければならないから、本件特約はYにとって損失にこそなれ、何の利益にもならないからだ、というのが、その理由づけである。このような・いわば目的論的解釈とでもいうべき正当化の仕方の当否は別として、解約手付制度と近代民事責任の原理との矛盾を回避し、更には日本民法上の危険債権者主義の不合理性をも排除しようとした判旨の意図は、高く評価さるべきであろう。

2の④

東地判大正一五年一〇月一四日新聞二六二二・五

〈事実〉古物売買を業とするA株式会社は、大正一二年七月Y漁業会社からその営業漁場たる静岡県網代沖及び神奈川県真鶴沖に敷設した大謀網で大正一二年度に廃物となるべき古鰤網の中から約一万貫を単価一〇貫につき一四円で大正一二年一〇月・一一月・一二月と三等分して買受ける契約を締結し、右契約成立の日に一万円をYに交付した。ところが、契約物件であった網代及び真鶴沖に定置敷設した・Yの右鰤網が履行以前たる同年九月一日関東大震災によって全部流失して了った。そのためYは、同年一〇月・一一月・一二月を経過しても契約に従って受渡し日時・場所を指定通告しなかったところ、Aは大正一三年三月三日、四日Yに同月二〇日までに右日時・場所を指定し契約物件をAに引渡すこと、Aは代金支払の準備をすませたこと、もしYが期間内に右の指定をしないときは本件契約を解除する旨の催告を行った。しかしYはこれに応じなかったので、同月民法五四五条により本件契約は当然に解除され、Aは、Yに交付した手付金一万円の返還を求める権利を取得したとし、同月二六日Yに対する右債権をXに譲渡し、その旨をYに通告。そこでXが本訴を提起して、手付金一万円の返還をYに請求した。これに対してYは、本件一万円は内金であること、本件売買目的物は「Yの前記漁場に於て使用して廃物に帰すべき大正十二年度の古網其物に外ならざるもの」即ち特定物であるから、「民法五百三十四条の規定に則り本件古鰤網の買主たる前訴外会社〔A〕は当然其危険を負担すべきもの」であり「支払済なる代金一万円を除き更に残額金四千円をもYに対して支払ふべき義務あるもの」である、と抗弁した。

〈判旨〉 請求棄却。判旨はまず、本件売買目的物たる古鰤網について「前記売買契約は売主たるYから其営業漁場たる静岡県網代及神奈川県真鶴に敷設したる大謀網にして大正十二年度に於て廃物となるべきもの〔この種の漁獲用敷設網の使用能力は一年なので毎年十二月に新しいものに替え不要となった古網は十一月から十二月のかわり目に売却するのが例――筆者註〕の中より約一万貫を買主たる訴外Aに売渡すべき趣旨」と認められるから、従ってこの古網の給付を求める債権は「古鰤網なる種類を以て指示せられ然かも其種類の存在する場所の範囲を静岡県網代及神奈川県真鶴と限定せられたる所謂制限的種類債権〔傍点筆者〕」である、と判示した。その上で右古網が震災により流失した点について、「……右契約上の給付の物体たりし……Yの定置敷設したる右鰤網は履行以前たる大正十二年九月一日大震災に因り全部流失するに至りたる事実は認め得べきが故に給付の物体が特定せざる間に当事者双方の責に帰す可からざる事由に因りて給付不能を生じたる場合に該当するものに外ならず、而して民法第五百三十六条第一項に依れば特定物に関する物権の設定移転以外の給付を以て双務契約の目的と為したる場合に於て当事者双方の責に帰すべからざる事由に因りて給付が不能となりたるときは債務者は債権者に対して反対給付を受くる権利を有せずと規定するを以て右の場合に於ては債務者の負担する債務が消滅すると共に債権者の側に於ても亦反対給付を為すことを要せざるものと謂ふべく従て債権者が既に反対給付を為したるか又は手附金の給付を為したる時に於て債務者の負担する給付に付き前示の如き不能を生じたる場合に於ては債権者の該給付は全く法律上の原因を欠くに至る可きを以て債権者は債務者に対し目的の消滅による不当利得の償還を請求し得べき筋合なり〔傍点筆者〕」として、叙上一万円が本件契約の手付金であるか内金であるかを問わず「訴外AはYに対し該金額に相当する不当利得の償還を請求することを得べきもの」とし、従ってXが「右の原因に基き不当利得償還の請求を為すは格別」、Xが本訴において主張する原因が「訴外AはYが前示履行期に履行を為さざることを理由とし民法第五百四十五条の規定に則りてYに対し原状回復義務請求権を取得したりと為すもの」だから、Xの右請求は失当として棄却すべきものである、としている。

〈分析〉(1)本件において、X側はYの履行不能が大震災という不可抗力を原因として生じたものであるにも拘わらず、Yの責に帰すべき事由によるそれとみて、法定解除を行い、それによって生じた・手付金返還の原状回復を請求した為に、判旨はXの請求を棄却した。つまり、Xが本件を危険負担の問題とみて手付金返還を請求すれば、認容されたはずであった。それならば、Xはなぜ危険負担の問題として処理しなかったのであろうか。惟うに、おそらく本件売買目的物たる古鰤網が特定物か種類物か判断しかねた為か、あるいは本件一万円がA（そしてXも）自身手付金と認識しており、従って旧来の解約手付の慣習による限り、買主たるAが解除権を行使すれば、手付金一万円を放棄しなければならない、と考えたからか、そのいずれかであろう。前者かなと思えるのは、Xの主張の中に問題の古網の法律的種類をめぐる言及が見当らないからである。他方、本判決当時（大正十年代）の法実務にあっては、制定法による拘束意識が強い上に、手付慣習に対する規範意識も取引界一般に根強く残っていたように思われるところから、X側の・解約手付に対する警戒感も一入であったとはいえないであろうか。さらにもう一点見落せないのは、大正七年八月九日の大審院判決（3の①）の影響である。本件では、原告は手付の授受があったにも拘わらず、被告の債務不履行を理由に法定解除し、それによって生ずる原状回復請求権にもとづく手付金の返還及び違約金（手付額と同額）の支払を請求した。そして大審院は「債務不履行ニ因ル契約ノ解除ハ民法五百五十七条第一項ニ定ムル契約ノ解除ニ対シ別個ノ範疇ニ属スル」として、不履行解除の場合であれ手付による・無理由解除の場合であれ解除後の処理も全て手付を通して処理してきた旧来の手付慣習を後者の場合にのみその適用の場を狭めたのである。もしかしたら、X側は、Yの履行不能が不可抗力に起因するにも拘わらず、解約手付の関与を嫌って（解約手付の論理では相手方の履行不能につき帰責事由の有無は不問に付される）右の先例を踏襲したのではないであろうか。

(2) いずれにしろ、X側の対応の理由についてはどれも推測の域を出ないが、その点はとも角、判旨は、不可抗力による履行不能の場合に少なくとも目的物が種類物である限り、危険債務者主義（民五三六Ⅰ）を利用して手付金はそのまま受領者から交付者に返還される、として、解約手付の論理を排除し、近代民事責任の原理との矛盾を回避している。もっとも、本件目的物がもし特定物であったとしても、判旨はやはり危険負担の範疇で問題を処理せざるを得ないだろうとしたら、依然として右の矛盾は残るであろう。なぜなら、不可抗力による履行不能の場合は、売買目的物が特定物であれ不特定物であれ、手付金の事後処理に関する限り、手付金は買主に返還さるべきだからである。

なお本判決に関しては、すでに小論「近代民事責任の原理と解約手附制度との矛盾をめぐって――手附判例における検証」において取り上げ、ささやかな分析を行っている。しかし、当時はその出典を学説判例評論（一六民四五三）に拠ったために、判決全体に私の目が行き届かず、拙論の基本的主張に好都合な判旨のみを摘出し・判決の結論としたことをここに訂正しておきたい。

2の⑤

東地判昭和二六年三月一六日下民集二・三・三八六

〈事実〉Xは、昭和二五年六月一九日Yからその所有する建物及びその敷地に対する借地権を代金一七五、〇〇〇円、四回の分割払とし、第四回目は同年七月二日建物明渡し及び所有権移転登記と同時に支払い、第一、二回目の割賦金合計四万円を手付とし、X不履行の際はYがこれを没収し、Y不履行の際はその倍額をXに返還する旨の売買契約を締結した。ところが、その後、右敷地は東京都所有の土揚敷であってYは借地権を有せず、これを取得することも不可能であるばかりか、その地上の右建物も東京都から移動式の小屋としてその設置を許されているにすぎないものであって、到底Yは本件契約を履行し得ないことが判明した。そこでXはYに対し、右特約にもとづき本件手付金の倍額八万円の支払を求めて本訴に及んだ。Yは、Xが本件敷地は都有地であること、Yにはその借地権のないこと、本件建物の所有権移転登記ができないことを知って本件契約を締結した、と抗弁。

〈判旨〉請求認容。「……本件敷地は都所有……の土揚敷であり、また、その地上の本件建物は都から移動式小屋としてその設置を許されているに過ぎないものであって、右土地について借地権を取得し、その地上建物について不動産としての登記〔を〕することは右売買契約の当初から不能であったことを認めるに難くないから、右売買契約は不能の事項を目的とする無効の契約と認めるの外はない。しかしながら、売買契約に附随してなされる手附倍返の特約は、その本質は売主が不履行をした場合の損害賠償の額を予定し、これが支払の責に任ずる契約であって、売主がその債務を履行しない場合に始めて効果を発揮するものであるとともに、原始不能の売買契約を結んだ売主に故意・過失のあった場合には、売買それ自体は無効であっても、その売買に附随してなされた手附倍返の特約はなお効力を有し、売主はその債務不履行の場合に準じて特約上の債務を免れ得ないものと解するのを相当とする。さて、本件にあっては、Yは右売買の目的物の一つである建物の所有者として前認定のような原始不能の事実は充分にこれを知っていたものというべきであるが、しかるときは、Yは右無効の売買契約の締結について故意少くとも過失のあったものと認めるの外はないから、Yは右売買に附随してなされたX主張の手附倍返の特約上の債務を免れ得ない……〔傍点筆者〕」と。

〈分析〉本件は、損害賠償額の予定としての違約手付を伴なう売買契約が原始的不能により無効である場合に、買主が売主に対して手付倍額の償還を請求した事案である。旧来の手付慣習によれば、こうした場合でも、売主の債務不履行という事実が生じれば、それ丈で手付特約が作動して売主は買主に手付倍額の償還をしなければならない。売主の債務不履行が無過失であろうと、原始的不能により始めから履行不能であろうと、倍額償還が行われるのである。要するに手付損倍戻という・手付を媒介とする損害賠償額の予定は、賠償する側の帰責事由の有無を問わないものである。本件におけるX側の請求は、右の手付の論理にもとづくものであった。これに対して、判旨は、Yの契約締結上の過失の存在を認定して、Yに手付倍額の償還を命じた。判旨は確かにXの請求を認容したが、結論自体は同じではあっても、判旨のそれは過失責任主義（主体的責任）という・近代民事責任の原理に基礎づけられたものであった。

2の⑥

東地判昭和二八年一〇月三日法曹新聞八一・一二

〈事実〉Xは、昭和二七年六月三日、Y所有の本件建物を買受けることとし、同日Yに手付金として二〇万円を支払った。本件売買契約書にはその第二項本文に「売買代金の授受は昭和二十七年七月三日売買物件の所有権移転手続終了と同時に之れを為すものとす」、その但書に「但し原告所有の住宅売買契約迄代金を猶予する」との規定があった。その後YからXに対し、同年七月七日付書面を以て本件売買の残代金の支払を催告し、同月一〇日迄に履行しないときは、契約を当然解除する旨の意思表示がなされた。そしてXが右期限を徒過したため、Yは本件契約が解除されたものとして、Y所有の本件建物を他に売却した。そこでXは次の理由をもって、手付金倍額四〇万円を請求して本訴に及んだ。即ち、(1)Yの催告によりYは一方的に本件契約を解除したのであるから、右の意思表示は民法五五七条にいう解除権の行使であること。(2)Yが故意に本件契約の約旨を無視して催告し契約を解除しようとしたことは明らかに拒絶の意思表示であるから、本件契約に違反するものであること。(3)まだ契約が存続中であるのにYが本件建物を他に売却したのは契約違反であること。

〈判旨〉請求を認容。判旨は、「……同条〔民法五五七条――筆者註〕に所謂解除は手附の償還を条件とするもので、手附の抛棄又は倍額の償還はいわば解除権の内容をなすものである。これを売主の場合についていうならば、買主の履行着手前においてその受領した手附の二倍の金額を提供して解除の意思表示をする場合に初めてその効果を生ずるものであって、契約不履行の制裁として手附の倍額の償還義務を負担するものではない。従って単純に契約解除の意思を表示しただけでは、同条の契約解除の効果は生じないのである。のみならず債務不履行に因る契約の解除は同条の解除に対し、別個の範疇に属し其の法的根拠要件効果も異なり、従って之れをなす当事者の効果意思もその内容を異にするから、名は同じく解除であっても債務不履行による解除が当然前記法条に所謂解除の効果を生ずるということはできない。然るに本件においてはXはYが手附金の倍額を提供して解除の意思表示をなしたと主張するのではなく、唯XはXに債務不履行がないのにYから契約を解除する旨の通知があったという一点をとらえ、Yの前記解除の意思表示は一方的なものであるから民法第五百五十七条の一方的解除に当るというに過ぎないものであって、しかも前記Yの解除の意思表示の趣旨がXの債務不履行を理由とするものであることはXも争わないところである〔傍点筆者〕」として、Yの民法五五七条一項の解除があったことを前提とする手付倍額償還の請求を却けた。次に叙上請求理由(2)については、「……X所有の住宅売買契約締結に至らず又売却の見込なきこと確定したとも認められないのにYが本件建物をXに無断で他に売却したことは、本件契約が未だ有効に存続している以上、その契約違反の点は明らかであり、Yは本件契約に基づき手附金倍額相当の違約金四十万円を支払う義務がある〔傍点筆者〕」として、結局Xの請求を認容。

〈分析〉(1)本件を手付をめぐる事案としてみたときには、争点となったYの契約解除の性格が問題である。即ち、YはXの債務不履行を理由とする法定解除即ち不履行解除を行った積りであったのに、Xは解約手付による約定解除即ち無理由解除と認識したのである。この点については、判旨はYの主張する・不履行解除を採用した上、「債務不履行に因る契約の解除は同条〔民法五五七Ⅰ〕の解除に対し、別個の範疇に属し其の法的根拠要件効果も異な〔傍点筆者〕」ると判示した。この摘示は、正に大正七年八月九日の大審院判決〔3の①〕のそれと全く同じ表現である——「……債務不履行ニ因ル契約ノ解除ハ民法第五百五十七条第一項ニ定ムル契約ノ解除ニ対シ別個ノ範疇ニ属スルヲ以テ……〔傍点筆者〕」。つまり、二つの解除の峻別は判例としてすでに確立されており、判旨もそれに従ったのである。

(2)判旨は、この事案における結論として、一方においてYの解除を不履行解除と判示し、他方において、X側の履行条件が整わず、不履行状態に未だ陥ってもいないにも拘わらず、Yが本件建物を別途処分して履行不能に陥ったことから、手付倍額の支払をYに命じ、本件手付を解除権留保のない・損害賠償額の予定としての違約手付として扱ったのである。いいかえれば、手付の授受により、不履行解除であれ、無理由解除であれ、解除後の損害填補を全て手付を通して処理される、としてきた手付慣習を、無理由解除の場合にだけその適用の場を狭めることによって、判旨は、解約手付から解除権をはぎとって、近代民事責任の原理と矛盾しない違約手付に転換したものといえよう（但し、取引の場で一方当事者の不履行の事後処理に使われる・賠償額の予定としての違約手付のように、解約手付と同質のものとは異なる）。

2の⑦

大阪地判昭和二八年一二月二二日下民集四・一二・一九一五

〈事実〉昭和二六年七月司法書士の認可を受け九月末頃から司法書士業務を開業する予定であったXは、同年八月一八日Yとの間に、大阪法務局新設に伴いYを含む司法書士三〇名が各自事務所を新築するため共同購入した敷地の持分権並びにYの事務所及びその敷地を代金一二万円、内三万円を内金として即日支払い、残代金九万円は同年九月一五日限り支払い、登記手続は土地分割手続終了のとき実行する旨の売買契約を締結した。その際本件売買の目的たる司法書士事務所の敷地に関して、新築の際共同購入者全員が規約を以て他日各人が事務所を第三者に譲渡するときは予め他の共同購入者全員の承諾を得ること、もし過半数の承諾が得られないときは時価を以て他の共同購入者に買取を請求しうる旨を申し合わせていたので、YはXに対し右規約を告げて他日他の司法書士全員の承諾が得られない場合を予測して本件目的物の引渡時期などをX・Y間で協議して定めると共に右三万円を手付金として授受し、本件売買を履行するときは右手付金を代金の一部に組み入れることを約束して、手付金領収証には内金と記載した。その後Yが本件事務所をXに譲渡するにつき司法書士全員の承諾を求めたところ、Xが計理士、税理士資格も兼有しており、不当な競業の虞れありとしてYの事務所譲渡に全員の反対を受けたので、昭和二六年八月末にXに対し右の事情を告げて本件手付特約にもとづき、Xから受領した手付金だけを返還し、本件契約を解除する意思表示を行った。そこでXは、同年九月一一日Yに対し残代金九万円を提供したが、Yは司法書士会内部の事情を告げて右代金の受領を拒絶し、Xが再三履行を請求したが応じないので、Xは右残代金九万円を同年一一月一三日Yに対し弁済供託した上、Yの不履行により損害を蒙ったとして、損害賠償を請求し本訴に及んだ。Yは、同年八月二五日Xに司法書士会の事情を告げて本件契約の解除を申し入れたところ、Xは先にYに交付した手付金三万円の返還を受けて解除することに同意し、双方間に合意解除が成立した、と抗弁。

〈判旨〉請求棄却。判旨は、本件三万円を内金とするXの主張を却けて手付金と認定する一方、本件契約は合意解除されたとするYの主張も却けたが、YからXへの事務所の譲渡につき司法書士会の過半数の同意を得る見込みがないことをYがXに告げ、本件手付金をXに返還して本件契約を解除する旨の意思表示をしたことを認定した。その上で次のように判示した、即ち「……別段の特約ない限り売買契約の売主がいづれかの一方が売買の履行に着手する以前手附金授受の契約により留保した解除権を相手方買主に対し行使するためには買主より受領した手附金倍額を現実に提供することを要することは勿論であるけれども、右に認定したように売買契約の締結に当って将来売買を履行することの困難な事情が必然に発生することのある場合を予め告知して手附金授受の契約をするときにおいて右予測した履行を困難ならしめる事由が発生したため売主Yにおいて買主Xに対し手附金の倍額を償還することの宥恕を求めるものと考えるにつき相当の理由あるものと認められるときは、売主Yが買主Xに対し本件手附金の倍額を現実に償還しないでした右売買契約解除の意思表示を全く無効のものと解すべきではなくむしろ前示解除の意思表示は有効であってこれにより本件売買契約は適法に解除せられXはYに対し先きにYに交付した前示手附金三万円の倍額の償還を請求することができるものと認めるが相当である〔傍点筆者〕」と。そしてそうだとすれば、本件契約の存続を前提とするXの本訴請求は理由なしとしてこれを棄却した。

〈分析〉⑴本件は、売主が履行困難となる事態が起こりうると予め買主に告知して手付契約を締結したところ、果してそのような事態が生じたので、売主は受領した手付金を倍額ならぬそのままを返還し、契約を解除したという事案である。判旨は、手付金そのままの返還による契約解除を是認した上、買主に手付金倍額の償還を認めたのである。筆者が判旨の結論に対していささかのとまどいを覚えるのは、売主が買主に対して「本件手附金の倍額を償還することの宥恕を求めるものと考えるにつき相当の理由あるものと認められるとき〔傍点筆者〕」という表現によって、結論の理由づけが行われた点である。つまり、売主が契約を解除するなら手付倍額の償還が本来なのに、本件では手付金の返還にすぎなかったのであり、それにも拘わらず判旨は売主の契約解除を認めたのである。そうだとすれば、叙上引用の判文は文脈上、倍額の償還を免除、即ちYの実際の行為同様、手付額の返還だけで済ますことを求めるものと考えるについて相当の理由あり、と読めるのではないか。しかし、判旨の結論から遡って考えれば、「倍額の償還だけで許す」つまりそれ以上にXに対する損害賠償まではYはしないでよい、という意味にとらざるを得ないのである。

⑵しかし判旨の事実認定によれば、Yの債務不履行はYの責に帰すべからざる事由によるものである上に、Yは「売買契約の締結に当って将来売買を履行することの困難な事情が必然に発生することのある場合を予め告知して〔傍点筆者〕」いたのである。それにも拘わらず、判旨がXへの倍額償還を認めたことは、不履行者の帰責事由の有無を問わない・前近代的な手付慣習を近代的な民事責任の原理に優先させたことを物語るものであろう。

2の⑧

大阪地判昭和四三年六月一二日判タ二二七・一九五

〈事実〉Y会社は、本件家屋を昭和三五年六月不動産業者Aを通じて買入れ、これを社宅として使用していたが、同三八年二月始めにこれを他に売却しようとしてAにその売却方を依頼した。そこで昭和三八年二月二二日AはYの代理人としてXとの間に、代金一五〇万円として本件家屋の売買契約を締結し、同日Xは手付金として一五万円をAに支払った。その後Xは残代金支払期日たる同年三月一〇日までに残代金を調達できる目途が立たなかったので、Aに期限の猶予を申し入れ、同月八日に二〇万円を支払い残代金支払期日を同年四月一〇日まで猶予してもらった。ところが、Xはなお右期日にも残代金を支払える見込みが立たなかったため同月九日にAにさらに二〇万円を支払い、再度残代金の支払いを同月末日まで猶予してもらった。ところが、Yは本件家屋をBに売却し、同年五月六日にその所有権移転登記手続が経由され、この結果、XY間の本件売買契約が履行不能となった。そこでXは本件手付金倍額の償還を求めて本訴に及んだ。

〈判旨〉一部認容。判旨は、Aに代理権を授与していないとのYの主張を却けた後、Xの主張に関して次のように判示した、即ち、「……XとYとの間の前記本件物件売買契約はYの責に帰すべき事由によって履行不能となったものであるといい得るが、Xもまたその残代金支払期日までにこれを支払っていないこと前認定のとおりであるから、右のような場合には、XはYにのみその債務不履〔行――筆者〕の責を問い、前記認定の約定による手附金一五〇、〇〇〇円の倍額を損害賠償として請求し得べき限りではないといわなければならない。しかし、その反面、Yにも債務不履行があるのであるから、YはXに対し、その受領した手附金一五〇、〇〇〇円を、約定により返還するを要しないということもできない。結局Xは、Yに対し、その交付した手附金と同額の金一五〇、〇〇〇円の返還を請求し得る〔傍点筆者〕」と。

〈分析〉⑴判旨には、本件手付の性質を直接指示する記述はどこにもない。従って、判旨の本件手付の性質規定に関しては推測するしかないが、判旨には、本件契約が「Yの責に帰すべき事由によって履行不能となったものであるといい得る」が、他方「Xもまたその残代金支払期日までにこれを支払っていない」場合には、「XはYにのみその債務不履〔行〕の責を問い、……手附金……の倍額を損害賠償として請求し得べき限りではない云々〔傍点筆者〕」と判示されている処から見て、判旨は本件手付を損害賠償額の予定としての違約手付と認定していることが明らかである。しかし、判旨は本件手付を、一方当事者の債務不履行の際の簡便な事後処理の手段即ち解約手付といわば同質の違約手付（予定手付）とみているわけではない。旧来のこの種の違約手付であれば、手付損倍戻しは一方当事者の不履行＝契約の不実現という・客観的な事実の存在のみを要件としたから、本件もその限りにおいてはYの倍額償還が行われたはずであるのに、判旨は不履行者Yの相手方Xの帰責事由（おそらくYの別途処分もXの度重なる残代金支払延期に起因する）の存在をも視野に入れて、過失相殺によってYには手付の返還を命じるにとどめたからである。

⑵こうしてみると、判旨は本件手付を、東高判平成二・一・二五（2の②）の先例にならい、旧来の手付の論理から脱却した・近代的な損害賠償額の予定としての違約手付に変質せしめたことは明らかである。

3の①

大判大正七年八月九日民録二四・一五七六

〈事実〉大正五年一一月九日X（被控訴人・被上告人）はY（控訴人・上告人）との間に大小豆売買契約を締結し手付金三〇〇円を交付したが、契約には「右期日〔不詳——筆者〕ヲ怠タリ又ハ劣等ノ品物ヲ引渡ストキハ契約ヲ取消シテ手附金二倍ノ正金円ヲXニ支払フコト……」という趣旨の違約金特約が含まれていた。その後履行期日に至るもYが契約を履行しなかったので、XはYの債務不履行を理由に契約を解除し——裁判外での解除が争われたのか、後に控訴審の口頭弁論期日に改めてYの債務不履行にもとづき契約解除を意思表示した——手付金返還及び損害賠償として三〇〇円合計六〇〇円を請求して本訴に及んだ。Yはこれに対して、民法五五七条二項により損害賠償は許されない旨抗弁したが、一審（浦河区裁）二審（札幌地裁）とも敗訴。Yは、民法五五七条二項は任意解除の場合にその解除方法として手付の放棄又は倍額の償還を予め特約した場合に適用され、一方の不履行を原因として契約解除する場合には適用なしとする原判決に対し、当事者間に手付が授受された場合には、任意解除であろうと不履行を原因とする解除であろうと、手付特約にもとづいて解除がなされるべきだ、として上告。

〈判旨〉上告棄却。「民法第五百五十七条第一項ハ買主カ売主ニ対シ手附ヲ交付シタルトキハ其一方カ契約ノ履行ニ著手スルマテハ買主又ハ売主ハ何時ニテモ契約ヲ解除スルコトヲ得ルモノトナシ即チ手附ノ交付ニ因リテ各当事者ハ解除権ヲ留保スルモノト為シ而シテ買主カ其解除権ヲ行使スル場合ニ於テハ売主ニ対スル損害賠償トシテ其手附ヲ抛棄スヘク売主カ解除権ヲ行使スル場合ニ於テハ買主ニ対スル損害賠償トシテ手附金ノ倍額ヲ償還スヘキモノト為シタルモノトス故ニ此場合ニ於ケル契約ノ解除ハ各当事者カ契約ニ因リテ有スル解除権ノ行使ニ依ルモノニシテ相手方ノ債務不履行ヲ原因トスルモノニアラス従テ債務不履行ニ因ル契約ノ解除ニ在リテハ解除権者ハ自己ノ被リタル損害ノ賠償ヲ相手方ニ対シ請求スルコトヲ得ルニ反シ民法第五百五十七条第一項ニ依ル契約ノ解除ニ在リテハ解除権者ハ相手方ノ被リタル損害ヲ其相手方ニ賠償スルコトヲ要スルモノト謂フヘク又手附ノ交付ニ因リ解除権ヲ留保シタルトキハ契約ヲ以テ解除ニ因リ生スヘキ損害ヲ予定シタルモノナレハ解除ニ因リ相手方カ一層多大ナル損害ヲ被リタルトキト雖モ予定セラレタル手附金又ハ其二倍ノ金額ヨリ以上ノ損害ヲ賠償スルコトヲ要セサルモノトス是レ民法第五百五十七条第一項ニ定ムル契約ノ解除カ債務不履行ニ因ル契約ノ解除ト異ル所ニシテ債務不履行ニ因ル契約ノ解除ニ関スル民法第五百四十五条第三項ハ之ヲ適用スルコトヲ得ス民法第五百五十七条第二項ハ此趣旨ヲ明カニシタルモノトス此ノ如ク債務不履行ニ因ル契約ノ解除ハ民法第五百五十七条第一項ニ定ムル契約ノ解除ニ対シ別個ノ範疇ニ属スルヲ以テ相手方ヲ〔カの誤り?〕契約上ノ債務ヲ履行セサル場合ニ於テ当事者ノ一方カ其不履行ヲ原因トシテ契約ヲ解除シタルトキハ其契約ニ於テ偶〻手附ノ交付ニ因リ解除権を留保セラレタリトスルモ其解除権ヲ行使スルニアラスシテ民法第五百四十一条以下ノ規定ニ依ル解除権ヲ行使スルモノナレハ民法第五百四十五条第三項ノ適用ヲ受ケ不履行ニ因リ生シタル一切ノ損害ノ賠償ヲ請求スルコトヲ得ルモノトス従テ民法第五百五十七条第二項ノ適用ヲ受クルコトナシ」。

〈分析〉(1)まず、本件におけるXYの両当事者の主張内容を整理しておきたい。Xは、本件契約において手付（両当事者間に解約手付とする旨の暗黙の合意があったと思われる）の授受があったにもかかわらず、Yの債務不履行を理由に法定解除権（民五四一）を行使し・それによって生ずる原状回復請求権（民五四五Ⅰ）にもとづく手付金三〇〇円の返還と、同じく右の法定解除に伴なう損害賠償請求権（民五四五Ⅲ）——具体的には契約に含まれる違約金特約——にもとづく違約金三〇〇円の支払い（もっとも右特約には、Yの履行遅滞の際は「契約ヲ取消シテ手附金ニ倍ノ正金円ヲXニ支払フコト〔傍点筆者〕」とあり、Xの違約金請求が六〇〇円ではない点は疑問である）(1)とを請求した。

これに対し、Yはこう主張した、即ち「売買当事者カ手附ヲ交付シタルトキハ任意ニ契約ノ解除ヲ為スト又不履行ヲ原因トシテ契約ノ解除ヲ為ストヲ問ハス予メ特約アリタル場合ニハ其特約ニ基キ之カ特約ナキトキハ常ニ同条ノ適用ヲ受クヘキモノト解スルヲ相当ナリ……〔傍点筆者〕」と。右の文言においてまず「特約」とあるのは「手附ノ抛棄又ハ倍額ノ償還ヲ予メ特約スル場合〔傍点筆者〕」と先行文言にある所から、手付流し倍返しの特約であり、同じく「同条」とあるのは、民法五五七条を指している、と思われる。そうだとすると、特約の有無にかかわらず、民法五五七条を適用すべきだ、とYは主張していることになる。即ち、Yの主張によれば、手付の授受があれば、Xの行う解除権行使が任意解除であれ、不履行解除であれ、つねに賠償さるべき損害額は、実損害額ではなく、手付額の限度においてであるということになる（もちろん、損害賠償をするのは、不履行者、この場合はYであり、Yが手付をXに返還することになる）。しかし、Yの主張を右のように解釈すると、今度は判旨がわかりづらくなるのである。なぜなら、相手方の不履行を原因として契約を解除するときは、手付の交付により契約解除権が留保されてはいても「其解除権ヲ行使スルニアラスシテ民法五百四十一条以下ノ規定ニ依ル解除権ヲ行使スルモノナレハ云々」とする判旨の説明がつかなくなるからである。そうだとすれば、Yは、右の説示とは反対に、相手方の不履行を原因として解除する場合であっても、手付特約があれば民法五五七条によって解除すべきであり、従って解除者自身が解除の代償として手付の放棄ないし倍額償還をなすべきだ、本件の場合であれば、買主Xが売主Yに交付した手付を放棄すべきだ（もっとも違約金は五五七条二項により支払う必要はない）、と主張したものと解すべきことになる。ここで、Xの請求を拒否するYの論理を整理しておくと、前者は「たとえ相手方の不履行を理由として解除する場合でも解除者は五五七条を適用して手付額の限度での賠償しか請求すべきではない――賠償額をめぐる争い」という論理であり、後者は「たとえ相手方の不履行を理由に解除する場合でも契約解除者の側で手付流し倍返しをしなければならぬ――賠償義務者をめぐる争い」という論理である、なぜ第一の論理に疑問を持つか、というと、一つには判旨の説示（対応するYの上告論旨第三点は曖昧）であり、もう一つは、Xの請求が手付金返還として三〇〇円、損害金として三〇〇円計六〇〇円の支払いであり、その請求金額は、第一の論理によるYの許容金額――手付倍返しとして六〇〇円――と全く同額だからであって、そうであるなら、そもそも最初からYはXの請求（額）を争う必要がなかったのではないか、従ってYがXの請求を争うからには、YがXの請求を全額拒絶しうるに足るだけの論理主張があるはずだからである。そしてそれは正に叙上の第二の論理である。そして逆に、叙上のようにXが約定の違約金六〇〇円及び手付金返還三〇〇円の計九〇〇円ではなく、手付金返還三〇〇円及び違約金三〇〇円の計六〇〇円を請求したことも、XがYの第二の論理を意識的に回避しようとして、第一の論理の範囲内にその請求をとどめたからではないであろうか。

(2)　Yの主張を、まず第一の論理に即して考察すれば、相手方の不履行を理由として契約を解除する場合であっても、その相手方が支払うべき損害賠償額は、任意解除の場合と同様に、手付額に限定されることになる。このような考え方は、古い商慣習の中に見出すことができる。例えば、見本売買の際にその不良を責めて見本の品と引換えさせ、引換えを拒めば破約として手付倍額を償わしめるのを常とする例がそれである[2]（静岡県佐野郡・城東郡）。解約手付は、訴訟制度の不備な前近代社会にあっては、不履行解除の場合にも債務不履行による損害填補のための簡便な決済手段として利用されていたものと思われる[3]。もっとも、近代取引社会でも債務不履行の賠償額の予定として機能する違約手付（私の謂う所の予定手付）は同様な役割を担っている。ただし、この種の手付が登場するのは、実際取引の場においてであって、ここでは、破約の相手方が、訴訟に訴え実損害の賠償を時間をかけて請求するよりも、手っ取り早く手付金で満足する方がはるかに有利だ、と計算するわけだから、そもそも訴訟にはなじまないのである。[4] しかも、このように取引の場において違約手付として機能する場合には、結局、破約者のイニシァティヴにおいて契約が解除されたことになる——相手方が履行を請求する余地がない——という意味では実質的に解約手付と異ならない。

(3) 次にYの第二の論理は、どのように評価さるべきであろうか。「たとえ不履行解除にせよ契約解除者の側で手付流し倍返しをしなければならない」とする・右の論理は、いかにも不合理であって近代取引社会には到底受け入れられないことは、いうまでもあるまい。そればかりか、叙上の前近代社会における見本売買の例とも矛盾する（もっとも、単なる不履行と見本と異なる履行とでは契約違反の程度が違うともいえるだろうが）。しかし、解約手付の特質の一つが過責に媒介されないことだとすれば（第2類型）、解除原因が当事者のいずれの側にあるかを問わないとする右の論理（正に無理由解除！）は、結局この過責無媒介の論理のコロラリーにすぎないであろう。この点について、民法議事速記録には興味ある記述がある。「契約ノ履行ニ著手スルマデ」とはいっても、他方当事者が協力しなければいつまでも一方当事者は履行に着手しえない場合（例えば、地面の引渡・登記）があるから、右の要件は削除せよ、とする高木委員の意見に対して、梅起草委員は「向フ〔買主のこと〕ガ何ウシテモ受取リニ来ヌト云フコトデアレバ仕方ガアリマセヌカラ其場合ニハ〔売主は〕契約ノ解除ノ方ハ意思表示サヘスレバ宜シイ然ウスレバ〔売主が〕損害賠償ヲ受ケル筈ハナイ今一歩進ンデ言ヘバ双方デ不履行ガアルカラ損害賠償モ売主ノ方許リデ出サナケレバナラヌ訳ハナイ買主ガ履行ヲセヌ為メニ少ナクモ賠償額ト相殺ガ出来ル〔傍点筆者〕」（第二十六巻五六丁〜八丁）と答えている。この答弁から、梅起草委員も、不履行解除の場合であれ手付流し倍返しの義務がある——もっとも相手方の不履行によって相殺されることにはなるが——と理解していたようにも受けとれるのである。ただこの点の不合理は多分従来は手付による解除権行使に期限を付する（例えば「手附三日限リ」——日本商慣例類集六〇二頁など）ことで事実上解消されていたのであろう。

⑷　叙上のように、Yの上告論旨が第一の論理であったのか、それとも第二のそれか、いずれにしろ手付特約が存在した場合には、手付による解除が優先すべきだとするのがYの主張であった。その結果、たとえ賠償額の予定として手付を規定したとしても、契約の履行が前提とされなければ、解除権の所在・賠償額の多寡の点において、近代契約法と手付制度との矛盾はそれによって実質的に解消されはしないだろう（当初から経験的に相手方の破約が予想できれば別として、そうでもなければこうむった実損害を手付額によってカバーするまでには至らないのが恐らく実情であろう）。なお、破約者自身が違約手付を主張する場合にも、相手方に給付する賠償額を手付額に限定する効果をもつ点では解約手付と主張しても同じことになる。さらに、第二の論理にYが依拠したとすれば、右の諸矛盾が増幅されることはいうまでもない。

⑸　そうだとすれば、大審院が本判決において、手付の授受がなされた場合であれ、一方当事者の不履行――そうかといって、手付による解約もしない場合――に対処する為に他方当事者がいわば先手を打って契約を解除する――民法五四一条による不履行解除――と共に、こうむった実損害全額の賠償――をも請求しうる途を開いたことは、その正当化の論理の当否はとも角として、右の二点の矛盾を解消するものとして高く評価さるべきである。このように手付が交付された際には、不履行解除の場合であれ任意解除の場合であれ、解除のいわば後始末としての損害賠償の問題が全て手付を通して処理されるものとしてきた旧来の手付慣習が、本判決によって任意解除の場合にのみ適用の場を狭められたことは、徐々に手付制度が近代市民法の価値体系に吸収包摂されていく過程における合理化の一つの試みとして、これを受けとめることができるであろうし、本判決の先例価値は、正にこの点にある。

⑹　我妻博士は、「当事者の一方が履行に著手した後は、手附の交付を理由とする解除権はなくなる。その後は、一

般原則による。すなわち、相手方の債務不履行がなければ解除をすることができない。また、その場合に請求することができない。また、その場合に請求し得る損害賠償の額は手附の額とは無関係である」として、「大判大正七・八・九民一五七六頁はこの理を説く」[5]とされている。しかし、そうだとすると、手付の授受があった場合は、一方当事者の債務不履行があっても、他方当事者は、まず履行着手をした後でないと、相手方の債務不履行を理由とする契約解除ができないことになる。いいかえれば、不履行解除をする場合には、解除者側の履行着手を要件とすることになるが、判旨からは、そのように履行着手の先か後かによって手付による解除と法定解除とを使い分けるべきものとする趣旨を読みとれないし、判旨上、Xの履行着手の事実の記述はない。さらに、昭和四〇年最大判（昭四〇・一一・二四民集一九・八・二〇一九――1の⑮）によれば、履行に着手した当事者自らが手付による解除をすることを認められたから、手付による解除と法定解除とが競合する可能性がある。思うに、判旨も説示するように、法定解除では解除権者が「自己ノ被リタル損害ノ賠償ヲ相手方ニ請求シウル」のに対して、手付による解除では解除権者は「相手方ノ被リタル損害ヲ其相手方ニ賠償スルコトヲ要スル」のであるから、両解除はそもそも別個の範疇に属するものであり、履行着手を境にその前後に連続するものではなく、従って、一方当事者の不履行に対しては、他方当事者は、履行を望む時には履行着手により相手方の手付による解除を阻止し、契約解消を望む時には相手方の不履行を理由に法定解除をすることができるはずである。要するに、履行着手は相手方の手付による解除阻止の手段であって、法定解除権行使の要件ではない、と思う。

（1）　Yの上告論旨第一点によると「……本訴ハ契約ノ原因ニ基ク金六百円ノ請求ヲ為スニ当リ地方裁判所ノ管轄ヲ避ケ区裁判所ニ出訴スルト同時ニ訴訟用印紙ヲ低減セントノ目的ヲ以テ之ヲ折半シ金三百円ヲ主タル手附金ノ返還トシ他ノ三百円ヲ附

帯ノ違約金トシ三百円ニ相当スル訴訟用印紙ヲ貼用シ出訴シタルモノニ係ル」もので、係争価額六百円に対する訴訟用印紙の貼用がないのは民事訴訟用印紙法第一一条に違反する、とある。しかし請求額内訳のかような構成については、単に印紙代の節約だけにとどまらないと思われる。本文におけるYの第二の論理参照。

(2)　日本商事慣例類集六七四頁。

(3)　梅謙次郎起草委員の発言――「……昔ハ御承知ノ通リ損害賠償ノ請求抔ハ実際殆ンドナイヤウデアリマシタ夫デ手附ヲ以テ損害賠償ヲ兼ネルト云フヤウナ一ツデ以テ両様ヲ兼ネテ居ルト云フヤウナモノデハナカツタカシラヌト思ヒマス……」。法典調査会民法議事速記録第二十六巻五五丁。

(4)　不動産業者の作成する契約書における手付文言及び業者の理解によると、解約手付ではなく違約手付と考えられているところから、我妻博士は、知人の米穀商と地主との取引の例をひきつつ、「……民法の規定は慣習に基づいている、といわれるから、慣習は解約手附であったのかもしれない。しかし、実際問題としては、訴訟に訴えて損害賠償をよけいにとろうとしてみたところで、はなはだやっかいなのだから、結局手附であきらめてしまうというところに納まった。そうして、少なくとも現在では、手附は損害賠償額の予定の働きをしているという傾向があるのではないか」(「不動産セミナー」第三回・ジュリスト一九五三・一一・一第四五号三二頁)といわれる。従って、解約手付は理論的には契約の効力を弱くするが、実質的には強くする、と結論づけておられる(同上三二頁。債権各論中巻一・二六一頁)。このことは、解約手付には二つの機能、即ち解除機能と賠償機能とがあるところから、前者が契約の拘束力を弱め、後者が契約の拘束力を強化することを意味している。まず前者によって諾成契約(民五五五――約束は守らざるべからず)としての売買契約は要物契約化される(契約成立後、履行着手までは解約自由――その間は一種の無拘束状態が現出する)が、他方において後者によって契約の拘束力が強化されると当事者を意識させる(解約によって手付の分だけ損しなければならないから――「実質的に」強化とは「心理的に」の意味)からである。もっとも、右の拘束意識も手付額の多寡に左右されるであろうが。要するに、このことは、わが国には、手付を授受するまでは任意に拘束を免れうるという要物性の意識が根強く残っている分だけ、契約の拘束力という観念・感覚に乏しい、ということを表しているのである(拙稿「契約と法意識」白門四三巻九号二一頁以下参照)

(5)　我妻・債権各論中巻一・二六四頁。

3の②

大判大正一〇年六月二一日民録二七・一一七三、新聞一八七三・二

〈事実〉事実関係は不詳。代金総額九〇〇〇円余りの不動産売買につき手付金として六円が買主Y（被告・上告人――一審判決の勝敗不明）から売主X（原告・被上告人）に交付された。その後Yは手付金六円を放棄して契約解除の意思表示を行った。Xは、Yが解除権を有しないとして、債務不履行による損害賠償を請求して本訴に及んだ。原審長崎控訴院判決（大正九・一〇・二八）はX勝訴。Yは、原判決が、手付による契約解除によって相手方が被るであろう損害を手付流し倍返しによって填補するという性格をもつ解約手付として本件手付を見ると、代金に比して余りに少額に過ぎ、損害填補の役に立たず、従って本件契約の解除が極めて簡単に行われうるから、契約の成立を殆んど無意味にすると説示（原文後述）するけれども、解除による損害額が予測不可能とすれば、手付金額が損害填補に相当か否かは、その金額の多寡ないし代金額との割合を以てしては一般に判定しえないこと、さらに手付による解除権は、相手方の履行着手によって喪失させることができるから、必ずしも手付金額を多く見積る必要はないことを主張して、上告。

〈判旨〉原判決破棄差戻。「……民法第五百五十七条第一項ニ所謂手附ハ解除権留保ノ対価トシテ交付セラルルモノニシテ、其交付セラルルモノカ金銭ナル場合ニ於テハ金額ニ付キ法律上何等ノ制限アルモノニアラス従テ金額多キトキハ手附ナルモ寡キトキハ手附ニアラスト謂フカ如キ帰結ヲ生シ得ヘキモノニアラス又手附トシテ交付シタル金額カ寡少ニシテ当事者カ容易ニ契約ヲ解除シ得ル為メ契約ノ効力ヲ薄弱ナラシムル結果ヲ来タスモ是レ法ノ認ムル所ニシテ敢テ手附ノ性質ニ反スルモノニアラス然ルニ原院ハ『解除《ママ》手附ハ解除ニヨリ被解約者ノ被ムルヘキ損害補填ノ性質ヲ具有スルモノナルコトハ民法第五百五十七条第二項ノ法意ニ照シ洵ニ明白ナレハ解除《ママ》手附ハ其目的ニ副フヘク相当

ノ金額ヲ授受セラルルヲ以テ取引上普通トスルニ不拘本件授受ノ金額ハ僅ニ金六円ニシテ売買代価九百余円ニ比シ実ニ百分ノ一ニモ達セサル少額ナレハ本件売買契約解除ニ基く損害補填トシテハ余リニ過少ナリ故ニ若シ本契約カ斯カル少額ノ金員ノ抛棄又ハ倍額ノ償還ニヨリ当事者雙方ニ任意ニ解除権ヲ行使シ得ルモノトセンカ本契約ノ解除ハ極メテ容易ニ行ハレ殆ント契約ノ成立ヲ無意義ニ終ラシムル嫌アリテ契約当事者ノ真意ニ適合セサルコト論ヲ竢タサルノミナラス云々』ト判示シ即チ手附タルニハ被解約者ノ被ムルヘキ損害ヲ補填スルニ足ル金額ナラサルヘカラサルモノニシテ少額ノ金銭ノ抛棄又ハ倍額償還ニ因リ解除権ヲ行使シ得ヘキモノト為スカ如キハ手附ヲ認メタル法ノ精神ニ反スルカ如ク説明シ之ヲ重要ナル理由ノ一部トシテ本件当事者間ニ授受セラレタル金六円ハ手附ノ性質ヲ有セサルモノト断定シ其結果上告人ニ敗訴ヲ言渡スニ至リタルハ所論ノ如ク不法ト謂ハサルヲ得ス」

〈分析〉⑴本判決は、右に掲げた判旨に明らかなように、実質的には原判決を真っ向から否定する。原判決の論旨は、次の二点である。即ち、①第一に、民法所定の解約手付は、解除機能と共にその代償として働く損害填補機能とを備えるが（民五五七Ⅱの法意から明瞭）、後者の機能は、具体的には手付流し倍返しの形で実現するのであるから、本件手付額のように、代金額に比べて余りに少額であると、解除の相手方の損害を到底填補しえないことになること。②第二に、そのことと相関的に、代金額に比べて手付金額が過少であれば、解除権の行使が極めて容易であるから（もし賠償予定額に見合うものであれば解除権行使は心理的に牽制されるはずである）、契約の安定を期しがたいこと。

原判決のこの二つの主張から、原判決は、本件手付には解除・損害填補の両機能が具備されていないとみて、（判旨引用の原判決からは明らかではないが）本件手付を解約手付ではなく[1]、証約手付ないし内金と解しているように思われる。

⑵これに対して、本判決はこのような原判決の説示に対して次のように反論する。

まず、原判決論旨第一点――手付金額の過少の故に損害填補機能の働かないこと――に対して、民法五五七条一項を根拠に、解除機能のみを取り上げ、手付は「解除権留保ノ対価〔傍点筆者〕」であるからとした上で、手付金額について「法律上」何も制限はないことを理由に金額が過少だから手付ではないとはいえないという。こうして判旨は、手付金額と損害填補との関連への言及を避ける為か民法五五七条二項には全く触れず、従って解約手付のもつ・もう一つの機能である損害填補機能（手付流し倍返し）に勿論触れていない。確かに民法五五七条の手付金は、判旨の説示の通り解除権留保の対価であるが、その「対価」の内容は、同条の文理上は手付金の給付（その放棄ないし倍額償還）を解除権行使の条件（前掲1の①――大判大正三・一二・八――参照）とするが、実質的には解除によって生ずる損害を填補する為の・いわば原資なのである。そして「対価」とは本来、一方の給付に対する他方の反対給付即ち等価的な交換的給付を意味するから、判旨が「対価」というからには、解約手付の金額は一方当事者の解除権行使によって他方当事者に生ずるであろう損害額に見合うものであるべきだろう。もっとも、Yが上告論旨の中で指摘する通り、契約締結時はどちらの当事者が解除権を行使するか、従ってその結果どれ位の損害が発生するかも推定の域を出ないから、実損害額に見合う手付額を適確に把握することを無理だろう。しかし、そうだからといって、通常は、取引慣習とか取引経験から、一応妥当な金額が手付金額として決定されるのではないだろうか。そう考えてくると、法律上手付金額に制限がないから、過少でもよいとする判旨の論理はいかにも形式的であるように感じられる。さらに、判旨冒頭の表現――「……民法第五百五十七条第一項ニ所謂手附ハ解除権留保ノ対価トシテ交付セラルルモノ……」――から、判旨は、同条を推定規定（反対の特約のない限り解約手附と認定されるべきであり、従ってそれ以外の手付を主張する者の側にその旨の立証責任があるとする）とみており、それ故に手付金額の多寡と手付の性質とは無関係と説く判旨の論理は、私のいわゆる解約手付推定の論理そのものであって、そこには、具体的事案に即した・手付特約解釈の具体的実質的な判断根拠が殆んど示されていない。

(3) 次に、原判決論旨第二点——手付金額の過少は手付による解除を容易にし、取引の安定を期しがたいこと——に対して、「是レ法ノ認ムル所ニシテ敢テ手附ノ性質ニ反スルモノニアラス〔傍点筆者〕」とする判旨の説示は、極めて説得力を欠くものといわざるを得ないのではなかろうか。ここには近代取引社会に普遍的な契約諸原理への配慮などは全く欠けている、といっても過言ではなかろう。それに反して、原判決の説示からは契約遵守の原理への志向が明瞭に看取され、その具体化の一環として、金額寡少な本件手付を解約以外の手付（おそらく証約手付あるいは内金）と解することによって、手付による解除を回避し、近代民事責任から派生する実損害の賠償を実現させようとする意図が窺われる。

(4) なお最後に、つけ加えておきたいのは、本件手付を解約手付以外の手付と認定した原判決の手付特約の解釈を、判旨はその表現の上からは必ずしも真っ向から否認したわけではないということである。本来、法律行為の解釈を事実問題と解する判例の立場[2]からすると、大審院には原審の専権に属する原判決の契約解釈を誤りと非難する権限はないからである[3]。その辺りはYも心得て、「理由不備」を理由に（旧民事訴訟法——明治二三・四・二一法二九——四三六条第七）次のように上告した。即ち、「……其ノ金額（本件手付金額）カ相当ナリヤ否ヤハ単ニ手附金額其モノノ多寡又ハ売買代金トノ比ヲ以テ一般的ニ判定シ得ヘキ事項ニ非ス故ニ個々ノ事案ニ付キ判定ノ事由ヲ開示スルニ非サレハ其判定ノ由来ヲ推知シ得サルモノナリ……原裁判所カ本件手附金額ヲ目シテ売買契約解除ニ基ク損害補填トシテハ余リニ過少ナルト判断スルニ付キ手附金自体ノ多寡ヲ挙ケ且ツ売買代金トノ比例ヲ説示シタルノミニ止リ其他ノ事実ニ及ハサリシハ明ラカニ理由不備ノ違法アリ……〔傍点筆者〕」と。これを承けて本判決は、原判決が本件手付金額の過少だけを根拠にその解約手付性を否認したことを目して、「之ヲ重要ナル理由ノ一部トシテ〔傍点筆者〕」本件手付を「〔解約〕手附ノ性質ヲ有セサルモノト断定シ」たことは理由不備の「不法」ありと非難して、原判決を破棄し差戻したのである。つまり、表向きは、本判決は原判決の特約解釈を誤りと断じたわけではなく、その事実認定の根拠づけが抽象的で不十分なことを非難したにすぎないのである。しかし、それにしても、解約手付本来の機能に即しつつ契約遵守の法理をも踏まえている原判決に比べて、判旨が推定規定を唯一の根拠とし形式論理に終始していること[4]を考えると、やはり後者に歩が悪いといわざるを得ないであろう。こうして本判決は、手付の推定規定に安易に寄りかかりすぎている戦前の多くの判例のいわば先駆的存在といえよう。そして、その派生的な論理が、解約手付かどうかは「手付金額の多寡とは関係がない」という解釈であった。

なお、本判決には我妻栄博士の判例批評がある[5]。

（1）我妻栄・判例民事法大正一〇年度一〇二事件三二二頁は「成約手附」と解する。
（2）注釈民法⑶四三頁、民事法学辞典七四六頁以下参照。
（3）我妻判批三二三頁参照。
（4）我妻判批三二三頁「……判決が前段に於て民法の推定規定を唯一の根拠として『金額の多寡と手附の性質とは関係なし』と云ふ理論を高調して居ることは、事件の取扱が如何にも形式的なことを感ぜしめる」。
（5）註（1）参照。

3の③

大判大正一〇年一一月三日民録二七・一八八八、新聞一九三二・二二

〈事実〉買主X（控訴人・上告人）は、売主Y（被控訴人・被上告人）との間に玄米百石を二、六〇〇円で買い受ける契

約を結び、百円を「約定金トシテ」Yに交付した。その後、Yは、「売渡契約ヲシタ米ヲ引渡ス見込ミ」がなくなったとして代理人AからYに右「約定金」の倍額二〇〇円を提供させ売買契約解除の意思表示をさせたが、XはYとの間の損害賠償契約にもとづく損害賠償を求めて本訴に及んだ。一審（山形地裁）X敗訴、控訴。宮城控訴院は、本件約定金百円を解約手付と認定し、従ってYにはXの履行着手前であれば右手付金倍額を返還した上本件契約を解除する権利があり、そこで大正七年一二月一八日にY代理人Aが右倍額をXに提供し本件契約の解除の意思表示をしたので、本件契約は適法に解除された、として、X敗訴。そこでXは、次の三点をあげて上告した、即ち、第一点、本件「約定金」百円の性格について——本件契約（甲第一号証）に「金百円約定金トシテ代金ノ内受取〔傍点筆者〕」とあり、更に右契約に「万一約定期日ニ至リ違約延期ニ及ヒ候節ハ其期日当時相場ノ計算ヲ以テ外諸掛リ共貴殿ノ御損害金御請求通リ異議ナク直ニ勘定可仕候」との文言もある所から、右約定金は内金であって手付金ではなく、従って、Yは倍額償還による契約解除はできないこと。第二点、「約定金」の性格と慣習について——「約定金」＝手付金との原審の事実認定の根拠の一つとしてあげられた一審証人二人の証言内容は、当事者の地方における手付損倍戻しの慣習の存在にすぎず、原審証人二人の証言によると、右慣習は商人間には恒常的に存在するが、本件のような商人と農民間では稀であるのに、何ら鑑定していないこと。第三点、手付倍額の償還の提供の有無について——原判決は、一審証人Aの証言によって、YがAを代理人として倍額二〇〇円を現実に提供して契約解除の意思表示をしたと認定したが、Aの証言調書には、解除を依頼されたYから預かり懐中していた四〇〇円をXには渡さなかったとあり、原判決には採証上の違法があること。

〈判旨〉上告棄却。「……原院ハ甲第一号証〔本件契約書——筆者〕ニハ『金百円約定金トシテ代金内受取』トアリテ金百円ハ手附金ノ性質ヲ有スル約定金トシテ授受セラレタルモノナリヤ将タ代金ノ内入金トシテ授受セラレタルモノナリヤ同号証ノミニヨリテハ不明ナレトモ其他ノ訴訟資料ニヨレハ右ノ金百円ハ手附金トシテ授受セラレタルモノナルコトヲ認ムヘキモノナリト為シタルコト原判決ニ論旨記載ノ如キ判示アルニヨリテ明ナリ而シテ甲第一号証ニハ『代金内』トノ文句アレトモ更ニ又『約定金』トノ文句モアリ又買主カ手附ヲ抛棄シ売主カ其倍額ヲ償還シテ契約ヲ解除シ得ルハ売買当事者ノ一方カ契約ノ履行ニ著手スル前ニ限ラルルモノナルコト民法第五百五十七条ニ徴シ明ニシテ手附金ノ授受ハ損害賠償ノ契約ト相容レサルモノニアラサルヲ以テ甲第一号証ニ『万一約定期日ニ至リ違約延期ニ及ヒ候節ハ其期日ニ当時相当相場之計算ヲ以テ外諸掛リ共貴殿ノ御損害金御請求通リ異議ナク直ニ勘定可仕候』トノ文句アルコト上告人所論ノ如シト雖モ原院カ甲第一号証記載ノ金百円ヲ以テ手附金ノ性質ヲ有スルモノト認メタルハ不法ニアラス論旨ハ結局原院ノ専権ニ属スル事実ノ認定ヲ非難スルモノニシテ上告適法ノ理由トナラス〔傍点筆者〕

〈分析〉(1)本件の概要をくり返せば、次の通りである。即ち、売主Y（米作農民）が履行期間近かになって本件契約を解除すべく、契約締結時に買主X（米穀商）から受領した金一〇〇円を解約手付金と解釈してその倍額をXに提供したのに対して、XはYの提供の事実を否定した上右一〇〇円を内金と解釈して本件契約に付随する損害金特約にもとづき損害賠償（解除申込時の相場価格石当たり四〇円と契約当時のそれ二六円との差額の一〇〇石分一四〇〇円）を請求した、というものである。本件の主たる争点は次の二点である。即ち、第一点は、右金一〇〇円が（解約）手付金か内金か、という・右金銭の性質をめぐる本件契約の解釈問題である。第二点は、Y側の契約解除申込みの際右金銭の倍額が現実に提供されたかどうか、という事実問題である。倍額提供の事実の存否をめぐる・この問題については、Xの言い分に一理があると考えられるが、事実問題なので、註[1]に譲る。いずれにしろ、大審院は本件判決において全ての争点につき原判決を支持する一方、上告論旨をいずれも「原院ノ専権ニ属スル証拠ノ取捨事実ノ認定ヲ非難スルモノ」と切って捨て上告を棄却したのである。

(2)第一の争点につき、原判決は、契約書中の「金百円約定金トシテ代金内受取」という記述を一、二審証人ABの証言と「該百円ハ当事者売買約定玄米一石ニ付キ一円ノ割合ニ相当スル事実」に根拠を求めて、右百円を解約手付と認定している。しかし、右AB二人の証言は、Xの主張によれば、右百円の性質に関するものではなく、単に本件当事者の地方に米をめぐる売買の際に「手附損倍戻シノ慣習」があることを証言したにすぎない。[2] また「一石ニ付キ一円ノ割合ニ相当スル事実」は、契約締結当時の石当たり二六円とすれば、百円は代金額の二六分の一であり、極めて低額ということになる。そこで、もしこの金額が内金とすれば代金二、六〇〇円中の一〇〇円では余りに低額であり、契約書中に「約定金トシテ代金ノ内受取」とあっても代金の一部前払いの意味をなさないのに対して、解約手付としてであれば、代金額に比しいくら少額であってもよい、と原院は考えたのであろうか。[3] これに対して大審院は、原審の手付認定が契約書の記述以外の訴訟資料によったことをあげ、それが後述の原院の専権に属することを示唆すると共に、契約書には「代金内」の他に「約定金」の文言もあること、さらに、(解約)手付による解除が履行着手前に限られる所から契約上の損害賠償特約と両立しうることをあげている。

(3)また、叙上の「約定金」の記載もまた手付認定の根拠の一つとされたことはどう考えればよいのであろうか。惟うに、判旨も述べているように契約書には「『代金内』トノ文句アレトモ更ニ又『約定金』トノ文句モア〔傍点筆者〕」る所から、「約定金」は「内金」とは別物ではあるが、「約定金トシテ代金内受取〔傍点筆者〕」とある所から「約定金」は「内金」にもなりうるものといえる訳で、そうすれば通常は「手付金」を想起するであろう。[4] そして「約定金」なる表現は勿論「手付金」とりわけ解約手付そのものを表現している訳ではないが、そうかといって解約手付以外の手付を明確に表現している訳でもない。そこから判旨は、本件約定金を「解約手付」と推定しているのではなかろうか。

(4)次に、手付金の授受と損害賠償特約との併存について、判旨は、手付による解除は一方当事者の履行着手前に限られるから、両者の併存は可能としている。確かに本件賠償特約には、売主が「万一約定期日ニ至リ違約延期ニ及ヒ候節ハ〔傍点筆者〕」買主は解除して実損害の賠償を請求できるとある通り、この特約によれば（というよりは、不履行解除は一般に）売主の不履行後に初めて買主は解除して賠償を請求しうるわけだから、買主の履行着手前の手付による売主の解除とは抵触しないだろう。従って、判旨の説示通り、損害賠償特約の存在は解約手付の授受を排除しないといえよう。もっとも、ここでも亦、手付による解除は履行着手の前に、不履行を理由とする解除は履行着手の後に、という風に履行着手の前後を境とする・両者の棲み分けが明示されている訳ではない[5]。

(5)本判決の先例価値は、一つには、契約書中に「約定金」及び「内金」の文言があるときには、原則として手付金、それも解約手付と推定されること、二つには、一方当事者（ここでは売主）の違約の際の損害賠償特約が存在する場合にも相手方当事者の履行着手までは手付による解除ができること、以上の二点にある、と思われる。

（1）　原判決が、本件手付金倍額をY代理人AがXに提供し契約解除の意思表示をしたと認定する根拠としたAの証言は次の通り。即ち、「昨年十二月初メ頃兵吉〔Y〕カ私方ニ来テ重蔵〔X〕ニ売渡契約ヲシタ米ヲ引渡ス見込ミナキニ付キ手附倍返シテ契約ヲ解除シテ呉レトテ四百円ヲ寄越シマシタノテ夫レヲ私カ持ツテ重蔵方ニ行キ話シタ所石二十六円ニテ買受契約ヲシタモノニ付キ解除ヲ申込ンタ当時ノ相場四十円トノ差額ヲ出サナケレハ承知カ出来ヌト云ハレタノテ兵吉ヨリ渡サレタ金ハ懐中シテ居リマシタカ到底駄目タト思ヒ見セスニ帰ヘリマシタ〔傍点筆者〕」と。この証言からY側が「契約解除ノ意思表示ヲ為シタ」ことは肯定できるが、しかし「手附倍額金ヲ上告人ニ引取リ得ベキ地位ニ置キ其引取ヲ要求シタル事実ハ之ヲ認ムルコト得サル」ことは確かであろう。従って、このAの証言を根拠に手付倍額の提供によって本件契約が有効に解除されたとする原判決に賛成しかねるのは、Xばかりではないであろう。

（2）　Xは、ABの証言に続けて、別の一審証人Cの証言「商人間ニハ始終アリマスカ商人ト農民間ニハ稀ニシカアリマセン」

を引用して、本契約が商人・農民間のそれである所から、本件手付の解約手付性を否定している。

(3) 上掲3の②大判大正一〇・六・二一を参照。

(4) 上掲1の④大判昭七・七・一九民集一一・一五五二「当事者カ売買契約ノ履行ニ著手スルマデニ解除ヲ為サズシテ契約ヲ履行スルトキハ代金ノ内入ト為スコトヲ常トスル」参照。

(5) 上掲3の①大判大正七・八・九〈分析〉(6)参照。

3の④

最判昭和二九年一月二一日民集八・一・六四

〈事実〉Xは、昭和一七年七月二五日にY先代Aとの間に、同年八月一五日までにAのためにBトラック株式会社の株式をできる丈多く買い集め、五日以内にXからAに通知して売買完結の意思表示をし、そのときはAは右の通知を受けた日から更に五日以内に一株五六円一〇銭の割合でこれを引き取る旨の売買予約を結び、保証金五、〇〇〇円を受領した。Xは右約旨通り同年八月一〇日までにB社株一、五二〇株を買い集め同日Aに通知し売買完結の意思表示を行い、Aとの間に代金八五、二七二円の売買契約が成立した。ところが、Xが株式引渡しを準備してAに右金額を支払うよう再三請求したにもかかわらず猶予を求めるだけで支払いに応じないので、Xは昭和一七年一〇月九日Aに対し書面を以て所定の期間内に債務を履行するよう催告し履行がなければ契約を解除する旨の意思表示をした。本件売買契約はAの催告期間徒過により同月一六日解除となり、翌一一月末Xは前記株式を競売し売得金一九、七六〇円を取得したが、Xは売買代金八五、二七二円と右売得金との差額六五、五一二円からAから受領していた保証金を差し引いた六〇、五一二円をAの債務不履行による損害としてその賠償を(Aが昭和二〇年三月の東京大空襲により死亡した為家督相続した)Yに求め本訴に及んだ。一審(東京地裁)Y敗訴し、次のように主張して控訴、即ち、本件保証金は本件契約の手付金に振り替えられたもので、この手付金は違約罰の作用をなす違約手付であるから、手付額を超えた損害については賠償の責任はない、と。これに対し、原審（東京高裁）は、一審及び原審におけるXの供述から右手付金は「証約手附にして売買が履行せられた場合は代金の一部に、Aの不履行により契約が解除された時は損害賠償金の一部に充当せられる約旨のものであることが窺われる〔傍点筆者〕」として、Yの控訴を棄却。Yは、本件手付金は違約手付であるなどとして上告。

〈判旨〉上告棄却。「売買の当事者間に手附が授受された場合において、特別の意思表示がない限り、民法五五七条に定めている効力、すなわちいわゆる解約手附としての効力を有するものと認むべきである。これと異なる効力を有する手附であることを主張せんとする者は、前記特別の意思表示の存することを主張・立証すべき責任があると解するのが相当である。Yは本件手附の効力として民法五五七条に定める効力とは異なるものを主張しているのであるから、原審がY主張のような効力を有する手附と認むべき証拠がないとして、これを認めなかったのは正当であ〔傍点筆者〕」ると。

〈分析〉(1)本件におけるX側の請求は、Y側の債務不履行によってこうむったXの実損害額の賠償であるのに対して、Y側の抗弁は、手付額の賠償をもって足りるとするものであった。そして両者の右主張を正当化する道具概念として、本件「保証金」をXは証約手付、Yは違約手付をそれぞれ全審級を通じて援用したのである。

(2)本判決において大変興味深いのは、両当事者ともども、証約手付、違約手付という・解約手付以外の手付をそれぞれ主張している事案において、判旨が解約手付推定の論理を用いて一方当事者の手付主張を却け、結果として他方当事者の主張する解約手付以外の手付を認容した点である。即ち、判旨は、まず解約手付推定の論理を前景にかかげておいて、そこから解約手付「と異なる効力を有する手附であることを主張せんとする者は、前記特別の意思表示の存することを主張・立証すべき責任があると解するのが相当」と敷衍した上で、事実審たる原審が本件手付をY主張の違約手付と認めるべき証拠がない（判旨の表現を借りれば、「特別の意思表示」が存在しない）と認定した以上は、その・いわば反射的効果としてXが主張し・原判決も支持した証約手付が認められ、従ってYによる実損害賠償が確定したのである。

(3)原審が、本件手付を、違約手付ではなく証約手付と認定した根拠は明らかではない。僅かに一審二審におけるXの供述から本件手付金は「証約手附にして売買が履行せられた場合は代金の一部に、Aの不履行により契約が解除された時は損害賠償金の一部に充当せられる約旨のものであることが窺われる〔傍点筆者〕」とのみあるに過ぎない。ところで、損害額についても争いがあるものの原審において確定された・Y先代Aの債務不履行によりこうむったXの(実)損害額及び手付金額は、それぞれ六〇、五一二円及び五、〇〇〇円であり、後者は前者の十二分の一である。しかもXの損害がXの「再三の請求にも拘わらず」Aが履行遅滞したことの結果であることを考え併せれば、その金額において損害との間に右のように大きな開きがある・手付による賠償ではX側に余りに酷であるといえるであろう。そうだとすると、判旨が解約手付推定の論理を利用してYの違約手付主張を封じることによって、結果として、Yの主張同様（解約手付排除の）特別の意思表示がこれといって認められないXの証約手付主張を認め・実損害額の賠償を実現させたことは、いかにも事案の実体に即した判断であり、また極めて巧みな解釈技術の操作であったといえるであろう。

(4)本判決の先例価値は、解約手付推定の論理をいわば逆手にとって実損害額の賠償を実現させた点にある。

3の⑤

東高判昭和五八年二月二八日判時一〇七五・一二四

〈事実〉不動産売買・建築請負などを業とするY会社は、昭和五四年六月二三日その従業員Xとの間にYが建築中のマンションの一戸とその敷地共有部分を代金一、四八〇万円、手付金八〇万円、建物の竣工後売買代金の支払いと同時にこれを引渡し登記する旨の売買契約を締結し、XはYに即日手付金を支払った。第一審裁判所[1]の認定したところによると、Xは同年三月五日Y会社に入社し、以後営業に従事していたが、勤務成績不良のため上司から厳重注意を受け、翌五五年二月Y会社を退社した。Yは、本件契約がXがY会社の社員たることを前提として締結されたもので、XがYの社員たる地位を失ったときは、当然解除される約束があったと主張し、同年三月四日付けでXに対し、XがY会社の社員でなくなったので、本件契約はその前提を欠くに至ったとして、本件契約を解除する旨通知した。これに対しXは、同年四月一日付けで、解除は無効であり、契約の履行を求める旨通知した。しかしYは、同年五月三〇日訴外A株式会社に、本件建物・土地を代金一、九五〇万円で売却し、同日Aはこれを訴外Bに二、三三〇万円で転売し、本件建物につき所有権保存登記、本件土地につき所有権移転登記をそれぞれ経由した。他方、Xは契約所定の建物竣工予定日の同年六月三〇日にY会社を訪れ、本件マンションの残代金一、四〇〇万円支払いのため現実に提供し、本件マンションの引渡及び所有権移転登記手続をするよう求めたが、Y方ではXの右申入れを拒絶し、残代金を受領しなかった。そこでXは、Yの責に帰すべき事由による履行不能を理由に、Yに填補賠償として履行不能時の本件物件の時価二、三三〇万円から残代金を控除した残額八〇〇万円をYに請求して、本訴に及んだ。一審[2]（東京地裁）は、本件契約書一五条（後記〈判旨〉参照）所定の違約金条項を準用して、Yに、Xから受領した手付金八〇万円と売買代金の一割に相当する予定損害賠償金一四八万円合計二二八万円をXに支払うよう命じた。そのためX・Yともに控訴。Xは一審における請求をくり返して原判決の変更と共にYの控訴棄却を求め、Yは次の理由をあげて、控訴棄却、及び原判決につきY敗訴部分を取消し、その取消部分につきXの請求を棄却するよう求めた。即ち、Yの控訴理由第一点として、本件契約はXがYの従業員であることを前提として締結されたもので、本件契約には、XがYの従業員たる地位を失ったときは本件契約は当然解除されたものとして失効する旨の特約がつけられており、昭和五五年二月にXが退職したことで右特約により本件契約は失効したこと、第二点として、Yは本件手付を解約手付としてXに手付倍額を提供し、本件契約を解除したことがあげられた。

〈判旨〉Yの控訴棄却、Xの控訴にもとづき原判決一部変更（Yの支払額を五五〇万円に変更）。判旨は、Yの控訴事由を全て却けた上、Yの別途処分を帰責事由としてYの責に帰すべき履行不能と認定した。次いでXのこうむった損害額を検討し、Yが本件不動産を訴外Aに売り渡した代金一、九五〇万円を以て「Xが本件売買契約の履行によって取得し得べき本件土地、建物の履行不能時における時価は、特段の事情のない限り、右売買代金相当額を下らないものと認めるのが相当」と認定した。その上で、本件契約中には損害賠償額の予定が規定されている旨のYの主張に対して、次のように、まず右賠償額の予定の存在することを認めた上で、Xの・本来の給付に代わる填補賠償請求を肯定する、即ち、「本件売買契約につき作成された契約書には、第一四条として『甲（注。売主）乙（注。買主）の何れたるを問わず当事者の一方が本契約の条項に違背したときは、各々其の違約したる相手方に対し、催告の後本契約を解除することができる。』、第一五条第一項として『前条による契約の解除が甲の義務不履行に基づくときは、甲は、既に受領済の金員、並びに違約金として第一条に定める売買代金の壱割に相当する金員を乙に支払うものとする。』との約定が記載されていることが認められるところ、Yが損害賠償額の予定に関する約定として主張する右契約書第一五条第一項の定めは、買主が売主の債務不履行を原因として契約を解除した場合について、原状回復以外に売主に賠償すべき損害の額を定めたものであることは疑いをいれないところである。元来、売買契約から生じた売主の債務がその責めに帰すべき事由により履行不能となったときは、買主は、契約を解除した上、既に支払った代金の返還並びに原状回復によっては償われない損害の賠償を求めることもできれば、契約を解除せず本来の給付に代わる填補賠償を求めることもでき（後者の場合には、買主は残代金の支払義務を免れないが、通常の場合填補賠償額から未払残代金額を相殺により控除して差額の支払を請求することになる。本件は正にこの場合に当たる。）、右のいずれの方法を選択するかは買主の自由であって、この理は、契約解除の場合について損害賠償額の予定がなされていることによって左右されるものではなく、また、右損害賠償額の予定の効力は填補賠償を請求する場合に及ぶものでないことは当然である。したがって、第一審原告において本件契約を解除することなく、本来の給付に代わる填補賠償を請求する本件においては、その賠償額の算定につき右契約書第一五条第一項の約定を適用する又は準用する余地はないものというべきである〔傍点筆者〕」と。

〈分析〉⑴本件は、手付をめぐる事案とはいいにくい程、手付が裁判の上では表に出ない。そのせいか、判旨は本件手付の性質についてとり立てて言及していない。僅かに、判旨は、Yの手付倍額償還による本件契約の解除の主張に対してXの残代金提供による履行着手を認めているところからみて、本件手付を解約手付と認定しているように思われる。他方、Yは本件手付金を損害賠償額の予定ともみており、判旨もまた本件契約書一五条一項から見て同様に解していることは明らかである。もっとも右条項の表現からは本件手付を、実質的に解約手付同様に機能する・損害賠償額の予定としての違約手付（以下、予定手付と呼ぶ）とみるのはいささか無理がある。まず、本件契約書一四条は破約者の相手方の・催告を伴う解除権を規定し、次いで一五条一項は、売主の（帰責事由を伴う）債務不履行による買主の解除の際には売主の手付金返還・違約金（代金額の一割）支払を規定しているのに対して、予定手付の場合には、契約解消のイニシァティヴが破約者自身にあり、帰責事由の有無を問わず・手付額を限度とする賠償（手付損倍戻し）が認められるにすぎない（破約者の相手方による契約解除は不要であり、賠償額も実損害額ではない）からである。従って、本件契約が規定した・売主側の破約の際の損害填補の問題は、手付とは無関係に処理されることが明らかであり、本件契約締結時に両当事者間に授受された金銭は、「手付金」とは呼ばれていたものの、内実は「内金」と解すべきであろう。

(2)そうだとすれば、本件の争点は結局、Yの債務不履行の事後処理の中心をなす・損害賠償額の多寡をめぐる問題、即ち、Y主張の約定違約金額（代金額の一割、一四八万円）か、X主張の実損害額（第二買主Aから転得者Bが購入した価格二、三三〇万円からXの残代金を控除した額、九三〇万円）か、の問題にしぼられてくる。いいかえれば、解除を前提とする・損害賠償額の予定なのか、それとも解除を前提としない実損害額の賠償（填補賠償）なのか、という問題である。判旨は次の理由づけのもとに、Xの主張する後者を選択した。即ち、本来、売主の債務がその責に帰すべき事由により履行不能となった場合には、買主は契約を解除し、既払いの代金の返還及び原状回復では償われない損害賠償を請求することも、解除せず本来の給付に代わる填補賠償を請求することもでき、そのいずれを選択するかは買主の自由であり、このことは、本件のように契約解除をともなう損害賠償額が契約上たまたま予定されている場合にも妥当するのであって、Xが後者を選択することは差支えない、と。要するに、判旨は、損害賠償額の予定を度外視して、問題を、解除を伴う損害賠償（いわゆる履行利益賠償）か、解除を伴わないそれ（いわゆる填補賠償）かに収斂したのである。

(3)Xの填補賠償請求を肯定した判旨の判断は、本件契約書の文理解釈からも肯定できよう。本件契約書一四条には、「……其の違約したる相手方に対し、催告の後本契約を解除することができる〔傍点筆者〕」とあり、それをうけて一五条一項に「前条による契約の解除が甲〔Y〕の義務不履行に基づくとき」の損害賠償額の予定に関する約定が規定されているのである。一四条にXが「解除できる」とある以上は、逆に「解除しない」こともできるはずであるから、その場合には、不履行解除を前提とする・賠償額の予定に関する一五条一項を無視できる、とする解釈も成り立つであろうからである。

本来、いわゆる履行利益賠償も塡補賠償も、通常はその賠償額の多寡は変わらないはずである（解除を伴う賠償を信頼利益のそれとみる見解は別として）。しかし、本件においては、本件契約締結後、「……一般にマンションの時価が騰貴する状況にあり、〔しかも〕本件土地、建物を含むマンションは立地条件が良く、かつ更地に新築したマンションで、建築前に売買契約が締結されたものであって、このような場合特に騰貴が著しかった事実が認められる」と判示され、それ故にこそ、YからA、AからBへと転売される度に、本件土地・建物の分譲価格が一、九五〇万円、二、三三〇万円へと吊り上げられていったのである。従って、「従業員に対する優遇措置の趣旨」でXの購入価格について は「一般の顧客と異なっ」て「一般に表示した額から六〇万円を減じた額」であるにせよ、解除に伴う予定賠償額（二二〇万円）では、時価にもとづく塡補賠償額（判旨の算定によると五五〇万円）と比較して、かなりの差があることは明らかであろう。そうだとすれば、当事者間において折角約定された・手付金を中心とする賠償額の予定を採らず、塡補賠償の途を判旨が選び、実損害の賠償を肯定したことは、法解釈の方法による（手付制度との）矛盾の回避を判旨が志向したものとみてよいだろう。因みに前出大正七・八・九大判（3の①）は、債務不履行にもとづく帰責（民五四一・五四五）と解約手付との選択的併存を肯定することによって実損害賠償を肯定した例であるが、この判決と本件判決とは、それぞれの事案内容の違いから、論理構成の細部こそ異なるけれども、その大筋、そしてその目指すところはよく似ているように思われる。なお、本件はその後Y側から上告されたが、上告審判決は不明。

（1）東地判昭五七・三・三一判時一〇五二・九一。

（2）一審判旨――「……本件売買契約の締結は、XがY会社の社員であることによる有利な取扱の一つであるといえないではないこと、XのY会社内における勤務成績、XがY会社を退社するに至った経緯、Yが訴外株式会社Aに対し本件マンションを売渡したのは、Xの退社後で、かつ、Xに対し、契約解除の通知を出した後のことであること等の諸事情を勘案すれば、YがXとの間の本件売買契約の解消を企図したことも無理からぬところがないとはいえず、Yが訴外株式会社Aに本件マンションを売却したことにより、Xに対する関係で履行不能となった本件の場合においても、前記契約書第一五条の違約金の定めを準用するのが信義則にかなうものというべきである。したがって、同第一五条の適用はないとするXの前記主張は採るを得ない。

そうとすれば、YはXに対し、Xから受領した手付金八〇万円と売買代金の一割に相当する予定損害賠償金一四八万円との合計金二二八万円の支払義務がある……。〔傍点筆者〕」。判旨は、Xの勤務成績不良などXに不利な事情を重く見て、本件契約書一五条に規定する・賠償金額のより少ない予定違約金を選択したが、本件契約の文理解釈からすれば、Xが本件契約を解除しなかった以上、本件契約書一四条に連動する一五条は適用できないので、そこで信義則による同条準用の途を選んだのであろう。

3の⑥

東高判昭和五八年八月三一日判タ五九四・七五

〈事実〉京浜外貿埠頭公団（昭和五七年三月法律及び政令の定めにより解散し財団法人横浜埠頭公社が公団の横浜港における外貿埠頭を構成する施設にかかる契約等に基づく権利義務を承継した――以下、公団をA、公社をX＝被控訴人＝という）はY（控訴人）倉庫会社及び訴外二社B、Cから融資を受けて横浜港内に一般外航貨物定期船埠頭の岸壁及びその関連施設を建設し、それらの施設を将来右三社に貸付ける旨の賃貸借予約契約を昭和四七年一〇月右YBCと締結した。その際Yは手付金として六六七万円をAに交付した。他方、YBC三社は、Yとの予約契約締結と同時に、本件岸壁等の共同運営について、一社が離脱するときは、残る協定者が共同して離脱者の権利を譲受ける義務がある旨の三者協定を成立させた。これに対してAは、YBC三者に対し三者協定を記載した協定書の提出を求め異議なく受領した。その後Yはオイルショックを主な原因として経営悪化に陥り、昭和五一年五月YからAに、本件予約契約関係から離脱したいとの申し入れを行い、A（理事長）も「よく分かりました」と答えたところから、YはAからYの離脱につき承諾を得たものと解した。さらに同年八月にはBC両者及びAに対しYは文書により右離脱を通知している。そこでAがBCにYの離脱につき意向を問い合わせたところ、BCは、三者によって使用することを前提として本件施設を設計してあるので、BCのみで使用するには施設の規模が大きすぎ使用に不便との理由から、Yの離脱に応じられない旨回答があり、その後本契約成立の段階に至っても、Yは本契約の成立を争い、他方BCはYを含む三者で使用すべきものとし、当初予定された区分に応じて使用を開始するに至り、Aはやむなく、BC二社に対しては各三分の一を使用しているものとしてその使用料を請求し、受領していたが、その後AはBCとの交渉の結果、Aがその費用で本件諸施設をBC二社で使用してもよい旨の意向が示されるに至り、昭和五二年一〇月Yに対し、本件賃貸借契約を同月末限り解約する旨の意思表示をするに至った。そこでAはYに対し、Yが本件予約契約から離脱する旨の意思表示を明らかにしたにも拘わらず、Aが予約完結権の行使により本契約を成立せしめ、これが解約されるまでの一〇カ月間の賃料・解約による違約損害金（施設完成後Yがその利用を拒否したために、BC二社のみで使用するのに便利なように施設の構造を変更する工事を行うに要した五、〇〇〇万円余の費用をAが負担した）を請求して、本訴に及んだ。一審（東京地裁、昭五四・九・二七判時九五九・八七）は、「〔本件手付が解約手付であると共に〕本契約締結に至るまでの間、将来貸主又は借主となろうとする者の地位の確保を目的としたもの」とするYの主張を却けて、本件手付は「いわゆる証約手付であり、解約手付でもなければ、Y主張の如き手付でもないことは明か〔傍点筆者〕」としてY敗訴。Yは、本件手付が解約手付であること、A（後Xが訴訟承継）の予約完結権の行使は権利濫用であることを理由として控訴した。

〈判旨〉控訴棄却。「……予約契約の段階において、特定の契約者との間で賃貸借契約が成立することを前提として、当該契約者の希望によりその使用に適するように設定を変更して施設等が構築され、仮に当該契約者が右施設を賃借しないことになったときは、他に賃貸するため更に施設の構造を変更する必要があり、その変更工事に多額の費用を必要とするような場合（現に本件では、施設の完成後Yがその利用を拒否したため、Aは施設の構造を変更する工事を施工し、その工事に五、〇〇〇万円以上の費用を要した。）には、その費用に見合うような高額の手付金が交付された場合であればともかく、少なくとも手付金の額が前認定のような程度にとどまるものである限り、右手付金をもって解約権を留保する趣旨で交付されたものと解するのは相当でない〔傍点筆者〕」。

〈分析〉(1)本件において、XはYに対して、Aの一方的予約完結権の行使によって成立した本契約成立の日（昭和五二年一月一日）から同契約解除の日（同年一〇月三一日）までの一〇カ月分の岸壁・施設の未払貸付料六四〇万円余及び約定違約金七、六八三万円余などを請求した。これに対しYは、Xに交付した本件手付金を解約手付とした上で、Aの予約完結権の行使前、従って本契約の成立以前に、右手付の放棄と共に本件予約契約の解約をAに申入れた、と抗弁した。従って、Yの主張によれば、彼の負担額は、放棄したとされる手付金六六七万円にすぎないことになる。

(2)こうして本件の争点は、本件手付が解約手付か否か、という点にしぼられる。一審判旨によれば、Yの主張は次のようなものである、即ち「本件手付は、解約手付としての性格を有するのみならず、本契約締結に至るまでの間、将来貸主又は借主となろうとする者の地位の確保を目的としたもの」であって、こうした手付の性格や本件予約契約が締結された諸事情から考えれば、「本契約締結前に将来の借主となるべき権利を有する者（三社各自）が何時でも単独に自己の負担分の手付を放棄して契約関係から離脱できると解すべきである」と。これに対して一審判旨は、本件予約契約の目的や借受人からAは岸壁等の建設のために巨額の融資を必要とすることから、予約契約の賃借人に対する拘束力が強く、原則としてAの承認なしに予約契約関係から離脱できないこと等から、本件手付は証約手付であり、解約手付ではない、と判示した。他方、二審判旨は、本件のように、契約者（本件ではYBC三者）の希望に即して設計変更や、離脱者に代る者のために施設変更工事をしようとすれば多額の費用を要する場合、それに見合う高額の手付金が交付されていればとも角、それ程ではない場合には、解約権留保の趣旨で授受されたものとはいえない、と認定した。

(3) こうして事実審の認定は一、二審ともに本件手付の解約手付性を否定している。一審においてYは、本件手付が解約手付であるとともに（損害賠償額の予定としての）違約手付でもあると主張し、本件予約契約の解除の際の損害賠償額が手付額（手付流し）に止まることを強調している。これに対して事実審における両判旨は、Yの解約手付主張を崩すべく解約手付の併せ持つ二つの機能、即ち解約機能と賠償額限定機能とのどちらか一方をそれぞれ否定するという手法をとっているのである。即ち、一審判旨は、本件予約契約成立の目的・借受人からの巨額の融資という特殊な前提・契約成立後の強い拘束などから、本件手付の解約機能を否定し、同時に賠償額の予定としての違約手付主張をも封ずるために、本件手付を証約手付と認定したのである（解約手付性だけではなく違約手付性をも否定しないと、Xに対するYの賠償の額を手付額に限定したいとするYの主張を排除できないから他ならない）。他方二審判旨は、本件予約契約成立前後のXの支出、とりわけYの契約離脱による施設変更工事から生ずる高額の出費をYに転嫁すべく、賠償額を手付額に限定する賠償機能をもつ解約手付を否認したのである（因みに二審では、Yは解約手付を主張したのみで違約手付を主張してはいない）。なお、本件手付の性質について、二審判旨ではYの解約手付主張を否定しただけでとり立てて言及していないが、本契約の成立を認める以上は、本件予約契約六条に即して、本件手付は本契約成立と同時に敷金の一部に充当されたとみているのであろう（そうだとすれば、予約段階において内金即解約手付の論理を適用する余地がないことはいうまでもない）。

(4)本件にあっては、手付解釈において従来慣用されてきた解約手付推定の論理――「民法上、手付は、解約手付であることが推定されており、当事者間でこれと反対の合意がない限り、これと異る認定は許されない云々〔二審判旨引用のYの主張〕」――は、一、二審ともに適用されず、反対の特約が存在しないにもかかわらず解約手付性が否認されている。[2]しかも二審判旨によれば、右の否認の根拠は、もっぱら契約締結後に生じ・おそらくは契約締結当時予測不可能な事情の変更に求められている。その後Yが上告したかどうかは定かではないが、上告したとすれば、法律審たる最高裁が叙上の形式的な解釈論理を果して用いたかどうか興味あるところであろう。

(1)　判旨は「以上、認定の事実、特に、本件岸壁等の建設及びその効率的な使用の確保は横浜港の機能の向上、外国貿易の増進という公益目的にかかわるものであること、岸壁等の建設に要する巨額の資金の多くをその借受希望者の融資に求めざるを得ないところから、借受者の資格は限定され、借受者の決定は極めて慎重になされること、従って予約契約の賃借人に対する拘束力は強く、賃借人は、貸付開始日が六か月以上繰り延べられたときに解約申入れにより契約を終了させることができるに過ぎず、それ以外の場合においては、Xの承認を得て予約契約上の権利を他の共同賃借人に譲渡することにより予約契約関係から離脱し得るに過ぎないこと、Yにおいても、昭和五一年八月二四日の時点においては、他の共同賃借人であるB、Cに本件予約契約上の権利を譲渡したことにより本件予約契約関係から離脱し得るものと考えていたことに徴すれば、本件手付は、いわゆる証約手付であり、解約手付でもなければ、Y主張の如き手付でもないことは明かである」、とする。

(2)　Yにとっては必ずしも予測不可能であった訳ではないであろう。Yは他の公団との同種の予約契約関係から離脱した経験をもつからである。一審判旨によると「YはXと同じく法により設立された阪神外貿埠頭公団〔以下Dと称する〕の昭和四七年八月二二日付岸壁等募集要領による募集に応じ、昭和四八年一月三一日、株式会社Eと共に、右Dとの間において、神戸港ポートアイランドライナー第八号岸壁について本件予約契約とほぼ同一内容の岸壁等賃貸借予約契約を締結したが、その後、右岸壁の運営につきEと意見の相違を来たし、右予約契約関係から離脱することを決意するに至り、昭和五〇年五月二一日、Eと、実質的にはYの有する権利をEに譲渡する内容の合意をし、昭和五一年三月一九日付をもって右Dに対し右権利譲渡の承認申請をし、同年四月二〇日付をもって承認された云々」と。Yが、本件においても前回同様、何の紛争もなくXとの契約から離脱できるものと予期していたであろうことは推測に難くない。

3の⑦

札幌地判昭和四五年五月一一日判時六二〇・七六

〈事実〉Xは、昭和四〇年七月二三日Yからその所有する土地建物（映画館。但し本件建物敷地のうちY名義のものとYの娘聟名義のものとあったが、後者も実質はYの所有であり、名義人も本件売買を了承していた）を代金三、〇〇〇万円、手付金七〇〇万円で買い受ける旨の売買契約を締結し、即日右手付金を支払った。残代金は、YがXに同年九月三〇日までに本件土地建物を明渡し所有権移転登記手続を完了すると同時に支払う約定であった。Yは右履行期に確実に明渡及び所有権移転登記義務を完了するために、履行期日の前日本件建物における映画興行を廃止し、本件建物二階に居住していた長女一家を他に転居させるとともに、娘聟名義の土地の上に存した建物に居住していた次男夫婦を他に転居させ、さらに本件建物上の抵当権の抹消登記手続もしていた。その上で、当日代理人に登記移転に必要な書類をもたせて法務局に出頭させたが、Xは法務局に出頭せずにY方を訪れ、同日支払予定の残代金二、三〇〇万円の支払を一年間猶予してほしい旨の申し入れをしたが、Yはこれを拒絶し、同年一〇月一三日に同月三〇日までに右代金を支払うよう催告し、右期日までに支払いがないときは本件契約は解除される旨の意思表示をした。しかしXからの支払いがなかったため、本件契約はXの債務不履行によって同年一〇月三〇日の経過とともに解除された。これに対して、Xは、Yから本件土地建物は他に売却すれば八、〇〇〇万円の値がつく、本件の売買価格は安すぎるから、別のYの建物を含め一括して高値で買取ってほしい旨の申入れをうけ、これを拒絶したところ、YがXに対し、右の要求を受け入れなければ本件売買を解除する旨の合意解除を申入れてきたので、右解約申入れを承諾したとして、本件契約書第九条により手付金倍額を支払うよう請求して本訴に及んだ。これに対してYは、本件契約は売主Yの債務不履行により解除されたものではないから、Yは本件契約書第九条による手付金倍額の返還義務を負わない、また本件契約が買主たるXの債務不履行により解除された場合は、売主たるYの債務不履行により契約が解除された場合に手付金倍額の返還義務を負うとされていることと比べて、Yは全く手付金返還義務を負わないと解するのが公平であるなどと主張した。

〈判旨〉　一部認容（手付金返還）。判旨は、まず、Yの申込による合意解除が成立したとするXの主張を否認し、却ってXの債務不履行を理由とするYの契約解除を認めた上、Xの債務不履行によって本件契約が解除された場合のXの手付金返還請求権の有無を以下のように検討している、即ち「本件売買契約においては、『契約当事者の一方が契約の諸条項に違背したときはその相手方はなんらの催告を要せずして契約を即時解除することができる。』旨（成立に争いのない甲第一号証の契約書第八条）及び『契約解除が売主の義務不履行に基づくときは売主は既に受取った手附金の倍額を支払わなければならない。』旨（第九条）の特約の存することは当事者間に争いがなく、特段の事情の存しない本件では第九条は売主が支払うべき損害賠償を予定したものと推定される。しかし、前記のように買主であるXの債務不履行により契約解除となった場合につき既に支払われている手附金の返還又は損害賠償の予定に関する特段の定めをしたものと認むべき証拠はない。

この場合売主の債務不履行による契約解除に関する第九条の適用のないことは明らかであるが、Yは、同条との対比において売主は既に受領した手附金全額を返還することを要しないと解するのが公平の理念に合致する旨主張する。なるほど、売主買主間の形式的外観的な公平を維持するという意味では、そのように解することも一理なしとしない。

しかしながら、特定物たる不動産の売買にあっては、売主の負担する物件引渡及び所有権移転登記義務と買主の代金債務を全く同列に論ずることは相当ではない。すなわち、売主の債務は不代替的であり、もし二重売買などにより履行不能に陥れば買主としては契約の目的を達成することができず、また、同種の不動産を他から入手することも困難であって、たかだか不十分ながら金銭賠償で満足するほかない。これに対し、買主の代金債務は金銭債務であって履行不能ということはなく、たといそれが遅滞したとしても売主は金銭賠償を得ることによってその損害を償うことができる。このように、両者の債務を比較すると、いずれにしても金銭債務を負担するに過ぎない買主より、本来の債務につき不代替的債務を負担する売主に対し確実な履行が強く要請されるのであり、そのため、売買当事者間で売主についてのみ不履行の際に負担すべき損害賠償額を予め高額に定めておくということは十分合理性があるものとして首肯することができる。

これを本件についてみると、売買目的物は別紙目録記載のとおり建物はかつて映画館であった……一部鉄筋コンクリート二階建……であり土地(敷地)は五五〇・四四平方メートルにおよびその規模面積からみて売主の履行を確保すべき要請は少くないものと認められ、かつ、代金三、〇〇〇万円の本件売買契約において手附金として授受された金額が金七〇〇万円であることを考えれば、当事者は契約書第九条において売主の債務不履行による解除の場合に損害賠償として手附金の倍額金一、四〇〇万円を返還する旨のいわば片面的な約定のみをなし、買主の債務不履行による解除の場合の手附金の返還及び損害賠償に関しては特段の約定をせず民法の解除及び損害賠償に関する一般原則に委ねたものと解するのが相当である。

この理によれば、本件売買契約はXの債務不履行により解除されたが、Yはその原状回復義務の履行として既に受領した手附金七〇〇〇万円を返還する義務があるものといわなければならない〔傍点筆者〕。

〈分析〉⑴本件は、Yの申入れた合意解除に応じた（と称する）Xの手付倍額償還請求と、Xの債務不履行を理由とする・Yの解除及び手付金返還義務の不存在の抗弁の対立である。判旨はまず、本件手付を売主が債務不履行した際の損害賠償額の予定としての違約手付と認定した上で、Xの主張する合意解除を否定しYの不履行解除を肯定する。次に本件手付特約（契約書第九条）が売主一方のそれであるところから、買主側の不履行による契約解除のケースたる本件には適用できないとした上で、叙上第九条との対比から売主には手付金返還の必要はないとするYの主張を否定する。

⑵興味深いのは、Yの主張を否定する・判旨の理由づけである。判旨は次のようにいう、即ち、確かに両当事者間の「形式的外観的な公平」の維持という点では、Yの主張も一理ある、としながら、本件のような「特定物たる不動産の売買」では、売主側の目的物引渡義務及び所有権移転登記義務と、買主側の代金債務とでは、当事者の一方の債務の履行に対する相手方の期待度は大きく異なる、売主不履行の場合、買主は契約の目的の達成はもちろん、同種の不動産の入手も困難で、せいぜい不十分な金銭賠償で我慢するしかないのに、買主不履行の場合、履行不能はなく、遅滞したところで金銭賠償によって売主はその損害を償いうる、つまり不代替的債務を負担する売主にこそ確実な履行が要請されるのであるからこそ、その不履行の際の賠償額を高額なものと定めて売主側の履行を（いわば心理的に）強制するのであり、これが売主についてのみ賠償額を規定した所以である、と。そこで、（本件当事者は）買主の不履

行による解除の場合の手付金の返還及び損害賠償に関しては「民法の解除及び損害賠償に関する一般原則に委ねた」ものである、と判示した。もっとも本件では、ＹはＸに対しては手付金の放棄を求めただけで、他に損害賠償を請求したわけではなかったから、判旨は、Ｙの原状回復義務の履行として受領済の手付金の返還をＹに命じた（民五四五Ｉ）のである。

(3)ところで売主一方の解除権留保と解除権行使後の手付金返還を約定した事案をめぐる裁判例が過去にある。大正一四年一〇月二一日の東京地裁判決（２の③）がそれであるが、この事案は、本件と異なり、関東大震災による特定物滅失のそれであった。判旨によると、本来ならば危険債権者主義（民五三四Ｉ）の適用があり買主の手付金返還は認められないが、売主に関する手付特約を買主に関するそれと読みかえれば、危険債権者主義（民五三四Ｉ）の適用を免れうるところから、当該手付特約は買主一方の手付特約と読みかえられ、買主の解除権留保・手付金の返還が認められたのである。ところが本件では、本件手付特約の読みかえは、買主の利益をもたらさないところから、判旨は、売主の債務がヨリ確実な履行を要請される不代替的債務であることを理由に、右特約の読みかえを認めず、一般原則の適用を判示したのである。こうしてみると、一方当事者のみの手付特約は、結局、個々の事案ごとに、ＸＹ両当事者間の利益衡量にもとづいて他方当事者への読みかえの可否が定まる、と解してよいように思われる。それにしても、本件においては、なぜ、現実に債務不履行をした買主Ｘの利益の方が売主Ｙのそれに優先して選択されたのか判旨からは見えてこない。

(4)もっとも、判旨がもし、Ｙの主張通りＸの手付放棄を認めたとしたら、判旨はやはり旧慣上の手付の論理を認めたことになる。確かに本件手付は、契約上損害賠償額の予定としての違約手付（それも売主一方のそれ）ではあるが、買主側の手付放棄によって実際上解約手付と同じ機能を果たすからに他ならない。その意味において、判旨の・正当化の根拠づけの当否は別として、その結論自体は旧慣と近代法体系との矛盾を回避したものとして評価さるべきであろう。

第4類型

4の①

大判明治三三年二月二八日民録五・二・一〇九

〈事実〉明治二三年一〇月一日、Y（被控訴人・上告人）はその所有地をX（控訴人・被上告人——代理人訴外A）に売却する契約を結び、その際Xから手付金として五百円を受けとり、当事者不履行の際は手付流し倍返しのこととして、同月二九日を履行期日とした。その後一二月八日まで延期することにXY合意したが、当日Xに支障が生じて再び翌年四月二〇日までの延期をきめ、翌九日、十日にXは一千円ずつ計二千円を内金としてYに交付した。その後契約は履行されないまま五年余を経過、Xが右二千円余の返還を求めて本訴提起。一審Y勝訴、X控訴して二審X勝訴、Y上告。

〈判旨〉上告棄却。「手附流ノ契約ト雖モ履行時期ノ徒過ハ契約解除ノ原由タルニ止マリ之カ為メニ当事者ノ義務当然消滅スヘキモノニ非ス故ニ其契約ノ未タ解除セラレサル間ハ義務履行ノ責ナシト云フヲ得ス」

〈分析〉(1)上告人Yが上告理由の中で特に強調した点は次の二点である。(イ)第一点　Xが契約締結時に五百円および二度目の履行期日の翌日および翌々日に二千円をそれぞれYに交付した計二千五百円の金銭は、Xの返還請求の際にはすでに「出訴期限」を徒過したから、Xは返還請求権を失ったこと（「取引期日ヨリ六ケ月ノミナラス満五年ヲ経過セシニ付既已ニ出訴期間ヲ経過シＸハ取戻ス可キ権利ヲ失ヒＹハ引渡ス可キ義務ヲ免シタリ」）。(ロ)第二点　手付金が授受されて当事者の一方が違約の場合はその違約者が手付を流したり倍返しすることを約束した上で契約の履行期間を定めた以上は、期間の徒過は契約を消滅させるのが当然である（「苟モ手附金ヲ受授シ且明ニ違約者ニ於テ手附金ヲ損失スヘキコトヲ約束シテ其期間ヲ定メタル以上ハ期間ノ経過ハ当然契約ヲ消滅セシムルヲ以テ普通ノ原則ナリトス」）から、従って、履行日（明治二三年一二月八日）以後Ｙが契約違反の行為（「此甲一号ノ契約ト反対シタル行為」）をしたとしても、Ｘは、既に失効した契約を根拠に、Ｙに交付した金銭を返還請求する権利はないこと。これに対して大審院は、まず第一点については、出訴期限規則(1)（明治六年太政官布告三六二号）は援用者の弁済推定規定であるから（判例）、援用者は必ず弁済の事実を主張することを要する（立証は不要）、然るにＹは右の事実を主張していないから、この点につきＹの上告は理由がないとして却けた。次に第二点については、「判旨」に掲げた通り、手付流倍返しの手付特約を内容とする契約であっても、履行時期の徒過は契約解除の原因にすぎず、当事者の債務は当然消滅すべきものではなく、従って、契約が解除されるまでは当事者には債務を履行する責任がある、として、これまたＹの主張を却けた。大審院は以上の二つのＹの上告理由を含め、全ての上告理由を却けて、Ｘの請求を原判決通り認容したのである。

(2)本判決はＸの請求を原判決同様認容したが、本件において当事者間に授受された金銭計二千五百円を全てＸがその返還請求の対象としたのかどうか、は不明である。さらに、原判決が（従って本判決も）認容した金額が右の金銭全額なのか、それともＸＹ共に「内金」と認めた二千円だけなのか（従って、手付金五百円はＸの債務不履行により――Ｘの残代金支払がＸ側の都合により再度延期されたこと――手付流れとしてＹの手許にとどめておくことを認めたのか）、この点も明らかではない（原審判決は結論を出しているようであるが、判旨からは不明）。また、「上告理由第十二」において「原判文事実ノ部ニ於テ争点ヲ定メ第一……第二本件金員ハ手付流レナリヤ否ヤ第三……ノ三箇ナリト明記シ理由ノ部ニ於テハ此三点ニ対シテ判決ヲ与ヘタルノミ」とする判文からうかがえる限りでは、二千円の返還を裁判所がYに命ずる根拠が明らかではない。推測するに、判旨が、契約が解除されない間は当事者の義務は当然消滅すべきものではないから「義務履行ノ責ナシト云フヲ得ス」といい、Yが「此甲一号ノ契約〔本件契約〕ト反対シタル行為ヲ為シタリトスルモ」というところからみて、第二回目の履行延期後（明治二三年一二月八日後）Y側に何らかの契約違反があったのではないだろうか。このことに関連して、Yは「甲一号証〔本件契約書〕ハ契約ノ効力ニ関スル法則ニ従ヒ一二月八日ヲ過キタル以上ハ、全ク当事者ヲシテ履行ノ義務ヲ免レシメタルモノニシテ従テ不履行ノ問題ヲ生セシメ得ヘキニ非ス」（判旨上告論旨第六）とも述べており、Y側に不履行のあったことを窺わせる。もっとも、そうだとすると、逆に、Xが契約に従い、手付倍返しを請求しないことに疑問が残る。唯一、合理的な解釈としては、契約締結時にXがYに交付した五百円が「手付」であることに両当事者間に異論がなく、しかもX・Yが第一回目の履行期日に「一旦延期ノ合意ヲ為シ」従ってXが残代金を支払わなかった点をX側の不履行としてYが主張・立証した事実はない、とされるところから、右手付が手付流れとなった（従ってXにYは返還することを要せず）とは考えにくい。また、第二回目の履行期日直後XがYに交付した二千円も「内金」であることに両当事者とも異論がないとすれば（原審における弁論調書中の両当事者の記述）、Y側に第二回目の契約の履行延期以後たとえ不履行があったとしても、X側からの履行あるいは解除権行使がなければ契約はいわば自然解消（一種の合意解除）し、従って、XはYに対して手付金五百円及び内金二千円を返還請求したのではないだろうか（Xの心情としては、合意の上明示された・契約書の履行期限を二度も延期したのは正にX自身であったこと——第三回目の翌年の履行期もあるいは徒過？——などを考えれば、損害賠償の請求ないし手付倍返しを求めることは到底できなかったであろうから、Xとしては手付金及び内金そのままの返還がギリギリの選択であったように思われる）。

(3)手付をめぐるYの上告論旨と判旨との解釈のくい違いは、どこからくるのだろうか。おそらく両者間における本件手付の性格づけの違い、それも違約手付の性格づけの違いに由来するものと思われる。まず、Yの主張は、判決の中に「上告論旨第六」として次のように記載されている、即ち「甲第一号証（本件契約）ニ手附流レ及ヒ手附陪《ママ》返シノ制裁ヲ附シテ契約履行ノ期日ヲ確定シタルコト……同一ノ制裁ヲ附シテ履行期限ヲ……延期シタルコト」「明ニ違約者ニ於テ手附金ヲ損失スヘキコトヲ約束シテ其期間ヲ定メタル以上ハ期間ノ経過ハ当然契約ヲ消滅セシムルヲ以テ普通ノ原則ナリトス」「此手附流レノ制裁ヲ附シタル契約」（以上括弧内引用文中の傍点は筆者）など。右の表現からは、本件手付が手付流し倍返しを規定しながら違約者の解除権を留保していないところから、まず本件手付が解約手付ではないこと、手付流しの「制裁」というところから本件手付が違約手付であること、しかも一方当事者の履行期間の経過＝債務不履行によって当然に契約が消滅すると主張しているところから、違約手付のうちでも損害賠償額の予定即ち私のいわゆる予定手付であることが読みとれる。右の手付は、一方当事者が違約すれば相手方は解除の必要なく直ちに手付流し倍返しによって契約関係を清算すること——Yのいうところによれば「一二月八日（再度の履行期日）ヲ過キタル以上ハ全ク当事者ヲシテ履行ノ義務ヲ免レシメタルモノ云々」——を目的とし、従って違約の事後処理を訴訟によることなく迅速簡便に遂行できる、とするものである（実質的には解約手付に近似しているといえよう）。

これに対して判旨は「手附流ノ契約ト雖モ履行時期ノ徒過ハ契約解除ノ原由タルニ止マリ之カ為メニ当事者ノ義務当然ニ消滅スヘキモノニ非ス（傍点筆者）」といい、やはりY同様、本件手付が解約手付であることを否定し、違約手付と認定しているが、Yと異なり、契約の履行を確保することを目的として違約者に違約罰を科することを内容とする本来の違約手付と解しているように思われる。この種の手付のもとでは、履行時期の徒過すなわち違約は、違約者の相手方にとっていわゆる不履行解除（民法五四一条）の原因とはなりえても、相手方の解除権行使がない限り、直ちに契約が消滅するわけではない。正に判旨の説示する通りである。

(4) Yの主張した・いわゆる予定手付の原型は、前近代社会における不履行解除の場合の解約手付である。これは訴訟制度の不備な当時にあってもっぱら債務不履行による損害填補のための簡便な決済手段として利用されていた[2]。このことは我妻博士も認めておられる。即ち、不動産業者との対談の中で、業者の作成する契約書における手付文言及び業者の理解によると解約手付ではなく違約手付と考えられているところから、我妻博士は、知人の米穀商と地主との取引例をひきながら「……民法の規定は慣習に基づいている、といわれるから、慣習は解約手付であったのかもしれない。しかし、実際問題としては、訴訟に訴えて損害賠償をよけいにとろうとしてみたところで、はなはだやっかいなのだから、結局手附であきらめてしまうというところに納まった。そうして、少なくとも現在では、手附は損害賠償額の予定の働きをしているという傾向があるのではないか〔傍点筆者〕[3]」と。この種の手付が、解約手付同様、不履行者のイニシアティヴにおける契約の解消を前提としている、という点にYの主張の核心がおかれていたことは明らかであろう。他方、判旨は、叙上のように、本件手付を本来の違約手付とみたのであろう。もっとも、民法は違約金を賠償額の予定と推定しており(四二〇Ⅲ)従って本件手付を賠償額の予定としての手付とみることが可能であり、そうだとすればこの手付のもとでも履行ないし解除の請求もできる(四二〇Ⅱ)のである。こうして賠償額の予定としての手付は、慣習的なそれと法定のそれとは、契約の拘束力との関係において対照的である。

(5) 従って、本判例を手付をめぐるそれとしてみたとき、その先例価値は次の点にある。即ち、解除権留保のない「手付流し倍返し」の手付は、違約手付であり、しかも一方当事者の不履行を契機とする契約の存否が争点である限り、契約解消を前提とする慣習上の予定手付ではなく、契約の有効な存続を前提とする本来の違約手付ないし法定の予約手付と解した点にある(賠償額が実損害額か手付額かを争点とする場合には、慣習上の予定手付か本来の違約手付——手付流し倍返しを違約金とする他に、実損害の賠償をも可能とするそれ——か、の選択となるであろう）。判旨が後者を選択した・その価値判断の背後には、契約遵守の原理が価値判断規準として存在したことはいうまでもなかろう。

（1）　出訴期限とは、ある権利を一定期間行使しないと、権利そのものは消滅しないが、訴権が消滅する、つまり、これについて訴えることができなくなるとする制度またはその期間をいう。消滅時効と似ているが、実体的権利が消滅しない点が異なる。わが国では、民法施行以前に太政官布告第三六二号（明治六年）により設けられた「出訴期限規則」がこれに当たる。なお、出訴期間の経過によって訴権が消滅した権利は、以後一種の自然債務となる。

（2）　法典調査会民法議事速記録第二六巻五五丁梅起草委員の発言参照。また日本商事慣例類集六七四頁も参照。

（3）　「不動産セミナー」第三回ジュリスト一九五三年一一月一日第四五号三二頁。

4の②

大判明治三四年五月八日民録七・五・五二

〈事実〉契約日時は不詳であるが、明治三二年六月を履行期限として売主Yは自己所有の山林を買主Xに代金四千五百円で売渡す契約を締結し、その際Xは手付としてYに立木を引渡した。その後Xが履行期を徒過したため、手付流れとして右立木はYの所有に帰したが、その後明治三二年三月に、YはXに宛てて、来る二十日までに代金を支払わぬときは、手付金を処分する旨の支払督促状を送った。その後Xは代金を支払わぬまま、Yに対して、手付として引渡した立木の所有権が依然としてXに存在することの確認を訴求した。一審X敗訴し、控訴。二審は期限の経過により手付流れとなったとして、Xは敗訴した。そこでXは、およそ売買は財産権を取得するためには必ず代金を支払うものだから、当然手付も金銭でなければならないこと、さらに売買の手付として金銭を授受したときには期限の到来によって当然遅滞に付せられるけれども、立木のような物品を以てした場合には、当然の付遅滞にはならず、催告その他の手続をしなければならないにもかかわらず、原判決は期限の到来によって手付流れとなったと判断したこと等を理由として上告。

〈判旨〉上告棄却。「金銭以外ノ財産ヲ以テ売買ノ手附ト為スヲ禁シタル規定ナシ又其規定ヲ俟タス当然之ヲ無効ト為ス可キ法理ノ存スルコトハ之ヲ認ムル能ハス故ニ金銭以外ノ有価物ト雖モ当事者雙方ノ合意ニ依リ売買ノ手附トシテ授受スルハ之ヲ有効ト為ササル可カラス又金銭以外ノ物件ヲ手附トシテ授受シタル場合ニ於テハ必ス遅滞ニ附シタル後ニアラサレハ手附流ヲ認ムルヲ得ストスル規定アルコトナク手附ハ質物ト同視ス可キモノニアラサルコト勿論ナレハ金銭以外ニ係ル手附流ノ契約モ法律上之ヲ無効ト為ス可キ理由アラサルヲ以テ本論旨モ亦適法ノ上告理由ナシトス」

〈分析〉本件の特異性は、売買当事者間に授受された手付が金銭ではなくて立木であった、という点にある。そして本件において手付をめぐる争点は、当事者間に授受された手付の性格についてではなく、本件手付が立木という特異性をめぐるもの、即ち第一に、手付は金銭以外の物品でもよいかどうか、第二に金銭以外の物品を手付として授受した場合にも単に期限の徒過によって当該手付が手付流れとなってしまうのかどうか、という点であった。判旨はいずれも原判決通り肯定した。第一点については、その昔金銭以外の物品例えば布白の類が貨幣として用いられたものであり、手付についても今日でもなお、「金銭その他の物品」と説明されるのが常であるから、金銭以外の物品を手付とする時は、売買ではなく交換だというXの主張は沿革上誤りであろうし、そもそも立木を手付とすることについてはXも合意し、しかもYに対して立木を手付として引渡したのはX自身（ただし、Xの後見人Aを経由して）であったのである。

第二点については次のように考えられないであろうか。即ち、判旨によれば、原判決記載の本件契約書（乙第八号証）及びXの後見人Aの訊問調書から「其売買契約ハ乙第八号証約定ノ通リ該証記載ノ期限明治三十一年六月……代金不支払ノ為メ既ニ解除セラレ係争木ハ手附流レトシテYノ所有ニ帰シ其当時Xノ後見人（A）ヨリ之ヲYニ引渡サレタルモノノ如キ観アリ〔傍点筆者〕」とあり、原裁判所は、本件契約書（乙第八号証）とAの右の趣旨の証言とを採用して「手附流ノ事実ヲ真実ト認定シタ」のである。そうだとすると、このような記述から、Xの履行期徒過を理由にYが本件契約を不履行解除するに至り、その旨をXの後見人Aに告げた為にかねてからAが管理していた本件立木が手付流れとしてYに引渡されたと推測できないだろうか。要するに、本件手付は違約手付であり、しかも民法四二〇条三項による賠償額の予定としての手付であって、従って不履行の相手方たるYは同条二項によって（不履行）解除したものとみてよかろう。

なお、本判決の先例価値は、金銭以外の物件を手付として授受しうること、従ってその場合にも手付流れの特約を付した契約は有効であること、ただし、本件のように立木を手付とした場合には、売主の債務不履行の際の手付倍返しはなく、買主一方の違約手付とならざるを得ないであろう。

4の③

大判明治三四年一一月二八日民録七・一〇・一一八

〈事実〉詳細は不明。他人の物の売買契約において、買主Xは手付金（金額不明）を売主Yに交付した。その後、Yは目的物の所有権をXに移転することができなくなり、Xは、解除をしないまま、Yに対し債務不履行にもとづく損害賠償及び手付金返還（判文からは倍額の返還でないように思われる）請求して本訴に及んだ。一審X勝訴。Y控訴、原審は、本件契約は他人の物の売買であることを理由に無効とし（従って判文からは明らかではないが、おそらくXの損害賠償請求を却け）、Xの手付金返還請求権は手付授受の時から出訴期限の期間を起算すべきもの（そしておそらく、既に出訴期間を徒過したもの）として手付金返還請求をも却けた。そこでXは、他人の物の売買が有効であることは民法施行前でも既に認められた判例法規であるから、原審が当該契約は無効として当初の授受の時から手付返還請求権の時効を起算して右請求権の消滅を認めたのは誤りであること、他人の物の売買が有効である以上契約は解除されるまで有効であり、他方解除権がXにあることは明らかであるから、解除と同時にその効果として手付返還請求権が生じ時効はこの時から生ずる、として上告。

〈判旨〉原判決中、手付金返還請求に関する部分を破棄し差戻。「……他人ノ所有物ヲ以テ売買ノ目的物ト為シタル場合ニ其売買無効ニ非サルコトハ民法施行前ト雖モ本院ノ是認セシ法理ナリ夫既ニ如上ノ場合ニ於テ売買無効ニ非ストスレハ假令売主ハ目的物ノ所有権ヲ買主ニ移転スルコト能ハサル境遇ニ在リトスルモ其未タ解除セラレサル間ハ当事者間ノ売買契約ハ其効力依然トシテ存続スヘシ而シテ売買契約ノ効力存続スルトキハ買主ノ手附取戻ノ請求権未タ発生セサルコト毫モ疑ヲ容ルヘキニ非ス由是之ヲ観レハ原院カ徒ニ本訴売買ノ目的物ハ第三者ノ所有ニ属スル事実他ノ判決ニ依リテ確定シタルコトヲ理由トシテ売買契約ハ無効ナリト為シ且ツ手附取戻ノ請求権ハ当初授受ノ時ヨリ出訴期限ノ期間ヲ起算スヘキモノナリト判断シタルハ不法ノ裁判ニシテ破毀ノ理由アルコトヲ免レス」。

〈分析〉⑴判旨は、他人の物の売買契約は有効であり、売主が目的物の所有権を買主に移転することが不可能であっても、買主がそれを理由に解除権を行使しない限り、契約は有効に存続するから、買主の手付返還請求権は発生しない、と説示し、「当事者間ニ果シテ売買解除ノ意思表示アリシヤ否ヤハ原判決ニ於テ確定セサル事実」だからとして、訴を原審に差戻した。

⑵事案冒頭に「詳細は不明」と書いたが、本事案それ自体についてはもちろん、一・二審の判決内容についても判断しかねる点が多い。(イ)本判例冒頭見出しに「手附金取戻竝損害賠償ノ件」と表示されているので、Xが手付金返還の他に損害賠償をもYに請求したことは明らかである。原告はいうまでもなく手付金を支払った買主Xであり、被告は他人の権利の売買における売主Yであろう。そうだとすると、「目的物ノ所有権ヲ買主ニ移転スルコト能ハサル境遇ニ在」ったYが債務不履行者であり、従って本件において損害賠償及び手付金の返還を請求したのはXであることも確かであろう。さらに、「被控訴人〔X〕ノ手附金取戻請求ハ相立タス」とあるところから、おそらくXは一審において損害賠償及び手付金返還の両請求が認められたと思われる。そして二審では、叙上の通り「手附金取戻請求ハ相立タス〔傍点筆者〕」とあるところから、Xの損害賠償は認容されたが、手付金の返還請求は否認されたと思われる。もっとも原判決は、他人の権利の売買を目的とする本件契約を無効と判定したとあるので、果して賠償請求が認容されたのかどうか、疑問ではある（とはいえ、右の原判決にいわゆる「相立タス」が両請求とも成立しないと読めるとすれば、両請求とも棄却となるが、そうした場合原告は上告人として原判決の一部破棄を申立てることなく、全部破棄を申立てたはずであろう。それとも、賠償請求は諦めたのであろうか）。(ロ)さて、Xの賠償請求が認容されたとすれば、本件手付の性質は何であろうか。判旨によれば、契約が解除されない、即ち契約が有効に存続する限り、Xの手付返還請求権が発生しない、とあり、またXの手付の返還請求が倍額返還でもないところからみて、本件手付が解約手付あるいは違約手付のどちらでもないとみてよいであろう。そうだとすれば、結局、本件手付は証約手付とみるしかないであろう。そして判旨は、契約解除による原状回復の効果として手付の返還請求権が発生するとみていることになる。

4の④

大判明治三八年四月二二日民録一一・五五四

〈事実〉 Xは、Yとの間に売買契約を結び、その際手付金として三〇〇円の授受が約定されたが、この手付金はXからYへ現実に交付されることなく、YのXに対する貸金債務と相殺された。その後売買契約が解除され、売買解除の効果として生ずる原状回復を理由として右手付金三〇〇円の返還をXがYに対し請求して本訴に及んだ。一審X敗訴し、控訴。控訴院は「契約解除ノ結果各当事者ハ其相手方ニ対シ原状回復ヲ求メ得可キ権アルハ勿論ナリト雖モ当事者間ニ曾テ現実ニ授受セラレタルコトナキ金円ノ返還ヲ求ムル如キ之ヲ原状回復ト云フ可ラス左レハ本訴ニ於テ控訴人〔X〕カ曾テ現実ニ交付シタルコトナキ所争ノ手附金三百円ヲ売買解除ニ因ル原状回復ヲ理由トシ之カ返還ヲ請求スルハ甚タ失当ニシテ之ヲ是認スルニ由ナシ」として、Xの請求を却けた。Xは、Xの手付を交付する債務とYの貸金弁済債務とを相殺したのは、互いに弁済するため現実に現金を交付する煩わしさを避け・しかも現実の授受と同じ効果をおさめるためで、もし現実に互いに授受したとすれば原院も原状回復として手付金返還の請求を是認したに相違ないのに、現実の授受を節約したからといって、Xの請求を却けたのは承服しがたいとして、上告。

〈判旨〉 原判決破棄差戻。「相殺ハ債務消滅ノ一方法タルコトハ弁済ト毫モ異ナル所ナシ故ニ本件ニ於テ売買契約ハ解除セラルルモ相殺ハ依然其効力ヲ存スルコト固ヨリ論ヲ竢タス然レハ則チ原院カ売買契約ノ既ニ解除セラレ且本訴ノ手付金三百円ハ相殺ニ因リテ其債務消滅シタル事実ヲ認定シタルニ拘ハラス其現金ノ授受ナキヲ理由トシテ手附金ノ返還ヲ求ムルハ原状回復ト云フヘカラスト判示シタルハ失当タルヲ免レス何トナレハ相殺ト弁済ト均シク債務消滅ノ原因ナルヲ以テ弁済ノ場合ニ在リテ原状回復トシテ手附金ノ返還ヲ求ムルヲ得ヘクンハ相殺ノ場合ニ在リテモ亦然ルヲ得ト云ハサルヲ得サレハナリ」。

〈分析〉本件は、買主が売主に授受すべき手付金を売主に対する貸金を以て相殺し、現実には手付金を授受しなかったという・極めて珍しい事例である。しかも、本件では、当事者のいずれの不履行を理由とするものなのか、それとも合意によるものかは不明であるが、いずれにしろ、本件契約が解除されたので、Xは現実には交付しなかった手付金の返還を求め、Yの拒絶にあい、訴訟に及んだわけであるが、大審院はXの手付金の返還請求を認容した。当然というべきであろう。

4の⑤

大判大正一〇年二月一九日民録二七・三四〇

〈事実〉詳細は不明。X（被控訴人・被上告人）は、Y（控訴人・上告人）からその所有地を買い入れる契約を結び、手付金を支払った。Xは、契約の履行の際、代金から既にYに交付ずみの手付金を差し引いた残額をYに支払ったところ、Yは所有権の移転登記手続に応ぜず、Xは右手続を訴求。Yは、Xの代金支払と登記とは同時履行の関係にある、と抗弁したが、一審においてY敗訴、控訴。原審は、Yには残代金を受取ると同時に土地所有権移転登記をすべき義務あり、として、控訴棄却、Y上告。Yは、手付は契約解除の方法であって代金ではなく、また手付に代金の内払いまたは前払いの性質をもたせる契約をすることは有効ではあっても、本件ではそのような特約をした事実はなく、従って手付の授受が当然代金を減額すべき理由にはならない、と主張した。

〈判旨〉上告棄却。「買主ヨリ売主ニ交付シタル手附ハ其性質上買主カ契約ヲ解除セスシテ其履行ヲ求ムル場合ニ在リテハ代金ノ内入金ト為リテ其代金中ニ算入セラルヘキモノナルコト言ヲ竢タサル所ナレハ原裁判所カ本件ノ売買代金中ヨリ右手附金ヲ控除シタルモノヲ残代金トシ所論判示ノ旨趣ニテ上告人敗訴ノ判決ヲ言渡シタルハ正当」

〈分析〉(1)買主が契約履行時に、締結の際売主に交付した手付金を代金から控除した残額を売主に支払おうとしたのに対し、売主は、本件手付は内金の性質を持たないとして、残代金を受けとらず代金全額の支払いを請求し、その全額の支払いあるまで所有権移転登記の手続を拒絶した、というのが、本件の概要である。従って、本件の中心的争点は、手付が内金の性質を持つかどうか、そしてさらに、Yが争ったように、手付に内金の性質を持たせるためには、当事者間にその趣旨の特約を必要とするか、という点にある。第一点については、法制史家の説くように、わが国では既に平安時代初期の辞書(「新選字鏡」)に阿支佐須《アキサス》と呼ばれた・当時の手付が内金——代金の一部前払い——であるとの説明があり、手付金が代金の一部に組み入れられるのが普通であった。従って通常は買主が手付を交付し、代金債務の履行の際には代金と手付金との差額——残代金——を支払うことになる。この場合、手付は「内金」として働くのである。

こうしてみると、契約が解除されることなく順調に履行される場合には、手付が内金の役割を果たし、買主が残代金を支払えば、代金債務が履行されたことになるのは、「言ヲ竢タサル所」であろう。従って、Yが主張するように手付を内金とする特約の要否を論ずる余地は、到底ないように思われる。とはいえ、手付慣習の中には、買主が売主に代金は代金として全額を支払い、手付はそれとは別に売主から買主に返すという例もある[1]。いわゆる「外金」としての手付がそれである。このように、通例は「内金」とされても、例外であるにせよ、「外金」とされる場合があるとすれば、本件手付が「内金」なのか「外金」なのか、そのいずれの性質をもつか何らかの特約がない以上、Xの代金全額の支払いを要求するYの主張も一理あるように思われる。もっとも、慣習上契約締結の際授受された手付を契約履行の際にわざわざ「外金」とすべき合理的な理由ないし必要が一般的にせよ本件だけにせよ説明されない限り、やはりYの主張はすこぶる薄弱といわざるを得ないであろう。

(2)結局、本判決の先例価値は、手付は「内金」としての性質を持つ、とされた点にある。ただし、「買主カ契約ヲ解除セスシテ其履行ヲ求ムル場合ニ在リテハ」と判示されている所から、大審院は、本件手付を少なくとも買主側からの「解約手付」と判断しており、内金は解約手付とは性質上矛盾するものではないことを示唆している。(2)

(1) 中田薫「徳川時代の文学に見えたる私法」(岩波文庫版)六三頁以下に、「徳川時代の手附は必ずしも常に内金たりしにあらず、別に外金(Draufgabe)の性質を有する手附が存在せしことを忘るべからず。徳川時代大阪地方に行われたる諸証文の文例を蒐集したる『案文録』……に、

一　札

(中略)

右家屋敷附物代銀共合銀何拾貫目ニ譲リ渡可申致約定候処実正也、右ニ付為手付金何両慥ニ受取預リ置申候、相対之通来ル何月何日帳切相済銀子受取候上者、右手付其儘差戻ニ可申候、為念請渡約定一札仍而如件

年号月日

譲主　何屋誰
世話人　何屋誰

何屋誰殿

とあるが如し。」とある。

(2) 大判昭和七・七・一九民集一一・一五五二(1の④)は「……元来手附金ハ買主ノ債務履行ノ場合ニハ其ノ代金ノ内入トナルヘキ性質ノモノニシテ当事者モ亦其ノ意思ヲ以テ授受スルモノナレハ五百円ヲ控除シタル残額ヲ支払フ旨合意スルコトハ当然ニシテ手附金ノ性質ト何等矛盾スルモノニ非サレハ斯ル合意ハ以テ手附金ヲ否認スル理由トナラス」との上告理由を容れ、大審院は「手附金ハ当事者カ売買契約ノ履行ニ着手スルマテニ之カ解除ヲ為サスシテ契約ヲ履行スルトキハ代金ノ内入ト為スコトヲ常トスルヲ以テ本件当事者カ約定ノ期限迄ニ土地ノ引渡ヲ為シ之ト引換ニ代金ノ内嚢ニ授受シタル五百円ノ金額ヲ控除シタル残額二千五百円ヲ支払フコトヲ約シタレハトテ之ヲ以テ嚢ニ授受シタル五百円ハ解除権ヲ留保シタル手附

ニ非スト論断スルヲ得」ずと判示した。ここには、この事案の分析に際して述べたように、解約手付肯定の解釈論理の一つとしての「内金即手付の論理」が明示されている。

4の⑥

大判大正一一年九月四日新聞二〇四三・一〇

〈事実〉大正九年一月八日売主Y（控訴人・被上告人）は買主X（被控訴人・上告人）との間に不動産売買契約（土地か建物かは不明）を締結し、「手金」一万円のうち二、三〇〇円を受領した。その際YはXに「売渡契約証」（甲第一号証）として「（前略）大正九年一月八日手金として金二千三百円也正に受領大正九年一月二十五日七千七百円也申受可尚同年三月八日四万五千円申受け直に登記移転可致契約に候万一右期間に御履行之なき場合は当然手金は返戻不致拙者随意処分可致契約也云々」を、XはYに「買取契約証」（乙第四号証）として「（前略）該期間中に必ず契約通り履行可致万一履行出来がたき節は手金は没収せられ御随意に処分なされ候も異存申間敷云々」を、それぞれ取交した。その後、大正九年一月九日金一〇八円、同月一八日一、二〇〇円、同月二九日四、〇〇〇円が授受された。しかしXは履行日に約定の残代金をYに支払わなかった為に、Yは約定の手付金一〇、〇〇〇円中契約成立時に受領した二、三〇〇円を除く残りの七、七〇〇円も手付金であるとして、その返還を拒んだので、Xは右二、三〇〇円は手付金であるが、売買契約成立後にYに交付した金銭は内金であると主張して、返還を請求し、本訴に及んだ。Yは、一審敗訴し、控訴。二審（名古屋控訴院）は、主たる契約の成立後に交付された金銭も手付と判示し、Yの控訴を認容。X上告。Xの上告理由は次の通り。本件契約において手付とされた一万円中、契約成立時に交付された二、三〇〇円のみが手付であって、その後Xが交付した金銭は当事者間に交わされた両契約証の文言通り内金であること、手付は売買契約成立時と。

未受領の七、七〇〇円の内金にすぎないから、本件契約の手付金は契約成立時に受領した二、三〇〇円にすぎないこ

付の授受なく契約を解除した場合は、違約金の前払いの性質を失ってしまうこと、従って本件係争の五、七〇〇円は

違約手付であるとするが、違約手付は「違約金の前払の性質を有するもの」であり、原院の説示の通りであれば、手

に交付さるべきであること、原審は「主たる契約成立後に授受すべき旨を約したるに過ぎざるもの〔傍点筆者〕」も

〈判旨〉上告棄却。「原審においてYは当事者間に手附金を一万円とする約定あり其中売買契約成立の日に二千三百円を其後に五千七百円を受取りたることを主張し原判決は其の主張を容れ当事者間に一万円を手附金とする合意ありて其の合意に基き内金二千三百円は売買契約の日即大正九年一月八日に内金百八円は同月九日に内金千二百円は同月十八日に内金四千円は同月二十九日に授受せられたることを認めたるものなるを以て右の金額に付ては合意と金銭の授受とを具備し手附契約が要物契約たる法則に違反することなく又手附契約は売買其の他の契約に従たる契約なれども必ずしも主たる契約と同時に成立することを要するものに非ざるを以て売買契約成立後に授受せられたる金五千七百円(1)をも手附金なりと認定したるは違法に非ず而して又甲第一号証に『云々右期間内に御履行なき場合は当然手金は返戻不致云々』又乙第四号証に『云々該期間内に必ず履行可致万一履行出来がたき節は手金は没収せられ御随意に処分なされ候も異存申間敷云々』の記載ありと雖此等の記載は其証書作成当時たると其の後たるとを問はず授受を了したる手附金に関して為されたるものと解するを得べきを以て原判決の手附金に関する事実の認定に違法あることな」し。

〈分析〉本判決の先例価値は次の点にある。即ち、手付契約は、合意の他に金銭の授受を必要とする・いわゆる要物契約であり、他方、売買その他の契約に従属する・いわゆる従たる契約であるが、だからといって主たる契約と同

時に成立する必要はなく、主たる契約の成立後に（予め合意されていた）金銭の授受がなされた場合にも、成立する、と判示された点にある。もっとも、本件においては、売買契約の成立時に当事者間に交わされた手付合意は、手付金を一万円とするものであったにもかかわらず、契約成立時に授受された金銭は二、三〇〇円、その後に授受された金銭は五、七〇〇円、計八、〇〇〇円であり、判旨によると、手付契約の要物性から、現実に授受された分・右八、〇〇〇円が本件手付金とされたのである。つまり、手付契約は、その合意とは離れて現実に授受された金額分をそのまま具体的な内容とすることになる。従って、不履行の買主は現実に交付した金銭を放棄すれば足り、予め合意された金銭との差額まで放棄することはない（売主不履行の場合には、受領した金額の倍額を償還すればよい）。

（1）　判旨にその明細が記述されている・契約成立後にXからYに交付された金額（大正九年一月九日分、同一八日分、同二九日分の合計五、三〇八円）が同じく判旨の記述「売買契約成立後に授受せられたる金五千七百円」に足りない点は、本判決を転載した法律新聞のミス・プリントなのであろうか、判然としない。

4の⑦

大判大正一五年四月三〇日新聞二五六四号一三頁

〈事実〉大正一二年三月一六日、中国人X（被控訴人・被上告人）は、Y（控訴人・上告人）代理人Aとの間にY所有の宅地（松本市北深志東町一一六五番ロ号所在）六八坪七合五勺を代金八、〇〇〇円で買受け手付金一、〇〇〇円を直ちに支払い残金は同月二五日に支払うべき旨の契約を締結し、右手付金をAに支払った。ところが明治六年太政官布告第一八号地所質入書入規則第一一条によって外国人はわが国において土地を所有することを禁止されている所から、本件売買契約が強行法規違反として無効とわかり、XはYに対し右手付金の返還を求め本訴に及んだ。一審Y敗訴、控訴。控訴審において、東京控訴院は大正一四年九月一八日大略次のように説示して控訴を棄却した、即ち、本件土地売買契約は強行法規に違反し無効ではあるが、右契約自体は公序良俗に違反したわけではないから、XのYに対する手付金給付は不法原因給付とはいえない、従って、民法七〇八条によりXの手付金返還請求権はないとするYの主張は採用できない、と。Yは次のような理由をあげて上告、即ち、証人Bの証言によると、本件売買契約締結の当時本件契約が法令違反のものであることを知りながら契約をしたのであるから、本件手付の交付も不法原因給付に当たり、従ってXはYに対し返還請求も損害賠償請求もできない、と。

〈判旨〉原判決（一部）破棄――Xの請求棄却。「民法第七百八条ノ所謂不法ノ原因トハ給付ノ原因自体カ公ノ秩序又ハ善良ノ風俗ニ反スル場合ヲ謂フモノナルコトハ当院ノ判例（大正七年オ第三十八号大正七年二月二十一日第二民事部判決参照）トスル所……外国人ハ現ニ我国ニ於テ土地ヲ所有スルコトヲ得サルハ明治六年太政官布告第十八号地所質入書入規則第十一条ニ明規スル所ニシテ該規則タルヤ公ノ秩序ニ関スル強行的法規ナルヲ以テ之ニ違背シ外国人ヲシテ土地ノ所有権ヲ取得セシムル行為ノ無効タルハ勿論其ノ行為ヲ原因トシテ為シタル給付ハ其ノ原因カ公ノ秩序ニ反スルモノナルヲ以テ民法第七百八条ノ所謂不法原因ノ給付ニ該当スルモノト解セサルヘカラス……原判決カ……本件土地ノ売買契約ハ前記法令ノ禁止規定ニ違反シ無効ナレトモ該行為自体ハ公ノ秩序善良ノ風俗ニ反スルモノト認メ得サルヲ以テXノ為シタル本件手附金ノ給付ハ民法第七百八条ノ所謂不法原因ノ為ノ給付ナリト謂フヲ得スト為シタルハ違法……大正十二年三月十六日XトYノ代理人タル訴外Aトノ間ニ於テXカY所有ノ松本市……宅地……ヲ代金八千円ニテ買受ケ即時手附金一千円ヲ支払ヒ残金ハ同月二十五日弁済スヘキ旨ノ契約ヲ締結シ即時Xハ該手附金ヲ右代理人ニ支払ヒタル事実ハ当事者間ニ争ナク右契約当時Xハ外国人ナリト云フニ在ルヲ以テ該売買契約カ法規ニ違背シ無効ナルコトヲ理由トシテ右手附金ノ返還ヲ求ムルXノ本訴請求ハ不法原因ノ給付ノ返還ヲ請求スルモノニシテ当然排斥ヲ免レサルモノトス〔傍点筆者〕」。

〈分析〉⑴本件は、強行法規違反のかどで無効とされた不動産売買契約において授受された手付金の返還をめぐる事案である。もっとも、本判決分析の興味は手付研究の本筋とはかけ離れた・いわば傍論的興味である。まず、原判決は、本件契約は強行法規違反（民法九一条違反）ではあっても、公序良俗違反（民法九〇条違反）ではないから、本件手付金の給付は不法原因給付には該当しない、とする。これに対して、判旨によると、民法七〇八条の不法原因とは、給付の原因自体が「公ノ秩序又ハ善良ノ風俗ニ反スル場合〔傍点筆者〕」を指し（大判大正七・二・二二）、本件契約を無効とする・叙上の地所質入書入規則一一条は「公ノ秩序ニ関スル強行的規則〔傍点筆者〕」であり、従って本件手付の授受はその原因が「公ノ秩序ニ反スルモノ〔傍点筆者〕」であるから、民法七〇八条の不法原因給付に該当する、とされる。立ち入っていえば、判旨は、民法九〇条にいう「公ノ秩序又ハ善良ノ風俗ニ反スル」場合を、右の文言中の「又ハ」を利用して「公ノ秩序」に反する場合と「善良ノ風俗」に反する場合とに分離してそれぞれ独立させ、前者の場合を「公ノ秩序ニ関スル強行的法規」違反と規定して、この場合も不法原因給付に含まれる、とするのである。つまり判旨によると、民法九〇条の中に強行法規違反（民法九一条）をも含め、結局、公序良俗違反の場合はもちろん、強行法規違反の場合も、誤って履行された給付の返還は共に不法原因給付として認めない、とされるのである。この点について、通説は[1]、不法原因とは公序良俗違反をいい、強行法規違反だけでは不十分とするが、少数説[2]もある。いずれにしろ手付に直接かかわる問題ではないので、ここではこれ以上立ち入らない。

⑵本判決の先例価値は、強行法規違反の売買契約に伴う手付の給付は、（その正当化の論理の当否は別として）不法原因給付にあたり、その返還は認められない、とされた点にある。

（1） 我妻栄・債権各論（民法講義）下巻Ⅰ一一三二頁、松坂佐一・事務管理・不当利得〔新版〕一九二頁など。公序良俗が市民社会の基本秩序そのものに敵対する内容をもった契約を対象とするが故に、この種の契約の積極的な実現を一方当事者が求めても、裁判所は拒絶するばかりか、誤ってこの種の契約が履行された場合にその原状回復を求めても裁判所は応じない――この種の契約を法の世界から追放する――という強い効力（不法原因給付）が与えられているのに対し、強行法規による契約無効の効力は、個々の法規の政策目的に由来するにすぎないから、多くの場合、違反した契約の積極的な実現を否定すれば十分であって、履行された契約の原状回復まで否定する必要はない所から、民法七〇八条は適用されないのが普通である。本件における原判決の立場がそれであり、外国人による土地売買という本件契約には反倫理性が窺えない以上、手付金返還が認められてもよかった、と思われる。他方、判旨による判決の正当化の論理は、いささか牽強付会の観がある。

（2） 谷口知平・不法原因給付の研究（第3版）一九〇頁。新版注釈民法⒅六九九頁以下参照。

4の⑧

大判昭和八年一月一四日裁判例(七)民四

〈事実〉昭和四年二月二六日X（被控訴人・上告人）前主Aは、Y（控訴人・被上告人）所有の宅地九坪他六筆の土地を四、〇〇〇円で買受け、即日一五〇円を支払い、残代金は同年三月五日に一、〇〇〇円、四月二〇日に二、八五〇円を二回に分けて支払うものとし、同日本件土地の所有権移転登記を受ける旨の売買契約を締結したが、本契約には、売主が不履行の際は一、〇〇〇円の倍額を買主に提供し、買主が不履行の際は一、〇〇〇円を売主に支払い、それぞれ契約を解除できる旨の特約が加えられていた。その後AからYに同年六月一四日までに一、九三七円四〇銭（契約時の一五〇円を含め）が支払われたが、その後追加支払いはなされず、他方、同年八月三〇日に履行されるはずのYの登記約束も守られなかった。その後A・Y間に訴訟が提起されるまでの経緯は判文からは読み取り不能。A（後Xが承継）が本訴に及んだことは、原告とされるところから明らかであるが、他方、本判決上に「売買代金請求事件〔傍点筆者〕」との記載があり、買主Aが売主Yに売買代金を請求するとはどういうことなのか、判然としない[1]。一審A勝訴し、Y秋田地裁に控訴[2]。原判決はYの控訴を認め一審判決破棄、Xは次の理由をあげて上告、即ち、原判決が契約の履行着手と手付による解除権の喪失との関連につき、前段においてAの一、九三七円余の支払いを契約の履行着手と認めながら解除権の喪失を認めず、後段において契約の履行着手を認めて特約にもとづく解除権の喪失を認めるという「前後相矛盾セル理由齟齬ノ判決」であること、原判決が契約締結時に支払われた一五〇円を手付金とは認めず、その後に支払われた一、〇〇〇円を手付金と認めたのは証言及び書証に反することをあげた。

〈判旨〉原判決破棄差戻。「……手附ハ種々ノ目的ノ為ニ交付セラルルモノニシテ其ノ目的ヲ異ニスルニ従ヒ其ノ性質及効力モ亦自ラ相異ナラサルヲ得スト雖孰レモ契約ノ成立ヲ証明スル目的ヲ兼有スルヲ通常トスルカ故ニ反証ナキ限リ契約ノ成立ト同時ニ現実ニ授受セラルルモノナリト解スルヲ相当トス仍テ本件ニ付之ヲ観ルニ訴外Aハ昭和四年二月二十六日Yヨリ本訴不動産ヲ代金四千円ニテ買受ケ即日内金百五十円ヲ支払ヒ残代金ハ同年三月五日ニ金一千円同年四月二十日ニ残余ノ金二千八百五十円ヲ所有権移転登記手続ト同時ニ支払フヘキ旨契約シタルコト及其ノ後同年六月十四日マテノ間同Aハ最初ニ支払ヒタル金百五十円ヲ加ヘテ数回ニ金千九百三十七円四十銭ノ支払ヲ為シタルコトハ当事者間ニ争ナキ旨原審ノ判示スルトコロナルヲ以テ斯クノ如ク契約ノ成立ト同時ニ授受セラレタルニ非ス且手附ナルコトヲ示スコトナクシテ交付セラレタル金一千円ヲ以テ手附金ナリト解スルハ極メテ異例ニ属スルモノト謂ハサルヲ得ス……原判決ノ援用ニ係ル甲第一号証ノ二『本契約(甲売《ママ》)主ニ於テ不履行ノ場合ハ金一千円ノ倍額ヲ乙(買主)ニ提供スルコト乙ニ於テ不履行ノ場合ハ金一千円ヲ仕《ママ》払ハサルモ乙ニ於テ何等異存無之キ事』ナル記載ニ徴スレハ本件不動産ノ買主タルAカ金一千円ヲ売主タルYノ所得ニ帰セシムルニ於テハ契約ノ履行ニ着手シタル後ニ於テモAハ其ノ履行ヲ終ルマテハ何時ニテモ売買契約ヲ解除スルコトヲ得ヘキ旨Yトノ間ニ契約シタルモノナリト解スルハ実験則上寧ロ当然ノ事理ナ」り。

〈分析〉(1)本件の中心的争点は、AからYに数回に分けて支払われた代金（全額ではない）のうち、契約成立と同時に（従って初回に）支払われた一五〇円が手付金なのか、それとも二回目に支払われた一、〇〇〇円がそれなのか、という点である。本件訴訟において、叙上のように、Yは二回目の中間金一、〇〇〇円を解約手付金と主張しているのに対して、A（後にXが訴訟継承）は初回の一五〇円を手付金とし、中間金一、〇〇〇円は違約金であり、契約の履行後であれAは右違約金を放棄し、Yはその倍額を提供すれば、契約を解除しうる、と主張したのである。つまり、Aの主張の通り初回金が手付であれば、既に支払い済みの中間金がそのまま違約金とされるのに対して、Yの主張の通り中間金が手付であれば[3]、右違約金特約は右の支払済み中間金と無関係の特約ということになる。しかし、そうだとすると、右の違約金特約の文言は理解し難いものとなるだろう。けだし、右の特約によれば、違約金となる一、〇〇〇円が解除前に買主から売主に授受されていることが前提になっており、後者が解除を望めば倍額を、前者が解除を望めば一、〇〇〇円を放棄するという表現になっているのに、中間金と無関係とすれば、当事者は解除に先立って改めてそれぞれ一、〇〇〇円を相手方に支払って解除をする、という・右の特約内容からはかけ離れた内容となるであろうからである。従って、判旨は手付一般の証約性から初回金を手付と説示したが、違約金特約からみても中間金を手付と説く原判決は本件との適合性を欠く、といえよう。

(2)本判決の先例価値は、買主が代金を数回に分けて売主に支払う場合には、反証のない限り、契約締結と同時に現実に授受されたものが手付とされる点にある[4]。なお、二回目以降に授受された金銭が違約金として約定された場合には、当事者の履行着手以後履行終了までの間に、右違約金の放棄または倍返しにより契約を解除しうることを、判旨が本件契約に付随する違約金特約の解釈として説示している点に触れておきたい。右特約の文言を読む限りは、当事者の一方が不履行の際は、相手方に違約金として約定の金を放棄または倍額を支払うこととあり、この違約金は正に損害賠償額の予定としての違約手付（私のいう予定手付）に他ならない。ところが判旨によると、右違約金を放棄すれば買主は契約を解除しうる（もちろん売主の側も倍額の提供による同様の効果を期待できるだろう）として、正に解約手付と同視しており、ただ民法所定のそれと違うのは、契約の履行着手まででではなくて、着手後終了するまでならいつでも解除しうると法定の着手制限を外した点である（判文では「契約ノ履行ニ着手シタル後ニ於テモ（傍点筆者）」とあり、読みようによっては、履行に着手する以前はもちろん解除しうる、即ち本来の法定の解約手付と重複しうると取れなくもないが）。つまり、判旨は、約定の解除権を手付流し倍返しの解約手付の形で認め・履行着手制限を外すことによって、契約の締結から終了までの履行過程を着手を境にその前後に分けて法定の解約手付と約定の解約手付とに分担させているのである。因みに私は、賠償額の予定としての違約手付も結局は破約者のイニシァティヴにおいて契約が解除されたことになるという意味においては実質的に解約手付と変わりはない、と理解しているが[5]、判旨もまた本判決において両者の実質的同一性を極めて具体的な形で示していることは、誠に興味深い。

（1）惟うに、Aは初回の一五〇円を解約手付と解し、それを放棄して本契約を解除したと主張して、解除前にYに支払った代金の一部一、七八七円四〇銭（支払済代金一、九三七円四〇銭から一五〇円を控除した額）の返還を請求したのであろうか（もっとも、もしそうであれば、「売買代金請求事件」ではなく、「売買代金返還請求事件」と記載されるのではないか、とも思われるが）。

（2）戦前の裁判所構成法（明治二三・二・一〇公布、同一一・一施行、昭和二二・五・三廃止）二六、三七、五〇条及び戦前の民事訴訟法（明治二三・四・一公布、同二四・一・一施行）四三二条によると、民事訴訟が区裁判所（今日の簡易裁判所に該当）から始まった場合、控訴審（第二審）裁判所が地方裁判所であることは現在と同様であるが、その場合の上告審

（第三審）裁判所は大審院であって、現在の高等裁判所にあたる控訴院ではない。

（3）一審証人Bの証言「……Aハ契約成立当時手附金一千円ヲ所持セサル為メ手附金ノ内金トシテ金百五十円ヲYニ交付シ約一ケ月後に残金八百五十円ヲ交付シタル筈テアリマス一、契約書中三月五日ノ千円トアルハ右ノ手附金ヲ指シテ居ルノテアリマス」。

（4）大判昭和九・一一・二法学四・四・四八八によると、昭和三年五月下旬に成立した売買契約において買主は手付金として五〇円を交付し残代金を二ケ月以内に支払うべき旨を約束し、その後同年七月半ばに右手付金を交付したという事案において、大審院は「手附は必ずしも売買契約と同時に交付することを必要とするものに非ず売買契約以後代金支払期日迄に手附を交付すること之れなしとせず」と判示している。判旨の引用部分が僅かなので事案の詳細は不明であり、昭和八年判決との比較は一概にできないが、昭和八年判決が初回金を手付とみなす根拠を手付の証約性に求める限り、昭和九年判決とは乖離する、といえよう。もっとも、前者の事案におけるように代金の支払いが数回にわたる場合には、履行着手要件との関連から契約成立と同時に授受された金銭が手付金とされる必要があろうが、後者の事案におけるように残代金の支払いが一回で終わる通常の場合には、契約成立の立証が手付金の授受以外に可能であれば（契約の成否が争われる場合）、手付金の交付が契約成立と同時である必要は必ずしも無いように思われる。もっとも、後者の手付が解約手付であれば、右のような通常の場合であっても、やはり履行着手要件との関連から手付交付時期を代金支払期日まで延ばすことはできないであろう。それを認めれば、売主側の履行着手制限を無意味なものにしかねないからである。従って、昭和九年判決において大審院は、本件手付を、解約手付ではなく違約手付と解していたものと思われる。なお、本判決は名古屋地判昭三五・七・二九判時二四九・二八（4の㉝）についての判例批評（判例評論三七・一二）「手附を数回に分割して支払うべき場合の法律関係」において、田中整尓教授が、契約締結の際に手付の予約（単に手付を交付すべき旨の合意）がなされ契約の履行に着手するまでに手付の交付がなされる約定に関して、その予約に即し、二つの類型、即ち①主たる契約締結の際とその後の数回にわたって手付金の一部ずつを支払う場合と、②主たる契約締結後数回にわたって手付金の一部ずつを支払う場合とが考えられるとして、後者の例に「（売買契約締結後一回払の事案につき大判昭和九・一一・二法学四巻四八八頁〔傍点筆者〕）」をあげておられるが、教授自身記述されておられるように、本判決は、手付一回払いの事案であって、「手付を数回に分割して支払うべき場合」ではない。この事案の問題点は、履行着手要件との関連から、手付の性質をめぐって解約手付か違約手付かにあるように思われる。従って、手付の分割払いの事案として掲げられるべきではあるまい。

（5） 拙稿「近代民事責任の原理と解約手附制度との矛盾をめぐって」法学新報七二巻一・二・三合併号一三七頁参照。

4の⑨

大判昭和八年二月一四日新聞三五二〇・一五

〈事実〉X（控訴人・上告人）は訴外A[1]との間にA所有の山林を二三万円で買い受ける契約を締結し、まず八万円を支払った。他方Aは残りの一五万円の代金債権をXの承諾を得て訴外Bに贈与した。その後、Xは残代金を約定の日までに支払えなかったので、AはXの債務不履行を理由に本件契約を解除した。その結果、右解除による原状回復としてXはAに対し引渡された山林を返還する一方、Aに支払った代金の一部八万円（Xは内金と主張）の返還請求権及び第二次代金一五万円について「債務免脱ヲ請求スル権利即原状回復請求権〔傍点筆者〕」ありと主張した。そして、その後Aが本件山林をY（被控訴人・被上告人）に売り渡す契約を締結した為、そこでXは、Aに対する右両請求権の存在を根拠にAに対する債権者という立場から、AY間の右売買契約をXに対する詐害行為であるとして、Yに右契約の取消を求めて本訴に及んだ。一審X敗訴、X控訴。二審（長崎控訴院）もX敗訴、X上告。Xの上告理由を手付をめぐる争点にしぼって述べるならば次の通りである。まずYは一審において、一回目の払込金八万円は手付金であり、山林売買の慣習として契約が解除されたときは当然手付は没収されるばかりか、本件ではXが期日までに代金を支払わないときは手付流れとなる旨の契約があるから、Aが右八万円を没収したもので、従って返還義務はない、と主張し、原審においても右主張をくり返したにすぎず、契約解除の場合にも手付流れ即没収となるという趣旨を含むことを主張した訳ではないこと、そもそも契約の不履行は当然契約の解除を伴うものではなく、従って契約不履行の結果と不履行による契約解除の結果とは同一に帰着しなければならない訳ではなく、契約不履行の場合は契約はそのまま存続するが、解除の場合は初めから全く不存在とみなされるから契約で定めた約款によって存在した権利義務も全て消滅する、従って売買契約上代金不払い即ち不履行があれば手付金没収という特約があっても、不履行の為に契約を解除した場合は、この解除の場合にも手付金を没収する旨の特約がない限り、単に不履行の場合に没収する旨の特約があるからといって、契約解除によりその特約が消滅した場合にもこれを適用して没収の効果を生ずべきものとはいえないこと。

〈判旨〉上告棄却。「……所論ノ売買契約ニ於テ約定期限ニ代金ノ支払ナキトキハ手附流トナル旨ノ特約アリトノＹノ主張ハ残代金債務ノ履行遅滞ニ因リ契約ノ解除セラレタル場合ニハ売主ハ手附ノ返還ヲ要セサル特約アリトノ趣旨ヲ包含スルモノト解シ得ヘシ」。

〈分析〉(1)手付をめぐる本件の争点は、買主の履行遅滞の時は買主は売主に交付ずみの手付金を放棄する旨の特約は、買主の履行遅滞を理由として売主が本件契約を解除した場合には遡及的に消滅し、従って売主は右手付金を買主に返還しなければならないか――売主には原状回復義務があるか、という点である。上告人たるＸは問題を肯定し、判旨は否定する。確かに、買主の履行遅滞即ち履行期徒過から売主の契約解除を時系列的に追っていくと、買主の不履行により手付特約が発動され交付済みの手付金の没収の効果が生じ、次いで同様に買主の不履行を理由に売主が本件契約を解除した、ということになるから、右の手付金没収が契約解除より以前にいずれも買主の不履行を契機に生じたわけである。従って、解除の効果が契約の遡及的消滅にあるとすれば、本件契約に含まれる右手付特約が本件契約に連動して消滅し、その限りでは売主には手付金返還の原状回復義務が生ずることになる、と考えるのは形式論理的には当然であろう。Ｘはそう主張する。しかし、この結論は解除に伴う原状回復の趣旨に反するように思われる。

なぜなら、不履行解除の場合には損害賠償請求が認められている（民五四五Ⅲ）から、本件手付特約におけるように買主一方の違約手付即ち損害賠償額の予定としてのそれの場合には、一旦放棄された手付金は相手方の債務不履行によりこうむった損害の填補であって、不当利得の範疇に含まれるべきものではなく、従って契約が解除されたからといって、原状回復の対象とされるべきではない、と思われるからである。このように考えれば判旨は正しいというべきであろう。その上判旨のこうした考え方は、本判決以前の下級審判決にすでに見られる所である。(2)

(2) こうして、本判決の先例価値は、違約手付の特約は不履行解除の場合には遡及的に消滅するものではなく、買主の残代金債務の不履行によって売主に没収された手付金を買主は原状回復請求権の行使として返還請求することはできない、とする点にある。

(3) 本件の場合は不履行解除をめぐる手付の処理を争点とするものである。それでは合意解除の事案ではどうであろうか。事案の詳細は不明であるが、本判決から二カ月後の大審院判決（昭八・四・二四法学二・一二・九九）によると、合意解除の場合には買主は売主に交付した手付金を放棄することはない（判旨からは読みとれないが、おそらく買主は手付金の返還を請求しうるであろう）。

（1）　本件は、Xと訴外Aとの山林売買をXの残代金債務不履行によりAが解除した後、同じ山林をAがYに売ったので、XがこのAY間の山林売買を詐害行為であるとして、Aに対する債権者の資格でYに対し右売買の取消を求めたものである。

（2）　まず東控判明三七・六・一〇新聞二八八・八に「民法第四百二十条ニ当事者ハ債務ノ不履行ニ付損害賠償ノ額ヲ予定スルコトヲ得トアリ同五百四十五条ニ解除権ノ行使ハ損害賠償ノ請求ヲ妨ケストアルヲ以テ……賃貸借契約ハ控訴人ノ債務不履行ニ拠リ既ニ解除セラレタリト雖之レカ為メ右第十四条ノ契約ニ基ク被控訴人ノ損害賠償ノ予定額請求権カ消滅シタルモノト云フヲ得ス〔傍点筆者〕」とあり、同趣旨の裁判例に次のようなものがある。東地判大三・一一・二五新聞九九三・二五、東地判大八・三・二八評論八民三二一、長崎控判大九・二・一六新聞一六六四・一六、長野地飯田支判大一〇・一・一九評論一〇民二八七。さらに右判決後、大判大一〇・九・二四民録二七・一五四八も肯定している。ここでは「契約ノ解除ハ原状回復ノ効力ヲ生スルニ止マリ当然斯ル〔違約金を請求する〕権利ヲ消滅セシムルノ効力ナケレハナリ〔傍点筆者〕」と簡潔に説示している。

4の⑩

大判昭和一一年八月一〇日民集一五・一六七三

〈事実〉Aは昭和一〇年三月二日Y（被控訴人・被上告人）からその所有する広島市所在の家屋を代金五、〇〇〇円で買受け、手付損倍戻特約のもとに手付金五〇〇円を交付し同月二八日に残代金四、五〇〇円を支払うと同時に所有権移転登記をすべきことを契約した。その後右期日に至ってAはYとの間で右契約を合意解除し、右手付金がAに返還されることとなったので、同日右の手付金返還債権をX（控訴人・上告人）に譲渡してその旨をYに通知したが、Yは、本件手付金はAの義務不履行のため手付流れとなったとして返還の義務なしと主張したため、Xは手付金返還を求めて本訴に及んだ。一審（広島区裁）X敗訴し控訴。原審（広島地裁）は、Aが残代金の支払不能のためYとの間で合意解除した事実を認めたが、手付金返還契約が成立した証拠はないとして、控訴棄却、Xは次の理由を以て上告。即ち、本件家屋売買契約はYの代理人B他の不動産業者らが通謀しAが本件売買代金を完済する資産をもたないこと及び本件家屋が四、〇〇〇円に充たないことを承知していながら、六、五〇〇円で本件家屋を買受ける人がすでにきまっているから家屋を五、〇〇〇円でAが買受け手付として五〇〇円を交付した後、直ちに家屋を転売すれば儲かるとAをだまして本件契約を締結させ、手付流しの名目で右五〇〇円を没収しようとしたものであること、このことが後にAの知る所となって紛争の結果、AとBら仲介人が集まり協議して結局右売買契約を合意解除したのであって、その協議及び契約の合意解除は五〇〇円の手付流し防止のためであること、そして右契約の合意解除によって特別の契約がない限り各当事者は互いに原状回復義務があり、その義務の履行としてYは右Aに対し前に受領した手付金を返還しなければならないこと、Xが原審で契約解除後手付金を返還すべき旨の契約がA及びY間に成立したとの主張は、あくまでも右契約解除から生じた原状回復債務以外に之にもとづかない別個の債務負担の契約が成立したとの主張ではないこと。

〈判旨〉原判決破棄差戻。「手附ハ或ハ単ニ契約ノ締結セラレタル確証（シルシ）トシテノミ交付セラルルコトアリ此ノ場合契約カ無効ナルカ又ハ取リ消サレタルトキハ手附ハ固ヨリ之ヲ返還セサルヘカラス其ノ他法定ノ解除権カ行使セラレ若クハ解除ノ合意カ成立シタル場合亦同シ蓋契約ノ解除ト謂フハ恰モ当初ヨリ契約ナカリシト同一ノ状態ニ還元セムトスルモノナルカ故ニ契約ニシテ一旦解除セラレタル以上各当事者ハ其ノ受ケタル給付ヲ相手方ニ返還シ以テ原状回復ヲ為スヘキハ当然ノ理ナレハナリ（但特約ニ依リ之ニ反スル定ヲ為シ若クハ契約失効ノ原因カ手附交付者ノ責ニ帰スヘキ場合等ハ此限ニアラス）……手附損倍戻ノ定メナルモノハ手附若ハコレト同額ノ犠牲ヲ払フコトニ因リ一方ノ意思ヲ以テ自由ニ契約ヲ解除スル権利ヲ留保シタル趣旨ナルカ故ニ此ノ解除権ノ行使ニ基クコト無ク合意ヲ以テ契約ヲ解除シタル以上手附ノ返還セラルヘキハ冒頭所述ノ場合ト何等選フトコロ無シ特約其ノ他ノ事由アリテ手附ハ之ヲ返還スルヲ要セスト主張スル者アラハ其ノ立証責任ノ此ノ主張者ニ在ルヤ論ヲ俟タス〔傍点筆者〕」。

〈分析〉(1)判旨は、手付損倍戻しの手付特約にもとづいて一方当事者が任意に契約を解除するのではなく、契約両当事者の合意にもとづいて契約が解除される場合には、原状回復義務の履行として手付受領者は手付金を交付者に返還すべきである、と説示している。当然の理であろう。本判決の先例価値は、契約の合意解除の場合には手付金が交付者に返還されるべきことにある[1]。

(2)なお、傍論として、証約手付が交付された契約が無効または取消された場合、及び法定解除がなされた場合にも当事者には原状回復義務として手付返還義務が生ずると説示する。もっとも解除の場合にも手付返還義務が生じないとする特約があったり、「契約失效ノ原因カ手附交付者ノ責ニ帰スヘキ場合〔傍点筆者〕」には、手付返還義務は生じない、としている。従って右の括弧の無い場合に手付交付者即ち買主側の不履行を理由に売主が契約を解除したケースでは、手付返還義務は生じない。(2)

（1） 大判昭八・四・二四法学二・一二一・九九も同旨（4の⑨〈分析〉(3)を参照）。
（2） 同旨・大判昭八・二・一四法律新聞三五二〇・一五（4の⑨）。

4の⑪

大判昭和一五年七月二九日判決全集七・二九・一七

〈事実〉X（被上告人・被控訴人）は、自己所有の立木をY（上告人・控訴人）に売却すべく売買契約を締結し、その際手付金として二〇〇円をYから受領した。その後Xは本件売買契約を解除すべく、Yに手付金倍額四〇〇円を償還するために同額の郵便為替証書を送付し同時に手付金倍額を償還して本件売買契約を解除する意思表示を行った。これに対して、Yは右為替証書入り封書（価格表記郵便）の受領を拒絶し開封せず封緘のまま翌日郵便局から別の封筒にいれてXに返送した。その後Yは残代金全額を弁済のため供託した。そこでXは自己の立木の所有権確認を求めて本訴に及んだ。一審Y敗訴し控訴。原審は、「郵便為替証書モ現金ト同視スヘキモノナルヲ以テコレヲ価格表記郵便ニ附シテYノ住所ニ送付シタル以上現実ニ弁済ノ提供アリタルモノト認ムヘキモノナレハコレト同時ニ為シタルXノ契約解除ノ意思表示ハ有効ニシテ右契約ハ昭和十三年九月九日ニ解除セラレタルモノト云ハサルヘカラス」と説示して、Yの控訴を棄却、Yは次のような理由をあげて上告、即ち、第一点、郵便為替証書は郵便局と同一町村に居住する者には現金と同視できるだろうが、郵便局から二里も離れているYには、居宅払いの郵便為替でない限り現金と同視することはできない、金銭債務の弁済地は債権者の住所だから債権者たるYは二里離れている「郵便局迄旅行ノ上」為替を現金に換える義務はないからであること、第二点、YはXからの郵便為替の受領を拒みXに返還した以上は、Xは弁済供託をしない限り契約解除の効力は生じないこと。

〈判旨〉上告棄却。「……郵便為替証書ハ現金ト同視スヘキヲ相当トスルヲ以テY〔判文には「被上告人」とあるが「上告人」の誤り――筆者〕ニ対シ手附ノ倍額ヲ償還シテ契約ノ解除ヲ為スニ当リY住所ニ手附ノ倍額ニ相当スルノ金額ノ郵便為替証書ヲ送達シタルコトハ適法ナリト謂ハサルヘカラス……手附倍額ノ償還ハ之カ提供ヲ為スヲ以テ足リ相手方ニ於テ其ノ受領ヲ拒絶シタル場合ニモ敢テ供託ヲ為スノ必要ナキコト当院ノ判例トスルトコロナルヲ以テ〔大正二年（オ）第六三三号同三年十二月八日言渡当院判決〔1の①参照〕〕……〔傍点筆者〕」。

〈分析〉⑴本件の争点は、手付倍額の償還にあたって現金ではなくて郵便為替でもよいかどうか、という点にある。Yの主張は上告理由に明らかな通り、一般論として両者を同視できない、とするのではない。そもそも本件の場合には、Xの住む栃木県足利市とYの住む北海道西部の一寒村〔寿都郡樽岸村――現樽岸町〕との間の正に隔地間取引であって、金銭の授受の際に郵便為替が用いられるのは当然であったから、その点についてYが異議を唱えたわけではない、Yの住所が偶々最寄りの郵便局から二里近く離れていた所から、居宅払郵便為替であれば格別、通常の郵便為替では換金にかなりの労力と時間を費やすことになり、金銭債権者としてそこまでする義務はないとYは主張したのである。これに対して判旨は、郵便為替は現金と同視しうるとして、Yの主張を却けたのであるから、判旨はYの主張にまともに答えていないといえよう（もっとも、法律審として大審院はYの個人的事情にまで踏みこめないのかもしれないが）。

(2)本判決の先例価値は、郵便為替証書は現金と同視すべきで、手付倍額の償還による契約解除の際にも現金に代えて郵便為替を用いてよい、という点にある。

4の⑫

最判昭和三八年九月五日民集一七・八・九三二

〈事実〉X¹・X²（控訴人・被上告人——以下Xとする）は、Y（被控訴人・上告人）から昭和三一年六月Yの所有する宅地・保安林二筆一二〇坪を代金四八万円で購入する売買契約を締結し、契約成立の証として手金一八万円をYに支払った。右契約には、(1)本件土地の一部を不法占拠している訴外Aに対しYは家屋の収去及び土地明渡しの訴訟を提起してAを本件売買目的の土地の外へ追い出しXに迷惑をかけないこと、(2)XはAの家屋収去・土地明渡し完了と同時にYに対し残金三〇万円を支払うこと、(3)XらがYに対しAの家屋収去・土地明渡し後、直ちに残金三〇万円を支払わなかったときは何も督促せずに契約を解除し、手金一八万円はYが没収すること、(4)YがAの本件土地の不法占拠を排除できないか、あるいは本件土地をXのために所有権移転登記の手続をすることができなくなったときは、YはX両人に手金倍返しすることとの趣旨の約定がなされていた。その後Yは右約定にもとづき不法占拠中のA及びその内妻を相手どり建物収去土地明渡請求訴訟を提起し勝訴したが、右Aらは控訴し現に係属中であり、更に本件土地を含むYの所有地が登記簿上Y名義のままであったためYに対する国税滞納処分により公売に付され、所有権は落札者に移った。そこでXはYに対して、Yが本件土地をXに移転登記することが絶対に不可能になったとして、右契約にもとづき手金倍額の三六万円の支払いを求め本訴に及んだ。一審（横浜地裁小田原支部）は請求を棄却し、Ｘ敗訴し控訴。原審（東京高裁）はＸの控訴を容れて一審判決を取消したので、Ｙは以下の理由をあげて上告。第一点、契約が履行不能となった場合、売主の解除権行使によらず、自動的に、または買主が解除権を行使し契約が解除されたとき、売主が手付倍額の支払いをするのは民法五五七条の趣旨に反すること、第二点、原判決は、本件手付特約にもとづきＹに手付倍額の支払いを命じているが、その前提としての本件売買契約の解除の有無を認定していないこと、第三点、本件契約書によれば、ＹがＡらに対し本件土地の明渡しを請求しない場合に限り、Ｙに手付倍戻しの義務が生ずるはずであるのに、ＹはＡに対し明渡訴訟を提起しているから、義務不履行の事実はないこと。

〈判旨〉上告棄却。上告理由第一点につき「……原判決は、本件土地がＹの国税滞納により公売せられて第三者の所有に帰し、Ｘにこれを引渡すことが不能となったのであるから、Ｙの責に帰すべき事由により履行不能となったものであり、且つこのような場合、買主は売主に対し既に交付した手附金の倍額の支払を請求し得る旨の特約をなした旨を認定したものであること、判文上明らかである。しかして、売買契約の当事者が特約をもって違約手附の約定をすることは、民法五五七条の解約手附の規定の禁ずるところではないから、Ｘにおいて右特約により手附倍戻の請求をなし得ることを認容した原判決には、所論のような違法は認められない。……」、と。

同第二点につき「……原判決が、本件違約手附の特約には、契約関係清算のための損害賠償額の予定を含むものと認定したことは、判文上明らかであるから、Ｘが契約解除をなすことなく、直ちに右予定額の請求をなしうるものとした原判決には、所論のような違法は認められ」ない、と。

同第三点につき「……甲四号証（本件売買契約書——筆者）の文言上は、所論のように、第九項において、『Ｙが第二項の義務を履行せざるときは、Ｘは本日支払いたる手合金（違約金）の倍額を請求することを得』と定め、同第二項には『本件土地を不法に占拠しているAの一族に対する家屋収去、土地明渡の請求はYにおいてすること』と記載されているけれども、同第五項には『本件土地の所有権移転につき故障ある場合はYの責任において解決すること』と定めており、右甲第四号証全体の趣旨及び原審における証人B〔判文には黒沢丈一とある。丈市の誤りならばX_1その人であり、証人ではなく控訴人である――筆者〕の供述により、本件特約の趣旨は、単に訴外Aの不法占拠を排除することのみでなく、その他Yが本件土地をXに引渡すことのできない場合の違約金を定めたものである旨認定した原判決は肯認できなくはない……」、と。

〈分析〉(1)本件は当事者間に授受された手付金の性質をめぐる事件である。Yは、その主張の根拠として民法五五七条を援用する所からも明らかなように、本件手付を解約手付と主張し、Xはとり立てて明示してはいないが、違約手付それも損害賠償額の予定としてのそれ（以下予定手付という）と主張するのである。そして原審は、これもX同様判文上「違約手付」とはどこにも示していないが、判旨は「違約手付」と明示し、しかも「契約関係清算のための損害賠償額の予定を含むもの」と原判決が認定した、と判示し、これを肯定している。

(2)これまでの判例法理からすれば、解約手付以外の手付を認定する場合には、解約手付排除の特別の意思表示が必要とされる。本件ではどうであろうか。判旨がYの上告理由第三点に対する判示中に引用している本件契約書（「甲第四号証」）第二項、第五項、第九項に明らかなように（そして挙示された条項以外の箇所からも恐らく）、本件手付特約には解除権留保の規定は見当たらないと思われ、原審も判旨もその点に解約手付が排除されている趣旨を看てとったのであろう。その点はともかくとして、事案の実体を勘案したとき、原審そして判旨の結論に当然おちつくことは明らかであるように思われる。なぜなら、本件土地上の不法占拠者の排除に失敗したことは相手のあることだから一概にYの責任とはいえないにしても、Yの債務不履行が決定的となったのは、本件土地を含むYの所有地一帯がYの国税滞納のため公売処分に付され、結局他人の所有に帰したからであり、それは原審も（そして判旨も）摘示するように正に「Yの責に帰すべき事由により履行不能となった」からに他ならない。このようにY自体に一方的に非がある以上は、契約通り手付倍額をYが支払うべきが当然であろう。

(3) 本件をいささかユニークな事案たらしめているのは、Yが、本件手付を解約手付とした上で、契約を履行しないまま留保されている解除権を行使しない場合には、XはYに対して手付倍額の支払を請求することはできない、と抗弁している点（上告理由第一点、第二点）である。この点は、見方をかえると、手付授受のもとで、不履行者が自ら契約を解除しないと、つまり一方当事者が契約を履行せず、さりとて契約を解除もしないと、他方当事者は手付流し倍返しの請求によって契約に終止符を打てないのか、という問題の提起でもある。このような事態への不履行者の相手方の対処の仕方として、大審院は既に一つの方法を判示している。大正七年八月九日の大判（3の①）がそれである。即ち、一方当事者の不履行に対して他方当事者は、解約手付にもとづく解除権を行使する（民五五七）のではなく、相手方の不履行を理由とする法定解除権を行使（民五四一以下）すればよく、この場合には、併せて実損害の賠償をも請求し得る、と。要するに、解約手付と債務不履行にもとづく帰責との選択的併存を認めたのである（見方をかえれば、解約手付が授受されても不履行者の相手方が手付額を遥かに超える損害を被ったときは、——不履行者が留保された解除権を行使する前に——法定解除権を行使すればよいことになる）。これに対して本件では、最高裁（二審も）は本件手付を解約手付ではなく、損害賠償額の予定としての違約手付（予定手付）と認定することによってYの抗弁を躱したのである（本件の場合はX側が手付額の賠償で満足し・実損害額のそれを望まなかったこと、契約上にX側の解除権留保の規定がなかったこ(1)となどから、予定手付の認定が可能であったのであろう）。

(4) 本判決の先例価値は、損害賠償額の予定としての違約手付が授受された場合、一方当事者の不履行の際、他方当事者は契約を解除することなく直ちに手付流し倍返しを請求しうる、という点にある（手付が授受された場合一方当事者が不履行のまま手付による解除もしないときは、他方当事者が手付額を限度とする賠償をもって満足する限り、解除権を行使することなく手付流し倍返しを相手方に請求しうる）。なお本判決については、判例批評として、相原「違約手附金倍戻の請求と契約解除」不動産取引判例百選（一九六六・一二）四〇頁。

（1） 判旨「理由」中のYの上告理由第三点に対する説示中に引用された本件契約第九項。なお、一審判決「事実」中の第一項一の⑷には、X側の不履行の際は、「何等督促を要せずして契約を解除し、手金一八万円は売主において没収すること（傍点筆者）」との契約条項の記載がある。

4の⑬
最判昭和四一年三月二二日民集二〇・三・四六八

〈事実〉Xは、昭和三三年三月六日、Y所有の宅地及びその地上の建物を以下の条件で購入する契約をYとの間に締結した、即ち、代金三〇〇万円、手付金として三〇万円を即日支払い、残代金は同年四月末日に右土地・建物全部の所有権移転登記と引換えに支払う、右期日前でもYが右宅地の所有権移転登記に必要な書類を完備しXに手交したときは、XはYに代金の内金一〇〇万円を支払う、本契約成立と同時に右土地・建物を引渡す、さらに、Yが本契約に違反したときは手付金倍額をXに返還し、Xが違反したときはYは手付金をXに返還しない旨の仙台市に存する慣習に従う、とし、同日XはYに手付金三〇万円を支払い右宅地及び建物の引渡しを受けた。ところが同年四月三日、YはXに債務不履行があったとして、Xに対しこれを理由に本件売買契約解除の意思表示を行い併せて手付金を没収した。Xは、Xに債務不履行があったとのYの主張を否認したが、本件宅地が仙台市の都市区画整理区に編入され二割減歩されることが判明したので、同月一五日Yの右解除を承認すると共に、この解除がYの任意に行われたものとして、手付倍額の償還をYに求め本訴に及んだ。一審（仙台地裁）はXの請求を棄却、X控訴。二審（仙台高裁）は、Xの債務不履行――Yが本件宅地の登記移転に必要な書類を交付すると同時にXが内金一〇〇万円を支払うとの約定に反し、Xは右内金を支払わなかった――とのYの主張を否認し、従ってそれを理由とするYの契約解除も無効とした上で、本件売買契約が依然継続しているにもかかわらず、Yが同年四月二日訴外Aとの間に本件家屋の賃貸借契約を結び以来家賃を受領していることから、Yの債務不履行の意思は明確となったとして、本件契約に従いYに対し本件手付金倍額六〇万円をXに支払うことを命じた。Yは、原判決の判示通りYの契約解除の意思表示が無効で本件売買契約が依然存続するとすれば、Xは代金を提供し、Yの履行期日を確定して初めてYを履行遅滞に付することができる、として上告。

〈判旨〉上告棄却。「双務契約において、当事者の一方が自己の債務の履行をしない意思が明確な場合には、相手方において自己の債務の弁済の提供をしなくても、右当事者の一方は自己の債務の不履行について履行遅滞の責を免れることをえないものと解するのが相当……」。

〈分析〉(1)本件においては、本件手付金は解約手付として機能せず、違約手付、それも損害賠償額の予定としてのそれとして、つまり一方当事者の債務不履行の際の迅速簡便な事後処理を目的としたものとして機能していることが明らかである。もっともこの種の手付の場合には、一方当事者が違約をすれば相手方は解除の余地なく直ちに手付流し倍返しによって契約関係を清算するのが普通であるが、本件の場合は、当事者のどちらが違約をしたかが事実上の争点になったので、訴訟沙汰になった珍しい例といえるであろう。因みに、Xは倍額償還の請求以外に、Yに債務の履行を求めるか、あるいはYの債務不履行を理由に契約を解除し実損害の賠償を請求することも可能であったと思われるが、Xにすれば区画整理のため本件土地が二割の減歩を余儀なくされることが履行請求を控えさせたのであろうし、実損害額が手付額を超えなかったのであろう。

(2) 判旨は、一方当事者の債務不履行の意思が明確な場合には、他方当事者は自己の債務の弁済を提供しなくても、前者を遅滞に陥しいれることができる、と判示した。一般に、本件におけるように、手付が交付される場合には、当事者の一方が債務を履行しなければ、他方は自己の債務の弁済を提供することなく、直ちに手付流し倍返しによって清算するのが通常である。従って叙上のように、訴訟になることは滅多にないが、偶〻訴訟が提起された本件のように、手付が交付された場合における・違約者の相手方の慣習上の（従って訴訟外の）対応を、自己の債務の弁済提供を必要としないという法的形容をとって認知したものと、判旨を限定的に理解することが可能である。そのような理解の下では、それが本判決の先例的価値といえるだろう。

4の⑭

最判昭和五四年九月六日判時九四四・四九

〈事実〉本件は上告審判決しか参照し得ないので、詳細は不明。X（控訴人・被上告人）は、昭和四六年四月二一日、Y不動産会社（被控訴人・上告人）からその所有する本件土地を代金二、五八八万円、所有権移転登記及び代金支払の期日を同年五月末日とする約定で買い受け、即日手付金二〇〇万円を交付した。その後、本件契約の履行期たる同年五月三一日にYは訴外司法書士事務所に所有権移転登記手続に必要な書類を持参したが、Xは来会せず残代金を持参しなかった。そこでYは、本件契約第一〇条——「売主において契約不履行の場合は手付金の倍戻しを、買主において契約不履行の場合には手付金流しとして双方異議なく本契約はその時限り解除するものとする」——により同年五月三一日限り有効に解除されたとして同日Xに本件契約の解除を通告し、さらに同年六月一二日付通告書を以てXの契約不履行の事実を指摘した上、本件手付金没収の通告を行い、重ねて契約解除の意思表示をした。この通告に対し、Xは本件土地上の建物の収去後に代金を支払うとの合意が成立したとして代金履行拒否の理由を述べると共に、六月三〇日に代金を支払う旨を回答した。その後Yは本件土地を第三者に売却したので、Xは、二重売買による本件契約の履行不能を理由に手付金倍戻しをYに請求して、本訴に及んだ。一審（和歌山地裁）は、叙上本件契約書第一〇条について、本件手付金は当事者の債務不履行の場合には契約関係一切を清算する損害賠償の予定たる性質を有すると認定したため、X敗訴し、控訴。原審は、まず、叙上契約書第一〇条は一方当事者の債務不履行の場合には何らの意思表示を要せず当然に契約解除の効果が生ずる旨のいわゆる失権約款である旨のYの主張を却け、当事者の債務不履行による契約解除の場合の手付金の帰属関係と手付金による解約手付の効力を含ませる趣旨のものと認め、債務不履行の場合における法定の契約解除権行使の要件を緩和するものとは認められない、とした上で、Yの契約解除の意思表示による解除の主張について解除権行使の前提たる債務の履行催告がなされなかったから契約解除の効果を生じないと判示して、Xの控訴を認容。Yは、本件契約書第一〇条の規定により、Xの債務不履行の結果、契約は解除されたこと、従って本件手付金の返還を要しないのみならず、倍戻しの必要はないこと、Xは代金支払を二回猶予されたと主張しながら、結局これを履行しなかったのであるから、すでに代金支払義務の履行遅滞の状態にあり、しかも代金支払を拒否する旨明確に表示しているXに対し、Yには催告ないし契約解除の意思表示をする必要はないこと等を理由に、上告。

〈判旨〉原判決破棄差戻。「原審は、他方において、前記⑵の約定〔本件契約書第一〇条——筆者〕につき、右手附金は当事者の債務不履行の場合において契約関係一切を清算する損害賠償の予定の性質を有すると解される旨の第一審裁判所の認定判断を引用しているところ、右のように、違約手附金の約定が契約関係を清算する趣旨でされた場合においては、手附金受領者は、相手方に違約があったときは、あらかじめ契約解除の手続を経ることなくいわゆる手附金流しとしてこれを確定的に自己に帰属せしめることができるとともに（最高裁昭和三七年オ第八八〇号同三八年九月五日第一小法廷・民集一七巻八号九三二頁参照）、特段の事情のない限り、相手方に対し右の旨を告知したときは、これによって右契約関係も当然に終了するものと解するのが相当である……〔傍点筆者〕」。

〈分析〉(1)本件は上告審判決しか参照しえないので、事案及び一、二審判決の詳細は不明であるが、まずYが、本件契約書第一〇条を「当事者の一方に債務不履行があった場合にはなんらの意思表示を要しないで当然に契約解除の効果を生ずる旨を約したいわゆる失権約款」と解して、手付金没収による事後処理を通知したのみで、不履行者に対する履行の催告を要件とする法定解除手続をとらなかったのに対して、Xは本件手付を解約手付ととらえた上で、Yが契約解除の意思表示をしなかったことを奇貨として、Yの別途処分を以てYの履行不能とみなして手付倍戻しを主張したもののようである。

(2)判旨は、最判昭三八・九・五（4の⑫）を引用して、本件手付を違約手付と明示し、しかも「当事者の債務不履行の場合において契約関係一切を清算する損害賠償の予定の性質を有する」ものと解する第一審の認定を原審同様肯定している。即ち、損害賠償額の予定としての違約手付（予定手付）と認定して、「解除権行使の前提である債務履行の催告がされなかったから契約解除の効力を生じない」との原審の判断を否定したのである。

(3)ところで、従来の判例法理によれば、解約手付以外の手付を認定する場合には、解約手付を排除する特別の意思表示が必要とされるのであるが、本件の場合には、殊更そのような言及を判旨はしておらず、本件契約書第一〇条に解除権留保の特約が見当らない点に、判旨（そして一審も）は解約手付排除の趣旨を看てとったのかもしれない。

(4)いささか興味があるのは、YがXの債務不履行を理由に手付金流しとして事後処理をした後別途処分したことを、Xは逆にYの債務不履行ととらえて手付倍戻しを請求したことである。ここでのXの手付倍戻し請求の論理として考えられるのは(1)（ただしX側の主張する履行の延期を考慮にいれなければ）、「たとえ相手方（ここではX）の不履行を理由に解除した場合でも契約解除者（ここではY）の側で手付流し倍戻しをしなければならない」とする論理である。本来過責に媒介されないのが解約手付の特質だとすれば、解除原因（不履行）が当事者のいずれの側にあるかを問わないとする右の論理は、結局この過責無媒介の論理のコロラリーにすぎないのかもしれない。あるいは、本件のように、一方当事者が契約を履行せず、さりとて手付による解除権も行使しない場合、他方当事者は手付の没収ないし倍戻しを求めて契約を解除できないのか、という問題として見ることもできるだろう。こうした側面から本件を考える場合、判例はすでに答えを出している。その一つは、大判大正七・八・九（3の①）におけるように、一方当事者の不履行に対して、他方当事者が相手方の不履行を理由とする法定解除権を行使し、併せて実損害の賠償を請求するという方法がそれである。もう一つは、判旨も引用した最判昭三八・九・五（4の⑫）の方法がそれであり、当該手付を損害賠償額の予定としての違約手付（予定手付）と認定する方法である。判旨が選択した方法が後者であることは叙上の通りである。本件の場合も、昭和三八年最高裁判決同様、Y側が手付額の賠償で満足し、実損害の賠償を望まなかったこと、契約上に解除権留保の規定がなかったことなどから、判旨は予定手付の認定が容易であったのであろう。

(5)本判決の先例価値は、叙上昭和三八年判決同様、一方当事者の不履行の際、授受された手付を損害賠償額の予定としての違約手付とみて、他方当事者は契約を解除することなく直ちに手付流し倍返しを請求しうる、という点にある。

（1）X側の・履行期日が延期されたとの主張と、これに対するY側の抗弁は次の通り。
(a) Xは、本件建物収去と代金支払期日を同時にするとの合意が成立し、従って五月三一日の履行期日が延期された、と主張——Y側は、合意したとされるY会社役員〔と思われる〕A自身が全く合意の事実を知らずに当日取引場所に赴いており、当日仲介人BがY会社に赴き延期を要請したが、これを拒否した、と主張——原判決もXの主張を認めていない。
(b) Yの主張によると、右Bに対し、Y会社担当役員Cが「今日は月末だから先方（もとの所有者D）が三、四日待ってくれるようなら履行を延期してもよい。その代り金を借りたり名儀を変更したりするいろんな費用がいるからそれを今日持ってくるように」といい、諸費用一〇〇万ないし二〇〇万円をXが同日中に持参することを条件にXの代金支払を数日延期してもよい旨申入れたが、Xは承認せず、また右金銭を提供することなく交渉は決裂した。
(c) Yの主張によると、仮に代金支払を三、四日猶予されたとの証人Bの証言が事実だとしても、右猶予期間を経過しても代金の支払はなされず、Bの証言自体明確ではないこと、Y会社は同年六月一二日付でXの契約不履行の事実を指摘して、本件手付金没収の通告をなしていること。右通告に対し、Xは一方的に六月一五日付で「本月末日（六月三〇日）に履行する」旨の回答をしただけで直ちに代金支払に応ぜず、弁済提供などの処置をとらなかったこと。

4の⑮
最判平成六年三月二二日民集四八・三・八五九

〈事実〉昭和六一年二月末、XはYとその所有の山林九五四平方メートル余を宅地造成の目的で買い取る合意に達していたが、右事業達成のためには訴外A建設会社の私道を通行し同所に埋設してあった給排水施設を利用する必要があったので、同年三月にY代理人Bの指示によりY名義で承諾料三〇〇万円を支払い、さらに右施設に接続するため本件土地に隣接する訴外Cの土地・建物を右Bの仲介で同月Cから二、六五〇万円で購入する契約を結び手付金を交付した。Xは同年一一月にCに右売買の残代金を支払うと同時に、Yから本件山林を代金六、五八一万円余（翌年一月土地実測の結果、代金額は六、六一二万円余に修正）で購入する契約を締結し、手付金六〇〇万円をYに交付した。その際、本件土地の西北端の進入路に対して間口四メートルで接道させるため、Yは訴外D所有の土地を買い取り、Xに引き渡すこと、またYは本件土地に設定されていた抵当権の抹消登記手続をとること、などの特約（前者を以下、進入路特約と称する）が締結され、本件契約の履行期は右進入路特約の履行完了後一週間以内とする旨が合意された。その後、翌年六月に数回、Y代理人BからXに対し、またY及びBがX代理人Eに対し、手付倍額を口頭により提供した上、本件売買契約を解除する旨の意思表示を行い、さらに、翌六三年二月から三月にかけてYからXに同様の意思表示がなされたが、Xは最初からYの解除申入れを拒絶した。そしてXは、Yが昭和四九年以来上記進入路についてては土地所有者Dから通行権を得ており、Dの所有地を買い受ける必要がないから、進入路特約は本件契約の当初から必要がなく、従って本件土地上の抵当権抹消登記手続が完了した昭和六二年二月一九日から一週間後または売買代金がXY間で修正された同年三月一二日に本件契約の履行期が到来したとして、Yに対し本件契約の履行を求めて本訴を提起した。一審では、Yは、叙上のように昭和六二年六月から翌年三月にかけて七回にわたり手付倍額を口頭により提供の上本件売買契約を解除する旨の意思表示をしたこと、Xが本件土地の購入目的は宅地造成・販売にあるのではないと確約しながらYを欺罔して本件契約を締結させたので、YはXの詐欺を理由に本件契約を平成三年九月取消したこと、本件契約に先行するC所有の不動産の買取り及びAの設置した排水施設の使用料の支払により、契約の履行に着手したというXの主張は本件契約における手付特約を無意味なものにするから、右主張が認められるとすれば、Yにとって要素の錯誤として本件契約自体が無効である、と抗弁した。一審（奈良地裁）は、Y側の履行期の未到来、手付解除、詐欺、錯誤の抗弁を全て却けて、Xの請求を認容した。とりわけ手付倍額償還に関して次のように説示する、即ち、「手付の受者である売主（被告）にとっては、手付の倍額償還は解除権行使のための要件であって、その全額について現実の提供を要すると解すべきである（売主が手付解除をするには手付倍額の償還をしなければならないのであって、単に売主が解除の意思表示をして倍額償還の債務を負うというものではない）。そして手付の償還を受ける者（買主、原告）は、倍額について現実の提供がされて解除の意思表示がされるまでは、売主（被告）に対し、倍額償還金について何らの権利も有しないので（つまり倍額償還金については、原被告間には何らの債権債務関係は存在しない。）、当事者間における債権債務の存在を前提とし、口頭の提供等について規定する民法四九三条を適用する余地はないものと解される〔傍点筆者〕」と。さらに、判旨は、Xの先行投資にかかる履行の着手は却けたものの、その残代金の準備と履行の催告とを以てXが履行に着手したものと認めている。

Yは一審における諸抗弁をそのまま主張して控訴。二審控訴棄却。二審（大阪高裁）は、まず履行期の到来の認否につき、本件売買契約の履行期日が上記進入路特約にもとづくYの義務の履行を前提として設定され、Xの進入路特約の放棄によるYの義務の消滅により履行期の合意も失効し、履行期が到来した、と判示した。次いで、手付による本件契約の解除については、一審判決同様、手付の倍額償還には現実の提供を要する、として、Yの契約解除の意思表示を無効とした。そこでYは、次の理由をあげて上告。(1)Yは解除の意思表示の際倍返金が銀行預金からいつでも引き出せる状態で準備している旨をXに告げていたが、Xは本件土地の隣接地を時価よりも高く買い、排水の権利も買い、金利もかかっていることを理由に契約解除には二、〇〇〇万円を要するとして、倍返しだけではX側にYの解約を認める意思のなかったこと、(2)本件売買契約書一二条には「1　売または買主のいずれか一方が本契約を履行しないときは、相手方に催告その他何等の手続を要せず、単に通知するのみで本契約を解除することができる。2　前項の場合において、売主が本契約を履行しないときは、買主に対し既収の手付金を返還すると同時に別に手付金と同額を違約金として支払わなければならない。また、買主が本契約を履行しないときは、手付金は売主が没収し返還し

払の意味をもつものであること。(3)Xが解約に要するとした金額の中、C所有の不動産購入費用は、Xが右不動産を息子の居住用ないし投資として取得する積りで支払ったもので、Xの本件契約による当然の出費とはいえないこと。(4)Xが二、〇〇〇万円の償還に固執してYの解約の意思表示をきき入れず、もしXが手付倍額の持参を求めていればYは直ちにこれに応じていたのであって「手付の倍返しの現実の提供の有無が、訴訟上はともかく、財産取引の実態においては、本件解約における当事者及び仲介業者らの重要な部分となって」おらず、現にYは手付倍額金を「銀行からいつでも引き出しうる状態で準備してお」いたこと、平成元年にはYの当時の代理人弁護士に預託していたこと、平成四年七月には同弁護士がこれを弁済供託したことから、Yの解除の意思表示の際、「倍額の償還能力があり、これを準備し、Xに告知していた」ことは明らかであること。(5)原判決の解釈は、売主の解除には手付倍額の現実の提供と意思表示で足り、買主の受領拒絶に対してこれを供託する必要がない、とするものであるが、取引当事者が一般に十分な法律知識を有するわけではなく、手付倍額の償還を弁済と同視して行為することはありそうなことであろう。そうだとすれば、償還について民法四九三条所定の弁済提供方法を類推解釈することによって却って妥当な解決が得られる場合もあるだろう。本件のように買主が過大な金額の支払を要求するような場合には、売主による倍額の現実の提供がなく、口頭の提供だけでも手付による契約解除を認めるのが相当であること。(6)Xは、Yの手付による解除の意思表示が、Xの先行投資と残代金の準備及び履行の催告による履行の着手後に行われたから、衡平の原則に反する、と主張するが、残代金の準備及び履行の催告は疑わしい。また、Yが本件契約の解除をするに至った原因の一半は、残代金の支払、登記、引渡のすまない段階でXが本件土地の無断使用を始めたことにあるから、Yの解除権の行使は衡平の原則には決して反しないこと。

〈判旨〉上告棄却。理由は次の通り、即ち「民法五五七条一項により売主が手付けの倍額を償還して契約の解除をするためには、手付けの『倍額ヲ償還シテ』とする同条項の文言からしても、また、買主が同条項によって手付けを放棄して契約の解除をする場合との均衡からしても、単に口頭により手付けの倍額を償還する旨を告げその受領を催告するのみでは足りず、買主に現実の提供をすることを要するものというべきである。」さらに、千種秀夫裁判官は手付倍額の「償還」の意義について次のように補足意見を述べる、即ち「売主が手付けの倍額を償還して契約の解除をする場合の手付けの倍額の償還は、金銭を相手方に交付するという行為の外形からすれば、債務不履行の責めを免れるための弁済の提供に類似する面があるけれども、手付けの償還は、売買契約の解除という権利行使の積極要件であるから、債権者の受領を前提とした弁済の提供とはおのずからその性格を異にし、相手方の態度いかんにかかわらず、常に現実の提供を要するものというべきである。もとより現実の提供といっても、相手方の対応等によりその具体的な態様は異ならざるを得ないのであって、買主に対して手付けの倍額に相当する現金を交付する場合もあれば、今日のように銀行取引の発達した社会においては、取引の状況によっては、いわゆる銀行保証小切手を交付するなど現金の授受と同視し得る経済上の利益を得さしめる行為をすれば足りる場合もあるであろう。しかし、いずれにしろこれを相手方の支配領域に置いたと同視できる状態にしなければならないのであって、これが同条項にいう『償還』に関して、債務の履行としての弁済の提供と明確に区別をすることなく論じられているかにみえることに鑑み、一言補足する次第である」と。

〈分析〉(1)判旨は、上告理由の第一に掲げられた「現実の提供」の要否に論点をしぼって上告の可否を判断したことは明らかである。そして判旨は、売主の解除権行使には現実の提供を要するというレシオ・デシデンダイの論拠として、民法五五七条一項の文言及び買主の手付放棄による契約解除の場合との均衡との二つを併列的にあげている。

けれども条文の文理解釈という前者からは、後述のように、「現実の提供」という帰結はストレートには出てこないし、また買主との均衡という後者からは逆に、「現実の提供」という帰結は推論できても、提供方法を規定する民法四九三条の適用の排除を——従って「口頭の提供」の排除も——論理必然的に導き出すことは難かしい。他方、千種裁判官の補足意見は、倍額償還が解除権行使の要件だということを前提として、四九三条の適用排除を導き、そこから現実の提供を帰結する、という形で判旨を補足している。こうした・判旨と補足意見とを組み合わせると、結局、判旨が売主の解除権行使は手付倍額の現実の提供を要する、とする帰結への推論は、いわば二段がまえの論理構成をとっていることになる。即ちまず第一段として次のように構成される、即ち、民法五五七条一項の文理解釈——「倍額ヲ償還シテ〔傍点筆者〕」——にもとづき、倍額償還が売主の解除権行使の要件であって、売主の解除権行使の効果ではないとする命題を導く。即ち「単に売主が解除の意思表示をして倍額償還の債務を負うというものではな」く、倍額償還は「売買契約の解除という権利行使の積極要件」である、とするのである（前の括弧は一審判決、後のそれは判旨中の千種裁判官の補足意見からの引用である）。もちろん、倍額償還は解除の要件とする右の命題からは、直ちに倍額償還の提供方法を「現実の提供」に限定するという帰結命題は出てこない。そこで第二段として右の命題を根拠に、現実の提供の他に口頭の提供をも認めている民法四九三条を排除し、その結果、倍額償還を現実の提供に限定するという結論に至るのである。この点を、一審判決は次のように明示する、即ち、「……倍額償還金については、原被告間には、何らの債権債務関係は存在しない〔から〕、当事者間における債権債務の存在を前提とし、口頭の提供等を規定する民法四九三条を適用する余地はない〔傍点筆者〕」と。因みに、手付の条文の文理解釈から出発して、倍額償還を売主の解除権行使の前提要件とする第一段の推論を、次には民法四九三条排除の踏台として、意図した結論に至るという・判旨の一連の推論の道程は、文字通り論理的操作の過程であって、判文上、そのような操作を動機づける実質的な判断根拠としては、僅かに、買主の手付放棄による解除との均衡があげられているにすぎない。

(2) 次に叙上の論点をめぐる判例・学説について触れておこう。

(a) 判例について。大判大正三・一二・八民録二〇輯一〇五八頁(1の①)――大審院は、倍額償還は売主の契約解除の条件ではなく、売主の解除によって売主に倍額償還義務が課せられるのだから、契約解除の意思表示だけで解除の効力あり、とした原判決を破棄し東京控訴院に差戻した。判旨は、民法五五七条一項からは「文理上容易ニ……売主ノ解除権ハ手附ノ倍額ノ償還ヲ条件トスル解除権」であることが看取できるばかりか、手附授受に関する当事者意思が明白でない場合には「売主ハ手附ノ倍額ノ償還タニ為セハ契約ノ履行ヲ為ササルコトヲ得ルノ意思ヲ以テ当事者間ニ手附ノ授受ヲ為シタルモノト看做スヲ至当ナリ」として売主側は手附倍額を償還して契約を解除する権利がある旨を規定したものである、従って「手附……倍額ノ償還ハ解除権ノ内容ヲ為シ……売主ハ……手附ノ……倍額ノ償還ヲ為スニアラサレハ契約ヲ解除スル能ハサルモノ」である、売主は自由に契約を解除できるが、「其不履行ノ制裁トシテ手附……倍額償還ノ義務ヲ負担スルモノ」ではない、と説示した。このように、ここでは、倍額償還が売主の契約解除の条件であって、手附による契約解除が単純な意思表示のみでは足りない、と判示するにとどまり、民法四九三条適用の可否、従って現実の提供の要否には触れられていない[(1)]。

(b) 学説について。売主が「倍額の償還をしないかぎり」売主は「契約を解除することができ」ず、売主が「単に……契約を解除すれば倍額償還の義務を負うという意味なのではないことは、通説・判例(大判大正三・一二・八民録二〇・一〇五八)の等しく疑わないところである」(注釈民法⒁一一四頁以下、新版注釈民法⒁一七九頁)とされる[(2)]。その論拠は、①民法五五七条一項の文理解釈、②当事者意思に合致する、③買主が解除をする場合には手附額が売主の手中にすでに入っていることとの均衡にある、とされる。ただし、学説も、提供方法にまで踏みこんで論じているものは少ない。従って、民法四九三条の適用の可否について論じるものは殆んどない。唯、受領〔従って、買主に拒否された場合の供託〕の要否について触れたものは少なくない〔末弘・末川等〕。即ち「提供をもって足りるのであって、相手方が受領を拒絶した場合でも供託をする必要のないことも、通説・判例〔前掲大判大三・一二・八、……同昭一五・七・二九〔評論三〇民法二〕の〕の認めるところ」〔注釈民法⑭一一四頁、新版注釈民法⑭一七九頁〕と。このことは暗黙のうちに「現実の提供」の必要を前提としているように思えるが、逆に、受領拒絶の場合に供託不要とするところから却って「現実の」提供を要する、とまではしていない、とも解することができよう。この点について、牛山・田中両教授は、買主があらかじめ受領を拒絶している場合には、「口頭の提供」で足りると解してよい、とされる。[3] なお、本件一審判決も援用している法曹会「民事訴訟における要件事実」第一巻一四九頁は、「公平の観念」上現実の提供で足り、買主に受領させることまでは必要ではない、とするのが判例・通説であり、売主の倍額償還金については両当事者間に「なんらの債権債務関係も存在しないから、四九三条は、本文ただし書ともに適用の余地はない」と四九三条適用の可否にも触れている。このことから、本書は、口頭の提供は不可、と解しているものと思われる。

(3)すでに見たように、判例及び学説は、圧倒的に判旨の結論を支持する。また私も、売主の解除権行使を否定した本件判決それ自体には賛成である。私はこれまで解約手付制度自体を、近代的民事責任の原理と矛盾する前近代的遺物として否定し、従って右の原理に適合するようにできるだけ制限的に解釈する立場に終始してきたからである。しかし、判旨の論理構成及びその根拠についてはいくつか疑問をおぼえる。以下、判旨の論理構成に即して考察する。

(a)倍額償還は売主の解除権行使の要件であるとする点について。この命題については、判例・学説ともに、民法五五七条一項の文理解釈を根拠とすることは既述の通りである。確かに「償還」の語句を用いた条文は民法上散見される（一九六ⅠⅡ、二九九ⅠⅡ、三九一、四二九Ⅰ、四四四、五〇二Ⅱ、五〇四、五三六Ⅱ、五六七Ⅱ、五八三Ⅱ、六〇〇、六〇八

ⅠⅡ、六五〇Ⅰ、七〇二Ⅰなど）が、これらの条文は、全て当事者に償還義務を生ずべき何らかの事情が先行する場合を指示しており、「償還して契約の解除をすることができる」という表現は五五七条一項にのみ見られる。このことから、償還を解除の前提条件と解するのは、文理解釈上は当然と思える。他方、償還ではないが、五五七条と同様、「……して……の解除をすることができる」という表現を持つ条文がある。「（買戻特約付不動産の売主は）……（代金と契約の費用を）返還して（その売買契約を）解除をすることができる」（五七九条本文）と「……（請負の注文者は）……（損害を）賠償して（契約の）解除をすることができる」（六四一条）がそれである。これらの条文は、その文理解釈からすれば、五五七条一項同様、それぞれ「費用返還」と「賠償」とが「解除」の前提条件と解さるべきである。しかし、前者はとも角、後者は、判例・通説によれば、賠償の提供の先行を要せず、解除は単純な意思表示で十分(4)、とされる。賠償の場合は、手付または買戻の場合と異なり、賠償「額」が解除以前には通常不明確なので、解除前の提供を要するとすれば、解除権行使が極めて困難となる、という実際上の理由にもとづく、とされる。つまり、このことは条文の表現ないし体裁に判断規準を求める文理解釈とはいえ、同種の表現をとる条文全てに妥当するものではなく、条文ごとに論理解釈をほどこす必要があることを示している。もっとも、右の三カ条についてもその比較を通して論理解釈がほどこされていることは確かである。即ち、五五七条の「償還」と五七九条の「返還」とは、「賠償」の場合と異なり、それぞれ償還ないし返還さるべき「額」が予めきまっており（手付額ないし、代金及び契約費用の額）、金額算定が実際上支障がないから（論理解釈）解除に先行させることを要する（文理解釈）、とされることになる。そうだとすれば、「償還」と「解除」の関係を、もっぱら「償還して」の表現に依拠して前者が後者の前提条件ときめつけるべきではなく、ヨリ実質的な判断を下すべきではないだろうか。私は次のように考える。まず五五七条にいう「倍額償還」について厳密に考えれば、倍額全てが償還の対象ではなく、償還対象は買主が契約締結時に売主に交付した手付金だけであり、残りの手付金相当額は売主の契約解除権行使の代償、即ち契約締結時にその額が予定された損害「賠償」に他ならない。その意味において本件契約書第一二条の表現「手付金の返還と手付金相当の違約金の支払」が実体に合致するといえる。そうだとすれば、手付金の返還と賠償金に相当する「倍額」の償還は法理論的には売主の解除があってはじめて発生すべき義務と解すべきであろう。次に、「償還」の意味について検討すると、「法令用語辞典」(学陽書房刊、昭和四七年第四次全訂新版)は、「金銭債務を弁済することをいう」として、国債・社債・借入金・小切手等の例をあげ、「金銭を含めた物を事実行為として返す場合」には多く「返還」の語が用いられる、として民法四八七・五八七条の例をあげている。さらに、民法上は「債務を返すことを金銭債務の償還を含めて広く債務の履行又は弁済といっている」として、「償還」を「弁済」と同視している。もし、右の辞典の用語法が正しいとすれば、民法五五七条にいわゆる「倍額償還」は売主の買主に対する・手付倍額(厳密にいえば、受領した手付金)にかかる金銭債務の弁済に他ならないことになる。そうだとすれば、「償還して」の表現にもかかわらず、売主は、解除権行使によって生じた手付倍額償還債務を負担する、と解すべきことになるのではなかろうか。まして、金銭その他を事実行為として返す場合に民法は多く「返還」の語を用いているとすれば、五五七条において(返還額がきまっているにもかかわらず)起草者が「返還」の語を用いず、わざわざ「償還」の語を用いたことは、単に事実行為としての倍額を返還することではなく、法律行為として、即ち債務弁済行為として、倍額を「償還」することを意味することになるのではなかろうか。もしその推測が成り立つとすれば、売主は単に解除権行使の意思表示で足り、倍額償還の先行を要しないことになるのはもちろんである。

(b) 倍額償還は現実の提供たることを要するとする点について。判旨及び補足意見によると、手付の倍額償還が売主の解除権行使の積極要件だから、債権者の受領を前提とした弁済の提供を規定した民法四九三条は適用されず、従って同条但書に規定する口頭の提供による余地はない、全て現実の提供によらねばならぬことになる。しかし、叙上(1)に述べたように、四九三条の適用の可否が倍額償還を解除権行使の要件とすべきか効果とすべきかの解釈の相違にかかっているとすれば、後者の解釈、即ち効果と解すべきものとする限り、四九三条の適用が肯定されることとなる。もっとも前者の解釈をとり倍額償還を解除権行使の要件と解して四九三条の適用そのものを否定しても、直ちに「口頭の提供」までが否定さるべきだろうか。今更いうまでもないが、四九三条が現実の提供を弁済提供の原則的方法としつつもなお、口頭の提供を例外的にせよ認めているのは、「債権者があらかじめその受領を拒」んだり、取立債務におけるように「債務の履行について債権者の行為を要する」場合には、相手方の受領を予定している現実の提供では無意味ないし困難だという・事理に即した、従って同様な状況の下では、一般に（債務の履行ではなくとも）妥当する根拠が存するからに他ならない。そうだとすれば、手付の倍額償還の場合にも、それがたとえ債務の履行ではなくとも、相手方が予めその受領を拒絶している場合には、口頭の提供で足りると解すべきであろう。

次に、判旨及び、一審判決の引用する「民事訴訟における要件事実　第一巻」（法曹会）一四九頁その他の学説は、買主（手付の授者）側の解除の場合に手付がすでに売主（受者）の手中にあることとの均衡という実質的論拠をあげている。しかし、こうしたバランス論は受者側が受領することを当然の前提としているのであるから、一般的にそうはいえても、本件のように相手方が受領を最初から拒絶している場合には、たとえ売主が買主に現実に提供したところで買主がそもそも受けとろうとはしないことが事前に予測できるのだから、このような場合をも相手方がすでに受領ずみ・という買主の解除の場合と比較すること自体が、前提を異にするという意味で無理なのではないだろうか。いいかえれば、売主の倍額償還一般の提供方法の選択についてこそ、右のようなバランス論は通用するとしても、本件のような特別な場合には通用しない議論なのではなかろうか。

なお、判旨は、売主は解除権行使の前提条件として手付倍額の現実の提供を要する（逆にいえば、売主は、買主が受領する・しないを問わず、要するに現実に提供しさえすれば必要にしてかつ十分、とされる）、とし、それをうけて学説・判例（大判昭一五・七・二九――4の⑪）は、それは権利行使の前提であって債務の履行ではないから、買主が受領を拒んでも、手付倍額を供託する必要はない、と説く。そうだとすれば、売主による解除が成立した場合、一旦手付倍額の受領を拒んだ買主は、手付倍額全額の償還を売主に請求できるだろうか。少なくとも買主が契約締結時に売主に交付した手付金だけは、契約解除による売主の不当利得として、その返還を買主は請求できるだろうが、契約解除の代償としての手付相当額の請求は果たして可能なのだろうか。もし不可能としたら、それは売主の提供拒絶という買主の行為自体に帰着することになろうが、それならば、むしろ倍額償還を解除の効果と解し口頭の提供を認めた方が、公平の見地ないし解約手付制度の趣旨、あるいは当事者意思に合致するのではないだろうか。

(4)本判決の先例的価値は、手付償還が債務の履行を前提とする弁済の提供とは異なり、売主が手付によって契約を解除するためには解除の意思表示前に買主から受領した手付の倍額の現実の提供をすることを要する、という点にある。買主が事前に売主に受領拒絶の意思を表明していた場合にもしかりである。叙上(2)に紹介した大正三年一二月八日の大審院判決は、手付倍額の償還が売主の解除権行使の要件とされるべき旨を判示したに止まり、それ以後本判決に至るまで、倍額償還の提供方法について裁判所の判断は示されてこなかった。本判決において初めて、倍額償還に民法四九三条は適用されず、買主が予め受領拒絶を表明していた場合を含め、売主はつねに現実の提供を要する、と判示された。なお、本判決における補足意見の中で、千種裁判官は、現実の提供とは、手付倍額を、相手方の対応等具体的な状況に即して、現金であれ銀行保証小切手であれ、これを「相手方の支配領域に置いたと同視できる状態にする」ことと規定している。

（1） 来栖・太田「手附」総合判例研究叢書・民法㉗一三六頁は、「提供を受ける者が『予メ其受領ヲ拒』んでいる場合……には、売主は単に言語上の提供さえすれば充分なのか」について、判例は見当たらない、としている。
（2） 同旨、末川「所有権・契約その他の研究」一七八頁、石坂「民法研究第四巻」七〇三頁、末弘・債権各論四四六頁、我妻・債権各論中一・二六四頁、三宅「契約法（各論）上巻」一八三頁等。
（3） 牛山「手付を交付している場合の解除」不動産法大系Ⅰ売買〔改訂版〕九〇頁、田中「解除権行使と手附倍額の提供の要否」不動産取引判例百選・別冊ジュリスト一〇号三三頁。
（4） 打田・注釈民法⒃一三七頁参照。
＊本分析は、民商法雑誌一一一巻六号に掲載した判例批評「手付けの倍額償還による売買契約の解除と現実の提供の要否」を補筆訂正したものである。

4の⑯

最判平成九年二月二五日判時一五九九・六六

〈事実〉本件は上告審判決しか参照しえないので、一審判決は不明。X（上告人）は、平成元年一〇月三日Y（被上告人）の土地を一、六三〇万円で購入する売買契約を結び、Yに対し手付金一五〇万円を交付した。ところが、Yは平成二年二月本件土地をA有限会社に売却し、A社名義の所有権移転登記手続をしたので、Yの本件契約にもとづく所有権移転債務はYの責に帰すべき事由により履行不能となった。ところで、本件契約には、買主の債務不履行により売主が契約を解除したときは、買主は違約損害金として手付金の返還を請求することができない旨の約定（九条二項）、売主の義務不履行を理由として買主が契約を解除したときは、売主は手付金の倍額を支払わなければならない旨の約定（同条三項）及び「上記以外に特別の損害を被った当事者の一方は、相手方に違約金又は損害賠償の支払を求めることができる」旨の約定（同条四項）があり、右各条項は、社団法人兵庫県宅地建物取引業協会制定の定型書式に即して作成された不動産売買契約書に予め記載されていたもので、契約締結の際右の各条項について当事者間でその意味内容を話し合ったことはなかった。そこで、XはYに対して、本件契約第九条三項にもとづいて、手付倍額三〇〇万円、同第九条四項にもとづいて本件土地の叙上履行不能時の時価と本件売買代金との差額一、二四〇万円の支払を求めて本訴に及んだ。一審（神戸地裁明石支部）及び原審（大阪高裁）各判決は不明。もっとも原審の判決内容について、最高裁は次のように要約している、即ち「原審は、九条三項ないし四項の趣旨につき、九条二項及び三項は、債務不履行によって通常生ずべき損害については、現実に生じた損害の額いかんにかかわらず、手付けの額をもって損害額とする旨を定めたものであり、九条四項は、特別の事情によって生じた損害については、民法四一六条二項の規定に従って、その賠償を請求することができる旨を定めた約定と解すべきであると判断した上で、本件においては、特別の事情によって生じた損害は認められないから、九条四項に基づいてその賠償を請求することのできる損害は存在しないとして、手付けの倍額三〇〇万円及びこれに対する遅延損害金の支払を求める限度でXの請求を認容した」と。こうして原審は、Xの請求のうち、手付倍額の支払請求は認めたものの、本件土地の履行不能時の時価と本件売買代金との差額の支払請求を却けたので、Xは次の理由をあげて上告。即ち、民法四二〇条一項は通常損害及び特別損害を含め全ての損害についての予定をきめるものであるのに対し、本件契約九条四項は右民法の損害賠償の予定の範囲を超えた損害の請求をできる旨を定めたものであるから、その損害は特別損害に限るべきものではなく、通常損害についても予定額を超えるものについては、その立証をまって損害の請求ができること。

〈判旨〉原判決中、上告人敗訴の部分を破棄し、差戻。「原審の確定した九条二項ないし四項の文言を全体としてみれば、右各条項は、相手方の債務不履行の場合に、特段の事情がない限り、債権者は、現実に生じた損害の証明を要せずに、手付けの額と同額の損害賠償を求めることができる旨を規定するとともに、現実に生じた損害の証明をして、手付けの額を超える損害の賠償を求めることもできる旨を規定することにより、相手方の債務不履行により損害を被った債権者に対し、現実に生じた損害全額の賠償を得させる趣旨を定めた規定と解するのが、社会通念に照らして合理的であり、当事者の通常の意思にも沿うものというべきである。すなわち、特段の事情がない限り、九条四項は、債務不履行により手付けの額を超える損害を被った債権者は、通常生ずべき損害であると特別の事情によって生じた損害であるとを問わず、右損害全額の賠償を請求することができる旨を定めたものと解するのが相当である（傍点筆者）」。ついで九条四項の「特別の損害」が民法四一六条二項にいうそれに当るかどうかについて「……九条四項は、債権者が手付けの額を超えてその賠償を求めることのできる損害を『特別の損害』という文言で規定しているが、前記事実関係によれば、九条二項ないし四項は、社団法人兵庫県宅地建物取引業協会の制定した定型書式にあらかじめ記載されていたものであるところ、右定型書式が兵庫県内の不動産取引において広く使用されることを予定して作成されたものとみられることにもかんがみると、右定型書式の制定に際して、右『特別の損害』の文言を民法四一六条二項にいう特別の事情によって生じた損害をいうものとして記載したとは、通常考え難い上、右文言を特別の事情によって生じた損害と解することにより、相手方の債務不履行の場合に、債権者に、通常生ずべき損害については手付けの額を超える損害の賠償請求を認めず、特別の事情によって生じた損害に限って別途その賠償請求を認めることの合理性も、一般的に見いだし難いところであり、仮に契約当事者間において特別の事情によって生じた損害に限って手付けの額の賠償とは別にその賠償を認める趣旨の約定をするとすれば、『特別の事情によって生じた損害』と明記するなど、その趣旨が明確になるよう表現上の工夫をするのがむしろ通常であると考えられる」。「……前記のとおり、九条四項は、債権者が手付けの額を超えてその賠償を求めることのできる損害を単に『特別の損害』という文言で規定しているにすぎない上、前記事実関係によれば、本件契約の当事者間において契約締結時に右各条項の意味内容について特段の話合いが持たれた形跡はないというのであるから、右文言を特別の事情によって生じた損害をいうものと解するのは相当ではなく、他に同条四項の趣旨を右に述べたところと別異に解すべき特段の事情もないというべきである〔傍点筆者〕」。従って結論として「そうであるとすれば、本件契約においても、九条四項は、相手方の債務不履行により債権者が手付けの額を超える損害を被った場合には、通常生ずべき損害であると特別の事情によって生じた損害であるとを問わず、債権者は右損害全額の賠償を請求することができる旨を定めた約定と解するのが相当である〔傍点筆者〕」。

〈分析〉(1)X側の主張は、その上告理由に明らかなように、本件契約九条二項三項から、本件手付が損害賠償額の予定としての違約手付(予定手付)であるとした上で、同条四項に規定する「特別の損害」を手付額を超える損害の意味であるとする。その説明によれば、民法四二〇条一項に即して予定される賠償額には、「通常生ずべき損害」(同四一六条一項)はもちろん「特別の事情によって生じた損害」(同条二項)が生じた場合にも、右両者の損害額が区別されることなく含まれるのであり、その際現実に支払われるべき賠償額は、正に予定額であって、通常損害・特別損害の両者を併せた実損害額が右の予定額より多かろうと少なかろうと、それに応じて増減されることはない以上は、九条四項に記載されている「特別の損害」が民法四一六条二項の「特別の事情に因によって生じた損害」即ち叙上の特別損害に当らないことは明らかであって、そうだとすれば、九条四項の「特別の損害」とは、賠償額の予定としての手付額とは別個に、民法四一六条にいう通常損害・特別損害を問わず手付額を超える全損害としか考えようがないからである、と。本件契約所定の手付を「予定手付」として解する限り、この手付と民法四一六条・四二〇条との関連からXの説明を考察したとき、Xの主張は確かに論理必然的帰結といわざるを得ないであろう。もっとも、判旨がその判決理由を展開するに当って、上告理由の説明と異なり、本件契約文言と関連法条との論理的関連の説明を省き、

「社会通念」「当事者の通常の意思」といった常套句を用いた上、さらには本件契約書の不動文字の解釈によって、Xの主張を正当化したことは、丁寧な説明ではあるが、その割には説得的とは思えない感じを拭いきれない。

(2) 本判決の先例価値は、損害賠償額の予定としての違約手付（予定手付）と共に、「特別損害」の賠償特約がある場合、手付額を超す損害の賠償がその損害発生の証明により認められる点にある。

4の⑰

東控判明治三六年（ネ）七七五号判決年月日不詳新聞一七五・九（明三六・一二・五）

〈事実〉煙草商X^1・X^2（被控訴人）は煙草商Y（控訴人）から煙草茎を買いうける契約を結び、手付金として二〇〇円を交付した。その際、履行期日にYが売買目的物を引渡さない場合には、YはXらに右手付金の他に違約金として五〇〇円を支払うこと、その場合Xらは予め履行の催告及び契約解除の意思表示をYになすことを要せず、直ちに右の支払いをYに請求することができる旨を特約した。Yは履行期日に契約を履行せず、そのためXらは本訴を提起した。一審Y敗訴し、控訴。

〈判旨〉控訴棄却。「甲第一号証は当事者間に於ける煙草茎の売買契約にして期日に売主たるYに於て該品の引渡を為さゞるときは手附金二百円の外尚金五百円を違約賠償として買主たるXに支払ふ事を特約したるものにして換言すればYが期日に其引渡を為さざるときはXは予しめ其履行を催告することを要せす又予しめ契約解除の意思表示をなすことを要せす直ちに前示特約の履行を請求し得べき約旨とす」

〈分析〉本件は、売主不履行の際は、手付金返還の他に違約金を支払う（買主不履行の場合には手付金及び違約金の処理をどうするのかは不明）旨が定められていたが、判旨は、Yの不履行に際してX側が予め履行の催告及び契約解除の意思表示をすることなく、直ちに手付金返還及び違約金支払いをYに請求することができるという趣旨である、と解している。

4の⑱

東控判大正六年三月九日新聞一二五五・二三

〈事実〉X^{1}・X^{2}両人は材木商Yから材木を買受ける契約を締結し、即日手付金として三〇〇円をYに交付し、本件契約書第八項に「前記売渡に関し違約有之時は本日領収したる手附金三百円は勿論違約賠償金として金三百円合計六百円を貴殿へ異議なく御支払可申者とす」との一項を設けた（以下「違約金特約」と称する）。その後、材木引渡期限たる大正四年四月二十日を徒過するもなおYは材木の引渡をせず、そこでXらは同年五月四日に、同月十二日までに右特約にもとづき右手付金の返還および右約定の違約金支払を求めて合計六〇〇円を支払うよう催告した。Yはこれに応じなかったため、Xらは本訴に及んだ。一審Y敗訴し、XらがYの債務不履行を理由とする場合には、契約を解除した後でなければ手付金返還及び損害賠償を請求できない、との理由をあげて、控訴。

〈判旨〉控訴一部認容――Xらの手付金三〇〇円の返還を認めず、違約金三〇〇円の支払のみ認めた。理由は「……手附金を交付したるときは当事者の一方が契約の履行に著手するまでは買主は手附金を抛棄し売主は其倍額を償還して契約の解除を為すことを得べきものにして手附金は右契約解除の損害の担保たる効用を有するものなるを以て契約の存続中之を存続せしむるを通例とす而して前示約款の趣旨亦契約の履行に代はる損害の賠償を為す場合又は契約の解除に基く損害の賠償を為す場合に於て之が返還を為すに在りと解するを妥当とし遅延に因る損害賠償の請求を為すに於ても之と併せ手附金の返還を為すの約旨なりと解するに足らざるを以てXの手附金の返還請求は失当とす」る、と。

〈分析〉(1)判旨はまず、Xらは一審では本件契約を解除したと主張したのに二審では解除を主張せずというのは訴因の変更に当るとするYの主張を却け、Xらが解除にもとづき違約金特約に定める・手付金返還及び違約金請求をするものではない、と認定した。次いで、手付金（解約手付）は、一方当事者が契約の履行に着手するまでは、相手方は手付損倍戻しにより契約解除をすることができ、従って、手付は「右契約解除の損害の担保たる効用を有するもの」だから、契約が存続する限り、右の・損害の担保としての効用も存続させるのが通例である、と判示する。その上で、右違約金特約の趣旨は、「契約の履行に代はる損害の賠償（いわゆる填補賠償）」をする場合か「契約の解除に基く損害の賠償（いわゆる履行利益賠償）」をする場合に、つまり契約が消滅した場合に（限って）手付金の返還をする、という点にあるものと判示する。その上で、契約は解除していないとする・前出のXの主張をいわば逆手にとって、右特約は「遅延に因る損害賠償（遅延賠償）」をする場合にも、右の賠償と併せて手付金返還をする、という趣旨には当たらない、として、Xの手付金返還請求を却けたのである。

(2)判旨の・こうした論理構成によって、Xらは遅延賠償とし違約金三〇〇円（及びその遅延利息）は得たけれども、Yに交付した手付金三〇〇円を返還されず、結局、差し引き何も得られず、逆に、契約を履行しなかったYは、何も失わなかったことになる。このような判旨の結論に納得しかねるのは、私だけであろうか。

(3)それでは、どうして判旨はこうした不合理な結論に至ったのであろうか。それは、直接には、Xらが二審において契約を解除していない、と主張したことであろう。そして間接的には、本件違約金特約に、Yの不履行時における違約金の支払いに併せて手付金の返還も盛りこまれている点、しかも違約金（損害賠償額の予定）の金額を手付金額と同額とした点である。これによってXらに支払われる違約金と手付金の合計が丁度手付倍額となり、Xらの履行着手前のYの解除（無理由解除）の際、Yが手付倍額を支払う場合にも、右特約は対応できるのである。

(4) まず、Xらが契約を解除していない、即ち、契約が存続中だと主張した結果、判旨は、Xの賠償請求——一定の期間を定めて催告し、Yが期限を徒過した後、賠償請求即ち特約所定の「賠償違約金」の支払いを請求——を、填補賠償ではなく、遅延賠償と解して手付金返還を認めなかった点が問題である。そうだとすると、Xらはなお、契約の履行なり、填補賠償なり、あるいは改めて契約を解除（法定解除）して履行利益賠償を請求できるのだろうか。そうした点はとも角として、判旨は、Xらの違約金請求を填補賠償のそれとして処理することはできなかったのであろうか。つまり、Xらは一定の期間を定めて催告しているから、Yの期間徒過後は、解除をせずに、填補賠償を請求することができないだろうか。この点については、判例[1]・学説[2]ともに認めており、本件においてもXらの違約金請求を填補賠償のそれと認定する余地があったように思われる。

(5) 次に、叙上のように、本件違約金特約の解釈が問題である。そこには、Yの不履行時の手付の処理と併せて不履行による損害賠償の方法・内容が規定されている。判旨は、そこでの手付の存在に着目し、手付の・解約手付としての効用＝損害填補機能から、併記されている賠償の性格規定を引き出した上、手付金返還を否認した——手付の機能↓契約存続中維持される↓（本件契約は解除されず＝存続中）↓遅延賠償↓手付返還されず。つまり、違約金特約の中に手付が同居している（しかも違約金と手付金とが同額であり、売主の解約手付による無理由解除の際の賠償額＝手付倍額と同額）ばかりに、本件（解約）手付規定と違約金特約とをリンクさせてしまったのである。しかし、この両者のリンクは妥当ではないように思われる。なぜなら、判旨が本件手付を解約手付と解する限り、手付の機能する場面は、判示のように、不履行者自らが手付を用いて契約を解除するいわゆる無理由解除の場面が本来想定されており、解除後に相手方に生じた損害を手付損倍戻しによって填補するという機能をも（解約機能と共に）手付に担わせていることは、民法五五七条の規定するところである。他方、本件違約金特約は、売主Yが履行せず、そうかといって解除もしない場合に、不履行者Yが買主Xらに対して（Xらが解除すると否とにかかわらず）Xらに生じた損害の賠償金として予定された一定額の「違約賠償金」の支払義務を負うことを規定したものである。この特約の想定する場面では、不履行者Yは手付を用いてXらの履行着手前に契約を解除するわけではなく、従って解除後の処理のために手付が用いられるわけでもない。つまり、この特約の想定する場面では、手付はYの契約解除にもその事後処理としての損害賠償にも何ら関わりなく、要するに、この場面では手付に出番はないのである。だからこそ、ここではYは契約時に受領した手付金をXらに返還しなければならないのである。こうしてみると、本件手付と違約金特約とは、実質的にそれぞれ登場機会の異なる独立したものであって、契約書の表記の上で、たまたま便宜上本件契約書中の一項（第八項）に併記されたにすぎない。あるいはむしろ、違約金支払いの場面では、手付は無縁の存在として返還さるべきことが、いわば注意的に挿入されたものと解すべきかもしれない。従って、XらがYの不履行を責めて、約定違約金を請求する限り、手付金返還は当然のことと思われる。

(6) それならば、判旨の遅延賠償の認定と手付金返還の否認の根拠は、どこにあるのだろうか。強いて推定すれば、遅延賠償の選択は、履行催告後・解除前の填補賠償は認められない（当時まだ判例は出ていない）との見解に判旨は立ったからであろうか。そうだとすれば、Xらが契約解除をしない以上、遅延賠償の認定は止むを得ないのかもしれない。しかし、そうだとすれば、Xらが賠償と共に本来の給付をも請求しなければ、手付金返還の否認は、筋が通らないのではないか（本来の給付があれば手付金は代金に繰り入れられる）。もっとも、Xらは手付金返還を求めており、Yの契約履行を求めてはいない。

(7) 本件判決の新規性は、売主の不履行の際買主の催告後一定期間の徒過により買主が賠償及び手付金返還を請求する場合に、遅延賠償として前者は認められるが、後者は認められない、とする点にある。

（1）大判昭八・六・一三民集一二・一四三七（ただし傍論として）――材木の買主が代金を提供して引渡を請求したが、売主が応じないので、買主は給付はもはや利益がないとして、契約を解除せずに材木に代わる損害の賠償＝塡補賠償を請求した事案において、買主が一定期間を定めて催告すれば、塡補賠償を請求することができる、と判示した。なお、我妻・有泉・水本「判例コンメンタールⅣ・債権総論」七七頁以下参照。

（2）柚木・判例債権法総論上巻一一八頁以下、我妻・新訂債権総論一一二頁以下、とりわけ一一四頁以下参照。

4の⑲

東控判大正八年一一月三〇日評論八民一二五九

〈事実〉売主Xと買主Yとの間に二回にわたって米の売買契約が締結され、両契約書には、それぞれ「相場ノ高低ニ拘ラス無限金品受渡ノコト」という記載がなされ、両契約締結の都度手付金二〇〇円ずつ計四〇〇円がYからXに交付された。右両契約所定の履行期の到来前である大正三年五月二日、Yは、右手付金四〇〇円を放棄して、Xに対し右両契約を解除する旨の意思表示を行ったので、XはYの債務不履行による損害の賠償を求めて、本訴に及んだ。一審Y敗訴し、控訴。

〈判旨〉原判決破棄、控訴認容。「……甲第一・二号証〔本件両契約証書――筆者註〕ニハ各『相場ノ高低ニ拘ラス無限金品受渡ノコト』ト記載アリX〔『控訴人』とあるが、被控訴人の誤記――筆者註〕ハ該記載ノ文言ニ依リ本件売買ニ於テハ相場ノ高低如何ニ拘ハラス手金流レ若クハ手金倍戻シニ依ル売買ノ解除ヲ禁止スヘキ特約アリタルモノナリト主張スレトモ右記載文言自体ノミニ依リテハ未タX主張ノ如キ趣旨ノ特約アリタルモノト認メ難ク……」「却テ当審ニ於ケル証人ＡＢＣ及鑑定証人Ｄノ各証言ヲ綜合スレハＹ主張ノ如ク『無限金品受渡ノコト』トハ単ニ空米ノ取引ニアラスシテ現米ノ取引タルコトヲ明示シタル趣旨ニシテ民法第五五七条ノ手金若クハ手金倍戻ニ依ル売買ノ解除ヲ禁止スルノ約旨ニアラサルコトヲ認ムルニ十分ナリ〔傍点筆者〕」従って「他ニ何ラノ反証ナキ本件売買ニ於テハ既ニ其履行着手前ニ於テＹヨリ手附金ヲ抛棄シ解約ノ意思表示アリタルカ為メ適法ニ解除セラレタルモノト認ムヘク従テ本件売買契約ノ不履行ヲ前提トスルＸノ本訴請求ハ失当ニシテ排斥ヲ免レサルモノトス」と。

〈分析〉「相場ノ高低ニ拘ラス無限金品受渡ノコト」という契約書中の文言について、もし相場の高低のいかんに拘わらず手付損倍戻しによる契約解除を禁止する特約であるというＸの主張を認めるとすれば、本件手付が解約手付以外の手付であることを立証しなければならないであろうし、判旨がその認定の根拠とした証言は、単なる証人のそれではなく、鑑定証人のそれであって、それはおそらく当該地域における米取引に精通した第三者のそれであろうし、従ってその証言は両当事者のどちらの利害にも無関係な客観的なものと思われるから、判旨の認定は妥当なものと思われる。

4の⑳

東控判大正九年一月二一日新聞一七五三・一九

〈事実〉大正七年一一月一〇日、Ｘ先代ＡはＹからその所有する土地建物（以下、本件不動産という）を代金一一、〇〇〇円で買い受ける契約を結び、同日手付金として訴外Ｂ振出の金額二、〇〇〇円の小切手を交付した。右契約によると、Ａがその代金全額を支払うと同時にＹは所有権移転登記手続をする旨が定められていた。その後右小切手が不渡りとなったため、Ｙは契約を履行せず、そこでＡ（後Ｘが訴訟を承継）は本件不動産の所有権移転登記をＹに請求して、本訴を提起した。一審Y敗訴し、次の理由をあげて控訴。即ち、右小切手は手付金ではなく、契約代金支払いの方法として授受されたものであって、右小切手が支払われることによって本件契約が成立すること（控訴理由その一）、しかるに右小切手が不渡りとなったため、本件契約は成立しない、仮に成立したとしても代金全額の支払いがあった後本件不動産の所有権を移転すべき約定であった（控訴理由その二）から、本訴請求は不当であること。

〈判旨〉控訴棄却。まず判旨はYの（控訴理由その一）に対し、一、二審の証人B、Cの証言から「……本件売買契約は完全に成立し前記小切手は後日其資金を支払銀行に振込むべき約定にて該売買の手附金の支払に代へ交附せられたるものなることを認むるに足る」としてYの抗弁を却け、次にYの（控訴理由その二）に対しては「売買契約に於ては反証なき限り売主は契約の締結と同時に其目的物の所有権を買主に移転するの合意ありたるものと推定すべし但し当審証人Bの証言に依れば本件土地建物に付いては其代金全額を支払ふと同時に所有権移転の意思表示を為すを必要とせず単に残代金の支払ある迄其登記及引渡を停止したるものに過ぎざることを認むるに足」りる、としてYの抗弁を却け、次のように説示する、即ち「Yは有効に成立したる本件売買契約に基きXに対し同人より売買代金の支払を受くると同時に本件土地建物の所有権移転手続を為す義務あること明なり……本件売買契約の当時X先代Aが手附金の支払に代へ金二千円の小切手をYに交附したる以上は既に代物弁済により本訴代金中金二千円の弁済をなしたるものと認め得べく該小切手が仮令後日に至り不渡となりたるとするも之が解決は更に別個の小切手上の法律上の関係に属するものなれば一旦小切手授受の代物弁済の効力は該小切手の不渡の為め阻却せられざるが故にYは本件売買代金一万一千円より金二千円控除したる残代金九千円をXより受取ると同時に同人の為め本件登記手続を為すべき義務あるものとす」と。

〈分析〉(1)本件は、手付金として現金の代わりに小切手が交付された上、更にその小切手がその後不渡りとなった、という珍しいケースである。判旨によると、(a)小切手の場合、その交付によって手付金は代物弁済がなされたものとされること（民四八二）。当初、既存義務の履行に代えて小切手（手形も同様、以下同じ）を交付することは常に更改となるとされ（手形につき大判明三八・九・三〇民録一一・一二三九など）、その後当事者の意思によって代物弁済あるいは更改となるとされ、結局原則として代物弁済となるとされている（大判明四二・二・一二新聞五五七・一六など）。学説も、既存債務の履行に代えて小切手を交付する場合には、常に代物弁済とみるべきもの、とする（我妻・新訂債権総論三〇四など）。このような場合には、既存債務は当然に消滅する。従って判旨の判示は、妥当であろう。(b)交付された小切手が不渡りとなっても、代物弁済の効力は消滅しないこと。交付によって既存債務が消滅する以上、その小切手が不渡りになっても、既存債務が当然に復活するものではない（大判大八・四・一民録二五・五九九、大判昭二・一一・九新聞二七七七・一二）。従って判旨が、Yは、小切手による二、〇〇〇円を控除した残代金九、〇〇〇円をXから受領すると同時に、本件登記手続を行う義務があると判示したのは当然の帰結であろう。

(2)本判決の新規性は、先にあげた二点に尽きる、即ち、通常現金の形で授受される手付金が小切手でなされた点、しかも、その小切手が不渡りとなったにもかかわらず、その授受が、現実に現金で手付金が交付されたと同様の効果を生ぜしめる点、がそれである。

4の㉑

長崎控判大正九年二月一九日新聞一六七一・一五

〈事実〉Xは大正五年一一月二四日製材業者Aとの間に所定量の松材を大正六年二月末日までの間にAが漸次分割履行する約定の松板供給契約を締結し、同日保証金として一、五〇〇円を交付、履行の都度順次売買代金の一部に充当することとした。その後、履行期日にいたるもAは供給せず、Xは履行を催告したが、Aは期間を徒過したため、大正六年一〇月二日Xは右契約を解除し、不履行による填補賠償四、〇〇〇円、保証金一、五〇〇円の返還計五、五〇〇円を請求した。他方、Aは大正五年七月一五日にその製材工場維持の資金に窮した為、一年後に買戻す条件つきでその工場建物・器具機械一切を代金二、〇〇〇円で材木商Yに売り渡し、右建物をY名義に保存登記した上Aに工場を貸与して事業を継続させたが、翌年一月Aはますます資金に窮し工場の維持が到底不可能となるに至ったので、同月三一日Aとの間で右売買に関し買戻条件を撤回し、工場を完全にY所有とした上、Yがその後の資金を負担し製材事業を両者の共同経営として、その利益及び他に売却したときはその代金を折半する旨の契約が成立した。その際、前の売買契約を解除し更に新しく売買契約を締結しYの保存登記を抹消してAが保存登記をした上Yに所有権移転登記をしたもので、その代金には前の売買代金二、〇〇〇円及び利子二一〇円を充てた。こういう状況の下で、XはYを相手取り、YがAの建物を買い取ったことは、Aの債権者たるXの債権に対する詐害行為として、右建物についての大正六年一月三一日売買による所有権取得登記の抹消登記手続をとること、もしこの手続をとり得ないときは一万円をAに支払うことを求めて本訴に及んだ。一審Y敗訴し、控訴。

〈判旨〉控訴を認容し、原判決破棄、Xの請求棄却。Xの請求に対しては、判旨は、詐害行為取消権の目的は債権者が債務者の財産に対して予期した担保利益の阻害を防止することにあるから、この権利を行使する債権者の債権は必ず詐害行為成立以前に既に発生したものでなければならず、またXが詐害されたと主張する売買契約上の債権は松板給付を目的とし金銭給付を目的とするものではないから、Xはその限りでは詐害行為取消権を有しないものといわざるを得ないとした上で、Xは、Aとの右売買契約に関し保証金及び義務不履行にもとづく損害賠償の金銭債権を有するすると主張するが、XはAに対し右義務不履行による遅延賠償請求権を有することを主張するに止まる、またX主張の填補賠償金四、〇〇〇円の債権は大正六年一〇月二日右売買契約解除の結果生じたものであるから、解除以前に遡及するというXの主張は正当な理由なし、とした。そして本件保証金の返還に関しては、「Xが債務者Aに対し売買契約に関し保証金千五百円を給付し居りて順次之を其売買代金の一部に充当すべきものなることを認め得べく此種の保証金は之を一種の手附金と認むべきものにして右認定の如く後日売買代金の一部に充当せらるべきものなれば売買契約が有効に存続する限り売主は買主に対して之れが返還の義務を負ふべきものにあらざるが故にXは当事者間争なき右売買が解除せられたる時期たる大正六年十月二日以前に在りては売主たる債務者Aに対し該保証金返還の債権を有せざりしものと謂はざるべからず」と。こうしたことからみると、Xは係争売買当時には未だ五、五〇〇円の金銭債権を有しないことは明らか、として、Xの請求を棄却したのである。

〈分析〉本件において判旨は傍論として手付金に触れ、次のように説示している。契約締結時に買主から売主に交付され、売主が契約目的物を数回に分けて買主に給付する都度売買代金の一部に充当される金銭は「保証金」と名づけられていても、手付金である、と。こうして、判旨が手付金の性格づけとして、手付金が契約履行の際一般に代金の内入とされる慣習、即ち私の謂う・内金即手付の論理を用いている点に、本判決の新規性を認めることができよう。

4の㉒

朝高判昭和四年一〇月四日評論一九民六六六、朝鮮司法協会雑誌八・一〇・六五

〈事実〉X（本判決が上告審のそれであることは判旨から明らかであるが、上告人との呼称ではなく原告という呼称が用いられている。Yについても被告と呼ばれている。旧植民地における訴訟の故か）は、昭和三年二月一七日Yからその所有地を代

金二、四〇〇円で買受け、即日手付金として二〇〇円を支払い、残代金二、二〇〇円は同年三月一一日までに支払う、もしYが右手付金倍額をXに償還する場合には、右契約は解除される旨の契約を締結した。その後同年二月二〇日にXから右代金中八〇〇円が支払われ、Yは受領した（第二審及び第一審の判決に記述がある）。ところが、Yは昭和四年二月二日Xに対して手付金倍額の四〇〇円及び前年に受領した八〇〇円に利息を付して提供し、本件売買契約解除の意思表示を行ったが、Xが右金銭の受領を拒絶したため、Yは右金銭を供託した（ただし出典には「……同金額ヲ供託シタル旨ノ原告主張事実云々（傍点筆者）」とある。「被告」の誤植であろう）。そこでXはYの履行を請求して本訴に及んだ。一審の結果は不明。二審は、Xの支払った八〇〇円は残代金二、二〇〇円の一部にすぎず、残代金全額につき履行着手がなかった以上、一部の支払いがあったからといって、債務の履行に着手があったものとはいえない、として、X敗訴。X上告。

〈判旨〉上告認容。「……其ノ後同年二月二十日ニ及ヒ原告ヨリ右代金中尚八百円ノ支払アリ被告之ヲ異議ナク受領シタルコトハ第二審判決及之ニ引用セラレタル第一審判決ニ徴シ当事者間争ナキ事実ナルヲ以テ原告カ残代金中八百円ノ弁済ヲ了シタルハ即民法第五百五十七条ニ所謂契約ノ履行ニ著手シタルモノト謂フヲ妨ケス（傍点筆者）」。

〈分析〉手付金を交付した後の残代金のうちの一部を買主が弁済した場合に、残代金全額でなくても、それが買主の履行着手に当たるか、という点が本件の争点である。民法典の起草委員の一人梅謙次郎博士は、第八二回法典調査会において、旧民法財産取得編三〇条二項に「契約ノ全部又ハ一分ノ履行アリタルトキ」は解約し得ないとあるのを、「契約ノ履行に著手スルマデハ」に修正した理由の説明の際に「若シ全部又ハ一部分ノ履行ガアツタト云フ場合デアレバ着手デハ往カヌ矢張リ既成法典ノ如ク『契約ノ全部又ハ一部ノ履行アリタルトキ』斯ウ書カナケレバ往カヌ其処ハ少シ柔シクシテ置イタ方カ宜カラウト思ツタノデアリマス」（商事法務研究会編「民法議事速記録三」八八七頁上段）とあり、一部弁済でも履行着手になるか否か、の問題には直接触れていないが、右記述の直前に「〔売主が〕期限マデニ〔自分の〕工場デ……どん々々拵へテ居ルモウ大方拵へ上ゲタ所デ解除抔ドサレテハ大変損害ヲ受ケルコトデアラウト思ヒマス〔傍点筆者〕」と具体的に説明している処から見ても、一部分の履行ないし履行着手でも相手方の解除阻止が可能とされていることが明らかであり、さらにその著書の中では次のように明快に説いておられる、即ち「……例へバ買主カ代価ノ全部又ハ一部ヲ払ヒ又ハ売主カ売買ノ目的物ヲ引渡シタル後ハ双方共ニ解約ヲ為スコトヲ得ズ〔傍点筆者〕」（民法要義巻之三債権編四八二頁）と。一部分の履行ないし着手にしろ、それは当事者の履行意思の表明と見られるので、やはり民法五五七条一項にいう「履行ニ著手」と見るべきであり、売主の場合には——自ら製造する場合はもちろん、他から調達する場合にも——一部分の履行あるいは着手にしろ、その時点での相手方の解除を認めれば起草者のいう通りかなりの損害をこうむる虞れがあるから、立法趣旨から見ても着手を認めるべきであろう。

4の㉓

東控判昭和一五年七月一七日評論二九民七三二

〈事実〉X（被控訴人）は昭和一〇年九月末にY先代Aから北海道産馬鈴薯一五貫入五〇〇俵を代金一、二〇〇円（一俵二円四〇銭）で昭和一一年一月一日から同年二月二八日まで横浜市保土ヶ谷区峯岡町において引渡しを受けるとの趣旨の売買契約を締結し、同日手付金一〇〇円を交付した。その後AがXに渡すべく芋を買いつけた函館市のBから芋が届かないのでAはしばしばその発送方を請求したが、結局右引渡期限までに届かなかった。そこで昭和一一年三月一日にAの息子YがAの代理人としてXを訪ね、今もなお買付先へ発送方を請求しているから近い内にきたら引渡すが、一まず契約を解除したい、として手付金倍額二〇〇円を提供したが、Xは解除を承知せず、右二〇〇円の受領を拒否したので、Yは控訴代理人Cと相談の上、同月四日右二〇〇円を供託した。他方Xは本件売買代金を昭和一〇年一一月中に入荷と同時に一部を支払う約束であったので、同年一二月まだ入荷しないのに二度にわたりY方を訪れて五〇〇円を渡そうとしたが、Yは受け取らなかった（二度目はYの妻に渡し一旦受領したが、Aの言葉によってYの妻はすぐに返しに行っている）。その後Xは、Aの債務不履行による損害賠償及び手付金返還を請求して本訴に及んだ。本訴の帰趨についてその詳細は不明であるが、どうやら本控訴審は差戻後の控訴審であるように思われる（判旨中に「原審ニオケル控訴人A当審ニオケル控訴人Y〔傍点筆者〕」とあるからである）。そして本審に至るまでの本訴の経過は定かではないが、恐らく一審においてAが敗訴し、控訴したところ、二審（差戻前控訴審）では、控訴が一部認容され、Xの手付金返還請求は認められたのであろう。そこでA（あるいはY）が上告し、上告審では原判決破棄差戻となったのではあるまいか。こうしてYが差戻控訴審たる本審において控訴人となる一方、Xが手付金の返還を求めて付帯控訴したものである。

〈判旨〉控訴認容、請求棄却、付帯控訴棄却。「……入荷ト同時ニ一部入金ノ約束テアツタノニXハ昭和十年十二月中マタ入荷シナイウチ五百円ヲ渡シニ来タノテYハマタ入荷シナイカ〔ラ〕トイツテコレヲ受取ラナカツタトコロ一週間位後Xカ来テ事情ヲ知ラハ〔ハはナイに誤り?〕Yノ妻ニ五百円ヲ渡シタカAノ言葉ニヨツテスクニ返シテソノコトハソノ侭ニ済シタト認メラレルヤウ〔ナ〕右ノ事実ヲ以テXカソノ履行ニ着手シタモノトハイヘナイソノ他昭和十一年三月一日マテニXノ方テ代金支払ニ着手シタコトノ証拠ハナイカラ右Yノ解約ニヨツテ本件売買契約ハ昭和十一年三月一日解除サレタモノトイハナケレハナラヌ、尤モ右供託ハ昭和十一年三月四日テアツテ甲第一号証ニヨルトXハ同月三日Y先代Aニ対シ残代金千百円ヲ提供シタコトカ認メラレルカラ右解約ハ効力ヲ生シナイトイフカモ知レナイカ手附金ノ倍額ヲ提供シテ解約ヲシタノニ相手方カ手附金倍額ノ受取リヲ拒ンタ場合ニハソノ後滞リナク供託スレハ解約ハソノ申入ヲシタ日ニ効力ヲ生スルノテアツテ供託前ニ相手カ契約ノ履行ニ着手シタコトニヨツテその効力ヲ左右サレルモノテナイト解スルノカ相当（傍点筆者）」と。

〈分析〉本件の争点は、売主が手付倍額を提供して契約解除の意思を表示したのに対して、買主が受領を拒絶した上履行に着手した後、売主が右手付倍額を供託した場合、契約解除が成立するか否か、という点である。即ち、一方当事者の供託前の相手方の履行着手によって、供託の効力が左右されるか、という問題であり、判旨は、売主の手付倍額の提供を買主がその受領を拒絶しても、売主が遅滞なく供託する限り、契約解除はその申入の日に成立する、と判示した。判旨の結論は、妥当と思われるが、判旨のいう「滞リナク」がいささか曖昧であり、時間的即時を表わす法律用語として使われる次の用語「遅滞なく」「直ちに」「すみやかに」のどれを指すのか、が問題であろう。用語解説[1]によれば、「直ちに」と「すみやかに」は時間的即時性が強く、通例は前者の方が後者より即時性がより強いとされ、遅滞は一切許されないとする学説もあるのに対し、後者は比較的急迫性がゆるい場合もある。「遅滞なく」には即時性が強く要求されることもあるが、その場合でも正当または合理的な理由による遅滞は許されると解されている。さらに「直ちに」と「遅滞なく」とある場合の懈怠が義務違反をひき起こすのを通例とするのに対し、「すみやかに」は訓示的意味を持つにすぎないことがある。そうだとすると、「滞リナク」は右の三者のどれに該当するのだろうか。本件では、Yは三月一日に提供し拒絶され、四日に供託した、とされる。私は、右の「遅滞なく」が該当するように思う。なぜなら、時間的即時性が他の二者に比べて弱く、理由ある遅滞は許されるであろうから（例えば休祝日が介在するなど）である。Yの供託まで中二日あったのは、おそらく止むを得ない事情があったからであろう。

（1）　法令用語辞典・佐藤達夫他編。

4の㉔

東高判昭和二八年五月九日東高民時報四・一・二

〈事実〉Ｘ（被控訴人）は昭和二五年九月二五日にＹ（控訴人）から、Ｙが同年一月に営林局から払下げを受けることに決定した前橋営林局品川木炭倉庫在中の木炭一万俵を、受渡期日は営林局から正式に払下げを受ける同年一一月上旬、売買代金は同月上旬現在の木炭卸売業者の時価による購入価格（都内各駅レール渡価格）を標準として当事者間で協議して決定すること、引渡場所は前記品川木炭倉庫とすることの約定で、購入する契約を締結し、同月ＸがＹに対し手付四〇万円を交付した。ところが、その後ＸＹ両当事者間において売買代金額について協議がととのわなかった為、Ｘは本件契約を解除し、右手付金の返還を求めて、本訴を提起した。一審Ｙ敗訴し、ＸがＹからの価格協議の申込みに応じないくせに、協議が不調として手付金返還を求めるのは、著しく信義則に反し、このような権利の行使は許さるべきではない、と主張して控訴。

〈判旨〉控訴棄却。理由は「……右代金額の協定に関する約定は、時価そのものによって代金を決定するというのではなく、時価を標準としてＸＹ協議の上決定するという趣旨であり、従て右売買契約はその内容の最も主要なる代金額につき当事者の協議がととのわない以上その代金の定めがなかったと同様の結果となり売買契約としての効力を生じなかったものである。従て売買契約が効力を生じたことを前提とし、これが解除を原因として右手附金の返還を求めるＸの請求は理由がないが、売買契約の有効に効力を生じたことを前提としてＹに交付された手附金は、法律上の原因を欠く不当利得としてＸに返還さるべきものである」とし、さらにＹの主張に対しては、次のような原判決の理由を引用する、即ち、「……本件契約において、木炭代金を時価を標準として協定することを約した所以のものは、木炭が営林局で作ったものと民間業者で作ったものとはその価格に差があるし、又本件での時価というのは木炭卸売業者の東京都内各駅レール渡時価をいうのであるが、ＹＸ間の本件契約においては木炭の引渡場所を右レール渡よりＸにとって不利である前記品川木炭倉庫とした（レール渡によれば直ちに営業区域で売捌くことができるが、品川倉庫渡では営業区域までの運賃をＸにおいて負担することとなる）等の関係もあって、右時価より安値に協定しようという趣旨であったところ、価格協定の折衝においてＹより提示された価格は、木炭の品種等の上からもやや高値だったので、Ｘにおいて Ｙ提示の価格の協定に応じなかったことが認められ、これを左右するに足る証拠はない。そうだとすると、Ｘが価格協定に応じなかったからとて、これを理由として売買契約の無効を主張し、手附金の返還を求めるＸの請求を信義誠実の原則に反し許すべからざるものとするのは、当を得ない主張であ」る、と。

〈分析〉(1)本件においては、その売買契約成立後その要素たる代金額について当事者間の協議がまとまらなかったところから、結局、本件契約は代金額の定めのない、従って無効の契約である、と認定された。そこで判旨は、本件契約が有効であることを前提に交付された手付金は、法律上の原因を欠く不当利得として、Ｘの手付金返還請求を認めたものである。

(2)本件では、Ｘは本件契約の有効な成立を前提に、Ｙとの間で代金額の折合いがつかなかったことを理由に解除し、Ｙに交付した手付金の返還を請求した。この場合、Ｘ側の・Ｙとの間の価格協定の不調を理由とする解除権行使が、手付による無理由解除か、それともＹの不履行を理由とする不履行解除なのか、はっきりしない。前者だとすれば、手付金返還請求は成立しないし、後者だとすれば、Ｙの不履行は考えられないから、やはり手付金返還請求は成立しない。要するに、Ｘの・解除を媒介とする手付金返還請求は、規範論理的には成立しない。こう考えると、判旨のように、本件契約が売買契約における一方の対価的債権・債務を形成する代金債権・債務の内容が不確定であり、従ってそもそも本件契約が有償・双務契約の実体をなしていないところから、本件契約を無効なものと認定し・（信義則と関連づけることなく）Xの手付金返還請求を認容したことは当然といえるであろう。そうだとすれば、本件手付の性質をあえて論じる必要はないことになる。

4の㉕

大阪高判昭和五八年一一月三〇日判タ五一六・一二一

〈事実〉Y（被控訴人）は、住宅新聞を通して本件不動産及び仲介業者Aを知り、Aの紹介で右不動産の所有者X会社（控訴人）との間で昭和五八年五月二五日右不動産を代金五、五〇〇万円、手付金五〇〇万円とする売買契約を締結したが、YはX側から契約書を同日中に作成しないと売却しないといわれたため、右契約書は手付金として右同日一〇〇万円、同月二九日追手付金四〇〇万円を支払う（契約書二項）、同年八月二日売買代金を支払い、右手付金は売買代金に充当する（同三項）、Yが本契約の履行をしなかったときは、Xは手付金を没収する（同七項）旨の条項を含む内容のものであった。そこでYは当日持参した額面金一〇〇万円の小切手をXに交付したが、その後Yは本件不動産の立地条件などを考慮してその購入をためらい、同月二九日までに追手付金四〇〇万円を支払わなかった。そのためXは右追手付金四〇〇万円の支払義務不履行を理由に、本件売買契約を解除した上、右追手付金を請求して本訴に及んだ。一審X敗訴、控訴。

〈判旨〉控訴棄却。理由は「……不動産売買契約の締結に際し、買主から売主に対して手附金名目で金銭の授受が約され、ないし、その授受が行われる場合、特段の意思表示がない以上これを解約手附と解すべきところ（民法五五七条一項）、前認定のように本件売買契約締結の経緯によっても、右特別の事情を認めることができないから、本件においても、右の趣旨の手附と認めるのが相当である。そうするとXとのY間において、売買代金の約一〇分の一とされた手附総額金五〇〇万円を、本件売買契約における解除権留保の対価とすることの合意がなされたと認められ、これが当事者の意思に合致するものというべきであるが、手附契約が金銭等の交付により成立する要物契約であることを考慮すると、前示のように、昭和五七年五月二五日、本件売買契約が締結され、これに従たる総額五〇〇万円とする手附に関する合意がなされ、Yから金額一〇〇万円の小切手がXに交付されているけれども、右総額五〇〇万円についての手附契約としては未だ成立するに至らず、むしろ、同月二九日までに右金額を交付する旨の手附の予約がなされたにとどまるものと解するのが相当である。そうすると、XのYに対する右金四〇〇万円の請求については、右手附総額五〇〇万円につき手附契約がそもそも成立していないのであるから、その前提を欠くというべきであり、したがって交付のない手附金の没収ないし支払請求をする根拠がないことに帰着する。なお、Xは、手附の予約でなくその成立があるとし、右手附金の支払いを分割したにすぎないというけれども、手附の要物契約性を無視するものであって採用することができない〔傍点筆者〕」、と。

〈分析〉 (1) 本件は買主側が手付金として五〇〇万円を二回に分けて売主側に交付すべきところ、初回分一〇〇万円を、しかも小切手で交付し、さらに第二回分四〇〇万円を支払わなかったので、売主側は相手方の債務不履行を理由に契約を解除し、右四〇〇万円を請求した、というものである。判旨は、本件手付が解約手付であることを認めた上で、本件手付契約が要物契約であるところから、第一回目の手付金の支払いによって手付契約の予約が成立したにすぎない、と判示し、残りの手付金が交付されない限り、手付契約は成立していないことになるとして、Xの請求を否定したのである。

⑵手付契約の要物性及び付随性を判示したのは、大判大一一・九・四新聞二〇四三・一〇（4の⑥）であった。この判決は、手付契約は従たる契約ではあるが、だからといって主たる契約と同時に成立する必要はなく、主たる契約の成立後に（予め合意されていた）金銭の授受がなされた場合にも成立する、といい、しかも現実に授受された金額分（だけ）がそのまま具体的な内容となる、と判示したのである。従ってこの判決によれば、手付金分割払いの手付契約であっても、初回の一部手付金が交付された段階において手付契約が成立するから、不履行の買主は、現実に交付した金銭を放棄すれば、主たる契約が解除されたことになり、予め手付金として合意された金銭との差額まで放棄することは必要ないのである。さらに、本件といささか事案類型を異にするが、大判昭八・一・一四裁判例（七）民四（4の⑧）においても、代金分割払いの売買契約において、契約成立と同時に（従って初回に）現実に支払われた金銭が手付とされた（原審では二回目に支払われた中間金が手付とされた）。⑶ところが、本件の場合には、分割払いの手付金が初回金しか支払われなかった点を手付契約の予約ととらえ、追手付金の支払不履行を以て、手付契約の不成立が結論づけられ、そこからXによる追手付金の支払請求の棄却が導びかれた。もし、本件においても叙上二つの判決にならってYが初回の手付金交付により手付契約が成立したものとして、右手付金を放棄し本件売買契約解除の意思表示をしたとすれば、事は簡単に片づいたであろうが、おそらくYは、約定手付金の追加支払いをしないまま放置したのであろう。Xはそこに目をつけて、Yの手付契約不履行を理由に売買契約を解除して、未払手付金を請求したので、判旨は叙上大審院判例と異なる論理構成をとらざるを得なかったように思われる（もっとも、仮にそうだとすると――Yが手付放棄による契約解除もしないのに――、判旨がその前半において本件手付の解約手付性をことさらに強調しているのは、なぜだろうか、と思わざるを得ないのであるが）。他方、もしXが売買契約解除の上、履行利益賠償を求めたとしたら、判旨が同じ論理構成をとる訳がないであろうから、判旨が本件において用いた手付契約不成立の論理構成は、本件（のよう

な事案）限りの・狭い適用範囲に限局されるであろう。

4の㉖

名古屋高金沢支判昭和六三年一二月五日判時一三一九・一一〇

〈事実〉モーテルを経営するX商事（控訴人）は昭和六〇年六月三日A（X商事代表者の夫）を代理人、B興産Cを仲介人として、Y（被控訴人）とモーテル・ホテルDの営業譲渡について売買交渉を行い、XY間に代金四億六千万円、本契約日を同月一一日とし、予約完結権は買主Xのみに帰属する旨の売買予約契約が締結された。その際、XからYにAの経営する会社振出の額面一、〇〇〇万円の小切手が交付され、Xは正式契約をするときに額面五、〇〇〇万円の小切手と交換する旨約束した。予約当時XはホテルDを右の購入価格で買入れる場合、一カ月の平均売上高が一、〇〇〇万円以上あることが損益の分岐点になると考えており、右ホテルの売上高に重大な関心を寄せていた。仲介人Cは同年六月始めAにホテルDの売上状況を記載したメモを渡して月額一、〇〇〇万円以上あると説明していたが、その後Aが調査したところ、一カ月の売上高は七五〇万円前後と推定され、到底一、〇〇〇万円には達しないものと判断されたので、同月一七日AはYに会い、説明を求めたが、Yは売上高の業績を示す資料を一切示さないため、Aは売上高について確信がもてず、右代金の減額交渉がなされたが、折り合わず、本契約を締結するに至らなかった。Xは、Yに交付した右小切手は申込証拠金であるとしてその返還を求め、本訴（昭六〇（ワ）一九四号事件）に及んだが、他方、Yは、右小切手は解約手付及び損害賠償額の予定として交付を受けたものであるとして、額面金額一、〇〇〇万円を支払うよう、Xに請求した（昭六〇（ワ）二〇七号事件）。一審（富山地判昭六二・八・二四判時一三一九・一一五）は、Xの請求を棄却、Xに対し、一、〇〇〇万円の支払いを命じた。Xは、一カ月平均売上高が一、〇〇〇万円を下らないことについて確信が得られぬまま、契約締結に至らず、売買契約の要素たる価額の合意がなかったから、予約契約は不成立であること、本件小切手は売買交渉の際の「申込証拠金」であり、Xが真に買う意思があることを証するための「買付証明書」であって手付金とは異なること、を主張して控訴。

〈判旨〉原判決を取消し、Yに、本件小切手をXに返還することを命じた、即ち「……本件当事者間において、本件小切手が如何なる意思で授受されたかにつき判断するに、前記認定によると、Xは、Cから買付証明書を要求（手付金を要求されてはいない）されたため、昭和六〇年六月三日Yに対し、XがホテルDの営業用財産の取得を本心から希望し、真実買主になる意思を有して売買交渉に当たることを証明するため、買付証明書を一筆書く代わりに本件小切手を預け、ホテルDの売上が月一〇〇〇万円以上あることの確信がとれれば、同月一一日に代金四億六〇〇〇万円で売買契約を締結する旨申し出、右契約締結日に、本件小切手と引換えに、手付金としてX振出の五〇〇〇万円の小切手を交付するとして、それまでYに本件小切手の保管方を依頼したに過ぎず、Yも、Xの右申し出を承諾し、Xから本件小切手をホテルDの売買に伴う申込証拠金として預かり、同月一一日正式契約が締結されるまで本件小切手を保管し、取立てに出さないことを約したのであり、本件小切手が現金一〇〇〇万円と同一の経済的価値があるものとして授受された訳ではないことが認められるから、右小切手は金銭又はこれに代る有価物として交付されたものとは認め難く、買取意思を証するための文書ないしは物として授受されたと認定するのが相当であり、したがって、その意味で本件『小切手』は手付とはいえない〔傍点筆者〕」と。

〈分析〉(1)本件の主たる争点は、最初の売買交渉の際にXからYに交付された・Aの経営する会社振出の額面一、〇〇〇万円の小切手がX主張の「申込証拠金」か、Y主張の手付金（解約手付かつ損害賠償額の予定としての違約手付）かという点であった。

(2)一審は、本件小切手を解約手付と認定した。そしてその根拠を以下の事情に求めている[1]。即ち「……X代理人のAは、本件売買契約の予約につき、本契約の代金総額が四億六〇〇〇万円の多額にのぼるうえ、もともと本契約の締結を強く望んでいたことから、単なる口頭の約束に不安を覚え、それだけでは拘束されないとの意識のもとに、本契約の締結を確実なものとするため、手付として、積極的に本件小切手をYに交付したものと認められ、他方、Yもこれを承諾し、本件小切手を受領したものと認められる〔傍点筆者〕」として、X側の・本契約締結への強い意図を以て本件小切手を手付と解する根拠とした上、「他に特別の意思表示が認められない本件においては、本件小切手は右予約の解約手付と認められる〔傍点筆者〕」と、解約手付推定の論理を補強的に用いて結論づけている。さらに、AがBに対し、Y申出の本件売買代金総額四億六五〇〇万円を五〇〇万円値引きすることを条件に本件小切手を交付し、本契約締結日に、本件小切手と引換えに本件売買の手付金としての五〇〇万円の小切手を交付するとして、「それまでYに保管方の依頼を指示するとともに、若しYが右値引きに応じないときは、本件小切手を持ち帰るよう指示し、現にYが右のとおり値引き及び本件小切手の保管を承諾した」ことから、「Aが、本件小切手を本件売買契約における手付と同じ性質のものとみていた〔傍点筆者〕」ことが推認できる、とする。これに対して二審は、売買予約の成立を認めたものの、契約書作成〔署名押印〕によって本契約の効力が発生するとの両当事者の合意が、予約完結権者Xの正式調印拒否によって実現しなかったとし、他方、本件小切手はXからYが本件売買に伴う申込証拠金として預かって本契約成立まで保管し、取立てに出さないことを約束したもので、本件小切手が「現金一〇〇〇万円と同一の経済的価値があるものとして授受された訳ではな」く、従って本件小切手は「金銭又はこれに代る有価物として交付されたものとは認め難」い、つまり、二審判旨は、本件小切手は、手付「金」ではない、として、その手付性を否定したのである。従って本件小切手は「買取意思を証するための文書ないしは物」として授受された、と認定したのである。

⑶そこで一、二審の認定を対照してみると、前者が本件事案における・両当事者とりわけAの・契約成立への強固な意欲から、本件小切手が予約の手付たることを論証している一方、後者は、本件小切手の授受の際のXの申出——一定期間取立てに出さないこと——から本件小切手の有価性を否定し、そこから本件小切手の手付性の否定を結論づけている。こうして両者の結論は全く正反対であった。

私は、二審判旨の判断をよしとしたい。一審判決は本件小切手を解約手付と認定したが、叙上のように一審判旨は、本件売買の買主側の事実上の中心人物Aの・本件契約の実現への強い意欲の故に本件小切手を手付としてY側に交付して契約の拘束力を高めようとし、Yも亦それを承知の上で受領したのだ、と判示したのである。私が右判旨の・この判断に矛盾を覚えるのは、Aが単なる口約束による予約では本契約締結が覚束ないから、それを確実にするために手付を打った（はずな）のだ、としたら、僅少な金額による解約手付であれば、契約の拘束力を高めるどころか反対に弱めることになり、むしろ逆効果になるからである。私にはやはり、本件小切手の授受前後の両当事者の・二審判旨による意思解釈の方が無理がないように思えるのである。

（1） 一審判決は、時系列的に極めて詳細に事実関係を判示しているので、重要と思われる事実を列挙するに止めたい。①Yはモーテル「ホテルD」の土地建物たる本件不動産を所有し、有限会社Dの全出資口数一〇口（一口当たりの金額一〇万円）のうち五口を保有し、代表としてホテルDを経営（残り五口はYの子Eが保有）。②Yは昭和六〇年二月B興産に対しホテルDの全出資口数及び本件借入金債務の承継を含む営業譲渡即ちホテルDの売買につき代金四億六、五〇〇万円（内金二、〇〇〇万円は裏金とする）で仲介を依頼。③B興産Cは同年五月Aに本件売買の話をもちかけたが、昭和五七年当時、B興産がホテルDの売買をAに持ちかけたことがあり、その時はYの都合で不調に終わったが、Aは、その取得を強く望んでいた。そこで再度AはCの話をきき、B興産に本件売買の仲介を依頼。④Aは同年五月二四、五日頃ホテルDの売上げが一カ月一、〇〇〇万円以上あるとのCの説明に疑問を示しつつも、本件売買代金につきY呈示の四億六、五〇〇万円を了承するに至り、そこでCは二七日頃Aに本件売買契約書案として「不動産売買契約書」及び「法人譲渡に関する覚書」、本件不動産の登記簿謄本などを届けた。Aは、Cから、作成日付昭和六〇年六月五日とした右書類を異議なく受取ったが、本件売買契約を右作成日の六月五日の締結を確答しなかった。⑤同年六月三日CはAを訪ね、本件売買について買付証明書を出してくれるよう要請し、Aは「書面よりも一、〇〇〇万円の小切手を預ける」といい、本件小切手をCに預け、同年六月一一日に正式に契約を締結する旨を伝え、その際「右契約締結日に、本件小切手と引換えに、本件売買の手付金としてX振出しの五〇〇〇万円の小切手を渡すから、それまで本件小切手を保管し、取立てに出さないでほしい〔傍点筆者〕」と述べるとともに、売買代金を五〇〇万円減額してほしい、加えてホテルDの売上げ調査の結果、一カ月一、〇〇〇万円以下であれば、さらに減額してほしい旨、Yに伝えるよう依頼した。⑥Cは即日Yに伝え、YがAの申出を全て承諾した旨をAに伝え、Aの指示に従い本件小切手をYに交付した。⑦YはCに「本件小切手を手付として受け取る〔傍点筆者〕」として受領し、Cの用意していた金額一、〇〇〇万円のX宛て領収書に署名押印し、Cに同領収書の但し書の空白部分に記入を依頼した。Cは直ちに右但し書として「富山市……ホテルDの売買に伴う申込証拠金として〔傍点筆者〕」と記載した。右記載についてCは「申込証拠金の意味ないし法的性質を十分認識し、手付と区別するものとして記載したわけではなかった。Cとしては、事実上、本件売買の手付として理解していたものの、右授受の時点では、まだ本件売買が正式に契約として締結されたものでなく、つまり、本件売買の契約条件ないし内容は確定したとはいえ、正式に契約書としての書面を作成する段階に至っておらず、さりとて、Xの買主としての地位を確保する必要から、前記のようなただし書を記載した。他方、Yは、右ただし書の申込証拠金も手付金と異ならないものとして、別段異議を述べなかった」。⑧その後Aは「ホテルDの売上面で検討したい点がある」として、六月一一日の契約締結を一七日に延期した。しかし、一七日に至り、AはCに、ホテルDの売上げが一カ月七、八〇〇万円しかないことが分ったとして、代金減額を請求したところ、CはAを伴いY方に赴き、ホテルDの売上げにつきYからAに説明させ、Aも納得し同日三時に正式に本件契約を締結する旨合意した。ところが、AはCとともにY方から帰る途中X経営のホテルに立ち寄りAの妻に報告したところ、強く反対され、Cに本件売買を断わる旨申し出たが、一応翌一八日まで再考することを伝えた。翌日AはCに四億円まで減額するよう申し出たが、Yから拒絶され、結局本件契約は不成立に終った。

4の㉗

札幌高判平成二年五月一〇日金融・商事判例八五〇・一七

〈事実〉X（被控訴人）は、Y会社（控訴人）が訴外Aから買い受けた土地・建物（以下本件不動産という）を、昭和六〇年一〇月二五日代金九、〇〇〇万円で購入することとし、手付金八〇〇万円（ただし現実には七六〇万円）を交付した。なお、契約上の手付金八〇〇万円と現実の交付額との差額四〇万円は、別に契約立会料として五五万円をXが支出しているなどの関係で請求しないこととされ、手付金は七六〇万に変更された。右代金九、〇〇〇万円のうち、七、五〇〇万円は本件不動産に設定されている根抵当債務（Aを債務者とする）の引き受けによって決済されることとした。従って残代金は七〇〇万円であった。本件不動産については、Aの担保設定に見られるように多額の債務負担があったため、他の債権者から仮差押等をうけるおそれがあり、そのため早急に（中間省略により）移転登記を完了する必要があり、契約の翌日に所轄登記所にXが司法書士と共に赴き、登記手続を行うことが約定され、Yは、登記所要書類一式を司法書士に預け、司法書士に登記申請書その他の書類を作成させた。ところがXは登記所に現われず、登記をすることができなかったので、Yは翌週改めて登記手続をとるようXと合意したが、Xが時間に遅れ登記所に着いたのが午後だったために、その時には既に前所有者A（登記上の所有者）を債務者とする合計七、〇〇〇万円に及ぶ担保設定登記がなされており、所有権移転登記をすることを諦めざるを得なかった。その後XはYに対し、契約通り、引き受けた被担保債務以外に負担のない状態で登記手続をとるように催告したが、Yは履行せず、Xは本件売買契約を解除し、手付倍返しを内容とする損害賠償予定額一、六〇〇万円の支払いを求めて本訴に及んだ。一審Y敗訴（一審判決不詳)、控訴。

〈判旨〉原判決を変更し、Yに七六〇万円の支払いを命じた。損害賠償額の予定としての違約手付と過失相殺について「本件違約手付契約（乙第一号証は『違約金』の標題がついている）は、当事者の一方（買主）が契約上の義務を履行しないとき、買主は相手方（売主）にその返還を請求できず、他方、売主が履行しないときは、その倍額を買主に償還する旨のものであって、民法四二〇条所定の賠償額の予定に該るものと解される。右賠償額予定契約は、債務不履行を原因とする損害賠償の賠償方法として清算目的の下に予定額の給付を約する旨の原債権関係に従たる契約であって、履行に代わる填補賠償を約するものではないから、本契約の債権者は相手方の債務不履行の事実さえ証明すれば、損害の有無、多少、契約解除の有無等をとわず請求しうるものであるが、他方で裁判所はその額を増減できないこととされている（同条一項但書）」。「……右条項は、歴史的には契約自由の原則が民事罰の領域において具体的に適用される一つの場合として意義を有するものであるが、今日この法理を過度に貫くときは、かえって債務者を不当に圧迫し、あるいはやはり近代取引法の指導原理である公平の原則に反する結果にもなりかねない恐れがあり、これを防止するためには、裁判所による適切な利害調整が要請されることになる。このような見地から今日においては、民法四二〇条の賠償額の予定に対しても、民法九〇条に基づく制限はもとより、損害の公平な負担を図るために過失相殺の法理が適用されることが妨げられるものではないと解するのが相当である〔傍点筆者〕」。「のみならず、本件違約手付契約は、その文言からすると、賠償義務を負うのが売主であっても、これとは逆に買主であっても、その者にのみ過失が存する場合を想定して定められたものと解されるから、後記のとおり当事者双方に過失があると認められる本件においては、裁判所が損害の公平な負担を図るという見地から、民法四一八条により過失相殺をなしうると解したとしても、むしろ本件違約手付契約の趣旨及びこれを約した当事者の意思に適うものというべきである」。「……

前記認定の事実によれば、Xは、Yが当初の約定どおり昭和六〇年一〇月二六日履行補助者であるBに本件不動産の所有権移転登記手続をなすにつき必要な書類一式を持たせて深川出張所に赴かせて履行の提供をしたにもかかわらず、同出張所に出頭しなかったこと、そのため、……やむなく再度同月二八日同出張所に赴いたけれども同出張所に到達したときは訴外Aが同日付で本件不動産に抵当権等を設定した後であり、結局Yは同日本件不動産につき本件抵当権以外の担保権の設定のない状態で所有権移転登記手続をなす旨の債務を履行することができず、しかも債権額、極度額が多額であるためその後も右抵当権等を抹消するなどして右債務を履行していないことが認められる」。「そうすると、Yの右債務不履行についてはXにも過失があるというべきところ、前記認定の事実、その他本件記録に表れた一切の事情を斟酌すると、Xの過失割合は五割と認めるのが相当である」。

〈分析〉(1)本件手付の性質については、XY両当事者ともに本件売買契約に従い、損害賠償額の予定としての違約手付として理解していたことは、判旨の示すところである。

(2)本件ではXが、Yの債務不履行を理由に本件売買契約を解除した上、違約手付契約にもとづき手付倍額の償還を求めたのに対して、判旨は、Yの債務不履行にはXの過失も関与していたとして、過失相殺を認め、手付額までYの賠償額を減額したのである。

(3)本件手付契約は、買主が契約上の義務を履行しないときは買主は売主にその返還を請求できず、売主が履行しないときはその倍額を買主に償還する、という趣旨のもので、本件契約書に「違約金」の標題がついている通り、損害賠償額の予定としての違約手付(私の謂う予定手付)であり、民法四二〇条三項推定の損害賠償額の予定(同条一項)に他ならない。従って本来ならば裁判所はその額を増減できないはずである(同条同項但書)。これに対して、判旨は、契約自由の原則の一適用例としての右の法理の貫徹が公平の原則に反する結果を生む場合には、公平の原則を担保する・過失相殺の法理（民法四一八条）を適用すべきものと判示した。その上、本件違約手付契約によれば、当事者の一方にのみ過失がある場合が想定されているのであるから、その想定とは異なり本件のように双方過失が存する場合には、損害の合理的分配を志向する近代民事責任法理にもとづき過失相殺を適用することが、本件違約手付契約の趣旨及び当事者の意思に沿うものと判示した。至当な判断というべきであろう。

(4)本判決の新規性は、一方当事者の債務不履行に他方当事者の過失の関与がある場合には、損害賠償額の予定としての違約手付による事後処理の際に過失相殺が適用される、とした点である。

4の㉘

前橋地判大正一〇年八月一二日評論一〇民一〇三二

〈事実〉大正九年三月Yは、Xからその所有する土地建物を代金一〇、六六四円、手付金一、四三九円五〇銭で買受ける契約を締結し、右手付金を直ちにXに交付した。同年一〇月一八日YはXに手付金を放棄して契約を解除する旨通知した。そこでXは、Yに対し本件売買はすでに履行に着手したとして、Yの解除権行使を無効と主張すると共に、もしYの契約解除が有効であれば、それによって生じた損害の賠償を求めるとして本訴に及んだ。

〈判旨〉一部請求棄却。Yの解除に対してXが既に履行に着手したことを理由にYの解除無効を主張した点について、「……土地建物売買之証ノ記載ヲ徴スレハ本件売買契約成立ト同時ニ手附金ノ受授《ママ》アリテ当事者中履行ニ着手シタルト否トヲ問ハスY〔Xの誤り?〕ニ交付シタル手附金を無効トシXハYヨリ受領シタル手附金ノ倍額ヲ提供シテ解除ヲ為ス事ヲ得尚相手方損害ヲ蒙リタルトキハ賠償スヘキ附帯契約ヲ為シタル事明ナリ抑モ民法第五五七条ノ規定ハ売買当事者間ニ於テ手附金ノ受授《ママ》アリテ解除ニ関シ何等契約ヲ締結セサル場合ニ於テ当然適用セラルヘキモ強行法ニ非ルヲ以テ本件ノ如ク解除ニ関シ特ニ契約ヲ締結シ然モ民法ノ規定に因リタルモノニ非スシテ当事者間ニ於テ解除ニ関シ特約ヲ為シタルモノト認定セサルヘカラス而シテ該特約ハ何等公序良俗ニ反スル点ナキニヨリ当事者ハ該特約ニ覊束セラルルヲ以テ仮令本件ニ於テ既ニ契約ノ履行ニ着手シタリトスルモ該約旨ニ因リYハ本件契約ノ履行期タル大正九年一〇月二五日迄ハ其手附金を抛棄シテ契約ノ解除ヲ為スコトヲ得ルニヨリYカ大正九年一〇月一八日Xニ対シ為シタル解除ノ意思表示ハ有効ニシテY〔Xの誤り？〕ノ抗弁ハ其理由ナシ然ラハ本件売買契約ハYノ解除ノ通知ニ依リ大正九年一〇月一八日解除セラレタル事明白ナルヲ以テ前記特約ニヨリ解除ニ基因セルXノ損害ニ対シテハYハ之レカ賠償ヲ為ス義務アルモノトス」として、大正九年一〇月中旬当時の本件土地・建物の市場評価価格を本件売買代金から控除した残額四、七七一円五〇銭をXがYの解除により蒙った損害額とし、そこからXが受領した手付金を控除した残額三、三三二円の賠償をYに命じた。

〈分析〉冒頭に記しておきたいのは、本件判決の引用部分に「被告」と「原告」のとり違い（多分、本判決記載の文献の誤植と思われる）と思われる箇所がいくつかあり、判旨の理解に苦しんだことである。私の理解が正しいことを前提に、以下所感を述べる。①（文献中の判決引用部分に本件契約書の引用がなく、その正確な内容が不明であるが）本件契約においては、民法五五七条の規定と異なり、当事者の一方が契約の履行に着手した後であっても他方は手付損倍戻しによって契約を解除しうる、と規定されている点に新規性がある。さらに②判旨が、民法五五七条が強行法規ではなく、任意法規にすぎないから、民法九一条により、手付に関し民法五五七条と異なる内容を特約として契約に盛り込むことができるとした上で、さらに右特約は公序良俗（民九〇）に違反する内容ではないからと念を押して、契約の履行着手後であっても本件契約の履行期までは約定解除権を当事者は行使できる、と判示している点は、極めて丁寧な説示であり、説得的といえよう。とはいえ、民法における法定解除（民五四〇以下）を含む民事責任の原理との矛盾は解消されてはおらず、解約手付の沿革を顧みると、民法の規定と異なり、封建時代の慣習には手付による解除権行使に「履行着手」による制限がなかったのが一般であったことを考えれば、本件手付はむしろ旧慣に逆戻りしたもの、と見るべきかも知れない(1)。そうだとすれば、右の矛盾は却って増幅されるといえよう。

（1） 現行手付規定では「当事者の一方が契約の履行に著手するまでは」となっているが、これは旧民法の「契約ノ全部又ハ一分《ママ》ノ履行アリタルトキハ」（旧民財産取得三〇Ⅱ）を修正したものである（法典調査会民法議事速記録三・八八六下段以下）。また、旧慣では、着手制限の代わりに、手付による解除権行使に期限を付する慣習があった、といわれる――右速記録における磯部委員の発言（速記録三・八八七下段）、商事慣例類集第一篇四三八「六番（浜田）商業ニ由リテハ手付金三日限リトス若シ三日ヲ過クルトキハ破約ト為リ手付金ハ返ササルモノトス」。

4の㉙

東地判大正一二年三月一三日評論一二民四六二

〈事実〉Xは大正一〇年四月二〇日Yとの間に次のような契約を締結した、即ち、XはY所有の杉立木をYが伐採し、一丈三尺の長さの丸太にして不良品は除き二、五〇〇本以上をX主張のような代金で買受ける旨契約し、右杉丸太は栃木県栃木町で検尺をした上期限内に引渡さるべく、代金はまず内金二、五〇〇円を契約金として支払い、現品がXの店舗に到着する都度すぐに支払い、もし当事者の一方が本件契約に違反したときは違約損害金とし五、〇〇〇円を相手方に支払う旨の特約を締結した。ところが、その後Yは、物件引渡場所は栃木町であり、Xの店舗（東京・深川在）ではない、と主張して物件をXに引渡さず、そこでXはYに対し損害賠償を請求して、本訴に及んだ。これに対してYは、Xが右契約金二、五〇〇円を支払わないとして叙上の違約損害金の支払を求めて反訴請求を行った。

〈判旨〉本訴・反訴とも請求棄却。まず、Yの管轄違いの抗弁――本件目的物件の引渡場所は栃木町であって東京市深川在X店舗ではなく、Yの義務不履行を原因とするXの本訴請求について管轄裁判所は東京地裁ではない――に対し、これを否定した上で、次いでXの本訴請求について「……大正十年四月二十日YハXニ対シX主張ノ土地上ニ成〔生の誤り?〕立セルY所有ノ杉立木ヲYニ於テ伐採シ長一丈三尺ノ丸太ト為シ腐疵及曲リ多キモノハ除外シテ材積尺〆二千五百本以上ヲX主張ノ如キ代金ニテ売渡ス旨契約シ且ハ右杉丸太ハ栃木県栃木町ニ於テ検尺ヲ為シタル上X主張ノ如キ期限内ニ引渡スヘク先ツ内金二千五百円ヲ契約金トシテ支払ヒ置キ現品カX店舗ニ到着スルト同時ニX主張ノ如キ計算ノ下ニ其都度直チニ支払フヘク若シ当事者ノ一方ニシテ本契約ニ違反シタルトキハ違約損害金トシテ金五千円ヲ相手方ニ支払フヘキ特約ヲ為シタルコトハ本件当事者間ニ争ナク……甲第一号証及証人A竝ニBノ各証言ヲ……考覈スレハ右契約ニ於テXヨリ金二千五百円ヲ契約金トシテYニ支払フヘキコトヲ定メタルハ単ニ後日契約ノ履行セラルル場合ニ之ヲ代金ノ〔一――筆者〕部ニ充ツルコトノミヲ目的トシタルニ非ス其支払ヲ待ッテ初メテ契約ヲ成立セシメムトスル趣旨ナランコトヲ知リ得ヘク加之之カ支払ハ契約締結ノ際其場ニ於テ為スノ約ナリシニXヨリ四五日間ノ猶予ヲ乞ヒYノ承諾ヲ得テ同期間中ニX自ラ栃木町ニ到リテ其支払ヲ為スカ然ラサレハY宛ニ送金スヘキコトト為シタルコトヲ認メ得ヘシ……本件契約金ナルモノハ一面ニ於テ成約手附タル性質ヲ有スルモノナルニ該契約金ハ遂ニ授受セラレサリシコト当事者間ニ争ナクXハ大正十年五月十日Y方ニ到リ現金二千五百円ヲ提供シタリト謂フ之ヲモ認メ得ヘキ何等ノ証拠ナシ果シテ然ラハ前記売買契約ハ其成立ヲ見ルニ至ラサリシモノト断スルノ外ナク従テ其成立ヲ前提トスルXノ本訴請求ハ理由ナキコト多言ヲ要セサルヘシ〔傍点筆者〕」。次に、Yの反訴請求の原因が、Xの契約金二、五〇〇円の不払いによって本件特約にもとづく違約損害金五、〇〇〇円をXはYに支払う義務があるという点にあるが、「該契約金ハ前叙ノ如ク一面ニ於テ成約手附タル性質ヲ有シ本来契約締結ノ際其場ニ於テ支払ハルル約ナリシモノナレハ当事者間ニ於テ其支払ノ或ハ為サレサルヘキ事ヲモ予期シテ本違約損害金ノ特約ヲ為シタルモノトハ首肯シ難ク従テ右特約ハ単ニ前記売買契約履行ノミニ関スルモノト解スルヲ相当トスヘシ〔傍点筆者〕」として、Xが違約損害金の支払義務を負うべきではないから、Yの反訴請求も理由なしと判示した。

〈分析〉本件における売買代金について、判旨は、まず内金として二、五〇〇円を「契約金」としてXが支払い、Yから売買目的物の一部がXの店舗に到着すると同時に残代金をその都度支払うことになっていた、と認定している。従って、Xが右の契約金二、五〇〇円を材木の到着の都度Yに支払うことによって初めて契約が成立する、という趣旨のものであったから、本件契約金は成約手付であったと判旨は認定したのである。つまり判旨は、本件契約の全体像を、大正一〇年四月二〇日の契約を以後複数回両当事者によって履行されるべきはずであった材木の授受及びいわゆる契約金の授受の都度履行に先立つ合意として成立する・複数個の手付契約から成る一種の複合契約とみていたのであろう。いずれにしろ、手付をめぐる事案において、手付を成約手付という・諾成の原則に反する（前近代的な）手付類型と認定した裁判例は極めて珍しい（本論文「一、はじめに——意義・種類・沿革」参照）。

4の㉚

東地判昭和三四年六月二二日下民集一〇・六・一三一八

〈事実〉不動産取引業者X会社は、昭和三一年三月二四日Y_1及びY_2（代理人訴外A）との間に、Y_1所有の家屋を代金二五〇万円、手付金五〇万円で買受ける契約を締結し、即日Xは手付金五〇万円をYらに支払った。右契約には、①同年四月二五日所有権移転登記手続をすると同時に残代金をXが支払うこと。②本件建物の敷地についての借地権譲渡に関する地主の承諾はYらが得、これに伴う費用は一切Yらの負担とすること。③Yらが本契約に違反したときは手付倍額をXに賠償し、Xが違反したときはYらは手付金を返還しないこと、などの条件が盛り込まれた。Xは同年四月二五日Y_1に対し、売買残代金を用意し登記申請をしたい旨申し入れたが、本件建物の敷地についての借地権譲渡に関する地主の承諾が得られないので待ってくれとの返事があり、その後Xの再三の催告にも拘わらずYらは地主の承諾が得られず契約を履行しないまま、同年一一月一日Y_1は本件建物を訴外Bに賃貸するに至った。そこでXは、同年一一月二六日Yらに対し本件契約を解除する意思表示を行い、Xが交付した手付金倍額一〇〇万円を賠償するよう本訴に及んだ。

〈判旨〉Y_1に対し、八〇万円をXに支払うことを命じ、Y_2に対する請求は棄却。判旨はまず、Y_2の本件訴訟への関与に関し、以下の理由からXのY_2に対する請求を却けた。即ち「昭和三十一年初旬頃Y_2はY_1に対して八十万円を貸し付け、その債権を保全するために本件建物につき売買予約の仮登記がなされていたところ、Y_1が本件建物を他へ売却することになったので同年三月二十四日Y_2はその売買代金から右債権の弁済をうけようと考え訴外Aを使者としてY_1のところへ遣わしY_1より同人の受領した手附金中から金三十万円の弁済を受けた事実が認められる」という「……経緯から本件売買契約に立会った訴外Aが、Xが代金をY_1に完済すればY_2はその内から前記八十万円の貸金の弁済を受けることになっているので、前記仮登記を抹消すると言う趣旨で本件売買契約書に右記名捺印をなしたに過ぎない……」し、「……Xもそのことを承知していたことが推断されるから、Y_2が売主となり売主としての義務を負担する意味で〔契約書に〕前記記名捺印をしたとは認められない」から、と。次いで判旨は、XのY_1に対する請求について次のように判示している、即ち「……X主張の約定……は、Y_1はXに対し敷地借地権の譲渡につき地主の承諾を得ることができたのに拘わらずこれを得なかった場合ばかりでなく、地主が借地権譲渡を承諾する意思がなくその承諾を得ることが頭初より不可能であった場合及び売買契約後地主の気持が変りそれが不可能となった場合でもY_1はその責に任じ損害賠償としてXに手附金の倍額即ち金百万円を支払うことを特約したものと謂うべく、右の趣旨の特約は特段の事情のない限り建物の売主の担保責任の観点から見て有効と判断すべきものである〔傍点筆者〕」として、Y_1がXに百万円を支払う義務があると判示した。その上で最後にX及びY_1両当事者の過失につき次のように判示する、即ち「……Xは不動産取引業を営んでいるものであるが本件建物の売買契約の締結を急ぐのあまり、Y_1が地主に会ったことがないから何とも言えないと言っているのに拘わらず本件建物の敷地の借地権譲渡についての地主の承諾は『金銭で解決すれば大丈夫だ。』と軽信し、その旨Y_1にも告げて契約の締結をうながしたこと……、そして借地権譲渡についてY_1が地主の承諾を得られなかったのは地主には頭初より借地権譲渡を承認する意思がなかったためのように推断されるので、Xがこれと謂う調査をせずに地主の承諾は金銭で得られると速断し、ためらうY_1を促がして前記内容の売買契約を結ぶに至ったについては、Xに不注意があったものと謂わねばならない〔傍点筆者〕」として、まずXの過失を認めた後、さらに「Y_1は本件建物を昭和三十一年三月十五日公売処分に於て代金五十五万円で競落取得し、その後地主について敷地の賃貸借を認めるかどうか確かめもせず直ちに不動産取引業者たる訴外Cにこれを代金三百万円で売りに出し、その結果同月二十四日Xとの間に代金二百五十万円で本件売買契約が成立したものであるが、右の価格は双方が専ら借地権を重視して評価したものであることが認められるのであって、かような事情を考慮すると、Xに前記のような不注意の点があったにせよ、Y_1にも又本件売買契約を結ぶにつき頗る不信義、不注意があったことは争えず、その責を凡てXに転嫁し、Y_1を全面的に免責することは相当でない〔傍点筆者〕」として、Y_1の過失をも認めたのである。その上で、民法四一八条が公平の原則上、本件のように契約締結上の過失に基く損害賠償額が予定されている場合にも準用さるべきであるから、としてXおよびY_1両当事者双方の過失を差引してY_1の賠償額を八〇万円に減額した。

〈分析〉⑴本件手付は、その契約内容からみる限り、明らかに損害賠償額の予定としての違約手付として規定されている。既述のように、この種の手付は解約手付と同質である。即ち、この種の手付は、解約手付のもつ解除機能と一定額の賠償機能のうち、後者をもつ丈である（不履行者は解除権を行使せず、さりとて相手方も積極的にその不履行を責めて解除することなく契約の不実現を黙認し・手付額の賠償に甘んじる）。ところが、本件においては、判旨は、本件契約の不実現につき契約締結上の双方過失を認定し、過失の大きさを衡量して賠償予定額の減額を命じているのである。惟うに、このことは、本来、賠償額の予定には裁判所の関与が許されず、契約の自由が公平の原則に優先するのが原則であるにも拘わらず、本件においては後者を前者に優先させ過失相殺を認めるばかりか、不履行者の側にも過失責任主義を適用することによって、元来この種の違約手付に内在していた解約手付の・いわばＤＮＡを完全に断ち切っていることを意味している。因みに既出の判例４の㉗（東高判平成二一・一・二五）は、不履行者の相手方に過失を認定して過失相殺を認めた裁判例であったが、これに対して本件判旨は双方過失を認めることによって、この種の違約手付を近代的慣習に脱皮させたといえるであろう。

⑵本件判決の新規性は、賠償額の予定としての違約手付に双方過失による過失相殺を認めたことにある。

４の㉛

名古屋地判昭和三五年七月二九日判時二四九・二八

〈事実〉X_1他五名は、昭和三三年一二月八日、Y_1との間に、Y_1の所有地を代金四〇一万三、一〇〇円、手付金四八万円、但し内金一六万円は即日、残手付金三二万円は同月二五日に支払う、代金の内金七二万円は昭和三四年一月三一日、残代金三二九万三、一〇〇円は同年五月上旬に支払い、代金完納と同時に登記する旨の売買契約を結び、即日手付内金一六万円をY^{1}に交付し仮処分命令による売買予約の仮登記をすませた。その後Y^{1}は、手付残金三二万円の支払日一二月二五日に、X^{1}が手付残金を提供したにも拘わらず、その受領を拒み、初回の手付内金の倍額三二万円をX^{1}に提供して本件売買契約解除の意思を表示した。これに対してX^{1}はその受領を拒み、手付残金を供託するとともに、土地代金の内七二万円もY^{1}が受領しないので、その支払予定日に供託した。他方、Y^{1}は手付内金一六万円の倍額三二万円を供託した上、X^{1}が供託した残手付金三二万円を受領せず、右金額と同額の三二万円をXらの為に供託して、これら供託金とX^{1}の供託した手付残金三二万円をX^{1}らが取り戻してそれを手付金倍戻しによる解約金に充当されたい旨をXらに通知し、本件売買契約を解除する旨の意思表示を行った。その後Y^{1}は同年六月一〇日Y^{2}他二名に本件土地を売却し所有権移転登記を経由の上、これを引渡した。そこでXらは本件土地所有権の確認、Y^{2}らに対し移転登記の抹消及び土地の引渡し、Y^{1}に対し代金三二九万三、一〇〇円と引換えに移転登記を求めて本訴に及んだ。Xらは、本件手付は証約手付であり、仮に解約手付としてもY^{1}の手付金の一部の倍額供託による解除は無効であり、また手付金四八万円の当初の手付契約が手付予約であったとしてもY^{1}は解除権をもたないし、手付残金に対するY^{1}の供託は手付倍戻しにはならない、と主張した。

〈判旨〉 請求認容。判旨はまず、本件手付の性質について、「……一般に手附は特別の意思表示なき限り解除権を留保する性質を有する解約手附と認むべきものであり、本件手附についてX等所説のごとく証約手附と解すべき特別の意思表示のなされたことを認むるに足るべき証拠も格別ないので右手附は解約手附であると認定すべ」きである、とした上で、本件手付金四八万円について「Y等所説の如く単なる手附の予約にして内金十六万円が手附であるものと認むべき証拠なく、却って当事者間に争なき前記認定の事実によれば右手附金の弁済期が前記認定の如く二回に分割せられておるに止りその額は金四十八万円と明定せられていることが明らか〔傍点筆者〕」として、Y^{1}が昭和三三年一二月二五日にXらに対し、かねて交付を受けた手付金の内金一六万円の倍額を提供し、Xらの拒絶により供託して本件売買契約解除の意思を表示したことにつき、右一六万円が手付ではなく手付の内金にすぎないことを踏まえて「……右金員〔内金倍額三二万円——筆者註〕の供託をもって、右手附の倍戻となし難いので、右解除の意思表示は無効」と判示した。次に、Xらが昭和三三年一二月二五日Y^{1}に本件手付金残額三二万円を提供してその拒絶にあったので、供託したのに対して、Y^{1}がその供託金を受領せず、却ってY^{1}が右手付残金三二万円に対する処置として同三四年一月五日に金三二万円をXらに対し供託した上、Y^{1}がすでに供託した手付内金倍額三二万円とを併せ、Xらの供託した手付残金をXらの方で取戻し、それらの合計九六万円を手付金倍戻による解約金に宛ててほしい旨をXらに通知し、本件契約を解除する旨意思表示した点に判旨は言及して「Y^{1}はここに改めてX等に対し手附倍戻による右売買契約解除の意思表示をなしたものと解せられない訳ではない」と、半ばY^{1}の解除を肯定しつつ、次のように供託法の解釈を通して結局Y^{1}の右解除をも否定したのである。即ち「……供託法第八条第二項によると供託者は民法第四百九十六条の規定によれること、供託が錯誤に出でしこと又はその原因が消滅したことを証明するにあらざれば供託物を取戻すことを得ずと規定せられ、又民法第四百九十六条第一項によると債権者が供託を受諾せず又は供託を有効と宣告したる判決が確定せざる間は弁済者は供託物を取戻すことを得。この場合においては供託をなさざりしものと看做す。と規定せられており、Y等の右に所謂便宜X等において取戻すべき旨の意義がその何れなるやは不明なるもX等の供託にかかる右金三十二万円をX等において便宜取戻すためには所詮右供託の効力を否定する方途に出づる外ないので、X等においてY^{1}の右申入を任意諒承すれば格別記録上明らかなようにその意に反して右取戻すべき金員が右手附倍戻の金員の一部として適法に（現実乃至言語上におけるものとして）X等に提供せられたものとは解し難いのでY等主張の手附倍戻による右売買契約の解除の意思表示も亦無効」である、と。

〈分析〉(1)まず、判旨によれば本件手付は解約手付と認定されているので、本件手付が解約手付であることを前提に以下の分析を進めたい。本件の争点は、主たる契約の締結の際とその後の二回に分けられて買主から売主に交付されることが約定された解約手付の効力、即ち、契約締結と同時に授受された・初回の手付に関して手付契約が成立するのか、それともそれは手付の予約にすぎず、二回目の手付が授受されたとき(手付金全額が授受されたとき)に初めて手付契約が成立するのか、である。従って、本件手付が解約手付であるとすれば、前者の場合には、手付金の一部だけの手付損倍戻しによって契約解除が行われうるし、後者の場合には、結局、手付金全額による手付損倍戻しでなければならないことになる。

(2)本件以前の(裁)判例としては次の四例がある。

①大判大正一一・九・四(4の⑥) 本件は、主たる契約締結の際とその後の数回にわたり手付金の一部ずつを授受するタイプである。大審院は、手付契約が要物契約であり、従たる契約ではあるが、主たる契約と同時に成立する必要はなく、主たる契約の成立後に予定されていた金銭授受が行われた場合にも成立する。即ち、手付契約は、その合意とは離れて現実に授受された金額分をそのまま具体的な内容とすることとなり、当事者は現実に授受された金銭の放棄ないし倍額の返還でよい、とされる。この判旨によれば、手付金の一部の授受は予約ではなく、手付契約そのものである。

②大判昭和八・一・一四(4の⑧) 本件は、契約成立と同時に手付金の一部が授受され、その後二回に分け売買代金が授受される約定であった。大審院は、買主が代金を数回に分けて売主に支払う場合には、反証のない限り契約締結と同時に現実に授受されたものを手付とする、と認定した。手付が契約成立を証明する目的を兼有するのを常とすることを理由とする。因みに、原審は第二回目の支払い分を手付と認定した。

③最判昭和二六・一二・二一（1の⑫）　手付金五万円の内金二万円が契約締結と同時に授受され、手付残金を含む残代金は数回に分けて期日に支払われ最終割賦金支払いと同時に登記移転がなされる、という約定で、買主は即日手付内金を交付し、その後約定通り手付残金を含め残代金を支払い最終割賦金を提供した。本件契約では、不履行者は、手付内金二万円の手付損倍返しによって本件契約を解除しうる、と約定されていた。判旨は、本件手付を損害賠償額の予定としての違約手付と認定し、手付内金の手付損倍戻しを認めなかった。

④大阪高判昭和五八・一一・三〇（4の㉕）　本件の手付金は五〇〇万円、内金として一〇〇万円が契約成立と同時に支払われたが、後日追手付金は支払われず、売主から契約解除、右追手付金を請求された。判旨は、本件手付を解約手付と認めたが、手付契約の要物性から右手付内金の授受のみでは手付の予約がなされたに止まり、手付契約は未だ成立していない、と判示している。

⑶　以上、本判決以外の四例のうち、大審院判決二例は、共に現実に授受された金銭をそのまま手付とするという点で共通といえるが、①例が主たる契約の成立後の金銭授受でもよいとするのに対して、②例は手付の証約手付性を理由として、契約成立と同時に現実に授受されたものを手付とする、として、それぞれ主たる契約成立の時期と手付授受の時期とが一致すべきか否かを異にする。この両時期の同時性の要否は、事案ごとの手付の性質によっても分かれると思われる（解約手付ならば、同時であるべきだろうが、違約手付ならば必ずしも同時である必要はないだろう）が、①例でも解約手付と認定している。

戦後の二例のうち、③例は、主たる契約成立と同時に授受された初回の手付金以後の追手付金が残代金の中に含まれて提供された特異例である。その点を考えれば、本件は、実質的には初回の手付金が手付内金ではなく手付そのものであり、初回の手付授受により既に手付の本契約が成立したものといえよう。従って、手付金の分割払いの例には当たらないように思う。④例は、本件と類似している。また判決の論理構成も、本件同様、手付内金の授受だけでは、手付の予約にすぎないとして手付契約の成立を認めていない。

⑷ こうしてみると、戦前の大審院判例が契約成立時の手付金授受を要件とするか否かは別として、現実に授受された分を手付金とするのに対して、戦後の裁判例が、約定の手付金全額が支払われて初めて手付契約が成立し、一部の手付の支払いにすぎない場合は、手付の予約である、と判示したことは明らかである。

惟うに、まず①手付契約の要物契約性を考えれば、手付契約の成立に手付金の現実の授受——買主から売主への提供のみならず、売主の受領が必要——を要することは当然である。次に②売買契約の成立の際に手付金の授受が行われるべきかどうかは、成約手付ではない限り、否定されてよいだろう。常に手付が証約手付を兼ねるとは限らないからである。問題は③手付金の分割払いの場合に、約定の手付金全額が授受されない限り、手付契約が成立しないのかどうか、つまり手付の予約にすぎないのかどうかという点である。私見としては、約定された手付金全額が支払われない限り、手付契約は成立しない、と考えたい。けだし、現実に授受された分だけで手付契約が成立する、とすれば、当該手付が解約手付である場合には、その金額が低額であればある程どちらの当事者にとっても解除権を行使し易く、それだけ契約の安定を期し難いからである。しかも、手付額が少額であっても解除可能とあれば、解除による事後処理としての賠償の額も予想外の少額ということになり、契約締結前に当事者が想定した解除後の賠償額を下廻る結果、資本計算の予測が成り立たなくなるからに外ならない。

⑸ ところで、判旨は、X_1が交付した手付内金一六万円の倍額三二万円をY_1がX_1に提供・供託して行った契約解除の意思表示を無効と判示しながら、他方においてY_1がX_1に供託した右三二万円、XらがY_1に対し供託した手付残金三二万円、Y_1が同じ日にXらに供託した三二万円、合計九六万円（内Xらが供託した金はXらが取戻すこととして）

を本件手付金全額四八万円の倍額として償還し契約解除の意思表示をしたと主張する点について、その意思表示を一応有効と認めた上、供託法・民法の解釈から結論として右意思表示を無効としている。しかし、供託は、債務者がその債務を免れしめることを本旨とするものであり、債権者が供託金を受領しない限り、債務者の行為は提供に止まるから、本件のように買主が手付残金を供託しても、売主が受領しない以上は手付契約は成立しないと解すべきではないだろうか。要物契約は、一方当事者の提供によって成立せず、他方当事者が受領することによって成立するからである。X[1]が手付残金をY[1]に提供した際にY[1]が受領して、手付契約を成立せしめた上、手付金全額の倍額を提供し契約解除の意思表示をすれば、恐らく判旨もY[1]の契約解除を認めたものと思われる。

(6) 本判決は、約定手付金の一部の授受を手付の予約と解した裁判例にならったものである。

なお、本件判決については、田中整尓・判評「手附を数回に分割して支払うべき場合の法律関係」判例評論三七・一二がある。

4の㉜

東地八王子支判昭和四一年五月一八日判タ一九三・一六三

〈事実〉出典には本判決の「判決理由」しか紹介されていないので、事案の詳細は不明。Yは不動産会社Xとの間に、土地一〇〇坪を代金二六五万円、買主Yが契約不履行の時は売買代金額の三割を違約損害金として売主Xに支払う旨の売買契約を締結し、手付金三、〇〇〇円を支払った。ところが、Yは契約締結時には代金に充当する入金が予定されていたが、締結後に右の入金を確認した処、予期に反し入金が不可能なことを知り、妻Aと相談して契約を解除することとし、契約締結の翌日で、代金支払の履行に着手する以前の昭和三九年一月二〇日にAがYの代理人として、午前中電話でX会社に解除を申入れ、その旨をうけて当夜Y方を来訪したX担当者に対し、Aが改めて事情を説明し、手付金を放棄して契約解除の意思表示を表明した。そこでXは約定の違約損害金を請求して本訴に及んだ。

〈判旨〉　請求棄却。判旨は、Y側の手付損による契約解除を認めた上で、約定損害金支払特約の効力について次のように判示した、即ち、「……本件土地売買契約は、X会社が土地分譲営業をなすに当り、現地に一般客を案内して即時現地で巧みに土地欲しさの客に契約締結を迫り、慎重熟慮の機会を与えず成立させる手口によったことが認められ、右認定を覆えすに足る証拠はないので、諸般の点を熟慮した買主が代金支払の履行に着手するまでに契約を解除する自由を保有すると解するのが、土地売買の信義誠実の原則上相当であって、手付金として三、〇〇〇円は少額ではあるけれども、これを解約手付と解して、買主はこれを放棄して契約を解除できるものとして民法第五五七条の適用をゆるすのが相当である。そうでないと、買主は、信義則に反した売主に対して多額の損害金を特約の名の下に支払わされた上で売主側から契約を解除されて土地の入手もできないという不当な結果となる。よって、本件土地売買契約は、民法第五五七条の規定によるYの解除によって遡って無効となったものであり、Yは約定損害金支払特約に拘束される理由がなく、その支払義務はない〔傍点筆者〕」と。

〈分析〉　(1)本件は、売主の言葉巧みな誘引によって客に慎重に考える余裕を与えずその場で契約させる土地分譲売買に客が巧みにはめられた事案である。本件契約にはその法的性質の明らかでない手付の授受と買主一方の違約損害金特約とが含められており、もし本件手付が解約手付であるとすれば、もう一方の違約損害金特約に抵触する可能性がある。いうまでもなく解約手付には解除機能と損害賠償機能とが併存しており、とりわけ後者は右の損害金特約と衝突するからである。解約手付による場合、Yは三、〇〇〇円の出捐ですむが、損害金特約による場合は、売買代金額の三割（七九五、〇〇〇円）を支払わなければならないのである。

(2)そこで判旨は、まず本件手付を解約手付と認定した上で、この種の土地分譲売買の実態から、買主が代金支払いの履行に着手するまでの間をいわばクーリング・オフの期間として、手付を放棄して契約を解除することを認め、そうすることがその種の阿漕な「土地売買の信義誠実の原則上相当」と判示したのである。つまり、判旨は、契約を締結するか否かを十分熟慮する時間を与えない売主の売買手法を信義則違反と認めたが、それだからといって本件契約自体を信義則違反として無効としたのではない、即ち、契約自体は有効としつつ、信義則に違反する売り方を匡正する手段として解約手付を利用したのである。

4の㉝

大阪地判昭和四四年三月二八日判タ二三八・二三八

〈事実〉Xは Y との間で昭和四二年一月六日Xの所有地の売買契約を締結し、Yから同日五〇〇万円を受領した。その際不動産業者の組合が作成し・その組合員の使用に供させているもので契約文言の主な部分を不動文字で印刷されている契約用紙を用いたが、その第二条に「買主はこの契約の手附金として本日金〇〇円を売主に交付し売主は正にこれを受領した」という不動文字中の金額欄に金五、〇〇〇、〇〇〇円と記入され、さらに右文言の下方空欄に「追加手附金として昭和四二年四月一〇日金一一、〇〇〇、〇〇〇円支払うこと」と手書きされていた。その上さらに第一二条には「買主がこの契約を履行しないときは売主は何ら法律上の手続を要しないで違約金として手附金を没収する。また売主が契約不履行のときは既収の手附金を倍額として買主へ支払う。この場合売主または買主が相手方の義務不履行によりこの契約の違約金を超過する損害を受けたときは、相手方に対して超過額の賠償を請求することができる。ただしこの場合売買契約は自然解消するものとする〔傍点筆者〕」との不動文字の記載がなされていた。その後同年四月一〇日をすぎてもYはXに追手付金を交付せず、そこでXは同月二〇日到達の書面でYに対し、本件契約上の債務を履行する意思があれば同月二四日までにその旨を通知し、約定の手付金一六、〇〇〇、〇〇〇円のうち未だ支払いのない金一一、〇〇〇、〇〇〇円を支払われたい旨、もし右に応じなければ、XはYに対し本件損害賠償予定額金一六、〇〇〇、〇〇〇円を受領することにより本件契約関係を清算終了させるべく、残余の未交付分金一一、〇〇〇、〇〇〇円を支払われたい旨意思表示した。これに対しYは、昭和四二年三月二七日本件契約書一二条記載の手付金は解約手付であるとしてXに交付ずみの五、〇〇〇、〇〇〇円を放棄して本件契約を解除する旨の意思表示を行ったので、Xは右損害賠償金を請求して本訴に及んだ。

〈判旨〉請求棄却。本件の争点は二つあり、その一つは本件手付の性質をめぐってであった。もう一つは、手付に関連して成立したとされる・本件契約を清算的に終了させる本件損害賠償額の予定の特約の成立をめぐってである。判旨はまず、本件手付の性質及び追手付金のそれについて次のように判示した、即ち「……売買契約書第一二条中にこれを違約金と称する箇所があるけれども、それが不動文字で記載されていることと同条全文の態様及び右書面作成に立ちあった右売買の仲介者であるA訴外人の右手附に対する右認定のような理解〔「……右契約に関して交付される手附は買主に違約があれば没収され、売主が違約すれば倍額を返すところのいわゆる手附損倍返しによって右契約を解除できる性質のものであると理解してい」た――筆者〕に鑑みるときは、右違約金の不動文字の存することをもって民法第五五七条第一項の適用を排除すべき特段の意思の表示されたものと認めることはできず、他にかかる特段の意思が表示されまたはこれを推定すべき特段の事情が存したことも認められない……から、本件売買契約において手附と程〔称の誤り?〕されるものは右法条に定める解約手附を指向したものと解するのほかはない〔傍点筆者〕とし、さらに追手付金について「……本件売買契約が締結された昭和四二年一月六日の時点においては、右認定の契約締結にいたる当事者の意思に加えてその要物契約たる本質に鑑み、右解約手附は同日授受のあった金五、〇〇〇、〇〇〇円の限度でその成立をみたものと解すべく、後日授受されることとなった金一一、〇〇〇、〇〇〇円については単にかかる手附の予約が成立しているにすぎないものと解すべきである〔傍点筆者〕」と判示した。次に、X主張の清算的損害賠償額予定の特約の成立の可否について、まず本件手付契約との関係から右特約の成立を次のように否定する、即ち「……解約手附は、両当事者が解除権を保留してこれを行使した場合の損害賠償額となるものであるが、……その売買契約書第十二条において、右手附金を超過する損害を受けたときは相手方に対してその超過額の賠償を請求することができる旨の約定が存し、その字義の明瞭であることからそれが不動文字で記載されていることをもってこれを一概に例文として退けることはできないので、右手附契約そのものについては、当該手附金額あるいはその倍額を受領することで、その余の損害の賠償義務を免責するという清算的性質はこれを有しないから、本件手附契約そのものからX主張の清算的損害賠償額の予定がなされていることを認めることはできない〔傍点筆者〕」と。そこで、本件手付契約とは別に右特約があったかどうかについては、判旨は「……当事者の合意によるX主張の清算的損害賠償額予定の特約が存したかどうかをみるに、本件全証拠によるもこれを認めるべき証拠はか〔なの誤り？——筆者〕く、かえって前項で認定したように右手附額を超える損害があればこれが賠償を求め得ることが約定されているのである〔傍点筆者〕」と首肯している。最後に追手付金即ち解約手付の予約については「……本件売買契約は昭和四二年三月二七日Yがした解約手附金五、〇〇〇、〇〇〇円を放棄して右契約を解除する旨の意思表示により解消しているからこれに従たる関係にある右予約もまた完結をみずして解消したこととなる」と判示した。

〈分析〉(1)本件の争点は、以下の三点であった。①本件手付が解約手付か、それとも損害賠償額の予定としての手付か——Xのいわゆる清算的損害賠償額の予定。②本件手付は初回金だけか——従って追加手付金は手付の予約か、それとも追加手付金を含む合計が手付なのか。③手付額を超過する損害が生じた場合の・超過額の賠償請求の特約の存否の三点がそれである。①については、叙上本件売買契約書第一二条が明示してはいるが、判旨は次の二点をあげて、本件手付が損害賠償額の予定としての違約手付と解するXの主張を却けている、即ち、右契約書一二条中の「違約金」の箇所が不動文字で記載されていること、本件売買契約締結の立会人らが本件手付を解約手付と理解していたことがそれである。②については、判旨は、当事者の意思及び手付契約の要物性から、契約締結当日の初回金授受により本件手付契約が成立し、後日授受予定の金銭は手付の予約の成立にすぎない、と判示した。判旨による右の①②の理解は、いずれも従来の(裁)判例の踏襲にすぎず、本件判決の新規性は認められない。

(2) ③については、極めて珍しい例といわざるをえないであろう。従前の(裁)判例には、解約手付に加えて手付額超過の損害額の賠償予定の特約が規定された例は見当たらない。右特約の存在については、本件売買契約書一二条には右特約が不動文字で記載されているからといって「その字義の明瞭であることからそれが不動文字で記載されていることをもってこれが一概に例文として退けることはできない〔傍点筆者〕」として、判旨は肯定している。しかし、残念ながら出典（判例タイムズ「下級審判決例」）には、その表題に「不動産売買にあたり現実に支払った手附と、追加支払いを約した手附の性質、および両者の関係」とある通り、もっぱらY未払いの追加手付金の支払請求（判旨では、「第一次請求」とある）について引用されているにすぎず、おそらく手付額超過の損害賠償請求の帰趨については、判旨のいわゆる「第二次請求」に譲られているのであろう。従ってこの点に関する詳細は不明である。

(3) ところで、解約手付と右の特約との関係は理論的に興味ある問題である。そもそも前者は一方当事者の破約――具体的には解除権の行使――という局面打開のための・訴訟を媒介としない・簡便な決済手段であるが故に、破約者の帰責事由の有無を問わず、損害額の多寡に拘わらず手付額の賠償で事を済ますというものである。ところが、これと後者を組み合わせることになると、いくつか矛盾が生ずる。即ち後者はまず、実損害額を確定する必要があり、そのためには破約者の過失が問題とされねばならないと同時に、破約と損害との因果関係の存在も亦浮上してくる。いいかえれば、後者は近代民事責任の原理の具体化に他ならないからである。また民法五五七条二項、四二〇条一項二文の各規定に矛盾しないかという実定法上の疑問もありうる。本判決が解約手付特約と手付額超過の損害賠償特約との組み合わせから生ずる矛盾を理論的にどう処理したか、それともそうした矛盾には一切言及せず、もっぱら実務的に処理したのかは興味ある処である。

4の㉞

大阪地判昭和四四年八月二八日判時五八五・六七

〈事実〉 X1X2（以下Xらとする）は、病院建設の敷地として使用するためY1ら四名（以下、Yらとする）共有の土地を昭和四〇年三月六日に代金二、六六〇万円、手付金二〇〇万円として買い受ける契約を締結し、即日Xらは右手付金を売主たるY1（他の共有者三名の代理人でもあった）に交付したが、本件契約の内容として次の点がもりこまれた。即ち、Xらの右手付金を代金内入に充当後の残代金支払及び売主の所有権移転登記手続の最終期限を同年五月五日とし、Yらが右履行を遅滞したときは右手付金倍額をXらに支払うこと、Xらが遅滞したときはYらにおいて格別の手続なく既収の手付金を収得すること、当事者の一方が所定期限を徒過した場合には、相手方は即時無条件で本件契約を解除できること等がそれであった。ところが、本件売買を仲介斡旋した不動産業者ABCらの誤認もあって、本件土地が公道に通ずる相当幅員を有する通路（病院建設には四メートルの幅員が必要な・堤防上の事実上の通路）、及びこれに隣接する部分がいずれもYらの所有地ではないことが明らかになった。その結果、買受道路が全く正規の道路には接していないためそのままでは当初からの買受目的たる・X_2の開業しようとしている病院建物敷地に供用することが行政上許されないことが判明するに至って、土地の有力者への働きかけ等を行い、Yらと合意の上再三履行期日を延期して極力本件土地を取得利用すべく努力する一方、必要な土地の買収、新規道路開設の工事費用など多額の資金を必要とするため、Yらに本件売買代金を三五〇万円程度減額してほしい旨申し出たが、Yらは応じなかった。そして最終履行期日たる六月二一日にXらは重ねて減額請求したが、Yらが応じないので、Xらは約定通りの全額を現金で即時支払うべく提供したが、Yらはその受領をも拒絶。そこで、Xらは、交通上病院建設に何ら支障のないことを保障する旨の特約があったのに、所要の通路及び隣接部分がいずれもYらの所有ではなかったとして契約を解除し、手付金返還を求め、本訴に及んだ。

〈判旨〉請求認容。判旨は、本件の事実関係を詳細に述べた上、Yらも本件契約締結当時Xらの買受土地の利用目的が「公簿表示の形式上の地目本来の用法に従う利用をなすこと」にあるのではなく、「日常該土地え《ママ》の往来が予想せられるべき建物の建築所有を目的とするものであること」はXらの説明により了知しており、「暗黙にもせよ右契約目的は当事者間に表示せられていたことが確認せられ」ると判示する（但し、YらがXらに「右用途え《ママ》の利用可能性、適格性を保証した」との・Xらの主張に対しては、証拠がないとしてこれを却けている）。その上で判旨は、本件土地が「全く公路に接せず、かつ公路に通ずる利用可能な事実上の通路の利用可能性も具備しない点において……当事者間に表示せられた買主側の売買目的に照らし隠くれた瑕疵を存したものと認めるのが相当」として「本件売買はその目的物に存する前示の瑕疵に因り買受人たるXらにおいては右契約をなした目的を達すること不能な場合に該当するものとして、民法五七〇条、五六六条によりXら買主は本件売買契約の解除権を有する」から、本件売買契約は、Xらが右解除権の行使として昭和四〇年六月二六日にYらに到達した本件契約解除の意思表示によって、解除された、と認定し、原状回復のためYらに授受ずみの手付金二〇〇万円の返還を命じた。

〈分析〉(1)本件は、買主側が始めから売主側の瑕疵担保責任を追及して解除権を行使し、手付金の返還を請求した（と解される）事案であり、判旨もまたそれを認容したのである。ところで、本件以降も瑕疵担保責任と手付をめぐる・本件同様の裁判例が続くのであるが、それらは全て原告たる買主側が手付（損害賠償額の予定としての違約手付）により解除権を行使し、相手方の手付倍額償還を請求する事案であり、判決は売主側の瑕疵担保責任を根拠に手付額の返還を命ずるに止まるのが常である。これに対して本件の場合は、叙上のように、原告側は本件土地の取得を目指して非常な努力をした挙句に、残代金減額請求のみならず、約定の残代金提供まで相手方に拒絶されてしまったのであり、本来ならば、本契約の不実現の責は、あげて売主側が負うべきであって、最後の局面だけをとってもY側の債務不履行を理由に手付倍額償還を請求することができたように思われる事案である。

(2)いずれにしろ本件では、契約締結時に授受された手付は全く機能せず、解除に伴う原状回復の一端としてそのままの返還が命じられたに止まったが、爾後の同種の事案にとっては本件判決は先例となった、といってよいであろう。

4の㉟

東地判昭和四七年二月二九日下民集二三・一〜四合併九六

〈事実〉Xは昭和四五年四月二五日、不動産会社Y_1及び同社代表取締役Y_2との間に、同社がその所有地上に木造二階建共同住宅一棟を建築した上で右土地建物を代金五四五万円、手付金一〇〇万円で売り渡す契約を締結したが、その契約中に、手付金を除く残代金四四五万円をXはY_1の斡旋により訴外A信用組合から融資をうけてY_1に支払う、本件建物の完成・引渡し・所有権移転登記及び代金支払いは同年七月一五日までとする、XもしくはYの一方が契約上の義務に違反したときは、相手方は契約を解除することができ、違約金としてX違反のときは手付金を放棄し、Y違反のときは手付倍額を支払う旨の各条項が規定された。ところが、本件土地内に近隣数個の土地の共有の汚水浄化装置が埋設されていることがわかり、XはYにその撤去を要求したがYはこれを拒絶し、さらにYは、Xの事前の諒解がなかったにも拘わらず、A信組からの融資をうけるにつきX所有の宅地に抵当権を設定すべきことを要求し、Xがこれを拒絶すると、Yは同年八月一一日に本件土地上に本件建物と異なる建物を建築したので、Xは同年一〇月三日Yに対して本件契約を解除する旨の意思表示をするとともに、違約金二〇〇万円の支払いをYに請求し本訴に及んだ。Xは本訴において、本件土地が都市計画区域内にあり、しかも住居地域に指定されているため建築基準法の規定によって本件建物は建築できないことをあげて、叙上汚水浄化装置の埋設と合わせて本件契約の目的物の隠れた瑕疵に当たると指摘した。これに対してYは、汚水浄化装置の存在は、本件建物の建築及び本件土地の利用には何ら障害がなく、X所有の宅地に抵当権を設定することは、事前にXの諒承があり、本件土地に本件建物と異なる建物を建築したのは、Yが本件契約を解除した後のことであること、建築基準法による建築制限のあることもXは契約当時了知しており、しかも右制限があっても本件建物を建築することは現実に可能であったことなどを抗弁とした。

〈判旨〉一部請求認容（手付金相当額一〇〇万円の支払いをYに命じた）。判旨はまず、本件契約にもとづく完全な所有権移転の能否について、本件土地の片隅に汚水浄化装置が埋設されていること、Xが信用組合から融資をうけるについて抵当権設定をYから要求され拒絶したためYが契約解除したこと、Yが本件建物とは異なる建物を建築したこと、はいずれも完全な所有権移転に支障なし、と判示した。

次に、判旨は、本件契約に隠れた瑕疵があったか否かにつき、次のように判示した。即ち、まず、本件土地が都市計画法所定の都市計画区域内にあり、かつ住居地域の指定をうけているために、敷地総面積から三〇平方米を控除した面積の六〇パーセント以下の延面積を有する建物しか建築することができず、本件土地の場合は二四平方米以下の延面積を有する建物しか建築し得ない。従って「本件宅地は契約で予定された本件建物の敷地としての使用の適性を欠くものといいうる。しかも本件売買契約は売主において本件土地上に本件建物を建築して、土地建物ともども売渡すという内容のいわゆる建売契約であるから、本件売買契約はその目的の全部に亘って瑕疵あるものというべきである」とした上で、証人の証言及びX本人尋問の結果、Xは本件契約当時右のような瑕疵あることを知らず、またXが右の瑕疵に気づかなかったからといって注意の懈怠を責めることは許されないから、右の瑕疵は「隠れた瑕疵」とすべきだから、「Xは前記瑕疵の故に本件売買契約を締結した目的を達することができない」と判示し、Xが昭和四五年一〇月三日に本件契約を解除したことを認めた。その上で、本件売買契約の目的に隠れた瑕疵のあることを理由に契約が解除された場合にも、違約金の約定の適用ありとするXの主張に対しては、判旨はこれを否定した。

にも拘わらず、判旨は次のように判示した、即ち「本件売買契約が解除された以上Yはその受領した手付金一〇〇万円の返還義務を負っていることは明らか」であり、「Yに対するXの違約金の請求はその実質において手付金倍戻の請求であり、右請求のうちには前記のような手付金返還の履行請求が包含されているとみることができ、該請求は理由がある」とXの請求を認める一方、Xの一般不法行為による損害賠償請求は否認した。

〈分析〉(1)判旨の結論には納得がいかない、というのが正直な感想である。なぜなら、買主側からすると、「売主が不動産業者である場合には取引物件についての建築制限の具体的内容については、あげて業者の調査並びに判断に委ねていることが多い実情にあることを考えると、YがXに対し宅地建物取引業法第一四条の三所定の建築制限に関する説明書も交付していない」とすれば、建築制限による瑕疵は、Xにとってこそ「隠れた瑕疵」であれ、不動産業者たるYにとっては正に故意に匹敵する程の重大な過失ではないのか、いいかえれば、右の瑕疵にも拘わらず、本件契約を締結したことは、Yの「契約締結上の過失」に外ならない、と思われる。そうだとすれば、本件契約に即して、判旨は、手付金倍額の違約金の支払いをYに命ずべきであったのではなかろうか。判旨はその点につき、次のように判示する、即ち「右約定〔本件違約金特約——筆者註〕は明らかに契約当事者の一方たるYに契約上の義務違反があった場合に違約金として手付金の倍額の支払義務を課したものであって、売主の担保責任に関する特約の趣旨を合わせ含むものとは認め難いから、Xにはその主張のような違約金の支払請求権はない〔傍点筆者〕」と。X側にその請求内容に関し誤算があったというべきか、それとも判旨の杓子定規な契約解釈を批判すべきなのであろうか。

(2) 本判決の新規性は、手付損倍戻しを内容とする損害賠償額の予定としての違約手付は、瑕疵担保責任の場合に適用されない、という点にある。

4の㊱

東地判昭和四八年三月一七日判時七一六・五三

〈事実〉Xは、昭和四五年一二月一三日、建設会社Yから、その所有地一一二・三九平方米に新築予定の瓦葺木造モルタル二階建家屋を代金八三五万円、手付金として同月一四日に一〇万円、同月一六日に七〇万円を支払い、残代金は翌年三月二〇日に支払って物件を当日引渡しをうける、との約定で買い受ける契約をした。本契約には、Yの債務不履行の際は、Xは催告なしで契約を解除して手付倍額の返還を請求することができ、Xの債務不履行の際は、Yは催告なしで契約を解除し、Xは本件手付金八〇万円の返還を請求することができない、との特約があり、さらに、Xは本件契約上、売買代金のうち四〇〇万円を銀行から借り入れYに支払うことになっており、万一Xが銀行から融資を受けられない際には、本件契約を解除し、YはXから受領した手付金をXに返還する旨の合意があったので、Xは遅くとも昭和四六年一月二〇日までにY指定の銀行に四三五万円の定期預金をし、所定の借入手続をすることになっていた。その後Xは昭和四六年二月、本件宅地の面積を調査した所、隣地との境界上の塀が動かされ、右面積が一四平方米強不足していることが分かり、XはYに元通りにするよう申入れたが、Yは応ぜず、また建物の屋根も瓦葺ではなく亜鉛葺であり、履行期までには瓦葺にすることが不可能であったので、XはYに対し、昭和四六年三月一七日到達の内容証明郵便によりYの右債務不履行を理由として本件契約を解除する旨の意思表示を行い、手付金倍額一六〇万円の支払いを求めて、本訴に及んだ。これに対して、Yは、Xが昭和四五年一二月中に銀行に一〇〇万円の定期預金をしただけなので、Xに対し同四六年一月末にXの右債務不履行を理由として本件契約を解除した、と抗弁。

〈判旨〉請求一部認容（手付金八〇万円の返還）。判旨はまず、本件建物の屋根を瓦葺にする契約であったとのXの主張を却け、次に本件土地の範囲をめぐるXの主張については、これを認め、「したがって、Xのなした本件売買契約の解除は一応有効なものである」とする一方、Xの行った右解除以前にYの方から本件契約を解除したとのYの主張については、これを却けた。そして「Xは本件売買代金の資金を準備することができず、本件売買契約を履行する意思がなかったものであるから、手付金の倍額返還を求めることは許されない」とのYの主張については、判旨は、本件契約締結後履行期までの・Xの代金調達の経緯を検討し、Xは「約定の支払期日までに残代金の支払をすることが不可能な状態にあったことが認められ」る、と結論づけ、Xの本件契約解除の実情を次のように認定した、即ち「XがYに対し、本件売買契約解除の意思表示をしたのは、Xにおいて、銀行から融資を受けるために必要な定期預金の準備をすることができなくなり、本件土地建物の売買をあきらめかけたところ、たまたまYが……ブロック塀を移動させたことを発見したので、これに藉口して本件売買契約の解除をしたことが認められ〔傍点筆者〕」る、と。こうした事情の下では「……甲第二号証（本件売買契約書）によれば、銀行融資が不可能の場合は、売買契約は解除となり、手付金は返還されることになっていることをも考え合わせるならば、Xの本訴請求は、手付金そのものの返還を求める限度でしか、これを肯認することができない〔傍点筆者〕」と判示した。

〈分析〉(1)本件には、本件契約締結後本訴に至る経過において、XY両当事者にそれぞれ過失がある。即ち、X側には残代金支払をするための銀行融資を受けられなくなったこと（その結果、本件売買を断念しかかった）、Y側には、本件契約の対象となった土地はA市B町五丁目二七番地の一六及び二四であったのに契約締結後ブロック塀を移動させて一四平方米余り約定の地積を減らし・前記二七番の二四の土地は含まれていなかったと主張したことがそれである。XYともに相手方の非を理由に本件契約を解除したが、判旨はY側の契約解除を認めず（Y主張の内容証明郵便には、解除事由として「頭金未納」とあり、判旨は右頭金をXが支払いずみの手付金と解して解除を認めなかったのである）、逆にXのあげた解除事由（本件契約対象たる土地には前記二七番の二四の土地が含まれていたのに、Yはその土地について契約を履行する意思がなかった）を肯定して、Xの解除を「一応有効なもの」と判示したのである。

(2)判旨は、右の二七番の二四の土地が含まれていなかったとするYの主張について、「信義則上許されない〔傍点筆者〕」と強く非難して、Xの解除を肯認する一方、その解除についても、実際は到底Xは契約を履行できる経済状態ではなかったのに、偶々Yの落度を見つけたばかりに、それに便乗したものと認定して、結論として、Yに手付倍返しではなく、手付金そのものの返還を認めたものである。正に本判決は、Xに名を取らせ、Yには実を与えた観がある。いうなれば公平の原則に即した一種の過失相殺であろうか。もっとも、本件契約には、通常のそれには見られない合意があった。即ち、買主が銀行融資を受けられない場合には、契約は解除され、売主は手付金を返還する、との合意がそれである。判旨はおそらくこの合意を結論の下敷きとしたのではないだろうか。

(3)なお、XYともに、本件手付を解約手付とは見ておらず、損害賠償額の予定としての違約手付と見ていたようであり、判旨も同様である。唯、本件手付は、取引の場では実質的に解約手付と同質の・損害賠償額の予定としての違約手付と解されるのに対して、判旨は手付による事後処理に右の合意を利用して過失相殺をとりいれ、事態の妥当な解決とともに旧慣上の手付を過失責任主義にもとづく・近代法上の損害賠償額の予定としての違約手付に変質せしめた、といえるであろう。

4の㊲

東地判昭和四九年九月六日判時七七〇・六一

〈事実〉Xは、昭和四二年六月二九日Y_1Y_2（以下Yらという）から、本件土地（約一五坪）を代金四五〇万円、手付金一〇〇万円は契約成立と同時に支払い後日代金に充当し、残代金は同年七月末日までにYらが分筆の上所有権移転登記手続と引換えに支払うとの約束のもとに買受ける契約を締結し、手付金一〇〇万円を支払った。本契約には、当事者の一方が本契約の各条項の一つにでも違背したときは相手方に対して催告なしで本契約を即時解除することができ、その際Yの義務不履行によるときはYらはXに対し受領ずみ手付金の倍額を支払うべき旨の特約が含まれていた。その後Xは、建築設計を依頼した建築士の助言から、本件土地が都市計画の計画区域内に存在する関係上南西角の隅切りが六メートルになるのではないかとの疑問を抱き、首都整備局を訪れ調査した所、本件土地の南西角の道路に面した隅切りの長さがYらの説明する五・一メートルではなく六メートルであったので、本件土地を買い受けてトラブルに巻きこまれることをおそれ、むしろ早い機会にこれを諦めて他に土地を買い求める方が得策と考え、Yらに対し、本件売買契約を合意解除して手付金を返還してほしいと申しいれたが、Yらがこれに応ぜず種々交渉を重ねていた関係上、X、Yらとも各義務の最終期限たる昭和四六年七月末日までに義務を履行せず徒過してしまった。そこでXは昭和四六年一〇月八日、本件土地に対する隅切りの増加、本件土地の他人名義などのために本件契約をYらが履行できないことを理由に、本件契約を解除すると共に、手付倍額の償還をYらに請求して本訴に及んだ。

〈判旨〉一部請求認容、一部請求棄却。判旨は、Xが本件契約を解除するためにあげた理由のうち、本件土地について隠れた瑕疵の存在することのみを認容し、以下のように判示した。即ち、「……本件契約の際、売主であるYらが本件土地が一五坪であり南西角の隅切りが五・一メートルであると示したが、後日都市計画により本件土地の南西角の隅切りの長さが六メートルであることが判明し、建物の敷地面積が減少するうえ建築物の種類・構造・階数等が制限されることは、わずか一五坪にすぎない本件土地の利用上致命的な欠陥があるものというべく、それがひいてはXが本件土地をして契約上予定された店舗兼住宅としての使用に対しその適正を著しく減少する結果を招来し、しかも右の欠陥は取引上通常の注意をしても発見することができなかったから、民法第五七〇条にいう『隠レタル瑕疵』に該り、これによってXは店舗兼住宅の建築という本件土地の買受けの目的を達することができなくなったものというべきである」と説示した上で、都市計画区域内の土地といえども、行政庁の裁量によって、角地の道路に面する隅切り部分の長さの制限がいわゆる「できがた」として緩和されることもありうるが、常に緩和されるとは限らず、「一般市民がかかる制限緩和の適用を受けるためには当局への陳情、折衝、当局からの調査、呼出を余儀なくされて日常生活の平穏が乱されることも十分予想され、Xにおいてもその例外でないというべきであるから、かかる都市計画上の制限を売買の目的物に対する『隠レタル瑕疵』というに妨げないものといわなければならない」から「……本件売買契約の目的たる土地に隠れたる瑕疵があるものとしてなしたXの契約解除は有効」と判示し、Yらに解除の原状回復として「Xから受領した手付金一〇〇万円をそれぞれ（性質上の不可分債務に該当する。）Xに返還する」ことを命じた。他方、本件手付金倍額二〇〇万円の支払いを請求するXの主張に対しては「……〔本件〕土地売買契約書によれば、XがYらに対し手付金の倍額の支払を求めうるのは、本件売買契約がYらの債務不履行によって解除された場合に限定されるべきものと認むべきところ、本件のごとく売買の目的物たる土地の隠れたる瑕疵を事由に解除された場合には、債務不履行の解除とその性質において異なるものというべく、しかも本件全立証によるもかかる場合にまでYらが手付金の倍額をXに支払うとの特約がなされたと認めるべき証拠はない」として、これを却けた。

〈分析〉(1)本件は、売買目的物に隠れた瑕疵があったと認定された事案であり、その契約中に損害賠償額の予定としての違約手付特約が規定されていたにもかかわらず、売買目的物の隠れた瑕疵を理由に買主が契約を解除した本件では、買主は交付した手付金額の返還を受けたに止まった。判旨は、売主の瑕疵担保責任にもとづく買主の契約解除と売主の債務不履行にもとづく買主のそれとは「その性質において異なるものである」との理由から、後者を前提とする違約手付特約の適用を前者の場合には認めなかった。いいかえれば、手付損倍戻しを内容とする・損害賠償額の予定としての違約手付は、瑕疵担保責任の場合に適用されないとする一連の判決は、いわばプロトタイプともいえる4の㉞に始まり、4の㉟がその後に続き、本件の後は4の㊳が踏襲している。一審レベルの諸判決に止まっているとはいえ、もはや判例法理といえるであろう。

(2)損害賠償額の予定としての違約手付を近代民事責任の視角から眺める限り、それは確かに債務不履行――後発的不能――不履行損害の賠償というルート上にある・契約不実現の事後処理であるのに対し、瑕疵担保責任による損害賠償は、目的物上の瑕疵の存在――原始的不能――信頼損害の賠償というルート上にある同様の事後処理である。つまり、民事責任の事案の違いから来る・ルートの相違が、右の両者を区別しているのであり、債務不履行の事後処理対策としての前者を契約成立以前の瑕疵の存在のそれとしての後者に代用することが認められないことは当然といえるであろう。

(3)ところで、旧来の手付慣習によれば、手付は、当事者の一方が任意に契約を解除する場合に限らず、相手方の不履行を理由として契約を解除する場合にも利用された。例えば、見本売買において商品が見本と異なる場合は「買主ハ其受渡ノ際ニ於テ必ス其不良ヲ責メ見本ノ品ト引替シムヘシ之ヲ引替サレハ破約ト為シ手附金ヲ倍金ニシ其違約ヲ償ハシム」（静岡県佐野郡城東郡）[1]を常とする例がある。このことは、無理由解除の場合の解約手付が訴訟制度の不備な当時においてもっぱら債務不履行による損害賠償のための簡便な決済手段として利用されていたことを物語っている。さらに、日本商事慣例類集の記述によれば、「売主ニテ請合タル品若シ不良ノ所アリシトキハ買主ハ何時ニテモ之ヲ取替ヘ又ハ破約スルコトヲ得ルヤ」[2]の問いに対し、殆どの回答は「取替或ハ破約スルコトヲ得」[3]と答え、中には「価額ヲ減少スルヲ得ル慣習」[4]と答えたものもある。惟うに、右の問いに続けて「取替え又は破約のさいに買主に損失が生じた場合には、売主に賠償を求めるか」と尋ねたとしたら、どのような答えがかえってきたであろうか。推測の域を出ないが、やはり手付倍戻しとの答えが戻ってきたのではないだろうか。要するに、（裏付け資料に乏しく必ずしも確かとはいえないが）当時は恐らく破約の事後処理は（債務不履行の場合に限らず）全て手付に媒介されていたものと思われる。逆に、近代民事責任は過失責任主義を基調とするが故に、手付による損害賠償は一方当事者の債務不履行の場合に限定されるのである。

(1) 商事慣例類集第二篇四九二頁・商事法務研究会編。
(2) 同・五三八頁。
(3) 同・五三二頁（東京府下谷区、赤坂区・麻布区）他、千葉県、茨城県、神奈川県、愛知県等。

(4)　同・五四四頁(神奈川県勧業課)、五四八頁(静岡県佐野郡・城東郡)、五五二頁(岐阜県武儀郡上有知村)他多数。

4の㊳

東地判昭和五二年五月一六日判時八七二・九三

〈事実〉株式会社Xは、従業員の福利厚生施設として保養所を建築するための用地を求め、自動車も通れる道路つきの適当な用地の物色を訴外Aに依頼したところ、Yがその秘蔵する写真家某の作品を展示する記念館の建設資金捻出のため不動産業者Bに本件土地の売却を委任し、AはBを通じてYの売却の意向を知り、本件土地の購入をXにすすめたので、昭和四七年四月七日、XはYから本件土地を購入すべく代金九五〇万円、手付金二〇〇万円をYに支払った。その際、本件土地に隠れた瑕疵があるために本件売買契約の目的を達することができない場合にXが民法五七〇条により右契約を解除したときは、Yは直ちに右手付金の倍額四〇〇万円をXに償還する、との趣旨の合意がなされた。ところで、本件契約締結に先立ってYはBを介してXに、本件土地が県道及び村道にともに直接に接している旨の案内図面をもって本件土地が公道に接している旨を告げたので、Xはそれを信用して本件通路が村道であることを前提にして、本件土地を宅地化する計画を立て、本件契約を締結したのであった。ところが、その数日後にXがAを現地に派遣し公図を閲覧する等の方法で調査させたところ、本件通路は村道ではなく、本件土地に隣接する訴外D所有地の上にある通路であることがわかった。さらに契約時に説明されなかった公道への連絡通路が、別の図面に青線で示す位置に存在することが後に分かったが、右通路は契約当時予定した本件土地の使用を可能にするに適したものではなかった。また本件土地はその一部が県道に接してはいたが、その部分は高さ一〇数メートルの断崖を形成しているため、そこから本件土地に出入りすることができず、本件通路が村道でなければ、Xは本件契約の目的達成がて本訴に及んだ。

不可能であった。そこでXは、同月一一日本件契約を解除し、Yに対して手付金倍額四〇〇万円を支払うことを求め

〈判旨〉一部請求認容（手付金の返還）、一部請求棄却。判旨はまず、その事実認定に従い、「……公道（村道）であると説明された本件通路の叙上認定のごとき欠点は、本件売買契約についての隠れたる瑕疵にあたるものであるし、この瑕疵のためXは本件売買契約をなした目的を達すること能わざるに至ったものというべきである〔傍点筆者〕」として、本件契約に隠れたる瑕疵のあることを認めた上、「そうすると、本件売買契約は、Xが昭和四七年四月一一日になした前記解除の意思表示により、解除されたことが明らかであるから、Yは、原状回復として、Xから受領した手付金二〇〇万円を返還する義務がある」と判示したが、Xの手付倍額返還請求については、次のように述べて、請求を棄却した、即ち「……Xは、本件売買契約には、Xが民法五七〇条により契約を解除したときは、Yは手付金の倍額を償還する旨の特約があると主張し、甲第一号証（土地売買契約書）の第三項には『Yにおいて違約の場合は手付金の倍額をXに支払うものとす』旨の約定の記載があるが、甲第一号証の記載及び弁論の全趣旨によれば右約定によりXがYに対し手付金の倍額の支払を求めうるのは、本件売買契約がYの債務不履行によって解除された場合に限られ、本件の如き瑕疵担保責任による解除の場合は右約定の適用されるべき場合に当らないと解すべきであるし、他にXの主張する右特約の存在を認めるに足りる証拠はないから、右特約の存在を立論の前提とするXの請求部分は理由がない〔傍点筆者〕」と。

〈分析〉(1)本件は売買契約に隠れた瑕疵が存在したと認定された事案である。Xは、本件違約手付の特約にもとづき手付倍戻を請求したが、判旨は、瑕疵担保責任にもとづく損害賠償（民五七〇）は、債務不履行責任にもとづくそれ（民五四五Ⅲ）とは性質を異にする、としてXの請求を棄却し、YにXから受領した手付金の返還を命ずるに止ま

った。

⑵本来、一方当事者の無理由解除（実質は債務不履行）の事後処理（損害賠償）までを担うのが解約手付（損害賠償額の予定としての違約手付も含めて）の役割なのであるから、本件におけるXの契約解除が売主Yの瑕疵担保責任によるそれであるとすれば、ここには本件手付（損害賠償額の予定としての違約手付）の機能する余地はなく、結局、解除に伴う原状回復の一端として手付金の返還が行われるに止まるのは当然である。因みに、本件同様、売主の瑕疵担保責任による解除の結果として買主側の手付倍額償還を否定し・手付金返還を認めたにすぎない判決は、本判決以前にすでに東地判昭和四七・二・二九（4の㉟）、東地判昭和四九・九・六（4の㊲）があり、一審レベルとはいえ、先例として定着した観がある（なお、4の㉞は同種の裁判例のいわば原型的先例といえよう）。

4の㊴

東地判昭和六三年六月三〇日判時一三〇六・五一

〈事実〉X（反訴被告）は$Y_1$$Y_2$（反訴原告。以下Yらという）との間で、昭和六一年一月二八日にYら所有の土地建物（以下本件物件という）を代金六、八〇〇万円、手付金としてYらに各二〇〇万円を支払い買い受ける契約を締結し、同年三月六日に登記及び引渡と引き換えに残代金を支払うことを約定し、即日右手付金をYらに支払った。当時Xは資金不足のため購入資金の大半を金融機関からの借入れに頼らざるを得なかったので、借入予定先から借入れの内諾を得た上で本契約を締結し、特約として「……残代金は、Xが金融機関（A信用組合）より融資を受け支払う為、万一融資不可能となった場合は、本契約を白紙還元とする。その際Yらは受領済みの金員全額を即時Xに返還する。尚融資可否の決定を昭和六一年二月六日迄に明確にするものとする。」とし、契約違反の際には「……相手方はこの契

約を解除することができる。この場合、違約損害金として、Xの違約によるときは、売買代金額の一割に相当する金額を違約金として支払うこととし、支払済の手付金をこれに充当できる。またYの違約によるときは、Yは Xに対し売買代金額の一割に相当する金額を違約金として支払うとともに受領済みの手付金を即時Xに返還しなければならない。」と約定した。しかし、Xは約束の二月六日までにAから融資するかどうか回答を得られず、結局、三月六日の履行日になっても資金の手当ての目途が立たなかった。他方Yらは登記及び引渡に要する書類をととのえ、三月六日当日Xに提供している（Xは残代金の支払いができなかった）。その後三月一八日に至りXは資金の手当てができたとして、同月二四日に残代金を支払う旨及びその日に本件物件の引渡し及び所有権移転登記の手続をしてほしい旨の通知をした。Yらはこれに応ぜず、却って同月二〇日到達の書面をもって本件契約を解除するとともに違約金の請求をしてきたので、Xは再三Yらに契約の履行を請求したが、Yらは応じないので、Xは同年五月一三日に本件契約を解除し、支払済み手付金四〇〇万円及び約定違約金六八〇万円の合計一、〇八〇万円の支払いをYらに求めて、本訴に及んだ。これに対し、YらはXに対し、違約金六八〇万円（代金額の一割相当額）から受領済みの四〇〇万円を控除した違約金残額二八〇万円を請求する反訴に及んだ。

〈判旨〉本訴請求棄却、反訴請求認容。判旨は、Aからの融資が不可能あるいは融資の実行が遅れ昭和六一年二月六日を経過しても白紙還元を求めるXの権利は留保され、このことは三月六日を経過しても同様であり、従って三月六日は残代金支払いの確定期限ではないとのXの主張に対し、「……XはYらに対し、融資の可否を遅くとも同年二月六日までに明確にするとともに、同日までなら、当初の手付金の返還を受けて解約することができ、この解約権を行使しない場合には、融資確定と同時に追加手付金三〇〇万円を支払うべく、したがって遅くとも同年三月六日までには手付金合計七〇〇万円が支払われていることが予定され、三月六日に残代金六、一〇〇万円の支払いをすることが合意されたものと解するほかはない……」として、判旨は右主張を却けた。他方、Yらの本件契約解除とXに対する違約金請求については、判旨は次のように判示する、即ち「……本件契約には、『当事者の一方がこの契約の条項に違反したときは、相手方はこの契約を解除することができる。この場合、違約損害金として、買主の違約によるときは、売買代金額の一割に相当する金額を違約金として支払うこととし、支払済みの手付金をこれに充当できる。また売主の違約によるときは、売主は買主に対し売買代金額の一割に相当する金額を違約金として支払うとともに受領済みの手付金を即時買主に返還しなければならない。』との条項があったことは、前記の通りであるが、契約書の中で右規定が置かれている位置及びその文言からすると、この違約金は契約関係の一切を清算するための損害賠償の予定の趣旨であると認めるのが相当である。そして一般に、このような損害賠償の予定がなされている場合には、相手方に違約があったときは、特段の事情がない限り、予め契約解除の手続をとることなく、違約金を請求し又は差し入れられている手付金を違約金として自己に帰属させることができ、かつその旨を相手方に告知したときは、契約関係も当然に終了するものと解される。本件の場合、右の条項によると、違約金を請求するには、契約を解除することを要するように読めるが、違約金の趣旨が右のとおりのものであることに照らすならば、この解除を民法第五四一条所定の催告・解除の趣旨に解する必要はなく（相手方違約の場合に同条による解除ができることは、いわば当然の事理であって、あらためて規定する必要はない。）、違約金の請求をすることによって契約関係を終了・清算させる旨の表示がなされていれば足りるものと解するのが相当〔傍点筆者〕」と判示し、Xは三月六日に契約を終了せしめられたから、五月一三日にYらに到達したXの契約解除は無効であり、Xの請求は理由がない、としてこれを却け、かえってYらの反訴請求を認めた。

〈分析〉(1)本件は、当事者の一方が違約の際には代金額の一割相当額を違約金として相手方に支払うか、手付金をそれに充当できる、とするものである。そして判旨は、右違約金を「契約関係の一切を清算する為の損害賠償の予定」と認め、契約上は、違約金を請求する場合には、契約を解除することを要するように読めるが、その必要はなく、違約金の請求により契約関係を終了し清算する旨の表示があれば十分である、と判示した。このように損害賠償額の予定が約定されている場合に事前に契約を解除する必要のないことについては、既に最高裁判例があり（昭三八・九・五民集一七・八・九三二、昭五四・九・六判時九四四・四九）、本判決はこれらを踏襲したものである。

(2) 本件は買主の違約のケースであったが、本件契約には、売主違約の際、代金の一割を違約金として買主に支払うとともに、受領済みの手付金を買主に返還することと規定されており、本件では、手付金は一方当事者の違約の際の損害賠償としての性格を与えられておらず、僅かに買主違約の際に損害賠償の一部に充当されるに止まっている。従って本件手付は、解約手付ではなく、また実質上解約手付同様の・損害賠償額の予定としての違約手付（私の謂う予定手付）でもない、といえるであろう。契約には、Xへの金融機関からの融資が確定した際に追加手付金の支払いをすることが定められていたことと考えあわせれば、結局、本件手付金は「内金」ないし「証約」手付と見る以外ないであろう。

総括

以上で、第1類型五八（裁）判例、第2類型八（裁）判例、第3類型七（裁）判例、第4類型三九（裁）判例、合計一一二（裁）判例の分析を終了した。そこで、以下において、一、各類型に共通の事項、二、各類型に固有の事項に分けて、各判例を総合的に（個別的分析は終わっているので）検討してみたい。

一、各類型に共通の事項

(1)　各判例に見る取引類型

〈第1類型〉五八例中、不動産売買（土地・山林・建物・土地付建物・借地権付建物各売買）四六例、その内、戦前＝一八例（下級審判例中、上訴審判決と重複するものを除外）中一一例、戦後＝三七例中三五例である。従って、戦前は六一％強、戦後は九五％弱であり、戦前手付は不動産取引以外にもいろいろな取引（本類型では、玄米・株式・硫黄・木材の各売買）に幅広く利用されていたこと、これに対して戦後は殆ど不動産取引に集中していることが窺われる。

〈第2類型〉八例中、不動産売買（土地・建物・借地権付建物・司法書士事務所各売買）六例――戦前一例・戦後五例。その他の売買三例――戦前二例（古漁網・銀行売買）。本類型においても、不動産売買（とりわけ戦後）がやはり圧倒的に多い。

〈第3類型〉七例中、不動産売買（内容不明・マンション一室売買・敷地付建物売買）三例――戦前一例・戦後二例。その他の売買三例――戦前二例・戦後一例。賃貸借一例――戦後一例。本類型においては、不動産売買は三例であるが、賃貸借（埠頭施設）を含めると、不動産関係が四例となる。その他の売買は、大小豆・玄米売買（戦前）、株式売買（戦後）である。

〈第4類型〉三九例中、不動産売買（土地・宅地及び保安林・土地付建物・建物・モーテルホテル・建売住宅・土地付新築予定建物各売買・内容不明）二九例――戦前一一例・戦後一八例。その他の売買一〇例――戦前九例・戦後一例。本類型においても、不動産売買が圧倒的に多い――七四％強、戦前は二八％強・戦後は四六％強。反対に不動産以外の売買においては戦前が九〇％を占め、戦前は不動産以外の売買でも幅広く手付が用いられていたことが明らかであるのに対して、戦後手付は不動産以外の売買においては殆ど用いられてこなかったと思われる。

こうしてみると、全類型を通して、手付が戦前はいろいろな取引（殆ど売買）に用いられてきたのに対し、戦後においては、手付利用が不動産取引に専ら集約された観がある。この点につき、後述「むすび」において再説したい。

(2)　紛争類型

以下の各類型における紛争類型については、「原告の請求――被告の抗弁」の形で記述する。

〈第1類型〉本類型における紛争の原形態は、履行請求対手付解除の抗弁であるが、以下に見るようにさまざまなヴァリエーションがあり、事例数の多い順に列挙する（全五八例中⑬は⑩の差戻上告審判決、㉗は③の控訴審判決、㉝は⑰の控訴審判決で、事案は同じであるため、ここでは全数から省く）。

①買主履行請求――売主手付解除　四一例（七四％強）
②買主履行着手・損害賠償請求――売主手付解除　七例（一二・七％）
③買主ローン特約解除・手付金返還請求――売主履行請求（違約金支払請求・手付金没収等）四例（七・二％）
④売主履行請求――買主手付解除　二例（三・六％）
⑤買主不履行解除・手付倍額償還請求――売主手付金没収　二例（三・六％）

〈第2類型〉

①不可抗力による目的物滅失＝買主解除・手付金返還請求――売主返還拒絶　一例（一二五％）
②原始的不能の売買契約締結＝売主不履行――買主手付倍額償還請求　一例（一二五％）
③売主不履行解除・別途処分（被告）――買主手付倍額償還請求　一例（一二五％）
④売主不履行解除（被告）――買主手付倍額等支払請求　一例（一二・五％）

⑤買主不履行解除・手付倍額償還請求——売主手付没収　一例（一二・五%）

〈第3類型〉

①売主手付解除（被告）——買主損害賠償請求　二例（二九%）

②買主不履行解除・手付金返還及び違約金支払請求——売主手付解除　一例（一四%）

③買主不履行解除・損害賠償請求——売主手付解除　一例（一四%）

④売主不履行解除・損害賠償請求——買主違約手付主張　一例（一四%）

⑤賃借人契約離脱＝賃貸人契約解除・賃料及び損害金支払請求——賃借人手付解除　一例（一四%）

⑥買主合意解除・手付倍額償還請求——売主不履行解除・手付倍額償還拒絶　一例（一四%）

〈第4類型〉　本類型は、直接に解約手付と近代民事責任との矛盾をめぐる事案を対象とする判例グループではなく、本稿ではいわば傍論として取り上げたものであり、また各事案における紛争も類型化できない程種々雑多な為に、この項では省略する。

(3)　法的手段

〈第1類型〉

本類型五八例中、③と㉗、⑰と㉝はそれぞれ同一事案の上告審・控訴審判決であり、⑩と⑬は上告審・差戻上告審判決である。ここで取上げる・原告・被告両当事者のとった法的手段が、右の三つの事案の上級・下級審判決及び差戻前後の両判決において同じであるところから、⑬㉗㉝を全数から控除する。

①買主履行着手——売主解約手付　三三例（六〇%）

②買主内金——売主解約手付　八例（一四・五%）

③買主違約手付――売主解約手付　六例（一〇・九％）
④買主証約手付――売主解約手付　二例（三・六％）
⑤買主ローン特約による契約解除――売主不履行解除　二例（同右）
⑥買主ローン特約による契約解除――売主解約手付　二例（同右）
⑦買主商行為として履行請求――売主解約手付　一例（二％）
⑧売主履行着手――買主解約手付　一例（同右）
⑨売主内金――買主解約手付　一例（同右）
⑩売主解約手付――買主解約手付　一例（同右）
⑪売主不履行解除――買主不履行解除　一例（同右）

〈第2類型〉

①売主違約手付――買主解約手付　二例（二・五％）
②買主解約手付――売主・売主一方のための解除権留保特約　一例（一二・五％）
③買主不履行解除・手付金返還請求――売主危険債権者主義による残代金支払請求　一例（同右）
④買主解約手付による手付倍額償還請求――売主原始的不能の契約につき買主悪意の抗弁　一例（同右）
⑤売主不履行解除・転売――買主解約手付による手付倍額償還請求　一例（同右）
⑥買主不履行解除・損害賠償請求――売主合意解除・手付金返還　一例（同右）
⑦買主解約手付による手付倍額償還請求――売主転売　一例（同右）

〈第3類型〉

①買主不履行解除・手付金返還及び実損害賠償請求――売主・買主の解除は解約手付によるとして賠償請求拒絶　一例（一四・三％）

②買主手付解除――売主填補賠償請求　一例（同右）

③売主「約定金」を解約手付として解除――買主「約定金」を内金として実損害賠償請求　一例（同右）

④売主不履行解除・「保証金」を証約手付として実損害賠償請求――買主「保証金」を違約手付として手付放棄　一例（同右）

⑤買主履行請求・売主転売により填補賠償請求――売主手付解除　一例（同右）

⑥貸主違約手付として損害賠償請求――借主手付解除　一例（同右）

⑦売主不履行解除――買主・売主の合意解除申入に同意し手付倍額償還請求　一例（同右）

〈第4類型〉　省略

二、各類型に固有の事項――各類型にみる先例的意義（判例）・新奇性（裁判例）

〈第1類型〉

（履行請求――手付解除の抗弁）

①履行認容例　三三例――〔内訳〕(イ)戦前例　大判四例、控・朝高判五例、地判二例、(ロ)戦後例　最判九例、高判六例、地判一〇例

(a)履行請求認容例に見る正当化の技術

(i)契約の解釈を通して

(イ)「違約手付」と構成——大判三例
(ロ)「証約手付」と構成——控判・地判（戦前）各一例
(ハ)「内金」と構成——地判（戦後）一例
(ii)法律の解釈を通して
(イ)「履行着手」概念を拡張——控判・地判（戦前）各一例、最判五例、高判三例、地判五例
(iii)その他
(イ)「慣習」と認定——控判一例
(ロ)「不履行解除」を認容——地判（戦後）一例
(ハ)「権利濫用法理」の適用——地判（戦後）一例
(ニ)「権利失効原則」の適用——地判（戦後）一例
(b)正当化の具体的内容
(i)「違約」手付（賠償額の予定を含む）と構成した例
手付判例1の②——手付金と違約金の併存・手付による解除権留保規定（以下解除権規定と略す）の不存在・売主違約時は手付金返還（買主違約時は手付金放棄し代金の四分の一の違約金支払）・契約に買主転売先明記（「契約解釈ハ原院ノ専権」として原院判旨と同旨）
1の⑦——解除権規定なし・不履行解除の規定あり・手付損倍戻に加え実損害の賠償請求も可——解約手付推定の論理排除特約の一例（「契約解釈ハ原院ノ専権」）
1の⑨——解除権規定なし・契約不履行時の「内金ヲ抛棄又ハ倍額ヲ弁償」規定から解約手付とは速

断できず・その他の証拠から賠償額の予定としての違約手付と認定（「契約解釈ハ原院ノ専権」）

1の⑫——解除権規定なし・違約時の手付損倍戻及び当然解除の規定あり・代金分割払契約により売主は手付金内金及び数回の割賦金受領・最終割賦金の提供時に手付金内金の倍額を償還

1の㉛——本件手付特約文言から解除権留保の趣旨くみとれず・買主は契約成立直後からキャバレー開設準備を進めていた・売主も買主の努力要請に応じていた

1の㉞——手付金額が代金の半額を超える・契約成立直後に買主残代金全額支払い・契約成立翌日土地を買主に引渡し買主が家屋の建築を開始（売主の履行着手も認定）

1の㉟——借地権付家屋売買・代金額に対し手付金額が低額（一割強）・両当事者共金融業者で都内における不動産取引の事情に明るい

1の54——ローン特約の存在を否定・解除権規定なし・違約時手付損倍戻及び当然解除規定あり

(ii)「証約」手付と構成した例

手付判例1の㉔——「手付金」とせず「売買証」として授受する旨記載・解除権規定なし・手付損倍戻規定なし（履行確保のための「証拠金」認定）

1の㊸——米穀商人間の玄米取引の「証拠金内金」は契約成立の証拠・履行時は代金内金に充当される慣習

(iii)「内金」と構成した例

手付判例1の㊼——手付損倍戻による解除権規定あり・残代金六回払い・当時本件不動産を担保に売主は他か

ら融資を受け担保権消滅のため買主から手付金（二、五〇〇万円）を受領・買主は代金の内金として交付・右手付金が高額にすぎる（代金の二七%）として内金の初回分に当たる・解約手付条項は「例文規定」

(iv)「履行着手」の認容例

手付判例1の⑥――「履行着手」による手付解除制限に反する特約の主張者に立証責任あり

1の⑪⑭⑯⑲㉑㊹――履行期到来後の履行請求の反復（履行催告の到達）・残代金相当額の具体的支払準備（残代金提供なし）

1の⑬――解除者（売主）自身の家屋占有者に対する家屋明渡請求（⑩の差戻上告審判決）

1の⑰――履行期前着手禁止の合意がない限り履行期前着手は可能

1の⑱――両当事者連署の農地売買許可申請書の知事あて提出行為（双方の履行着手）

1の⑳――知事の農地売買許可前でも買主の残代金支払は着手に当たる

1の㉓――一方当事者の先履行義務懈怠の際他方当事者の履行請求訴訟の提起

1の㉙㉜――着手者自身の解除は不可

1の㉚――買主の残代金支払のための現金の用意・売主に対する登記所への同道要請

1の㉛――売主（解除者）の各種登記申請書類の用意・本件宅地建物の測量・地積訂正手続

1の㉜――売主側（解除者）での各種登記申請書類の用意・本件宅地建物の測量・地積訂正手続

1の㊱――売主の事前の受領拒否の際の買主の残代金の口頭の提供

1の㊽――代金分割払の場合契約締結時の交付金のみ手付に該当・締結後の代金の一部支払は履行着

手

1の㊾——履行催告が相手方の事情により不到達でも催告者の履行準備が整えば履行着手

1の㊿——履行期の定めのない契約は相当期間の経過後いつでも履行請求でき、その督促により履行期が到来・銀行預金として残代金を用意

1の51——買主の受領遅滞後の売主の履行請求

1の52——買主の長期間の履行準備・売主の履行協力要請に対する即時の対応・一年半以上の売主の放置に対する買主の忍耐

1の55——契約の法定停止条件としての官公庁への書類提出行為・買主自費の土地測量行為・中間金支払行為

(v)「慣習」の認容例

1の㉕——株取引における手付倍額償還による売主の解除不可は新潟地方の一般的取引慣習（本件手付は買主一方の解約手付）

1の㉘——玄米取引において地主側の解除不可は新潟下越後地方の慣習

(vi)「権利濫用法理」の適用例

1の53——買主の協力により売主の営業活動が可能となったのに売主の解除権行使は買主の営業活動に重大な支障をもたらす

(vii)「権利失効原則」の適用例

1の45——売買契約を永年賃貸借と主張し続け、その間一度も手付による解除権を行使せず

②解除認容例　一七例――〔内訳〕イ戦前例　大判三例、地判一例、ロ戦後例　最判三例、高判五例　地判五例

(a)解除認容例に見る正当化の技術

(i)契約の解釈を通して

(イ)当該取引の投機性の強さに着目する――大判一例

(ロ)形式論理による――大判・控判各一例

(ハ)解約手付と違約手付との併存――最判・地判各一例

(ニ)手付解除条項の解釈――高判一例

(ホ)履行着手後の手付解除を認める特約――地判一例

(ii)法律の解釈を通して

(イ)「履行着手」を否定――大判一例、最判二例、高判四例、地判一例

(b)解除認容例に見る正当化の具体的内容

(i)当該取引の投機性の強さに着目した例

1の③――投機売買ほか価格変動の著しい物品売買の場合解約手付と認定

(ii)形式論理により解約手付と構成した例

1の④㉖㊶――「内金即手付の論理」及び「解約手付推定の論理」による

1の㊷――「内金即手付の論理」によるが、手付という言葉を使わず他の言葉（ここでは「内金」）を使うことも珍しくないから、それだけで手付ではないとはいえない

(iii)解約手付と違約手付（ないし違約金特約）との併存により手付解除を肯定した例

1の⑩㊼――解約手付と違約手付は矛盾せず解除権排除の規定がない限り解約手付と推定…⑩、解約手付と違約金特約（解約手付と賠償額の予定としての違約手付の併存の際、前者は一方当事者の無理由解除の場合に、後者は相手方の債務不履行の際の法定解除の場合にそれぞれ適用――手付解除と不履行解除の使い分け）…㊼

(iv)ローン特約による解除を認め、手付金返還を肯定した例

1の㊴㊶㊽――買主の現実のローン返還可能月額ではなく、事前交渉時の希望月額を返済の能否の判断基準とした…㊴、銀行ローン融資を不可能とする事情の中に目的物の物的事情も含めた…㊶、買主の帰責事由によらない融資不能な場合に買主保護のため解除・手付金返還を認容…㊽

(v)手付解除条項の解釈により解除を肯定した例

1の㊵――相手方の履行着手まで、あるいは所定の期日まで手付解除ができる旨の手付解除条項につき、どちらか遅い時期まで解除できるとの解釈をとり、相手方の履行着手後の手付解除を認容

(vi)履行着手後の手付解除を認める黙示の特約により解除を肯定した例

1の㊶――買主の受領遅滞後の売主の履行請求を履行着手と認めながら、その後の買主の手付解除を特約により認容

(vii)「履行着手」を否定した例

1の⑤――履行準備行為は着手ではない

1の⑮――他人物売買において売主の自己名義への所有権登記移転行為は着手行為だが、着手者の解除権行使は立法趣旨上肯定

1の㉒――履行期到来前の着手は、金銭の現実提供またはこれに準ずる行為に加え履行催告が必要

1の㉝――履行着手となるためには履行期の到来が必要

1の㊲――買主の履行着手は買主の支払手段の具体的用意が必要

1の㊳――買主の債務は残代金支払債務であり、転売先確保のための準備行為ではない

1の㊶――弁済着手は、現実の代金の準備か、少なくとも代金相当の預金を持ち、当該銀行と小切手契約を締結すべし

1の㊻――履行期到来後代金を現金または小切手などを具体的に用意しこれと引替えの履行の催告が必要〔履行期の到来時期が不明・買主の代金の具体的用意の客観的証拠なし・土地分筆手続・売主のための戸籍書類の調製・これら書類と引替えの代金支払告知行為は買主の履行行為ではない〕

③その他　二例〔内訳〕大判二例

手付判例1の①⑧――売主の解除権行使には手付倍額の提供を要する

〈第2類型〉

〔手付倍額償還請求――手付金放棄の抗弁〕

①手付倍額償還認容例　地判〔戦後〕三例

②手付金返還認容例　高判・地判各一例

〔手付倍額償還・損害賠償請求――手付金放棄の抗弁〕

①手付倍額償還認容例　地判（戦後）一例

②手付金返還認容例　控判一例

（手付金返還請求――手付金放棄の抗弁）

①手付金返還認容例　地判（戦前）一例

②手付金返還否認例　地判（戦前）一例

(a)手付倍額償還例に見る正当化の技術及び具体的内容

(i)契約の解釈を通して

手付判例2の⑤――不能契約において売主側の契約締結上の過失の存在を認め、手付倍額償還を命じた

2の⑥――当該手付を違約手付と見て、買主が不履行に陥る以前に売主が転売し履行不能にさせたとして売主の手付倍額相当の違約金支払を命じた

2の⑦――売主が予測し買主側に告知した「履行を困難ならしめる事情」が現実に生じた場合、売主が手付金返還のため手付金を提供して行った解除は有効であるが、買主は倍額償還を請求しうる

(b)手付金返還認容例

(i)契約の解釈を通して

手付判例2の①――不履行者（買主）側に帰責事由のない債務不履行の場合、信義則により売主に買主への手付金返還を命じた

2の②⑧――当該手付を違約手付と見て、一方当事者の不履行解除において解除者自身の過失との相

殺を認め、相手方に手付金の返還を命じた

2の③――不可抗力による目的物滅失の際の売主一方の解除及び手付金返還の特約を買主一方の特約
に読みかえた

(c)手付金返還否認例

(i)原告側の手付金返還の請求手段の選択の誤りを通して

手付判例2の④――不可抗力による目的物滅失の場合目的物を制限的種類物と見て危険債務者主義（民五三六
Ⅰ）を適用すれば、買主（原告）は契約時の手付金給付が法律上の原因を欠き「不当利得
として返還請求」しえたのに、売主側の債務不履行を理由に解除し・原状回復請求をした
のは失当として棄却、結果として買主は手付を放棄したことになる

〈第3類型〉

（実損害額賠償請求――手付解除の抗弁）

①実損害賠償認容例　大判・最判・高判各一例

(a)実損害賠償認容例に見る正当化の技術及び具体的内容

(i)法律の解釈を通して

手付判例3の①――手付授受の際手付解除（任意解除）の場合にのみ手付損倍戻が適用・法定解除（不履行解除）
の場合には手付制度は適用されず、従って実損害の賠償請求ができる

3の⑤――売主の契約解除・別途処分による履行不能を理由に買主が本来の給付に代わる填補賠償を
請求、高裁は、このような場合買主は解除し原状回復及び履行利益賠償（約定違約金額）

か解除せず填補賠償（実損害額）かのいずれかを選択・請求しうるとして、後者を認容。

(ii) 契約の解釈を通して

手付判例3の④――両当事者は本件手付をそれぞれ証約手付・違約手付と解し実損害額の賠償・手付額の賠償を主張、最高裁は、解約手付推定の論理によって解約手付以外の手付の主張者は特別の意思表示の存在の主張・立証責任を負い、原審判示通り被告主張の手付と認むべき証拠なしとして、原告主張の証約手付を認容

②手付解除認容例　大判二例

(i) 契約の解釈を通して

手付判例3の②――民法所定の手付は解除権留保の対価として授受されるから、手付金額が代金額に比して過少のため解除が容易に行われ契約の効力を弱めるとしても、金額については法律上の制限はない

3の③――契約書中の「約定金」「内金」の文言は、原則として解約手付と推定され、一方当事者の違約の際の損害賠償特約がある場合にも、相手方の履行着手があるまでは手付解除を認容

（手付倍額償還請求――手付放棄請求）

①手付金返還（原状回復）認容例　地判（戦後）一例

(i) 契約の解釈を通して

手付判例3の⑦――買主の不履行の際、売主一方の不履行時の手付倍額償還特約を読み替え売主の手付金返還を必要としないとすることは、売主本来の債務が買主のそれと比べ不動産売却という・ヨ

り確実な履行を要請される不代替的債務であるところから、読み替えを認めず、買主には解除・損害賠償の一般原則を適用し、売主に原状回復義務の履行として地裁(戦後)は手付金返還を命じた——一方当事者のみの手付特約の読み替えは、事案ごとの利益衡量による

(賃料支払・違約金支払請求——手付解除の抗弁)

①違約金等請求認容例　高判一例

(i)契約の解釈を通して

手付判例3の⑥——一方当事者の契約離脱による・手付額では到底賄えない相手方の巨額の出費の発生という・契約締結当時予測不可能な事後の事情変更を理由に、高裁は本件手付の解約手付性を否認・解約手付のもつ賠償額限定機能を封ずるため、証約手付を認容。

〈第4類型〉

本類型は、その争点内容が多岐にわたるため、戦前・戦後の別及び各審級別に検討することとする。

(戦前の〔裁〕判例)

①大判

手付判例4の①——解除権留保のない「手付流倍返」の手付は「違約」手付であり、一方当事者の不履行を契機とする契約の存否が争点である限り、契約解消を前提とする旧慣上の予定手付(賠償額は手付額)ではなく、契約の有効な存続を前提とする本来の違約手付ないし法定の予定手付(民四二〇Ⅱ——手付額を違約金とする他に実損害額の賠償も可能)

4の②——金銭以外の物品(本件では立木)の手付授受は可、「手付流」の特約を付した契約は有効

（売主不履行の場合の「手付倍返」はなく、買主一方の違約手付となる）

4の③――売主の履行が不能でも解除されるまで契約は有効だから、手付の返還請求はできない

4の④――買主が手付金を売主に交付せず、売主の買主に対する貸金債務と相殺し、その後契約が解除されたので、買主は売主に対して原状回復として（未交付の）手付金の返還を請求し、認容

4の⑤――手付は「内金」としての性質をもつので、「内金」特約は不要

4の⑥――手付契約は合意の他に金銭授受を要する要物契約で、売買契約の従たる契約ではあるが、主たる契約と同時に成立する必要なく、従って（手付が分割払いの場合）現実に授受された金額分がそのまま具体的内容となるので、不履行買主は現実に交付した金銭を放棄すれば足り、合意された手付額との差額までの放棄は不要

4の⑦――強行法規違反の売買契約に伴う手付の給付は不法原因給付に当たり、返還不可

4の⑧――反証のない限り、契約成立時に現実に授受された金銭が民法五五七条所定の解約手付であり、特約により中間金を「違約金」とした場合は、着手以後履行終了までに違約金の放棄または倍返しによる契約解除可（着手前は法定の解約手付、着手後履行終了までは約定の解約手付）

4の⑨――支払期限までに残代金の支払がない場合手付流れとなる特約（違約手付特約）は、売主の不履行解除の場合手付返還を要しない趣旨を含む（買主の原状回復請求は不可）

4の⑩――合意解除（及び法定解除）の場合には手付は原状回復として当然に返還

4の⑪――郵便為替証書は現金と同視すべきであり、倍額償還は提供すれば十分で、受領拒絶の場合も供託の必要なし

②控判

手付判例4の⑰――売主不履行の場合、買主は履行催告・解除の意思表示なく手付金返還・違約金支払を請求しうるという特約があれば、売主不履行の際は直ちに買主は右請求が可

4の⑱――売主一方の違約金特約（手付額と同額）がある場合、売主の不履行の際買主の催告後一定期間の徒過によって買主が賠償及び手付金返還を請求しても、遅延賠償は認められるが、手付金返還は不可

4の⑲――「相場ノ高低ニ拘ラス無限金品受渡ノコト」という契約文言は、手付損倍戻しによる解除の禁止の特約ではない

4の⑳――手付金の小切手が授受後不渡りとなっても、本件契約は成立し、現金によると同様の効果発生

4の㉑――契約締結の時買主から売主に交付され・売主が目的物を数回に分けて買主に給付する都度代金の一部に充当される金銭は「保証金」と名づけられても、手付金

4の㉒――買主が残代金の一部（中間金）を弁済し売主が異議なく受領したことは、買主の履行着手に当たる

4の㉓――売主の手付倍額提供に対して買主が受領を拒絶しても売主が直ちに供託すれば、申入れの日に契約解除が成立

③地判〔戦前〕

手付判例４の㉘――民法五五七条は任意法規だから、当事者は履行期までは相手方の履行着手の有無を問わず手付損倍戻しにより契約を解除しうるとの特約は有効

４の㉙――本件契約は、目的物（材木）の引渡しの都度内金を支払い、履行に先立つ合意として成立する複数個の手付契約から成る一種の複合契約であり、右内金は成約手付

〔戦後の〔裁〕判例〕

①最判

手付判例４の⑫⑭――契約清算のための賠償額の予定としての違約手付の場合、一方当事者の不履行の際相手方は契約を解除せず、直ちに手付損倍戻しの請求は可

４の⑬――双務契約では、一方当事者が自己の債務を履行しない意思が明確であれば、相手方は自己の債務の弁済の提供をしなくても、前者は自己の債務の不履行について履行遅滞の責を負う（本件では売主の契約違反のときは手付金倍額を買主に返還するとの仙台市の慣習に従い、買主は手付倍額償還を請求）

４の⑮――買主が予め受領を拒絶した場合でも、売主の倍額償還による解除には現実の提供が必要

４の⑯――賠償額の予定としての違約手付と共に「特別損害」の賠償特約がある場合には、手付額を超える損害賠償認容

②高判

手付判例４の㉔――代金額協議が不調の場合代金額の定めがないと同様だから、売買契約の効力が生じず、従

って契約の有効な成立を前提とする解除による手付金返還請求は理由がないが、有効な成立を前提として授受された手付金の不当利得による返還請求は可

4の㉕――分割払いの解約手付金が初回金のみ支払われた場合、手付総額につき手付契約は成立せず未交付の追加手付金の没収ないし支払請求は不可

4の㉖――売買交渉の際買主交付の小切手は申込証拠金であり手付金ではないから、契約未成立の場合買主は返還請求可

4の㉗――一方当事者の不履行に相手方の過失の関与がある場合、賠償額の予定としての違約手付による事後処理の際過失相殺法理（民四一八）が適用

③地判（戦後）

手付判例4の㉛――解約手付の分割交付の場合、初回金は手付の内金だから、内金倍額提供は手付倍額提供ではなく、契約解除無効

4の㉜――法的性質不明の手付金と買主一方の違約損害金の特約付土地分譲契約上買主が契約締結の翌日に手付金を放棄し契約を解除したのに対し売主が約定の違約損害金を請求した場合、解約手付と認め解除を認容、解約手付と抵触する損害金特約は（契約締結の当否の熟慮時間を買主に与えず締結を迫る土地分譲売買の実態から）信義則違反として無効

4の㉝――分割払手付特約の場合、手付特約の要物契約性から現実に授受された初回金のみが手付であり、この手付が解約手付であることは、証言及び契約書中の清算のための賠償予定額の違約手付との趣旨の箇所が不動文字であることから明らか、として買主の初回金放棄によ

る契約解除認容

4の㉞——売主の瑕疵担保責任に基づく買主の解除及び原状回復として買主への手付金返還認容

4の㉟——売主の瑕疵担保責任に基づく買主の解除及び原状回復として手付金返還認容（売買目的物に隠れた瑕疵がある場合、賠償額の予定としての違約手付〔手付流倍返し〕は認めず）

4の㊱——賠償額予定の違約手付特約及びローン融資特約（融資不能の場合買主は解除及び手付返還請求）付売買契約において買主の不履行解除を認容し、買主側の過失のためローン融資が不可能なことと併せ、手付金返還のみ認容

4の㊲——土地の隠れた瑕疵のため、買主側の手付倍額償還請求否認、売主の瑕疵担保責任による解除に伴う原状回復として手付金返還のみ認容

4の㊳——買主側の手付倍額請求は売主の債務不履行による解除の場合に限られ、瑕疵担保責任による解除の場合は原状回復の効果として手付金返還のみ認容

4の㊴——損害違約金特約は契約清算のための賠償額の予定とみて事前の解除不要、違約金請求により契約を終了・清算させる旨の表示のみで十分

むすび

以上で総括的分析を終わり、最後にまとめておきたい。

(1)　取引類型　叙上のように、各類型とも土地・建物等不動産売買が圧倒的に多い。本論文にとりあげられた一二例中、不動産関連の判例は、実に七六%、正に四分の三に上る。とりわけ戦後は、叙上のように、約九割が不動

産がらみである。そうだとすれば、昭和二七年八月施行の宅地建物取引業法が、業者自ら売主となる宅地・建物の売買契約における手付額の制限（代金額の十分の二以下）等の規定（三九条）や買主保護のための手付金の保全に関する詳細な規定（四一条以下）を設けたことは、不動産売買における手付紛争の頻発を前提としてのことといえよう。そうしてこのことは、（現在は一応鎮静化したものの）九〇年代の所謂バブル期における騰貴一方の不動産売買において手付が解約ないし清算機能をもっぱら発揮したことをも物語っている（ただし、高額の不動産売買にローン融資特約が付せられるようになると、ローン融資が実現しない場合には、ローン特約の効果として契約が解消し、結果として手付が解約手付性を失う——内金または証約手付に変わる——場合が多くなった）。いいかえれば、その当時のこの種の売買における・一種の投機性を解約手付がもっぱら担保していたともいえるであろう。

(2)　解約手付以外の手付のメルクマール

《戦前の〔裁〕判例》

①大判

(i)手付損倍戻しの他に解除権留保の規定がない場合、違約手付——三例

(ii)解除権排除の特約が必要——一例

②控判

(i)「売買ノ証拠金」（土地売買契約）は履行確保のための証約手付——一例

(ii)株式売買の場合、買主一方の解約手付であるのが新潟地方の慣習——一例

(iii)地主・米穀商間の玄米売買の場合地主は手付解除できないのが新潟地方の慣習——一例

③地判

(i)米穀商間の玄米売買においては「証拠金内金」とは「証約」手付――一例

《戦後の〔裁〕判例》

①最判

(i)不履行の際の手付損倍戻しのみで解除権留保規定のない手付特約は解約手付排除の特別の意思表示に当たらず、解約手付と違約手付との併存を意味する――一例

(ii)手付損倍戻に加えて相手方不履行の際は当然解除の規定がある場合は、損害賠償額の予定としての違約手付――一例

②高判

(i)解除権留保規定がなく、契約実現のための両当事者の行為があれば、損害賠償額の予定としての違約手付――一例

(ii)不履行による契約の当然失効規定があり、解約手付排除の特別の意思表示がない場合でも、手付金が代金額の半分強の多額に及ぶこと・契約成立直後に買主が残代金を支払っていること・成立翌日本件土地が買主に引渡され、その上に家屋の建築を始めたことなどから、損害賠償額の予定としての違約手付――一例

(iii)解除権留保規定がなく、解約手付排除の特別の意思表示もない場合、解約手付と損害賠償額の予定としての違約手付との併存――一例

(iv)解約手付とローン条項の併存の際、前者は一方当事者の手付による任意解除、後者は買主の帰責事由のない資金調達不能の際の約定解除の場合にそれぞれ適用――一例

③地判

(i)買主が不動産取引一般の例にならい契約書に解約手付と記載した金銭を内金として売主受領の場合、右金銭が代金に比べ高額ならば契約書の解約手付文言は例文として「内金」と認定——一例

(iv)一方当事者の不履行の際は手付損倍戻・相手方は催告なしに契約解除とある場合、損害賠償額の予定としての違約手付——一例

(iii)解約手付とローン条項併存の場合——前頁②高判の(iv)に同じ——二例

以上の分析から次のようにいえよう、即ち、

①大判　解除権留保規定がないか、解除権排除規定があれば、違約手付。因みに、事実審たる控判が契約の解釈により解約手付以外の手付と認定した場合、大判が「契約解釈は事実審の専権」として、その認定に従う例が多い。

②最判

(a)手付損倍戻のみで解除権留保規定のない場合、解約手付排除の特別の意思表示ではなく、解約手付と違約手付との併存と認定する（ただし私見では、右の併存は手付即解約手付の論理を意味し、結局、解約手付における解除機能と賠償機能との併存即ち解約手付を判示しているにすぎない）。

(b)手付損倍戻に加え、不履行時の当然解除規定があれば、損害賠償額の予定としての違約手付と認定する。

③事実審レベルで興味深いのは、(a)解約手付規定とローン条項併存の場合、前者は任意解除、後者は約定解除にそれぞれ使い分けられること、(b)解約手付規定と違約金規定の併存の場合、前者は任意解除、後者は不履行解除にそれぞれ使い分けられること。

(3)　履行着手の態様　　第1類型において、履行着手をめぐって争われる事案はきわめて多い。本論文にとりあげられた(裁)判例中、「買主履行着手——売主手付解除」のケースが三三例、「売主履行着手——買主手付解除」のそれ

が一例あり、その内訳は着手肯定例が二二例、否定例が七例である。さらに着手者自身の解除例が五例あり、その内肯定例は一例、否定例は四例である。これら五例はいずれも双方着手と認められたものである。

①履行着手の具体的態様

(イ)当事者が相手方の解除権行使の対抗手段として「履行着手」を主張するのは、（少なくとも判例に現れる事案にあっては）その殆どが買主側であり、売主側が買主の解除権行使の阻止のために着手を積極的に主張した例は見当たらないが、判決の中で売主の具体的行為が着手行為とみなされ買主の解除権行使が否定された例がある（双方着手のケースにおける着手者の解除権行使が否定された例）。

判例中の着手の具体的態様の中で最も多く見かけるのが、(i)売主に対する・買主の履行請求の反覆と、(ii)売主の履行と引換えの残代金相当額の具体的支払準備という・二点セットである。前者は、事案により種々なヴァリエーションが見られる。(α)口頭の履行督促から履行催告書の送付（1の⑩）、(β)家屋の買主が売主に対して借家人の明渡しにつき督促（1の⑬）、(γ)売主に履行期日の指定を約束させたが指定せず、買主が期日と場所を指定し、代金相当額の小切手を持参――売主不参（1の⑰）、(δ)先履行義務とされた・目的家屋の所有権移転手続に売主応ぜず、買主が右手続を請求し訴えを提起（1の㉓）、(ε)買主代金支払のため現金を用意、売主に登記所へ同道・出頭を要請（1の㉚）、(ζ)買主代金支払を準備し、登記手続の履行を売主に請求（1の㊹）、(η)農地売買において売主に知事への農地所有権移転許可申請を要請（1の㊽）、(θ)当事者双方による・法定停止条件としての官公庁への届出行為（1の55）等。

(ロ)周知のように、昭和四〇年最大判（1の⑮）は、「履行着手」につき次のような抽象的定義を下した。即ち、「債務の内容たる給付の実行に着手すること（傍点筆者）」、とし、さらにこれを敷衍して、客観的に外部から認識可能な形で履行行為の一部を行うか、履行の提供のために不可欠な前提行為をした場合である、と。そして、このような解釈は、履行着手による解約制限の立法趣旨に由来する、とも説示している。即ち、一方当事者の履行着手後に相手方が解除すれば、「履行に着手した当事者は不測の損害を蒙むることを防止するため〔傍点筆者〕」である、と。さて、そうだとすると、多くの(裁)判例において、叙上のように「着手」の(事実上の)要件としてあげられている・相手方への「履行の請求の反覆」は、先程の最大判の定義とは乖離しているのではなかろうか。いうまでもなく「履行の請求」とは、請求する当事者が「相手方」に対して、その債務を履行するよう促すことであって、請求当事者自身の債務の履行とは関係ない。つまり相手方に対する履行請求は、着手者自身の着手行為では決してないのである。それなのに、多くの(裁)判例が「着手」要件(の一つ)として挙げているのは、着手による解約制限の果たす機能が、もはや着手者の蒙むる不測の損害の防止にあるのではなく、「契約の実現を望む着手者の利益の保護」にある、と考えているからではないであろうか。いいかえれば、相手方への履行反覆請求行為は、当然自己の履行も誠実に行うことを相手方に予測させるであろうから、履行の反覆請求も着手行為の一つとみているのではないかと思われるのである。

(ハ)叙上最大判は、着手による解約制限の立法趣旨から着手者自身の解除権行使を是認している。この最大判に至るまでに着手者自身の解除権行使をめぐる事案は、戦前における1の㉙、戦後においては、1の⑬⑱㉜㊺の五例があげられる。そして1の㉙を除く戦後の四事例は、いずれも双方着手のケースである。そして以上の五事例とも、着手者の解除権行使を否定している。その内1の㉙は、曖昧な表現ながら民法五五七条一項の文理解釈によって問題を消極的に解しているが、1の⑱は、農地売買における・知事に対する許可申請行為が両当事者の連署による申請書提出の形をとり、双方の着手行為と認定されたから、その後の売主の解除権行使が否認されたのである(とり立てて着手者の解除権行使否認の理由説明なし)。1の㊺も両当事者の官公庁への届出行為が双方着手とされ、その後の売主の解除権行使が否認された。これに対して1の⑬㉜は、理由を挙げて明快に着手者の解除権行使を否認している。まず1の⑬（1の⑩の差戻上告審判決）は、差戻控訴審判決昭29・3・27大阪高判判旨を全面的に踏襲しており、後者によれば、民法五五七条一項の文理解釈（「当事者ノ一方」とあり、「相手方」とは規定していないこと）に続き「相手方が履行に着手してから後に、解除すれば、相手方に損害を加える」虞れがあること、加えて「自ら履行に着手したときは、もはや解除しない意思を表明したものと言い得ること」を説示している。この高裁の説示は、問題を肯定した最大判1の⑮における横田正俊裁判官の反対意見と全く重なり合う（もっとも事案は両当事者の双方着手後、売主が解除権を行使したもので、着手者の解除権行使をあえて云々する必要はなかったようにも思われるが）。次に1の㉜も叙上の説示の一、三番目の理由をあげ、問題を否定している（もっとも、本件が双方着手後の売主の解除権行使の事案と認められるかどうかは、やや微妙であるが）。

(4)　新田孝二教授「解約手付における履行着手の二類型」（平成12・12・31関東学園大学法学紀要21）について。

①新田論文は、履行着手態様を二つの類型に分け、各類型に即して着手の認否をすべきことを主張する。教授の主張される二類型とは「本来的履行着手」類型と「サンクションのための履行着手」類型の二つである（以下、第一類型、第二類型と略称する）。なぜ二つの類型に分けられるべきなのかについて、教授は次のように説明されている。即ち第一類型について、着手があったと基準にすべきなのは「履行行為」であり、不動産売買における登記の移転が例示される。さらに、他人の物の売買が例示され、「売主が他人である権利者から移転登記を受けたときは、まだ履行行為そのものではなく履行につながる行為……（以下の括弧引用文中の傍点は全て筆者）」であるが、「これでも契約解除を排除すべきがよいと思われれば、これも履行行為に当たる」とされ（この一行はその表現がいささか曖昧で、一体誰が、そしていかなる判断規準の下で「排除すべきがよい」のか、文意が把握し難い）、ここまでが「履行行為の系（コロラリ

ー)」として本来的履行着手の基準として規定される。次に第二類型については、例えば「……一方当事者が履行準備を整えて相手方に履行を促すのだけれども一向に応じてくれない。そのままでは事態は進展せず、逆に相手方が手付損倍戻しにより契約を解除し、ときにはそのことから相手方が大きな利益を取得することがある。これでは具合が悪い。そこで履行に立ち至らないのは相手方に責められるべき事情があるから」だから(ここでも文意不透明な箇所がある。「これでは具合が悪い」とあるが、「これでは」とは手付解除により大きな利益を得ることなのか、「具合が悪い」のは、誰にとって、そしてどういう意味なのか、不透明である)、「このことを要件に(傍点筆者)」(相手方に帰責事由の存在することを要件に?)「一方当事者の行為が履行準備段階にあるときでも(履行期にあるならば弁済提供といえる段階に至れば)履行着手を認めて、相手方の契約解除を封ずるのであ」るとして、これを以て「サンクションのための履行着手」とされる(右の括弧内に「履行期にあるならば弁済提供といえる段階」とあるが、「弁済提供といえる」というのは、何らかの準備行為が履行期に行われた場合、それが弁済提供行為になる、という意味なのだろうか)。教授は右の説明に続けて、我妻博士の着手に関する説明を引用して、代金の調達をしただけでは着手とはならないが、履行期到来後に代金の用意をして引きかえの履行を催告すれば着手となる、との博士の所説を正しいと評価された上で、これは教授の・いわゆるサンクション型着手の基準に該当するとし、「履行期到達後というのは売主の責に帰すべき履行遅滞に当たるから、買主のその行為だけで履行着手が生ずる(傍点筆者)」と敷衍されている。

②教授の所説の大要は以上の通りであるが、教授が着手態様を本来型とサンクション型の二つに類別されたのはなぜか、後述するように私には理解しにくいが、その類型化の基点をなす・いわばキー・ワードは「サンクション」概念にあるように思われる。そこで、新田説の成立過程について、私は以下のように敢えて憶測を試みた。まず、着手態様の類別には、厳格な内容規定のされた着手態様と、その範疇には含まれない・いわばヨリ緩和された(一概には

特定されない）それとが考えられる。なぜなら、前者はすでに昭40最大判により内容が規定ずみ（履行行為の一部ないし履行に必要な前提行為）だからであり、従って、それ以外の着手態様にも解除権の行使阻止機能をもたせるとしたら、それは緩和された態様（履行準備行為）を想定せざるを得ないからである。そして、それにはそのような態様をサンクションとして意味づけることが最も好都合である。いうまでもなくサンクションという概念は、元来、規範不適合行為（信義則違反や権利濫用も含め）に対していわば罰として科せられる不利益を一般にさす。他方、履行期到来前の解除権の行使阻止は、解約手付に付与された・無理由解除の自由を損なうから、手付解除権の行使阻止機能を担う着手の要件を厳格化する必要があり、これが教授のいわゆる「本来型」着手に他ならない。では履行期到来後の解除はどうか。この場合の解除は相手方の履行期待を裏切るものであり、履行期到来から解除権行使までは債務不履行即ち履行遅滞となる（とはいえ、本来ならば故意過失の存否など成立要件の厳密な吟味を必要とするはずであるが）のであるから、それをサンクションの前提行為たる規範不適合行為とみて、その解除権行使は、サンクションとして阻止されることになる。その際、履行期徒過後の解除権行使が法律上禁じられている訳ではないから、行使以前にすでに他方当事者の着手がなされていたものと擬制される（緩和された着手）。以上が教授の所説についての私なりの理解である。

③しかし、以下に述べる理由から、私には教授の所説に同調することはできない。即ち、

⒜まず、戦後「履行着手」概念を解約手付制度の立法趣旨に即して明確に内容決定した昭40最大判（1の⑮）の原審判決（大阪高判昭37・3・14）を引用しよう。即ち「……本件手附の性質が解約手附である以上は、契約当事者の一方又は双方は、一定額の損害を甘受することにより、契約拘束を脱し得る自由を双方に容認せられたものであって、その動機の如何は通例問われるところでなく、それが金銭上の利得のためであっても、そのこと自体何等信義則に反し、権利を濫用するものと見られ難いことは、多言を用いずして明らかである〔傍点筆者〕」と。即ち、解約手付制

度は、沿革上も現行法上の構成からも、解約手付が授受された場合には、契約当事者各自は自由に契約を解除しうるものとして規定されているのであり、手付解除が解除者の恣意的契約解消であって、法定解除のように解除者にとり不本意な解除なのではないことは、明らかである。つまり、解除者は、時間的・経済的要件を充足する限り（着手前解除・手付損倍戻）、自ら望んで締結した契約の拘束から、今度は望んで自らを解放するのであり、履行を望む相手方の迷惑などは全く顧慮する必要がないのが、正に解約手付制度に他ならない。結局、手付解除は債務不履行の終着点であり、窮極の債務不履行ということになるのである。

(b) そうだとすれば、教授の所説は、二重の意味において制度の趣旨と矛盾するのではあるまいか。叙上のように、教授はまず第一に、当事者の一方に帰責事由のあることを条件に他方の行為が履行準備段階にあるときでも履行着手ありとして、前者の契約解除を封ずる、それがサンクションのための履行着手である、とされる。そしてその例示として、一方当事者が履行期を徒過すれば、それは即履行遅滞となり、そこに帰責事由の存在が認められるから、相手方の履行着手を認めて前者の解除権を封じることができる、いや封じるべきだと主張する。つまり一口でいえば、債務不履行者の解除権行使は、帰責事由の存在を根拠に、相手方の履行着手を擬制して否認されるのである。私が疑問に思うのは、履行期後の解除権行使が帰責事由ありとして否認され・履行を強制されるのに、履行期前であれば、なぜ、窮極の債務不履行ともいうべき解除権行使が認められるのか、そしてそれと対照的に、解除権行使の阻止手段たる・相手方の着手行為が形式・内容ともに厳格化される（いわゆる本来的履行着手）のはなぜか。こうした履行期の前と後での解除権行使に寛厳の差をつける必然的理由が一体どこにあるのか、私には理解し難い。いずれにしろ、解約手付による契約解除は、法規定の上では、当事者の自由に任せられているのであり、履行期の前後によって解除権行使に寛厳の差をつけるべきではあるまい（もしも一方が債務不履行のまま履行も解除もせず、荏苒日を送る場合には、相手方は不履行解除に訴えれば、事は済む——3の①参照)。

(c)次に、いわゆるサンクション型は、解除権行使者の解除権行使阻止の理由づけとして、帰責事由の存在を要件としているが、本来、封建遺制の一つとしての解約手付制度は、近代民事責任が中核とする・帰責事由の存否という主観的要件とは無縁である。従って、帰責事由の存否を着手行為の類型化の判断規準とすることは妥当ではなかろう(もっとも教授のいわれる帰責事由は、故意・過失に加え信義則上それと同視し得べき事情を含む事由という厳密な意味において使用されている訳ではなく、履行遅滞のある所、帰責事由あり、つまり、履行遅滞と帰責事由とを同視されている観がある。ここでも帰責事由の存在を擬制しているというべきだろう)。

(d)もっとも、新田説を別の視点から論ずることも可能である。即ち、本説は、すでに私が平成五年の最判の判評(民商法一〇九巻六号)の中で指摘しておいたように、事実上従前の諸(裁)判例の中で行われてきた・履行期の前後による提供方法の振り分け——履行期前は現実の提供を要し、履行期後は口頭の提供で足りる——を「着手」の成否をめぐる判断規準(の一つ)として提供したもの、と受け止めることが可能である(もっとも、教授がこのことを認識しておられるかどうかは別である)。つまり、新田説のいわゆる本格型は履行期前の着手方法であり、いわゆるサンクション型は履行期後のそれである。この振り分けをどう基礎づけるかという問題をめぐって、これまで判例・学説ともに積極的な提案がなかった状況の中で、初めて新田説が登場したことは、評価されてよかろう。そもそも実務における事実上の振り分けは、解除権行使の観点からみて、着手行為の態様を厳格化すればするほどその分解除がし易くなり、逆に、緩和すればするほどその分解除がしにくくなることは、当然といえるが、それならば、何故そうすべきなのか、と問われると、一概には答えられない。なんとならば、解約手付は沿革上・実定法上その解除権行使に制約はなく、全く自由といってよく、文字通り解約自由が原則であるからには、履行期到来前はもちろん、到来後の行使もやはり自由であるべきだからであるとはいえ、近代契約法は、一たび契約を締結したからには一方的に契約を解消すべきではない、とする諾成の原則（パクタ・スント・セルヴァンダ）を鉄則としているのであるから、履行期到来前はもちろん、到来後はなおさら、窮極の契約不実現の手段としての解除権行使をできる丈排除すべしと考えるのは、民法の立場からはこれ又ごく自然の流れというべきであろう。つまり、解除権行使をめぐって、解約の自由と契約遵守の両原則がぶつかりあい、結局、履行期到来の前後での妥協が成立することになったとしかいいようがないのである。それでは、このような判例の流れの中で、問題のサンクション説をどう見たらよいのだろうか。この説によれば、一方当事者が自己の履行期を徒過すれば、それ丈で「〔売主の〕責に帰すべき履行遅滞」に陥り、相手方が履行を望む限り、サンクションとして相手方の口頭の提供だけで履行着手が成立し、解除権行使が封じられる、という。元来、解約手付の考え方は、自由に解除を許す一方で、手付金なり、その相当額を相手方に与えることで相手が契約の実現によって得られたはずの利益を埋め合わせることで、契約解消の事後処理を済ませることにある。手付額が違約罰として、つまり手付金を損してまで解除するのは引き合わないと感じるほど手付金が多額の場合なら、正にサンクションというべきであろうが、取引の実際は、それほどの額ではないのが普通であろう。だから、当事者の一方に責に帰すべき履行遅滞があろうと、解約を許さず・履行を強制することは、解約手付制度には本来なじまないことになるのである。(1)さらに百歩譲ってその種のサンクションを認めるとしても、契約締結後その履行期までに一方当事者の周囲の事情に変化が生じ・履行が困難ないし不可能になった場合でも、徒過即遅滞として相手の着手に応じて履行が強制されていいものであろうか。そこには、履行期徒過の際に当事者の実質的な帰責事由の存否を問題とする余地があるのではなかろうか。即ち、徒過即履行遅滞として機械的にサンクションを課すべきではなく、そこには、履行期後の着手の認否も、履行期前のそれ同様、解除権行使と相関的に「諸般の事情」の総合勘案がどうしても必要なのである（平成五年判決参照）。そうだとすれば、振り分けの判断規準としてこの種のサンクション概念を持ち出すことは、そもそも形容矛盾である上に、実務上の道具概念としてはその有効性に疑問符をつけざるをえない。他方、もし実務上実質的な帰責事情の存否を検証することになれば、本来破約者の帰責事由を問わない解約手付に帰責事由の存否を持ち込むことになり、解約手付に極めて限定的にせよ近代性を迫ることになって、結局私の立場に近づく皮肉な結果となるのである。

(e) 新田論文において、最判平5・3・16（1の㉒）をめぐる私の判評（民商法一〇九・六・一〇八三）について、着手ありと解すべき旨の私の評釈に対して「本来的履行着手型とサンクションのための履行着手類型の違いを認識しないこと」を理由に「正当ではない」と批判されている。私は従来、解約手付制度と近代民法との体系的矛盾を指摘し、実務がこれまでいろいろな合理化の技術を駆使して近代的な帰責の原理との矛盾を回避し、近代契約法の価値体系の中にこれを包摂しようとする努力がなされてきたことを実証してきた。右の判評も、近代法の立場から解約手付と民法との乖離をできる丈縮めようとの意図のもとになされたもので、教授の批判は、解約手付に対する評価の違い、さらにいえば、解約手付に対する分析の視角の広狭の違い、即ち、教授は微視的、私は巨視的なそれであることを見落としておられることに由来するように思われる。

なお、民法五五七条は、任意規定であり、従って個々の手付契約において、履行着手による法定の解約制限を排除することが可能であることに言及しておきたい。

いずれにせよ、解約自由の原則の下で、解約権行使になぜサンクションを科するのか、しかもその根拠がなぜ単なる履行期徒過なのか、どうしても私には不可解である。

（1）判例1――⑩において大審院は次のように判示している、即ち「買主又ハ売主ハ自由ニ契約ヲ解除シテ之ヲ履行セサルコトヲ得其不履行ノ制裁トシテ手附ヲ喪失シ又ハ倍額償還ノ義務ヲ負担スルモノニアラサルナリ」と。このように、いかなる形であれ、手付による解約自由と制裁による解約阻止とは、制度の本質上なじまないのである。

近代民事責任の原理と解約手附制度との矛盾をめぐって

――手附判例における検証――

まえがき

本学・川村泰啓教授は、すでに「債権各論講義案」（昭和二十九年）の中で、近代民事責任の法理と解約手附の慣行との間にその論理的構造において矛盾の存在することを指摘されており、さらにそのような諸矛盾を三つの仮説命題に整理・構成された。本稿は、教授の「ノート」及び御教示によりつつ判例における具体的な利益の対抗を通して右の矛盾仮説の検証を試みたものである。

＊　　＊　　＊

周知のように、わが民法は「古来ヨリ一般ニ行ハレタル慣習ニ拠リ」[1]専ら契約成立後の契約の消長のみにかかわるところの解約手附として、手附制度を導入した（民法第五五七条）。従ってわが民法典における手附は、契約の成立の根拠そのものにかかわるところの所謂成約手附とは異なる（それ故形式論理的には手附の規定は民法の諸成約契約性の宣言――第五五五条――とはなんら矛盾していない！）が、一たん成立した契約の効力を一方当事者が任意に消滅させることができる、即ち一方的に破約できる、という点で、契約の拘束力を不安定なものとする効果をもつ。その意味において、民法典における手附は、実質的には「契約は遵らざるべからず（pacta sunt servanda!）」という近代契約法の規範命題と相容れないものとみることが可能である。[2]

ところで、通常の契約の法定解除及び解除に伴う損害賠償の制度（民法第五四一条、同第五四五条）は、いうまでもなく、債務者の責に帰すべき事由による債務不履行の場合の債権者の契約解除権と債務者の責任とを規定したものである。それは、「主体的意思を媒介とした行為の結果についての帰責の原理――主体的責任の原理――に支えられ、且つそれの表現[3]」であるという点で正に近代的な制度である。これに対して、解約手附の制度は、純粋に理論的に考える限り、右の近代的な主体的責任の原理と次の三点において矛盾する。即ち、

第一点、解約手附は破約者自身に契約の解除権を与えるのに対して（破約の合法化の技術）、債務不履行責任の制度は破約の相手方に契約の解除権を与える。

第二点、解約手附における帰責＝手附額の損失は破約者の帰責事由の有無を問わないのに対して、債務不履行責任の制度における帰責は破約者に帰責事由の存在する場合に限る。

第三点、解約手附は授受された手附額の限度（手附損倍戻し）をもって免責せしめるのに対して、債務不履行責任の制度は破約により生じた損害全額を賠償せしめる[4]（以下、矛盾⑴⑵⑶と略称）。

以上が純粋に理論的にのみ眺めた場合の両制度の関係づけである。他方、手附の特約をめぐる現実の紛争も、以下の分析に示されるように、契約の履行請求乃至はそれに代わって（相手方の債務不履行を理由とする契約解除を前提としての）実損害の賠償請求と解約手附による契約解除の抗弁の対抗という相対立する法的主張をめぐって争われるものである。そこで本稿では、近代的な民事責任の法理と旧来の慣行との右のような諸矛盾――それはすでにみたとおり

三点に要約される――がどのようにして実務上処理されているのか、即ちこのような矛盾が個々の裁判において近代法に即してどのような仕方で回避されているのか、という視点から判例の分析を行う。具体的には、裁判官が具体的な利益の対抗関係のもとでどのような法的構成を媒介としてどのような価値判断を下したか、そこでの価値判断の規準となったものはなにか、などの諸点が分析される。民法典所定の手附制度に対する冒頭の評価は、このような分析を通してはじめて、具体的に検証できると考えられるのである。

ところで解約手附否定の諸判例を数においてはるかに上まわる多数の判例が解約手附を肯定してきたことは事実である。そこで次に、右のような理論的問題関心とは別に、解約手附を肯定する判例に言及しつつ、手附判例のこれまでの変遷の過程及び今後の動向について簡単に触れておこう。

さて、手附に関する判例法上、解約手附を肯定する判例グループは、少くとも昭和十年頃まではその数において支配的な位置にあった。即ち、実務上（裁判所に現われた限りでの）手附特約は、その殆んどが解約手附を定めたものと解釈されてきたのである。そうしてこれらの判例において解約手附を肯定する結論を根拠づけるための論理は、いわば解約手附推定の論理とも名づくべきものであった。それは、反対の特約のない限り、手附は解約手附と認定さるべきであるとする[5]――したがって、それ以外の手附を主張する者の側にその旨の立証責任があるとするところの考え方であり――民法第五五七条の規定の体裁にその根拠をおく解釈論理である[6]。さらにこの解約手附推定の論理から派生するものとして、内金即手附の論理があった。即ち大正年代から昭和にかけて解約手附の主張に対抗するための道具概念の一つとして、手附訴訟において「内金」という概念がしばしば用いられたが[7]、唯一の例外（昭和七年七月十九日・昭和七年（オ）四四一号大判の控訴審判決、しかも大審院では叙上の内金即手附の論理をもって控訴審判決を否定している）[8]を除き全ての判例において、第一段として手附は「当事者ガ売買契約ノ履行ニ著手スルマデニ之ガ解除ヲ為サズシテ契約ヲ履行スルトキハ代金ノ内入ト為スコトヲ常トスル」(9)から手附金を内金と称することも稀ではなく、従って契約上内金と記載されていてもそれをもってただちに内金と推定することはできぬ、という論法をもって内金の主張が却けられ、第二段として、先の解約手附推定の論理により解約手附が認定されたのである。このような・内金をもって手附に他ならないとする趣旨の判決が累積され、先例として周知されたためか、昭和十年(10)以降、内金対解約手附の形で争われた判例はもはや見あたらない。いずれにせよ、解約手附を肯定する判例では、手附特約の解釈は叙上のように解約手附推定の論理によって立証責任の問題に解消され、当該事案に即した具体的・実質的な判断根拠が殆んど示されていない。そして、もともと解約手附推定の論理それ自体は手附による契約解除肯定の価値判断を実質的に指導する価値規準ではありえず、単に当該判断を正当化するための方便にすぎない。従ってこの論理によるかぎり、一見明快な法律構成によるかのようにみえて、実は却ってそれにふさわしい説得力を欠いているのである——まして近代取引社会に普遍的な契約諸原理への配慮などは、消極的にもせよ判例理由からはうかがうべくもない。そうだとすればこれらの判例の多くは、手附の推定規定に安易によりかかりすぎている嫌いがある、といってよかろう。

これら叙上の戦前の手附判例に対して、戦後の手附判例の傾向は解約手附を否定する方向に動いている、といってよいかと思われる。僅かに昭和二十四年十月四日(11)の最高裁判決が違約金としての性質を併有する解約手附の存在を肯定したにとどまる。だがこの判決すら、一見消極的に「違約の場合手附の没収又は倍返しをするという約束は民法の規定による解除の留保を少しも妨げるものではない。……其故右九条〔前述違約の際の手附額を限度とする損害賠償額の予定をきめた契約書条項——筆者註〕の様な契約条項がある丈では民法の規定に対する反対の意思表示とはならない」として、原審判決を排斥するにとどまり、より積極的に解約手附を支持する根拠を与えてはいない（尤も法律審たる最高裁では事実としての契約の解釈にこれ以上たち入る必要はないのかもしれないが）。むしろ、この最高裁判決を原審認定の違約手附否定へとおもむかせしめた主たる事情は、買主が戦時中の契約を盾にとって経済的社会的価値のすっかり変化した終戦後にいたって履行をもとめ、時価三十万円相当の家屋を僅か一万円で取得せんとしている、という点にあったのではあるまいか。即ち、事情変更への考慮が判決の基礎となっていたのではなかろうか。果して然りとするならば、契約遵守の規範意識が普遍化した今日にあっては、おなじ契約の解除をみとめるにしても、その価値判断を正当化する論理として、解約手附概念を用いるよりも事情変更の概念を正面におし出した方が、よりよく人を納得せしめうるのではあるまいか。

ともあれ、戦前から戦後にかけての叙上の判例法の変遷をいかなる意味において理解するかは、今後の判例法の動向を予測する上にもはなはだ問題である。そうだとすれば、解約手附を否定する判例グループについて、（判例の法律構成の分析ではなくして）これら諸判決に客観的に内在する価値規準の分析を目的とする本研究は、かような分析を通じて、同時に今後の判例法の動向に関する予測可能性の確立に聊かの寄与をなしうるであろう。

（1）民法典修正案理由書、第五百五十七条。

（2）民法典起草者の一人梅博士も解約手附が近代契約法と矛盾することを認めている、即ち「……段段世ノ中ガ進ムニ従ツテ減ツテ行ク、手附ハ解約ノ方法ニハナラヌ、唯違約ノ証、違約ノ場合ノ損害賠償ノ標準ニ過ギナイト、サウ云フヤウナ慣習ガ段段発達シテ来テ居ル、是ハ経済上カラ考ヘ、又法律ノ進歩ノ上カラ考ヘテサウナケレバナラヌコトデアル、法律ガ進歩スルニ従ツテ契約ハ成ルベク守ラナケレバナラヌ、一旦契約シタコトハ成ルベク履行シナケレバナラヌ、サウシナケレバ信用ガ発達シナイ、信用ガ発達シナケレバ、商工業等ガ盛ニナラヌ、法律モ信用ヲ確ムル為メ契約ノ履行ヲ成ルベク容易ニ、成ルベクソレノ実行セラルルヤウニ規定ヲ設ケテ保護シテ居ル、……法律モ発達シ経済上ノ有様モ発達シテ行クカラ解約ノ方法タル手附ノ必要ト云フモノハ段段減ツテ行ク、欧羅巴デハ今日ハモウ解約ノ方法ト云フモノハ多クノ国ニ於テ一般ノ慣習デハナイ……日本モサウ云フヤウニナツテ行ク傾向ガ明ラカニ現ハレテ居ル云々」（梅博士著

「民法債権」法政大学講義案六九～七〇頁）。

（3） 川村教授「債権各論講義案」（昭和二十九年）三五頁。川村教授は、この中で解約的作用における（解約）手附の社会的・経済的・精神的背景の分析をとおして、解約手附を「破約の合法化の技術」として把握された上で、解約手附と近代契約法との矛盾を鋭く指摘されている。手附の性格把握をとおして日本売買法の歴史的構造に迫る・その問題意識の深さ・その分析の視角の新鮮さにおいて類書をみない。

（4） 解約手附に関して、判例がその法律構成の中で歴史の次元を異にした二つの価値体系の選択を通して近代民事責任の法理と解約手附制度との矛盾を回避しているが、この論理構造上の矛盾は、判例分析を通して具体的に検証さるべき仮説命題――「総括」第一点――であると同時に、判例分析の過程において分析のための道具概念即ち判断わく組み（frame of reference）としての役割――それに対応して用いられた法律構成との関連については「総括」第二点――を担わせるために川村教授の「ノート」の中でここに提示された三つの仮説命題に構成されたものである。

（5） 例えば昭和七年七月十九日大判（昭和七年(オ)四四一号民集一一巻一五五二頁）、昭和二十四年十月四日最高判（昭和二三年(オ)一一九号民集三巻四三七頁）、我妻博士「債権各論」中巻一二六二頁など。

（6） 昭和二十九年一月二十一日最高判（昭和二五年(オ)二七五号民集八巻六四頁）。

（7） 大正六年六月十四日横浜地判（大正五年(ワ)一二四号・新聞一二八二号二三頁）、大正二年九月二十六日東控判（大正二年(ネ)五〇三号評論二巻民法五〇九頁）等。

（8） 大正十年十一月三日大判（大正一〇年(オ)七七三号民録二七巻一八八八頁）、昭和七年七月十九日大判（昭和七年（オ）四四一号民集一一巻一五五二頁）。

（9） 昭和七年七月十九日大判（昭和七年(オ)四四一号民集一一巻一五五二頁）。

（10） 昭和十年十一月四日大判（昭和一〇年(オ)一六五一号法学五巻六三四頁）。

（11） 昭和二十四年十月四日最高判（昭和二三年(オ)一一九〇号民集三巻四三七頁）。尚、解約手附による契約解除を認めたこの判決は、のちに差戻審及びその上告審において「履行着手」を理由に覆えされた（昭和三十年十二月二十六日最高判――昭和二九年（オ）三六一号民集九巻一四号二一四〇頁）。

一　「契約解釈」による矛盾の回避

(イ)　「違約手附」と認定することによって

(1)　破約を非合法とした例――第五五七条第一項を排除（矛盾(1)に対応）

第一例　大正六年三月七日大判（大正六年(オ)一一五号民録二三輯四二一頁）

〈事案〉原告（被控訴人・被上告人）Xは被告（控訴人・上告人）YからX指定の第三者名義に所有権移転登記をするという約束のもとに土地を四千円でかう契約を結び手附金二百円を交付したが、Yが履行しない為、Xは土地移転登記を訴求。Yは右手附は解約手附であり手附金倍額を提供し契約を解除したと抗弁。一審Y敗訴。二審は売買契約書第二項「買受人ハ手附トシテ金二百円ヲ売渡人ニ交付シ売渡人ハ之ヲ受取リタルコト」、第六項「買受人ハ本契約ニ違反シタルトキハ第二項ノ手附金ヲ抛棄シ売渡人ノ所得トスル外尚違約金一千円ヲ直チニ売渡人ニ弁済スヘキコト」を根拠に、右手附金は「被控訴人ノ債務履行ヲ確保シタルモノト謂フヘク従テ其倍額ヲ償還セハ契約ヲ解除シ得ル性質ノ手附」ではないとし、同第五項「売渡人ハ本契約ニ違反シタルトキハ第二項ノ手附金ヲ返還シ且ツ違約金一千円を直チニ買受人ニ弁済スヘキコト」につき、「第五項ハ……控訴人ノ義務ノ方面ヲ定メタルモノニシテ権利ノ方面ヲ定メタルモノニアラサレハ同項ノ約旨ニ拠リ控訴人ニ金一千二百円ノ支払ヲ条件トスル解除権アリト認ムルヲ得ス」として、Y敗訴。Yは、第六項はXが契約を解除して履行を免れようとした場合及び代金支払債務の不履行の場合の制裁規定であること、損害賠償額の予定としての違約金の過大なることから第五項に所謂契約違反とはYが土地の引渡を絶対に拒むことをさすのであること、第五項第六項は一方の履行着手後の契約違反に対する過怠約款であって第二項の手附の性質を定めたものではないこと、第五項はYの契約不履行の場合を予想して、その際Xに違約金請求権、

Yに解除権のあることを規定したものであること等を理由として上告。

〈判旨〉　大審院は、「買主カ売主ニ手附ヲ交付シタル場合ニ於テ手附カ買主売主双方ノ為メ解約ノ方法タルヲ以テ通常トスルモ之ヲ以テ買主ノ債務履行ヲ確保スルニ過キサルモノトシ買主カ契約ニ違反シタルトキ之ヲ抛棄シ売主ノ所得トスヘキコトヲ特約スルヲ妨クルモノニ非ス本件ニ於テ原院ハ甲第一号証ノ第二項第六項ニ依リ買受人タル被上告人カ契約ニ違反シタルトキハ手附金ヲ抛棄シ売渡人タル上告人ノ所得トスル旨ヲ特約シタルコトヲ認メ手附金カ被上告人ノ債務履行ヲ確保シタルニ過キスシテ上告人ニ於テ其倍額ヲ償還セハ契約ヲ解除シ得ル性質ノモノニ非サルコトヲ判定シタルハ原院ノ専権ニ属スル契約ノ解釈ヲ為シタルニ外ナラサレハ之ヲ不法トスル本論旨ハ理由ナ」く、契約は履行を以て窮極の目的とするのであるから解除するのならば格別、予め当事者が履行をしないことを許す旨の特約を認むべきではない、として上告棄却。

〈分析〉　Yの上告論旨によると、本件売買契約にはYはX指定の第三者名義に本件土地の所有権移転登記をなすべき旨が規定されており[12]――唯訴外Sは右の第三者から省かれる旨合意があったとYは主張しXは争った――、従って本件売買が普通の売買ではなく、Xは転売の意思を開示する義務があった（それなのに開示しなかったのは詐欺行為なりとする）、と主張されている。訴外Sについての合意、又開示義務の有無についての争点は別として、契約当事者間に転売が予定され了解されていたことについては恐らく事実であろう。従って、もしYの解除が認められるならば、（たとえそれによって生ずるXの損害自体は本件契約に規定されていた違約金によって償われX自体の採算は成り立つとしても）本件契約の後に予定乃至予期されていたであろう諸契約の消長に大きな影響を及ぼすことが予想されるのである。（抽象的にいえば「資本制社会においては、一つ一つの取引（商品交換）は個別的に孤立して意味をもっているのではなく、取引当事者にとってのみならず、全取引社会にとっても、それを含む多くの取引の連続・連関において意味をもっている」[13]）。この意味において、明らかに転売が予定されていたこの事案で、履行を妨げる客観的な事情の存在しない以上、裁判所が（千円という多額の違約金の上に更に）問題の手附金を違約手附と解することによってYの契約解除をしりぞけ、契約を完結せしめたことは正しいといわねばならないであろう。

(12)　Yの第一審答弁書第三項によると「大正四年一月十八日付契約には売渡人たる被告は買受人たる原告の指定する第三者名義に登記をなし其者に所有権を移転すべき定めあり之によりて原告は其売買契約に因りて得たる権利を挙げてSに移したるものなれば其以後に於て原告に何等の権利あることなし」とあり、又控訴審判決によると「控訴代理人ノ所謂Sノ所有ト為ス意思トハ斯ル転売ノ意思ヲモ意味スルモノナリトスルモ被控訴人カ控訴人ニ対シテ転売ノ意思ヲ開示スル義務ナキコトハ本件契約カ普通ノ売買契約タル事実ニ徴シ明ラカナルヲ以テ被控訴人カ転売ノ意思ヲ開示セサリシトテ之ヲ以テ控訴人ニ対スル詐欺行為ナリト謂フヲ得サレハ控訴代理人ノ詐欺ノ抗弁ハ理由ナシ」とあるところからみてXがYから目的不動産を買いうけて後第三者にその所有権を移転するつもりだったことは当事者間に明らかであったようであるが、Xと所有権の移転先たる第三者（とくに訴外S）との関係がはっきりしないので、その所有権移転をさして通常の意味で転売といえるかどうかは必ずしも明らかではないというべきかもしれない。尚、Yがその上告理由の中で右の控訴審判決を反駁して、「……元来上告人ハ被上告人カ一旦本訴物件ヲ買受タル後更ニ之ヲSニ転売セサルコトヲ契約シ此意味ニ於テ本件売買契約ヲ締結シタルモノナリ」（傍点筆者）とするところからみれば、Sだけは、X指定の第三者から除かれるようでもある。この点につき大審院は「原院ハ其挙示セル証拠ニ依リ被上告人ハ契約ノ当時自己ノ為ニ本訴物件ヲ買イウクル意思アリタルモノト認メ」たものだからその開示義務云々の抗弁は理由なしとしている。転売先がSであれ他人であれ、Xがいずれ転売するつもりだったことはYも知っていたようである。

(13)　川島教授「所有権法の理論」二七七頁。つまり「一つ一つの取引は、個別資本の順調な再生産の循環の不可分の構成部分であり（このことは、貨幣資本の循環の面からながめると『合理的な予測と採算』、マックス・ヴェーバーのいわゆるBerechenbarkeit の要求、ということになる）、しかも同時に、社会総資本の順調な再生産の循環の不可分の構成部分である」。同頁。

第二例　大正九年十一月六日東京控判（大正八年（ネ）一三三号新聞一八四〇号一九頁、大正十一年二月三日大判の控訴審判決）

〈事案〉　米穀商たる原告（控訴人・被上告人）X^1X^2は、地主たる被告（被控訴人・上告人）Yから、夫々玄米三百俵、二百五十俵を代金二千七百円、二千五百円で買いうける約束を結び、代金額の一割に相当する金が買主から売主へ交付。Yは履行せず、X^1X^2は履行を訴求。Yは、右金員は解約手附であって、履行期前に右金員の倍額を提供したから契約は解除された、と抗弁した。一審X敗訴し、解約手附ではなく「内金」であると主張して控訴。

〈判旨〉　控訴院は、次にかかげる契約書及び証拠金受領書の文言を根拠に「……本件取引ハ相場ノ騰落ニ因ル一種ノ賭事ヲ目的トシタルモノナリトノ事情カ認メラルレハ格別爾ラサル限リ当事者ハ確定的ニ取引ノ成立シタルコトヲ証スル標徴トシテ代金ノ一部ヲ授受シタルモノニシテ且若シ買主ニ於テ違約シタル場合ニハ売買ハ将来ニ向ヒテハ当然ニ消滅シ而シテ売主ヨリ買主ニ対スル損害賠償ノ請求トハ無関係ニ前記金員ハ売主ニ於テ之ヲ没収スル約旨ナルコトハ甲第一号証（後述契約書及受領書――筆者註）ノ二、三ノ文言上」（傍点筆者）明らかであり、（解約）手附なりとのYの主張は「特ニ手附ナル意味ノ明記ナキ前記書証ノ文言ニ徴スレバ到底之ヲ認容スルノ余地ナ」しとして、X側の請求を認容。その契約書及び受領書の文言は「右ノ通リ売約定候処確実也然ル上ハ前記約定ノ通リ履行可被成候若シ違約ノ節ハ該約束金流レ此証可為無効ノ事依テ如件……前記都合一割ノ手金ニ該当スル金二百五十五円也近磯商店〔＝X^1〕ヨリ正ニ受領候也」「右ノ通リ売リ極メ証拠金正ニ受取申候処実証也然ル上ハ来ル十月三十日限リ御済口ノ上米御渡可申候万一本契約ニ違背相成候節ハ証拠金流レ切リ此証一切無効ノ事ニ候」（傍点筆者）とある。さらに、解約手附とするYの主張を反駁して判断の実質的根拠を次のように示している、即ちもし解約手附なりとすれば「米穀ノ如キ時価騰落ノ比較的激甚ナルモノニアリテハ各当事者ハ相場ノ高低ニ伴レ容易ニ自己ノ利益ニ於テ而シテ相手方ノ損失ニ於テ契約ヲ解除スルヲ得ヘク取引ノ安定ハ殆ト期スヘカラサルニ至レハ賭博類似ノ空取引ヲ目的トシタルニ非サルヨリハ斯ル結果ヲ惹起スルニ至便ナル契約ヲ為スノ意思ナリシトノコトハ蓋シ之レヲ認容スルニ躊躇セサルヲ得ス」（傍点筆者）と。

〈分析〉　事案は米商人対地主における実米取引である。かような場合には、当然転売を予定している筈の買主にとって、相手方の不履行を理由に自ら解除するならば格別、相手方の一方的な都合によりいつ何時解除され（しかも本来企業危険として相手方の負担すべき価格騰貴による損失までも転嫁され）るかわからぬというのでは、到底資本計算の合理的な予測と採算が成立たないとするのが当然であろう。だから、一応価格変動の激しい取引に限るとはいえ、投機取引ではない限り、解約手附を認めては取引の安定を期し難い、とするこの判決は、正に右の意味に於て正当である。かように、単なる契約条項の解釈を離れて、特殊・近代的な意味における「取引の安定」という価値規準を正面からうち出したという点で、この判決は高く評価さるべきである。ともあれ、上告審判決において、価格変動の著しい米取引にあっては、投機取引ならずとも、解除権を留保しようとするのが当事者の心理であり、又現にそれが取引の実際でもある、とする大審院(14)の反論は、この判決と、その価値規準そのものを全く異にしていることは明らかであろう。

(14)　大正十一年二月三日大判（大正一〇年（オ）一九〇号新聞一九八五号二〇頁）。原審は、「……米穀ノ売買ニ於テハ相場ノ騰落ニ因リ賭事ヲ目的トスル場合ニ非サレハ手附金ヲ授受スルモノニ非サルコトヲ其論拠トナスモノ」であるが、しかし「米穀ノ売買ニ在テモ手附金ヲ授受スルハ相場ノ騰落ニ因ル賭事ヲ目的トスル場合ニ限ラサルコトハ各人ノ経験上顕著ナル所ナリ之ヲ売買当事者ノ心理上ヨリ見ルモ米価ノ変動激甚ナルノ事情ハ当事者カ確定的ニ売買ヲ為ス決意ヲ躊躇シ米価騰落の趨勢如何ニ依リ契約ヲ解除スルノ権利ヲ留保スル為メ手附金ヲ交付スルノ動機タラストセサレハ賭事ヲ目的トセル場合ニ限リ手附金ヲ交付スルモノト為スハ取引ノ実情ニ適セサルモノト謂フヘシ……」として解約手附を否定した原審判決を破棄差戻。尚ここで注目すべきは、大審院が、原審の実質的根拠にもっぱら批判の目をむけ、解約手附推定の論理によらないことである。

さらに、本件における被告と同一人たる地主がやはり別の米商人との間に本件と全く同じような紛争を起しており、大審院では（解約）手附と認定して差戻したところ、差戻審では解約手附と一応認定しながら、下越後地方におくる玄米先売の慣習によって売主の契約解除権を否定した。

第三例　昭和十六年八月六日大判（昭和一六年(オ)五〇八号評論三〇巻民法六九〇頁）

〈事案〉　被告（上告人）Yは、数名の不動産周旋業者の無理強いによって原告（被上告人）Xに代金三万円で土地を売ることを約しそのさい「内金」として三千円を受領した。その後Yは右三千円の倍額をXに返還し契約解除の意思表示をしたが、Xは解約手附ではなく内金であるとして契約の履行を訴求。第二審は契約書末尾記載の「右土地売渡契約ニ関シ若シ相互間ニ不履行ノ場合ハ内金ヲ抛棄又ハ倍額ヲ弁償スルモノトス」との文言及び契約の周旋人の証言（不詳）から「右甲第一号証（右契約書のこと――筆者註）末尾記載ノ趣旨ハ寧ロ其文言通リニシテ契約ノ履行ヲ留保センカ為損害賠償竝其ノ額ヲ予定スルモノニシテ解除権ノ留保ニアラス」（傍点筆者）としてY敗訴。Yは上告し、手附損倍戻しによる解除の場合にも違約・不履行なる語が用いられるものであることを原審判決は見逃しており、右記載がいずれの趣旨であるかは諸般の事情にまたなければならないとし、ついでその間の事情につき、Y本人及び周旋人の証言[15]を引用して、Yは本件土地売却を望まず再三断ったにも拘わらず、周旋人の強請を断わりきれず、無理にうけとらされた手附倍額を犠牲にする積りで契約書末尾に解除権留保の趣旨を加えて契約するに至ったものである旨を強調した。

〈判旨〉　大審院は、「……『契約不履行ノ場合ハ内金ヲ抛棄又ハ倍額ヲ弁償スルモノトス』ト特約シタル場合倍額弁償ナル条項ノミニ着眼強調シ常ニ之ヲ手附契約ナリト断定スルヲ得サルヤ論ナシ原審ハ……甲第一号証末尾ノ記載ト其挙示スル各証拠トヲ綜合シテ右……特約ハ契約ノ履行ヲ確保センカ為メノ損害賠償並其額ヲ予定シタルモノニシテ右文言ト前記各証拠トヲ綜合スレハ斯ル認定モ之ヲ妨ケサルヘク必スシモ社会通念ニ反スル不当ノモノナリト為スヘキニアラス」（傍点筆者）とし、契約の成立過程については、「本件契約ノ成立ニ付テハ原審ニ於テ当事者間争ナク右特約ノ趣旨カ原判示ノ如クナル以上……逐一之ヲ審理判定ノ要ナキモノ」（傍点筆者）として、上告棄却。

〈分析〉　事案をユニークなものとしているのは、上告理由の半ばをうめて上告人が詳しく訴えているところの契約成立までの事情即ち本件売買が脅迫じみた周旋人の強請によることである。恐らくこの判例に接して、周旋人の契約締結への異常な執着振りと、その強請をなぜか甘受してみすみす三千円もの損失を覚悟して本件売買に一応同意したというYへの態度とには、誰しも異様に感ぜずにはいられないであろう。この間の事情については推測の限りではないが、少くとも周旋人の態度が「強迫」の程度にまで達していない限りは、そもそもこのような合理的な採算を余りにも度外視したYの行為が、資本計算の合理的な予測と採算とを営利行為の背後にもつ近代取引社会において法的に保護されねばならぬいわれはない。従って契約成立までにいかなる事情があるにせよ、（解除権留保が明記されれば格別）一旦契約が成立した以上、客観的な履行障害のない限りは契約が履行されねばなるまい。この意味において、成立事情を顧みずにYの契約解除を否認した大審院の態度は正しいと思われる。

因みに、従来の判例によれば、叙上のように、解約手附に対するに「内金」を以てする主張は、殆んどの場合所謂内金即手附の論理によって否定し去られてきたのである。従って先例によるならば、買主の「内金」の主張は「内金」明記の契約文言に依拠するとはいえ一蹴される筈であった（他方かような内金の先例に鑑み売主Yの側は原審において契約成立迄の事情を強調しなくとも解約手附の認定をえられると思っていたのかもしれない）。それにも拘わらず買主の主張を認めた大審院は、やはり、この事案でも違約手附と解することによって内金即手附の先例を敢て否定することはさけている。

（15）本件売買を斡旋した周旋人の行動については次の通りである。一、昭和十四年三月二日Xの意を受けて周旋人T及びMがYにその土地の売買について申込み、Y拒絶。一、同三月三日右両人来訪、Y拒絶。右両人は附近の料理屋で夜十一時頃迄飲酒の上MがY宅を再訪、就寝中のYを呼び起して「Tガ明日（四日）代金三万円ニテ売買契約ヲ締結スルト云ヒ居ルガ手数料ハ何程呉ルルカ」といい、Yの反対にも拘わらず、高圧的態度をとって引揚げた。一、同三月四日、午後一時、T、M、S、三名がY宅を来訪、代金は三万円、手附金三千円にて取決め、契約書の案文も作成してきたとして、Yの拒絶にあうや、「三人ノ男カ話ヲ取リ決メ手附金迄モ受トリタルニ今更其ノ金ヲ戻シニ行クコトハ出来ヌ故兎ニ角其ノ三千円ハ預ツテクレ」として「手附金ヲ受取ツテ呉レヌウチハ引取ラヌ」という態度を示し午後十時頃まですわりこんだため家人就中その母親は不安がりついにYも一晩だけ手附金を預ることにした。一、同三月五日早朝Yは預った手附金をもってM宅をおとずれたが不在、暫くまちその後帰宅したところM、T、S、三人が来会していたので手附金の返還を申出たところ、事ここにいたっては到底売買をとりやめることはできぬと頑張り、午前十時頃から午後五時頃まで居据ったので、Yは「其圧迫ニ堪ヘズ金三千円ヲ犠牲ニシ此苦痛ヨリ免レンコトヲ決意」した、とされる。――以上Yの上告理由中に引用された第一審準備書面（昭和十五年五月十五日付Y提出）、同七月十日付準備書面、及び控訴審準備書面（昭和十六年二月三日付Y提出）による。こうした周旋人の行動については控訴審における彼らの証言からもうらづけられる。ところで、このような周旋人の態度はY一家の平穏な私生活の続行をかなり乱したとはいえ「脅迫」（乃至「強迫」）の程度にまでは達していないように感じられる。それならばこそ、Y自身も売買契約自体を「強迫」を理由として取消す（民法第九十六条）ことなく、解約手附かどうかをあらそったのであろう。だが、そうだとすると却ってその程度の・Yにまつわる周旋人の強請・いやがらせを峻拒できず三千円もの大金を捨てるような挙に出たYの心理は、第三者には理解しがたいのではあるまいか。いいかえれば、準備書面や上告理由に現われた限りでの・契約成立の経緯を以てしては、売買契約自体を解消させる丈の理由とはならないであろう。従ってこのような経緯を第一審、二審で主張しながらいずれも裁判所の心証をうごかすまでにはいたらなかったのは、（一つには、問題の契約条項には解除権留保が明記されていなかったこともあろうが）けだし当然であるといえよう。

第四例　昭和二十三年七月二十八日大阪高判（事件番号不明、民集第三巻一〇号四五〇頁、昭和二十四年十月四日最高判の控訴審判決）

〈事案〉　昭和十九年九月原告（控訴人）Xは被告（被控訴人）Yから代金一万五百円で当時賃貸中のYの所有家屋を買いうける契約をし、即時手附金一千五十円を交付した。しかし右家屋の賃借人がYの再三の明渡請求に応じない為Yは昭和二十年四月契約の合意解除を申出た。。他方、Xは本件契約以前に別の家屋の買入れ交渉を進め、Yの解約申入当時右の交渉が成功しその家屋の引渡をうけ既に引移っていたにも拘わらず、XはYの申入を拒絶したので、Yは昭和二十一年二月Xに対し手附金倍額を提供し契約解除を申入れ、手附金を供託[16]。これに対し、Xは右手附は証約手附なりとして売買残代金と引換に家屋移転登記手続を訴求。一審X敗訴し、控訴。

〈判旨〉　大阪高裁は、本件売買契約書第九条に「買主本契約ヲ不履行ノ時ハ手附金ハ売主ニ於テ没収シ返却ノ義務ナキモノトス、売主不履行ノ時ハ売主ハ既収手附金ヲ返還スルト同時ニ手附金ト同額ヲ違約金トシテ別ニ賠償シ以テ各損害賠償ニ供スルモノトス」とあること、又「当時大戦下で空襲激化せんとし、大阪市北区……の控訴人の住居は強制疎開を予想せられ且つ控訴人は多数の子女を擁していたので、自ら居住の目的で本件建物を買受け」んとしたというXの本件建物買受の動機とを理由として、「本件手附は違約手附と認むべきであり、解約手附であることを認める証拠がない」と判示、Xの控訴を容れ、原判決を破棄。

〈分析〉　この事案では、原告Xは大戦の末期早急に安全な場所に住宅を確保する必要に迫られてYの家屋を買うけることにしたものであり、他方Yも三、四ケ月後には明渡せるものという見通しのもとにXと契約し、契約後当時その家屋に居住していた訴外Oに五百円を交付してその立退きをもとめ、後にはXをも同道して督促した、という事実がある。判旨によると、裁判所は右のXの買いうけ動機を重視して契約解釈の決め手としているのであるが、最高裁判所も指摘しているように、住居確保の最も必要な時点においては本件売買とは別の買入交渉に成功しているのであるから、右の動機はそれ以後消滅したものといわざるをえまい。しかし本件契約が実現に至らなかった原因は直接には訴外Oの立退かぬことにあるのであるが、さかのぼれば訴外Oの立退きを安直に考えてその見通しを誤ったYにこその責が帰せらるべきである。それにも拘わらず、Xの方からYの不履行を責めて自ら契約を解除するのならばともかく、履行への見通しを誤りXの期待を裏切ったYの方から解除しうる、いいかえれば債務不履行を行う当事者の好む処に従って解除できるとするのは市民社会の取引常識に反するといわねばならない。このことは、別の家屋の入手によってXの動機が消滅しようと、変りはない。それ故、Yの履行につき客観的な障害が存在せず――敢て「建物の明渡をうける権利を抛棄して……所有権移転登記手続を求める」Xにとってさしあたり訴外Oの居住は障害とならない――、XY間の利益衡量においてとくにYの利益を優先的に保護すべき理由がなければ、Yの側からの契約解除は認められるべきではないであろう。

なお、最高裁はYの上告を容れてこの判決を破棄した。そこでは、解約手附推定の論理を前提として、問題の手附条項は市販の売買契約書に印刷されたいわゆる不動文字であって、解約手附反対の意思表示とはみられないこと、Xの動機も亦、解約手附に反対の意思表示とはならないことは勿論、他の事実[17]から原審認定の一資料ともなりえないことが理由とされている。ところで大変面白いことには、この最高裁の解約手附の認定は差戻審においても踏襲され、結局解約手附としてピリオドがうたれたこの事件が、後に差戻審の昭和二十九年三月二十七日大阪高裁第一民事部において、今度は両当事者ともに契約の履行に着手したものと認められてYの解除が否定され、更に昭和三十年十二月二十六日最高裁判決によってこの認定が確定されたことである。

(16)　原審における被控訴人の本人訊問「処ガOノ方デハドウシテモ明渡サウトシナイノデ私モXトノ間ノ契約ヲ解除シテ貰フヨリ仕方ガナイト思ヒ仲介ニ立ツテ居タY氏ニ内容ヲ打明ケテ話シテ居タ訳デアリマスガ偶〃Xノ方デ子供ヲ学校ニ入レル関係上京都デ他ノ適当ナ家ヲ買受ケ其処デ住ンデ居ルト云フ事ヲ聞イタノデ、丁度幸ヒト思ヒ私ハXノ方ヘ手附金ノ倍額賠償スルカラト云ヒ売買契約ノ解除ヲ申出タ次第デアリマス」。

(17)　「……殊に被上告人Xが本件売買締結の以前から同じく京都内にある他の家屋買入の交渉をしており遂にこれを買取っている事実並に本件家屋には当時賃借人が居住して居た事実、被上告人子女の転校が必ずしも本件売買成立の為めであると見るべきでないこと等……」。

第五例　昭和二十六年十二月二十一日最高判（昭和二六年（オ）二七二号裁判集民事第五号一〇九九頁）

〈事案〉　原告（被控訴人・被上告人）Xは、被告（控訴人・上告人）Y所有の店舗向建物及び敷地を、代金十六万円、手附金五万円でその内金二万円を即日払い、手附残高を含む残代金をその後数回に分けて一定期日に支払い最終回の割賦金支払と同時に移転登記をするという条件で買受ける契約を結び手附金内金二万円をYに交付した。Xは右契約に従い順次割賦金を支払い最終の割賦金を期日に提供したところ、Yは、同建物を賃借していた第三者との明渡交渉が難航しXへの引渡の見通しがたたなくなったので、契約所定の条項により四万円をXに提供して契約解除を意思表示したが、Xは右二万円は解約手附にあらずとして所有権の移転登記を請求。第二審は「本契約に違反したる時は売主は手附金の内金二万円の倍額四万円を償還し買主は右手附金二万円を放棄するものとす。この場合に於て本契約は当然解除せられたるものとす」（傍点筆者）との・契約所定の手附特約は、「契約違反者自ら好む処に従って何時でも右金二万間の倍額を償還し或は之を放棄して契約の解除ができるとの趣旨のものであるとは到底これを解することはできない」（傍点筆者）、としてX勝訴。Yは、右契約条項は、当時小倉市の店舗向建物払底の事情を考慮して第三者の立退き明渡がない限り期限内に「明渡済の物を引渡す」という履行ができないから其時はYの側からも契約解除ができる、との趣旨であり、Xもこの意味を承認して右の契約条項を定めたのである、として上告。

〈判旨〉　最高裁判所は、「原判決の所論約款の解釈に関する判断は正当」として、上告棄却。

〈分析〉　この事案も前例同様、現に賃借人のいる店舗向建物の売買に関する例である。事案では代金支払は割賦払いとされ、Xが最終回の割賦金を期日にYに提供したところ、逆にYから契約解除の意思表示をうけたものである。この事案から、即ちYがXの割賦金の支払いを何回か無条件で受領したということから、Xとすれば、Yには十分契約履行＝建物明渡の意思があるものとみることができ、Yの契約履行に対する期待をたかめていたことであろう。従って、それにも拘わらずYの側から契約解除をうけたことはこのXの期待が裏切られたばかりか、この期待にもとづいて種々と行ったであろう店舗開設準備が徒労に終ったことが推測できる。そうだとすれば、Yには、賃借人の立退きの見通しのあやまりによってXの期待を裏切りXの店舗開設への見通しを狂わせたことの責任が帰せられるべきであるのに、それにも拘わらず、Yが右の責任を回避して（Xの実質的な損害は手附額の限度で填補されるとしても）自ら契約を解除できるとするとは不合理である。Yは賃借人との立退き交渉が不調に終る場合を予期して解約手附の条項を契約中に規定しておいたのだ、と抗弁するが、右立退きが停止条件として契約中に明記されているか、或いは手附損倍返しによる契約解除権が明記されているならばともかく、そうでない限り、Yの抗弁は、叙上のYの責任を解消させるものではあるまい。しかも、Xの請求する所有権移転登記は、賃借人の建物占有によっては直接左右されないのである。「契約違反者自ら好む処に従って何時でも右金二万円の倍額を償還し或は之を放棄して契約の解除が出来るとの趣旨のものとは到底これを解することはできない」（傍点筆者）という原判決判示はかような相手方の資本計算の予測と採算を否定するYの抗弁の不合理さをよくついているといえるであろう。
尚、Xの数回にわたる割賦金支払は、これをXの履行行為とみることができるから、Xの「履行着手」を理由としても、Yの手附倍返しによる契約解除は認められなかったものと思われる。

第六例　昭和二十九年五月二十九日東京高判（昭和二八年(ネ)三号下級民集五巻五号七六二頁）

〈事案〉　原告（被控訴人）Xは被告（控訴人）Yから銀座に所在する土地建物をキャバレーを営業すべく二千二百五十万円で買いうける契約をむすび手附金三百万円を交付、残代金は三回分割払いときめた。数日後七百万円をXはYに支払うと共に所有権移転請求権の保全仮登記をした。第二回支払に際してYは、契約所定の右建物半分以上の明渡が不可能なる旨を申立てて猶予を求め、更に最終回の支払期日にXが残代金全額の支払準備のあることを告げ、その受領と建物明渡を迫ったが、Yは、右建物居住の多数の賃借人の立退きが不調なりとして、第一回の内渡金及び手附金倍額合計一千三百万円余を提供して契約解除の意思表示をしたが、Xは拒絶した為供託。Xは右不動産の所有権移転登記及び明渡、並に損害賠償を請求。一審Y敗訴。Yは次の契約約款が解約手附を規定したものであることを主張した。即ち「甲（売主）ニ於テ明渡シ遅延其他契約事項ニ付テ不履行ノ場合ハ手附金ヲ倍返ニシ内金受領金ト共ニ即時返済スルモノトス其ノ際ハ乙（買主）ニ於テ予約仮登記ヲ解除シ並ニ乙……カ占有シアル場所ハ即時明渡シ現状ニ復スルモノトス乙ニ於テ右記載ノ契約不履行ノ場合ハ手附金ヲ無条件ニ放棄シ内金ハ乙ハ甲ヨリ即時返還受領スルコト」。その根拠として、(1)Yが訴外会社より本件物件を買受けた際の契約書を参照して自ら原案を作成したものであること、(2)契約当時建物には多数の占有者があり、その立退きに確信がもてず、万一不履行の場合を考えて解除約款として右条項を附加したものであること、⑶手附額を一千万円にしようとのXの申出を、解約の場合を考えて減額させたものであること、⑷契約原案にはYのこの特権丈を謳ってあったのを仲介者の意見でXの側についても規定することにしたこと等の契約時の諸事情を挙げて控訴した。

〈判旨〉 これらの諸点につき裁判所はいずれも解約手附と認定すべき決定的資料ではないとしてYの主張を却け、却って⑴占有者の立退きの見通しのつかなかった時期に、履行を案じたXからの努力要請に対し、Yは一層の努力を払う旨確約したにも拘わらず、其後ほぼ解決の見通しのついた時期に、解約手附による契約解除をなした、ということ、⑵他方Xは建物の明渡をうければ直ちに改造に着手しその年のクリスマス迄にはキャバレーの開設にこぎつける積りで諸般の準備（「本件契約の後M某にその設計を依頼し、同人らと共に名古屋及び関西方面の同業施設を視察し、これを参考として右の計画に着手し、改造に要する資材や人員の手配をし、一方所轄東京都知事に対してはYの承認の下に右改造についての許可申請をする等」）を進めていたものであって、Xとしては建物明渡について多少の遅延はやむをえないとしてもできるだけ履行を求めて所期の目的を達成するよう熱望していたのであるから、「Yの履行遅延の結果已むなくその不履行を理由として〔X〕自ら契約を解除する場合は格別、……Xの好むと好まざるとに拘わらずYの任意によりなんどきでも手附金の倍戻しによりこの契約が解約されうるというが如き趣旨の条項を結ぶべき状況にはなかった」（傍点筆者）ということとから「……ただ本件には特に建物明渡しの点について懸念があり、Yとしては極力明渡には努力はするがそれが約旨の期間内に奏功せず、その履行が遅延もしくは一部の明渡しが残ったりするような場合に、Xの側からこの不履行を理由として契約を解除される仕儀となり、それについて多額の損害賠償を請求されることとなると、Yとしては今迄の努力が水泡に帰するのみでなく多大の損失をまねくこととなるので、その場合にそなえて右不履行を理由として契約を解除された場合にその不履行にもとづく損害賠償の額を手附金と同額と予定し同様のことを買主たるXの側についても規定するとともに、その際における相互の原状回復について約定したのが前記契約書第七項の趣旨」（傍点筆者）と解するのが当該事案において最も合理的である、と説示してXの不動産所有権移転本登記手続並に不動産明渡請求を認容した。

〈分析〉　この事案も前二例と同様、賃借人の立退き難航を理由として破約者の方から解除をした例である。従ってここでも類型的に前二例に叙べたところが妥当する。しかも、この事案では、賃借人の立退きの見通しのつかなかった時期には努力する旨確約しながら、其後ほぼ解決の見通しのついた時期に突如として解除権を行使したYの態度には、一層わりきれないものが感じられる。さらに判決の実質的な根拠として判旨に掲げられているように、Xは契約後キャバレーの開設準備を熱心に進めていたもので、従ってYの不履行によって右開設が不可能となればXのうける物質的精神的打撃は極めて大きいだろうことは容易に推測できよう。Yがなぜ手附倍額を償還してまで解除の挙に出たのかは推量の限りではないが、少くとも認定事実の上に立つ限りは、X・Y間の利益の対抗関係においてYを優先せしめる理由はまずないように感じられるのである。

なお、かりに契約の解釈上Yの主張通り本件手附を解約手附と認定しえても、Xの第二回の支払は、これを「契約の履行行為」とみることができるから、結局Yの手附倍返しによる契約解除は一方当事者の履行着手後になされたものとして無効とされるであろう。

(2)　契約締結上の過失による損害賠償責任を肯定した例――責に帰すべき原始的不能の場合にのみ手附損倍返しを認めた例（矛盾(2)に対応）

昭和二十六年三月十六日東京地判（昭和二五年(ワ)五三八一号下級民集二巻三号三八六頁）

〈事案〉　原告Xは被告Y所有の木造建物（十坪）をその敷地の借地権と共に代金十七万五千円、四回の分割払で買うける契約を結び、そのさい第一、二回の割賦金合計四万円は取引完了迄手附とし、Xの不履行の場合はYがこれを没収し、Yが不履行の場合はこの倍額をXに返還することをも取極め、Xは四万円をYに支払った。その後右敷地は東京都所有の土揚敷でYはその借地権を有せず又これを取得することも不可能であり、右建物も都から移動式小屋として設置を許されているにすぎず、Yは右売買契約を履行しえないことがわかり、Xは手附倍額八万円の償還を請求。これに対しYは、XがYに借地権のないこと、本件建物についても移転登記のできないことを知って本件売買契約をしたのだから、Xの本訴請求は失当である、と抗弁。

〈判旨〉　裁判所は、「……売買契約に附随してなされる手附倍返しの特約は、その本質は売主が不履行をした場合の損害賠償の額を予定し、これが支払の責に任ずる契約であって、売主がその債務を履行しない場合に始《ママ》めて効果を発揮するものであるとともに、原始不能による売買の無効は、これを結果的に見れば、売主がその債務を履行しない場合と何ら選ぶところはないから、原始不能の売買契約を結んだ売主に故意、過失のあった場合には、売買それ自体は無効であっても、その売買に附随してなされた手附倍戻の特約はなお効力を有し、売主はその債務不履行の場合に準じて特約上の債務を免れ得ないものと解するを相当とする。……Yは……前認定のような原始不能の事実は充分にこれを知っていたものというべきであるが、しかるときはYは右無効の売買契約の締結について故意少くとも過失のあったものと認める外はないから、Yは右売買に附随してなされたX主張の手附倍返しの特約上の債務を免れ得ないものといわなければならない。被告は原告は右売買に当って原始不能の事実を知っていたと主張するけれども何等その立証をしないから……被告の抗弁は採用できない」（傍点筆者）として、Xの主張を認めた。

〈分析〉　判旨は、「手附倍返しの特約の本質云々」として一般的な表現を用い、手附倍返しの特約を損害賠償額の予定と把握することによって、意識的に近代的な民事責任の原則との調和を図っている。従ってYが最初から履行不能を知りつつあえて契約を締結したという点にYの帰責の根拠が求められたのは当然である。

ところで、解約手附の制度を破約の合法化の技術と把握すれば、この事案においてもYは、原始的履行不能の事実を知っていても知らなくとも、いずれにしろ、手附倍額の償還を限度として免責されえたはずであり且つまた手附倍額の償還義務があるはずである。従って問題を解約手附の場で処理するとしても、Yに手附倍額の償還義務ありとする同じ結論にいたるはずである。(18) だが裁判所は、本件手附を損害賠償額の予定と把握することによって、主体的責任の原理にそくした問題解決を図ったものといえよう。

(18) もっとも、この事案とは逆に、破約者Yが原始的履行不能の事実を知らなかったとすれば、手附を損害賠償額の予定と把握する裁判所の建て前からすれば、Yには手附倍額の償還義務はなく、手附そのままの返還で足りるはずであり、他方解約手附本来の論理からすれば、やはり倍額償還義務ありということになるであろう。

(ロ)「証約手附」と認定することによって

(1) 手附損倍返しのみによる免責を否定し債務不履行責任を肯定した例——第五五七条第二項を排除（矛盾(3)に対応）

第一例　大正八年六月十四日東京地判（大正八年(ワコ)二五六号新聞一五九八号一八六頁）

〈事案〉原告X、被告Yともに商人であり、Xは転売の目的で玄米をYから買受け、契約の証拠金内金として三百円を交付した。その後履行期直前Yは右三百円の倍額を供託し契約解除を通知してきたので、Xは右金額は内金であってこれにより契約解除をなしえない旨通知した。そしてXは、転売義務を履行するために転売期日の市場価格で約定玄米を購入し転売契約を履行した為に、転売による得べかりし利益とYの義務不履行による損害（転売契約履行のため他から買入れた代金とXY間の契約代金との差額）との合計千九百四十円余りを損害賠償として請求、本訴に及んだ。

〈判旨〉「……Yノ提出援用ニ係ル諸証ニ依ルモ右金三百円カ手附金トシテ授受サレタル事実ヲ認定スヘキ資料ナク却テ甲第一号証ニ依レハ右金三百円ハ単ニ本件契約締結ノ際証拠金ノ名義ニ於テXカYニ交付シタルモノナルコトヲ認ムヘク鑑定人小川甲子吉ノ鑑定ニ依レハ米穀商人間ノ取引上売買ノ当初証拠金名義ニ於テ金円ヲ授受シタルトキハ特約ノナキ限リ其交付ニヨリ契約ノ成立ヲ証シ之ヲ代金ノ内入ニ充ツルコトヲ約シタルモノト解スヘキコトヲ知ルニ足ル」（傍点筆者）として、裁判所は、Yの主張する解約手附による契約解除を否定し、Yの債務不履行による損害賠償請求をXに認めた。

〈分析〉この事案のように転売を当然予定している商人間の取引において売主の任意解除が認められないのは、近代取引社会では当然のことであろう。そして一方当事者の債務不履行によって相手方が損害を蒙った場合その損害全額が賠償されねばならないこともまた当然のことである。従って裁判所は、本件手附を解約手附とするYの主張を却けて破約者たるYの解除権を否定すると共に、本件手附を証約手附と構成することによってXの損害全額の賠償請求を許容したのである。しかしこれ以後の判例に明らかなように（大正十一年二月三日大判、大正十四年十月二十日東京控判、大正十年十一月三日大判――但し「約定金」として――）、米穀取引に於て「証拠金内金」が問題となる事案では内金即手附の論理によって原告側の「内金」主張が却けられ、解約手附が認定されているのである。これに対して、この事案では手附否定の根拠が専ら米穀商人間の「証拠金」の慣習に求められているのであるが、裁判所が、それは「交付ニヨリ契約ノ成立ヲ証シ之ヲ代金ノ内入ニ充ツル」もの、と判示するところからみると、結局「内金」とみているものといえよう（それなればこそ契約書上の記載も「証拠金内金」とされているのであろう）。従ってかようなものとしての「証拠金」を裁判所が認めたことは、実質的には内金即手附の論理を却けたにひとしく、唯、証拠金＝証約手附とすることによって正面からの否定をさけたにすぎない。それ故に、「証拠金」慣習の援用それ自体は、解約手附の強力な推定を破る単なる法的技術として用いられたにすぎないものと理解すべきで、裁判所の価値判断の底にはやはり損害の全額賠償への志向がひめられていた、とみてよいであろう。[19]

（19）　大正十四年十月二十日東控判（大正一一年（ネ）一一〇一号事件——差戻審判決）では新潟県下越後地方における地主対米穀商間の手附金返還及損害賠償請求事件において内金証拠金として授受された金百二十五円につき一応内金即手附の論理によって解約手附と認定しつつも、同地方における「地主カ玄米ノ先売ヲ為シタル場合ニ於テハ地主ハ手附金ノ倍額ヲ償還スルモ売買契約ヲ解除シ得サル慣習」の存在を認めて、原告側の請求を認容した。

第二例　昭和二十五年七月二十七日東京高判（事件番号不明、最高判昭和二十九年一月二十一日、昭和二五年（オ）二七五号の控訴審判決民集八巻一号六四頁参照）

〈事案〉　原告（被控訴人）Xは被告（控訴人）Yの先代Aとの間に、Aが株主であったKトラック株式会社の株式を一定期日迄に多数買集め、その株式につき五日以内にXからAにその旨通知し売買完結の意思表示をし、Aは右の通知をうけた日から五日以内に一定の割合でこれを引取る旨の売買の予約をすると共に、Aから保証金五千円を受領した。Xは右約旨に従い会社の株式を買い集めAに通知し売買完結の意思表示をなしたので、XA間に右株式千五百余株につき代金合計八万五千余円の売買が成立した。しかしAは右約定期間をすぎても右代金を支払わず、遂にXは債務不履行を理由として契約を解除した。さらに、本件株式は右契約解除直後Xが訴外Bに対する債務に対し設定された質権の目的となっていた処、右質権を実行され競売の結果一万九千余円の売得金がえられたにすぎず、Xは本件売買代金と右競売売得金との差額六万五千余円の損害を蒙った、として損害賠償を請求。これに対しYは右保証金は違約手附であるから、その額の超過損害部分については賠償の責任なしと抗弁。一審Y敗訴して、控訴。

〈判旨〉「その手附が違約手附であることは何等これを認め得べき証拠なく却って原審竝びに当審におけるXの供述によれば、右は証約手附にして売買が履行せられた場合は代金の一部に、Aの不履行により契約が解除された時は損害賠償金の一部に充当せられる約旨のものであることが窺われるので右抗弁は採用できない」（傍点筆者）。

〈分析〉Yの破約によりXが保証金五千円をこす実損害を蒙ったことが明らかである以上、右の損害の全額賠償がYによりなされるべきであるのは近代取引社会では当然である。そして右に引用の判旨から、被告Yが全額賠償を回避するために違約手附を主張するのに対応して、裁判所が本件「保証金」を以て証約手附と構成したのは専ら全額賠償を理由づけるための手段としてであることが窺われる。[20] 尚、Yは更に上告したが、最高裁はこれを棄却した。その棄却の理由づけの仕方が面白い、即ち、最高裁は、売買の手附は特別の意思表示がない限り解約手附と認むべきであり、異なる効力の手附たることを主張するならば特別の意思表示の存することを立証する責任がある（解約手附推定の論理）、ところがYは解約手附以外の手附を主張するのであるから、原審がY主張のような手附と認むべき証拠なしとしたのは正当、として、違約手附の主張を却け、結果において証約手附とする原審判決を支持したのである。もっともY自身は必ずしも本件手附を違約手附とすることにこだわっておらず（上告理由）、賠償額を手附額の限度とするという点で違約手附と同じ効果をもつ解約手附と主張すべきであった、としているのであるから、それにも拘わらず最高裁がその点を無視していわば形式的に解約手附推定の論理によってYの主張を却けているのは、最高裁はその判決において解約手附が存在する事実それ自体を肯定しているわけではなく、手附額の限度をこえて実損害全体をYに賠償せしめようとする判断（そしてその為の証約手附の構成）を正当化するための論理として民法の規定に即して解約手附優先の原則を示したもの、とみてよいであろう。

(20)　本件は、実損害全額の賠償を要求するXが証約手附を以て、これに対して「保証金」五千円に止めようとするYが違約手附を以て、それぞれ当該「保証金」を性格づけ、それによって自己の実現せんとする法的効果を正当化しようとする意図であることが如実に現われている好例である。このことは次の諸点からうかがわれる。①Xは手附の性質、そして当該金員五千円の性質について当初はっきりした認識をもってはおらず、訴訟に至ってはじめて証約手附の意義を知ったことが推測できること――本件契約書中保証金に関する記載について「前記金五千円也正式ナル手金ニ改ムルコトヲ得ス」と記載され、其上部に「壱行二十一字加入X」と記載、さらに右文言が墨を以て抹消、其上部に「改メテ本行壱行抹消スX」とあり、これらの文言に限り全部が毛筆を以てかかれ、契約書中その他の部分が全部カーボン紙による複写式のものである点と、Xの印のみ捺印してある点及びX本人の証言とから考えて、契約書本文作成と時間的にかなりズレがあり、Xが勝手に毛筆の部分を追加した為問題となり後に抹消させられたことが推察できる。更にX本人の供述――「初めT〔Y先代のこと――筆者註〕から本件株の買集めを依頼されました時私はTから証約手附金として五千円を受けとりました私としては当時右は後程代金の一部に充当する趣旨であると思って居りました」(傍点筆者)(第一審供述)、「私は右契約締結の際控訴人先代から五千円を受取りました。この五千円は契約の趣旨に従って私が株券を買集めている中途に解約された場合の保証の意味で受領しましたので株券の引渡を為す場合は代金の内金に充てるのであります」(傍点筆者)(控訴審供述)――から考えると、Xは契約締結当時手附就中証約手附の性質につきはっきりとした認識をもってはおらず、訴訟になって後に、実損害を賠償させるために証約手附をもち出してきた、と推測できるのである。②Yにとって問題なのは、当該保証金の額をこえる損害があったとしても実損害額の賠償を求められないということであって、その為には当該保証金が違約手附であっても解約手附であっても差支えないのである。従って彼は上告理由の中でも違約手附にこだわってはいない――「……一般取引界に於いては混用され同一の手附でも数種の作用を兼ね居る実情にあれば其何れであるかは当事者の意思を解釈して決すべきこと論を俟たない。上告人が原審に於て手附の名称を掲げるに止めず其作用を明らかにしたのはこれが為めである。違約手附と云うよりは解約手附と云うのが其内容に相応しいのかもしれない。……今日の取引界に於て授受された手附金の大部分否殆んどが本件に於て上告人が主張する様な作用を営むものに属すと云うことは経験上何人も容易に肯ける事実であり、……本件の様に甲第二号証（契約書――筆者註）に依りては如何なる内容の手附金であったか其名称からは之を窺いえない場合は前記経験則に基いて一応は普通ありふれた上告人主張の如き内容を有する手附金なりと推定せらるべきであり、更に同号証の何処にもこれと異る特殊の手附金なることの記載なきに徴しても前記経験則からしてこれが特殊の手附金でなかったと云うことが容易に窺われ得るところである」（傍点筆者）。

(2) 破約を非合法とした例（矛盾(1)(3)に対応）

大正九年十月二十八日長崎控判（事件番号不明。大判大正十年六月二十一日大正一〇年(オ)二一七号民録二七輯一一七三頁、新聞一八七三号二二頁、評論十巻民法六一二頁の控訴審判決）

〈事案〉 事実関係不詳。総額九百円余りの不動産売買につき手附金として買主より売主に六円が交付された。

〈判旨〉「解除《ママ》手附ハ解除ニヨリ被解約者ノ被ムルヘキ損害填補ノ性質ヲ具有スルモノナルコトハ民法第五百五十七条第二項ノ法意ニ照シ洵ニ明白ナレハ解除《ママ》手附ハ其目的ニ副フヘク相当ノ金額ヲ授受セラルルヲ以テ取引上普通トスルニ不拘本件授受ノ金額ハ僅ニ六円ニシテ売買代価九百余円ニ比シ実ニ百分ノ一ニモ達セサル少額ナレハ本件売買契約解除ニ基ク損害填補トシテハ余リニ過少ナリ故ニ若シ本契約カ斯カル少額ノ金員ノ抛棄又ハ倍額ノ償還ニヨリ当事者双方ニ任意ニ解除権ヲ行使シ得ルモノトセンカ本契約ノ解除ハ極メテ容易ニ行ハレ殆ント契約ノ成立ヲ無意義ニ終ラシムル嫌アリテ契約当事者ノ真意ニ適合セサルコト論ヲ竢タサルノミナラス云々」（傍点筆者）。

〈分析〉 この事案では、裁判所は、まず、解約手附の実質は損害賠償額の予定であるとし、従って「手附金」額がそれに見合うものでなければならないという。そしてそのことと相関的に――賠償予定額に比して――手附として交付された金額が過少であれば、解除権の行使が極めて容易であるから――賠償予定額に見合うものであれば解除権行使は心理的に牽制される――契約の安定を期しがたい、と説く。こうした判旨からは、金額が寡少であれば証約手附と解することによって、破約者の側からの契約解除を否定し、近代民事責任の実損害の賠償の原則との矛盾を回避せんとする意図が明瞭である。

(ハ)　「内金」と認定することによって破約を非合法とした例（矛盾(1)に対応）

判決年月日不明東京控判（事件番号不明、大判昭和七年七月十九日。昭和七年(オ)四四一号民集一一巻一五五二頁参照）

〈事案〉　原告（被控訴人）Xは被告（控訴人）Yの先代Aからその所有する畑及び宅地を三千円で買受ける契約を結び、手附金として五百円を交付し、残金は所有権移転登記手続と引替に一定期日迄に支払うこととした。ところがYは当該地の上に第三者の家屋がありその立退きに失敗し期間内に登記手続をとることができなかったので、右手附金の倍額を提供して契約解除の意思表示をなしたが、Xは右五百円は内金だと反駁して移転登記を請求した。一審Y敗訴して、控訴。

〈判旨〉　裁判所は、「乙第一第二号証甲第二第一号証〔当事者間に取交された売買契約書及び「『仮証』ト題スル五百円受領ノ旨ヲ記載セル証書」――筆者註〕ニハ手附金ナル文字ヲ使用シアルモ当事者カ之ヲ授受スルニ当リ何レカ一方カ契約ノ履行ニ著手セサル間ハ其受者タルYニ於テハ其倍額ヲ返還スルコトニヨリ其授者タルXニ於テハ之カ償還請求権ヲ抛棄スルコトニヨリ本件売買契約ノ解除ヲ為シ得ヘキ趣旨換言スレハ解除権留保ノ目的ヲ以テ之カ授受ヲ為スコト明示若クハ黙示ノ合意アリタルコトハ右書証ノ記載ニ依リテハ之ヲ看取スル能ハス（此点乙第二号証竝甲第一号証ニ於ケル『残金二千五百円ハ大正十五年四月迄ノ間ニ支払フヘキ旨及同契約書記載ノ条項ニ違背シタル行為アリタルトキハ本件契約ヲ無効トスヘク此場合ニハＹノ受取レル五百円ハＸニ返還セサルコトトス』ル旨ノ記載ハ固ヨリ前掲ノ趣旨ト解スルヲ得ス）却テ証人ＢＣ〔契約締結の立会人――筆者註(21)〕ノ証言ニ依レハ右金員授受ノ際ニハ当事者間ニ之ヲ斯ル趣旨ノ下ニ授受スル旨ノ話合全ク無ク却テ当事者ハ約定ノ期限迄ニ土地ノ引渡ヲ為シ之ト引換ニ代金ノ内右授受ノ金円ヲ控除セル残額二千五百円ノ支払ヲ為スヘキ旨ノ合意アリタル事実ヲ認定シ得ヘク証人Ｄノ証言乙第一第二号証甲第二第一号証ノ各記載証人Ｂハ右認定ヲ覆シテ前示五百円ノ授受カ前提ノ如キ趣旨ニ於テ為サレタルモノナルコトヲ的確ニ認定スルニ足ラス……而シテ右ヲ以テＣノ証言ニ依リ認定シタル事実ニ依レハ前示五百円ハ解約手附金ニ非スシテ売買代金ノ一部支払即チ内金トシテ授受セラレタルモノト謂ハサルヘカラス」（傍点筆者）として、Ｙの控訴を棄却。

〈分析〉　認定事実によればこの事案もＹの契約解除権の行使は当該地上の第三者の立退き不調を理由とするが、Ｙの立退き交渉の失敗は結局契約時のＹ自身の見通しの誤りに帰着するのであるから、Ｘ側がそれを理由として解除権を行使するのならばとも角、近代契約法の建て前からすれば（矛盾第一点参照）Ｙの解除権行使が認容されないのは当然であろう。その意味において本判決の結論は妥当といえる。だが、解約手附を否定する判例グループの中にあってこの判決を極めてユニークな存在たらしめているのは、その論理構成である。即ち本判決は、これを破棄した大審院判旨に明らかなように、第一に「手附金」と契約中に明記されているにも拘わらず解約手附推定の論理をしりぞけ逆に恰も立証責任を解約手附を主張するＹに負担させているようにうけとれる(22)という点、第二に内金即手附の論理をもしりぞけ内金と認定することによってＹの解除権を否定しているという点、において解約手附を肯定する従来の手附判例の論理構成と正に対照的である。

（21）　証人Ｂの証言「証人ニハ右五百円カ手附金ナリヤ内金ナリヤヨク分ラス」。証人Ｃの証言「此ノ五百円ハ契約ノ証拠金ナリ」、「此処ニ手附金と書イテアルカ証人ハ手附金モ内金モ同様約束金ト思ッテ居リタリ」。

(22) 前註に明らかなように、証人B・Cの証言からは単に金五百円を解除権留保の目的を以て授受する旨の話合いがなかったことが証明されるに止まり、手附金ではなく内金とする旨の合意があったことまでは証明されていない。それにも拘わらず判決では証人B・Cの証言に依れば解約手附ではなくて内金として授受されたものと認定さるべきである、とされているところからみて、Yの側に立証責任があるものとしているようにうけとれるのである。これに対して、大審院は、手附が授受された場合「特別ノ意思表示ナキ限リ該手附ハ解除権ヲ留保スル性質ヲ有スルモノト認ムヘキモノ」――いわゆる解約手附推定の論理――であり、本件において交付された五百円が契約証書に「手附金」として記載されている以上「特別ノ意思表示ナキ限リ」解約手附と認定しなければならない、それなのに原審が「『……証人BCノ証言ニ依レハ右金員授受ノ際ニハ当事者間ニ之ヲ斯ル趣旨ノ下ニ授受スル旨ノ話合全ク無ク云々』ト説示シ手附カ解除権ヲ留保スル性質ヲ有スルコトハ特別ノ意思表示ヲ俟ッテ初メテ然ルヘキモノト為シ」（傍点筆者）たのは「手附ノ性質ヲ誤解シタル不法」であり、又内金という原審の認定も、「手付金ハ当事者カ売買契約ノ履行ニ著手スル迄ニ之カ解除ヲ為サスシテ契約ヲ履行スルトキハ代金ノ内入ト為スコトヲ常トスル」（傍点筆者）――いわゆる内金即手附の論理――のであるから、土地引渡と引換に代金残額を支払うことを約したればとて解約手附にあらずと論断するを得ない、と説示している。

(二) 双務契約の消滅上の牽連関係の貫徹のために、――第五三五条排除のために――買主一方の「解約手附」が認められた例――責に帰すべからざる後発的不能の場合に解約手附による破約が認められない例（矛盾⑵に対応）

大正十四年十月二十一日東京地判（大正一三年(ワ)五〇二九号新報五六号二五頁）

〈事案〉　大正十二年八月原告XがYからその所有家屋を代金八千六百円で買受ける契約を結び、同条項中に、「家屋が火災により焼失した場合には売主は手附金をそのまま買主に返還して契約を解除しうる」旨の手附特約を設けて同日手附金として二千円を交付し残金は月末（後で九月十日迄合意の上延期）右家屋の所有権移転登記と同時に支払うべきこととした。ところが九月一日関東大震災のため右家屋が焼失、そこでXはYに対し本件契約を解除する旨の意思表示を行い、併せて右手附金の返還を請求したところ、Yは右手附の特約は売主一方の解除権を規定したものであるからXの請求には応じられない、と抗弁。

〈判旨〉　裁判所は「而シテ該文言ハ一見売主ニ対シテノミ解除権ヲ留保スルモノノ如キ観ナキニアラスト雖本件ノ如ク特定物ノ売買ニアリテハ売買成立後不可抗力ニ基ク目的物ノ滅失毀損ノ危険ハ買主ノ負担ニ帰スヘキモノナレハ売主ハ契約ヲ解除スルニ付何等ノ利益ナキヲ以テ売主ノ為ニ解除権ヲ留保スヘキ謂レナク却ッテ買主ハ斯ル場合契約ニヨリ危険ノ負担ヲ免ルルヲ得ヘキ故解除権ノ留保ハ買主ニトッテ利益アリト謂フヘク従ッテ右特約ハ買主ノ為ニ解除権ヲ留保シタルモノト解スヘキモノ」として、Yに対して、Xへの手附金返還を命じた。

〈分析〉　この事案は、家屋の引渡はもちろん、所有権移転登記も、代金支払もすまないうちに、不可抗力によって家屋が焼失した、というものである。このような情況の下では、家屋焼失の損失を全面的に売主に負担せしめ、買主に代金支払義務なしとするのが家屋売買における取引当事者の通常意思に合致するように思われる。[23] 家屋売買における取引慣行も一般にこのような事案の処理を支持する方向にある。[24] そうだとすると、履行に先立って手附が交付されている場合には、当然その手附金は危険を全面的に負担する売主から代金支払債務のなくなった買主に（倍返しではなく）そのまま返還されることになるはずである。そしてかように手附金の授受をともなう家屋売買——それがむしろ通常であるが——にあっては、不可抗力による目的家屋の滅失の場合にそなえて、その場合には手附金がそのまま売主より買主に返還され契約が解除される旨規定されるのが、また通常のようである。[25] ただ、その表現の仕方が、本件におけるように売主に解除権が帰属するように規定されるか、あるいは買主に解除権乃至土地附で目的が土地におかれる場合のように契約の履行か契約の解除かの選択権を与えるように規定されるか、事例によって若干ことなるのであるが、いずれにしろ、不可抗力の場合の契約条項には、買主に危険負担の義務がないこととともに、売主には手附金倍額償還の義務まではないことが趣旨として盛りこまれることに変りはない[26]。従って、この場合の契約解除権が両当事者のどちらに帰属するように規定されていようと、それは単なる表現の便宜にすぎないのが通常なのである。いいかえればこの場合の契約解除権の所在それ自体は実は両当事者にとってさして問題ではなかったはずなのである[27]。そうだとすれば、本件において――おそらく偶〻――売主一方の契約解除権として規定されていたとはいえ、そのことがただちに売主Yにとって手附金返還をXに対して拒む実質的な理由とはならないはずである。それ故、裁判所が契約条項の文言にとらわれず、手附金そのままの返還を認めたのは、少なくとも結果的に妥当である。

ところで、右の結論を理由づけるために、裁判所は、契約における売主一方の契約解除権の規定を楯にとるYの主張に対抗して、債権者主義による買主の危険負担を排除することを理由に、売主から買主へ手附金をそっくり返還することはそのままにしておいて、ただ買主一方の契約解除権によみかえる、という論理構成をとっている。もっとも、かように裁判所の認めた買主一方の契約解除権ももとより手附の交付に拠るものだ、とすれば、契約解除を認めながら同時に手附の拋棄をではなくて、却って手附金そのままの返還を認めているのは、理論上なんとしても異様である、という感じを否めまい。たしかに、本件のように不可抗力による目的家屋の焼失の場合、民法によれば危険負担における債権者主義が適用されて買主には代金支払債務が残るから、履行に先立って手附が交付されていれば、買主は手附金を拋棄して自己の債務を免れることができるはずである。しかし、本件の分析の冒頭にのべたように、家屋引渡はもちろん、所有権移転登記も、代金支払もすまぬうちに、不可抗力によって家屋が焼失した本件のような場合には、危険は全面的に売主に負担せしめ、買主には代金支払義務なしとするのが妥当である、という・事案にそくした実体的な価値判断を前提にするならば、右のような・買主の手附金拋棄による契約解除は、却って、買主が過責と無媒介に帰責せしめられることになり、近代法における主体的責任の原理に反する結果となりはしないであろうか。その場合の手附を違約手附＝損害賠償額の予定と解釈したところで、同じ批判をまぬがれないであろう。そうだとすれば、本件判決における理論構成上の異様さは、むしろ、叙上の・判旨に現われてはいない実体的な価値判断の具体的な結論——売主から買主への手附金そのままの返還——をうるための・きわめて巧妙なテクニックである、といえるのではなかろうか。

(23) 多くの学者が売買について一般に債権者主義を採るべき合理的根拠なしとする（たとえば我妻博士「債権各論上巻」八八頁）。そしてそうだとすると、一歩進んで「……目的物の引渡、登記のいずれかがなされるかまたは物権の変動を生じた場合にだけ第五三四条が適用される余地があるのではあるまいか。いいかえれば、引渡も登記をなされず、しかも所有権の移転その他の物権変動が留保されたときは、第五三四条は適用されず、そのいずれかが生じた後に、はじめて第五三四条の適用を生ずると解することが妥当なのではあるまいか。……のみならず……——不動産の売買において、当事者が代金の支払と移転登記を引き換えに行い、その時に所有権移転の効果も生ずるものと特約したような場合——……危険負担についても、その時期まで第五三四条の適用を排斥する趣旨の特約をしたものと解するのが妥当ではあるまいか」（同一〇二～三頁）。

(24) 家屋売買における危険負担の所在及びそのさいの手附金の処理の仕方の慣行については「不動産セミナー」第九回（「ジュリスト」一九五四年五月一日第五七号三九～四一頁）にみられる周旋業者の発言及びそこに掲げられた契約文言の例に明らかである。

不動産業者K「一般業者の契約書を見たところによると、法律的に根拠を持った契約書、今（我妻）先生のおっしゃった滅失したときにはあくまで〔買主が代金を〕払わなければならぬというふうな契約書はほとんどなくて、火災があったときには、これは不可抗力であると解釈して、一応渡した代金を買主に返還して、買主が意思表示してやめることができる。場所に魅力がある場合は、建物の再現はたやすいことだから、焼けたままでもかまわない。そのまま取引を続行して行う。そのいずれかを買主が決定すると書いた契約書が時節柄当を得ていると思っている」。

有泉教授「……これ〔危険負担〕に関する条項は大体入っているが、一つ一つ違う例を二三読んでみると『売買物件が本契約期間中万一全部もしくは一部が天災地変その他不可抗力により滅失もしくは著しく毀損したる場合は、その損害は売主の負担とし、買主はこれに相当せる代金の減額を請求することを得るものとする』

というのが一つ。それから

『目的物件が本契約中万一火災もしくは天災地変等不可抗力のために滅失するか、あるいは著しく減少したる場合は、売主はすでに受領したる前記手附金をそのまま乙に返還して、本契約を解除するものとす』

これは売主の方に解除権があるのか、買主に解除権があるのかわからない」。

我妻教授「売主が手附金も返す」。

有泉〃「返して、そのまま乙に返還して、本契約を解除するものとする」。

我妻〃「その『解除するものとす』というのは『効力を失うものとす』という意味じゃないか。とにかくそうして危険負担の規定が全く排斥されているということは民法の条文だけ勉強していてはわからないことだ。少なくとも建物の売買においては、契約によって民法第五三四条を排斥する慣行が成立している、といってよいようだね」。

有泉〃「もう一つは、

『目的物件が本契約中万一火災もしくは天災地変等不可抗力のために滅失するか、著しく減少したる場合売主はすでに受領しある前記手附金を乙にそのまま返還し、契約の解除をなすか、または買主においてこれを承認し、本契約を履行するか、そのいずれかを買主の選択により定めるものとす』」。

もっとも、勧業銀行で用いている契約書によると、

堀内勧銀調査役「私の方の契約書では、所有権を移転するまでに万一事故を生じても、買主は売主たる銀行に対し、代金減額、費用損害金の弁済又は契約解除の請求ができない旨を定めている。一般業者の用いられる契約書と、この点は全く反対だ」。……

我妻教授「……そうすると、私がさっきいったように、危険負担の規定を排斥する慣行が成立しているというのは、いいすぎになりますね。しかし、とにかく、民法の危険負担の規定の存在が一般に知られていないことだけは確かですね」(以上傍点は全て筆者)。尚、「不動産セミナー」第三回「ジュリスト」一九五三年十一月一日第四五号三五頁及び二三頁参照。

(25)　註(23)参照。

(26) 註（23）参照。

(27) 註（23）における我妻教授の発言——本件契約におけると同様売主一方の解除権を規定している契約文言について——「『解除するものとす』というのは『効力を失うものとす』という意味じゃないか云々」参照。

二　法解釈の方法による矛盾の回避

(イ)　債務不履行にもとづく帰責（第五四一条・第五四五条）と解約手附との選択的併存を肯定することによって全額賠償を肯定した例（矛盾(3)に対応）

大正七年八月九日大判（大正七年(オ)六〇九号民録二四輯一五七六頁）

〈事案〉　原告（被控訴人・被上告人）Ｘは被告（控訴人・上告人）Ｙとの間に大小豆の売買契約を結び、その際手附金として三百円を交付した。その後履行期日に至るもＹは契約を履行しなかったので、ＸはＹの債務不履行を理由として契約を解除し、手附金返還及び損害賠償として違約金三百円合計六百円を請求[28]。Ｙはこれに対して、民法第五百五十七条第二項により損害賠償を許されない旨抗弁したが、一審二審ともに敗訴、上告。

〈判旨〉　大審院は、解約手附による契約解除と債務不履行を理由とする契約解除との関連につき次のように判示した。即ち「民法第五百五十七条第一項ノ場合ニ於ケル契約ノ解除ハ各当事者カ契約ニ因リテ有スル解除権ノ行使ニ依ルモノニシテ相手方ノ債務不履行ヲ原因トスルモノニアラス従ッテ債務不履行ニ因ル契約ノ解除ニ在リテハ解除権者ハ自己ノ被ムリタル損害ノ賠償ヲ相手方ニ対シ請求スルコトヲ得ルニ反シ民法第五百五十七条第一項ニ依ル契約ノ解除ニ在リテハ解除権者ハ相手方ノ被リタル損害ヲ其相手方ニ賠償スルコトヲ要スルモノト謂フヘク又手附ノ交付ニ因リ解除権ヲ留保シタルトキハ契約ヲ以テ解除ニ因リ生スヘキ損害ヲ予定シタルモノナレハ解除ニ因リ相手方カ一層多大ナル被害ヲ被ムリタルトキト雖モ予定セラレタル手附金又ハ其二倍ノ金額ヨリ以上ノ損害ヲ賠償スルコトヲ要セサルモノトス……此ノ如ク債務不履行ニ因ル契約ノ解除ハ民法第五百五十七条第一項ニ定ムル契約ノ解除ニ対シ別個ノ範疇ニ属スルヲ以テ相手方カ契約上ノ債務ヲ履行セサル場合ニ於テ当事者ノ一方カ其不履行ヲ原因トシテ契約ヲ解除シタルトキハ其契約ニ於テ偶〻手附ノ交付ニ因リ解除権ヲ留保セラレタリトスルモ其解除権ヲ行使スルニアラスシテ民法第五百四十一条以下ノ規定ニ依ル解除権ヲ行使スルモノナレハ民法第五百四十五条第三項ノ適用ヲウケ不履行ニ因リテ生シタル一切ノ損害ノ賠償ヲ請求スルコトヲ得ルモノトス従テ民法第五百五十七条第二項ノ適用ヲ受クルコトナシ」（傍点筆者）、と。かような論理構成によって大審院はYの上告を棄却した。

〈分析〉　この事案は上告審判決しか参照できないので事実関係の詳細は不明であるが、中心的な争点は次の点にある。即ち、民法第五五七条（とくに第二項）は、手附損倍返しによって当事者の一方が任意に契約を解除する場合にのみ適用されるのか、あるいはまた上告人Yの主張するように、同条（とくに第二項）は予め当事者が特約した場合に限り適用するとは規定していないから、「任意ニ契約ノ解除ヲ為スト又〔相手方の〕不履行ヲ原因トシテ契約ノ解除ヲ為スト ヲ問ハス……常ニ同条ノ適用ヲ受クヘキモノ」なのか、という点である。Yの主張によれば、相手方の不履行を理由として契約を解除する場合（不履行解除）といえども、その相手方が支払うべき損害賠償額は、任意解除の場合同様、やはり手附額乃至手附倍額に制限されることになる。[29]このような考え方は旧来の商慣習の中にその例をみることができる。たとえば、見本売買において商品が見本とことなるときは買主は受渡しの際必ずその不良を責め見本の品と引換えせしめ、もしひきかえぬときは破約として手附金を倍額にして違約を償わしめるのを常とする例がある[30]（静岡県佐野郡・城東郡）。かように前近代社会において不履行解除の場合にも解約手附が利用されていたことの意味はおそらく次の点にあったと思われる。即ち、不履行解除の場合の解約手附は訴訟制度の不備な当時にあって専ら債務不履行による損害塡補のための簡便な決済手段として利用されていたのであろう、ということである[31]。もっとも近代取引社会においても手附が同様な機能をいとなむことがありうる。即ち、債務不履行の賠償額の予定としての役割をになう違約手附がそれである[32]。しかし訴訟の場における違約手附は専ら破約者の契約解除を否定するための道具概念として登場するのであって、損害賠償の簡便な決済手段としてあらわれるのではない。あとの場合、即ち、破約者の相手方が、訴訟にうったえ実損害の賠償を請求するよりも手附金で満足する方がむしろ有利だ、と計算した場合には、そもそも訴訟にはならないからである。しかもかように実際取引の場において違約手附として機能する場合にも、結局破約者のイニシアティヴにおいて契約が解除されたことになるという意味においては、実質的に解約手附と変りはないのである。又手附額にしても、当初からいわば経験的に相手方の破約が予想できれば格別、そうでもなければこうむった実損害をカバーするまでには至らないのがおそらく実情であろう。要するに、たとえ損害賠償額の予定として手附を規定したとしても、契約の履行が前提とされない限り、解除権の所在・賠償額の多寡の点において、近代契約法と手附制度との矛盾はそれによって実質的に解消されはしない、ということができよう（他方、破約者自身が違約手附を主張する場合は、相手方に給付する損害賠償額を手附額に限定する効果をもつ点で、解約手附と主張しても同じことである——前出大正八年六月十四日東京地判がその好例）。

ここにおいて、大審院が本判決によって、手附が交付された場合といえども一方当事者の不履行——そうかといって手附による解約もせぬ場合——に対処すべく他方当事者がいわば先制的に契約を解除すると同時に、こうむった実損害全額の賠償をも請求できる途をひらいた、ということは、その正当化の論理の当否はともかく、右の二点の矛盾を解消するものとして高く評価さるべきであろう。こうして手附が交付された場合には、不履行解除の場合たると任意解除の場合たるとを問わず解除の後にのこる損害塡補の問題が全て手附をとおして処理される、としてきた旧来の手附慣習が、かように本判決によって任意解除の場合にのみその適用の場をせばめられたことは、漸次手附制度が近代市民法の価値体系に吸収包摂されていく過程における合理化の一つの試みとしてこれをうけとめることができるであろう。

(28)　Yの上告論旨第一点によると、「……本訴ハ契約ノ原因ニ基ク金六百円ノ請求ヲ為スニ当リ地方裁判所ノ管轄ヲ避ケ区裁判所ニ出訴スルト同時ニ訴訟用印紙ヲ低減セントノ目的ヲ以テ之ヲ折半シ金三百円ヲ主タル手附金ノ返還トシ他ノ三百円ヲ附帯ノ違約金トシ三百円ニ相当スル訴訟用印紙ヲ貼用シ出訴シタルモノニ係ル……」もので、係争価額六百円に対する訴訟用印紙の貼用がないのは民事訴訟用印紙法第十一条に違反するとある。しかし請求額内訳のかような構成については単に印紙の節約のみに止まらないと思われる（註（30）参照）。

(29)　事案に即して考えると、「不履行解除の場合にも不履行者〔Y〕から契約解除者〔X〕への損害賠償の額が手附額に制限されるべきかどうか」（傍点筆者）という点に中心的な争点がある、とするのはあるいは正確ではないかもしれない。というのは、もしYの主張を右のような意味に理解するとすれば、YはXに対する損害賠償をXからの請求額と同額の手附倍額即ち六百円の限度までは認めているわけであり、Xの請求を拒む理由がないことになるからである。又、Xの請求は違約金の形をとらず損害実額の賠償となっていたであろう。そこでYがXの請求を拒否する論理として考えられるのは、「たとえ相手方の不履行を理由に解除した場合でも契約解除者の側で手附損倍返しをせねばならぬ」とする論理である。「任意ニ契約ノ解除ヲ為スト又不履行ヲ原因トシテ契約ノ解除ヲ為ストヲ問ハズ云々」というYの上告論旨を右のような論理において理解するならば、本件におけるXの請求額及びその内訳——実損害ならぬ手附倍額と同額で、しかも手附倍額とせず、手附金返還・違約金請求という複雑な内訳をとっている——とこれを拒否するYの抗弁との関係が矛盾なく説明できるのである（因みに大審院の判旨は両制度における損害賠償額の差異を強調している処から中心的な争点を本文のように理解したのであるが、この論理と対応的に理解することも可能である）。このYの論理——そしておそらくXもこの論理を意識的に回避しようとして手附倍額の償還をしなかったのであろう——は、いかにも不合理で近代取引社会に到底うけいれられるものでないことはいうまでもない。それ許りか前近代社会における見本売買の例（本文）とも矛盾する――尤も単なる不履行と見本と異なる履行とでは契約違反の程度が異なるからとも考えられるが。だがいずれにしろ過責に媒介されないのが解約手附の特質だとすれば、解除原因が当事者のいずれの側にあるかを問わないとする右の論理は、結局この過責無媒介の論理のコロラリーにすぎないであろう。因みに、民法議事速記録によると、起草委員の梅博士も右の論理をなかば承認しているように思われる。「契約ノ履行ニ著手スルマデ」とはいっても、他方当事者の協力がなければいつまでも一方当事者は履行に着手しえないというような場合（例、地面の引渡・登記）があるから、右の要件は削除せよ、という高木委員の意見に対して、梅博士は「向フ〔買主のこと〕ガ何ウシテモ受取リニ来ヌト云フコトデアレバ仕方ガアリマセヌカラ其場合ニハ〔売主は〕契約ノ解除ノ方ハ意思表示サヘスレバ宜シイ貴殿ノ方デ受取リニ来ヌカラ解除ヲスルト言ツテ手紙デモヤレバ宜シイ然ウスレバ〔売主が〕損害賠償ヲ受ケル筈ハナイ今一歩進ンデ言ヘバ双方デ不履行ガアルカラ損害賠償モ売主ノ方許リデ出サナケレバナラヌ訳ハナイ買主ガ履行ヲセヌ為メニ少ナクモ賠償額ト相殺ガ出来ル」（傍点筆者）（第二十六巻五六丁〜八丁）と答えている。この答弁から、梅博士も、不履行解除の場合に解除者の側にも手附損倍返しの義務がある――尤も相手方の不履行によって相殺されることになるが――ものと理解していたようにうけとれる。尤もこの点の不合理はおそらく従来は手附による解除権行使に期限を附する――たとえば「手附三日限り」――ことによって事実上解消されていたのであろう（日本商事慣例類集六〇二頁等）。

尚、我妻博士によると本判決は、当事者の一方の履行着手後に相手方の債務不履行があった場合について論じている、とされる（債権各論中巻一、二六四頁）が、判旨からは履行着手のあとさきを区別しているようには思えない。

(30) 日本商事慣例類集六七四頁。

(31) 法典調査会民法議事速記録第二十六巻五五丁梅謙次郎起草委員「……昔ハ御承知ノ通リ損害賠償ノ請求抔ハ実際殆ンドナイヤウデアリマシタ夫デ手附ヲ以テ損害賠償ヲ兼ネルト云フヤウナ一ツデ以テ両様ヲ兼ネテ居ルト云フヤウナモノデハナカツタカシラヌト思ヒマス……」。

(32) 不動産業者の作成する契約書における手附文言及び業者の理解しているところでは、解約手附ではなくて違約手附と考えられているところから、我妻博士は、知人の米穀商と地主との取引の例をひきつつ「……民法の規定は慣習に基づいている、といわれるから、慣習は解約手附であったのかもしれない。しかし、実際問題としては、訴訟に訴えて損害賠償をよけいにとろうとしてみたところで、はなはだやっかいなのだから、結局手附であきらめてしまうというところに納まった。そうして、少なくとも現在では、手附は損害賠償額の予定の働きをしているという傾向があるのではないか」（「不動産セミナー」第三回・ジュリスト一九五三年十一月一日第四五号三二頁）。従って、解約手附は理論的には契約の効力を弱くするが、実質的には強くする、といわれる（同上三二頁、債権各論中巻一、二六一頁）が、私には疑問である。つまり本文にのべたように「損害賠償額の予定」としての手附は、破約者のイニシアティブにおける契約関係の解消が前提とされる点において解約手附と結局異なるところはなく、又手附額（又はその倍額）を限度とする損害賠償が予定されることによって契約当事者が心理的に牽制される点においても、解約手附と同様だからである。従ってこのような意味において損害賠償額の予定として把握することは、むしろ、理論的には契約の効力を強める――論理的には破約者の契約解除権が否定されるという意味で――が、実質的には契約の効力をよわめるものということができよう。唯、解約手附による破約者の契約解除権を否定しあくまで契約の履行を迫るための道具概念としてであれば、手附を損害賠償額の予定として把握することは契約の拘束力との関係で意義があるのである。

(ロ)　「履行着手」の時期の解釈によって破約を認めない例――（矛盾(1)に対応）

第一例　昭和二十六年十一月十五日最高判（昭和二四年（オ）一八九号民集五巻一二号七三五頁）

〈事案〉　訴外Aは被告（控訴人・上告人）Yからその所有家屋を買受ける契約を結び手附金として二千円を交付した。履行期日後Aは屢々Yに対し明渡を求めたが、Yは言を左右にしてこれに応じなかったので、Aは他に住居を新築し其の後Yとの右売買契約上の権利義務一切をXに譲渡した。そしてAは、一定期間内に残代金の支払と引替えにXに家屋を明渡し且つ移転登記をするようYに催告をし、残代金を現実に提供したが、Yがその受領を拒んだのでAは残代金を供託し、Xは本件家屋の所有権の確認及び移転登記を求めて訴に及んだ。これに対してYは、XがAから本件売買契約上の権利義務の譲渡をうけたことはしらない、Aが約定期日に残代金の支払をしなかったので催告したが相当期間中その履行がない為手附倍戻しによって右契約解除の意思表示をしたから、原告の請求は無効、と抗弁。一審Ｙ敗訴。Ｙは、Ａからの催告書到達前に手附金の倍額をＡに償還して解除の意思表示をなした、として控訴。二審裁判所は「挙示の証拠を総合すれば、Ａは約定の明渡期限後屡々Ｙに対し本件家屋の明渡を求めたけれどもＹにおいては或は猶予を求め或は不得要領の答弁をして日時を遷延し遂にこれに応じなかったこと、ＡにおいてはＹが家屋の明渡をすれば何時にても約定に従い残代金の支払を為し得べき状態にあったことが認められるばかりでなく、Ｙの手附損倍戻しによる解除の意思表示はＡからの履行の催告書到達後になされたものであることが推認されるので、かような場合には買主としては既に履行に着手したものと解するのが相当」として、Ｙの控訴を棄却。Ｙは、内容証明郵便による履行催告が同時履行の関係に立つ当事者間において手附契約による解除権を消滅せしめる為の契約の履行の着手ありとはいえない、少くとも同時履行関係に立つ債務の履行の現実の提供あることを要すべきである（上告論旨第二点）、として上告。

〈判旨〉最高裁は、右に摘示した二審裁判所の判決理由を引用して、「原判決の認定した右のごとき場合にはまだ現実に代金の提供をしなくとも買主としての契約の履行に着手したものと解することができる。そして原判決は所論第二点で主張するように単にＡからの履行の催告書だけで履行の着手があるとしたものではない」（傍点筆者）として、上告棄却。

〈分析〉この事案は、最初の買主Ａの再三の督促にも拘わらず、不得要領のうちに期限を徒過した売主ＹがＡの現実の提供直前に手附倍返しによって契約を解除した、というものである。Ｘはこのため一応本件家屋の入手をあきらめて他に家屋を求めねばならなかった程である。他方Ａの残代金未支払を理由とするＹの抗弁は、Ａが他の家屋を購入したことを思えばうたがわしく、裁判所も亦これを却けている。そしてかように自己の債務不履行の責任を専らＡ

に転嫁しようとするYの抗弁からは、明渡についての客観的な障害の存在はうかがえない。だからYは明渡が可能であったにも拘わらずなぜか履行せず、又契約解除をもせずに期限をはるかに徒過し、履行遷延がそれ以上できないという段階に至って、遂に契約を解除したことになる。そうだとすると、このような事実関係においてYの契約解除を認めてYの利益を保護せねばならない理由も必要もないことは明らかであろう。ところで買主側からの履行の着手ありというためには、単なる履行催告では勿論、いわば抽象的に支払代金を準備しているという丈でも足りない。少くとも銀行に当座預金の形で預託しておく等具体的な形で支払準備がなされていなければならぬ、というのが従来の判例の見解であった[33]。ところが本件では、(控訴)裁判所の事実認定によると、Aの履行催告の到達後、Yの手附倍額償還による解除の意思表示がなされ、その後Aによる残代金の現実の提供が行われたのである。又それ以前の履行催告では(Yが家屋の明渡をすれば「何時にても約定に従い残代金の支払をなし得べき状態にあったことが認められる」にしろ)抽象的な形で支払準備の通告がなされていたにすぎなかった。従って従来の判例の示す所では本件において履行着手ありとはいえないのである。かように履行着手の態様だけを切り離して考える限り、厳密には「着手あり」とはいえない(依然支払準備にすぎない)。それにも拘わらず、裁判所は、A(及びX)の履行への熱意とYの徒らな遷延の態度そして事件全体の推移とから、「履行に着手したものと解するのが相当」と判断したのである。いいかえれば破約者の相手方に、履行行為自体であれ、履行の準備行為であれ、いやしくも契約履行への積極的な意思の表明とみられる行為があれば直ちに、「履行着手」とみて解除権行使が排除される、とするのである。その意味でこの判決はまさに破約者の相手方の利益の保護、あるいはむしろ契約の履行そのものの確保に重点をおくものといえよう。

ところで、本来一方当事者の履行着手後の契約解除を認めないのは、立法者が説明しているように[34]、履行に着手した相手方に損害が生じることをさける為に外ならない。この立法趣旨に即してか、従来の判例は、叙上のように現実に履行行為の一部が実現して初めて履行着手ありとする、蓋し現に履行行為がなされない限り、契約が解除されても相手方には実損害が生じないであろうからである。たしかにその限りでは破約の相手方を消極的に保護することになるが、しかしかように「履行着手」を厳格に考えれば、それと相関的に破約者の解除権行使が容易となる道理である。従ってこれまでの判例の態度が破約者側に有利に働いてきたことは明らかである。

そうだとすると、この判決の意義は、「履行着手」(35)の概念を拡張し破約の相手方を破約による損害から保護する、ということの概念本来の消極的な機能を、破約者の一方的解除を阻止し、契約履行を欲求する相手方の利益を保護する、という積極的な機能へ転換させることによって、「取引の安定」を確保しようとするところにある、といってよいであろう。

そしてこの判決以後、解約手附が存在する事実それ自体は認めながら、「履行着手」概念の拡張操作によって手附による契約解除を否定する例が多くなるのであり、その典型ともいえるのが次例の昭和三十年十二月二十六日の最高裁判決であろう（そこでは、一旦は最高裁により解約手附による契約解除を認められながら、同じ契約に関する差戻上告審で改めて最高裁により「履行着手」ありとの理由で契約解除が否定されたのである）。

(33)　たとえば、大正六年六月十四日横浜地判（大正五年(ワ)一二四号新聞一二八二号二三頁）によると、「……買主ノ……為スベキ履行ハ即チ代金ノ弁済ニ外ナラサルヲ以テ履行ノ催告ノ如キ単ニ相手方ノ履行ヲ求ムル意思表示ニ過キサルモノハ之ヲ以テ弁済ノ着手ト謂ヒ得サルハ明白ナリ。……原告ノ代金支払ノ準備トハ原告カ取引銀行ヨリ何時ニテモ小切手記載ノ金額ノ支払ヲ得可キコトノ承認ヲ得タル事実ヲ指称スルモノナルコトハ……明白ニシテ現実ニ代金ノ準備ヲ為スカ少クトモ代金相当ノ預金アリテ当該銀行ト小切手契約ヲ締結スルハ格別右主張ノ如キ事実ハ到底之ヲ以テ弁済ノ着手ト為シ難シ」（傍点筆者）。その他、「履行着手」を以て厳格に契約の内容を実現する行為そのものに限っている大判昭和八年七月五日（裁判例(七)民一六六頁）の例がある。尚、従来履行着手ありと認めた判例では多く現実の提供乃至それに準ずる行為が存在したものである――大正十三年五月十五日東控判大正一二年(ネ)一〇一四号評論一三巻民法七一二頁（買主が売買残代金を提供、売主の拒絶にあって供託通知）・昭和四年十月四日朝高控判――昭和四年（民上）三〇八号評論一九巻民法六六頁（買主が残金支払期限前にその一部を弁済し売主も異議なくこれを受領）・昭和十四年八月二十九日朝高判――昭和一四年(民上)二三〇号評論二九巻民法二〇五頁（当事者が債務の一部を履行）等。

(34) 民法議事速記録第二十六巻第五十丁によると、起草委員の一人梅謙次郎博士は売主の方で荷造りをして買主に送るというような場合、「……荷物ガ東京カラ大阪ニ往ク買主ノ所ニ届ク、届イタ所テ之ハ受取ラナイ手附ヲ抛棄シテ解除ヲスルト言ツテ然ウシテ其荷物ヲ返サレテハ売主ハ迷惑ナコトデアラウト思ヒマス……又品物ニ依ツテハ製造ヲシテ然ウシテ売ルト言フ物モアル譬ヘバ或ル商品ヲ幾ラ幾ラ売リ斯ウ言ツタ時ニハ自分ノ内ニハ持ツテ居ラヌ、ケレトモ其人ハ自分ニ工場ヲ持ツテ居ルノデ期限マデニ工場デ製造セシメルドンドン拵ヘテ居ルモウ大方拵ヘ上ゲタ処デ解約抔サレテハ大変損害ヲ受ケルコトデアラウト思ヒマス……」と答えている。同旨末川博士「債権各論」四三頁、鳩山博士「増訂日本債権法各論」上巻三〇一頁。

(35)「履行着手」概念の認定基準につき、たとえば河野実氏は、「……他方が契約を解除して損害を加えることを許しがたいとする段階にまで至っている場合」に履行着手あると認むべきであるとし（民商法三三巻二号一四六頁以下）、加藤一郎教授は「一方がそれをしたのちに他方が解除をするのが社会通念からみて不都合だと思われるような事柄があれば」法律上履行着手ありとすべきものとして（「手附と内金」時の法令二二〇号五八頁）、いずれも本件最高裁判旨に賛成。しかし両者とも尚立法趣旨にこだわり、「履行着手」概念に本文にのべたような積極的な役割を認めるまでには至らない。尚、次の判例に賛成した松坂博士も同旨（民商法三四巻四号一三九～一四三頁）。

第二例　昭和三十年十二月二十六日最高判（昭和二九年(オ)三六一号民集第九巻一四号二一四〇頁）

〈事実〉　昭和十九年九月原告（控訴人・被上告人）Xは被告（被控訴人・上告人）Yから家屋を一万五百円で買受ける契約をし手附金一千五十円を交付したが、家屋の明渡並びに所有権移転登記は、右家屋の賃借人Oに明渡をさせた後、手附金の倍額を償還して契約を解除したから登記移転の義務なしと抗弁。原審は、XYともに履行の着手があったとしてYの主張を認めず、Y上告。

〈判旨〉最高裁は「原審が証拠により適法に認定した事実によれば、Xは、売買契約後解除前たる昭和十九年十二月頃迄の間に、しばしばYに対し、本件家屋の賃借人たるOにその明渡をなさしめて、これが引渡をなすべきことを督促し、その間常に残代金を用意し、右明渡があれば、いつでもその支払をなし得べき状態にあったものであり、他方Yは、契約後まもなくXと共にO方に赴き、同人に売買の事情を告げて本件家屋の明渡を求めたものであるというのであって、かかる場合、買主たるX及び売主たるYの双方に履行の着手があったものと解した原判決の判断は正当としてこれを首肯し得るものである（買主の履行の着手の点につき昭和二十四年オ第一八九号同二十六年十一月十五日第一小法廷判決参照）」として、Yの上告を斥けた。

〈分析〉この事案は叙上違約手附第四例（昭和二十三年七月二十八日大阪高裁二民最高民集三巻四五〇頁、昭和二十四年十月四日最高裁第三小法廷昭和二三年（オ）一一九号最高民集三巻四三七頁）と同一の事件である。前回、Xはすでに当初から「当事者双方の履行着手」をも主張していたのであるが、当時は専ら手附の性質が問題とされたため、違約手附と判断した大阪高裁の認定は最高裁において覆えされ、結局解約手附による契約解除が認められたのである。偶〻その数年後「履行着手」を拡張解釈した前例最高裁判決（昭和二六・一一・一五）が下されて、おそらくそれに力をえたのであろう、Xは、(1) Yは本件建物の賃借人Oに立退料五百円を与えて建物明渡をもとめ、(2) XはYに対して右Oに建物を明渡させた上所有権移転登記手続をすることを四回以上も催告し且つ残代金の支払の準備がある旨をつけ加え、(3) XはYと共に右O方に行きOに対し明渡を求めた、等の事実を挙げて、「当事者双方の履行着手」を主たる理由として再度争ったのである。

最高裁も判示する・こうした契約締結直後の両当事者の諸行為は、それらを一つ一つ切り離して抽象的に考える限り履行行為の一部というには程遠く、むしろ準備行為にすぎないが、全体としてみるときは、それぞれ互いに相手方の債務履行に対する期待を十分高め、あるいはすでに着々と履行しつつあるという印象を抱かせるに十分なものと認められる許りか、Yが本件建物の賃借人に立退きを求めたこと自体がYはもはや契約を解除しない意思の表明ともうけとれるであろう。しかもXの請求する履行行為＝所有権移転登記手続は、Yにとって決して履行不可能ではなかった筈である（この事案では賃借人の立退難航がYの契約解除の理由なのであるが、当時すでにXは他に居住家屋を入手しており、そこでXは建物の引渡自体は諦めて所有権移転登記だけを請求していたものである）。そうだとすれば、裁判所が右のような情況から不履行者の相手方だけに履行着手ありとした最高裁の先例（昭和二十六年十一月五日最高判）よりもさらに不履行者Yについてまで「履行着手」の概念を拡張解釈することによって、前回と逆にYの契約解除を否定したことは、正当というべきであろう。いいかえれば裁判所は、不履行者に契約履行のそもそものいとぐちとなる行為があれば直ちに、もはや解除しないという意思の表明とみて手附による契約解除権を排除し、相手方の抱くであろう・履行への期待——この期待は相手方自身の履行のための具体的行為のうちにすでに定着している——を保護すべきもの、としている、と理解できよう。

(36)　昭和二十九年三月二十七日大阪高裁判決。

第三例　昭和三十三年六月五日最高判（昭和三〇年（オ）九九五号民集一二巻九号一三五九頁）

〈事実〉　原告（被控訴人・被上告人）Xは、被告（控訴人・上告人）Yから農地及び宅地を三万五千円で買受け手附金二万円を交付したが、所有権移転登記手続は残代金と引替に、向う六ケ月以内に宅地上の建物を収去した上で、と定められた。Yが履行しないので、Xは所有権移転登記を請求した。Yは昭和二十八年四月二十四日頃手附金倍額を提供、契約解除の意思表示をなし、受領を拒まれたので同月三十日供託したから登記移転の義務なしと抗弁。原審は[37]「Yは右履行期を過ぎても、少しも売買契約の履行をせず、Xは屡々Y或はその代理人Aに対しその履行を求めたが、同人等において単に猶予を求めるばかりで徒らに日時を遷延しこれに応じないので、遂に昭和二八年四月上旬訴外Bに依頼してY等に履行の請求をなさしめたところ、Yは同月二四日頃始《ママ》めて……手附倍戻による売買契約解除の意思表示をなすに至ったものであること、並びにXにおいてはYが本件土地の所有権移転登記手続をすれば何時でも支払えるよう残代金の準備をしていたことが認められ、右認定を左右するに足りる証拠はない。右認定の事実によれば、Xは買主としての契約の履行に着手したものというべく、Yの手附倍戻による解除の意思表示は、Xがすでに契約の履行に着手した後になされたものであることが明らかであるから、Yの右解除の意思表示はその効力を生ずるに由なく、前記抗弁はこれを採用することができない」としてYの主張を認めず、Y上告。

〈判旨〉　最高裁は「原判決のような事実関係の下において、Xに履行の着手が既にあったものと認めた原判決の判断は正当である（所論判例[38]は本件と事案を異にし必ずしも本件に適切のものとは認められない）」として、上告棄却。

〈分析〉　Xの再三の督促にも拘わらず、Yは契約締結後三年以上も履行を怠り、Xが最後的な履行催告を発するとYが手附倍返しによる契約解除の挙に出た、というのがこの事案である。尤もYの不履行が数年にも及んだことについてYの側にそれなりの理由がないとはいえないが、それらはいずれも主観的な障碍というべく[39]、客観的な障碍ということはできない。従ってXによる現実の履行提供（残代金支払）がYの手附倍返しによる契約解除の意思表示後に行われたとしても、事件の推移に伴うXの応援態度から見てXはすでに履行に着手しているものと認め、それを理由としてYの契約解除を排除することも当然許されてしかるべきであろう（なお、Yの上告論旨の中に、本件の実質上の買主たるXの父親が金貸し業であったことが見え、おそらくX側の残代金支払の準備が現実に整えられていたと思われる）。さらにXの履行着手の有無については、「履行着手」に関する指導的判例（昭和二十六年十一月十五日最高判）の趣旨に徴しても、肯定されることと思われる。

(37)　昭和三十年九月二十八日東京高判。

(38)　大判昭和八年七月五日裁判例七民一六六頁、我妻栄・有泉亨著「コンメンタール債権法」三〇八頁、「不動産セミナー」第三回・ジュリスト一九五三年十一月一日第四五号三二頁参照。

(39)　上告論旨によればYとX及びその父Tとは同一部落で同姓、熟知の間柄。当時Yと別居中の三男Sの申込をうけてYにたしかめもせず、それぞれ借主・小作人のいたYの宅地・田地を買いうけることにしたという事情、とくにSによれば、本件は売買ではなくて、三万五千円を借りて時価二十数万円の土地家屋を担保にしたものである、という事情、等々が相俟って、Yは履行をしぶったのだ、とされる。

第四例　昭和三十六年九月一日東京地判（昭和三四年(リ)第一七一三号判例タイムズ一二二号八六頁）

〈事案〉　昭和三十三年一月二十七日原告Xは被告Yからその所有する土地及び家屋を八百万円で買いうける契約をし、同日金五十万円を代金支払の際の内入に充当する約定で、手附として交付した。契約によると、当時病臥中のYの妻Zの病状の回復したとき又は最悪の事態が発生したときから土地家屋の引渡に要する最短日数を加えた日時を以て履行期日とする旨が規定された。その後Zの病状が幾分回復したのでXは何回もYに履行期日の指定を督促したが、

Yは応ぜず却って本件物件を他に売却しようとしたためか、Xは昭和三十四年一月二十三日東京地裁から本件物件の処分禁止仮処分の決定を得、同月二十五日に代金相当額の預金通帳を提示し履行を督促したので、Yは二十七日迄に明渡期日を指定することを約定した。しかしYが指定しなかったので、XはYに対して同月三十一日到達の書面で履行日時及び場所を指定し、二月九日、東京法務局新宿出張所に小切手持参の上、Yの来会をまった。他方、Yは同月十二日Xの事務所を訪ねて百万円を提供、拒絶されてこれを供託し右手附倍返しによる本件売買契約解除の意思を表示した。尚Zは翌年二月二十二日死亡。Xは本件手附は違約手附と証約手附とを兼ねるもので、解約手附ではなく、又仮にそうだとしてもYの解除前にXは履行に着手したものであるとして、代金残額支払と引換に本件物件の所有権移転登記手続及び明渡を請求。

〈判旨〉　裁判所はまず履行期の到来について、YがXに対して家屋等の明渡期日を指定すべき旨の約定はしたが、現実にY自身の指定は行われなかったのであるから、Xが指定したことによってもそれによって直ちに履行期が到来したものとはいえず、Zの死亡によって初めて到来するものと認定した。更に解約手附は証約手附乃至違約手附と併存しうるから、本件手附は解約手附でないとはいえないとしてYの主張を認めたが、「昭和二三年六月頃から、Xは数回に亘ってYに対し履行期日の指定を督促していた事実およびXは昭和三四年一月二三日東京地方裁判所に本件物件の処分禁止等仮処分を申請し、同日右決定を得た事実は当事者間に争いがなく、（証拠）によれば、同年一月二五日、XはYに対して本件物件の売買代金残額に相当する金員を預金してあるD銀行の預金通帳を示して履行を督促した事実を認定することができ、……その結果、前示認定のとおり、Yにおいて、同月二七日までに履行期日を指定する旨の約定が為されたのであるが、その後に同月二八日、Xが前記仮処分を執行した事実は当事者間に争いがなく、右同日Xが自ら履行の期日および場所を指定したことは前示のとおりであって、（証拠）によれば、Xは右指定の日に、指定の場所へ本件売買代金相当額のD銀行S支店長振出の小切手を持参、Yの来会を待った事実を認めることができ……、前示認定のとおり、その当時未だ履行期日は到来していなかったのであるが、前示のとおり本件売買契約における履行期の約定は、本件物件の明渡に関連してYの妻が病臥していることを考慮して定められたものであるから、少くとも移転登記手続の履行には如何であろうと何ら支障にならないと考えられるところ、右各認定事実によれば、Yの前記解除の意思表示以前に、Xは所有権移転登記を得ると引換えに残代金を支払う心算でその履行に着手したものと認めなければならない。従って、Yの解除の抗弁は理由がない」として、Y敗訴。

〈分析〉　この事案は、XがYの妻の病状回復を知って数回Yに履行期日の指定をするよう督促し、更に本件物件の処分禁止の仮処分の決定をえて残代金相当額の預金通帳を提示して履行を督促したので、Yは一旦は履行期日の指定を約しながら結局その約定を果さなかったため、X自ら履行の日時・場所を指定しその当日残代金を持参してYの来会を待った、というのである。このような情況からすれば、Xは移転登記と引きかえに残代金を支払うつもりで履行に着手したものと認めてよいであろう。尤も本件契約における履行期の約定は、主としてYの病妻の死亡時を標準としたもので、病状回復の場合はその反射的体裁として一応挿入されたにすぎず(40)、この点はXも了解ずみであったようである。従って当時契約の履行期はまだ到来していなかったのである。しかしこれまでの判例に見られるように、「履行着手」概念を拡張し、履行準備の段階においてすでに着手ありというのであれば、「履行着手」の時期と履行期とは別個に考えられてもよいのではなかろうか。すなわち「履行着手」概念を厳格に解しても、履行期を俟たずに履行に着手することが充分に考えられるのであり、いわんや「履行着手」概念を拡張的に解するとすれば、より一層履行着手と履行期との関係は緩やかに考えられよう。とくにこの事案のように条件付の場合、履行期の到来をまってはじめて履行着手が存在しうるとすれば、履行着手の有無もまた条件の成就いかんにかかわることとなり、手附による解除権行使を制限するための道具概念としての実体は、「履行着手」概念から失われることとなるであろう。しかも元来本件契約上の履行期の約定はYの妻の病臥を考慮して売買物件の明渡に関連して定められたものであり、Xの要求する移転登記手続の履行自体には何ら支障がない筈である。従って履行期の到来といえども、Xの履行着手を認めてYの契約解除を排除し契約を実現せしめるのが妥当であろう(41)。

(40) この点につき、判旨は「……(証拠)によれば、被告の妻は本件契約当時ほとんど回復できないと考えられるのみならず、余命幾許もあるまいと思われるような病状であって、右履行期の約定は、主として本件物件の明渡に関連して被告の妻の死亡のときを基準にするものであったが、これを明記することは憚られたので、表現を緩和し、文章の体裁を整えるため、同女の病状回復の場合を附加したにすぎないことを認定することができ」るとする(判例タイムズ一二二号八八頁)。

(41) 本件の控訴審判決(昭和三十九年一月三十一日東京高判昭和三六年(ネ)第二〇〇九号判例タイムズ一五九号一五五頁以下)によると、売買代金の提供が売買契約の履行着手となるためには、その当時履行期が到来していることを要するものと解すべきであって、買主が売買代金債務についての期限の利益を放棄して期日前に弁済をしても、売主の手附倍返しによる解除権には何らの影響を及ぼさない、として原審判決を破棄。しかしいささか形式論理にたよりすぎたきらいがある。

(ハ) 特定物の引渡を目的とする債務以外の債務の「責に帰すべからざる後発的不能」(第五三六条)の場合に売主の手附返還義務を肯定することによって解約手附による破約を認めない例——(矛盾(2)に対応)

大正十五年十月十四日東京地判(大正一三年(ワ)一九九一号評論第十六巻民四五三頁新聞二六二二号五頁)

〈事案〉 大正十二年七月訴外A会社は、被告Y会社からその営業漁場に敷設し大正十二年度に廃物となるべき漁網一万貫を同年末に一万四千円で譲受ける売買契約を結び、一万円を手附金として交付した。ところが関東大震災により全部流失した為履行不能となった。そこでA会社はY会社に対し金一万円の返還を請求し本訴に及んだ。〔A会社

は大正十三年三月Y会社に対する本件手付金の返還債権をXに譲渡しXが本訴を提起――筆者補訂〕

〈判旨〉　裁判所は、Aが給付を求める債権は網の種類及び存在場所が限定された所謂制限的種類債権なりとし、本件は「給付ノ物体カ特定セサル間ニ当事者双方ノ責ニ帰ス可カラサル事由ニヨリテ給付不能ヲ生シタル場合」に該当するものに外ならないと判断する。そして「民法第五百三十六条第一項ニ依レハ特定物ニ関スル物権ノ設定移転以外ノ給付ヲ以テ双務契約ノ目的ト為シタル場合ニ於テ当事者双方ノ責ニ帰スヘカラサル事由ニ因リテ給付カ不能ト為リタルトキハ債務者ハ債権者ニ対シテ反対給付ヲ受クル権利ヲ有セスト規定スルヲ以テ右ノ場合ニ於テハ債務者ノ負担スル債務カ消滅スルト共ニ債権者ノ側ニ於テモ其反対給付ヲ為スコトヲ要セサルモノト謂フ可ク従テ債権者カ既ニ反対給付ヲ為シタルカ又ハ手附金ノ給付ヲ為シタル時ニ於テ債務者ノ負担スル給付ニ付キ前示ノ如キ不能ヲ生シタル場合ニ於テハ債権者ノ該給付ハ全ク法律上ノ原因ヲ欠クニ至ル可キヲ以テ債権者ハ債務者ニ対シ目的ノ消滅ニヨル不当利得ノ償還ヲ請求シ得ヘキ筋合ナリト云フヘシ而シテ……訴外A会社ハY会社ニ対シ本件売買契約締結ノ日ニ金一万円ヲ交付シタルモノナルヲ以テ該金一万円カ本件契約ノ手附金ナリヤ売買代金ノ内入金ナリヤヲ問ハス訴外A会社ハY会社ニ対シ該金額ニ相当スル不当利得ノ償還ヲ請求シ得ヘキモノナルコト言ヲ俟タスシテ明ラカナリ」、と判示した。

〈分析〉　一定の漁場に敷設された廃物の漁網のうち一万貫が売買されることとなったが、売主の提供前に不可抗力のため当該漁場の漁網全部が流出してしまった、というのがこの事案である。売買される筈の一万貫を含めて全部の漁網が流出して了った以上、売買契約の実現は完全に不可能となったのであるから、契約関係は当然解消し(42)、その結果契約解消に伴う原状回復が行われることとなり、従って当事者間に授受された金員はその名目の如何を問わず受領者から給付者に返還されるのが当然であろう。売主Y会社がどのような理由から右手附金一万円の返還を拒否したかは明らかではないが、もしこのような事案において解約を申出たのが買主の方であったということでA会社が手附金を拋棄（手附流し）しなければならない(43)とすれば、Aは責に帰すべき事由なくして手附金を拋棄したことになり、近代法における主体的責任の原則に反する結果を生ずるといわねばなるまい。

ところで、判決によれば、危険負担の原則にもとづいて右と同じ結論が導かれる、即ちAが給付をもとめる債権は制限的種類債権であり、給付の目的物が特定しない間に不可抗力によって給付不能を生じたのであるから、危険負担における債務者主義（民法第五百三十六条第一項）が適用されて債権者たる買主の反対給付義務＝代金支払義務が消滅し、従って既になされている反対給付は法律上の原因を欠く給付として債権者へ返還されねばならない、とする。かようにこの事案では好都合にも危険負担における債務者主義によって売主の手附金返還義務を根拠づけることができたのであるが、このような論理構成乃至正当化の仕方の当否は別として、不可抗力による履行不能の場合は、売買の目的物が特定物であれ、不特定物であれ、契約時に授受された手附金（その他の金銭）の処理を問題とする限り、手附金はそのまま受領者から給付者に返還される、とするのが取引社会の一般常識乃至取引当事者の一般意思に合致するのではないであろうか(44)。そうだとすれば、この事案においても裁判所は危険負担における債務者主義を利用して右と同じ結論に到達している、といってよいであろう。

（42）「契約関係の解消」という表現自体があいまいであり、又目的物全部の流失による契約目的の実現不能の場合に果して「契約関係が解消した」といいきれるかどうか、うたがわしいが、一応留保しておく。けだし、本件のような・一定漁場の廃物漁網の一部売買——いわゆる制限的種類債権——の場合には、危険負担における債務者主義の適用により、債務者の債務が消滅するとともに債権者の反対給付債務も消滅するから、契約目的が消滅したといいうるかもしれないが、漁網全部の一括売買であれば、債権者主義の適用により、債権者の反対給付債務は残存するから、それが生きている限度で契約は尚存続するといえるか、あるいは契約が解消されたにも拘わらず反対給付債務は生きているというべきなのか、その辺があいまいだからである。唯、本稿では、契約目的自体の実現不可能の場合には、通常の解除の場合同様、契約関係は消滅し、唯債権者の反対給付債務——通常の解除の場合の原状回復義務に匹敵する——のみ残る、と考えておきたい。

（43）　解除原因が当事者のいずれにあるかをとわず解除者が手附損倍返しをしなければならないとする論理については前出の大正七年八月九日の大審院判決の註（30）を参照。

（44）　唯、不動産売買において目的物引渡あるいは移転登記乃至代金支払の済んだ場合にのみ民法上の危険負担の原則（債権者主義）から手附は返還されないことになる。但し、この場合にも観念的には、手附金自体は返還され、改めて代金全部が売主に支払われると考えるべきで、手附金の抛棄はあくまで代金支払の便宜に外ならない。又いわゆる特定（集中）された種類物の場合にも事情は同じであろう。

総　括

以上の判例分析では、まず「まえがき」で設定されたところの・近代的な契約責任の原理と解約手附制度との間の論理構造上の矛盾の処理の仕方を規準として判例が分類され、その上でそれぞれの判例について、当該判決＝結論にとって意味のある（relevant, material）事実を抽出して、事案を構成している（認定）事実それ自体から当該結論を根拠づけるという作業が行われてきた（従ってそこでは、判決理由における論理構成の分析即ち裁判所がどのような「正当化」の法技術をもちいているか、それぞれの法技術はどのような論理的構造をもちどのように機能しているか、を明らかにすることは、事実関係が明らかである限り[45]、二次的な作業とされた）。

それでは右の判例分析をとおして明らかとなった諸点をまとめてみよう。

第一点、判例分析のための判断わく組みとして前に挙げられた三つの矛盾のそれぞれがそのまま、手附をめぐる現実の紛争の中で訴訟当事者の法的主張の対立点としてあらわれる、ということである。このことはいいかえれば、民法典における手附制度と近代的な帰責の原理との間に存在する論理構造上の矛盾の仮説が、訴訟をとおして現実の取引生活における具体的な利益の対抗関係にまで還元されることによって、経験可能な現象として検証されたことを意味する。そこで、三つの矛盾がどのような事案においてあらわれるか、簡単に要約してみよう。

(1) 契約解除権の所在をめぐる第一の矛盾は一方当事者が契約の存続を前提として契約の履行を請求する——そこでは破約者には契約の法定解除権が認められないことが論理的に前提されている——のに対して、相手方が手附の拋棄または倍額償還による契約解除の抗弁をもって対抗する事案にあらわれる。

(2) 破約者の帰責事由の有無をめぐる第二の矛盾は、不可抗力による債務の履行不能の場合において債権者への手附金そのままの返還をめぐって争われた事案にあらわれる。さらに原始的履行不能の場合に手附倍額償還が契約締結上の過失の有無にかかわらせられるかどうか、が、争点となった事案においても、帰責事由の有無が問題となってくる。

(3) 契約解除にともなう帰責の限度をめぐる第三の矛盾は、一方当事者の債務不履行によって相手方に生じた現実の損害が手附額を上まわるか、手附金額が代金の額に比して過少である場合に、破約によって相手方がこうむった損害の賠償額をめぐって争われる事案においてあらわれる。

第二点、裁判所は、どのような法律構成をとおして、これら三つの矛盾を回避しているのか、という点が明らかになったことである。いいかえれば叙上の諸判例において裁判所が、一定の価値規準にもとづいて、一方当事者の主張にかかる・解約手附による契約解除という法的効果に優先して選択されたところの・近代的な帰責の原理に即した法的効果を、民法の体系のワクの中に論理的体系的矛盾のないように位置づけるという・いわゆる「合理化」の技術が明らかにされたことである。各判例の冒頭に要約して記されているように、各判例における法律構成は、各「矛盾」の態様に対応してそれぞれ次のように類型化することができる。

(一)　矛盾(1)に対応する事案

(イ)　「事実（＝契約）」――解釈論理における・いわゆる三段論法の形式にいう小前提――の解釈をとおして

(i)　当該手附を「違約手附」と構成する

(ii)　当該手附を「証約手附」と構成する

(iii)　当該手附を「内金」と構成する

(ロ)　「法律」――大前提――の解釈をとおして

(i)　「履行着手」概念を拡張する

(二)　矛盾(2)に対応する事案

(イ)　「事実」の解釈をとおして

(i)　買主一方の「解約手附」を認めて手附金そのままの返還を肯定する

(ii)　「契約締結上の過失」の存在を前提として手附倍額の償還を肯定する――ただし当該手附金を「損害賠償額の予定」と構成することを媒介として

(ロ)　「法律」の解釈をとおして

(i)　危険負担における「債務者主義」の適用により手附金そのままの返還を肯定する

(三)　矛盾(3)に対応する事案

(イ)　「事実」の解釈をとおして

(i) 当該手附を「証約手附」と構成する

(ロ) 「法律」の解釈をとおして

(i) 債務不履行にもとづく帰責（民法五四一・五四五条）と解約手附との選択的併存の肯定

ところで、矛盾を回避するための正当化の論理として右にあげられた・いくつかの法律構成のうち、とくにわれわれの興味がそそられるのは、証約手附・違約手附といった・解約手附以外の手附概念あるいは内金という類似の概念が利用されていることであろう。

学者は手附を論ずる場合にもっぱら手附の性質乃至機能の側面から次のように説明している。即ち「証約」手附は契約締結の証拠としての意味をもつ手附であり、従って手附交付のさいその性質について当事者間の合意が不明であっても、少くとも契約成立の証拠とはなるから、いわば手附の最小限度の性質であるといいうる、とされ[46]、「違約」手附は一方当事者が契約に違反した場合違約罰ないし損害賠償額の予定として作用するものとされるのである。しかし叙上の判例分析に明らかなように、裁判所は解約手附と同一の次元において他の手附を把握してはいないように思われる。即ち実務上証約・違約の各手附概念は、近代的な帰責の原理に即した法律効果にむすびつき、判決の中でそれを正当化するための道具概念として機能し、右と相容れない法律効果にむすびつく解約手附と対立しているのである。そしてこれと同じことが、やはり学者の説明において売買代金の一部前払いとして手附一般から区別される「内金」——しかも他方で手附は契約完結の暁には代金の内入金とされるから内金は手附と同じ、という解釈論理が行われている——についても妥当するのである。

第三点、個々の事案において当該判決＝結論にとって意味のある（relevant, material）前提としての事実[47]、即ち当該結論を実質的にみちびきだした根拠とみることのできる一定の事実乃至事情——もちろん当該事案における認定諸事実の一部に属する(48)——を類型的に抽出することができるのではないか、ということである。

即ち

(一) 当該取引関係において契約目的物の「転売」されることが予定あるいは予想されていた、という事実

その例として次の三判例があげられる。

(1)大正六年三月七日大判（大正六年（オ）一一五号民録二三輯四二一頁）——土地の売買

(2)大正八年六月十四日東京地判（大正八年（ワコ）二五六号新聞一五九八号一八六頁）——米穀商間の実米取引

(3)大正九年十一月六日東京控判（大正八年（ネ）一三三号新聞一八四〇号一九頁、大正十一年二月三日大判の控訴審判決）

——地主対米穀商間の実米取引

なお、次の判例も転売が予定されていたのではないか、と推測できる。

(4)大正七年八月九日大判（大正七年（オ）六〇九号民録二四輯一五七六頁）——大小豆の売買

右の諸判例のうち(1)(2)例では被告＝売主の契約履行が命じられ、(3)例（そしておそらく(4)例も）では被告＝売主の損害賠償——原告＝買主が他から目的物を調達して転売先に提供したことによってこうむった損害等の賠償——が命じられたものである。

さて、個々の判例分析の中で既にのべたように、資本制社会における取引は——後述の投機取引は別として——その一つ一つが「個別資本の順調な再生産の循環の不可分の構成部分」であると同時にしかも「社会総資本の順調な再生産の循環の不可分の構成部分(49)」でもある。従ってとくに転売を予定乃至予想される取引においては、一方当事者の破約による損害の填補をもって相手方当事者の「合理的な予測と採算」とを確保するだけでは不十分であり、契約の履行そのものが貫徹されることがことさらにつよく要請されてしかるべきであろう。契約履行の請求が認容されたこ

れらの判例において「転売」という事情のもつ意味はまさにこの点にあるといえよう。もっとも契約目的物が特定物ではなく種類物である場合には、右の事情はさほど重要な意味をもたないかもしれない。つまり種類物の場合には、買主は市場において同種の物を調達する可能性が一般にあるわけであるから、必ずしも相手方の契約履行にこだわる必要はなく、もっぱら買主個人が相手方の破約によってこうむる損害の可否が問題となってくるはずだからである。従ってこの種の場合には、何らかの事情によって当該売主以外のところからの調達が不可能な場合をのぞいて、多く損害賠償の額の多寡をめぐって争われることになる。

(二) 不動産売買において売主が当該不動産上の占有者——多く賃借人——の立退きに失敗した、という事情

(1) 昭和二十三年七月二十八日大阪高判（事件番号不明、民集三巻一〇号四五〇頁、昭和二十四年十月四日最高判の控訴審判決）
(2) 昭和二十六年十二月二十一日最高判（昭和二六年(オ)二七二号裁判集民事五号一〇九九頁）
(3) 昭和二十九年五月二十九日東京高判（昭和二八年(ネ)三号下級民集五巻五号七六二頁）
(4) 判決年月日不詳東京控判（事件番号不詳、大判昭和七年七月十九日昭和七年(オ)四四一号民集一一巻一五五二頁参照）
(5) 昭和二十六年十一月十五日最高判（昭和二四年(オ)一八九号民集五巻一二号七三五頁）
(6) 昭和三十年十二月二十六日最高判（昭和二九年(オ)三六一号民集九巻一四号二一四〇頁）
(7) 昭和三十三年六月五日最高判（昭和三〇年(オ)九九五号民集一二巻九号一三五九頁）

右の諸判例に共通する特色は、取引対象たる土地・家屋の賃借人の立退きに失敗したことを主たる理由として売主が手附倍返しによる契約解除を行った、ということである。さらに、買主の購入目的のほとんどが自分自身の使用（その利用の仕方はさまざまであるが）に供するためであって値上りを予想しての投機を対象とするものではないことも

特徴的である。従って買主＝原告の請求の目的はもっぱら売主＝被告の契約履行に限られる――もっとも目的不動産の利用が賃借人等の占拠によって現実に不可能な場合には所有権の移転登記手続の請求にとどまるが。いずれにしろ、この種の事案において売主側が契約を締結するにいたったのは占有者の立退きについて十分成算があった上でのこと――従って立退きに要する費用・期間などは契約の付随的事情としてこれを十分考慮した上で――であろうから、それにもかかわらず、もっぱら売主側のイニシァティヴにゆだねられているはずの占有者の立退きに失敗したことを理由として、売主みずから契約を解除し、しかもその破約によって生じた相手方の損害は手附額の限度で打ちきろう、とすることは、買主側におくる資本計算の合理的な予測と採算とを全く狂わせてしまうことになるであろう。この意味においてこの種の事案においては、当該手附を解約手附と解釈することは一般には妥当ではないであろう。

(45)　判例分析の目的が第一次的に裁判における認定事実と決定内容との相関結合におかれるとすれば、事実関係不詳の判例は分析対象から外されるべきであろうが、後に述べるように学者の手附概念についての理解は形式論理的な次元に止まるから、手附判例における「正当化」の論理構造の分析も十分意味があるように思われる。
(46)　末川博士「所有権・契約その他の研究」一六一頁。
(47)　川島教授「判例研究の方法」(二)　法律時報三四巻二号四三頁。
(48)　もっとも、単に本稿でとりあげた判例ばかりではなく、当該判決の下級審乃至上級審判決における認定事実もできる限り参酌した。しかし、事実関係不詳乃至不明の判決では「意味のある」事実の定型化という作業が不可能であることはいうまでもない。
(49)　川島教授「所有権法の理論」二七七頁参照。

むすび

以上の分析によって明らかなように、すでにその論理的構造において近代契約法と親しまない解約手附制度は、判例法上、いろいろな合理化の途をとおして近代的な帰責の原理との矛盾を回避し、近代契約法の価値体系の中にこれを包摂しようとする努力がなされてきた。ここにおいて解約手附制度は、論理的に、また実務上も「破約の合法化の技術」としてこれを把握することができ、従って近代契約法の基本的な規範命題——契約は遵らざるべからず！——とは相容れない、とする評価が可能であるといえよう。そうだとすると、おそらく、立法上の解決をまつまでもなく、なによりもわが国取引社会における契約遵守の規範意識の深まりそれ自体が、右のような判例法の努力とも相まって、民法典における解約手附の制度を事実上空文化せしめる時がくるのもさほど遠い将来のことではあるまい。

それでは、近代取引社会において手附が解約的機能を発揮しうる余地はないものであろうか。偶〃判例の上では見当らなかったが、おそらく投機を目的とする取引においては解約手附が利用されているのではあるまいか。抽象的にはそのように推測する余地がある。つまり、時価の騰落のはげしい商品——たとえば大小豆・生糸——の投機取引は、取引対象の現実の入手が問題ではなく、市場価格の変動を利用して価格差利潤——安く買って高く売る＝非等価交換——をうることを目的とする。生産構造上等価交換＝契約の遵守をとおして利潤の分け前（流通過程の一部を担当する代償としての生産過程において創造された剰余価値の一部）を保障されている通常の商品取引とはちがって、商品流通に直接関与しない・この場合の利潤抽出には、契約の不遵守＝破約が当然予定されているのである。そこで破約を合法化し且つそのさいの簡便な決済手段として手附が利用される。即ち価格騰貴の場合には売主が破約して騰貴した価格で価格差利潤を手に入れる一方、買主は少くとも手附乃至その倍額を手に入れる。価格下落の場合はその逆となる。[50]

もっとも、現実の取引界においてはたして解約手附が利用されているのかどうか、は今後の具体的な慣行調査にまたねばならないことはいうまでもない。また純粋な信用取引のみならず、最近騰貴一方の土地取引にみられるように将来の価格騰貴をみこして一応現実に入手しておくという場合[51]にも右のようにいえるのか、も残された問題である。

(50)　この点につき前掲川村教授講義案（一〇頁以下、特に二九頁以下）に鋭い分析が展開されている。

(51)　不動産業者の話では買主一方の解約手附と理解しているもののようである。業者の用いる契約書によると売主についは違約手附として表現されている。「不動産セミナー」第三回ジュリスト一九五三年十一月一日第四五号三〇頁以下。

（一九六五・二・一五）

近代民事責任の原理と解約手付制度との相剋

一[1]

わが民法は、手付制度を導入するにあたって、起草者が「古来ヨリ一般ニ行ハレタル慣習」[2]として認めたところにしたがい、契約解除権の留保たる効力を有する所謂「解約」手付と規定した（民法五五七）。そこで、手付は、その規定の体裁に即して、特別の意思表示のない限り、解約手付として認められ（大判昭七・七・一九民集一一・一五五二・最判昭三〇・一二・一裁判集民事二〇・六五三）、解約手付以外の手付たることを主張しようとする者は、特別の意思表示の存在につき立証責任を負担すべきものとされている（最判昭二九・一・二一民集八・六四）。

周知のように、手付には解約手付のほかに証約手付・違約手付があげられ、また手付類似の概念として内金がある。そして学者は解約手付以外の手付（及び内金）を論ずる場合にもっぱら手付の性質ないし機能の側面から次のように説明している[3]。即ち「証約」手付は契約締結の証拠としての意味をもつ手付であり、従って手付交付の際、その性質について当事者間の合意が不明であっても、少くとも契約成立の証拠とはなるから、いわば手付の最小限度の性質であるといいうる、とされ、「違約」手付は一方当事者が契約に違反した場合違約罰ないし損害賠償額の予定として作用するものであり、さらに、「内金」は売買代金（または報酬）の一部前払いである、とされる。しかし、手付をめぐる具体的な紛争における手付は、かような学者の説明にみられるような概念把握によるものとは次元を異にして機能しているように思われる。つまり、解約手付と同一の次元での・他の手付ないし類似の概念把握はあくまでも具体的な取引の場における・いわば社会的機能についての理解であるが、これに対して訴訟の場における各手付概念は、相対立する訴訟当事者の法的主張を正当化するための道具概念として機能せしめられているのであり、しかも証約・違約・内金の各概念は、解約手付と結びつく法律効果とは相容れない法律効果に結びつき、これを正当化する道具概念として、つねに解約手付と対立して用いられている。

それでは、手付をめぐる紛争はどのような争点をめぐって争われるのであろうか。それは、およそ次の三つの事案類型のいずれかとしてあらわれる。即ち、

㈠　契約の一方当事者が契約の存続を前提として契約の履行を請求する――そこでは破約者には契約の法定解除権が認められないことが論理的に前提されている――のに対して、相手方が手付の放棄または倍額償還による契約解除の抗弁を以て対抗する場合

㈡　不可抗力による債務の履行不能の場合に債権者への手付金そのまま――倍返しではなく――の返還をめぐって争われる場合、及び原始的履行不能の場合に手付倍額償還が契約締結上の過失の有無をめぐって争われる場合

㈢　一方当事者が相手方の債務不履行によって生じた現実の損害額の賠償を請求し、相手方がこれに対して手付額ないし倍額の償還を以て対抗する場合

（1）　本稿は昭和四〇年に法学新報誌上（第七二巻一・二・三合併号）に発表した拙稿「近代民事責任の原理と解約手附制度との矛盾をめぐって」を要約・再編成したものである。大学院在学中はもちろん、それ以後も長い間片山先生の研究室にあって懇切なご指導を賜った私としては、本論文集に参加させていただくについて何か新しいものを、と思いながら、身辺の事

情に加えて生来の遅筆も手伝って、とうとうこのような形になってしまったことを深くお詫びしなければならない。

（2）民法典修正案理由書第五五七条。

（3）末川博士「所有権・契約その他の研究」一六一頁、その他。

二

叙上の三つの事案類型では、要するに第一の類型において解除権の存在が、第二の類型において帰責事由の有無が、第三の類型において損害賠償額の範囲が、それぞれ争われている、とみることができる。そしてこのことは、純粋に理論的に考えるかぎり、それぞれ右の三つの争点をめぐる・通常の法定解除及び解除にともなう損害賠償の制度＝債務不履行責任の制度（民法五四一、同五四五）と、解約手付の制度との相剋とみることが可能である。即ち、

第一の類型については、債務不履行責任の制度は破約の相手方に契約の解除権を与えるのに対して、解約手付の制度は破約者自身に契約の解除権を与える。

第二の類型では、債務不履行責任の制度における帰責は破約者に帰責事由の存在する場合に限られるのに対して、解約手付における帰責＝手付額の損失は破約者の帰責事由の有無を問わない。

第三の類型では、債務不履行責任の制度は破約によって生じた損害全額を賠償せしめるのに対して、解約手付の制度は授受された手付額の限度（手付損倍戻し）をもって免責せしめる（以下「矛盾」(1)(2)(3)と略称する）。

右にみるように、債務不履行責任の制度は、破約者の主体的意思に帰責の根拠をおく、という限りにおいて主体的責任の原理を表現しており、その意味でそれはまさに近代的な民事責任の法理である。そうだとすると、右の三点において近代的な民事責任の法理と矛盾する解約手付の制度は、その限りにおいて前近代的な制度と評価することが可

能である。それでは、このような両制度間の矛盾を裁判所は具体的にどのように処理してきたか、即ち、裁判官が具体的な利益の対抗関係のもとでどのような法的構成を媒介としてどのような価値判断を下したか、そこでの価値判断の規準となったものは何か、が次に問われねばならない。

三

手付をめぐる紛争において、裁判所は二通りの仕方において叙上三点の矛盾に対処してきた。矛盾処理の第一の仕方は、五五七条に準拠して解約手付を肯定すること、である。そして第二の仕方は、解約手付を否定し、近代的な民事責任の原理に即して諸矛盾を回避する方法である。ここでは、まず、手付判例のこれまでの変遷の跡をたどりつつ、解約手付を肯定する第一の仕方について考えてみよう。

手付に関する判例のうち、解約手付を肯定するものが圧倒的に多いのは周知のことである。判例法上解約手付を肯定する判例グループは、少くとも昭和一〇年頃までは、その数において圧倒的に支配的な位置を占めていた。即ち、実務上（裁判所にあらわれた限りでの）手付特約は、そのほとんどが解約手付を定めたものと解釈されてきたのである。これらの判例を通して特徴的なのは、その・解約手付を肯定する結論を根拠づけるための解釈論理であった。即ち、それは、民法五五七条の規定の体裁にもっぱらその根拠をおいて、特約＝解約手付を排斥する趣旨の明らかな特約のない限り、手付は解約手付と規定さるべきであるとする[1]——従ってそれ以外の手付を主張する者の側にその旨の立証責任があるとされる——いわば解約手付推定の論理とも名づくべき解釈論理である[2]。そしてさらに、この解約手付推定の論理から派生するものとして、内金即手付の論理があった。大正年代から昭和にかけて解約手付の主張に対抗するための道具概念の一つとして、手付訴訟において「内金」の概念がしばしば用いられたが[3]、唯一の例外（昭和七・七・一九昭和七年（オ）第四四一号大判の控訴審判決、しかも大審院では次にのべる内金即手付の論理をもって控訴審判決をしりぞけている）[4]をのぞき、すべての判例において、第一段として手付は「当事者ガ売買契約ノ履行ニ著手スルマデニ之ガ解除ヲ為サズシテ契約ヲ履行スルトキハ代金ノ内入ト為スコトヲ常トスル」[5]から手付金を内金と称することも稀ではなく、従って契約上「内金」と記載されていてもそれをもって直ちに内金と推定することはできぬ、という論理をもって内金の主張がしりぞけられ、第二段として先の解約手付推定の論理によって解約手付が認定されたのである。「内金」をもって手付にほかならないとするこのような内金否定の判決が累積され、先例として周知されたためか、昭和一〇年以降、[6]内金対解約手付の形で争われた判例は見当たらない。いずれにせよ、解約手付を肯定する判例では、手付特約の解釈は、叙上のように解約手付推定の論理によってもっぱら立証責任の問題に置き代えられ、当該事案に即した具体的・実質的な判断根拠が示されることはほとんどない。そして、いうまでもなく、もともと解約手付推定の論理それ自体は、手付による契約解除肯定の価値判断を実質的に指導する価値判断規準ではありえず、単に当該判断を正当化するための方便にすぎない。従ってこの論理による限り、一見明快な法律構成によるかのようにみえて、実はかえってそれにふさわしい説得力を欠いているのであり、いわんや近代取引社会に普遍的な契約諸原理への配慮などは、消極的にもせよ判決理由からはうかがうべくもない。その意味でこれらの判例の多くは、手付の推定規定に安易によりかかりすぎている嫌いがあるのである。

これら叙上の戦前の手付判例に対して、戦後の手付判例の傾向は、解約手付を否定する方向に進んでいる、といってよいかと思われる。僅かに違約金としての性質を併有する解約手付の存在を肯定した例[7]（最判昭二四・一〇・四最高裁民集三・四三七）、及び契約の履行に着手した当事者の解除権行使を認めた例[8]（最判昭四〇・一一・二四判例時報四二八・二三）があるにとどまる。もっとも、この二つの判例のうち、前者は、一見消極的に「違約の場合手付の没収又は倍返しをするという約束は民法の規定による解除の留保を少しも妨げるものではない。……其故右九条〔前述違約の際の手付額を限度とする損害賠償額の予定をきめた契約書条項――筆者註〕の様な契約条項がある丈では民法の規定に対する反対の意思表示とはならない」として原審判決を排斥するにとどまり、より積極的に解約手付を支持する根拠を与えていない。むしろ、この判決をして原審認定の違約手付否定へとおもむかせしめた主たる事情は、買主が戦時中の契約を楯にとって経済的社会的価値のすっかり変化した終戦後にいたって履行を求め、時価三〇万円相当の家屋をわずか一万円で取得せんとしている、という点にあったのではあるまいか。即ち、事情変更への考慮が価値判断の根柢にあったのではなかろうか。もしそうだとすれば、契約遵守の規範意識が普遍化した今日にあっては、同じ契約の解除を認めるにしても、その価値判断を正当化する論理として解約手付概念を用いるよりも事情変更を正面におし出した方が、より多く説得的だったのではあるまいか。また後者の判例では、当該事件の背景からみて、裁判所の認定するように解約手付ではなく、明らかに内金と解すべきであり、さらに判決の前提となる「履行に着手した当事者自らの解除」の論理構成は、後述するように、「履行着手」概念の拡張操作によって解約手付による契約解除を阻止してきた戦後の一連の判例の「取引安定」への志向に逆行するものということができるのである。

(1)　例えば大判昭七・七・一九民集一一・一五五二、最判昭二四・一〇・四最高裁民集三・四三七、我妻博士「債権各論」中巻一・二六二頁など。
(2)　最判昭二九・一・二一民集八・六四。
(3)　横浜地判大六・六・一四新聞一二八二・二三、東控判大二・九・二六評論二民法五〇九など。
(4)　大判大一〇・一一・三民録二七・一八八八、大判昭七・七・一九民集一一・一五五二。
(5)　大判昭七・七・一九。

（6） 大判昭一〇・一一・四法学五・六三四。
（7） 解約手付による契約解除を認めたこの判決は、後に差戻審で「履行着手」を理由にくつがえされた（最判昭三〇・一二・二六民集九・一四・二一四〇）。
（8） 本判例については、私の判例批評「契約の履行に着手した売主の無理由解除を認めた例」（判例時報四四一号——判例評論九〇号——一一五頁以下）参照。

四

さて、手付紛争において解約手付を否定した判例においては、裁判所は、以下に詳論するようにいろいろな法律構成を用い、近代法に即して前掲の諸矛盾を回避する途をとる。即ち、そこでは、各矛盾の態様に即して、一定の価値規準にもとづき近代的な帰責の原理に即した法的効果が優先選択され、それを民法の体系のワクの中に論理的体系的矛盾のないように位置づけているのである。そして、このような「合理化」の法技術は、大別して、「事実（＝手付特約）」——解釈論理における・いわゆる三段論法の形式にいう小前提——の解釈を媒介とする場合と、「法律」——同じく大前提——の解釈を媒介とする場合、の二つに分けられる。以下、各「矛盾」の態様に対応して、各判例における法律構成を類型化してみることにしよう。

㈠ 矛盾⑴に対応する事案

(イ) 「契約」の解釈による矛盾の回避

(i) 当該手付を「違約」手付と構成する

この類型に属する例としては、① 大正六年三月七日大判（大正六年(オ)一一五号民録二三輯四二一頁）・② 大正九年一一月六日東京控判（大正八年(ネ)一三三号新聞一八四〇号一九頁）・③ 昭和一六年八月六日大判（昭和一六年(オ)五〇八号評論三〇巻民法六九〇頁）・④昭和二三年七月二八日大阪高判（事件番号不明・民集三巻一〇号四五〇頁、昭和二四年一〇月四日最高判の控訴審判決）・⑤昭和二六年一二月二一日最高判（昭和二六年（オ）二七二号裁判集民事五号一〇九九頁）・⑥昭和二九年五月二九日東京高判（昭和二八年（ネ）三号下級民集五巻五号七六二頁）などがある。これらの判例においては、「取引ノ安定」[1]を期するためには、当該契約所定の手付特約は「契約違反者自ら好む処に従って何時でも……〔手付金の放棄または倍額償還により〕……契約の解除が出来るとの趣旨のものとは到底これを解することはでき[2]ず、当該手付は専ら「債務履行ヲ確保センガ為メ」[3]の手付と認定されなければならない、として、「違約」手付という構成がとられるのである。こうして、契約の遵守＝取引の安定を志向する積極的な姿勢を看取することができる。

(ii)　当該手付を「証約」手付と構成する

⑦大正九年一〇月二八日長崎控判（事件番号不明大判大正一〇年六月二一日民録二七輯一一七三頁の控訴審判決）。本判例では、手付金額が「本件売買契約解除ニ基ク損害填補トシテハ余リニ過少」なるが故に、当事者双方が「任意ニ解除権ヲ行使シ得ルモノトセンカ本契約ノ解除ハ極メテ容易ニ行ハレ殆ト契約ノ成立ヲ無意義ニ終ラシムル嫌」があるとして、当該手付を「証約」手付と解することによって破約者側からの契約解除を否定している。

(iii)　当該手付を「内金」と構成する

⑧判決年月日不詳・東京控訴判（事件番号不明・大判昭和七年七月一九日・昭和七年（オ）四四一号民集一一巻一五五二頁の控訴審判決）。本判例では、第一に「手附金」と契約中に明記されているにもかかわらず、解約手付推定の論理をしりぞけ、逆に解約手付を主張する破約者側にあたかも立証責任を負担させているようにうけとれるという点、第二に内金即手付の論理をもしりぞけ「内金」と認定することによって破約者の解除権を否定しているという点、において解約手付を肯定する従来の手付判例の論理構成とまさに対照的である。ところで、一般に「内金」は単に、一部弁済す

なわち代金の一部前渡し、という効力をもつにすぎない、と理解されている。そうだとすると、手付も「代金の内入」とすることが常だから（「内金即手付」の論理）、内金と解約手付とは必ずしも矛盾するものではなく、また、内金と手付には共通点もある（契約が成立したことの証拠としての効力をもつ、という意味で「証約」手付と、また違約の場合は、多く損害賠償額と内金とを相殺することになる、という意味で「違約」手付と）から、結局、（解約）手付は、内金に解除権留保の作用を添加しているものといってよい(4)、ということになる。しかし、論理的に考える限り右の考え方は矛盾している、といわざるを得ない。けだし、代金の「一部前渡し」という行為は、履行行為の一部の実現（履行着手！）とみることができ、従ってそれは行為者の履行意思の表明であるとともに、相手方もそれを受領することによって、履行への期待と反対給付の履行意思を表明したものとうけとることができるからである（内金を交付する根拠が、「債務者の経済状態についての信用度の低いこと、支払いの技術上分割の便利なこと」(5)にあるとすれば、なおさらである）。だからかように「内金」の交付が契約の確定的な成立への・両当事者の積極的な意思の表明とみられる限り、その効力において「解約」手付とは全く相反するといわねばならない。また、契約による自己拘束として、単に契約の履行を確保（とりわけ相手方の）するための「違約」手付とも異なり（ただし、併存は可能）、まして、単に契約が成立したことの証拠としての「証約」手付とも別のものである。そうだとすれば、内金と認定する判断規準は、代金や報酬などの一部の弁済たる性質を有するにすぎないかどうか、ではなく、契約の確定的な成立を真実望んでいたかどうか、によるべきである。従って、代金の一部前渡しは、反対の特別事情のない限り、解約手付ではない、と解釈さるべきである。

(ロ)「法律」の解釈による矛盾の回避

(i)「履行着手」概念を拡張する

⑨ 昭和二六年一一月一五日最高判（昭和二四年(オ)一八九号民集五巻一二号七三五頁）・⑩ 昭和三〇年一二月二六日最

高判（昭和二九年(オ)三六一号民集九巻一四号二一四〇頁）・⑪ 昭和三三年六月五日最高判（昭和三〇年(オ)九九五号民集一二巻九号一三五九頁）・⑫ 昭和三六年九月一日東京地判（昭和三四年(リ)一七一三号判例タイムズ一二一号八六頁）など。従来の判例によると、買主側からの履行の着手ありというためには、単なる履行催告ではもちろん、いわば抽象的に支払代金を準備しているというだけでも足りず、少くとも銀行に当座預金の形で預託しておくなど具体的な形で支払準備がなされていなければならない[6]、とされており、また履行着手ありと認められた判例[7]でも多く現実の提供ないしそれに準ずる行為が存在した場合に限られている。それというのも「当事者の一方が既に履行に着手したときは、その当事者は、履行の着手に必要な費用を支出しただけではなく、契約の履行に多くの期待を寄せていたわけであるから、若しかような段階において、相手方から契約を解除されたならば、履行に着手した当事者は不測の損害を蒙むることとなる。従って、かような履行に着手した当事者が不測の損害を蒙むることを防止するため[8]」に、一方当事者の履行着手後の契約解除を認めない、とされているからにほかならない。それ故に、「客観的に外部から認識し得るような形で[9]」履行行為の一部ないし履行提供に不可欠を前提行為をもって、「履行着手」とされるのである。——しかし、そのために、代金を他人から調達する必要のある買主は、代金調達行為（現実の履行行為！）をもって履行着手と認められ、売主の無理由解除から救われるのに、現金をもっていて履行期の到来を待つだけという買主は、救われないという矛盾がつくり出されることになる。そうすると、たしかにその限りでは破約の相手方を消極的に保護することにはなるが、他方において立法趣旨に忠実に「履行着手」概念の内容を厳格に構成する限り、相対的にそれだけ破約者の解除権行使は容易となる。従ってこのような概念構成が破約者側に有利にはたらいてきたことは明らかである。

これに対して、上掲の諸判例は、いやしくも契約履行への積極的な意思の表明とみられる行為があれば直ちに、履行着手とみて解除権行使が排除される、とする。しかもとりわけ上掲判例⑩は、破約者についてまで「履行着手」概念を拡張して、破約者に契約履行のいとぐちとなる行為があれば直ちに、もはや解除しないという意思の表明とみて手付による契約解除権を排斥し、相手方のいだくであろう・履行への期待を保護すべきものとさえしている、と理解できるのである。さらに、上掲判例⑫は、履行期の到来前に履行に着手したものと認め、「履行着手」の時期を履行期以前にズラしてとらえており、この場合には、内容的というよりはむしろ時間的に「履行着手」概念が拡張されていることになる。けだし、この事案のように、条件付の場合には、履行期の到来をまってはじめて「履行着手」が存在しうるとすれば、履行着手の有無もまた条件の成就いかんにかかわることとなり、手付による解除権行使を制限するための道具概念としての実効が失われることになるからである。

こうして、これら一連の判例から、「破約の相手方を履行着手後の不測の損害から保護する」という・立法趣旨に忠実なこの概念本来の消極的機能から、破約者の一方的解除を阻止して「契約履行を欲する相手方の利益を保護する」という・積極的な機能へ転換させることによって、「取引の安定」を確保しようとする・すぐれて近代的な姿勢がうかがえるものと評価することが可能である。ところが最近に至って「契約の履行に着手した当事者は解除権を行使しうる」とする最高裁判決があらわれた（昭和四〇年一一月二四日・最高裁昭和三七年(オ)七六〇号判例時報四二八号二三頁）。それによると、叙上の立法趣旨に即して考える限り「履行着手」による解除権行使の制限は、履行に着手した当事者の相手方にのみ適用さるべきだから、自ら履行に着手した当事者が着手に要した出費を犠牲にして解除権を行使しても、まだ着手していない相手方には何ら不測の損害を与える虞れはない、というのである。その結果、「履行着手」は一段と限定され、解除権行使はそれだけ一層容易となる道理である。この判決に対しては、少数意見として横田正俊裁判官が適切にも次のように反論されている。冗長をかえりみず引用すれば、「履行に着手した当事者は、手附による解除権を抛棄したものと観るのを相当とするばかりでなく、履行の着手があった場合には、その相手方も、……

その履行を受けることにつきより多くの期待を寄せ、契約は履行されるもの、すなわち契約はもはや解除されないものと思うようになるのが当然であるから、その後における解除を認容するときは、相手方は、手附をそのまま取得し又は手附の倍額の償還を受けてもなお償いえない不測の損害をこうむることもありうる」（傍点筆者）と。この反対意見こそ、叙上の判例法――とりわけ判例⑩――の趣旨を正しくうけつぐものであり、逆に多数意見は、「履行着手」を消極的にしか評価せず、従って現実の「履行着手」を必要とする従来の判例の系譜をひくものであることは、明らかである。

(二) 矛盾(2)に対応する事案

(イ) 「契約」の解釈による矛盾の回避

(i) 買主一方の「解約手付」を認めて手付金そのままの返還を肯定する

⑬ 大正一四年一〇月二一日東京地判（大正一三年(ワ)五〇二九号新報五六号二五頁）。この事案は、特定物をめぐる・責に帰すべからざる後発的不能（関東大震災による家屋滅失）の場合に解約手付による破約が認められなかった例である。本件のように、不可抗力による目的家屋の焼失の場合、民法によれば危険負担における・いわゆる債権者主義が適用されて、買主には代金支払債務が残るから、履行に先立って手付が交付されていれば、買主は手付金を抛棄して、自己の債務を免れることができるはずである。[10] しかし、そのような・買主の手付抛棄による契約解除は、買主が過責と無媒介に（不可抗力！）帰責せしめられることになり、近代法における主体的責任の原理（過失責任主義）に反する結果となる。そこで判決は、売主一方の解除権を規定した特約を、買主一方のそれとよみかえるという技巧を媒介として、売主から買主への手付金そのまま（倍返しではなく！）の返還を命じ、結果的に、買主による・過責と無媒介な帰責を回避したのである。

(ii)「契約締結上の過失」の存在を前提として手付倍額の償還を肯定する——ただし当該手付金を「損害賠償額の予定」と構成することを媒介として

⑭ 昭和二六年三月一六日東京地判（昭和二五年(ワ)五三八一号下級民集二巻三号三八六頁）。本件は売主の責に帰すべき原始的不能の場合である。解約手付の制度を本来過責に無媒介な・破約の合法化の技術と把握すれば、売主が原始的履行不能の事実を知っていても知らなくとも、いずれにしろ、手付倍額の償還を限度として免責されえたはずであり、且つまた手付倍額の償還義務があるはずである。ところがそれにもかかわらず、裁判所は売主に手付倍額の償還を命ずるのに、売主に「契約締結上の過失」のあったことを前提とし、（本件手付を含め）一般に手付倍返しの特約を損害賠償額の予定と把握する、という構成を通して、主体的責任の原理に即した問題処理をはかったものといえよう。

(ロ)「法律」の解釈を通して

(i) 危険負担における「債務者主義」の適用により手付金そのままの返還を肯定する

⑮ 大正一五年一〇月一四日東京地判（大正一三年(ワ)一九九一号評論一六巻民法四五三頁）。本件は、特定物の引渡を目的とする債務以外の債務（判決では制限的種類債務）の「責に帰すべからざる後発的不能」の場合に売主の手付返還義務を肯定することによって解約手付による契約解除を認めない例である。このような場合に、解約手付の交付を理由に、倍額償還ないし手付の抛棄が行われれば、当事者の責に帰すべき事由なくして帰責が行われたことになり、主体的責任の原理に反する結果を生ずるといわねばならない。従って、不可抗力による履行不可能の場合は、（上掲⑬のように）売買目的物が特定物であれ、（本例のように）不特定物であれ、契約時に授受された手付金の処理を問題とする限り、手付金はそのまま受領者から給付者に返還される、とするのが主体的責任の原理にかなう所以であろう。そ

してまた、そうすることによって双務契約の消滅上の牽連関係が貫徹されることになる。判旨によれば、売買目的物は制限的種類物であり、目的物が特定されない間に不可抗力によって給付不能を生じたのであるから、いわゆる・危険負担における債務者主義（民法五六三Ⅰ）が適用されて債権者たる買主の代金支払義務が消滅し、従ってすでになされている反対給付（手付金）は法律上の原因を欠く給付として債権者へ返還されねばならない、とする。こうして、判決は、過責の存否を問わない解約手付の矛盾を回避している。

㈢　矛盾⑶に対応する事案

(イ)「契約」の解釈を通して

(i)　当該手付を「証約」手付と構成する

⑯　大正八年六月一四日東京地判（大正八年(ワコ)二五六号新聞一五九八号一八六頁）・⑰　昭和二五年七月二七日東京高判（事件番号不明・昭和二九年一月二九日最高判・昭和二五年(オ)二七五号の控訴審判決民集八巻一号六四頁参照）。これらの判決はいずれも相手方の債務不履行による（手付額を超越する）損害全額の賠償請求をめぐるもので、裁判所は当該手付を「証約」手付と認定することによって請求を認めたが、そこには、証約手付が単に「契約締結の証拠」としての意味をもつにすぎないのではなく、全額賠償を正当化するための法的概念であることがよくうかがわれる。従ってこの種の事案では、単に売買代金額と手付金額との多寡によって証約手付か否かをきめるわけにはいかない。むしろ、一方当事者の不履行によって生じた実損害額が当該手付額を著しく上まわるか否か、によって、きまるのである。その点は、契約の履行請求をめぐる事案とは異なる（上掲判例⑦参照）。

(ロ)「法律」の解釈を通して

(i)　債務不履行にもとづく帰責（民法五四一・五四五）と解約手付との選択的併存の肯定

⑱ 大正七年八月九日大判（大正七年(オ)六〇九号民録二四輯一五七六頁）。本件での中心的な争点[11]は、手付が交付された場合には、不履行解除（相手方の不履行を理由として解除する）の場合たると任意解除（不履行者自身の解除）の場合たると問わず、解除の後に残る損害填補の問題が全て手付を通して処理されるのかどうか、という点である。裁判所は、民法所定の・解約手付による解除は、任意解除の場合に限られ、不履行解除はこれに含まれないから、この場合には民法五四一・五四五条に従い不履行によって生じた損害全額の賠償が認められる、とした。ところで、旧来の手付慣行が、債務不履行による損害填補のための簡便な決済手段として不履行解除の場合にも利用されていた[12]ばかりか、相手方が契約を履行せず、そうかといって手付による解約もしないために業を煮やしていわば先制的に契約を解除しようとすれば却って自分の方で手付を抛棄しなければならない[13]（過責無媒介の論理！）という矛盾を含んでいたのであるが、判決が、解約手付の適用の場を任意解除の場合に限定することによって、右のように、手付額をこえる損害全額の賠償請求の途が開かれるとともに、徒らに履行をひきのばそうとする相手方に対する先制的解除もまた、可能となったのである。

（1） 判例②
（2） 判例⑤
（3） 判例①、ないし判例②
（4） 末川博士・前掲一七三頁、中川（淳）教授「手附と予約」民法演習Ⅳ八〇頁、相原教授「手付と内金」契約法大系Ⅱ六八八頁。
（5） 末川博士・前掲一六九頁、中川教授・前掲七九頁。
（6） 例えば横浜地判大六・六・一四日新聞一二八二・二三頁。

（7）東控判大正一三・五・一五評論一三・民七一二）、朝高判昭四・一〇・四評論一九・六六、朝高判昭一四・八・二九評論二九巻民二〇五など。

（8）最高判昭四〇・一一・二四判例時報四二八・二三、――立法者の説明もまたしかり（民法典議事速記録二六巻五〇丁――梅博士の答弁）。同旨末川博士「債権各論」四三頁、鳩山博士「増訂日本債権法各論」上巻三〇一頁。

（9）前掲昭和四〇年最高裁判決。

（10）代金支払がすまず、特定の目的物の引渡もすまぬうちに水火災・盗難などによってその目的物が滅失・紛失した場合、買主は手付金を抛棄し、代金支払をまぬがれる例（千葉県安房郡平郡朝夷郡長狭郡――日本商事慣例類集四九七頁）。この場合には手付金の授受により目的物所有権が買主に移転することと相まって、危険負担における債権者主義が緩和されている。

（11）本件は、原告の請求の構成――手付金返還、それと同額の違約金請求――と被告側の上告理由とから、不履行解除の場合にも契約解除者の側で手付損倍返しすべきかどうか、を争点としているとみることもできる、拙稿一三八頁註（30）。

（12）見本売買において商品が見本と異なるときは買主は商品受領の際必ずその不良を責めて見本の品と同じものに引換えさせ、もし引換えないときは破約として手付金を倍額にして違約を償わせるのを常とする例（静岡県佐野郡城東郡――日本商事慣例類集六七四頁）、約束期限を徒過して履行されぬときは大方破約となり、その際、売主が物品を引渡さない場合には手付金倍返し、買主が引取らぬときは、手付流しとするのを常とする例（栃木県――日本商事慣例類集六二一頁）などがある。

（13）民法典議事速記録によると、起草者の梅博士も、不履行解除の場合に解除者の側にも手付損倍返しの義務がある――ただし相手方の不履行によって相殺されることになるが――ものと理解していたようにうけとれる（二六巻五六―六丁）。

五

以上の判例分析に明らかなように、近代的な契約責任の原理と解約手付制度との間の論理構造上の三つの矛盾は、そのまま手付をめぐる現実の紛争の中で訴訟当事者の法的主張の対立点としてあらわれる。このことはいいかえれば、民法典における手付制度と近代的な帰責の原理との間に存する論理構造上の矛盾の仮説が、訴訟を通して現実の取引生活における具体的な利益の対抗関係にまで還元されることによって、経験可能な現象として検証されたことを意味するであろう。そうして、裁判所は、一定の価値判断にもとづいて、一方当事者の主張にかかる・解約手付による契約解除という法的効果に優先して選択されたところの・近代的な帰責の原理に即した法的効果を民法の体系のワクの中に論理的体系的矛盾のないように位置づけるべく、いろいろな「合理化の技術」を駆使している、ということが明らかである。

それでは、叙上の諸判例において、裁判所はどのような価値規準にもとづいて、解約手付による契約解除を排除したとみるべきか。そして、個々の事案においていかなる事実ないし事情を、当該判決＝結論を実質的に導き出した根拠として、つまり当該結論にとって意味のある（relevant, material）前提としていた、とみるべきか。以下に類型化を試みると、まず、

(一) 当該取引関係において契約目的物の「転売」されることが予定あるいは予想されていた、という事実

その例として次の三判決があげられる。

(1) 叙上判例①——土地の売買

(2) 判例⑯——米穀商間の実米取引

(3) 判例②——地主対米穀商間の実米取引

なお、(4)判例⑱——大小豆の売買、も転売が予定されていたのではないか、と推測される。

右の諸判例のうち、(1)(2)例では被告＝売主の契約履行が命じられ、(3)例（そしておそらく(4)例も）では被告＝売主の損害賠償——原告＝買主が他から目的物を調達して転売先に提供したことによってこうむった損害等の賠償——が命

じられたものである。

さて、資本制社会における取引は——後述の投機取引は別として——、その一つ一つが「個別資本の順調な再生産の循環の不可分の構成部分」であると同時にしかも「社会総資本の順調な再生産の循環の不可分の構成部分」[1]でもある。従って特に転売を予定ないし予想される取引においては、一方当事者の破約による損害の填補をもって相手方当事者の「合理的な予測と採算」とを確保するだけでは不十分であり、契約の履行そのものが貫徹されることがことさらに強く要請されてしかるべきであろう。契約履行の請求が認容されたこれらの判例において「転売」という事情のもつ意味=価値規準たりうる意味は、まさにこの点にあるといえよう。もっとも契約目的物が特定物ではなく種類物である場合には、右の事情はさほど重要な意味をもたないかもしれない。つまり種類物の場合には、買主は市場において同種の物を調達する可能性が一般にあるわけであるから、必ずしも相手方の契約履行にこだわる必要はなく、もっぱら買主個人が相手方の破約によってこうむる損害の填補の可否が問題となってくるはずだからである。従って、この種の場合には、何らかの事情によって当該売主以外のところからの調達が不可能な場合を除いて、多く損害賠償の額の多寡をめぐって争われることになる。

㈡　不動産売買において売主が当該不動産上の占有者——多く賃借人——の立退きに失敗した、という事情

その例としては次の七つの判例があげられる。

判例④・判例⑤・判例⑥・判例⑧・判例⑨・判例⑩・判例⑪

右の諸事例に共通する特色は、取引対象たる土地、家屋の賃借人の立退きに失敗したことを主たる理由として売主が手付倍返しによる契約解除を行った、ということである。さらに、買主の購入目的のほとんどが自分自身の使用（その利用の仕方はさまざまであるが）に供するためであって、値上がりを予想しての投機を対象とするものではないこ

とも特徴的である。従って、買主＝原告の請求の目的はもっぱら売主＝被告の契約履行に限られる——もっとも、目的不動産の利用が賃借人等の占拠によって現実に不可能な場合には所有権の移転登記手続の請求にとどまるが。いずれにしろ、この種の事案において売主側が契約を締結するにいたったのは、占有者の立退きについて十分成算があった上でのこと——従って立退きに要する費用・期間などは契約の付随的事情としてこれを十分考慮した上で——であろうから、それにもかかわらず、もっぱら売主側のイニシャティヴに委ねられているはずの占有者の立退きに失敗したことを理由として、売主自ら契約を解除し、しかもその解除によって生じた相手方の損害は手付額の限度で打ちきろう、とすることは、買主側における資本計算の合理的な予測と採算とを全く狂わせてしまうことになるであろう。この意味において、この種の事案にあっては当該手付を解約手付と解釈することは一般には妥当しないであろう。

要するに「資本制社会においては、一つ一つの取引（商品交換）は個別的に孤立して意味をもっているのではなく、取引当事者にとってのみならず、全取引社会にとっても、それを含む多くの取引の連続・連関において意味をもっている」[2]限り、まさにこの特殊・近代的な意味における「契約の遵守＝取引の安定」という要請こそ、解約手付による無理由解除を排斥した判決において、個々の事案をこえた最も基本的な価値規準とされている、とみることができよう。

こうして、すでにその論理的構造において近代的契約法と親しまない解約手付は、判例法上、いろいろな合理化の途を通して近代的な帰責の原理との矛盾を回避し、近代契約法の価値体系の中にこれを包摂しようとする努力がなされてきた。ここにおいて解約手付制度は、論理的に、また実務上も「破約の合法化の技術」としてこれを把握することができ、従って近代契約法の基本的な規範命題——契約は遵らざるべからず！——とは相容れない、とする評価が可能であるといえよう。そうだとすると、おそらく、立法上の解決をまつまでもなく、なによりもわが国取引社会における契約遵守の規範意識の深まりそれ自体が、右のような判例法の努力とも相まって、民法典における解約手付の制度を事実上空文化せしめる時がくるのもさほど遠い将来のことではあるまい。

もっとも、このような見方に対して、手付は、法的には解約の拘束力を弱めるものであるが、事実的には強めるものである、とする見解がある。即ち、「解約手附は、相互に消極的『契約形成権〔解除権〕』を授与する点で、契約の効力を法的に弱める制度であることは確かである。しかし、買主に対しても売主に対しても、『契約形成権』の対価の支払いは、その行使を前提としている点で、『契約形成権』の行使は、事実的に制限されていると見ることができ」(3)、その意味で「民法五五七条は、近代的な合理的な規定として機能していると見ることもできる……」(4)と。たしかに右の指摘のように、解約手付には、契約の拘束力に対する二面性のあることは事実であろう。しかし、その二面性は、星野教授の推測されるように、「わが国では、未だに契約の拘束力という観念・感覚が弱く、……手附を授受するまでは任意に拘束を免れうるとの意識があるので、手附の分だけ損をしなければならないとされると、契約の拘束力が強まったと感ずる」(5)（傍点筆者）からにほかならない。いいかえれば、それは、解約手付に固有な要物的性格に根ざしているのである。もともと解約手付は、要物契約における単なる合意に、当事者双方のもつ（無償の）撤回権（いわゆる悔返し権）を排除するという限度で、拘束力を付与すると同時に、「手付流倍戻」によって再び拘束力を排除するという作用を営むものであった(6)。そうしてこのような手付が、諾成契約のもとにおいても承認されることによって、「本来諾成契約としての売買の本体たるべき売ろう買おうという当事者の約諾をいわば予約の段階にひき下げ、それには手附の限度での拘束力を与えるだけで、売買の完全な成否は元来売買の単なる履行にすぎない目的物の引渡・登記ないし代金の支払までくりこし」(7)、実質上売買を要物契約にひきもどすという結果をもたらしたのである。だから、解約手付による事実的拘束力は、単純な合意そのものには拘束力の与えられていない要物契約を前提としてのみ、語ることができるといわなければならない[8]。

それでは、近代取引社会において手付が解約的機能を発揮しうる余地はないものであろうか。たまたま判例の上では見当らなかったが、おそらく投機を目的とする取引においては解約手付が利用されているのではあるまいか。抽象的にはそのように推測する余地がある。つまり時価の騰落のはげしい商品――例えば大小豆・生糸――の投機取引は、取引対象の現実の入手が問題ではなく、市場価格の変動を利用して価格差利潤――安く買って高く売る＝非等価交換――をうることを目的とする。生産構造上、等価交換＝契約の遵守を通して利潤の分け前（流通過程の一部を担当する代償としての・生産過程において創造された剰余価値の一部）を保障されている通常の商品取引とは違って、商品流通に直接関与しない・この場合の利潤抽出には、契約の不遵守＝破約が当然予定されているのである。そこで破約を合法化し且つその際の簡便な決済手段として手付が利用される。即ち価格騰貴の場合には、売主が破約して騰貴した価格で価格差利潤を手に入れる一方、買主は少くとも手付ないしその倍額を手に入れる。価格下落の場合はその逆となる[9]。

もっとも、現実の取引界においてはたして解約手付が利用されているのかどうか、は今後の具体的な慣行調査にまたねばならないことはいうまでもない。また純粋な信用取引のみならず、最近騰貴一方の土地取引にみられるように将来の価格騰貴をみこして一応現実に入手しておくという場合[10]にも右のようにいえるのか、も残された問題である。

（1）川島教授「所有権法の理論」二七七頁参照。
（2）川島教授・前掲同頁。
（3）浜上教授「『契約形成権授与契約』について」ジュリスト三八九号八六頁。
（4）浜上教授・前掲同頁註（3）。
（5）星野教授「現代における契約」現代法八巻二五四―五頁。なお、川島教授「近代社会と法」九六頁参照。

(6) 手付の沿革につき、拙稿「手附ノート」松山商大論集二〇巻一・二合併号所収参照。もっとも、浜上教授も解約手付が沿革上は前近代的な性格をもつことを肯定されているようである――前掲論文八六頁註(3)。

(7) 来栖教授「日本の手附法」法協八〇巻六号三六頁。

(8) 浜上教授によると、今日では諾成契約が原則である以上、「出捐があるのは何らかの給付に対する対価とみるべき」だから「したがって民法五五七条は近代的な合理的な規定として機能していると見ることもできる」とされるのであるが、私には理解しがたい。教授は、解約手付に契約の効力における二面性、とりわけ事実上契約の効力を強める機能があることを以て、上のようにいわれるのであろうか。しかし、私はこの点についてもやはり、近代契約法の体系に占める解約手付の位置という視角から考察さるべきものと考える。従って、契約の効力との関連において二面性――法的側面と事実的側面――についても、債務不履行責任の制度との比較において論じられるべきである。即ち法的側面では、解約手付は債務不履行責任の制度では与えられていない無理由解除権を賦与する、という意味で、契約の効力を弱める、というべきであり、さらに事実的側面においても、債務不履行責任の制度では（通常手付額を超えるであろう）実損害全額を負担すべきなのに、解約手付によれば手付分だけ負担すればよいという意味で、やはり契約の効力を弱める、とみるべきである。――また何らかの出捐を解除権留保の対価とみなければならない必然的理由があるのであろうか。たしかに民法五五七条の規定の体裁上、手付は解約手付と推定さるべきであるが、しかし起草者自身が語っているように（梅博士「民法債権」法政大学講義案六九-七〇頁）、解約手付が近代契約法と矛盾するものであり、近代取引社会の経済構造自体が解約手付を必要としない以上、解約手付以外の手付ないし内金とみる方が妥当なのではなかろうか。従って手付金額が売買代金額に比して極めて少ない場合には「証約」手付、多い場合には「違約」手付ないし「内金」として処理すべきであろう。

(9) 前近代社会においては資本が商品生産を媒介せず、商品流通のみを媒介するに止まっていたことの結果、資本（とりわけ商品取扱資本）の利潤は専ら流通過程内部においてのみ行われる取引によって作出される、即ち、安く買って高く売ることによって生ずる価格差利潤――「非」等価交換――としてのみ確保されており、この故に購買及び販売に際し「商略及び欺瞞」が用いられるのが常であった、といわれる（大塚博士「近代資本主義の系譜」所収「所謂前期的資本なる範疇に就いて」参照）。従ってそこでは破約＝契約不遵守がはじめから予定されていたのであり、そしてかような破約の合法化の役割を解約手付が専ら演じてきたのである。投機取引に解約手付の登場する余地ありと推測する所以は正にかような前期的取引とその利潤抽出の機構が似ていることにあるのである。

（10）不動産業者間の慣行では買主一方の解約手付として行われているようであり、業者の用いる契約書によれば、売主については違約手付として表現されている（「不動産の取引」六九頁以下）。

（一九七〇年）

手附ノート
——沿革小考

まえがき

私は、昭和四十年に手附に関する研究論文（「近代民事責任の原理と解約手附制度との矛盾をめぐって」法学新報七二巻一・二・三合併号）を発表したが、その発表にいたる数年間に、文献を渉猟して手附に関する資料を蒐集し、ノートしておいた。本稿はこうした資料をもとに、沿革の跡づけを試みたものである。

ささやかなこの試みには二つの動機があった。その一つは、本稿によって手附に関する私のこれまでの研究をこの辺で一応清算したいという気持からであった。もう一つは、先の論文で規定した解約手附の前期的性格を沿革上明らかにできたら、と思ったからである。[1] そこで、私は、解約→成約→証約の順序での手附の発展を、要物契約→手附契約→諾成契約という契約の形式の発展を軸に、とりわけ、解約手附と成約手附との歴史的連続性の立証に重点をおきつつ、究明するという意図のもとに、本稿を構成しようと試みた。もっともこのような意図は、法制史家ですら嘆いているように、手附が「由来久しきに拘らず、沿革的事実に乏しく」[2]、また私の蒐集・分析能力の不足とも相まって、必ずしも達成されず、中途半端なものに終ってしまったことは否めない。

（1） 解約手附制度を前期的と把握する見解（川村教授「商品交換法の体系上」四一一頁以下、広中教授「民法の基礎知識」一四二頁以下等）に対して、最近、解約手附を近代的合理的な制度として積極的に評価する見解（浜上教授「『契約形成権授与契約』について」ジュリスト三八九号八六頁）が現われた。本稿が前者をとり、後者に批判的な立場で書かれたことはいうまでもない（もっとも浜上教授も解約手附が沿革上は前近代的な性格をもつことを肯定されているようであるが――前掲論文八六頁註(3)）。

（2）三浦周行博士「法制史之研究」（昭和三三年版）九三一頁。

一　ギリシァ・ローマの手附

ローマの手附アラ arr(h)a がギリシァのアラボーン *αρραβών* に由来するものであり、ギリシァのアラボーンはセム系語に起源をもつものであることも、定説とされている[1]（最古の資料はヘブライ語の ērabon――創世記38・17）。さらに、紀元前三千年から二千年にかけての古アッシリア時代のカドバキア記録中に、物的担保を意味するエルバトゥム eru-b(b) atum という言葉があり、ギリシァのアラボーンがこれに由来するのではないか、と推測されている[2]。これらの用語がいずれも「物的担保＝質」を意味するように、手附を交付することによって交付者は自己の人格 Person を質にいれて履行の担保とした。そして交付者が違約した場合には質たる手附を失うところから、逆に、手附を放棄すれば契約を解除することができるようになり、さらに受領者の側も手附の倍額を支払えば契約解除が許されることになって、手附は悔返金 Reugeld、すなわち解約手附 arra poenitentialis となるのである。手附のこのような解約的性格は、一面ではギリシァ古代法における契約が未発展の段階にとどまっていたことを意味する。すなわち、債務の発生には合意だけでは足りず、要式契約 Formalgeschäft か要物契約 Realkontrakt のいずれかの契約方式をとる必要があった。しかも、債務と責任とは分離されており、責任 Haftung を生ぜしめるためには、これを特別に設定することが必要があった。とりわけ、売買のような双務的な信用契約において、しかりであった。そして、その必要をみたすものとして登場するのが手附であった。すなわち、手附金は責任の客体(3)として、不履行の際の賠償の対象とされたのである。この意味においてギリシァの手附は当初から解約的作用をいとなんだのではなくて、叙上のようにむしろ契約履行の担保としての性格―解約手附―をもっていたのである。

これに対して、ローマ古代法においては、売買のほか三種の契約については既に諾成契約すなわち当事者間の合意にもとづく履行義務《ライステン・ゾルレン》の存在を知っていたから、債務発生要件としての成約手附的な性格はこれをもちえなかった。また、既に古典期ローマ法においては、すべての債務は訴求可能性・執行可能性をともなっていたから、特定の場合―「自然債務」―をのぞき、債務 debitum の観念の中に「責任」が含まれていたから、したがって責任発生要件としての手附―解約手附―もまた、存在する余地がなかったのである。こうしてローマの手附は、契約締結の単なる強化手段――つまり手附の授受は契約の窮極的な完成の証拠であった。したがって、無方式の合意に目にみえる表現を与えるもの、すなわち証約手附 arra confirmatoria たるにすぎなかった(4)。そのため手附は共和制時代には実際上なんらの役割もはたさず、また元首政時代にはわずかな役割しかはたさなかった(5)、といわれる。もっとも、既に古典時代に、買主が特定の期限内に代金を支払わないと手附は売主の所有に帰し売買は解除されるべきことについて当事者間に合意があるとき、その合意は有効とされていた(6)。これに対して古代ギリシァを含む東部諸州では、手附は依然として重要であり、古典期後期にはローマ法の上に影響を与えることになる。

古典期後期にはいると、次第に文書によって売買を締結する風習が発達し、売買はもはや単なる合意だけでは締結されなくなって(7)、手附もまた、契約の成立を証明する機能を果しえなくなるのである。結局、手附は、売主がその売買目的物を別途に処分するのを防ぐ、すなわち契約の履行の保証という目的のために用いられるようになる（いわゆる放棄金・報償金）。そしてユスチニアヌス帝時代にいたり、古典期の諸成売買 Konsensualkauf が復活し、当事者が文書による売買と文書によらぬ売買とのいずれかを選択することになると、手附は、文書による場合には当初予定された・文書による契約の締結を保証し、文書によらぬ場合には既に締結された契約の履行を保証するという機能を果す[8]と同時に、東部諸州に固有な解約的機能をもそなえるものとされた（五二八年勅法）[9]。すなわち、文書による売買において未だ文書が作成されない間に、また文書によらぬ売買において、当事者が売買契約締結を後悔するときは、買主はその交付した手附を放棄し、売主は手附の倍額を返還することによって契約を解除しえた[10]。だがその後、手附は次第に解約的作用のみ担わされて、固有のローマ法における意味は忘れられるようになるのである。

（1） Leonhard, v° arra in PW, II（1895), S. 1223. 以下、手附の語源に関しては、原田慶吉「楔形文字法の研究」一八四頁以下による。

（2） 通常の債務負担証書の一に、「純銀三分の二マヌー、I（債務者）の上に商人が有す。彼の（兄）弟Aは保証人、……女奴アニアは彼（債権者商人）のエルバトゥム」とみえ、文中の保証人と対比すれば、エルバトゥムを物的担保の意味に解するのが自然であるとともに、この語の由来する「入りこむ」意の動詞 erēbu は、不履行債務者が債権者の家に入りこんで労務によって債務を銷却する意味に用いられ、自己担保と関係しているところから、原田教授はギリシァのアラボーンがこの語に由来するのではないか、と推測されている。

（3） Kaser, Das Römische Privatrecht, I., S. 439.

（4） Gai. 3, 139「売買は、未だ代金の支払無く手附の供与無しと雖も代金に就いて当事者が合意したるときは締結せらるるものとす。蓋し、手附として供与せらるるものは売買締結の証拠に過ぎざればなり」（傍点筆者――船田享二訳「ガイウス法学提要」による）、D. 18, 1, 35 Pr.「売買にさいしてしばしば行われる手附は、あたかも手附なしでは合意が成立しないかのようなためではなくして、代価にかんして合意されたことのよりよき証拠のために行われるのである」。

（5） Kaser, a. a. O. S. 439.

（6）　D. 18, 3, 6/8 (Scaevola)

（7）　Kaser, Das Römische Privatrecht, II, S. 199 f.

（8）　Kaser, a. a. O. S. 268 f.

（9）　C. 4, 21, 17, 2 (528)「……」「われわれはさらにつぎのようにつけ加えよう。すなわち、ある物につき売買が締結されたことによって手附金が交付された場合には、たとえそのことが〔契約書に〕記載されていようとなかろうと、契約が完結されぬ場合の手附金交付による効果が明示されていなくとも、将来、売主が売却を拒めばその手附金の倍額を償還しなければならない、また買主は、売買を解除するならば、彼の与えた手附金の返還請求は許されず、これを失わねばならない、と」。

（10）　五二八年の勅法の規定（前註）はもっぱら文書による売買についてのみ規定しているが、ユ帝の法学提要の記述によると、手附損倍返しの規定は、文書によると否とを問わず、すべての売買について適用されるようにあつかわれている。すなわち、Inst. 3, 23 pr.（売買について）「人が代金について合意すれば、たとえ代金がまだ支払われず且つ手附金が交付されずとも、ただちに売買は締結される。蓋し、手附金の代りに交付されるものは売買契約を実行した証拠だからである。これは文書によらぬ売買行為について適用される。蓋し、この種の売買行為についてはわれわれは何も新しいことを採用したわけではないからである。しかし、文書による売買行為に関して、われわれはつぎのように規定する。すなわち、売買に関する文書が締約者によって自ら作成されたか、他人によって書かれたが締約者によって署名された場合および公証人によって作成された場合に、それが全て完全であれば、かかる場合にのみ、売買行為は完成される、と。蓋し、これについて何か欠けている限り、悔返しが行われ、且つ買主ないし売主も罰をうけることなく撤回することができるからである。われわれは、手附金が与えられていなかった場合に限り、処罰〔不利益〕なしの撤回を許す。蓋し、手附金の交付があればただちに、その売買が文書によると否とにかかわらず、契約の履行を拒絶した者は、買主であれば彼が与えたものを失い、売主であればその倍額を償還しなければならないからである」。

二　ドイツの手附[1]

ゲルマンの社会においては、最古の取引行為は現実行為 Bargeschäft である。そこでは、両当事者の給付は相継いで行われ、先給付によってただちに反対給付をなすべき義務が相手方に生ずる。しかし、やがて信用取引への必要から、先給付受領者はただちに給付する必要がなくなるようになった。そしてただ、受領者は先給付により将来の反対給付を義務づけられ、それによって先給付者の債務者となるといった契約——要物契約に到達した。このような契約の態様が双務的な債務関係だけを根拠づけることができたのは明らかで、ゲルマン法では、売買もこれに属した。もっとも、一般に、古代法によくみられる債務と責任との分離の原則にもとづき、先給付の受領は受領者の反対給付義務を根拠づけるにすぎなかった。したがって、先給付受領者が反対給付の履行を保証するためには、さらに信約[2] Treugelübde ないしウァディアティオ[3] Wadiatio といった人的ないし物的責任の設定がなされなければならなかった。たとえば、売買目的物（代金）の先給付をうけた買主（売主）は信約ないしウァディアティオによって売主（買主）に代金（目的物）の将来の給付を保証するものであった。やがてつぎの段階にいたって、受領者の債務発生に必要な先給付は、完全な履行が行われなくとも、単に一部がなされれば充分だ、と考えられるようになる。とくに、買主に対しては代金全額をただちに支払うことがもはや要求されることなく「内金 Anzahlung」をもって満足されるようになった。ここに手附 arra, Handgeld, Haftgeld, Daraufgabe が登場することになった。

もっともそれは、当初は手附の受領によって反対給付義務が生ずるとまでは考えられず、売主が目的物を他に売却することを一定期間放棄させるその対価として、買主が代金の一部を内払金として支払う、というほどのものであったてであろう。つまり、そこでは依然として、売買の本体は目的物の引渡・代金の支払にあると考えられ、したがって残代金全額の支払がなければ受領者の反対給付義務は発生しなかったとみてよいであろう[4]（したがって目的物の引渡・代金の支払に先立つ・売ろう買おうの合意は、今日でいう売買の予約にあたることになる）。つまりこの場合には、なお要物契約的性格が色濃く残っており、手附も受領者の別途処分権の放棄という限度で、売買の約束（すなわち売買の予約）に拘束力を附与したにすぎなかったのである。

さらに、叙上のように要物契約自体は債務のみを生ぜしめ責任はこれを生ぜしめなかったのであるから、要物契約に由来する手附契約も、当初は受領者の責任を根拠づけることはできなかった。したがって、受領者の履行の保証は、手附の授受とは別に、通常ウァディアティオによる自己保証[5]という形で行われた。しかし、売買契約がウァーディアとして証書 Urkunde を用いるようになって（ウァディアティオが要物契約から）要式契約に変ってからは、責任の根拠づけのみならず債務の根拠づけの機能までもがウァーディアの交付に与えられるようになったので、手附を交付した買主にその上さらにウァーディアとしての証書まで交付させることは、余計なことのように考えられるにいたった。こうして手附はウァーディアとしての証書にとってかわり、その交付はいずれの当事者の側にも責任を生ぜしめることとなった（その結果手附の授受は一種の要式契約となったが、手附が同時に現実の部分給付の性格を維持する限り、その要式契約には要物行為が混合されたままである。いいかえれば、手附契約は事実上、要物契約と要式契約の混合物となったのである）[6]。かように手附が責任の根拠づけとなるにおよんで、それは責任を発生する手段としてまさに文字通り保証金 Haftgeld の機能をもかちえたのであった[7]。したがって、また、それは債務不履行の際の保証金《ハフトゲルト》の喪失という威嚇によって債務契約の実体的な強化手段としても機能したのである[8]（もっとも、保証金《ハフトゲルト》としての機能は、中世末に責任がすべての債務の法定責任となるに及んで消滅し、叙上の手附の拘束力が前面に押し出されてくるのである）[9]。また、従来、一方当事者の履行（すなわち売買の本体たる目的物の引渡・代金の支払）以前にはそれに先立つ約束をいつでも無償で悔返しすなわち撤回できたが、手附が保証金となることによって、手附受領者のみならず（叙上別途処分権の放棄）交付者側のこのような無償の悔返し権をも排除することになったのである。[10] けだし、手附による・履行義務に対する責任の引受は、約束の遵守義務に対する責任の引受も含んでいるからである。ところが、他方において、一旦手附の交付によって別途処分権の放棄または悔返し権の排除という限度で給付に先立つ約束に附与された拘束力は、特約によって再び手附を媒介として、すなわち通常は手附額の放棄または倍額償還をもって消滅せしめられるようになるのである。[11] この場合、手附は同時に解約金 Reugeld（解約手附 arra poenitentialis）[12] だったのである。そして地方によっては、保証金はうたがわしい場合には約定された解約金としての意味をもつとさえ規定されるにいたったのであった。[13]

ところで、内金としての経済的価値をもつこうした手附（以下「内金」手附と呼ぶことにする）は、漸次ほとんど何らの経済的価値ももたない程少額の仮装的給付にまで萎縮する。[14] それは、手附金を受領者が保持せずに、売買約束のさいに両当事者が証人とともに酒をのみ宴をひらいて費消する・いわゆる酒手金 Weinkauf, Leitkauf や手附金を教会や貧者に喜捨するところの・いわゆる喜捨料 Gottes-oder Heiliggeistpfennig などという・中世において広く行われた慣習によって促進されたのである。[15] こうした仮装的給付は沿革上要物契約に由来するとはいえ、契約において果す役割からみて、売買締結に証書を用いた要式契約（叙上の責任契約）を承継するものといってよい。すなわちこの手附は、現物の給付に先立つ・売ろう買おうの合意に契約としての拘束力を附与し、契約の成立を証明する・いわゆる「成約」手附にほかならない。上に叙べた酒手金や喜捨料が受領者にとって経済的意味をほとんどもっていないにもかかわらず、その出捐によって（現実の授受をまたず）取引行為が完成されたものとする意識が当時の社会一般にいかに定着していたか、は死の不可避なることを謳った詩の中に看て取れるのである。[16] この成約手附は、叙上の「内金」手附同様、受領者（売主）の別途処分権および無償の悔返し権（のちに交付者も許された）を排除する機能を有したであろう。成約手附のこうした拘束的な効力は債務約束の効力には債務の履行義務《ライステン・ゾルレン》 Leistensollen のみならず債務者の（自己の言葉の）遵守義務《ハルテン・ゾルレン》 Haltensollenが含まれる、ということから説明される。[17] すなわち債務者は自己の言葉を守るべきであり、債権者を害するかもしれない一切のことをしてはならない。したがって、いわばその派生的義務として、債務者は、特定物の給付につき、その目的物を別途処分する権利を喪うべきであり、かつ自己の言葉を撤回すなわち契約を解消する権利を喪うべきだからである。もっとも、成約手附には、「内金」手附と異なり解約的機能を派生する余地はなかったであろう。けだし、経済的価値のほとんどない・仮装的給付としての成約手附は、契約解消の有償性（対価性）を担保しえないからである。

ところが、近世に入って、強い影響をドイツ法に与えたローマ法の継受は、[18] 手附の制度にも大きな変化を与えずにはおかなかった。[19] すなわち、（古典）ローマ法上の手附制度の導入によって、普通法および地方的特別法はつぎのような変質を経験した。第一に、ドイツ古法における酒手金ないし喜捨料によって表現される成約手附は、契約を確定的に成立せしめる合意（諾成契約）の立証を容易ならしめる機能をもつところの・いわゆる「証約」手附arra confirmatoria に変質するのである。[20] すなわち、それは「契約締結のしるし Zeichen des Abschlusses des Vertrags」[21] として役立つ、という意味において、証拠法上の効力[22] Beweisrechtliche Kraft のみを保持することとなったのである。なお、従来の成約手附 Handgeld は僕婢奉公契約 Gesindedienstvertrag, Gesindemiete において維持され、多くの地方的特別法によれば手附金 Mietstaler の交付によって契約がはじめて完成された。[23] 第二に、有償の解除権すなわち解約手附は、ローマ法継受後に成立した地方的特別法 Stadt-, und Landrecht によって、一般に将来の適用をまったく排斥され、あるいはわずかに当事者が明確に特約を結んだ場合に限り認められた。[24] もっとも、ローマ法継受の結果、というよりはむしろ、古代法に固有な形式主義が中世から近世にかけて自壊作用を起しつつある途上において、ローマ法の継受がその在来の傾向に一層拍車をかけたことの結果とみるべきかもしれない[25]。すなわち、取引の著しい発展が要式行為を不便と感じさせ、またローマ法の継受のもとでの自然法・教会法の側からの有力な主張もあって、やがて一八世紀には無方式合意の有効性（諸成契約の成立）が一般に承認されるようになり、その結果、（要式契約に由来する）成約手附は諸成契約のもとで証約手附に変ったのである。

同様な事情は要物契約に由来する解約手附についてもいえる。物の受領がなくとも、それに先立つ・売ろう買おうの合意さえあれば、契約としての拘束力を生ぜしめるにいたったのであるから、要物契約は諸成契約に変貌した。それでも、契約成立後の契約の消長のみにかかわるところの解約手附は、たしかに形式論理的には諸成契約に矛盾しないが、しかし実質的には諸成契約としての売買の拘束力をよわめることになったのである。というのは、上にのべたように、要物契約の段階にとどまっていた売買における「内金」手附に由来する解約手附は、当然要物性をもそのまま承継していたから、諸成契約のもとで解約手附が承認されることになれば、それは、実質上売買を要物契約にひきもどす結果となるからである。すなわちそれは、「本来諸成契約としての売買の本体たるべき売ろう買おうという当事者の約諾をいわば予約の段階にひき下げ、それには手附の限度での拘束力を与えるだけで、売買の完全な成否は元来売買の単なる履行にすぎない目的物の引渡・登記ないし代金の支払までくりこし[26]」（傍点筆者）、したがって「諸成契約としての売買の拘束力をよわめ[27]」ることなのである。ここに諸成契約の原則（pacta sunt servanda!）のもとで解約手附が排斥されねばならなかった理由がある。

ともあれ、こうした法律情況をうけて、ＢＧＢは、その第三三六条第一項に手附 Draufgabe を「契約締結のしるし」すなわち証約手附と規定し、さらに第二項にうたがわしい場合には解約金 Reugeld とはみなされない旨明定している。草案理由書によれば、これらの規定は起草当時の現行諸立法にならったものであり、立法によっては、取引の慣習ないし土地の慣行が参酌されるとしているが、草案はそのような態度はとらない、と説明している。(28) また、第二草案審議の過程においても、ゲルマニステンの立場から当時なお一般に行われていた成約手附 Handgeld（とくに僕婢奉公契約の際の Mietstaler）を採用すべき旨の修正案が提出されたにすぎず、(29) 草案審議の過程での解約手附への郷愁は感じられなかった。こうして、ＢＧＢにおける手附は、まさにヒュープナーの説くように「契約の完成という事実の一義的な確定の意味における契約締結の強化〔手段〕Bestärkung des Vertragsschlusses im Sinne einer unzweideutigen Feststellung der Tatsache seines Zustandekommens」(30) にほかならない。(31) かくして、ＢＧＢは、いわば自覚的に、解約手附・成約手附の段階を克服し、近代社会における契約遵守への時代的要請を反映して証約手附の段階に到達したものといえよう。

（1）　主として Hübner, Grundzüge des deutschen Privatrechts, S. 442 ff., Gierke, Deutsches Privatrecht, Bd.III., § 186, bes. S. 334 ff., § 187, bes. S. 365ff., Jagemann, Die Draufgabe (arrha), 1873, § 31-35, S. 137 ff., Siegel, Das Versprechen als Verpflichtungsgrund im Heutigen Recht, 1873, § 4, S. 26ff.; Mitteis, Deutsches Privatracht, 世良・広中訳「ドイツ私法概説」二六三頁以下、特に二六五頁。なお、ギールケは、ドイツ古法では債権契約そのものは特別な形式を必要とはせず、債務約束にとっての責任 Haftung こそ特別の契約形式を必要としたのである、と説くが（前掲三二五頁以下）、ここでは通説（Sohm, Recht der Eheschließung, 1875）に従うべく、Hübner に拠る。

（2）　フランク時代に行われた要式契約。この方式は、当事者が手と口、あるいは指と舌とにより、特定の文言を唱えながら、右手を出すとか、両手をあげて掌をあわせるとか、あるいは右手をあげて一つの仕草をする、といった方法により行われる。

（3）　今日の「保証」の原型をなす中世のいわゆる「差出保証 Gestellungsbürgschaft」――債権者が保証人（多く身分の高い人

がえらばれる）を信頼して債務者を信託するという形での保証、保証人は自己の裁量で債務者による債務の履行に努力し、それに失敗した場合には、保証人自身の固有の債務として債務者を債権者に引渡す＝差出す義務を負うもの。保証人が債務者の債務不履行の場合に「仮定的人質」として債権者の掴取に服するところの「人質保証」にとって代った——における方式。債務者が債権者にその人格および権力のシンボルとしての杖 wadia, festuca をわたすと、債権者はこの杖をさらに保証人にわたすことによって信を期待して債務者を保証人の権力に委ねることになる。この保証形式の爾後の発展（→執行保証→支払保証）によって、「全財産をもってし且つ財産のみをもってするところの責任」＝「人的責任」が完成され、かくしてヴァディアティオは財産責任のシンボルとなり、やがてこれも無用なものとして消滅の運命をたどることになる。ミッタイス前掲二四八頁以下参照。

（4）　Gierke, a. a. O. S. 336 und Anm. 42.

（5）　この場合には、債務者は一方の手で杖 wadia, festuca を債権者にわたし、他方の手でそれを取り返す、という形で行った、ミッタイス前掲二五〇頁。

（6）　Gierke, a. a. O. S. 336 f.

（7）　Hübner, a. a. O. S. 445–6.

（8）　Gierke, a. a. O. S. 365 f.

（9）　中世末には、既に、すべての債務は特別な責任設定行為がなくとも債務者の財産が引当てとされるにいたっている。債務と責任との癒着の原因については、ミッタイス前掲二五一頁以下参照。

（10）　Gierke, a. a. O. S. 338 und Anm. 50, 51.

（11）　Siegel, a. a. O. S. 33–35. 地方によってはこれと異なる態様の場合がある。

（12）　Jagemann, a. a. O. S. 137 ff. に詳しい。

（13）　Gierke, a. a. O. S. 302.

（14）　要物契約と要式契約との歴史的関係につき、来栖教授は、断定をさし控えられながら、要式契約の成立を次の引用により説明されている（法協八〇巻六号五二～三頁）。すなわち、「財産上の利益の保護者としての公権力に対する信頼が零に等しい社会では、一切の取引は現実取引である。次の段階は一方の先給付に対して将来の給付につき同価値の質物を与える段階

〔＝要物契約——筆者註〕であり、次いで公権力及びその法律上の能力に対する信頼が高まるや質物の価値を減ずることができ〔＝いわゆる「内金」手附＝手附契約〕、遂に単なる表見的質物〔いわゆる成約手附＝要式契約〕となった」(Heusler, Institutionen des deutschen Privatrechts, Zweiter Band, S. 225 ff. insbes. S. 229-230）と。Hübner, a. a. O. S. 442 も参照。

（15）　Gierke, a. a. O. S. 338. なお、成約手附としての arra の変形としては、そのほかに「ある家屋の買主によって売主の妻あるいは娘へ支払われた竈金 Schlüsselgeld oder Herdgeld および家畜売買の際に売主の家僕あるいは使者に支払われた手綱料 Zaumgeld oder Haftergeld」があった（Gierke, a. a. O. S. 339）。

（16）　Siegel, a. a. O. S. 31 に引用、

„Nit anders ist der Welt lof
Wir hant sin truncken winkoff
Der niemer mer wider gat
Und immer me am end stat.“
(in Lassberg's Liedersaal 3, 574 V. 71 ff.)

また、かの有名な Sebastian Brand の „Narrenschiff“ の中につぎの一節がある。

Der winkouff ist gedruncken schon
Wir mögen nit dem Kouff abston
Die erste stund, die lest ouch bracht
(in Zarncke's Ausgabe, S. 85 V. 17 ff.)

（17）　Gierke, a. a. O. S. 338.

（18）　ドイツでは一三・四世紀頃に後期註釈学派によって実用化された註釈附のローマ法が輸入され、とくに一四九五年の帝室裁判所令 Reichskammergerichtsordnung 以後は、とくにその存在の証明された法慣習が存在しない限り、裁判所で適用される普通法 Gemeines Recht となった。Mitteis, Deutsche Rechtsgeschichte 世良訳「ドイツ法制史概説」三三六頁以下、ミッタイス前掲「私法」一七頁以下、Wieacker, Privatrechtsgeschichte der Neuzeit 鈴木訳「近世私法史」一二一頁以下、マックス・ウェーバー著小野木編訳「法社会学（下）」三三二頁参照。

(19) Siegel, a. a. O. S. 36 ff.

(20) 成約手附から証約手附への発展は、近代における契約自由の原則の当然の結果ともいえるし、要式契約としての一面ももつ手附契約が諾成契約へ発展するためには手附 Handgeld はその法律的意味をかえて意思の合致によってすでに完成された契約の強化に奉仕するものとならざるをえなかったのである、Hübner, a. a. O. S. 450 f.

(21) Gierke, a. a. O. S. 365, Anm. 36「普通法では手附の取扱いは証約手附として契約の方式自由の原則を貫徹した。手附は債務の履行強制の可能性を根拠づけるためではなく、また悔返し権を排除するために奉仕したのでもなかった。蓋し、手附がなくても完全な責任が生じ、また法定の悔返し権はもはや承認されなかったからである……」。

(22) Gierke, a. a. O. S. 365, Anm. 36 a によると「証拠力は合意の存在と時 das Daß und das Wann des Willenseinigung とにおよぶ。もっとも、反証が認められる」と。

(23) 雇傭契約の一形態。給付の性質上家共同体の中にとりこまれるため、雇主と被傭者の間に身分法的な拘束関係が生じ、雇主の保護義務に対応して被傭者の厳格な服従義務と、その義務違反に対する懲罰とが認められた。本文でのべたように、この種の契約の特色の一たる手附金 Mietstaler od. Mietsgeld の（雇主からの）交付は多く僕婢令 Gesindeordnungen において契約成立の要件として規定されたが、とくに規定のない場合は、一般の手附同様、手附の授受は契約成立のしるしという証拠法上の意味をもつにすぎなかった。そして成立要件としての手附の交付は次第に就労ないし契約書の作成という要件にとって代わられるようになった。さらに大方の僕婢令によれば、手附金は報酬に算入されない外金 Zugabe であり、被傭者の責に帰すべき事由による就労不可能な場合に限り返還されねばならなかったが、他方において、手附金の返還または取戻しと引替に一方的に解除することは許されない旨明記している規定が多かった。Gierke, a. a. O. S.365, 641ff., bes. S. 647ff., Hübner, a. a. O. S. 451, ミッタイス前掲「私法」三〇七頁以下。ただし、Enneccerus, Schuldrecht, S. 148 には「証約」手附はとくに Gesindemiete において古くから行われた、とされている。たとえば、das Preußische Gesindeordnung vom 8. November 1811——なお、Stobbe, Handbuch des Deutschen Privatrechts, Bd. III., 3. Aufl., 1898, S. 450 は、普通法上僕婢契約は諾成契約であり、Mietstaler は慣例的に授受されるもの herkommliches Miethgeld であって、法律上何の意味もないと説いている。因みに、ＢＧＢには直接 Gesinde の語は見当らないが、ＥＧ九五条一項に Gesinde の語がみえ Gesinderecht に関する地方法の効力を維持する旨を示しているが、Gesindeordnungen は一九一八年の十一月十二日の告諭で廃止された。

(24) Siegel, a. a. O. S. 36–39. たとえば、「喜捨料は、それによって売買を解除することが留保されている場合にも売買の確認のために用いられる場合と何ら異ならない。従って、買主も売主も何ら〔特別に〕約定しなかったとすれば、いずれの当事者といえども相手方の同意がなければ売買契約を解除できないものと解されねばならない」(Langensalzer Statuten von Jahre 1566)、また H. G. B. § 285, Jagemann, a. a. O. S. 141 によると、地方的特別法を三つに分類している。その一は、解約手附について触れずに専ら普通法の補助的効力に依存するもの、その二は、当該条項ないし法律の趣旨から手附自体が解約権を認めないことが明らかなもの、その三は、法律上解約手附を排除したもの。

(25) ローマ法の継受とその後における方式自由の原則の確立との関連について、Gierke, a. a. O. S. 342 ff. なおその点について、きわめて要領をえた説明として三ケ月教授「契約法に於ける形式主義とその崩壊の史的研究」四(法協六四巻一一・一二号)六二頁以下参照。

(26) 来栖教授「日本の手附法」(法協八〇巻六号)三六頁。

(27) 来栖教授前掲三六頁。

(28) Motive, II. B. § 417, S. 273 f. けだし「実際の取引慣行は当事者間で何が合意されたか、という問題の検討の際に、当然考慮される。取引慣行に合致する事柄は、暗黙のうちに合意されたものと認めねばならない。(地方的)慣習法が問題である限り、例外的にこの場合に慣習法に効力を与えるに十分な理由を欠く。適切な規制を行うためには、処を異にするに従い・それぞれ異なる法規範に服せしめらるべきであるような関係が問題である場合にのみ、慣習法を適用する理由が存するであろう」からである。

(29) Protokolle, I., S. 769–771. この提案に対して、編纂委員会の多数はつぎのように答えてこれを却けたのである。すなわち、契約締結の手段としての手金 Handgeld は、ドイツ古法では無方式の契約が債務を証明することができなかった限りにおいて有意義だったのであるが、契約一般に関して形式自由の原則が草案により是認された後では、契約完成のための手段として手金を利用する必要は毛頭ない。だからこの提案は、形式自由の原則を侵害しようというのではなく、契約は手金の交付の効果としても、また締結されたものとみなさるべきだということをいおうとしているのであろうが、もしそうならば契約の当事者が本質的な構成要素について(実際には)一致していなかった場合にも締結されたものとみなされるのだ、という誤解を招く、と。

（30）　Hübner, a. a. O. S. 451.

（31）　ただし、手附交付者の責に帰すべき事由によって契約が破棄され、または給付不可能となったときは、手附受領者は手附を返還する必要はない。その限りで契約履行を担保する作用をもつ（三三八条）。もっとも、手附受領者の責に帰すべき事由によって契約が破棄されまたは給付不可能となったときは、手附倍額の償還をする必要はなく、手附そのままの返還で足りる。すなわち手附交付者の損害賠償請求は一般原則に委ねられているのである。したがって手附の契約履行担保の作用は交付者に対してのみ認められ、受領者に対しては認められていないことになる。

三　日本の手附

わが国中古の売買には「うりかひ」（即時売買または現物売買）「おぎのり」（懸売）「あきさす」（手附売買）の三種が行われた、といわれる。(1) 平安初期につくられた辞書の一である「新撰字鏡」には、中国において手附の意味をもつ「贉」の字を「阿支佐須《あきさす》」と訓読して、代価の一部前払、すなわち「内金」であることを説明している（「買レ物逆《アラカジメ》付レ銭也、市買先入日レ贉、阿支佐須」）。(2) また同時代の辞書「類聚名義抄」にも贉を説明して「徒覧反下レ物写定也、買レ物逆《アラカジメ》付二半直一也」とある。ここに「下レ物」とは「物を交付する」の意味で、当時は金銭の代りに稲や布その他の品物を用いたからなのであり、また「半直《はんね》」とはいってもおそらく正確に「真半分」という意味ではなく、幾分か、の意味であって、漢文で簡単に書こうとすれば、こういう表現をとらざるをえなかったのであろう。(3) なお、後で述べる「法曹至要抄」にみえる「半直」売買における「半直」も同趣旨であろう。このような・代価の一部前払としての「あきさす」の慣習の由来について、経済史家の説明によれば、(4)「あきさす」は、買主の側で支払うべき財貨が不足した場合に、代価の幾分かを予め支払い、残額の調達中は売主に目的物を預け全部払渡した後これを受領したもののようであるが、当時は叙上のように金銭のほかに稲や布といった物品貨幣をも用いた時代であったから、所有財貨の不足を補うために収穫または織上げに多少の期間が必要であったので、「あきさす」の慣習が起ったものと推測されている。この慣習は鎌倉時代にもうけつがれたが、室町時代に入ってからは「買懸け」と称されるようになり、徳政令の適用をまぬがれえたといわれる。

さて、この「あきさす」の慣習を契約の効力ないし形式との関連において考えてみると、それがいわゆる「内金」手附[5]であり、近代にいたるまで数百年にわたる長い手附の歴史を独占してきたものであること、そしてそれ故に要物契約から諾成契約への発展をつなぐ「手附」契約の中核となっていることが史料からうかがえるのである。

大宝・養老の律令法[6]によると、土地・奴隷・牛馬の売買のみは特別の形式を必要とした。土地・奴隷の売買では、当事者（主に売主側）の申請により所轄官庁で作成・公証され・さらに上級官庁によって裁許された売買公券の（買主への）交付を必要とし、牛馬の売買では、当事者間で作成された証書＝「売買私券」によって行われた。これ以外の物の売買は、特別の形式を必要とせず、ただ契約締結の証拠として私券を利用することは自由であった。もっとも上の公券の交付も、当事者間で完了した売買契約の効果、すなわち所有権移転を対第三者間においても有効ならしめるところの・いわば売買としての決定的効力を賦与するものであって、契約成立要件ではなかった。そして売主の申請（＝立券）前の売買契約は、代金全額または一部が支払われるか、もしくは目的物が引渡されるか、おそらくそのいずれかによって成立するところの要物契約であった（と推測されている）。ところが律令時代の後半、地方行政の衰退につれて、所轄官庁を経由して売買公券を作成することも次第に行われなくなって、ついには私券がこれに代るようになる（公券たる立券申請解状の様式を模したものから純然たる私証書たる沽却状式のものへ——後者ははるかに江戸時代まで売買証書の形式として残った）。ここでは、私券がさきの公券の有していた公証力をもたないことはいうまでもないが、土地所有権移転の最も強力な証拠とされたのである。こうして、中田博士によると、土地売買のように売買私券の授受を必要とする売買では、私券授受によって売買契約が成立するとともに目的物所有権が移転し、同時に原則として契約を解除する自由がなくなるのであり、そして私券授受を必要としない売買において私券を授受した場合には同じような効果が与えられた(7)（しかし、中田博士のいわれるように、売券授受が所有権移転の方式であるとしても、売買約束そのものの方式ではないから、売券授受によって売買約束に拘束力が附与されるものではない。いいかえれば売券附売買は要式契約ではないのである）(8)。他方、売券の授受のない売買の場合には、代金の支払もなく土地の引渡もない間は、当事者はいつでもこれを悔返す＝撤回する自由をもっていた、いいかえれば代金の支払に先行する約束は当事者双方に対して全く拘束力を生じないところの・単なる約束にすぎなかった、といわれる(9)。その限りでは（少くとも売券授受がない限り）、当時の売買契約は要物契約だった、といえよう。

ところが、売買の約束が有効に成立するためには代金（全額）の支払が必要だとすると、経済取引の発展につれていろいろの不便を生ずるであろうから次第に代金の一部の支払をもって売買契約を成立せしめるようになる。すなわち、手附売買へ発展する（おそらく最初は、叙上のように、物品貨幣が用いられるときの季節的・一時的な代価全額の調達不可能から、まず一部を提供して目的物に対する売主の別途処分を留保せしめることに始まったのであろう）。たとえば、当時の史料にいわゆる「半直」売買とあるのがそれであろう(10)、といわれている。法制史家によれば(11)、明法博士坂上明兼の著わした法律解釈書である「法曹至要抄」中巻第一九条以下三条にみえる「渡㆓直半分㆒」「且以㆓半直㆒渡㆓行乙㆒畢」などというのはすべて手附をさすのである（なお、ここにいう「半直」が単に代価の一部分を表わすのであろうことについては叙上の通り）。第一九条は、自己保管にかかる他人の所有物が誤失による水火のため損敗した場合保管者には損害賠償の責任がないという一般原則（雑律の規定）を演繹して、「半直」売買の際の危険負担の分配について四つの場合にわけて論じているのである。すなわち、売主が半直を受領ししかもまだ目的物を買主に引渡さないうちに売主の手許で半直・目的物の両方が焼失してしまった場合（売主に半直・目的物両方の賠償責任なし）、目的物のみ焼失し半直が残った場合（半直を買主に返還しなければならない）、半直を受領し目的物を引渡した後買主の手許で目的物が焼失した場合（売主に半直返還の必要なく、買主は残りの半直支払の必要なし）、前の場合において売主が目的物の売渡証書（売券）を買主に交付していた場合（買主は残りの半直を支払うべし）、の各場合につき、買主の残代金支払義務の存否を論じている。中田博士は、上の条文の分析から、古代末における売買の成立および効力に関してつぎのような結論をみちびかれた。

(1)売買契約は買主が代金の全部または一部を支払うか、または売主が目的物の引渡を行うことによって成立する。
(2)買主が代金全額を支払った場合には目的物全部の所有権を取得し、一部（＝手附）を支払った場合には、これに相応した目的物所有権の一部を取得する。
(3)売主は目的物の引渡を完了しないと代金の支払を請求できず、また既に受領している一部代金（＝半直）の所有権を取得することはできない。
(4)売主が目的物の売券を買主に交付した場合には、残代金の支払前であっても、目的物の所有権は完全に買主に移転し、買主は代金全額の支払債務を負担する。

さらに第二〇条は、半直を受領した売主が目的物を引渡さずに死亡した場合、その近親等が残りの半直を受領して売買を完了せしめるべき旨が説かれており、これらの条文から、中田博士によれば、半直授受が売買約束に拘束力を与えこれを契約として有効に成立させる効力をもっていたことを十分に立証するものである、とされる。しかし、上の分析からすれば、相手方の反対給付義務を生ぜしめるには目的物の引渡ないし代金全額の支払が必要であって、それ故買主の半直支払だけでは売主の目的物引渡義務は生じないということ、さらに売券のもつ強い証拠力のために売券が売主から買主へ交付された場合には目的物の引渡によって生ぜしめられた買主の残金支払義務が消滅しないのである。[12] したがって半直売買の場合にも、売買の本体はやはり目的物の引渡ないし代金の支払にあるのであって、半直は売買の目的物の別途処分権の放棄の対価として機能していることが明らかである（二〇条。逆に売券交付は買主の悔返し権を排除するという役割を担っている）。こうして、「あきさす」と呼ばれたわが国の手附は要物性を多分にもつ・いわゆる「内金」手附であったといわなければならない。そしてまた、「半直」という呼称にいみじくも象徴されるように、代金額のうちのかなりの部分を占め、仮装的給付とはいえないことからも、「あきさす」がいわゆる「成約」手附の範疇には含められないということがいえるであろう。

ところで、当事者のいずれか一方が契約を履行しなかった場合には、「あきさす」はどのように処理されていたのであろうか。いいかえると、後世の所謂「手附流倍戻」ないしそれに類似の慣習がすでに行われていたのであろうか。それとも、手附は手附でそのまま交付者に返還されて、不履行者は相手方に損害賠償ないし一種の契約罰を課せられたのであろうか。私は、あいにくと、手附流倍戻の慣習がいつ頃から行われたかを証明する資料をもち合わせていないが、唯、古代末以後、追奪担保に関して売主は代価（「本銭」・「本直」・「本物」）をそのまま返還ないし倍額の償還をなすべき法定責任を負ったことから類推して、[13] いささか大胆にすぎるが、手附流倍戻の慣習がやはり古くから行われたのではないかと推測する。因みに、中田博士によると、[14] 江戸初期の法典で京都所司代板倉父子の立法と伝えられている所謂「板倉氏新式目」の中に（その第三六条）、職人に誂物を注文する際には手附にあたる「手間料」として代価の三分の一を前払いし、交付者が最終日限（完成日限後一〇カ月）までに残金を支払って誂物を受取らないときはこれを損失し誂物は職人が他に売却することができ、反対に受領者たる職人が最終日限を徒過したときは契約が解除されその倍額を払戻すべし、とあり、手間料の語のほかに、室町時代に手附の意味に用いられた「且渡」という語をも用いているところから、請負においてこの手附流倍戻の慣習が江戸時代とはいっても室町時代よりあまり遠くない時期に属することが推察されうると同時に、そこから逆に室町時代にはすでにこの慣習が存在していたであろうことも推測されよう。そして、もし「手附流倍戻」の慣習がすでにあったとすれば、その慣習は、約束不履行のさい違約罰として手附金を失うという形で、「内金」手附の効力を強化する方向にはたらいた、いいかえれば、「内金」手附は、手附流倍戻の慣習と結びつき「違約」手附となった、とみることができる。

江戸時代における手附の性質について、中田博士にきわめてユニークな研究(15)があることは、周知の通りである。博士によると、江戸時代の手附はその機能から三種に分けられる。

第一種は、「契約ヲ成立セシムルノ手段」すなわち所謂成約手附にあたるものである。大雅舎其鳳作滅多無性金儲気質（安永四年）巻五、第一「四郎兵衛……丁ど千両の手づけあらためてうけ取わたし、まづばいばいはでき申しぬ、さらば手うち酒にせんとて、しゅじゅの美味をそろへ美人に酒あひさせて……」とあるのが、その一例である。

第二種は、「契約ニ拘束力（Bindungskraft）ヲ付与スル手段」であり、そしてこの場合に手附が契約に附与する効力に次の二種がある、すなわちその一は「当事者ガ一方的意味ヲ以テ契約ヲ解除スルノ自由ヲ失フニ至レルコト」、その二は「手附受領者ガ従来契約ノ目的物ニ対シテ有セシ自由処分権ヲ制限スルニ至ルコト」である。前者の例としては、たとえば近松門左衛門作心中刃は氷の朔日（宝永七年）上の巻に、

「手附取て手形して渡す段に変改して、職人が立ますか」

また後者の例には、たとえば菅専助作助六揚巻紙子仕立両面鑑（明和五年）上の巻新清水勘当の段に

「マア当分百両計り手附さへ打て置たら、外へはやらぬ金の鎖と、きのふから揉立て大方に手附の才覚」とある。

第三種は「拘束力アル契約ヲ、一方的ニ解除スルノ一手段」、すなわち所謂解約手附である。たとえば近松半二作替唱系の時雨（天明二年）茶屋の段に

「ハイハイそんなら旦那様お金申請ます。当月中に後金が渡りませぬと、此金は流れます」

錦文流作当世乙女織（宝永二年）巻四（北国金の森の段、浅草のよね饅頭の段）で、井筒屋の亭主太郎右衛門は奈良九のために京屋の遊女式部を請出そうとして

「四年の年季を八百両、内百両は手附金、残るは近日渡さんと、証文極め立帰」ったが残金の才覚が叶わず奈良九は出奔し、

「この事廓にかくれなく、式部おやかたより井筒屋へ跡金のさいそく、不埒なるよし互に付届け有って、手附の百両は生ながらの損金、式部親かたの徳分」

また、馬場文耕著当世武野俗談（宝永七年）河七庭華の段にも、

「其中近江屋へ手代（庭華の千代）参りて、身請の手附として庭華渡せし金子二百両還しくれよと申候、善右衛門方（近江屋）にて此手代大きになぶり廻してはじをさらさせ二の町身請の約束の日より外の客をせず揚詰にして置し処、身請の変改さへ男に似合ぬ大たはけものなるに、手附金返せとは古今なき大馬鹿者かなと、五丁町中に男女は云ふにおよばず、御城下の笑ひ草となり……」と。

博士曰く、「此等諸文ニ依レバ手附交付者ガ契約ニ違反シタル場合ニハ単ニ交付シタル手附金ヲ罰金トシテ損失スルニ止マリ（罰金手附 *Arrha poenalis*）ソノ他ノ法律上ノ責任ニ至テハ一切免除サルルコト古今ノ通例タリシヲ知ルベシコレヲ反対ノ方向ヨリ解釈スルトキハ手附交付者ハ手附ヲ放棄スルコトニ依テ契約ヲ一方的ニ解除スルノ自由ヲ有スルモノト云フベシ此ノ如キ契約解除権ハ手附交付者ノミナラズ手附受領者モ亦コレヲ有ス」と。

それ故中田博士によれば「徳川時代ノ手附ハ契約ヲ拘束スル手段タルト同時ニ契約ヲ一方的ニ解除スルノ手段タルモノニシテソレ自身ニ於テ互ニ矛盾セル二個ノ観念ノ結合ナリト論ゼザル可ラズコレ徳川時代ノ手附ノ性質ヲ説明スルコト困難ナル所以ナリ」(傍点筆者)。

ところで、このように中田博士の結論とされる・拘束的作用と解約的作用との二面性の矛盾は、当時の手附の基本的性格を要物性ととらえるならば、解消されるように思われる。しかも民法起草者が「古来ヨリノ慣習」(16)としてもっぱら解約的に理解している程に当時の手附がより多く解約的に用いられていたことも、前期的段階における当時の売買法の構造と関連して、その要物的性格から説明されうるように思われるのである。

中田博士の説明によると、いわゆる第二種の手附が「契約ニ拘束力ヲ付与スル」という場合、ここに契約の拘束力というのは、「当事者ニ彼等ガ締結シタル契約ヲ遵守(Ein Versprechen halten sollen)スルノ義務ヲ負ハシムルノ効力」をさすのであり、したがって、手附が契約に拘束力を附与するというのは、「(手附ヲ受授スルコトナク単ニ当事者ノ合意ノミヲ以テ締結シタル債務契約ハ当事者一方ノ意思ニテ何時ニテモ解除スルコトヲ得ルモノナルニ反シ)手附ヲ交付シテ締結セル債務契約ハ一方的意思ノミヲ以テハ最早コレヲ解除スルコト能ハズ」(傍点筆者)という意味である、とされる。

そうだとすると、中田博士の契約に拘束力を附与する手附というのは、要するに私のいわゆる「内金」手附を意味するように思う。つまり、この種の手附は、要物契約における・売ろう買おうの合意の段階で買主が内金を売主に交付することにより、当事者双方のもつ悔返し権を排除する——特定物売買であれば、とりわけ売主の別途処分権を放棄せしめる(17)——という限度でその合意に拘束力を附与する(いいかえれば、この種の手附は契約の要物性=契約の拘束力の制限を一定限度で緩和するにすぎない)。この意味で、「内金」手附は正に「効力ノ不確実ナル契約ヲ確実ニシ効力ノ薄弱ナル契約ヲ堅固ナラシム」[18]るものである。しかし、「契約ヲ成立セシムル」[19]効力――手附授受という一定の方式の履践によって当事者双方に履行義務を生ぜしめる――をもつところの「成約」手附ではない（成約手附の段階では、手附は経済的価値をほとんどもたぬ程に少額の仮装的給付と化し、要物性よりも方式性を契約に附与する結果、当事者の合意とは独立に契約に拘束力を生ぜしめることになる《要式契約！》。したがって、わが国には成約手附は存在しなかったとみてよいであろう）。

この「内金」手附に「手附流倍戻」の慣習がむすびつくと、「解約」的作用が生ずる。もっとも、上で私は「手附流倍戻」の慣習によって手附が違約罰として、すなわち履行確保のために作用する、とのべた。しかし、この慣習は同時に、一旦売買約束に拘束力を附与せしめた手附を失うことによって、再び拘束力を排除する作用を営むことになった。すなわち手附に悔返し権の留保の対価としての性質を附与したのである（諾成契約の原則のもとでは、合意そのものに拘束力が与えられており、したがってその合意を一方的に撤回するには特別の合意が必要であるから、特別の合意が存在するわけではない「手附流倍戻」は原則として契約の拘束力を強化＝履行を確保する方向―違約手附―に作用すべき[20]だが、要物契約のもとでは、単なる合意そのものには本来拘束力はないのであるから、特別な合意なしに一方的に撤回することは自由であり、したがって「手附流倍戻」を解約＝悔返しの方向に機能せしめることが可能なのであり、むしろその方が自然というべきかもしれない）。勿論、この時代においても、「手附流倍戻」の慣習が履行確保のために作用したことはいうまでもない――もっともこの場合にも、訴訟制度の不備な当時にあっては、むしろ相手方の違約による損害填補のための簡便な決済手段として利用される面がつよかったように思われる[21]（その側面では解約手附に近似してくる）。

そうして、手附の利用者がこのような相反する機能のうちのいずれを当該手附が営むことを期待していたか、は、結局、手附として授受される金額の多寡によって決められるだろう。というのは、その金額が取引金額と比較してかなり少額である場合——余りに寡少であれば悔返しの対価たりえない——には、手附は解約的作用を果すであろうが、逆に取引金額と比べて手附金額が相当の額であれば、当事者はそのかなりの額の手附損ないしその倍額償還の危険をおかさなければ違約することができないから、むしろこの場合には当事者に約束を遵守せしめる機能をもつであろう[22][23]。

そうだとすると、たとえば、寸錦雑談所収の元禄十六年十一月の戯子券（役者請状）に[24]、

「手形之事、一私義、貴殿方江、当未ノ十一月朔日ゟ、来申十月晦日迄、役者奉公ニ罷出申所実正也、給金拾三両ニ相定、此内為二手付一、金三両弐分、只今程慥請取申候……」

近松徳三作文月恨切子（年代不詳）第三段にある身請契約の証文[25]

「一札之事　一我等抱のお才事身代金七十両に相極め右之内為手附金二十両慥に受取申候実正也……」

近松門左衛門作紙屋治兵衛紀伊国屋小春天の網島（享保五年）中之巻に[26]

「夫とても何とせん半金も手附を打、繫とめて見る計り」

などの例にみられるように、当時の手附金額は約定金額の四分の一から三分の一[27]程度で、「徳川時代ノ……手附ノ額ハ甚多ク時トシテハ支払金ノ半額ニ及ブコトアリ[28]」、したがって江戸時代においても、手附は原則として、約束に拘束力を附与しないしは強化する作用を営むもの、つまり「内金」ないし「違約」手附として、利用されてきたもののようである。

しかし、他方において、当時の資料から、比較的少額の手附金が授受され、もっぱら解約的機能を営んできたことも亦、明らかなのである。たとえば、全国民事慣例類集[29]によると、

「雑穀類等総テ相場ニ高低ヲ生スル物品ニシテ売買ヲナスニ月日ヲ限リ物品ヲ受渡ス可キ約ヲ定メ而シテ其代価

譬ヘハ金百円ナルモノ手付金トシテ金二十円ノ請渡シヲナシ残金八十円ハ物品請渡シト共ニナスヘキノ定約ナル時若シ其約ニ際シ相場下落シテ五十円ニ下ル時ハ買主ニ於テ手付流シト称シテ手金二十円ヲ損失トシ其約ヲ廃スル事アリ又之ニ反シ沸騰シテ百五十円ニ至ル時ハ売主ニ於テ手付倍返シト称シ都合四十円ヲ買主ニ渡シテ其約ヲ廃スル慣例ナリ（加賀国石川郡）」

「売買ノ約ヲ定メ未タ物品ヲ受渡ササル以前相場上ニ高低ヲ生シ売主ヨリ買主ヘ其事由ヲ告知シ前ニ約シタル価ヲ増サント請ヒ買主ニ於テ之ヲ欲セス増価ナレハ物品ヲ他ヘ売渡ストモ異存ナキ旨述ルトキハ売主ヨリ曾テ請取置タル手付金ヲ倍増ニシテ返ス旧例ナリ（阿波国名東郡）」

さらに明治「維新後政府が『売買ハ手附金ニ因テ其約束ノ確定不確定ヲナスコトナキヤ』ヲ各地ノ商法会議所ニ質」したのに対して、[30]

「〔京都〕売買の約束は必ずしも手附の有無に拘はらざるは、前条に答申するが如し、然し手附金を以てする者に就ては、其内心を察するに二途あり、其一は売人・買人ともに違約を成さざらしめん為に受渡しするあり、是雙方共正直なる性質にて、若し約限に至りて臨時の故障差起るとも、和談に及ぶべし、其一は売人買人共に心中に疑念ありて、先づ買人の方には若し約限に至て相場下落すれば、手附を流し込破談せんと見込、……或は其反対にて売人の方に期限に至りて、約束の貨物相場に非常に騰貴するを思慮して、手附金を一倍して返弁し破約するの約束なさんとするものもあり、……凡そ此慣習は商人利を争ふの情実にて……然り而して此事は投機商人に多しとす、必用売買取引の約束には是等の駈引は無レ之と信ずるなり」（傍点筆者）

「〔大坂〕……凡そ我大坂に於ては商業に因り手付金を要す者往々之れあるも、普通の売買多く手付金を要せず、元来売主の手付金を要するは、買主違約することあるに当て、其手金を以て損害を償はんとするの予備なれば、若し其物貨の価格低落して手付金にて損害を償ふに足らざるに至る時、別段の約束あるに非ずして買主其手付金を流さば、売主に於て之に故障を述ぶるを得ざる一般の慣習なり」

これらの資料を通じてわれわれが気附くことは、解約手附はもっぱら商人間の取引において利用されている、ということである。このことと前に挙げた・内金ないし違約手附の例とを考えあわせると、互いに相矛盾する二種の手附は、それぞれの機能に即してその利用の領域を異にしている、と考えることができる。すなわち、「物の使用価値そのものの取得が主目的である消費売買乃至取引の対象の入手が主目的である遊女の身請の如きに於いては手附は専ら拘束的作用に於て利用されたであろう。之に反し、取引の対象の現実の入手が問題でなく、取引による利潤の抽出、抽象的な富＝価値の増大が狙いである商人間の取引に於ては手附は寧ろ解約的作用に於て――価格騰貴の場合に売主が破約しても買主は少くも手附乃至その倍額は手に入る。と同時に売主は騰貴した価格で価格差利潤を手に入れうる……――利用されたものと推測されうる」[31]。

それでは、なぜ、このように商人間の取引では手附がもっぱら解約的作用において利用されたのか。それは（窮極的には近世の売買構造に規定されるとはいえ、さしあたり）、当時すでに商業取引において信用取引が広く行われるようになっていたことと関連があるように思われる。当時の商業利潤は、後述するように、不等価交換による価格差利潤として現われるものであったから、資金の潤沢さに比例して利潤も大きいはずであったが、当時は流通品目の貧しさ・国内市場の狭さから利潤率には自ずと限界があり、その打開策としてもっぱら商業信用の放漫化の途がとられたのであった。そこで延売買・掛売買・手附売買・手形売買等の売買形式が利用された[32]。だが、こうした信用取引にも、当事者間相互の信用の厚薄によっておのずとその取引方法に差別があったように思われる。そして、こうした信用取引を可能ならしめたのは、中世における「座」の組織と機能とを承けついだ「株仲間」「仲間」などと呼ばれたギルド制度であった[33]。「株仲間」は一箇の共同体社会を形成し強固な団結によってその独占的排他的市場支配をはかった。そのことは反面では、株仲間の信用を裏づけ、また彼ら自身も不正不実な行為を互いに戒しめ信用を保持しようと努力するところがあった。信用取引はこのような株仲間の信用保持機能に支えられたわけであるが、そのため、実際の商取引においても通常「口約拍手」のみで契約を成立せしめ、とりたてて手附を必要としないようになったのであろう[34]。しかし、こうしてギルド内では体面を重んじた商人も、ギルド外との取引では、魔術的な商慣習によって不正欺瞞を敢行するのがつねであった[35]。そして解約手附もその手段の一つであった。けだし、「近代に至る迄は資本は生産過程を捉えることができず、専らその運動の場を流通過程に限局されていた（前期的資本としての商業資本）。処で資本が流通過程でのみ運動せざるを得ないとすれば、それの利潤も亦当然この流通過程の内部からのみ抽き出してこなければならない。その為には、資本＝商人は安く――安い所で或いは安い時に――買って高く――高い処で、高い時に――売る、つまり地域的若くは時間的な価格差＝非等価交換を利用せざるを得ない。だから前期的資本＝商業資本の利潤の源泉は、最も甚だしい場合は暴力の行使＝略奪――この場合にはただで手に入れる――、或は詐欺、ギマンであり、そうして恐らくより緩和された手段としての違約＝破約であったであろう。資本の運動がかかるものであることを常態としていた段階＝時代に於ては、このことに対応してそれらは従って亦此処で問題になっている違約、破約も不正、不当なもの、責むべきものとは一般に意識されることなく、寧ろそれを常態として、その場合における簡易な決済方法が技術的に考察されていたものと考えられる」[36]からであった。それ故、解約手附のこのような「社会的、経済的、竝に精神的背景」[37]を考えるならば、叙上において中田博士によって矛盾として把握された手附の二つの作用は、「毫も矛盾するものではない」[38]ことが明らかとなる。というのは、「両者はいずれも約束は守らざるべからずの意識の欠如を前提し、若くはかかる事実そのものの表現に他ならないからである。手附に拘束的作用を期待しなければならないのは、単なる売買の合意だけではそれの遵守が確実に保障されないからであり、従って此処では当事者の契約遵守の意識の欠如乃至弱さが前提されている。又解約的作用に於ける手附は寧ろかかる契約不遵守の合法化の技術であり、此処では寧ろ約束は守らざるべからずの意識の欠如が或る意味では積極的に肯定されている」[39]（傍点筆者）からである。要するに手附慣習は、それが「内金」手附としてであれ、解約手附としてであれ、いずれにしろ要物契約の段階にとどまる前期的社会の所産なのである[40]。

最後に、今まで述べてきた手附とやや類型を異にする手附が存在したことについて触れておこう。それは今日謂うところの雇傭契約にあたる「奉公契約」における手附[41]、がそれである。取替、身代金、捨銀（金）、前銀、本金、手附、給金、内金、手当金、賃金などの名称で、一定の金銭を奉公契約締結にさいして雇傭者から被傭者に給付する慣習が江戸時代初期から行われていた、といわれる。奉公契約が締結される場合、まず奉公人となろうとする者が、主人となろうとする者に選択の機会を与えるためにその家に出向く・いわゆる「目見《めみえ》」が行われ、採用ときまれば、主人より給金を渡し、奉公人からは請《うけ》状を差出すのが普通であった。給金はこのさい、通例は全額を渡さず、内金を渡し、これが取替その他さまざまな用語で呼ばれたことは叙上の通りである。その額は一般の手附同様、はなはだ多く、時としては半額あるいは大半にまでおよぶことがあった、といわれる。金田博士によると、ドイツの僕婢契約における Mietstaler とは異なり、この種の手附がいわゆる「成約」手附である証拠はないが、手附受領者は契約解除権を放棄することを約束する旨多くの文例にみえるところから、その限りでは中田博士のいわゆる拘束的作用を手附が有する、とされる。さらに、奉公契約の解除権は一方的に雇用者にのみ属し、解除のさいにはつねに手附が返還されるのが例であった——裁判上もその返還が強制された——ところから、解約的機能ももたなかった、とされる。結局、博士によれば、奉公契約自体諾成契約であって、手附は「証約」手附と解するか、あるいは Stobbe の謂う herkommliches Miethgeld（慣例的に授受される金銭――叙上「二　ドイツの手附」註（23）参照）と解すべきものだ、とされる。

おもうに、法制史家の説くように、一般に江戸時代において奉公契約は封建上の身分法的、人法的関係を脱却して次第に債権法上の有償労務提供契約に進化したのだとすれば(42)、奉公契約における「手附」は、人身売買の仮装方法の一種としての人質契約、すなわち質物《しちもつ》奉公、遊女の年切勤《ねんぎりづとめ》奉公などの契約締結時に渡される・人身の対価たる「身代金《みのしろきん》」の名残りとは考えられないであろうか。当時なお人法的支配服従関係の色濃い人身拘束的な奉公契約（雇主の一方的な選択権・解除権および私的刑罰権の存在、雇主方での食事後の奉公人の選択不自由および契約終了後の無償労働の慣行＝「礼奉公」）にあっては、あながち全く的外れというわけでもあるまい。ともあれ、もし私の推測があたっているとすれば、奉公契約は手附の授受によって確定的に受領者（奉公人）の反対給付義務（労務提供）が生ずるところの要物契約とみることができよう。したがって、奉公契約における手附も亦「内金」手附とみることになる（ただし、「手附流倍戻」の慣習はない）。

（1）日本経済史辞典「手附」（宮本博士執筆）の項。
（2）宮崎道三郎博士「手附の話」法制史論集八五頁以下、同「䞓の字義を論じて日本支那印度古代の手附に及ぶ」同論集三七八頁以下参照。三浦博士「手附」法制史之研究（昭和三三年）九二九頁。
（3）宮崎博士前掲七九頁以下。
（4）日本経済史辞典「手附」の項。
（5）叙上「ドイツの手附」七頁参照。わが国においては、仮装的給付にまで萎縮して方式化した手附＝「成約」手附は存在しなかったように思う。なお、後出（8）参照。
（6）以下の記述は中田薫博士「売買雑考」法制史論集第三巻三六頁以下による。
（7）中田博士前掲「売買雑考」中「二、売買私券」の項参照。

(8) 来栖教授は、当初の要式契約は、一方の債務がすでに履行されている場合に他方の債務の履行を担保することを目的としたものであり、その後一方の債務がすでに履行されているという要件が不要になったのであろう、と推測されている（法協八〇巻六号五三頁）。私も、この売買私券は、やはり最初は、買主の代金支払によって発生した売主の目的物給付義務の履行を担保することを目的としたものと思う。その後いわゆる半直売買が起って、半直が買主の残金支払を担保するのに対してやはり売主の目的物給付を担保するようになったのであろう。したがって売券交付によって売主の悔返し権は排除される（但し、土地売買の場合には中世ゲルマン法のAuflassungのように一種の観念的ゲヴェーレとみることができるかもしれない――川島教授「近代社会と法」二〇三頁以下）。後出（12）参照。

(9) 中田博士前掲「売買雑考」中「四、代価の支払と売買契約の成立」の項、とりわけ五六頁。

(10) 中田博士前掲「売買雑考」中「三、半直売買」の項、宮崎博士前掲八九頁以下、および三浦博士前掲九三〇頁以下。

(11) 宮崎博士前掲「手附の話」八九頁以下。

(12) 中田博士は売券「所有権移転の効力」を認めておられるが、現実の・物の引渡がともなわずに売券の交付のみによって観念的なタイトルが移転する――したがって物の引渡は履行にすぎぬ――とか、売券に所有権が化体しているというふうに当時の人々が意識したとは考えられない。やはり現実の・物の引渡にともなって売券が交付され、物の移転の証拠とされるのが普通だったのではないだろうか。そしてもし、物の引渡前に売券が交付されるとすれば、それは物の引渡を担保するためであろう（あるいは観念的ゲヴェーレ?）。

(13) 中田博士「日本古法における追奪担保の沿革」前掲論集五九頁以下「日本法」の章参照。

(14) 中田博士「板倉新式目に就て」前掲論集六九五頁以下（「十一、誂物法」の項）参照。

(15) 中田博士「徳川時代ノ文学ニ見エタル私法」中「㈤手附」の項（宮崎教授在職廿五年記念論文集）六九五頁以下。

(16) 民法修正案理由書第五五七条。

(17) 種類物売買の場合にも見本売買において「〔買主の見本検閲前〕手附金を受取らざる間は何人へ売却するも勝手たるべし」とする例がある（武生）、日本商事慣例類集一八七頁。

(18)(19) 中田博士前掲「手附」六九八頁。

(20) 旧民法財産編三二七条は「適法ニ成リタル合意ハ、之ヲ為セシ者ニ対シ、其効力法律ニ等シ。合意ハ結約者雙方ノ承諾アルニ非サレハ廃棄スル事ヲ得ス」と規定し、近代法における諾成の原則を効力の側面から表明している。ところが、解約手附は、履行の着手までは各当事者が手附額の損失さえ負担すれば相手方の承諾＝特別の合意なしにいつでも契約を解除できる（無理由解除!!）、とされるのであるから、上の諾成の原則とは別の原則――要物性の原則――に立脚することは明らかであろう。来栖・太田「手附」総合判例研究叢書・民法㉗一〇一頁以下参照。

(21) 日本商事慣例類集によると「約束の期限を過ぎるも売主物品を引渡さざるか又は買主之を引取らざるときは其売買は破約となるや又は尚ほ成立つや」という問に対して、その場合には破約となり、売主は手附倍額償還、買主は手附流しとするのが慣例と答えた地方が多い（六一七頁以下）。また、見本売買において商品が見本と異なるときは、買主は受渡しの際必ずその不良を責め見本の品と引換えせしめ、もし引換を拒むときは、破約として手附金を倍額にして違約を償わしめるのを常とする例がある（静岡県佐野郡城東郡）――六七四頁。その他、同書一八七頁以下、六四五頁以下参照。

(22) 不履行解除の場合にも、任意解除の場合にも、破約の相手方に給付する損害賠償額が手附額に限定されるという点では、「違約」手附も、「解約」手附も同じ効果をもつ。その意味で「むしろ違約手附は独立の手附の種類でなく、内金とか証約手附又は解約手附が違約手附の性質を兼ねることがあると考えるべきかもしれない」（傍点筆者）来栖教授前掲「日本の手附法」一二頁。但し、訴訟の場における「違約」手附はもっぱら破約者の契約解除（＝解約手附による解除権の行使）を否定するための道具概念として登場するのであって、その限りでは違約手附と解約手附とを区別する実益がある（拙稿法学新報七二巻一・二・三合併号一〇七頁以下、一三七頁参照）。

(23) 理論的に考える限り、要物契約の段階であればこそ、「手附流倍戻」は、違約罰＝サンクションとして手附に「拘束的」作用を附与するのであって、諾成契約の段階では、単なる合意に拘束力が認められるから、サンクションとしての意味がうすれて、損害賠償額の予定＝解除後の簡便な決済手段という機能がつよくなるとみるべきであろう。

(24) 宮崎博士前掲「手附の話」六四頁。

(25) 中田博士前掲「手附」七一二頁。

(26) 中田博士前掲「手附」七一五頁。

(27) 宮崎博士前掲「手附の話」七〇頁。

(28) 中田博士前掲「手附」七一五頁。

(29)　風早八十二解題「全国民事慣例類集」二八〇頁以下。

(30)　中田博士前掲「手附」七〇六頁以下。日本商事慣例類集一三一頁以下（第一編第一章第三条）参照。なお〔大坂〕の項は里羽兵治郎編「大阪商業史料集成」第二輯二〇頁以下（商事慣習諮問報答書）にも記載。

(31)　川村教授「債権各論講義案」（昭和二九年）三〇～三一頁。

(32)　宮本又次博士「近世商業組織の研究」二五二頁、同「日本商業史」二五五頁、同「日本商業史講話」四二九頁並びに同「近世商業経営の研究」九二頁。

(33)　宮本博士前掲「組織」七九頁以下、とくに八四頁、同「商業史」二〇四頁以下、とくに二一〇頁、同「講話」三八八頁以下、とくに三九七頁、同「経営」五三頁以下、とくに五八頁。

(34)　日本商事慣例類集第一篇第四章第二条第三条（一二七頁以下）、第二篇第四章第二条第三条（四七一頁以下）参照。たとえば「〔大坂〕初見の買主にあらざるよりは、手附金に依りて売買約束の確定不確定をなすことなし、……此の〔手附流倍戻〕如きは自ら取引上の信用を損する者にして、当地の売買は十中の八九は従来取引の荷主或は得意先に係り、尋常の売買は必らず貨物代金を授受して結了するを目的とし、間々手附流れ手附倍戻し等にて売買を結了することあるも、是は大坂商人の屑しとせざる者なるが故に、手附金を要するの顧主は却て売主の之を信用する薄きより出づるを免かれざるの情実なり」（一三二頁）。その他、第一篇附録「商事慣習問目外の条件」中「延売買の事」参照（一二二頁）。

(35)　宮本博士前掲「組織」一〇四頁以下。

(36)　川村教授前掲三一頁。なお、前期的商業利潤作出の欺瞞性につき、大塚博士「所謂前期的資本なる範疇に就いて」（「近代資本主義の系譜」大塚久雄著作集第三巻三七頁以下）参照。

(37)(38)　川村教授前掲三〇頁。

(39)　川村教授前掲三〇～三一頁。わが国において今なおむしろ一般的な「前期的」契約意識につき、川島博士「順法精神」（「近代社会と法」九七頁、興味ある体験例として同所（48)、星野英一教授「現代における契約」（「現代法8」二五四頁以下）参照。

(40)　解約手附の慣行のもとでは、「売買はなお一種の要物契約にとどまり、目的物の引渡代金の支払が売買の本体で、それに先立つ売ろう買おうという当事者の合意はその予約とみられ、手附はその予約についての手附だったのではないだろうか」

と来栖教授はみておられる（「日本の手附法」法協八〇巻六号七九～八〇頁）。

(41) 奉公契約およびその手附については金田平一郎博士「徳川時代に於ける雇傭法の研究(一)」（国家学会雑誌四一巻七号所収）および石井良助博士「続江戸時代漫筆」による。なおここにいう奉公契約は庶民間の奉公契約すなわち所謂「出替奉公」と「年季（切）奉公」をさす。

(42) 石井博士前掲一二四頁。

むすび

上にのべたところから明らかなように、一般に手附の沿革は、そのまま、方式主義の崩壊とその後にくる方式自由の原則の確立という・契約法の進化の過程の一側面であった。すなわち、ドイツにおける要物契約→要式契約→手附契約→諸成契約という契約形態の推移は、同時に、「内金」手附→解約手附→成約手附→証約手附という手附の発展の道程であった。

ところがわが国の場合には、「内金」手附ないし解約手附の段階にとどまり、ついに、仮装的給付として方式化した成約手附にまでもいたらず、近代を迎えてしまった。したがって契約形態も方式主義と呼ぶには余りに現実性の色濃い要物契約の段階にとどまって、要式契約を経験するいとまがなかったのである。ところが明治維新にさいして、近代国家としての新たな出発を迫られた明治政府は、あいついで西ヨーロッパから近代諸法典を継受した。民法典もその一つであることはいうまでもない。

最初、明治二六年施行を目ざして公表されたフランス人ボアソナードの起草にかかる旧民法は、売買予約の手附と売買の手附とを区別し、フランス民法一五九〇条——ドイツ民法典とは逆に売買予約の手附のみを規定し、原則として解約手附としている――にならって、当事者の一方が契約の締結または証書の作成を拒んだ場合には、手附損または倍額償還と規定した（財産取得編二九条）のに反し、売買の手附については、手附が金銭であれば別段の慣習または明示の意思表示がない限り、原則として内金とし解約手附とすることを否定した（同三〇条）。その趣旨は売買の拘束力を確実ならしめるところにあるとされている。(1) ところが周知の法典論争が起り、旧民法は施行されず、その間に発表されたドイツ民法典第一草案を参考にして、現行民法典ができあがったのである。

そこでは、西ヨーロッパの母法と同様、契約の要物性から解放されて単なる合意それ自体に拘束力を認める諸成の原則がとられている（民法第五五五条）。しかも、外観上は諸外国の立法に例をみないほど、契約の方式の自由を徹底させ、意思の拘束力を尊重しているのである。(2) それにもかかわらず、他方において、起草者は「古来ヨリ一般ニ行ハレタル慣習」(3) たることを理由に、若干の修正を施して解約手附を導入したのである。「解約」手附という・旧来の慣習が、単純な合意には拘束力が与えられていないことを前提として成立している、すなわち契約の要物性の基礎の上に立脚している慣習たることは、上来くり返しのべてきたところであって、民法典のよって立つ諸成の原則と相容れないことは明白なのである。

それでは、一方で契約方式の自由を徹底せしめ、他方で、全くこれと相容れない解約手附の慣習を制度化するという・このような民法典のいわば体系的矛盾は、どう説明したらよいのであろうか。おそらく、その答えを暗示するものはわれわれの社会にいまだに残っている所謂前期的な契約意識の存在であり、そして手附慣習はそのような契約意識の具体的顕現とみることができよう。すなわち「手つけをうけとったときにだけ、絶対の拘束力ある契約が意識される。手つけのない契約をしておきながら約束違反をとがめることは『わけの分からぬ奴』とされる場合が多い」(4) という現実がそれである。そして、こうした現実こそ、わが国においては契約の拘束力の担保が書面作成にたよるよりも、もっぱら手附を打つことによって支えられていることを物語っている。かくして、民法典における解約手附の規定は「法律上の建前としての無方式の原則の徹底的承認と現実における事実としての契約の拘束力の意識の弱さのギャップの表現[5]」とみることができるのであり、これをいいかえれば、民法典における徹底した契約方式自由の外見は、むしろ逆に民法典が内面では契約の要物性に執着していることの反射なのであり、その執着の集中的表現こそ正に解約手附の規定なのだとされる来栖教授の指摘[6]は、誠に正鵠を射ているといわなければならない。

（一九六九・六）

（1） 来栖教授前掲「日本の手附法」三〇頁。
（2） 来栖教授前掲五一頁以下。
（3） 民法典修正案理由書第五五七条。
（4） 川島教授前掲「近代社会と法」九七頁。
（5） 来栖教授前掲五三〜五四頁。
（6） 来栖教授前掲五二頁。

手付

第一節　民法典における解約手付制度

一　手付の意義・種類・沿革

㈠　手付の意義

手付とは、契約締結にさいして当事者の一方が相手方に対して交付する金品のことである。通常は金銭が交付され、手付金・手金などと呼ばれる。手付の授受は売買契約において最もしばしば行われるので、民法は売買について規定し（五五七条）、他の有償契約に準用している（五五九条）。なお、手付金は代金の一部に組み入れられるのが普通であり、従って通常は買主が手付を交付し、代金債務の履行のさいには代金と手付金との差額を支払うことになる。この場合、手付は「内金」として働く。もっとも、代金支払のさい手付金が返還される例も稀にある――「外金」としての手付。

㈡　手付の種類

(1)　社会的経済的機能からみた手付　手付は、取引の場において発揮される社会的経済的機能の別によって、次のように分類されている。すなわち、契約が有効に成立したことの証拠としての機能においてとらえられる「証約」手付。一方当事者が契約に違反した場合に違約罰ないし損害賠償額の予定として機能する「違約」手付。この場合とりわけ損害賠償額の予定としての違約手付（以下便宜上「予定」手付と呼ぶ）においては、後述の解約手付同様、手付を授受した買主が違約すれば手付を放棄し、受領した売主が違約すれば手付倍額を返還するのが普通で、「手付流し倍返し」とか「手付損倍戻し」と呼ばれる。いったん成立した契約を手付を代償として——ここでも手付流し倍返し——一方当事者が任意に消滅させる（いわゆる無理由解除）・契約解除権の留保として機能する「解約」手付。この他にも、手付の授受によって契約を成立せしめる「成約」手付があるが、合意のみによって契約を成立せしめる諸成契約を原則とする近代法のもとでは存在の余地がない。更に、手付類似の概念として売買代金（または報酬）の一部前払いとしての「内金」がある。

(2)　契約遵守の原理からみた手付　商品交換の普遍化した近代取引社会では、契約当事者による自発的な契約の遵守が何よりも強く要請される（契約遵守の原理 pacta sunt servanda）。そこでこの原理に即して、右の手付諸概念をとらえなおすと、次のようになる。証約手付はその授受が契約書以上に争う余地のない証拠として役立つところから、契約遵守の原理の貫徹に奉仕する。違約手付は契約の履行を確保することを目的とするところから、これまた、契約遵守の原理に適合する。これに対して予定手付は、一方当事者が違約すれば相手方は解除の必要なく直ちに手付流し倍返しによって契約関係を清算することを目的とし、従って違約の事後処理を訴訟によることなく迅速簡便に遂行しうるが、その反面、合理的な損害賠償額が予定されず不当に低くきめられるならば、たやすく違約が行われ、契約遵守の原理をいわば間接的に否定することになる。解約手付は、有効に成立した契約の効力を、手付の放棄を唯一の条件として、いつでも（ただし履行着手前）任意に否定しうるとするのであるから、契約遵守の原理に対立するものといえる。このように、契約遵守の原理を視点に据えるとき、手付は決して一様ではない。とりわけ、解約手付とその他の手付との違いは、訴訟の場において決定的である。訴訟における手付は、後述するように、相対立する訴訟当事者がその法的主張を互いに正当化するための――従って相手方のそれを否定するための――道具概念として機能せしめられており、しかも証約手付・違約手付及び内金は、契約解除・手付額を限度とする賠償など解約手付と結びつく法的効果とは相容れないそれ――契約の履行・実損害の賠償など――と結びつき、これを正当化する道具概念として、解約手付と対立して用いられているのである。[1] しかし、それにもかかわらず、学者は一般に、手付の授受に際してその性質につき当事者間の合意が不明であっても、少なくとも契約成立の証拠となるから、証約手付は手付の最小限度の性質といいうるとして、[2] 一個の手付が数種の機能を兼ね備え、ないしは数種の手付が併存することを当然視する。例えば、違約手付（ないし予定手付）と解約手付との併存あるいは違約手付（ないし予定手付）を兼ねた解約手付の存在の主張。[3]

㈢　手付の沿革

手付は、身近な取引慣習でありながら、「由来久しきに拘わらず、沿革的事実に乏しく」[4] と法制史家ですら嘆くように、その歴史的検証を果すことは到底困難である。ただ、今に残る記録の断片を綴り合わせてみるとき、手付の生い立ちには三つの系譜があるように思われる。[5] まず、第一の系譜は、責任契約に由来する手付をめぐるそれである。手付を表す古い言葉がいずれも「物的担保＝質」を意味するところから、古代法によくみられる債務と責任との分離にもとづき債務契約のほかに設定される責任契約において、責任を根拠づけ責任の客体として交付者の債務不履行の際の賠償の対象とされる手付がそれであった。この場合の手付はまさに債務履行の保証金であり、債務不履行＝違約の際の手付の喪失という威嚇によって債務契約を実体的に強化する手段すなわち違約手付として機能した。そしてそれは逆に、手付を放棄すれば契約を解除しうるようになって解約手付が登場する。ギリシャの手付が好例であった。次に、第二の系譜は、諾成契約に由来する手付をめぐるそれである。ローマ古代法では売買ほか三種の契約は諾成契約とされ、またすべての債務に責任が含まれていたから、成約手付ないし違約手付的性格はもちえず、証約手付たるにすぎなかったといわれる。もっともユ帝時代に入って解約手付が浸透するのであるが、ローマ固有法上の証約手付は、近世ドイツにおけるローマ法継受によって復活することになる。第三の系譜は、ゲルマン法にみられるような、要物契約に由来する手付をめぐるものである。現実行為を承継する要物契約では、受領者の債務発生に必要な先給付が、当初必要と考えられた完全な履行から次第に、単に一部の履行で十分と考えられるようになる。特に買主に対しては代金を全額直ちに支払うことが要求されず、内金をもって満足されるようになり、ここに手付が登場するに至るのである。もっとも、当初は手付の受領によって反対給付義務が生ずるとまでは考えられず、売主が目的物を他に売却する・いわゆる別途処分を一定期間放棄させるその対価として、買主が代金の一部を内払金として支払うというほどのものであったろう。というのは、要物契約においては、目的物の引渡し・代金の支払いに先立つ「売ろう・買おう」の合意は、いわば裸の口約束にすぎず、それだけでは何の拘束力も生じないから、従って先給付がなされるまではどちらの当事者も無償の撤回――江戸時代にいわゆる悔み返し――が可能であり、そこで取引対象が買主にとってぜひとも入手したいものであれば、売主の約束の撤回すなわち別途処分を封じる手段が必要となるからである。だから、手付の登場によってもこの段階では依然として、売買の本体は目的物の引渡し・代金(全額)の支払いにあると考えられ、従って残代金全額の支払いがなければ、売主の反対給付義務は発生しなかったとみてよい。こうして、この場合には要物契約的性格がなお色濃く残っており、手付も売主の別途処分権の放棄という限度において売買約束に拘束力を付与したにすぎなかったのである。この段階の手付を仮に「内金」手付と呼んでおく。(6)「内金」手付は、売主が違約すれば、買主は当然これを返還させたであろう。そして叙上のように、他方で責任契約において手付が保証金となるに及んで、売主のみか買主の無償の撤回をも排除することになる。これだけではいまだ売主に有利なので、売主の違約の際買主は手付の返還のほかに同額を償還せしめるようになる。この段階にくれば、「内金」手付は単なる悔み返し権の排除をこえて、違約罰として履行確保のために機能するようになり、違約手付に変る。もっとも手付流し倍返しを効果とする違約手付は、一方では違約罰として履行強化の手段として機能すると共に、他方では訴訟制度の不備な時代において相手方の違約による損害填補のための簡便な決済手段すなわち予定手付として利用されることが多かったと思われる。そして後者は実質的には解約手付とほとんど変らないと見てよかろう。

さて、いったん「内金」手付の交付によって別途処分権の放棄または悔み返し権の排除という限度で給付に先立つ約束に付与された拘束力は、手付流し倍返しの特約によって再び消滅せしめることができるようになり、ここに解約手付が登場する。

中世ヨーロッパでは、叙上の「内金」手付は、手付金を売主が保持せず、売買約束の際に両当事者が証人と共に酒をのみ宴をひらいて費消する「酒手金」や手付金を教会や貧者に喜捨する「喜捨料」と呼ばれて当時広く行われた慣習と結びつき、何らの経済的価値も持たぬほどに少額の仮装的給付にまで萎縮し、給付に先立つ合意に契約としての拘束力を与え契約成立を証明する成約手付に変質する――要式契約としての手付契約の誕生。この成約手付は、近世に入り取引の著しい発展とローマ法の継受によって要物契約ないし手付契約と交代した諾成契約のもとにおいて証約手付に変り、解約手付もまた特約のある場合に限定された。例えばドイツにおいては、民法典の成立に際して、手付は証約手付と明規された上（三三六条一項）、疑わしい場合には解約金とはみなされない旨が明定される（同条二項）にいたって解約・成約の段階が自覚的に克服されたのであった。契約の成立根拠そのものにかかわる成約手付が諾成契約と相容れないことはいうまでもないが、成立後の契約の消長のみにかかわる解約手付もまた、実質的に諾成契約としての売買の効力をよわめるものである。けだし、要物契約における「内金」手付に由来する解約手付は、当然そのまま要物性を承継していたから、諾成契約のもとで解約手付が承継されれば、それは実質的には売買を要物契約に引き戻す結果となるからである。(7)

これに対して、わが国中世において「あきさす」と呼ばれた手付は、やはり要物契約に由来する「内金」手付と思われる。近世にいたってこの手付に「手付流し倍返し」の慣習が結びつき解約手付が登場する。もっとも、それは手付金額が代金額に比べてかなり少額の場合——とはいえ余りに寡少であればこれまた悔み返しの代償たりえないが——であって、逆に代金額に比べ手付金額が相当な額であれば、手付は違約ないし予定手付とみるべきことになる。(8)後の場合当事者はそのかなりの額の手付損ないし倍額償還の危険をおかさなければ破約（実質的には解約）しえないところから、おそらく当事者に約束を遵守せしめる機能（拘束的作用）がヨリ強く働くとみてよいからである。そして前者は、もっぱら商人間において転売による価格差利潤の取得——とりわけ相場の変動の著しい商品をめぐって——を目的とする場合に、後者は物の使用価値の取得ないし取引対象の現実の入手を主目的とするような場合に、それぞれ使い分けられていたようである。(9)更に興味深いのは、明治初年に時の農商務省が商法編纂のため各地の商法会議《ママ》所に宛ててその地の商慣習につきアンケート調査を行い、その結果をまとめた「日本商事慣例類集」（明治一六＝一七年刊）によれば、当時契約は「口約拍手」のみで成立し、手付を必要とはしなかったとされる一方で、強いていえば手付は「解約」手付として用いられる、とある点である。(10)この報告は、封建社会における取引圏の二重構造を示すと共に、解約手付の果した役割をも示していると思われる。(11)中世における「座」の組織と機能とを承継した「株仲間」と呼ばれたギルド内での取引にあっては、商人は専ら体面を重んじ信用を保持すべく「口約拍手」のみで契約を成立せしめ、手付すら必要とはしなかったのに対して、ギルド外での取引では一転して魔術的商慣習によって不正欺瞞が敢行され、契約もまた要物契約が用いられて、違約・破約も不正・不当なものとは意識されず、むしろ当然なこととされ、その場合の簡便な決済方法が解約手付であった。つまり、ギルド内では構成員に共通する利害の故に、契約遵守が強く意識される「口約拍手」という契約方式がとられたのである。他方、資本が流通過程のみを把握したにすぎず、そのために経済外的強制による不等価交換を常態とした当時の経済構造の故に、ギルド外における取引当事者間の利害が鋭く対立し、契約遵守の確実な保障がない以上は、遵守の意識がないことがむしろ積極的に肯定されて要物契約がとられたのであり、解約手付はこうした契約不遵守の合法化の技術であった。この点は「内金」手付ないし違約手付とて例外ではない。当時は単なる売買の合意だけではその遵守が確実に保障されなかったが故に、手金を打って合意に拘束力を付与しなければならなかったのであり、従ってここでは当事者の契約遵守の意識の欠如ないし弱さが前提となっているのである。こうして手付慣習は、それが「内金」手付であれ、解約手付であれ、いずれにせよ要物契約の段階にとどまる前期的社会の所産といえよう[12]。例えばドイツでは、「内金」手付から解約手付に発展した手付が、やがて解除の代償機能を喪うほどに少額の仮装的給付にまで萎縮して成約手付となり、近代に入っては契約の無方式化=諸成契約の導入により証約手付に変質した。これに対し、わが国では成約手付を経験するいとまもなく解約手付の段階で近代を迎えて、一方で諾成契約が採用された（五五五条）にもかかわらず、他方において要物性の色濃い解約手付の慣習が若干の修正を施されて導入されたのであった（五五七条）。

（1）　吉田豊「近代民事責任の原理と解約手附制度との矛盾をめぐって」法学新報七二巻一・二・三合併号一五六頁（昭和四〇年）。

（2） 末川博・契約法㊦二四頁（岩波書店、昭和五〇年）、相原東孝「手付と内金」契約法大系Ⅱ五八頁（有斐閣、昭和三七年）、来栖三郎・契約法二九頁（一）（有斐閣、昭和四九年など）。
（3） 典型的な例とされるのが、最判昭和二四年一〇月四日民集三巻一〇号四三七頁の判旨をめぐって、多数説は違約手付と解約手付の併存ないし違約手付を兼ねる解約手付の存在を認めたものと解する——一般論として来栖・前出注（2）三六頁、同「日本の手附法」法協八〇巻六号二頁・一〇頁（昭和三九年）など。
（4） 三浦周行・法制史之研究九三一頁（岩波書店、〔初版大正九年〕昭和三三年）。
（5） 以下、手付の沿革及びそれに関する文献については、吉田豊「手附ノート——沿革小考」松山商大論集二〇巻一・二号（昭和四四年）参照。
（6） 吉田・前出注（5）一四五頁、なお来栖・前出注（3）三六頁㈠。
（7） 来栖・前出注（3）三六頁。
（8） 江戸時代の手付金額は、代金額の四分の一から三分の一、時に二分の一にもなることがあったといわれる。そこから当時は原則として内金ないし違約手付として機能していたように思われる——中田薫「徳川時代ノ文学ニ見エタル私法」中「手附」の項参照（宮崎道三郎教授在職二十五年記念論文集〈有斐閣、大正三年〉）、なお吉田・前出注（5）一六二頁参照。
（9） 川村泰啓・債権各論講義案三〇～三一頁（昭和二九年）。
（10） 日本商事慣例類集一三一頁以下（昭和七年白東社発行のものによる）。
（11） 吉田・前出注（5）一六四頁以下、川村・前出注（9）三一頁。
（12） 来栖・前出注（2）三五～三六頁参照。

二　民法典における手付

民法典はその五五七条に起草原案通り解約手付を規定した。起草委員梅謙次郎博士は、原案審議に当った第八二回法典調査会において「此手附ノ慣習ハ既ニ日本ニ於テモ行ハレテイルノデ而シテ是等ハ最モ日本ノ慣習ニ依ツテ決シナケレバナラヌ……」とした上で、日本商事慣例類集はあいまいで参考にはならないが、民事慣例類集によれば各地の手付慣習が記述されており、「夫レラノ所ノ例デハ悉ク此本条ノ如クニナツテ居ルヤウニ書イテア」る、しかし一般の慣習かどうかを確かめるため現在各地の商業会議所に問合せ中なので、一応ここでは原案通り議決してもらい、もし回答において多数意見が原案と違うときは、起草委員から動議の上改めたいと提議して、了承された[13]。この原案は後に改められることなく、そのまま確定した。法典調査会における質疑応答中、手付契約の解釈上、立法趣旨ないし起草者の見解として参照すべき点は次の諸点である。

(一)　手付と内金との関連について

内金と言っても「当事者ノ意思ガ『手附』ト推測ガ出来ルヤウナモノデアッタナラバ詰リ此箇条ノ適用ヲ受ケル」として、当事者の意思解釈上、内金はむしろ手付と解すべきものと指示している。

(二)　「履行着手」について

旧民法のように「契約ノ全部又ハ一分《ママ》ノ履行アリタルトキ」(財産取得編三〇条)とすると、例えば売主が荷造りをして買主に送るという場合に、買主が受け取ってはじめて「履行」となるが、その場合に買主が受け取りを拒絶して解除するとなると、売主が迷惑をこうむる。また送った後は解除できないが、送り出す時なら解除できるといっても、その区別が難しい。荷造りの段階なら格別の損害もうけないが、必ずしも遠方に送るとは限らないから相手に届いたら、とも規定できない。製造して売るという品物の場合には、大方製造し終ったときに解除されては大損害をこうむる。そこで「荷造ヲスルノハ着手デアル履行ハ済マセヌガ一方ガ着手スルノデ一方ノ着手ガアレバ往カヌ」としたのだ、と説明されている。こうして着手による解約制限が、着手後の解約によって相手方に損害が発生することを防止するために設けられたことがうかがわれる。

㈢　損害賠償と手付

五五七条二項で五四五条三項を排除したのは、もし第一項だけでは、五四五条全文が適用され「手附ヲ儲ケタ上ニ尚ホ損害賠償ノ請求ガ出来ルト云フコトニ為」るからである。栃木県の慣習ではそれが可能とされるが、「是迄日本ノ慣習デ損害賠償ヲ請求スルト云フヤウナコトハ極メテ少ナイノデス手附抔ハ夫レヲ取ツテ仕舞ヘバ夫レデ損害賠償ヲ償フコトガ出来ルト見タモノト先ヅ一般ニ推定シテ置イタ方ガ最モ多クノ場合ニ適スルダラウト思ッテ夫レデ此二項ヲ加ヘテ置イタ」とされる。なお、昔は損害賠償の請求は実際上ほとんどなかったから、「夫レデ手附ヲ以テ損害賠償ヲ兼ネルト云フヤウナ一ツデ以テ両様ヲ兼ネテ居ルト云フヤウナモノデハナカッタカシラヌト思ヒマス」として、起草者は、解約手付が解約機能と賠償機能の双方を兼ねているものであることを明確に意識している。

㈣　不履行解除と手付

履行着手に当事者双方が当らなければならないような場合に、相手方が協力しないときには、一方当事者はいつまでも履行着手できないことになる、との問いに対して、起草者は、「其場合ニハ契約ノ解除ノ方ハ意思表示サヘスレバ宜シイ貴殿ノ方デ受取リニ来ヌカラ解除ヲスルト云ッテ手紙デモヤレバ宜シイ然ウスレバ損害賠償ヲ受ケル筈ハナイ」としながら、「今一歩進ンデ云ヘバ双方デ不履行ガアルカラ損害賠償モ売主ノ方許リデ出サナケレバナラヌ訳ハナイ買主ガ履行ヲセヌ為メニ少クモ損害額ト相殺ガ出来ルト思ヒマス」（傍点筆者）と答えている。後の引用個所から、相手方の不履行を理由に解除する場合にも、手付の授受があれば解除者に手付流し倍返しの義務があるようにうけとれる。

㈤　解約手付の推定

衆議院における質疑において、売主はどんな場合でも手付倍額を返還すれば解約できるのか、という問いに対して、梅起草委員は、「特約又は反対の慣習ある場合は別なるが契約に何とも言はず慣習なき時には之が嵌まる積りなり」と答え、後述の解約手付推定の論理を明確に表明している。[14]

（13）　法典調査会・民法議事速記録十第八十二回（明治二十八年四月三十日）五五七条の項。以下、右速記録については「法務図書館史料十」（昭和五六年一一月発行）による。

（14）　民法修正案理由書所収「法典質疑要録」二五〇頁。

三　起草者の基本的把握

梅博士は、周知のように、慣習によって解約手付を民法典に導入したのであったが、他方において解約手付が封建遺制であり、近代契約法に矛盾することも自覚していた。すなわち、解約手付の慣習が「段段世ノ中ガ進ムニ従ッテ減ッテ行ク、手附ハ解約ノ方法ニハナラヌ、唯違約ノ証、違約ノ場合ノ損害賠償ノ標準ニ過ギナイト、サウ云フヤウナ慣習ガ段段発達シテ来テ居ル、是ハ経済上カラ考ヘ、又法律ノ進歩ノ上カラ考ヘテサウナケレバナラヌコトデアル、法律ガ進歩スルニ従ッテ契約ハ成ルベク守ラナケレバナラヌ、一旦契約シタコトハ成ルベク履行シナケレバナラヌ、サウシナケレバ信用ガ発達シナイ、信用ガ発達シナケレバ商工業等ガ盛ニナラヌ、法律モ信用ヲ確ムル為メ契約ノ履行ヲ成ルベク容易ニ、成ルベクソレノ実行セラルルヤウニ規定ヲ設ケテ保護シテ居ル、……法律モ発達シ経済上ノ有様モ発達シテ行クカラ解約ノ方法タル手附ノ必要ト云フモノハ段段減ツテ行ク、欧羅巴デハ今日ハモウ解約ト云フモノハ多クノ国ニ於テ一般ノ慣習デハナイ……日本モサウ云フヤウニナツテ行ク傾向ガ明ラカニ現ハレテ居ル云々」(15)と。

(15) 梅謙次郎・民法債権六九〜七〇頁(法政大学講義案、明治三九年)。

四 手付紛争にみる戦前の判例・学説

(一) 手付をめぐる事案の類型と争点

手付紛争をその争点に即して分類するとき、およそ次の三つの類型に整理されうる。(16)

① 契約の一方当事者が契約の存続を前提として契約の履行を請求するのに対して、相手方が手付の放棄または倍額償還(手付流し倍返し)による契約解除の抗弁をもって対抗する場合(17)

② 不可抗力による債務の後発的履行不能の際に、債権者(買主)が手付金の返還を請求したのに対して、債務者(売主)がこれを拒絶した場合(18)、あるいは原始的履行不能の際に債権者(買主)が債務者(売主)の契約締結上の過失を理由に手付金の倍額償還を請求したのに対して、債務者(売主)がこれを拒絶した場合(19)

③ 一方当事者が相手方の債務不履行によって生じた現実の損害額の賠償を請求したのに対して、相手方が手付額

の限度での賠償（手付流し倍返し）をもって対抗する場合[20]

右の三つの場合において、いずれの場合も被告当事者が契約にもとづき授受された手付を専ら解約手付と主張して自己の抗弁を正当化するのに対して、原告当事者は解約手付以外の手付ないし内金と主張し、あるいは履行着手などの解約手付を制限する論理を援用して、自己の請求を正当化することになる。

ところで、右の諸類型は、要するに、第一類型において解除権の所在（不履行者に解除権があるかどうか）が、第二類型において帰責事由（故意・過失）の有無が、第三類型において損害賠償の範囲（実損害額か手付額か）が、それぞれ争点とされているとみることができる。従って、手付紛争は結局、それぞれ右の三つの争点をめぐる・通常の法定解除およびそれに伴う損害賠償の制度（債務不履行責任の制度――五四一・五四五条）と解約手付の制度（五五七条）との対立・矛盾と把握することが可能である。いいかえれば、第一類型では、対立する両制度において、前者が不履行者の相手方に契約解除権を与える（不履行を理由とする解除――従って、解除の代りに履行請求もできる）のに対して、後者は不履行者自身に解除権を与える（無理由解除）。第二類型では、前者による帰責が不履行者に帰責事由の存する場合に限られる（過失責任）のに対して、後者による帰責（手付流し倍返し）は不履行者の帰責事由の有無を問わない（文字通りの無過失責任）。第三類型では、前者が不履行によって生じた損害全額（実損害額）を賠償せしめるのに対して、後者は授受された手付額を限度とする（手付流し倍返し）。このように、手付紛争は、理論的には、近代契約法理（近代民事責任の原理）と、それとは異質な解約手付の法理との対立とみることができる。[21]そうだとすれば、具体的な紛争解決における手付の解釈は、結局、対立する二つの法理のいずれを優先選択するか、という・すぐれて評価的な問題に帰着することになる。もっとも、手付の解釈は手付をつつむ契約すなわち意思表示の解釈にほかならないから、直接的には個々の具体的な契約における当事者意思の推認の問題である。そして解約手付の導入が民法典制定当時の慣習に拠ったものであるように、当事者の意思とはいえ、多くの場合は当事者個人の意思というよりは、当事者をつつむ当該取引社会においていわば慣習化された意思と解すべきであるから、手付の解釈にあたっては、今日の社会における手付慣習及びそうした慣習の基礎ないし背後にある経済構造やその上に成立する規範意識のありようを十分に考慮する必要があろう。[22]

(二) 判例――解約手付推定の論理

叙上のように、手付紛争の処理に当って裁判所のとりうる解決の方途は、解約手付の法理に即して解約手付を肯定するか、それとも近代契約法理に即して解約手付を否定するか、の二通りである。戦前の判例を概観するとき、前者の処理すなわち解約手付を肯定するものが圧倒的に多いことは容易に気づくところである。もっとも、より正確にいえば、判例法上解約手付を肯定する判例は、少なくとも昭和一〇年頃までは数において断然優勢であった。すなわち実務上、手付特約はそのほとんどが解約手付をきめたものと解釈されてきたのである（もっとも判例集や法律新聞等に収録された判決に限られるが）。こうした判例に特徴的なのは、解約手付肯定の結論を正当化するためにとられた解釈論理であった。すなわち、それは、契約締結の際金銭その他のものが授受された場合には、これを原則として解約手付と見るかのような規定が五五七条に設けられている――立法者の意思もそこにあった――から、解約手付を排斥する趣旨の明らかな、いいかえれば解約手付以外の手付を規定した特約がない限り、手付は解約手付と解釈さるべきである――従って解約手付以外の手付を主張する者の側にその旨の立証責任がある――とする・いわば「解約手付推定の論理」とでも名づくべき解釈論理であった。[23] 五五七条はこうして一種の「推定規定」として扱われたともいえよう。そして大審院判例の中には、この解約手付推定の論理をいわば逆手にとって、解約手付を排除する手付特約の存否の判断は事実審の専権事項として解約手付を主張する上告を却け、違約手付とする原審判決を支持するものすらあった。[24]

さらに、この解約手付推定の論理から派生する解釈論理として、「内金即手付の論理」がある。[25]「内金」という概念は、大正年代から昭和にかけて解約手付の主張に対抗するための道具概念の一つとして、手付訴訟においてしばしば用いられたのであったが、[26]昭和七年七月一九日の大審院判決の控訴審判決[27]における唯一例を除きすべての判例において、第一段として、手付は「当事者カ売買契約ノ履行ニ著手スルマテニ之カ解除ヲ為サスシテ契約ヲ履行スルトキハ代金ノ内入ト為スコトヲ常トスル」[28]（傍点筆者）から手付金を内金と称することも稀ではなく、従って逆に、契約上「内金」と記載されていてもそれだからといって直ちに内金と推定することはできない、という論法をもって内金の主張が却けられ、[29]第二段として、叙上の解約手付推定の論理をもって解約手付が認定されたのである。「内金」をもって手付、それも解約手付にほかならないとする・内金否定の判決[30]が累積され、先例として周知されたためか、昭和一〇年以降、[31]内金対解約手付の形で争われた判例は見当らない。因みに、手付を「内金」と構成した叙上の例外的判決は、「手付金」と契約に明記されているにもかかわらず、解約手付推定の論理を却けて、逆にあたかも立証責任が解約手付を主張する不履行者の側にあるかのように構成し、その上で内金即手付の論理をも却け「内金」と認定することによって不履行者の解除権を否定しており、解約手付を肯定する従来の判例の論理構成と正に対照的であった。立ち入って考察すると、一般に、内金は一部弁済すなわち代金の一部前渡しという効力を有するにすぎないとされており、従って手付も「代金ノ内入」とすることが常であるから、内金と解約手付とは必ずしも矛盾するものではなく、また内金と他の手付とも共通点がある。すなわち内金は、契約成立の証拠としての効力をもつという意味において証約手付と、不履行の場合には多く損害賠償額と内金とを相殺することになるという意味において予定手付と、それぞれ共通する。結局、解約手付は内金に解除権留保の機能を追加したものということもできよう。[32] しかし、こうした見方に対して次のような見方も成り立つ。すなわち、代金の一部前渡しという行為は履行行為の一部の実現すなわち履行の着手と見ることができ、そうだとすれば、それは行為者の履行意思の表明であると共に、相手方もそれを受領することによって履行への期待と反対給付の履行意思とを表明したものと理解しうる。[33] 従ってこのように内金の交付が契約の確定的な成立への・両当事者の積極的な意思の表明とみられる限り、その効力において解約手付とは全く相反するものといわざるをえない。また、契約による自己拘束として、単に契約の履行を確保するための違約手付とも異なり、まして単なる契約成立の証拠としての証約手付とも別のものである。そうだとすれば、内金を認定する判断規準は、「代金や報酬などの一部の弁済たる性質を有するにすぎないかどうか」ではなく、「当事者が契約の確定的な成立を真実望んでいたかどうか」によるべきであり、従って代金の一部前渡しは反対の特別な事情のない限り解約手付ではないとむしろ解釈さるべきである、[34] と。

いずれにしろ、解約手付を肯定した判例の多くにあっては、手付特約の解釈は、叙上のように、解約手付推定の論理あるいはそれに加えて内金即手付の論理を媒介として専ら立証責任の問題に転換され、少なくとも判文上にその事案に即した具体的・実質的な判断が示されることがない。他方、解約手付推定の論理は叙上のようにその根拠を専ら規定の体裁におくにすぎないから、もともとそれ自体が解約手付による契約解除肯定の価値判断を実質的に指導する価値規準ではありえず、単に当該判断を正当化するための法的技術にすぎないことはむしろ当然であろう。もっとも、民法典成立当初は解約手付が広く慣習として世に行われていたとすれば、五五七条を一種の「推定規定」とみなすこともまた、いわば「生ける法」に即した法的処理ということができ、あながち法典成立当初における制定法への絶対的忠誠の一所産とばかりはいえまい。とはいえ、起草者自ら認めているように、その後、社会の進歩（近代化・資本主義の高度化）が解約手付を次第に疎外していくにもかかわらず、裁判所が依然として解約手付に固執しそのために推定の論理によりかかり勝ちであったことは、社会と法規との乖離にもかかわらず、制定法への絶対的忠誠を強いられた戦前の裁判の当然の成行きであったのかもしれない。それにしても、解約手付推定の論理による限り、その判決は一見明快な論理構成によるかのようにみえて、その実、人を納得させるだけの説得力に欠けており、当然のことながら近代取引社会に普遍的な近代契約法理への配慮などは消極的にもせよその判決理由からはうかがうべくもない。その格好の例として大正一〇年六月二一日大審院判決[35]が挙げられよう。事案は明瞭を欠くが、九〇〇円余の不動産売買代金に対して買主が交付した僅か六円の手付金の性格が争われた事案において、原審・長崎控訴院[36]は、本来解約手付の実質は損害賠償額の予定であるとし、従って手付金額が賠償予定額に見合うものでなければならず、そのことと相関的に手付として交付された金額が寡少であれば解除権の行使がきわめて容易であるから——賠償予定額に見合うほど多額であれば解除権行使が心理的に牽制されるが——契約の安定は期しがたいと説き、交付された金銭は「手附ノ性質ヲ有セサルモノト断定[37]」した。これに対し解約手付を主張し六円の手付放棄で足りるとする買主側は、契約解除によって一方当事者のこうむるべき損害は契約をつつむ全ての事情によって個別的に決まるのであって、本件のように諸事情から損害発生が予測不可能な場合には賠償額として僅か一円の協定をしてこれが解約手付としても差支えないはずとして上告、これをうけて大審院は、五五七条にいう手付は「解除権留保ノ対価トシテ交付セラルルモノ」であって、「金額ニ付キ法律上何等ノ制限アルモノニアラス」、従って手付金額が代金額と比べて極めて少額であろうと解約手付とみて差支えなく、そのために「当事者カ容易ニ契約ヲ解除シ得ル為メ契約ノ効力ヲ薄弱ナラシムル結果ヲ来タスモ」法の認めるところだから「敢テ手付ノ性質ニ反スルモノ」ではない、と判示した。両判決を比較するとき、原審判決が、解約手付の機能的把握——契約解除という本体的機能と賠償額の予定という代償的機能——にもとづき、それらの機能に即して手付額が決定さるべきものとしながら、窮極的に取引の安定＝契約の履行を価値規準としているのに対して、大審院判決は、まず解約手付推定の論理を確認し、その上でその延長として法文の形式論的解釈に終始しており、[38] いずれがヨリ多く説得力に富むかはいうまでもない。同種の判例に、玄米売買代金二、六〇〇円に対して「金百円約定金トシテ代金内受取」（傍点筆者）として一〇〇円が授受された事案において、解約手付が肯定されたものがある。[39] 大審院は、契約書中に「代金内」という文言がある反面「約定金」という文字があることを理由に手付と認定し、その上で「万一約定期日ニ至リ違約延期ニ及ヒ候節ハ其期日ニ当時相当相場之計算ヲ以テ外諸掛リ其貴殿ノ御損金御請求通リ異議ナク直ニ勘定可仕候」という損害賠償契約があるにもかかわらず、履行着手前の手付流し倍返しが五五七条に認められており、手付の授受が損害賠償契約とも両立しうる――つまり、履行期前の無理由解除及び賠償は解約手付で、履行期後の解除もしくは賠償は法定の不履行解除または損害賠償契約で、と使い分けて――ことを理由に右手付を解約手付と認定しているのであるが、ここでも解約手付推定の論理が認定の背後にあることは明らかであろう。

(三) 学　説

手付契約の解釈に関する従来の通説は、判例における解約手付推定の論理を支持している。[40]

民法典の起草者梅博士自身は古くからの慣習を尊重して解約手付を民法典に導入しながら、他方において解約手付と近代契約法理との矛盾を認識していたことは叙上の通りであるが、同様な認識に立つ学者は他に見当らない。むしろ、解約手付の有する・契約の拘束力に対する実際上の効果から近代契約法理との親和性を強調して契約法の中に位置づけようとする見解が見られる。[41] 末弘博士は、およそ手付は「凡テ契約ノ履行ヲ確保スル為メニ給付セラルルモノ」

と理解できるのであり、解約手付すら「解除ヲ為スガ為メニハ手附ノ抛棄又ハ倍額ノ償還ヲ必要トスルガ故ニ反ッテ契約確保ノ効果アルモノ」とみられるからである、とする。

また解約手付導入の根拠とされた「慣習」についても、民法制定後の慣習の変化に言及した学説は見当らない。

(16) 吉田・前出注（1）一五四頁。

(17) 戦前の例――大判大正六年三月七日民録二三輯四二一頁、最判昭和一六年八月六日評論三〇巻民法六九〇頁など多数。戦後の例――最判昭和二四年一〇月四日民集三巻一〇号四三七頁、最判昭和二六年一二月二一日裁判集民事五号一〇九九頁など多数。

(18) 東京地判大正一四年一〇月二一日新報五六号二五頁――吉田・前出注（1）一三〇頁以下参照。

(19) 東京地判昭和二六年三月一六日下民集二巻三号三八六頁――吉田・前出注（1）一二一頁以下参照。

(20) 大判大正七年八月九日民録二四輯一五七六頁など。戦後の例――最判昭和二九年一月二一日民集八巻一号六四頁など。

(21) 川村・前出注（9）三五頁、吉田・前出注（1）一〇二頁以下。

(22) 来栖三郎＝太田知行「手附」総合判例研究叢書民法（27）一一八頁以下並びに一六七頁以下参照（有斐閣、昭和四〇年）。

(23) 吉田・前出注（1）一〇三頁以下参照。判例としては、大判大正一〇年六月二一日民録二七輯一一七三頁、同昭和七年七月一九日民集一一巻一五五二頁。戦後の例としては最判昭和三〇年一二月一日裁判集民事二〇号六五三頁。

(24) 大判昭和一五年七月二三日新聞四六一三号九頁。戦後の例として最判昭和二九年一月二一日民集八巻一号六四頁。

(25) 吉田・前出注（1）一〇三頁以下。

(26) 横浜地判大正六年六月一四日新聞一二八二号二三頁、そして東京控判大正二年九月二六日評論二巻民法九〇九頁など。

(27) 大判昭和七年七月一九日の東京控訴院判決、民集一一巻一五六三頁参照。

(28) 大判昭和七年七月一九日民集一一巻一五五二頁。

(29) 例えば、東京控判大正二年九月二六日評論民法五〇頁など。また、契約書中に「内金」とあっても、後の方に「証拠金流レ切リ」「残代金御済口ノ上」などとあれば、手付金を代金の内に加算すべきことを約束したとみられるとの理由から内金を否定した例として、東京控判大正一四年一〇月二〇日新聞二五三〇号九頁。

(30) 例えば、大判大正一〇年一一月三日民録二七輯一八八八頁など。

(31) 大判昭和一〇年一一月四日法学五巻六三四頁。

(32) 中川淳「手付と内金の関係」不動産取引判例百選〈増補版〉三一頁（昭和五二年）。

(33) 内金を交付する根拠が「債務者の経済状態についての信用度の低いこと、支払いの技術上分割の便利なこと」（末川博「手附」所有権・契約その他の研究一六九頁（岩波書店、昭和一四年））にあるとすれば、なおさらである。

(34) 吉田豊「近代民事責任の原理と解約手附制度との相剋」民事法学の諸相一六〇頁（勁草書房、昭和四五年）。

(35) 民録二七輯一一七三頁。

(36) 長崎控判大正九年一〇月二八日民録二七輯一一七六頁参照。来栖＝太田・前出注（22）一一二頁以下参照。

(37) 民録二七輯一一七六頁参照。

(38) 同旨、我妻栄・判例民事法大正一〇年度一〇二事件三二二頁「……判決が前代に於て民法の推定規定を唯一の根拠として『金額の多寡と手附の性質とは関係なし』と云ふ理論を高調して居ることは、事件の取扱が如何にも形式的なことを感ぜしめる」と。

(39) 大判大正一〇年一一月三日民録二七輯一八八八頁。

(40) 梅謙次郎・民法要義巻之三債権編四八一頁以下（有斐閣、大正元年訂正増補第三三版）、鳩山秀夫・増訂日本債権法各論(上)二九九頁（岩波書店、昭和六年）、末弘厳太郎・債権各論全四四一頁（有斐閣、大正七年）、末川・前出注（33）一六一頁、我妻・前出注（38）三〇二頁以下など。

(41) 末弘・前出注（40）四四一頁。

第二節　手付紛争にみる戦後の判例・学説

一　判例の動向

戦前の判例が解約手付を肯定する傾向にあったとすれば、戦後のそれは逆に解約手付を否定する方向に動いているといってよいかと思われる。そして判決理由において解約手付推定の論理によることなく[1]、実体的な価値規準を表明している判決が多い。解約手付を肯定したものとしては僅かに次の二例、すなわち昭和二四年一〇月四日及び同四〇年一一月二四日の二最高裁判決が目に触れるにすぎない。もっとも、この両判決はそれぞれ違約手付併存の是非及び「履行着手」概念の内容規定をめぐって学界においてその先例的価値が論じられた重要な判決である。そこで、まず右の二判決を軸として戦後の判例の傾向をのべ、次に解約手付否定の論理構成を紹介してみたい。

(一)　違約手付と解約手付との併存の論理[2]

事案は、今次大戦末期早急に空襲から安全な場所に住宅を確保する必要に迫られた買主が、当時借家人の住む家屋を売主から買い受けたが、借家人が立ち退かないため、売主が手付金倍額を提供して契約解除を申し入れたが、買主は家屋の移転登記を請求した、というものである。控訴審では違約手付と認定して売主の解除を認めなかったが、上告審において最高裁は、「買主本契約ヲ不履行ノ時ハ手附金ハ売主ニ於テ没収シ返却ノ義務ナキモノトス、売主不履行ノ時ハ売主ハ既収手附金ヲ返還スルト同時ニ手附金ト同額ヲ違約金トシテ別ニ賠償シ以テ各損害賠償ニ供スルモノトス」との契約書中の違約金条項の記載とその他の事情とから解約手付と認定して原判決を破棄差戻した。「……右第九条の趣旨と民法の規定とは相容れないものではなく十分両立し得る……解除権留保と併せて違約の場合の損害賠償額の予定を為し其額を手附の額によるものと定めることは少しも差支な」（傍点筆者）いという判文の表現から、一般に、判決が、違約手付と解約手付との併存を認めることによって、違約金条項があっても解約手付推定の論理の適用の妨げにはならない、と判示したものと受けとられている。(3) もっとも、昭和五四年九月六日最高裁判決(4)は、買主の不履行のため手付を没収し目的土地を他に転売した売主に対し買主が売主の履行不能を理由に手付倍返しを請求した事案において、違約手付と解約手付との併存を認めた上で、売主の手付流しを無催告解除の故に無効として買主の請求を認めた原審判決を、違約手付と認めた以上特段の事情がない限り手付流しは有効でそれにより売買契約も終了したと考えられる、として、破棄差戻した。ここでは、併存の論理を解約手付否定に用い、特別の事情が認められない限り解約手付とは認められないとして、解約手付推定の論理を逆転させているような印象すら与える。

㈡　「履行着手」概念

民法五五七条一項が一方当事者の履行着手後に他方当事者が契約解除をすることを禁じているのは、「当事者の一方が既に履行に着手したときは、その当事者は、履行の着手に必要な費用を支出しただけでなく、契約の履行に多くの期待を寄せていたわけであるから、若しかような段階において相手方から契約が解除されたならば、履行に着手した当事者は不測の損害を蒙ることとなる。従って、かような履行に着手した当事者が不測の損害を蒙ることを防止するため」(5)である。この立法趣旨に即してであろうか、従来の判決は、例えば買主からの履行着手ありというためには単なる履行催告では勿論、抽象的に支払代金を準備しているだけでも足りず、少なくとも銀行に当座預金の形で預託しておくなど具体的な形で支払準備がなされていなければならない、とされており、また履行着手を認めた判例でも、多く現実の提供ないしそれに準ずる行為が存在した場合に限られていた。要するに、「客観的に外部から認識し得るような形で」履行行為の一部ないし履行の提供に不可欠な前提行為がなされて初めて「着手あり」とされるのであった。もっとも、そのために、代金を他人から調達する必要のある買主は現実の履行行為たる代金調達行為をもって履行着手と認められて売主の無理由解除を免れるのに、現金を持っていて履行期の到来を待つだけという買主は救われない、という矛盾が作り出されることになる。それはともかくとして、立法趣旨に忠実に概念内容を厳格に構成すればするほど、相関的にそれだけ不履行者の解除権行使が容易となるわけであるから、叙上の概念構成が不履行者側に有利に働いてきたことは明らかである。これに対して昭和二六年一一月一五日最高裁判決以後一連の「履行着手」をめぐる諸判決によれば、いやしくも契約の履行への積極的な意思の表明とみられる行為があれば直ちに履行着手とみて解除権行使が排除されるとする。とりわけ昭和三〇年一二月二六日最高裁判決は、後に解除権を行使した売主が借家人に売買の事情を告げて立退きを求めている点をとらえ不履行者の側にも「着手」ありとしており、このことから、不履行者についてまで「着手」概念を拡張して不履行者に契約履行のいとぐちとみられる行為があれば、それはもはや解除しないという意思の表明とみて、手付による解除権を否定し、相手方のいだくに違いない履行への期待を保護すべきものとさえしている、と理解しうる。更に昭和三六年九月一日東京地裁判決によれば、履行期到来前に履行着手があったものと認め着手の時期を履行期以前にズラしてとらえており、ここでは時間的に「着手」概念が拡張されている。こうして「データ不足の感は否めない」にしろ、「不履行者の相手方を履行着手後の不測の損害から保護する」という・立法趣旨に忠実な「着手」概念本来の消極的機能から、不履行者の一方的解除を阻止して「契約の履行を望む相手方の利益を保護する」という積極的機能へと転換させることによって、「契約の遵守＝取引の安定」を確保しようとする・すぐれて近代的な姿勢を感じとれるのである。[12]

ところが、その後、契約の履行に着手した当事者は解除権を行使しうるとする最高裁大法廷判決が現われた。[13] それによると、自ら履行に着手した当事者が着手に要した出費を犠牲にして解除権を行使しても未だ履行に着手していない相手方には何ら不測の損害を与える虞れはないから、叙上の立法趣旨に即して考える限り「着手」による解約制限は履行に着手した当事者の相手方にのみ適用されるべきだ、というのである。その結果「着手」は制限され、解除権行使がそれだけ一段と容易となることはいうまでもない。従ってこの判決は叙上の「履行着手」概念拡張の傾向と対立するものであり、その限りにおいて現実の「着手」を必要とする従前の判例と軌を一にするものといえる。[14] 今後の判例の動向が注目されよう。

(三) 解約手付排除の法的構成

叙上のように、解約手付制度と近代契約法理との論理構造的矛盾は、手付紛争において訴訟当事者の法的主張の対立点として現われる。従って解約手付を判決において否定するためには、意識するにせよしないにせよ、裁判官は各矛盾の態様に合せて近代契約法理に即した法的効果を民法体系のワクの中に論理的体系的矛盾のないように位置づけるべく合理化するという作業を余儀なくされるのである。[15] こうした合理化の法的構成は、大別して「事実＝手付契約」の解釈を媒介とする場合と、「法律」の解釈を媒介とする場合との二つになる。

①「解除権の所在」をめぐる矛盾に対応する事案類型において、(ア)「契約」の解釈による合理化　(a)当該手付を「違約手付」と構成する　(b)「証約手付」と構成する　(c)「内金」と構成する　(イ)「法律」の解釈による合理化「履行着手」概念を拡張する

②「帰責事由の有無」をめぐる矛盾に対応する事案類型において、(ア)「契約」の解釈による合理化　(a)当該手付を買主一方の「解約手付」と認めて手付金そのままの返還を肯定する　(b)「契約締結上の過失」の存在を前提にして手付倍額の償還を肯定する――ただし当該手付を「予定手付」と構成することを媒介として　(イ)「法律」の解釈による合理化　危険負担における「債務者主義」の適用により手付金そのままの返還を肯定する

③「実損害額か手付額か」をめぐる矛盾に対応する事案類型において　(ア)「契約」の解釈による合理化　「証約手付」と構成する　(イ)「法律」の解釈による合理化　債務不履行にもとづく帰責（五四一条・五四五条三項）と解約手付との選択的併存の肯定

（1）　解約手付推定の論理を表明した例としてよく引用される昭和二九年一月二一日最高裁判決も、立ち入ってみると、解約手付を肯定するために右の論理が用いられたものではない。手付額の賠償を主張してたまたま「違約手付」とした上告を、最高裁は右の論理を利用して却け、「証約手付」と認定して実損害額の賠償を肯定した原審判決を支持したものである。

（2）　末川博「判批」民商二六巻四号四一頁（昭和二六年）、一般論として来栖三郎「日本の手附法」法協八〇巻六号一三頁、加藤一郎・民法教室（債権編）二〇頁以下（自治日報社、昭和三三年）など。判決における併存を認めながら反対するものとして広中俊雄「解約手附であると同時に違約手附であるということは可能か」民法の基礎知識(1)一四四頁以下（有斐閣、昭和三九年）。なお我妻栄他・不動産の取引六九頁以下（有斐閣、昭和三一年）参照。

（3）　私見によれば、判旨は違約手付と解約手付との併存を認めたわけではなく、本来解約手付は解除権留保と賠償額の予定という二つの機能を兼有しているものとみて、従って違約金条項を以てそれだけで――他の事情を考慮せず――直ちに解約手付排除の特約とはいえないと指示しているにすぎないように思われる。現に差戻審判決では解約手付と認定され、更に後に差戻上告審において――最判昭和三〇年一二月二六日民集九巻一四号二一四〇頁――「履行着手」を理由に、従って本件手付が解約手付であることを前提として、解約手付による解除が否定されたのである。

（4）　判例時報九四四号四九頁。

（5） 最大判昭和四〇年一一月二四日民集一九巻八号二〇一九頁。立法者の説明も同じ。
（6） 例えば横浜地判大正六年六月一四日新聞一二八二号二三頁。
（7） 東京控判大正一三年五月一五日評論一三巻民法七一二頁、その他朝鮮高判昭和四年一〇月四日評論一九巻六六頁など。
（8） 前出注（5）の昭和四〇年最高裁判決。
（9） 最判昭和二六年一一月一五日民集五巻一二号七三五頁、同じく昭和三〇年一二月二六日民集九巻一四号二一四〇頁、同昭和三三年六月五日民集一二巻九号一三五九頁、東京地判昭和三六年九月一日判例タイムズ一二二号八六頁、最判昭和四一年一月二一日判時四四〇号三一頁、最判昭和四三年六月二一日民集二二巻六号一三一一頁、最判昭和五七年六月一七日判例タイムズ四八一号六三頁など。
（10） 本判決の上告審判決――前出注（9）の昭和四一年最高裁判決――も同旨。
（11） 甲斐道太郎「民事判例研究」法律時報三八巻五号八三頁（昭和四一年）。
（12） 吉田豊「近代民事責任の原理と解約手附制度との矛盾をめぐって」法学新報七二巻一・二・三合併号一四〇頁以下、同「近代民事責任の原理と解約手附制度との相剋」民事法学の諸相一六一頁以下。
（13） 最大判昭和四〇年一一月二四日民集一九巻八号二〇一九頁。
（14） 本判例に対する評釈として、来栖三郎・法協八三巻六号一四八頁（昭和四一年）、甲斐道太郎・前出注（11）八二頁、山下末人・民商五四巻六号一四七頁（昭和四一年）、吉田・判例評論九号一七頁、岡本担「手附と履行の着手」民法判例百選〈第二版〉Ⅱ一一八頁（昭和五七年）など。
（15） 前出注（12）の二論文中前者参照、なお、要約したものとして後者参照。

二　学　説

(一)　解約手付否定説[16]

戦後の判例が、若干の例外はあれ、いわば大勢として解約手付から離れていきつつあるように、学説もまた、古来からの慣習を社会的基礎として解約手付推定の論理を軸に解約手付を肯定してきた従来の通説から離れて、解約手付以外の手付ないし内金として把握すべきだとする見解が有力である。この種の見解は「違約手付と解約手付との併存」を認めた判例としてその先例的価値を評価されている叙上昭和二四年最高裁判決の批判を契機とするように思われるので、まず右の批判の根拠の検討を通して有力説の概要を紹介してみたい。

(1)　契約の拘束力に関して　解約手付は手付額分の損失によって牽制されはするが、一旦成立した契約を一方当事者が任意に消滅せしめうるという点で、契約の拘束力を弱めるといえるのに対して、違約手付は債務不履行の際に没収さるべき違約罰として、契約の履行の確保すなわち契約の拘束力を強めるということができる[17]。

(2)　近代契約法との整合性に関して　解約手付は不履行者自らに解除権が与えられ、その代償としての損害賠償(手付流し倍返し)においても、不履行者の故意過失の有無を問わずしかも手付額の限度にとどめるという点で、近代民事責任の制度を全く排除している。これに対し違約手付は履行ないしそれに代る法定解除及び損害実額の賠償を妨げないという点で、近代契約法と全く矛盾しない[18]。

(3)　諾成契約と解約手付　合意自体に本来の拘束力を認めず、従って特別の合意なしで無償の一方的な撤回が自由であった要物契約のもとで、解約手付は、当事者双方の撤回権を排除するという限度で手付授受によって合意に一旦付与された拘束力を「手付流し倍返し」を代償として逆に排除し、再び撤回を可能にするという機能を営むものであった[19]。従って解約手付が諾成契約のもとに導入されることは、「本来諾成契約としての売買の本体たるべき売ろう買おうという当事者の約諾をいわば予約の段階にひき下げ、それには手附の限度での拘束力を与えるだけで、売買の完全な成否は元来売買の単なる履行にすぎない目的物の引渡・登記ないし代金の支払までくりこし[20]」、実質上売買を要物契約にひき戻すという結果をもたらすことになる。この意味において諾成契約と解約手付とはもともと敵対関係にあるといってよい。これに対して、本来合意そのものに拘束力が付与されている諾成契約のもとでは、その合意の撤回すなわち解除には特別の合意が必要なのであり、こうした特別の合意がない限り、「手付流し倍返し」の特約は契約の拘束力を強化する方向に、すなわち違約手付として解釈さるべきことになる。[21]

(4) 社会的慣習と解約手付　判例・通説は、解約手付が専ら民法制定当時の慣習によるものと強調している。[22] たしかに、わが国の取引社会の多くは、民法制定当時、単なる合意に契約としての拘束力を与えず手付の授受によって初めて各当事者は手付の限度で合意を履行する責任を負うという契約意識が一般であったといわれる。[23] それ故に「手つけをうけとったときにだけ、絶対の拘束力ある契約が意識される。手つけのない契約をしておきながら約束違反をとがめることは『わけの分らぬ奴』とされる場合が多い[24]」ということになる。それは、つまり、「わが国では、未だに契約の拘束力という観念・感覚が弱く、……手附を授受するまでは任意に拘束を免れうるとの意識があるので、手附の分だけ損をしなければならないとされると、契約の拘束力が強まったと感ずる[25]」のである。だから、このような要物的契約意識が普遍的である限りにおいて、解約手付はまさに事実的拘束力を契約に付与しえて存続しうるのである。しかし現在では、右のような契約意識はかなり稀薄になり、反面において契約遵守の規範意識が浸透しつつあるように思われる。そうだとすれば、解約手付の存在理由はいまや薄れつつあるといわねばならない。そこで、代って登場するのが違約手付である。例えば、手付慣行のいまなお盛んな不動産取引においても手付は買主一方の解約手付として行われているのであるが、業者の用いる契約書によれば、売主については違約手付として表現されている。[26]

(5) 予定手付と解約手付　違約手付は「手付流し倍返し」によって損害賠償額の予定としても機能する（四二〇条三項）。この種の手付は、一方当事者に債務不履行があれば、解除の必要なく直ちに他方当事者に手付流し倍返しによって契約関係を清算することを目的とする。[27] それは、つまり、一方当事者の債務不履行に際して他方当事者は訴訟に訴えて履行や損害実額の賠償を不履行者に迫るよりは手付額の限度での賠償で満足する方が有利と予め計算していた場合であり、このように相手方の不履行を契機として——つまりは不履行者のイニシアティヴにおいて——契約を解消し手付額による清算を行うという点においては、解約手付と実質的に変りはない。もっとも、予定手付の場合にも清算の代りに履行を請求することも可能である（四二〇条二項）。とはいえ、予定手付は一方当事者の不履行の際の事後処理を訴訟によらずに手付流し倍返しによって迅速簡便に決済することを目的とするのであるから、その授受は不履行者に対する履行請求権の放棄を暗黙に前提としていると解するのが通常の当事者意思にかなうとみるべきである。[28] だから、逆に、もし不履行者の相手方が訴訟を起こして履行を請求するようなことがあれば、その場合の手付は予定手付ではなく違約手付と解すべきことになる。

こうして有力説はいろいろな角度から違約手付と解約手付との併存に異論を唱え、できるだけ解約手付以外の手付としてとらえることを提唱する。もっともこの立場も、その理論構成は決して一様ではない。

(a)　特約説　解約手付推定の論理によりながら、例外とされる手付特約の存在を広く認めて、そこに解約手付を排除する当事者意思を推認していこう——「黙示の意思表示」理論を活用して——とする見解である。[29] その上で認定規準として、例えば手付金額の多少からそれが代金額に比してきわめて少ない場合には「証約」手付、多い場合には「違約」手付ないし「内金」として処理すべきものとしたり、[30] 不履行の際に手付の返還または放棄のほかに一定額の「違約金」ないし実損害額の賠償を請求しうる場合には「違約手付」と解すべきものとする。もっとも、違約金条項の解釈をめぐって、当然に違約手付と解すべきものとする見解のほかに、解約手付との併存とみて、当事者の履行着手前は解約手付として契約解除ができ、着手後は予定手付として着手者の履行請求または清算ができる、との見解もある。[31]

(b) 効力説　解約手付推定の論理を否定する見解である。[32] 山中教授によれば、民法五五七条を解約手付の推定規定とすれば「手付の交付により、契約の効力を確保しようとする制度の精神と矛盾し、いつでも解約しうるということになって、妥当を欠く」から、「五五七条は解約手付の効力を規定したのであり、手付の授受のあったときは、解約手付と推定する趣旨ではない、と解すべきである」とされる。その上で、手付を証約手付ないし予定手付とみるべきものとされる。石田教授は、山中教授に同調しつつ――「特段の意思を必要とすると考えるから、安易に、意思不明↓解約手付とされるのではないか」――「意思不明の場合は、原則としてたんなる内金とするか、せいぜい違約手付とみるべきではなかろうか」とされる。[33]

(二)　解約手付肯定説

浜上教授は、「契約形成権授受契約」という新しい契約類型論の立場から解約手付を見直すことを提唱されている。[34] 教授によれば、契約形成権授与契約とは契約関係を一方的意思表示によって形成することのできる権利すなわち契約形成権を当事者の一方または双方に授与する契約をいう。契約形成権の存続期間中は形成権者の一方的意思表示によっていつ契約が成立せしめられるかは不明確かつ不確定なため、その間の経済的危険を形成権授与者が負担することに対する代償として一定の対価が支払われることが多いとして、解約手付金も消極的契約形成権すなわち契約解除権の対価たる性質をもつ、とする。そこから「手付金は、買主が解除権を行使しないときは売買代金の支払に計算されるという合意によって手付は、買主による解除権（廃棄権たる形成権）の行使を、法的にではないが、事実的に制約するものと考えられる。売主も手付契約によって『契約形成権』（解除権）を取得する。しかし、その対価の支払義務は、『契約形成権』の行使を要件としている。したがって売主も『契約形成権』を行使しようと思えば、対価の支払を法的に強制されるから、『契約形成権』の行使は、これも法的にではなく事実的に制限される、ということができ[35]」、従って解約手付は、「法的には契約の効力を弱めるものであるが、しかし事実的には、強めるものなのであ[36]」り、そうだとすれば、解約手付が「契約の効力を弱める制度か強める制度かという議論は一面的[37]」であり、今日では諾成契約が原則である以上、「出捐があるのは何らかの給付に対する対価とみるべきであり、したがって民法五五七条は、近代的な合理的な規定として機能していると見ることもでき[38]」、解約手付は「そのように複雑で合理的計算的機能をも持っている[39]」と考えられるから、「わが国では手付の授受は、契約の拘束力を強めると感じられているから手付を解約手付と推定するのは妥当ではなく、契約の拘束力を強める趣旨の手付（違約手付）と解釈すべきではないかという学説[40]」には、「にわかに賛成できない[41]」とされる。

（16）戒能通孝・債権各論一二九頁（厳松堂、昭和二一年）、広中・前出注（2）一四六頁、相原東孝「手付と内金」契約法大系Ⅱ六三頁、吉田・前出注（12）民事法学の諸相一七四頁（8）、加藤・前出注（2）一九頁以下など。来栖三郎・前出注（2）、来栖＝太田知行「手附」総合判例研究叢書民法(27)も同旨か。
（17）加藤・前出注（2）二〇頁、相原・前出注（16）六三頁、広中・前出注（2）一四三・一四五頁、さらに吉田豊「手附契約の解釈」民法判例百選Ⅱ〈第二版〉一一三頁など。
（18）吉田・前出注（12）法学新報七二巻一・二・三合併号一〇二頁、一五四頁以下。
（19）吉田豊「手附ノート——沿革小考」松山商大論集二〇巻一・二号一四五頁、来栖＝太田・前出注（16）一〇二頁以下。
（20）来栖・前出注（2）三六頁。
（21）吉田・前出注（19）一六一頁。
（22）例えば大判昭和七年七月一九日民集一一巻一五五二頁、梅謙次郎・民法要義巻之三債権編四八一頁。
（23）川島武宜・所有権法の理論七三頁（岩波書店、昭和二四年）。

(24) 川島武宜・近代社会と法九七頁(岩波書店、昭和三四年)。
(25) 星野英一「現代における契約」現代法(8)二五四頁以下(岩波書店、昭和四一年)。
(26) 我妻栄他「不動産セミナー第三回」ジュリスト四五号三〇頁以下(昭和二八年)。
(27) 我妻他・前出注(26)三二頁、吉田・前出注(18)一三七頁参照。
(28) 吉田・前出注(17)一一三頁。
(29) 広中・前出注(2)一三九頁以下、加藤・前出注(2)二一頁など。
(30) 相原・前出注(16)六九頁、吉田・前出注(12)民事法学の諸相一七四頁(8)など。
(31) 来栖＝太田・前出注(16)二五頁、来栖・前出注(2)三六頁。
(32) 山中康雄・契約総論一六六頁(弘文堂、昭和二四年)。
(33) 石田喜久夫「手附の性質」判例演習(債権法2)〈増補版〉一四頁以下(有斐閣、昭和四八年)。
(34) 浜上則雄「『契約形成権授与契約』について」ジュリスト三八九号八一頁以下(昭和四三年)。
(35)(36)(37)(38)(39)(40) 浜上・前出注(34)八六頁。
(41) 浜上・前出注(34)八六頁(注3)。

第三節　むすび――解約手付制度の消長

くり返すまでもなく、民法における解約手付制度は立法当時存在した慣習を導入したものである。従って、単なる合意だけでは拘束されず手付の授受があってはじめて手付額の限度で拘束されるという当時の慣習が存続する社会において、契約締結時の金銭の授受に対して解約手付制度を適用することは合理的であった。ところが、民法の起草者自身予測しているように、今日の取引社会においてはもはや右の慣習はすたれて、単なる合意も拘束力を有すると意識されることの方が多いと思われる――例えば株式売買[1]。従ってそのような場合に民法五五七条を適用することは、その妥当根拠を欠くばかりか、当事者意思にも反することになる。このように、取引社会における契約遵守の規範意識の深まりが解約手付制度を事実上空文化させる時がくるのもそれほど遠いことではないように思われる。その時にもなお解約手付が生き残る余地があるとすれば、それは投機取引の場合であろう。[2] 市場価格の変動を利用して価格差利潤を得るために行われる・時価の騰落の激しい商品の売買は、契約遵守を通して利潤の分配を保障されている通常の取引とちがい、商品流通に直接関与しない利潤抽出の故に、契約の不履行が当然に予定され、この不履行を合法化し、簡便に決済する手段として、解約手付が適しているからである。もっとも、どのような取引社会において解約手付が現実に利用されているかは、今後の具体的な慣習調査にまつほかはなく、いずれにしろ現時点では推測の域を出ない。

手付をめぐる判例もまた、取引社会一般における解約手付慣習の衰退に伴い、また判例法における契約法体系への包摂化の努力とも相まって、徐々にそして一段と解約手付に消極的になっていくであろう。学説もまた同様に、解約手付を否定ないし排除する有力説が通説となる時期もさほど遠くないと思われる。

（1）　来栖三郎＝太田知行「手附」総合判例研究叢書民法(27)一一八頁。

（2）　吉田豊「近代民事責任の原理と解約手附制度との矛盾をめぐって」法学新報七二巻一・二・三号一六〇頁以下。

（一九八五・六）

契約と法意識（1）

まず、ある東大教授夫人の体験談をプロローグといたしましょう。以下の話は東大名誉教授川島武宜先生の著書（2）から引用するものですが、ある東大教授夫人が戦時中神奈川県の農村に食糧の買出しにでかけました。いつもでかけるところから河岸をかえて初めての場所に参りましたので、果たして売ってくれるかどうかわからないと思い、何ももたずに一軒の農家にとびこみ、交渉しましたところ、承知してくれましたので、後日を約して一旦帰り、もう一度今度は交換する着物をもって引き取りにでかけましたが、約束の米はすでに売られてしまっておりました。大変苦労してわざわざ買出しにでかけたその夫人は約束違反を強くなじったとのことですが、「手つけもいれないのに、約束の履行を要求するとは、訳のわからないことをいうものだ」と村人の間でうわさになったそうです。村の人達にしますと、約束のさいに、買主が代金の一部なりなんなりを手つけとして売主に渡した場合に限って、売主に約束履行の義務が生ずる、そうでない限り、売主は約束には拘束されず、別の人に売ってもかまわないのだと考えていた、というわけです。このように口約束、即ち撤回自由な単なる合意を履行を義務づけられる拘束力のある約束即ち契約たらしめるためには、売買当事者のどちらか一方が売買目的物なり代金なりを他方に渡すことが必要だと考えることを、私は「要物性の契約意識」と呼んでおります。そして、このような意識に支えられて成立する契約を、民法学は、「要物契約」あるいは「践成契約」と呼んでおります。つまり、まず「売ろう」「買おう」の合意があって、その合意にもとづいて売主なり買主が先渡しないし先払い、要するに先履行をいたしますと、契約が成立する、その結果先給付をうけとった他方当事者に履行義務が生ずる、ということになります。契約の成立、即ち履行義務の発生には、金なり物なり、要するに物のうけ渡しが必要だ、という意味において、このような成立の仕方をする契約を要物契約と呼ぶわけであります。このように要物契約は、売ろう買おうの合意の他に物の授受といった一定の形式を要するわけですので、方式主義あるいは形式主義と呼ばれ、取引範囲が限定され、また裁判制度の未熟な前近代社会に普遍的なものとされます。この方式主義は経済の発展に伴う取引圏の拡大・取引機会の増加につれて次第に窮屈なものと感じられるようになり、要物契約と対置される諾成契約に主役の座を譲ることになります。この契約類型は「売ろう」「買おう」の合意だけで、即ち、一方当事者の申込みに対して、他方当事者の承諾がありさえすれば、それだけで契約が成立する、という意味において諾成契約と呼ばれるわけです。この種の契約形式は、その成立に要するものが当事者の合意だけで他のいかなる方式をも必要といたしませんから、ここには方式からの自由ないし無方式の自由が存することになります。近代社会は産業資本の成立によって生産・流通の全過程にわたって等価交換が媒介するに至りました。その結果、通常の商品取引では、商品交換即ちその法的形式としての契約の遵守を通してのみ利潤（つまり生産過程において作り出された剰余価値の一部を、流通過程のある部分を担当する代償としての商業利潤）が保障されることになります。(3) こうして近代的生産構造に規定される近代的取引のあり方が、取引社会の構成員の意識に反映し、契約遵守の規範意識を生みだすことになります。そして契約遵守の規範意識に適合する契約形式が諾成契約であることはいうまでもありません。諾成契約においては売ろう買おうの合意はそのまま直ちに契約となり、履行義務が生じますから、契約成立後には相手方の承諾なしに契約を解除することは許されないからであります。

ところが、要物契約という契約形式では、売ろう買おうの合意はそれだけでは拘束力を生じませんから、合意から一方当事者の先履行までの間であれば、当事者は任意に、即ち相手方の承諾なしに一方的に約束を撤回することができます。妙な例で恐縮ですが、例えば、百両で遊女を身請けするという場合、もし遊女屋の前に百二十両で身請けしたいという別の客が現れたといたしますと、遊女屋にとって第二の客に遊女を売った方が当然得なわけですから、遊女屋は、第一の客との間の身請約束を撤回して、第二の客に身請けさせることになります。このように売主が第一の約束を撤回いたしましても、客から代金をうけとっていない限りその約束には全く拘束されませんから、遊女屋は損害賠償を払うことなく、第一の客との身請約束を撤回し、第二の客に売る、いわゆる別途処分を行うことが可能なわけです。こうした約束の撤回は江戸時代「悔み返し」と呼ばれておりました。こうして、要物契約を諾成契約と比べてみますと、諾成契約には解約の余地が全くないのに対して、要物契約には撤回の自由、つまり破約の自由がある、という点に大きな違いがあるわけであります。もっとも、このように要物契約では、撤回の自由が認められる、ということですと、売買において、買主が売買目的物を自分の使用に供するためには、あるいは先の例の遊女の身請のように売買目的物をどうしても手に入れたい、という場合には、売主による別途処分を何としても阻止したいということになります。そこで登場いたしますのが、手付であります。当事者の一方が契約締結時に他方に交付する金銭その他の物を手付と申しますが、買主が売主に代金の一部を支払うのが普通であります。売買が順調に行われれば買主は残りの代金を支払えばよく、その場合には、手付も代金の一部前払い、即ち内金として機能することになります。手付は、成約、違約、解約、証約手付という風に、機能上いろいろと分類することができます。わが国では、江戸時代の文献[4]によりますと、手付の授受によって契約を成立せしめる・いわゆる成約手付の他に、内金手付ないし違約手付と解約手付とがありました。もっとも内金手付という名前は要物契約における撤回の自由を阻止するための手付という意味で便宜上私がそう呼んでいるもので、一般的な名称ではありません。一般に、要物契約において、買主が手付を打ちますと、売主はもはや撤回できなくなります。つまり、この場合代金そのものの受領とは違い、手付の受領によって売主に反対給付義務が生ずるわけではありませんが、売主が目的物を別の買主に売却する、いわゆる別途処分を一定期間放棄させるために、買主が代金の一部を売ろう買おうの合意のさいに内金として支払う、というものでありまして、そこでは依然として売買の本体は目的物の引渡・代金の支払にあると考えられ、従って残りの代金の支払がなければ売主の反対給付義務は発生しなかった、とみてよいわけです。つまりこの場合には、まだ要物性が色濃く残っており、手付も受領者たる売主の別途処分の放棄という限度で、売買の約束、これは現行法上売買の予約に当たるわけですが、この売買約束に拘束力を与えるにすぎなかったわけです。そしてこの手付の効力はやがて買主にも及び、手付を打てば買主も撤回できなくなるに至ったであろうと思われます。

やがて、手付に「手付流倍戻し」とか「手付損倍返し」と呼ばれた慣習が結びつきます。その結果、手付金が代金と比べて比較的少額の場合には、手付を打つことで一旦不可能となった撤回が「手付流倍戻し」と引きかえに再び可能となります。これがいわゆる解約手付であります。即ち、売主がどうしても撤回即ち解約したい場合には、うけとった手付金の倍額を買主に返して解約する、逆に買主が解約したいときには、売主に渡した手付金をそのまま与えること即ち流すことと引きかえに解約するというもので、この場合の手付は解約機能とともに、それによって生ずる後始末、つまり一種の損害賠償の機能をも果たすわけです。これに対して、手付金が代金と比べて比較的多額な場合があります。文献によれば、江戸時代の手付は代金額の四分の一から三分の一くらい、時には二分の一にも及ぶ、といわれているのですが、かなり多額の場合には、「手付流倍戻し」は解約権の保障よりもむしろ契約遵守の効果があったと思われます。当事者はかなり多額の手付金を放棄したり、その倍額を返すという危険をおかさなければならないからです。そしてこのような場合の「手付流倍戻し」は一種の違約金ないしは損害賠償額の予定として機能するので、違約手付と呼ぶわけです。こうして、当時の手付は、その手付金額が代金額と比べて多いか少ないかによって、内金手付ないし違約手付と解約手付とに分けることができます。前者は約束の拘束力を強めるものであるのに対して、後者は約束の拘束力を弱めるものである、という点で、正に正反対の機能をもつということは今申した通りですが、この両者は、手付金額の多い少ないとは別に、それぞれの機能に即してその利用の場を異にしていたものと思われます。即ち、内金手付・違約手付の場合は、物の使用価値そのものの取得が主な目的である消費売買あるいは、前に申しあげました遊女の身請の場合のように売買の対象の入手が主な目的であるような場合に利用されたのであり、他方、解約手付の場合はと申しますと、前者のように取引対象の現実の入手が目的なのではなくて、取引による利潤の抽出、つまり転売によって生ずる・売りと買いとの価格差による利潤の獲得がねらいであるところの商人間の取引の場合に利用されていたようであります(5)。

手付の話はひとまずこれくらいにしておきまして、次に、それでは、どうして封建社会では要物契約が、そしてまた手付が普及していたか、についてのべたいと思います。周知のように、封建社会においてもすでに都市と農村との間で社会的分業が行われており、従って商品生産が行われ、その結果商品交換もまた当然行われることになるわけですが、しかし当時は流通過程においてのみ商品交換が行われたのでありまして、生産過程では、まだ商品交換は行われませんでした。つまり都市での手工業の親方対職人徒弟の間の生産関係及び農村における領主対農民の間の生産関係においては、それぞれ両者間に存する身分的支配服従関係を媒介として、前者が後者からその労働力を収奪し、生産に供する、というものであったわけです(6)。このことを経済構造からみれば、当時はまだ資本が生産過程をとらえておらず、資本の運動の場はもっぱら流通過程に限られていたことを意味いたします。いわゆる前期的資本としての商業資本がそれですが、このような前期的商業資本は流通過程の内部でのみ運動せざるをえないわけですから、その利潤もまたこの流通過程の内部からのみ抽き出してこなければならないことになります。そのためには商人は安く買ったものを別の遠くはなれた場所で高く売るとか、安く買ったものを時間をおいて高く売るという、つまり地域的あるいは時間的な売りと買いの価格差即ち不等価交換を利用せざるをえないわけです。そして、こうした不等価交換には当然いわゆる経済「外」的強制の媒介がつきものですから、利潤獲得のためには当時の商人は、取引相手との力関係に応じて、時には暴力をふるって掠奪したり、あるいはだましとったり、また時には封建権力と結託して市場独占に訴えるということになります。また、そこまではいかなくてもヨリ多くの利潤追求のために相手との約束を破ること、即ち破約はむしろ穏当な手段として日常化されることになります。こうして当時の経済構造からすれば、破約もまた悪いもの、不正・不当なもの、とは一般に意識されることなく、むしろそれが普通の状態として少なくとも商人の間ではうけとられていたものと思われます。「屏風と商人は直に立たぬ」といわれ、「義理をかき、事をかき、恥をかく」三角（欠く）の法[7]が金持ちになる秘訣とされた所以がここにあります。こうして、江戸時代の商人の利潤の抽出が暴力・詐欺・欺瞞といった彼らの魔術的商慣習[8]、そしてさらに、それよりはゆるやかな手段としての破約にもっぱらよっていた、といたしますと、そのような破約を法技術的に正当化し、日常化するために要物契約という契約形式が選ばれ、広く行われていたのは、むしろ当然でありますし、さらに、破約を合法化し、そのさいの簡便な決済方法として、解約手付が慣習化していたのもまたうなづけるところであります。[9]そして、このような当時の経済的・社会的・精神的状況をバックとして考えれば、内金手付と解約手付という・約束の拘束力に関して正反対の機能をもつ二種類の手付が併存していたことも、何ら矛盾するものではないように思われます。なぜなら、内金手付・違約手付を打って約束に拘束力を与えなくてはならないのは、単なる売買の合意だけでは約束の履行が確実に保障されないからであり、ここでは約束を守ろうという当事者の意識、即ち約束遵守の意識が弱いか欠けていることが前提とされているわけです。また、解約手付は、約束を守らないことを合法化するための手段にほかならず、従ってここでは約束遵守の意識の欠けていることがむしろ積極的に肯定されているということができます。つまり、両者ともにこの時代の人々が約束遵守の意識を欠いていたことの表われにほかならないと申せましょう。この意味において、当時の手付慣習は、それが内金手付としてであれ、解約手付としてであれ、いずれにしろ、契約の発展史において要物契約の段階になお止まっていた前期的社会の産物と把握すべきでありましょう。(10)なお、このことに関連して興味深い調査報告がありますので、つけ加えておきます。もっとも民商法の研究者にとっては周知のものではありますが。それは、明治初年に時の農商務省が商法編纂のために各地の商法会議所、現在の商工会議所に当たりましょうか、そこにあてまして、それぞれの土地の商慣習につき一種のアンケート調査を行い、その報告結果をまとめた日本商事慣例類集(11)であります。これによりますと、当時多くの売買約束は「口約拍手」のみで成立し、手付を必要とはしなかったとされる一方で、しいていえば手付は解約手付として用いられている、とあります。この報告にいう「口約拍手」のみで成立する約束とは、諾成契約を意味するものととってよろしいでしょう。そうだといたしますと、これまで私がのべて参りましたところとくい違うようではありますが、こうした調査結果は、封建社会に固有な二重の取引圏の存在を前提としていると考えますと、別に矛盾はありません。つまり一方において、中世における「座」の組織と機能とを承継しました「株仲間」と呼ばれたギルドの内部での取引では、その構成員は強固な団結によって「株仲間」による独占的排他的市場支配を行うという・構成員に共通の利害の故に、互いにもっぱら「のれん」と呼ばれた体面を重んじ仲間うちでの信用を保つべく、ここでは契約遵守が強く意識されて「口約拍手」だけで契約を成立させ、手付すら必要とはしなかったのに対して、他方、当事者間の利害が鋭く対立するギルド外での取引では、一転して魔術的商慣習によって不正欺瞞が敢行され、さらに、より緩和された手段として破約が日常化されたために、ここではむしろ要物契約が常態化され、さらにはそのさいのトラブルを予めさけるべく解約手付という簡便な方法がとられた、とみることができるからであります[12]。

次に、わが民法典の母法の一つドイツ民法をかいまみることにいたしましょう。ドイツでは、内金手付から解約手付に至った後、契約締結を祝って酒宴を開くための酒手金や教会や貧乏人に寄付する喜捨料として手付金をつかうという中世の慣習と結びついて、賠償金としてはほとんど役に立たないほど少額のいわば仮装的給付にまで萎縮した手付となります。つまり、手付を打つことによって売ろう・買おうの合意に拘束力を与えて契約を成立せしめる・いわゆる成約手付がそれです。さらに、それはやがて近世に至って、ローマ法の現代的慣用のもとに契約締結の証拠となる証約手付に変わり、ドイツ民法もまた三三六条に証約手付と規定し、うたがわしい場合には解約手付とみなされない旨を規定いたしました。内金手付から解約手付へ、さらに成約手付となり、最後に証約手付に到達するという・こうした手付の沿革は、そのまま要物契約から要式契約へ、ついで手付契約へ、そして諸成契約に至るという契約形態の推移と重なります。そして最後に、このような契約形態の変遷を大づかみに把握するとすれば、前近代社会の法に固有な方式主義・形式主義から、近代社会における方式自由の原則の確立へ、という契約法の進化の過程であったということができましょう[13]。

さて、ひるがえって、わが国はどうであったか、といえば、先程申しましたように、わが国の場合には内金手付ないし解約手付の段階にとどまり、仮装的給付として方式化した成約手付にまでもいたらないうちに、近代を迎えてしまったというわけであります。そうして、他方、契約形態はといえば、こちらも取引社会一般においては、方式主義と呼ぶには余りに現実性濃厚な要物契約の段階にとどまり、ドイツにおけるように手付契約を経験するいとまするなかったわけです。ところで明治政府は、条約改正とひきかえに法律の近代化を迫られましたために、あいついで西ヨーロッパから近代諸法典を継受いたしましたことは周知のところであります。民法典もその一つであったことはいうまでもありません。そしてわが国の民法が、ボアソナード民法を出発点とし、いわゆる法典論争を経てドイツ民法第一草案を参考にして成立したものであることは余りに有名でありますが、そこでは、五五五条の売買規定に明示されております通り、西ヨーロッパの母法と同様に、契約の要物性から解放されて単なる合意それ自体に拘束力を認める諾成の原則がとられております。しかもわが民法は、売買を典型とする有償契約を諾成契約として構成したばかりか、無償契約の典型たる贈与までをも諾成契約として構成しております。外国の民法では、贈与は裁判所で契約を締結するとか、書面によらねばならないとされるのが一般であります。この点からいたしますと、わが民法は、少なくとも外観上からは、諸外国の立法にその例をみないほど契約の方式からの自由を徹底させ、意思の拘束力を尊重しているということになります。

ところが、他方において、民法典の起草者は「古来ヨリ一般ニ行ハレタル慣習」[14]であったことを理由に、多少の修正を施した上で、解約手付を民法典に導入いたしました。解約手付の慣習が、単純な合意には拘束力が与えられないことを前提としていること、即ち契約の要物性にもとづくものであり、従ってその生い立ちから契約の拘束力を弱めるものであることは、くり返しのべて参りましたところでありまして、それ故に、解約手付の制度が民法典のよってたつ諾成の原則と相容れないことは明らかであります。

それでは、一方で契約方式の自由を徹底させ、他方でこれと相容れない解約手付の慣習を制度化するという・このような民法典の矛盾はどのように理解すべきものでありましょうか。まず、われわれは解約手付が諾成契約を要物契約にひき戻す効果をもつことに留意する必要があります。くり返しになりますが、解約手付は、本来要物契約のもとで、当事者のもつ撤回権を排除するという限度で手付の授受によって合意に一旦与えられた拘束力を「手付流倍戻し」を代償として逆に排除し、再び撤回を可能にするという機能を営むものでした。そこで、解約手付が諾成契約のもとに導入されますと、本来諾成契約のもとでは売買の本体たるべき売ろう買おうという合意をいわば予約の段階にまで引き下げ、これには手付の限度での拘束力を与えるだけで、契約が成立するか否かは、元来は売買の単なる履行にすぎない目的物の引渡や代金の支払にまでくりこしてしまい、その結果、実質上は売買を諾成契約から要物契約にひき戻すという結果をもたらすことになります。[15] そうだといたしますと、民法典は、一方で諾成契約の導入によって無方式の原則を徹底させたにも拘わらず、それは建前だけ、いってみればあくまでお体裁にすぎず、内実は全く逆に解約手付の導入によって契約の要物性に執着し、これをあくまでも維持しようとしたのではないかと推測することが可能です。もしこのように民法典が外向きの顔と内向きの顔という二つの顔をあわせもつヤーヌス神であったとすれば、一方において徹底した近代性をよそおうことによって、対外的には条約改正という当時緊急且つ最大の政治的要請に答えつつ、国内に向かっては法典論争における保守派ないし歴史学派の勝利に沿って取引社会の現実に適合せしめよう、という・いわば苦肉の策であったと考えることは、うがちすぎでありましょうか。このような理解の是非はさておきまして、解約手付導入の根拠を起草者が慣習に求めておりますように、少なくとも、民法制定当時、わが国の取引社会の実情は、単なる合意に契約としての拘束力を与えず、手付の交付によってはじめて各当事者は手付の限度で合意を履行する責任を負う、という契約意識が一般的であった、と思われます。以来、わが国では、冒頭にのべました東大教授夫人の体験談が如実に示しますように「手つけをうけとったときにだけ、絶対の拘束力ある契約が意識される。手つけのない契約をしておきながら約束違反をとがめることは『わけの分らぬ奴』とされる場合が多い」[16] という状況が続いてきたわけであります。つまり、わが国では、人は一般に、ただの口約束即ち、手付をいれぬ契約だけでは拘束されない、と意識している、従ってそこには違反するという意識が欠けている、一旦約束した後でも、これに違反しても何も不利益をこうむらない、相手方から何らおびやかされない、と知れば、平気で約束を破ることになります。これを裏返せば、手付を打った場合にだけ約束を守るというのは、約束を破れば、手付の分だけ損をしなければならないから、であり、その意味において手付は契約の拘束力を強化するものと感じている、ということになります。このことは、わが国には、手付を授受するまでは任意に拘束を免れうるという要物性の意識が根づよく残っている分、それだけ、契約の拘束力という観念・感覚に乏しい、ということを意味いたします。もっとも、他方においてこのように損得を価値規準として契約の遵守・不遵守を決定するということにも、利害の対立を前提とする自由競争社会における経済合理性があるようにみえます。しかし、そうした見方は、近代的法意識の一つとしての契約遵守の意識から遠ざかるものだと思われます。たしかに近代社会においても、法規範は、社会規範の一つとして外から一定の行為を命令するものに違いありませんが、ここでは、名宛人は、自由な主体的意思の担い手として、法規範を彼の意識の中で内面化し、彼自身が定立し自発的に遵守する規範に転化するのであります。このように名宛人の内からの命令として現われるものが近代的な法規範ですから、従って法規範は法規範であるが故に、つまりただそれだけの理由から守られるのでありまして、それ以外のどのような強制からも絶縁されるのであります。だからこそ、契約遵守の規範もまた本来的に約束は約束なるが故に守らざるべからず、なのであり、社会的ないし経済的利害によって左右されるべきものではないのであります。[17]

さて、私の持ち時間ももはやなくなろうとしております。結論を急がねばなりません。民法制定からすでに九十年余り、そして戦後も早や四十五年目の今日、契約遵守の法意識は、はたしてすでにわれわれの社会に定着したでありましょうか。これに関する詳細な調査が行われたとはついぞ耳にしておりませんから、断定することは到底できませんけれども、解約手付の消長から判断する限り、戦後の判例が戦前のそれと異なり解約手付否定の方向に動いていること、[18]さらに最近では手付紛争が判例集をにぎわすことがめっきり減ってきたこと、また手付が不動産売買以外ではほとんど用いられないことなどを考えますとき、私は、解約手付を支えていた要物性の契約意識が社会一般にかなり稀薄となり、そのぶん契約遵守の規範意識が浸透しつつある、といえるのではないか、と思うのであります。しかし、他方におきまして、わが国にはなお近代的取引観念が根づいてはいない、しかもそれは日本人の国民性によるものであろう、との見解が文化人類学や性格学の方法を通して主張されているそうであります。[19][20]私は不勉強のため、まだこの種の論文に目を通しておりませんが、もしこうした見解が正しいといたしますと、わが国における契約遵守の法意識の確立は将来も期待できないことになります。さらに、社会の現状をかえりみますと、将来はともかく、少なくとも現在は、近代的な契約意識の定着を阻害する要因が多いように思われます。第一には、現代社会において庶民が日々締結する契約の大半が大企業と顧客との間のいわゆる附合契約であり、つねに顧客の側に立つしかない庶民にとっては、ほとんどの契約が不利な内容を一方的に押しつけてくる・いわば必要悪的存在であることを考えますとき、そのさいの契約の履行はいわば外からの強制によるものであって、内的・自発的な契約遵守の意識にもとづくものではは到底ありますまい。第二には、最近の社会的風潮であります。近頃とみに横行している投機的土地売買は、地上げといった暴力的手段を伴うなど前期的取引を髣髴とさせるものがあります。こうした土地投機に加えて、インサイダー取引による株式投機といった不健全・不公正な資産形成手段の隆盛は、高度成長期以後強められたモノ・カネへの欲望を一段と加速させ、国民をして手段を選ばぬ利潤追求へと走らせております。このような社会的風潮は、国民の契約意識を契約遵守のそれへと向かわせるよりも、むしろそれから遠ざける方向へと仕向けているのではないでしょうか。そうだといたしますと、わが国における契約遵守の法意識の定着は、日暮れて道なお遠し、といわざるをえません。

（1）本稿は、昨年十月二十九日に開催された第一回中央大学学術シンポジウム（日本比較法研究所主催）において発表し、今回同研究所の諒承を得て『白門』に転載したものである。なお、今回の転載にさいし、註及び参考文献をつけ加えた。
（2）川島武宜博士「近代社会と法」九七頁(48)。なお、講演のため、私が引用部分に多少の潤色をほどこした。
（3）川村泰啓教授「債権各論講義案」（昭和二九年）三六頁。
（4）中田薫博士「徳川時代ノ文学ニ見エタル私法」中「㊄手附」の項・宮崎教授在職廿五年記念論文集六九五頁以下参照。なお、右論文は一九二三年に「徳川時代の文学に見えたる私法」として単行本の形で発行され、ついで一九八四年に現代かなづかいに改められて、岩波文庫（三三一―一六三―一）に収められている。私は法制史には全くの門外漢であるが、江戸時代の文学と法制史に関心をもつ学生諸君に是非一読を奨めたい。
（5）川村教授・前掲「講義案」参照。
（6）川村教授「商品交換法の体系Ⅰ」参照。
（7）宮本又次博士「近世商人意識の研究」三三頁註七。
（8）川村教授・前掲「講義案」三〇～三一頁、大塚久雄博士「所謂前期的資本なる範疇に就いて」（「近代資本主義の系譜」大塚久雄著作集第三巻三七頁以下）参照。
（9）川村教授・前掲「講義案」三一頁。
（10）川村教授・前掲「講義案」三〇～三一頁。
（11）日本商事慣例類集第一篇第三条、第四章第二条第三条、第二篇下巻第四章第二条第三条などを参照。
（12）宮本博士「近世商業組織の研究」一〇四頁以下参照。
（13）ドイツの手付につき、吉田豊「手附ノート」松山商大論集二〇巻一・二号一四三頁以下参照。
（14）民法典修正案理由書第五五七条。
（15）来栖三郎教授「日本の手附法」法学協会雑誌八〇巻六号三六頁。
（16）川島博士・前掲書九七頁。
（17）川島博士「所有権法の理論」六八頁以下参照。
（18）吉田豊「手付」民法講座五巻一七二頁以下参照。

（19）　中根千枝教授「日本的社会構造の発見――単一社会の理論」中央公論一九六四年五月号、石田英一郎教授「日本的人間関係の構造」展望一九六五年九月号（同著「東西抄」〔筑摩書房刊〕所収）。

（20）　Noda, Y., Introduction au droit japonais, Paris, 1966, p. 180 et seq.

＊手付については註にあげた諸論文の他、吉田豊「近代民事責任の原理と解約手附制度の矛盾をめぐって」法学新報七二巻一・二・三合併号及び吉田・前掲「手付」所掲の諸論文を参照のこと。また、日本人の契約意識をめぐっては星野英一教授「現代における契約」岩波講座現代法八巻「現代法と市民」所収を参照のこと。

＊＊なお、本稿においては「手付」と表記しているが、「手附」が正しい。元来民法では（というよりは、漢字本来としては）「附」と「付」とがはっきりと区別されている。前者は「つく」意味であり、後者は「わたす」意味である（例えば「附属」「寄附」に対し「給付」「交付」のように）。従って「手附」（「テヅケ」と読む）が正しい。民法五五七条を参照。唯、現在の常用漢字の中に「附」の字がないので、やむなく「手付」と表記しているのである。

（白門四三巻九号、一九九一・九）

Vertrag und Rechtsbewußtsein in Japan*

Am Anfang erstatte ich als Prolog einen Erlebnisbericht einer Professorsfrau, zitiert aus der Schrift von Dr. Kawashima (Takeyoshi)[1], dem verstorbenen emeritierten Professor an der Universität Tokio. Die Professorsfrau ging gegen Ende des Zweiten Weltkriegs auf ein anderes Dorf als sonst in einem Vorort von Tokio, um sich von Bauern Lebensmittel zu verschaffen.Dabei brachte sie nichts, wogegen sie Lebensmittel, besonders Reis, im Tausch wollte, weil sie an einem ersten Besuchsort nicht wußte, ob irgendein Bauer (Reiserzeuger) ihren Wünschen, dem Tausch von ihren Kimonos (japanischen Kleidungen, bes. Damenskleidungen) gegen Reis entgegenkomme. So besuchte sie ein gewisses Bauerhaus mit leeren Händen und bat den Herren um den Tauschverkehr. Er gewährte ihr eine Bitte. Sie versprach ihm, wieder zu kommen und kam mit Freude zurück. Sie holte gleich darauf den versprochenen Reis mit den dagegen vertausch-ten Kimonos ab, es war schon ausverkauft. Ihm warf sie heftig seinen Bruch des Versprechens vor, sich so viel Mühe damit gegeben, vor scharfer polizeilicher Aufsicht zu flüchten. Das Gerücht lief danach unter Dorfleuten um, es sei Unsinn, Erfüllung des Versprechens zu fordern, ohne daß etwas als Draufgabe bei der Eingehung eines Versprechens übergeben würde. Weil die Dorfleute dabei dachten, der Verkäufer verpflichte sich nur dann zur Erfüllung des Vertrags, wenn ihm der Käufer beim Vertragsabschluß ein Kleidungsstück oder einen Teil von Kaufgeld übergebe, sonst könnte jener, nicht gebunden vom Vertrag, einem anderen Reis verkaufen. Erst wenn die eine Partei die Leistung der anderen Partei entgegengenommen hat, wird ihr Leistungsversprechen bindend. Nur wenn man damals irgend etwas, sei es eine Sache oder sei es Geld von seinem Vertragsgegner annehme, sei man sich dessen bewußt, daß man durch den Vertrag gebunden sei, was ich Realvertragsbewußtsein oder Bewußtsein von Realvertraglichkeit nenne. Zwischen zwei Menschen wird zuerst nämlich eine

Vereinbarung von „Ich will verkaufen“ und „Ich will einkaufen“ getroffen, und, wenn der Verkäufer dem Käufer etwas übergibt oder der Käufer ihm den Gegenwert dafür bezahlt, dem Gegner vorangehend, dann kommt der Vertrag zustande. Daraus ergibt sich, daß die Leistungspflicht der anderen Vertragspartei entsteht, die die Vorleistung von dem Gegner angenommen hat. Im Sinne, daß es der Übergabe einer Sache (Geld oder Gegenstand) zum Zustandekommen des Vertrags, d. h. der Entstehung der Leistungspflicht brauchte, heißt „Realvertrag“ ein Kontrakt, der auf solch Art und Weise zustandekommt. Also neben einem Vereinbarung von „ich will verkaufen“ und „ich will einkaufen“ auch noch einer bestimmten Form von Übergabe und Übernahme einer Sache zu bedürfen setzt dieser Realvertrag voraus, der Formalismus heißt, im Geschäftsverkehrskreis begrenzt ist und in der vormodernen Gesellschaft allgemein war, wo das Judikaturssystem noch nicht so zur Reife kam. Je größer die Verkehrskreise und je mehr die Verkehrgelegenheiten wurden, umso unfreier fühlte sich man den Formalismus, so daß der Realvertrag für den Konsensualvertrag aus der Hauptrolle ausstieg. Dieser Vertragstyp heißt der Konsensualvertrag im Sinne, daß der Vertrag zustandekommt, nur wenn die eine Partei die Antragserklärung der anderern annimmt. Die Vereinbarung zwischen beiden Parteien ausgenommen bedarf es keiner anderen Form, worin die Freiheit von einer Form oder die der Nonform da ist. Erst in der modernen Gesellschaft hat der Austausch von Äquivalenten beide überall im Zirkulations- und Produktionsprozeß der Waren vermitteln können. Daraus ergibt sich, daß der Profit in einem gewöhnlichen Warenverkehr nur durch Erfüllung eines Warenaustausches, Einhaltung des Vertrags in dessen rechtlichen Form gesichert wird[2)]. Ein solcher kommerzieller Profit ist eigentlich ein Teil des im Produktionsprozess geschaffenen Mehrwerts, den einzelner Warenhandlungskapital als Ersatz erhält, der einen gewissen Teil des Zirkulationsprozesses übernimmt. Die moderne Weise der Handelsverkehrsbeziehung, die von dem modernen Produktsstruktur bestimmt wird, spiegelt sich in dem Bewußtsein der Gesellschaftsmitglieder und schafft das Normbewußtsein der Einhaltung eines Vertrags (das von „pacta sunt servanda“). Und es versteht sich von selbst, daß der Konsensualvertrag eine Vertragsform ist, die sich dem Normbewußtsein der Vertragseinhaltung anpaßt. Das kommt daher, weil beim Konsensualvertrag eine Vereinbarung

von „ich will verkaufen“ und „ich will einkaufen“ so gleich zu einem Vertrag wird und Erfüllungspflichten entstehen läßt, so daß es nicht gestattet ist, nach Vertragszustandekommen ohne Annahme des Gegners von dem Vertrag zurückzutreten.

Beim Realvertrag ist die Vereinbarung an sich noch nicht rechtlich verbindlich, so kann jede von der beiden Parteien willkürlich, d. h. ohne Zustimmung der anderen einseitig sein eigenes Versprechen widerrufen, nur in der Zeit zwischen der den Leistungen vorausgehenden Vereinbarung (den zwei Leistungsversprechen) und der Vorleistung einer Partei. Das ist ein merkwürdiges Beispiel (in der Edo-Zeit 1603-1867), beispielsweise, es wird erzählt, ein Kunde komme ins Freudenhaus, und verspreche dem Hauswirt des Bordells, mit 100 Ryo (die Geldeinheit in der Edo-Zeit) ein Freudenmädchen loszukaufen. Wenn ein anderer Kunde das Bordell aufsuche, der das Mädchen mit 120 Ryo loskaufen wolle, dann ziehe der Hauswirt das Loskaufsversprechen mit dem ersten Kunden zurück und verkaufe wiederum es dem zweiten Kunden, weil es freilich dem Hauswirt zum Vorteil gereiche, dem zweiten Kunden das Mädchen zu verkaufen. Obwohl widerruft, so, sei der Wirt durch das Versprechen gar nicht gebunden, solange er von dem ersten Kunden kein Lösegeld erhalten habe. So, er könne das Loskaufsversprechen mit dem ersten Kunden widerrufen, ohne ihm Schadenersatz zu leisten, und es dem zweiten verkaufen, sozusagen eine anderweitige Verfügung leisten. Solcher Widerruf des Versprechens hieß „Kuyamigaeshi“ in Edo-Zeit (Das Wort bedeutet, daß man Reue über den Vertragsschluß fühle und widerrufe). Wenn man daher einen Vergleich zwischen beiden Vertragsformen zieht, besteht der große Unterschied darin, daß der Realvertrag Widerrufsfreiheit, Freiheit von Vertragsbruch hat, während der Konsensualvertrag dem Rücktritt gar keinen Raum gibt. Wenn man beim Realvertrag auf diese Weise über den Widerruf frei verfügen kann, muß der Käufer beim Kauf unbedingt anderweitige Verfügung des Verkäufers verhindern wollen, um eine Kaufsache zum eigenen Zweck zu gebrauchen, oder wie beim oben erwähnten Loskauf eines Freudenmädchens, um es unbedingt zu eigen zu haben. Dazu diente Draufgabe. Die Draufgabe ist überhaupt das Geld und weitere andere, die einer der Vertragsparteien beim Vertragsschluß dem anderen abliefert. Gewöhnlich zahlt der Käufer an den Verkäufer einen Teil des Kaufgelds. Wenn der Kauf

gutgegangen ist, so darf der Käufer nur Restkaufgeld bezahlen. Dabei funktioniert die Drafgabe als Vorauszahlung eines Teils des Kaufgelds, Anzahlung. Man kann die Draufgabe funktionell allerlei klassifizieren : Handgeld z. B. Mietstaler beim Gesindedienstvertrag, Haftgeld oder Draufgabe als Vertragsstrafe (arrha poenalis), Reugeld (arrha poenitentialis) und Draufgabe als Zeichen des Abschlusses des Vertrags (arrha confirmatoria). Bei uns gab es nach der Schrifttum[3)] in Edo-Zeit die Handgeld, d. h. eine Draufgabe, die einen Vertrag durch Übergabe und Übernahme davon zustande bringt, außerdem Anzahlungsdraufgabe bzw. Draufgabe als eine Art der Vertragsstrafe und Reugeld. Die „Anzahlungsdraufgabe" ist übrigens, kein allgemeiner Name, sondern der, den ich selbst vorläufig im Sinne so nenne, daß sie ihre Funktion erfüllt, eine anderweitige Verfügung des Verkäufers zu verhindern. Im allgemeinen, wenn der Käufer dem Verkäufer eine Draufgabe leistet, kann der Verkäufer einen Realvertrag nicht mehr wiederrufen, d. h. in diesem Fall ist es anders als Annahme des Kaufgeldes an sich verpflichtet der Empfang der Draufgabe den Verkäufer nicht zur Gegenleistung ; Der Käufer bezahlt einen Teil des Kaufgelds bei der Vereinbarung als Anzahlung, um den Verkäufer eine bestimmte Frist auf eine sog. anderweitige Verfügung verzichten zu lassen, wo man denkt, der Kauf bestehe substantiell in der Übergabe der Kaufsache und der Bezahlung des Kaufsgelds, ohne die Bezahlung des Restkaufgelds würde der Verkäufer zu keiner Gegenleistung verpflichtet. Darin blieb die Realvertraglichkeit noch tief erhalten und auch Draufgabe setzte dieses Kaufversprechen (im geltenden Recht fällt es unter einen Vorvertrag) in Verbindlichkeit, insofern der Verkäufer, der Empfänger auf eine anderweitige Verfügung verzichtete. Bald darauf hätte diese Wirkung der Draufgabe auch auf den Käufer ausgeübt und es würde dazu soweit gekommen sein, daß auch der Käufer den Versprechen wohl nicht würde widerrufen können.

Dann verband die Draufgabe mit einer „Tezukenagashi-Baimodoshi" oder „Tezukezon-Baigaeshi" genannten Gewohnheit. Sie war wie folgt : z. B. wenn ein Verkäufer eine Draufgabe angenommen hatte, so entstand für ihn daraus keine Lieferpflicht. Seine Leistungspflicht entstand vielmehr erst mit Annahme des Restkaufgelds (der Differenz zwischen dem Gesamtkaufgelds und der Draufgabe). Das war umgekehrt ebenso beim Käufer der Fall. Es entstanden also unter den Kaufleuten die obengenannten Handelsgebräuche.

Wenn derjenige, der die Draufgabe geleistet hatte,—meistens der Käufer— seinem Verkäufer die gezahlte Draufgabe beließ, indem er auf den Herausgabeanspruch der Draufgabe verzichtete, dann wurde auch das wegen der Draufgabe unwiderrufliche Versprechen wieder widerruflich. Eine andere Möglichkeit dafür war, daß der Empfanger der Draufgabe — meistens der Verkäufer— seinem Käüfer die doppelte Summe der Draufgabe zurückgab. Dies war das sogenannte Reugeld oder arrha poenitentialis, das ein den Vertragsbruch legalisierendes Mittel bildete. Diesfalls war die Draufgabe relativ eine kleine Summe im Vergleich zu dem Kaufgeld. Diese Draufgabe erfüllt sowohl die Rücktritt- wie auch eine Art Schadenersatzfunktion dazu, den sich aus Erfüllung jener Funktion ergebenden Verlust des Gegners wieder in Ordnung zu bringen. Er gab dagegen Fälle, in denen Draufgabe im Vergeich mit Kaufgeld relativ eine große Summe betrug. Die Draufgabe in der Edo-Zeit machte laut der Literatur, ein Viertel bzw. ein Drittel, manchmal bis zur Hälfte des Kaufpreises aus. Im Falle, daß die Draufgabe sich auf ziemlich große Summe belief, kam „Verzicht auf Draufgabe oder Rückgabe deren doppelten Summe“ zur Wirkung der Vertragseinhaltung lieber als der Sicherheit des Rücktrittsrechts. Denn jede Partei mußte Gefahr laufen, auf eine ziemlich große Summe Draufgabe zu verzichten oder deren doppelte Summe zurückzugeben. Und „Verzicht auf Draufgabe oder Rückgabe deren doppelten Summe“ funktionierte solchenfalls als eine Art Vertragsstrafe beziehungsweise der vorgesehene Betrag des Schadenersatzes (previously fixed amount of damages), so heiß diese Art Draufgabe „arrha poenalis“. Man kann nur die damalige Draufgabe je nach Höhe deren Summe die Anzahlungsdraufgabe bzw. Vertragsstrafe als eine Art Haftgeld (arrha poenalis) von Reugeld (arrha poenitentialis) unterscheiden. Jede Funktion von Beiden ist, wie oben erwähnt, das genaue Gegenteil zueinander in Hinsicht darauf, daß die letztere die Verbindlichkeit eines Vertrags abschwäche, trotzdem die erstere sie bestärke. Diese Beiden schienen, von der Höhe der Summe abgesehen, nach ihren einzelnen Funktionen in voreinander verschiedenen Gebieten im Gebrauch zu sein. Anzahlungsdraufgabe und Vertragsstrafe (arrha poenalis) wurden benutzt bei demjenigen Kauf für Privatverbrauch schlechthin, den man hauptsächlich auf Erwerb der Kaufsache (wie im Falle obengenanntes Loskaufs eines Freudenmädchens)

abstellte. Hauptsächlich war das Reugeld üblich unter den Kaufleuten, die die Waren weiterzuverkaufen pflegten. Es war im Gebrauch dazu, daß sie beim Verkehr dazwischen auf den Erwerb des Saldoprofits zwischen dem Kauf- und Verkaufpreis durch den Weiterverkauf abgezielt seien[4)].

Einmal davon abgesehen, über das Thema von Draufgabe zu reden, dann werde ich darüber sprechen, warum sich sowohl der Realvertrag wie auch die Draufgabe in der Feudalgesellschaft ausbreiteten.

Schon auch dort, wie allgemein bekannt, gab es zwischen Städten und Dörfern eine bestimmte arbeitsteilige Warenproduktion an jedem Ort. Daher war auch der Warenaustausch in Form des Kaufs bereits üblich. Weil aber damals Produktions- und Zirkulationsprozeß der Waren getrennt verliefen, blieben die Ergebnisse des Warenaustausches auf den Zirkulationsprozeß beschränkt. Den Produktionsprozeß vermittelte andererseits eine ständische Beziehung von Herrschaft und Gehorsam, z. B. die Beziehung zwischen dem Lehensherrn und seinem Hörigen (ein Halbfreibauer : ein Bauer, dessen Person und Arbeitskraft zur Hälfte ihm selbst, zur Hälfte dem Lehensherrn gehörte) in den Dörfern, zwischen dem Manufaktur-Meister und dem Handwerker oder zwischen dem Lehrherrn und dem Lehrling in den Städten. In solcher Beziehung (Produktionsverhältnis) nutzte der erstere jedenfalls den Standesunterschied dazwischen aus, beutete die Arbeitskräfte von dem letzteren aus und nützte sie für Produktion[5)]. Das bedeutet, aus der ökonomischen Struktur gesehen, daß das Kapital damals im Produktionsprozeß noch nicht aktiv war, und daß sein Bewegungsplatz des Kapitals auf dem Zirkulationsprozeß begrenzt war. Das war das Handelskapital in der sogenannten antediluvianischen Form des Kapitals. Der Handelsgewinn konnte nämlich nur aus dem Zirkulationsprozeß erzielt werden, für den man viel Zeit brauchte. Dazu mußte man die Waren in weiter Ferne verkaufen. D. h. mußte man den Unäquivalentenaustausch, die regionalen oder zeitlichen Preisunterschieden zwischen Verkaufspreis und Kaufpreis verwenden, indem man eine möglichst billiger gekaufte Sache in möglichst weiterer Ferne oder in aller Ruhe teuer verkaufte. Und weil Vermittlung der sog. außerökonomischen Gewalt natürlich zu solchem Unäquivalentenaustausch gehörte, um den Gewinn aus den Preisunterschieden zu erzielen oder vergrößern, verbanden sich die Kaufleute untere-in-ander oder mit Fürsten und monopolisierten die Produktion und den

Verkauf. Gegenüber einem schwachen oder leichtgläubigen Gegner wandte man sogar leider Gewalt an oder betrog ihn. Dazu kamen außerökonomische Einflüsse wie die sogenannten vormodernen Marktmonopole, z. B. „Za" im japanischen Mittelalter, „Kabunakama" in der neueren Zeit (Gilden japanischer Kaufleute). Oder wenn es bis dahin noch nicht zu extrem kam, was man ein Versprechen mit dem Gegner brach, um einen hohen Profit zu ziehen, d. h. der Vertragsbruch war vielmehr als ein bescheidenes Mittel veralltäglicht. Also, aus der damaligen Wirtschaftsstruktur gesehen, empfand keiner das Vertragbrechen als böse oder unrecht, vielmehr nahmen wenigstens Kaufleute das als Alltäglichkeit an. In Anbetracht dessen sagte man sprichwörtlich, „eine Setzwand und ein Kaufmann stehen nicht gerade" und es sei ein Schlüssel zu einem Millionär, daß „man seine Pflicht gegenüber der Gesellschaft vernachlässige, sehr sparsam lebe und sich schäme"[6]. Wenn die Kaufleute in Edo-Zeit abhängig von ihren magischen Handelsbrauchen[7] wie Gewalt, Betrügereien oder Tricks, zudem von Vertragsbruch als einem milderen Mittel schlechthin waren, um ihre Gewinne zu erzielen, so war vielmehr selbstverständlich[8], daß unter mehreren Vertragsformen der Realvertrag als ein Rechtstechnik gewählt wurde, solchen Vertragsbruch zu rechtfertigen und zu veralltäglichen. Und es überzeugt uns sogar, daß der Vertragsbruch damals rechtfertigt wurde, und daß die Kaufleute sich an die Bezahlung des Reugeldes als eine einfache praktische Ausgleichung beim Vertragsbruch gewöhnt waren. Es bestand gar kein Widerspruch darin, daß Haft- (arrha poenalis) und Reugeld zusammen waren, die beide im Zusammenhang mit der Vertragsverbindlichkeit entgegengesetzt funktionierten, vorausgesetzt, daß man an solche ökonomische, soziale und psychische Situationen damals im Hintergrund zurückdenkt. Weil man damals es für sowieso ausgeschlossen hielt, ein Leistungsversprechen werde nur mit einer nackten Vereinbarung erfüllt, deshalb mußte man dem Versprechen Verbindlichkeiten mit Übergabe einer Draufgabe verleihen unter der Voraussetzung, daß die Parteien sich wohl fast keiner oder ganz und gar keiner Versprechenseinhaltung bewußt waren. Denn das Reugeld war einziges Mittel zum Zweck, die Nichteinhaltung des Versprechens zu legalisieren. Also, man könnte sagen, es sei dort vielmehr positiv bejaht, keine Lust zur Einhaltung des Versprechens zu haben. Kurz und klein, in allen beiden Draufgaben drückte sich es aus, daß es den Leuten

damals an dem Bewußtsein der Versprechenseinhaltung fehlte. In diesem Sinne ist der Draufgabengebrauch damals, sei es Haftgeld, sei es Reugeld, jedenfalls als ein Produkt der vormodernen Gesellschaft zu begreifen, wo die Vertragsform in der Entwicklungsgeschichte des Vertrags noch in der Stufe des Realvertrags stehen blieb[9)]. Worüber ein interessanter Untersuchungsbericht da ist, nebenbei bemerkt, füge ich den hinzu, der den Zivil- und Handelsrechtlern bekannt ist. Es ist „Nihon Shoji Kanrei Ruischu“[10)] (Japanische Handelsgebräuchensammlung), was das Ministerium für Landwirtschaft und Handel damals zu Beginn der Meiji-Zeit für die Herausgabe des Handelsrechts an die gesamten Industrie- und Handelskammern Umfragen um die Handelsgebräuche von jeder Gegend richtete und ihre Berichte darüber systematisch zusammenfaßte. Laut diesen Berichten kommen viele Kaufsversprechen nur mit „einem mündlichen Versprechen und Hände Klatschen“ zustande, ohne daß es keiner Draufgabe brauche, aber doch, wenn man eventuell eine Draufgabe verwende, dann sei das als Reugeld in Benutzung. Man dürfte den Konsensualvertrag unter einem Versprechen verstehen, das nur mit „einem mündlichen Versprechen und Hände Klatschen“, wie von diesem Bericht genannt, zustande kommt. Wenn das so ist, scheint es, als ob die Untersuchungsergebnisse anders wären als das, was ich bisher erwähnt habe. Aber ich widerspreche mir selbst gar nicht, wenn man meint, daß diese Ergebnisse der Umfragen das Dasein des der Feudalgesellschaft inhärenten doppelten Handelskreises voraussetzten. Nämlich einerseits, im Handelsverkehr innerhalb der „Kabu-nakama“ genannten Gilde, die der Organisation und Funktionen derjenigen mittelalterlichen „Za“ nachfolgte, wo deren Mitglieder sich der Vertragseinhaltung wohl gewußt waren, brachten sie mit starker Bewußtheit der Vertragseinhaltung einen Vertrag nur mit „einem mündlichen Versprechen und Hände Klatschen“ zustande, ohne sogar einer Draufgabe zu bedürfen, um ihre „Noren“ genannten Gesichte zu wahren, und persönlichen Kredit innerhalb ihrer Gruppe zu halten. Weil sie viele gemeinsame Interessen hatten, mit solider Solidalität exklusive monopolische Herrschaft über den Markt durch „Kabu-nakama“ auszuüben. Andererseits, im außerhalb der Gilde Handelsverkehr, wo die Interessen zwischen Handelsparteien in scharfer Auseinandersetzung miteinander standen, wagte man es umschlagend nach magischen Handelsgebräu-

chen, Unrecht oder Betrug zu begehen, und außerdem wurde der Vertragsbruch als ein noch milderes Mittel veralltäglicht, so daß Handelsleute derzeit einen Realvertrag als eine normale Vertragsform und noch dazu ein Reugeld als ein einfaches Ausgleichungsmittel verwenden, um dabei eventuelle Streitigkeiten im voraus zu verhüten[11].

Betrachten wir dann oberflächlich das deutsche bürgerliche Recht, eins von den Mutterrechten unseres Bürgerlichen Gesetzbuches. In Deutschland hatte sich die Draufgabe von der Anzahlungsdraufgabe zum Reugeld entwickelt, veränderte sie aber danach ihren Charakter in Richtung auf ein rechtsgeschäftliches Formerfordernis. Die nächste Stufe brachte nämlich das Einschrumpfen des Reugeldes bis zur Scheinleistung mit einer so kleinen Geldsumme, die seine Erstattungsfuktion für den Rücktritt verlor und zum Handgeld wurde, durch dessen Entgegennahme der Vertrag zustande kam : Weil das Reugeld sich mit den mittelalterlichen Gebräuchen verband, daß es zum Fest des Vertragsabschlusses vertrunken oder für eine Kirche oder die Armen gespendet wurde. Der Realvertrag wurde zum Arrhalvertrag d. h. einer neuen Art des Formalgeschäfts. Mit der Neuezeit änderte sich durch die Einführung des Konsensualvertrags und die Formfreiheit von Verträge das Handgeld in die arrha confirmatoria, die als Zeichen des Abschlusses des Vertrags galt. Auch nach BGB §§ 336, 337 ist die Draufgabe nur noch arrha confirmatoria und im Zweifel nicht Reugeld, was heute so genannt wird, ist meist Vertragsstrafe, die funktionell die Vertragsverbindlichkeit bestärkt. Die obengenannte Geschichte der Draufgabe : der Anzahlungs (draufgabe)→Reugeld (arrha poenitentialis)→ Handgeld→Bescheinigungsdraufgabe (arrha confirmatoria) überlappt sich ganz mit dem Wandel der Vertragsformen : Realvertrag→Formalvertrag→ Arrhalvertrag→Konsensualvertrag. Also, wenn man solchen Wandel der Vertragsformen grob begreift, dann kann man wohl so sagen, daß der Prozeß der Vertragsrechtsevolution derjenige von dem vormodernen Recht inhärenten Formalismus zur Aufstellung des Formfreiheitsprinzips in der modernen Gesellschaft war[12].

Anders betrachtet, was war nun bei uns daraus geworden ? Wie obenerwähnt, blieb es bei uns keine Zeit, das als eine Scheinleistung geformalisierte Handgeld einzuführen, da, noch auf der Stufe des Reugeldes stehend, Japan in die moderne Gesellschaft eintrat. Und andererseits stagnierte auch

Vertragsform in der allgemeinen Handelsgesellschaft in der Stufe des Realvertrags mit aller Realität, als daß man es einen Formalvertrag nennen könnte. So, man hatte keine Zeit anders als in Deutschland, ein Arrhalvertrag zu erfahren. Der Meiji-Regierung übernahm, wie allgemein bekannt, moderne Gesetzbücher aus dem Westeuropa deshalb hintereinander, weil sie zur Modernisierung der Gesetze im Tausch gegen die Vertragsform gezwungen wurde. Es versteht sich, daß auch das japanische BGB eins von ihnen war. Unser BGB ist dafür sehr bekannt, daß es von dem von Franzosen Boissonade herausgegebenen BGB (sogenanntes „Altes BGB") seinen Ausgang nahm und daß es über den berühmten Kodifikationsstreit nach dem Modell des ersten Entwurfs des deutschen BGB kodifiziert wurde. Wie in dessen Kaufsbestimmung vom § 555 deutlich erklärt, ist darin gleichwie in den westeuropäischen Mutterrechten das Konsensualprinzip angenommen, das die Vertragsrealität los ist und die Verbindlichkeit einer bloßen Vereinbarung (nudus pactus) als solcher gibt. Und zwar gestaltet unser BGB zum Konsensualvertrag nicht nur den für Kauf typischen entgeltlichen Vertrag, sondern auch die Schenkung, einen Prototyp des unentgeltlichen Vertrags. Die europäischen BGB, allgemein gesprochen, bestimmt so, daß die Schenkung beim Zustandekommen der gerichtlichen oder notariellen Beurkundung des Versprechens bedarf. In dieser Hinsicht ist es so, unser BGB sei wenigstens dem Aussehen nach in Freiheit von Vertragsförmlichkeit so gründlich und in Hinsicht auf Schätzung der Verbindlichkeit des Willens so hoch, daß man kein solches Beispiel in ausländischen Gesetzgebungen finden könne.

Andererseits führten die Verfasser dennoch das Reugeld ins geltende BGB mit einer wenig Verbesserung aus dem Grund ein, weil das Reugeld eine „seit alters her noch heute übliche Verkehrsgewohnheit"[13] sei. Ich habe die Voraussetzung für den Reugeldsbrauch wiederholt, eine bloße Vereinbarung habe keine Verbindlichkeit aufgrund der Realvertraglichkeit, also dessen Brauch schwäche die Verbindlichkeit des Vertrags aus dessen Geburtsherkunft. Es versteht sich daher, daß das Reugeldsystem dem Konsensualprinzip widerspreche, auf das jBGB sich stützt.

Wenn ich so sagen darf, was soll man im allgemeinen unter einem Widerspruch dazwischen verstehen ?: einerseits daß das jBGB von der Freiheit von Vertragsform durchdrungen ist, und andererseits daß der mit

ihr nicht übereinstimmende Reugeldsbrauch in ein System gebracht ist. Wir müssen zuerst unsere Aufmerksamkeit darauf richten, daß das Reugeld so funktioniert, einen Konsensual- ins Realvertrag zurückzuziehen. Wiederholt gesagt, hatte die Draufgabe eigentlich beim Realvertrag so funktioniert, durch deren Leistung einer Vereinbarung die Verbindlichkeit insofern zu verleihen, als Widerrufsrechten den beiden Parteien waren abgenommen worden. Das Reugeld funktionierte dennoch so, die ihnen einmal verliehene Verbindlichkeit als Ersatz für „Verzicht auf Draufgabe oder Rückgabe deren doppelten Summe" umgekehrt auszuschließen, infolgedessen konnten sie wieder den Vertrag widerrufen. So, wenn das Reugeld beim Konsensualvertrag eingeführt wird, dann zieht sich sozusagen bis ins Niveau des Vorvertrags die Vereinbarung von „Ich will verkaufen" und „Ich will einkaufen" zurück, die eigentlich die Wesenheit des Kaufs sein sollte. Daraus ergibt sich, daß solche Vereinbarung die Verbindlichkeit nur an der Grenzen der Draufgabe gibt, und daß das Ob des Zustandekommens eines Vertrags bis in der Zeit von Übergabe der Kaufsache oder Zahlung des Kaufgelds hinausgezogen wird, die beiden eigentlich bloße Erfüllungen des Kaufs sind. Das bringt daher es mit sich, daß der Kauf materiell von dem Konsensual- auf den Realvertrag zurückgeführt wird[14)]. Wenn das so ist, meiner Rechnung nach, brachte jBGB einerseits die Freiheit von Förmlichkeit durch Einführung des Konsensualvertrags in Erfülllung, was dennoch lediglich die scheinbare Richtlinie ist, in anderen Worten solchen Anschein erweckt, als ob es sehr modern wäre. Andererseits wollte es ganz im Gegenteil in Wirklichkeit an der Realvertraglichkeit durch Einführung des Reugeldes hängen, und die Realvertragsform aufs äußerste wahren. Wenn unseres BGB Gott Janus wäre, der zwei Gesichte nach außen und innen in sich vereint, so entsprach es einerseits außenpolitisch die damals dringende und größte politische Forderung des Vertragsreform, indem es sich die gründliche Modernität anzog ; andererseits paßte es sich innenpolitisch der Wirklichkeit der Handelsgesellschaft entsprechend dem Sieg der Konservativen oder der historischen Schule beim japanischen Kodifikationsstreit an, was meiner Meinung nach sozusagen eine Notlösung des Verfassers sei. Ist diese Ansicht etwas zu scharf ? Einmal davon abgesehen, ob dieses Verständnis richtig oder falsch, wie klar daraus, daß der Verfasser den Grund der Einführung des Reugelds im Handelsbrauch suchte, was das

Vertragsbewußtsein unter dem wirklichen Sachverhalt unserer Handelsgesellschaft wenigstens zur Zeit des Gesetzeserlasses derart üblich, daß man eine bloße Vereinbarung wohl keine vertragliche Verbindlichkeit gebe, und daß jede Partei sich erst durch Leistung der Draufgabe dazu verpflichte, die nur innerhalb der Draufgabe zu erfüllen. Seither bei uns, wie der anfangsgenannte Erlebnisbericht einer Professorsfrau anschaulich zeigt, hat die folgende Sachlage jetzt noch angedauert: „Man sei sich des absolut verbindlichen Vertrags nur dann bewußt, wenn man sein Angeld gebe. Man sage dem meistens ‚einen Kerl ohne Verstand' nach, wer den Gegner wegen seiner Verletzung eines Vertrags ohne Angeld tadele"[15). Nämlich, ist man sich bei uns im allgemeinen dessen bewußt, was ein bloßes mündliches Versprechen, d. h. nur ein Vertrag ohne Draufgabe nicht verbindlich sei, also, dort fehle es einem an dem Bewußtsein, einen Vertrag zu brechen, aber auch nach dem Vertragsabschlusse, nämlich, wenn man wisse, daß man gar keine Nachteile erleide, von dem Gegner gar nicht bedroht, angenommen, man bräche den Vertrag, dann breche man ihn, ohne mit der Wimper zu zucken. Andersherum betrachtet, beobachte man deswegen einen Vertrag nur dann, wenn das Angeld gegeben werde, weil man unbedingt nur die Summe des Angeldes verlieren müsse, gesetzt, man bräche den Vertrag. In diesem Sinne fühle man, daß die Draufgabe die Verbindlichkeit des Vertrags verstärke. Das bedeutet, man behalte bei uns das Realvertraglichkeitsbewußtsein so hartnäckig übrig, sich ohne Angeld willkürlich von der Verbindlichkeit befreien zu können, so daß es einem an Vorstellung oder Empfindung von der Vertragsverbindlichkeit mangele. Es scheint andererseits auch ökonomisch rational in der Interessenkollisionen voraussetzenden wettbewerbswirtschaftlichen Gesellschaft zu sein, im Fall, daß man auf diese Weise mit Rücksicht auf Gewinn und Verlust das „Ob" der Befolgung des Vertrags entscheidet. Aber es scheint mir, daß solche Ansicht weit vom Bewußtsein von „pacta sunt servanda", von einem von den modernen Rechtsbewußtsein entfernt sei. Zwar auch in der modernen Gesellschaft muß die Rechtsnorm als eine der Sozialnormen einem Adressat ein gewisse Verhalten von außen befehlen, hier muß der Adressat aber als ein Träger des freien Subjektswillens die Rechtsnorm in seinem Bewußtsein verinnerlichen und so transformiert sie in eine Norm, die er selbst aufstellt und aus sich selbst beobachtet. Die moderne Rechtsnorm ist so das, was als

ein Befehl von Innen des Adressaten erscheint. Also, die Rechtsnorm wird nur deshalb befolgt, weil eine Rechtsnorm nichts anders als die Rechtsnorm an sich, davon ausgenommen, von jedem Zwang sondert man sich ab. Auch die Norm der Vertragsbefolgung ist gerade darum eitgentlich „pacta sunt servanda" (Man muß ein Versprechen deswegen befolgen, weil es gerade das Versprechen an sich ist.) und man darf nie von den gesellschaftlichen oder wirtschaftlichen Interessen abhängen[16)].

Also, meine verfügbare Zeit ist kaum mehr aus. Ich muß zu einem Ergebnis kommen. Schon mehr als neunzig Jahre seit dem Erlaß von unserem bürgerlichen Recht und heute bereits des fünfundvierzigsten Jahres seit dem Kriegsende, ob das Rechtsbewußtsein der Vertragsbefolgung sich überhaupt schon in unserer Gesellschaft eingebürgert hat ? Da ich noch nie zu wissen bekomme, ob man eine ausführliche Untersuchung darüber vorgenommen habe, kann ich zwar irgend etwas kategorisch nicht behaupten. Soviel ich darüber doch nach dem Auf und Ab der Draufgabe urteile, nimmt die Rechtsprechung in der Nachkriegszeit die Richtung auf die Verleugnung des Reugelds anders als dieselbe in der Vorkriegszeit[17)], und neuerdings haben Konflikte um die Draufgabe die amtliche Sammlung der Entscheidungen kaum beschäftigt, und dazu verwendet man heute eine Draufgabe kaum noch außer beim Immobilienhandel. Daraus ergibt sich, daß so dünn das Vertragsbewußtsein der dem Reugeld als Stütze dienenden Realität in der Gesellschaft überhaupt fast verlorengegangen ist, sich die Normbewußtsein der Vertragsbefolgung darin tief eingewurzelt ist. Aber andererseits, behaupten der Kulturanthropolog und der Charakterolog, die moderne Handelsverkehrsidee sei noch nicht genug, um sich bei uns einzubürgern, was von dem Volkscharakter des Japaners stammen werde[18)], [19)]. Ich habe es aus Unachtsamkeit unterlassen, diese Art Aufsätze zu lesen. Wenn solche Auffassung aber das Richtige träfe, so stünde es zu erwarten, daß wir die Japaner uns an das Rechtsbewußtsein von „pacta sunt servanda" auch noch in Zukunft nicht würden gewöhnen können. Was noch schlimmer ist, zeigt sich in Japan heute so, daß es viel Hauptursachen, ausgenommen in Zukunft, wenigstens zur Zeit gibt, die das moderne Vertragsbewußtsein an Einbürgerung unter den Leuten behindern.

Erstens : Die sogenannten Adhäsionsverträge zwischen einem Großun-

ternehmen und den Kunden sind der größte Teil der Verträge, die das Volk tagtäglich in der heutigen Gesellschaft abschließt, wobei das Volk nicht umhin kann, sich immer auf die Seite des Kunden zu stellen. Wenn meiste Verträge für solche Menschen eine Art von notwendigem Übel wären, das einen nachteiligen Inhalt einseitig auf sie abwälze, dann wäre die Erfüllung des Vertrags gar nicht dieselbe aufgrund des Bewußtseins der innerlichen willkürlichen Vertragsbefolgung, sondern dieselbe sozusagen durch einen Zwang von außen.

Zweitens : Es geht heute um den Sozialtrend. Neuerdings nimmt Grundstückspekulation in ganz Japan rasch überhand, die zu den Gewalttaten schreitet wie z. B. Grundstückswegnahme unter Gewaltanwendung von „Yakuza", japanischen Mafiosi. So ungesunde Vermögensbildungen mittels Ungerechtigkeiten wie z. B. Börsenspekulation durch den Handelsverkehr zwischen den Innenseitern, beschleunigen überdies die Geldgier des Volks noch mehr, von der man seit Höherentwicklungszeit besessen war, was das Volk zur Gewinnsucht ohne Rücksicht auf Verluste treibt. Dieser Sozialtrend richtet das Vertragsbewußtsein des Volks nicht auf Vertragbefolgung, sondern vielmehr auf Vertragsbruch, nicht wahr ? Wenn das richtig wäre, muß ich so sagen, die Einbürgerung des Rechtsbewußtseins der Vertragsbefolgung sei in Japan „Die Zeit ist noch weit, während der Abend des Lebens dämmert."

Anmerkungen

* Entstanden aus einem Beitrag zum elften wissenschaftlichen Symposium, das unter dem Titel „Internationale Kulturreibereien – Eigentümlichkeiten der japanischen Rechtskultur" am 29. Oktober 1990 von dem Institut für Rechtsvergleichung der Universität Chuo veranstaltet worden ist. An dieser Stelle danke ich meinem Kollegen Prof. Dr. Kaneyoshi Ueda für manche Förderung und Unterstützung, und meiner Frau dafür, ihr so große Mühe bis zur Vollendung dieser Arbeit zu machen.

1) Vgl. T. Kawashima, Kindai-Shakai to Ho (neuere Gesellschaft und Recht) 1959, S. 97, N. 48. Nebenbei bemerkt, habe ich die angeführte Stelle mit Rücksicht auf diesen Vortrag etwas verschönert.

2) Vgl. Y. Kawamura, Saiken-Kakuron Kogian (Lehrbuch Besonderer Teil des Schuldrechts) 1954, S. 36.

3) Vgl. K. Nakada, „Tezuke" (Draufgabe), in : Tokugawa-Jidai no Bungaku ni mietaru Shiho (Privatrecht, das sich in den literarischen Werken in der

Tokugawa-Zeit ausdrückte). Festschrift für Miyazaki, S. 695 ff. Nebenbei gesagt, heißt die Tokugawa-Zeit auch Edo-Zeit, die vom Jahre 1600 bis zum Jahre 1867 etwa 260 Jahre lang dauerte. Die Zeit der Kriegswirren (die Sengoku-Zeit 1467–1568), in der die Feudalherren kämpften, endete mit dem Sieg des Fürsten Toyotomi Hideyoshi. Ihm gelang es, Japan zu vereinigen. Nach Hideyoshis Tod ergriff Tokugawa Jeyasu die Macht. Er verbot die militärische Vergrößerung der einzelnen Länder und setzte die Territorien eines jeden Fürsten (sog. „Daimyos") fest. Als Sitz seiner Regierung wählte er Edo (jetzt Tokio). Bis dahin hatte das politische Zentrum in Kyoto gelegen. Seither regierten seine Nachkommen als Oberhaupt (sog. „Schogun") über die Fürsten. Jeder Fürst herrschte wiederum in seinem Territorium über seine Vasallen und sein Volk. Damit war das sog. Feudalsystem verwirklicht. Es begann die Tokugawa- oder Edo-Zeit. Vgl. hierzu Y. Yoshida, „Die Rezeption des japanischen BGB und der sogenannte ‚Kodifikationsstreit'", Recht in Japan Heft 6. S. 8 ff.

4) Vgl. Kawamura, a. a. O.

5) Vgl. ders., Shohinkokanho no Taikei (Das System des Warenaustauschrechts)Bd. 1.

6) Das hieß damals „San-kaku no Ho" (Dreiecksmethode) und war in der ganzen Familie eines Handelsherrn als Hausgesetz überliefert. „San" bedeutet drei. „Kaku" ist hier mit zweierlei Bedeutungen gesagt: Das bedeutet einerseits „fehlen" in Form von Verb, andererseits „Ecke" von Nomen. „San-kaku no Ho" ist nämlich eine Art Paronomasie oder Wortspiel über einem homonymfähigen Wort. Vgl. M. Miyamoto, Kinsei Shoninishiki no Kenkyu (Studien des vormodernen Händlersbewußtseins) S. 33, N. 7.

7) Vgl. Kawamura, a. a. O. Kogian S. 30 f., H. Otsuka, Iwayuru Zenkiteki Shihon naru Hanchu ni tsuite (Zur Kathegorie von sogenanntem vormodernem Kapital) in: Kindai Shihon-Shugi no Keifu (der Stamm des modernen Kapitalismus): H. Otsukas sämtliche Werke Vol. 3. S. 37 ff.

8) Kawamura, a. a. O. Kogian S. 31.

9) Derselbe, a. a. O. S.30 f.

10) Vgl. Nihon Shoji Kanrei Ruischu (Japanische Handelsgebräuchensammlung) Band 1, Kap. 1, § 3, Kap. 4, §§ 2, 3, Bd. 2, der letzte, §§ 2, 3 u.s.w.

11) Vgl. Miyamoto, Kinsei Shogyo-Soshiki no Kenkyu (Studien der vormodernen Handelsorganisation), S. 104 ff.

12) Vgl. zur deutschen Draufgabe, Y. Yoshida, Tezuke-Noto (Die geschichte der Draufgabe in Deutschland und Japan), Matsuyama Shodai Ronshu Bd. 20, Nr. 1, 2, S. 143 ff.

13) Mimpo Shuseian Riyusho (Motive zu den Verbesserungsanträgen über jBGB) § 557.

14) Vgl. S. Kurusu, Nihon no Tezukeho (Japanische Draufgabenrecht), Hogakukyokai Zasshi, Bd. 80, Nr. 6, 1964, S. 36.

15) Vgl. Kawashima, a. a. O. S. 97.

16) Vgl. Kawashima, Shoyukenho no Riron (Theorien von Eigentumsrecht) S. 68 ff.

17) Vgl. Y. Yoshida, Tezuke (Draufgabe), Kursus für das japanischen bürgerlichen

Recht, Vol. 5, S. 172 ff.

18) T. Nakane, Nihonteki Shakaikozo no Hakken —Tan-itsu Shakai no Riron (Auffindung der japanischen Sozialstruktur —Theorien über eine unilaterale Gesellschaft), Chuo Koron, Mai-Nummer, 1964 ; E. Ishida, Nihonteki Ningen-Kankei no Kozo (Die Struktur der menschlichen Beziehungen in Japan), Tembo, September-Nummer, 1965.

19) Y. Noda, Introduction au droit japonais, Paris, 1966, p. 180 et seq.

(1998・11)

吉《よし》田《だ》　豊《ゆたか》

1933年　東京都に生まれる
1958年　中央大学法学部卒業
1979年　東京学芸大学教授（1998年名誉教授）
1989年　中央大学法学部教授
2004年　中央大学法学部教授定年退職
2004年　弁護士登録（第一東京弁護士会）

〈主要著訳書論文〉
『近代民事責任の原理と解約手附制度との矛盾をめぐって』（法学新報）
『手附ノート——沿革小考』（松山商大論集）
『ラーレンツ著・行為基礎と契約の履行』（共訳・中央大学出版部）
『物権法における排他性と対抗力について』（東京学芸大学紀要）
『法学』（共著）（評論社）
『貸借権の妨害排除』現代契約法大系第３巻（有斐閣）
『手付』民法講座５（有斐閣）
„Die Rezeption des japanischen BGB und der sogenannte Kodifikationsstreit" (Recht in Japan, 1986)
『物権法概説』（評論社）
『不可抗力概念とその周辺』（法学新報）
『不動産登記の公信力と民法94条２項』（法学新報）
„Vertrag und Rechtsbewußtsein"（日本比較法研究所）
『ドイツ不法行為法論文集』（共訳、中央大学出版部）
『民法総則講義』（中央大学出版部）
『民法Ｉ（総則）増補』（中央大学通信教育部）

手付の研究　　日本比較法研究所研究叢書（69）

2005年10月20日　初版第１刷発行

著　者　吉　田　　豊
発行者　辰　川　弘　敬

発行所　中　央　大　学　出　版　部
〒 192-0393
東京都八王子市東中野742番地１
電話0426-74-2351・FAX 0426-74-2354

ISBN4-8057-0568-X　　㈱大森印刷

日本比較法研究所研究叢書

1 小島武司著　法律扶助・弁護士保険の比較法的研究　A5判　二九四〇円

2 藤本哲也著　Crime and Delinquency among the Japanese-Americans　菊判　一六八〇円

3 塚本重頼著　アメリカ刑事法研究　A5判　二九四〇円

4 小島武司・外間寛編　オムブズマン制度の比較研究　A5判　三六七五円

5 田村五郎著　非嫡出子に対する親権の研究　A5判　三三六〇円

6 小島武司編　各国法律扶助制度の比較研究　A5判　四七二五円

7 小島武司著　仲裁・苦情処理の比較法的研究　—正義の総合システムを目ざして—　A5判　三九九〇円

8 塚本重頼著　英米民事法の研究　A5判　五〇四〇円

9 桑田三郎著　国際私法の諸相　A5判　五六七〇円

10 山内惟介編　Beiträge zum japanischen und ausländischen Bank-und Finanzrecht　菊判　三七八〇円

11 木内宜彦・M・ルッター編著　日独会社法の展開　A5判　(品切)

12 山内惟介著　海事国際私法の研究　—便宜置籍船論—　A5判　二九四〇円

13 渥美東洋編　米国刑事判例の動向 I　—合衆国最高裁判所判決—　A5判　五一四五円

日本比較法研究所研究叢書

14	小島武司 編著	調停と法 —代替的紛争解決（ADR）の可能性—	A5判 四三八四円
15	塚本重頼 著	裁判制度の国際比較	A5判（品切）
16	渥美東洋 編	米国刑事判例の動向Ⅱ —合衆国最高裁判所判決—	A5判 五〇四〇円
17	日本比較法研究所 編	比較法の方法と今日的課題	A5判 三一五〇円
18	小島武司 編	Perspectives on Civil Justice and ADR: Japan and the U.S.A. （民事司法とADRの展望：日本対米国）	菊判 五二五〇円
19	小島・渥美・清水・外間 編	フランスの裁判法制	A5判（品切）
20	小杉末吉 著	ロシア革命と良心の自由	A5判 五一四五円
21	小島・渥美・清水・外間 編	アメリカの大司法システム（上）	A5判 三〇四五円
22	小島・渥美・清水・外間 編	Système juridique français	菊判 四二〇〇円
23	小島・渥美・清水・外間 編	アメリカの大司法システム（下）	A5判 一八九〇円
24	小島武司・韓相範 編	韓国法の現在（上）	A5判 四六二〇円
25	小島・渥美・川添・清水・外間 編	ヨーロッパ裁判制度の源流	A5判 二七三〇円
26	塚本重頼 著	労使関係法制の比較法的研究	A5判 二三一〇円
27	小島武司・韓相範 編	韓国法の現在（下）	A5判 五二五〇円

日本比較法研究所研究叢書

日本比較法研究所研究叢書

No.	著者・編者	書名	判型・価格
41	渥美東洋・小島武司 編	日韓における立法の新展開	A5判 四五一五円
42	渥美東洋 編	組織・企業犯罪を考える	A5判 三九九〇円
43	丸山秀平 編著	続ドイツ企業法判例の展開	A5判 二四一五円
44	住吉博 著	学生はいかにして法律家となるか —日本の法曹とイギリスのロイヤー—	A5判 四四一〇円
45	藤本哲也 著	刑事政策の諸問題	A5判 四六二〇円
46	小島武司 編著	訴訟法における法族の再検討	A5判 七四五五円
47	桑田三郎 著	工業所有権法における国際的消耗論	A5判 五九八五円
48	多喜寛 著	国際私法の基本的課題	A5判 五四六〇円
49	多喜寛 著	国際仲裁と国際取引法	A5判 六七二〇円
50	眞田芳憲・松村明 編著	イスラーム身分関係法	A5判 七八七五円
51	川添利幸・小島武司 編	ドイツ法・ヨーロッパ法の展開と判例	A5判 一九九五円
52	西海真樹・山野目章夫 編	今日の家族をめぐる日仏の法的諸問題	A5判 二三一〇円
53	加美和照 著	会社取締役法制度研究	A5判 七三五〇円
54	植野妙実子 編著	21世紀の女性政策	A5判 四二〇〇円
55	山内惟介 著	国際公序法の研究	A5判 四三〇五円
56	山内惟介 著	国際私法・国際経済法論集	A5判 五六七〇円
57	大内和臣・西海真樹 編	国連の紛争予防・解決機能	A5判 七三五〇円

日本比較法研究所研究叢書

58 白羽祐三 著　日清・日露戦争と法律学　A5判 四二〇〇円

59 伊従 寛、山内惟介、J・O・ヘイリー、W・A・W・ネイルソン 編　APEC諸国における競争政策と経済発展　A5判 四二〇〇円

60 工藤達朗 編　ドイツの憲法裁判　連邦憲法裁判所の組織・手続・権限　A5判 六三〇〇円

61 白羽祐三 著　刑法学者 牧野英一の民法論　A5判 二二〇五円

62 小島武司 編　ADRの実際と理論 I　A5判 四二〇〇円

63 大内和臣・西海真樹 編　United Nations' Contributions to the Prevention and Settlement of Conflicts　菊判 四七二五円

64 山内惟介 著　国際会社法研究第一巻　A5判 五〇四〇円

65 小島武司 著　CIVIL PROCEDURE and ADR in JAPAN　菊判 五五六五円

66 小堀憲助 著　「知的(発達)障害者」福祉思想とその潮流　A5判 三〇四五円

67 藤本哲也 編著　諸外国の修復的司法　A5判 六三〇〇円

68 小島武司 編　ADRの実際と理論 II　A5判 五四六〇円

＊価格は消費税5％を含みます.